国家出版基金项目
NATIONAL PUBLICATION FOUNDATION

古代方言文獻叢刊

華學誠 主編

歷代方志方言文獻集成

曹小雲 曹嫄 輯校

第七册

中華書局

山東省 凡二十四種

〔民國〕續修廣饒縣志

【解題】王文彬等修，王寅山纂。廣饒縣，今山東省東營市廣饒縣。「方言」見卷十四《政教志·禮俗》中。録文據民國二十四年（一九三五）鉛印本《續修廣饒縣志》。

方言

吾國各處言語不同，一縣有一縣之土語，邑外人聆之不可索解。如禁止之詞曰吼，入聲。即休之訛音。不然之詞曰安把，即安保之訛音。反詰之詞曰很皺，即很真之訛音。指點之詞曰乜、曰那，皆所指事物省文。如此等類，不勝枚舉。此類土語於全國語言統一，不無障礙。姑志數則，以見方言之陋。有改進文化之責者，當力爲湔除，以求國語之統一。不可遷就方言，以阻國語統一之進步也。

〔民國〕霑化縣志

【解題】梁建章修，于清泮纂。霑化縣，今山東省濱州市霑化區。「方言」見卷一《疆域志·風俗》中。録文據民國二十五年（一九三六）鉛印本《霑化縣志》。

方言

言語以官話爲準，而方言亦有獨異之處。如謂掃地曰掃田下，時間多曰天老前，自以爲能曰裝蒜，不以爲是曰向嗹，又曰向丁子，不務正業曰浪蕩幫子，皆是。現在東窪墾户，五方雜處，俚語土音，不勝枚舉。

〔民國〕齊東縣志

【解題】梁中權修，于清泮纂。齊東縣，今併入山東省濱州市鄒平縣及博興縣。「方言」見卷二《社會·風俗》中。録文據民國二十四年（一九三五）鉛印本《齊東縣志》。

方言

語用官話，無特別難解之方言。惟戲劇沿用舊本，以章邱梆子爲多，皮簧次之，謷詞、秧歌亦類，皆沿舊，其不合時代語甚多，宜改良。

〔順治〕臨邑縣志

【解題】陳起鳳修，邢琮纂。臨邑縣，今山東省德州市臨邑縣。「方言」見卷四《風俗志》中。録文據順治九年（一六五二）刻本。

方言

北爲彼。都爲兜。肱爲公。國爲詭。或爲回。不爲補。出爲處。六爲溜。霍爲火。筆爲北。緑爲律。函爲寒。巫爲烏。墨爲昧。膝爲波羅。額爲業樓。青帘爲酒幌。村落爲莊窠。什器爲家火。赴市爲趕集。寒具爲饊子。不托爲扁食。喜鵲爲野鵲。烏鴉爲老呱。巫婆爲姑娘。行腳爲賣婆。女紅爲針線。官府爲大人。

〔同治〕臨邑縣志

【解題】沈淮原本，陳鴻翮續修，翟振慶續纂。臨邑縣，今山東省德州市臨邑縣。「方言」見卷二《輿地志·風俗》中。録文據同治十三年（一八七四）刻本《臨邑縣志》。

方言

北爲彼。都爲兜。肱爲公。國爲詭。或爲回。不爲補。出爲處。六爲溜。霍爲火。筆爲北。緑爲律。函爲寒。巫爲烏。墨爲昧。膝爲波羅。額爲業樓。青帘爲酒幌。村落爲莊窠。什器爲家火。赴市爲趕集。寒具爲饊子。不托爲扁食。喜鵲爲野鵲。烏鴉爲老呱。巫婆爲姑娘。行腳爲賣婆。女紅爲針線。官府爲大人。邢志。

〔民國〕續修臨邑縣志

【解題】崔公甫修，王樹枏等纂。臨邑縣，今山東省德州市臨邑縣。「釋言」見《地俗篇二·方言》中。録文據民國二十五年（一九三六）鉛印本《續修臨邑縣志》。

釋言

入學謂上學。讀書謂念書。耕田謂種地。作工謂做夥。食曰吃。飲曰喝。清晨謂早勤。晚間謂後晌。前天謂前日。昨天謂夜來。明日謂到明。後日謂過了明。出外曰出門。還家曰家走。同人曰偺們。同族曰自家爺們。朋友曰拜交，亦曰相好。

〔民國〕夏津縣志續編

【解題】謝錫文等修，許宗海等纂。夏津縣，今山東省德州市夏津縣。「方言」見卷五《典禮志》中。録文據民國二十三年（一九三四）鉛印本《夏津縣志續編》。

方言

夏境僻處魯之西鄙，對話之間雜以土語，蒞兹土者每不易於詞聽。爰仿他志，增入方言，以備採風問俗者覽焉。

稱呼

祖父曰爺爺。祖母曰奶奶。父曰爹。母曰娘。外祖曰老爺。外祖母曰老娘。舅母曰妗子。岳父曰丈人。岳母曰丈母。伯父曰大爺。伯母曰大娘。叔母曰嬸子。兄曰哥哥。假母曰姏娘。嗣族人者曰過繼。再醮曰後婚。繼室曰填房。妾曰小婆子。庶爲嫡曰扶正。先妻所生曰前窩。隨娘改嫁曰帶犢。幼女待字婿家曰團圓媳婦。處子曰坐家女。傭工曰做活的。主人曰掌櫃的。乞丐曰要飯的，或叫化子。醫生曰大夫。巫婆曰神媽媽。無妻者曰光棍。土豪亦曰光棍。沿街賣布者曰貨郎。訟師曰刀筆先生。土匪曰老攫，或老蚕。竊細物者曰小偷。設計騙人者曰丟包的。雙方討好者曰兩面人。

性情

性乖曰別入聲古。心狠曰歅。蔻平聲。不聰曰傻。故難人曰柔揹。貪吃曰饞。過於認真曰憰。宙。自大曰裝排。以言懼人曰嚇唬。抱屈曰窩囊。財迷曰錢癆。唾人曰呸。倚勢凌人曰發歪。

身體

身長曰細高䠷，或大箇子。跛行曰瘸。缺平聲。肩曰尖膀。頭曰腦袋，或腦瓜子。傳言挑撥曰拉舌頭。無恥曰不要臉。未能遠行曰没腿。不如意曰橛嘴。閒談曰磕牙。短視曰近覷。

趨。以肩掀物曰犍。欠。受辱曰丢臉。口角曰搬嘴。蒙眼作戲曰藏迷忽。出言冒昧曰不開眼。吹毛求疵曰挑眼。巧於趨避曰滑頭。

天文

虹曰醬。雨雹曰冷子。電光曰閃。日出處有紅雲曰照霞。太陽曰爺爺。太陰曰月老娘。起風曰颩。慧星曰掃帚星。霹靂曰抓拉。春冷曰涼滲。冬暖曰攮忽。

地理

歧路曰跤道。高崖曰畹。剛上聲。數家通行者曰夥路。門頭地曰出路。捷徑曰小道。田之長横相等者曰包袱地。

禾稼

玉米曰榜子。麥之無芒者曰葫蘆頭。粱稍曰莛杆。穀根曰柞子。拔草曰薅。蒿。禾早熟曰稙，或穲包。稼晚收曰晵。棉花曰娘花。

財物

行賄曰花黑錢。受賄曰貪贓。指官詐財曰轉彰壁。管理廟産漁利者曰齦廟根。傾家還債曰報古。籌款曰打饑荒。私蓄錢財曰儹體己。託故借錢者曰打抽豐，或打秋風。欠值曰賒〔一〕。賒賬永不付款者曰飛蝗。地痞放債曰閻王賬。無勞資而分紅者曰好漢股。設場開賭者曰局頭。無錢而豪賭者曰摐大鑼。無本營業者曰打巴式。

禽獸

鶴曰仙毫。鵪鶉曰夜猫。蝙蝠曰簷巴虎。割麥插禾曰光棍多鋤。伏卵曰毰。抱。牡狗曰牙狗。牡驢曰叫驢。牝驢曰騲驢。牝馬曰騍馬。牡而去勢者曰騙馬。尾曰以八。馬逸曰趹。穴上聲。獸喜曰撒吽。歡。牛之去勢者曰犍子。

雜類

起訴曰打官司。唆訟曰架案。排解從中撥弄者曰擢稀泥。武術曰夜叉行。習武術曰練拳腳，或學玩藝。撾傀儡曰⿰扌州胡盧頭。不辭而別曰溜。背人私語曰諮噆。七察。毀壞曰作踐。物易斷曰脆。不潔曰褦襶。賴戴。飯臭曰燍⿰食𡿺。斯惱。事忙曰没孔。去聲。舌戰曰抬槓。有勢力曰撐勁。凡人物有瑕者曰毛病。凡人無長進曰没出息。稱低曰棉。滾水和麵曰盪麪。棺曰⿱豈斗子。吸鴉片曰抽大煙。乾麪曰⿰米菐。肥肉曰臕。二數曰醎。三數曰⿰酉式。撒平聲。以布承溺曰藉子。破布條曰緝離。碎布曰鋪襯。

〔一〕 曰：原誤作「曰曰」。

雅俗共有之方言

那纔離了哩，即豈有此理之意。

不沾絃，或不靠譜。即不合理之意。

以上二種極爲普通，對話之間，偶有感觸，每脱口而出，異鄉人士聞所未聞，輒假斯語以效顰，雖謔而不虐，究屬非雅云。

附記。右列村諺方言，間有與他志暗合者，因係邑所固有，故不避雷同之嫌，紀實也。

〔民國〕牟平縣志

【解題】宋憲章等修，于清泮等纂。牟平縣，今山東省煙臺市牟平區。「方言」見卷十《文獻志》中。録文據民國二十五年（一九三六）石印本《牟平縣志》。

方言

目録〔一〕

〔甲〕名詞

天文　地理　人身　人倫　物品　物名之散見

〔一〕目録爲編者所加。

〔乙〕代名詞

人稱代名詞　指示代名詞　疑問代名詞

〔丙〕動詞

言語　行爲　舉動　工作　交易　争鬪　其他動象

〔丁〕形容詞

人類之形容　環境之形容

〔戊〕副詞

狀動詞　狀形容詞　狀副詞

〔己〕介詞

前置介詞　後置介詞

〔庚〕聯詞

並列聯詞　相從聯詞

〔辛〕歎詞

贊美　傷惜　驚駭　憤怒　覺悟　呼應　鄙薄

〔壬〕助詞

決定助詞　疑問助詞

牟平縣方言生字分類注音表

附：土音讀字

附：省筆字

昔揚子作《方言》，與《法言》並傳，而唐僧説經，宋儒講學，類皆以白話爲之，現今推行普及教育，尤以國語爲利器，誠以言文同爲達意之媒介，古文不如今文易解，以言釋文，又不如言文合一之便利也。本縣方言，向係普遍官話，雖土音略有出入，小異無礙於大同。至父老口訓，里巷謳吟，雖曰俗淺，亦多格言，此乃全境公共之大辭典，爲田夫村婦所常用，亦文人學士所不廢，視藝文金石僅供少數人研究，其功用廣狹異矣。兹擇方言中流行最多、字面較生者，按九類詞品，例舉概略，間附音義，或注明語所由來，並附諺語歌謡於後，以作地方徵文之一助云〔一〕。

〔甲〕名詞

一、天文

日曰日頭。宋神童詩：「真箇有天没日頭。」月曰月亮，李益詩：「庭木已衰空月亮。」又曰月明。土音讀若

〔一〕 諺語歌謡部分本編未録。

萌，又若眉。《古今樂録》：「月明光光星欲墜。」雲曰雲彩。李白詩：「朝辭白帝彩雲間。」虹。土音讀若匠，虹有紅、絳二音，絳音近匠。雹。土音讀若霸，雨雹謂之下雹子，又曰冷子。電曰閃。顧雲詩：「金蛇飛狀霍閃過。」小雨曰霎子。霎音廈。風霾曰暴。《詩》：「終風且暴。」土人直呼疾風爲暴。彗曰掃帚星。

按，曰頭、曰子，係普通稱名語助；曰明、曰亮、曰彩，係附加形容詞爲名詞者；曰閃、曰霎、曰暴、曰掃帚，係形容詞變爲名詞者。此外俗稱虹之直形者曰豎孤樁，霞曰燒紅，霰曰磬撥刺，急雨曰天瘴雨，亦皆以形容得名。

二、地理

山石奇突處曰础。讀若拙，又若爪，土字。山谷長廣處曰夰。音壙，土字。坳曰山汪。山口通路曰峴。音現，土音讀若線。山林曰嵐子。周高中低曰窩落。邱陵曰埢，亦曰塂。埢、塂俱音講，土字。平原曰泊。下隰曰窪。石界曰埄。草堤曰堰。金石鑛坑皆曰清。海汊退灘處曰港套。港，土音讀若蔣。積水曰灣。香火會曰山會。小市曰集。村莊曰疃。省作畽，土字。多石曰磖。音拉，或作磊，土音亦讀爲拉。臭溝曰羊溝。《莊子逸篇》有「羊溝之鷄」，《中華古今注》：「羊喜抵觸垣牆〔一〕，爲溝以隔之，故曰羊溝。」俗以暗者爲陰溝，明者爲陽溝。

按，础夰埢塂畽等字，爲字書所無，汪嵐泊埄清等字，字書雖有，而假借用之，其義亦殊；

〔一〕 喜：原誤作「善」。

但沿習已久，地方人多數公認，只可名從主人。

三、人身

頭曰腦袋瓜。額曰顏臉蓋。耳曰耳朵，又曰耳根。顎曰牙幫，又曰牙殼。頷曰嘴巴。項曰脖頸。音景，土音梗。肩胛曰肩膀。亦作髈。臂曰膀子，膀音旁，土音榜，查字書，骳，肩髆也，音拔，膀字當係骳音之轉。又曰骼髆。音格博。肘曰拐肘。腕曰手髆。掌曰巴掌。胸兩旁曰肋笆。兩腋曰胳肘窩。乳曰㚷。音乃，俗借用奶。腹曰肚子。肚音杜。胃曰肚子。肚音覩。背曰脊梁。小腿曰骭腿。骭音幹。踝曰腳踝骨。目凝汁曰眵。音鴟。

按，人身名詞，俗名與文名無甚出入，惟字音略異，且俗稱於本名下往往加一子字。

四、人倫

▲親族

子稱父曰爹，土音讀若迭平聲。《通俗約編》：「《博雅》《廣韻》義皆訓父，而其音作徒我切或大可切，至《集韻》始增有陟邪一切，蓋其音自唐後起也。」母曰媽。音姆，土音讀馬平聲。父母謂子曰孩子，男曰小子，亦曰兒郎，女曰嫚兒，亦曰閨女，子婦曰媳婦子。

稱父之父曰爺，古稱父爲爺。《木蘭詞》：「阿爺無大兒。」母曰奶奶，本嬭字，音乃，乳也，又音禰，母也，今通作奶，音乃平聲，以稱祖母。又曰婆婆。父之祖父曰老爺，祖母曰老奶。父之兄曰大爺，其妻曰大媽。父之弟曰叔叔，其妻曰嬸子。《明道雜志》：「經傳無嬸字，考其實乃世母二字合呼。」

稱母之父曰老爺，母曰老娘。母之祖父曰老老爺，祖母曰老老娘。母之姊妹曰姨〔一〕。《通俗約篇》：「姊妹相謂爲姨，故其子謂之姨子〔二〕，其母謂之姨母，父之側庶亦稱姨者。姨本姊妹俱事一夫之稱，後世無從媵之禮，而側庶實與媵比，故雖非母姊妹，而得借此稱之。」

夫於妻對人稱家裏，對尊長稱媳婦。稱妻之父與伯、叔同，母爲大娘、嬸子。對人則於妻父母稱丈人、丈母。柳子厚有《祭楊詹事丈人獨孤氏丈母文》。

妻於夫黨率與夫同，對人則夫稱外頭。夫之父稱公公，母稱婆婆。《通俗約編》：「公婆之稱，自古有之。《漢書》賈誼策：『抱哺其子，與公併倨。』晉樂府：『後來新婦今爲婆。』」

一家中老者稱尊長，家長稱當家的，少者稱年輕的。戚屬中無論姻親表親，統稱之曰親戚，結親統曰葛親。取瓜葛之義，土音讀葛革亞切。

▲鄉黨

除有輩行者外，普通稱呼：男曰老先生、曰老大爺，曰大哥、曰兄弟。稱弟爲兄弟，見《元典章》。稱女曰老大娘、曰大嫂、曰姑娘，多由序齒而來。遇學界稱先生或老師，遇農界稱把頭或夥計，遇工界稱師傅或掌尺的，遇商界稱東家或掌櫃音匱，土音貴的，皆因職業而異。至老頭、老婆、漢子、嫚子、小夥子、小丫頭俗呼婢爲丫頭，女孩亦通稱之等，雖亦男女通稱，但俱非鄭重稱人之詞。

〔一〕母：原脱，據文意補。

〔二〕其子謂之姨子：原誤作「子其姨子謂之」。

此外詈人之詞，曰壞孩子、曰小崽音宰子、曰私窠音科子，其甚者曰雜種、曰畜類，種種野語，則等諸「自鄶以下」矣。

五、物品

▲飲食

蒸米曰乾飯。帶汁曰米湯。水麵曰麵湯。水餃曰餂飵。音沽札，係借字。蒸麵圓形曰餑餑，長形曰饞子。炒大麥磨麵曰燋麥。庾信《小園賦》：「燋麥兩甕。」貼米麵於鍋旁濩之曰餅子，亦曰片片，又曰巴巴。粉餌曰䊜。音團。米或麵和水煮之，厚者曰粘粥，亦曰⿰米周。音州。稀者曰⿰米丕飯。本縣⿰火𡿺飯最著名，亦粥類。豆屑和雜菜焣音插之曰小豆腐，亦曰豆沫子，又曰⿰米乍。音渣，一作糳，與渣通。磨熟麥粒成條曰連展。當是⿰麥善⿰麥連（音善連）二字訛音。穇精曰籺⿰米乍。音格渣。

▲衣服

帽曰冒頭。笠曰葦笠。單衣曰袿。袷綿曰襖。夏布曰衫。無袖而短者曰背心，或曰坎肩。裳曰裙子。抹腹曰肚兜。裼曰罩袍。襲曰襯衣。下衣曰褲。褲無襠者曰套褲，亦曰插褲。女領巾曰披肩，或曰雲巾。履曰鞋，毛製者曰氈窩，皮縫者曰綁。音榜，亦作⿰邦皮。屐曰挂底。靸曰鞋趿。靸趿土音皆讀若颯。

▲器用

耒耜合稱曰犂具。耦耕曰抬犂具。疏土具曰耙。音霸。平土具曰耮。音澇。下種具曰耬。音婁。軋田具曰輥音滚子。軋場具曰砘。音鈍，即碌碡。打穀具曰連耞。音加，土音讀若遮。剉草具曰劄音扎，亦作鍘刀。取粗去細竹器曰篩。盛音成草具大孔曰網包，小孔曰葛絡。盛米具曰囤、曰裝簍。肩荷具曰扁担，有鈎者曰担杖。鐵臿曰鍬。七遥切。其他鋤鐮杴俗作楸钁杈……等名從同。

右農具。

大方桌曰八仙桌。小矮桌曰炕桌。長凳曰椿凳，又曰板凳。方圓小凳曰杌子。大圈椅曰太師椅。踞地墊坐木塊曰礅音敦子。搗衣之碪曰敲角石。杵曰榜槌。碾米具曰碾子。磨麵具曰磨。音末。篩麵具曰羅。舂米具曰碓臼、曰杵頭。汲水器曰筲、曰坩。音堪。盛酒具曰罈、音覃，又作罎壜甔，皆同。曰罌、音嬰，土音寧。曰⿱敝瓦。音鼈。舀水器曰瓢、曰勺。魚肉椹櫍曰剁礅。趕麵柱曰趕杖。刷鍋帚曰炊帚。鍋梁曰撐，又曰杈。蒸具曰籠屜。音替。撈水取物者曰笊篱。箸曰筷子。刀斧柄曰欛。音霸。其他盆罐盂鉢盔音魁盌……等名從同。

右家具。俗稱家使，亦曰傢伙。

平地載重者曰大車。人力推輓者曰小車。牲畜馱者曰馱轎。馱音駝。捲覆席篷之代用馱轎曰軸子。軸音苦，土字。牲畜之銜曰嚼子，勒曰轡頭，羈曰籠頭，紲曰繮繩，韉曰屜，韅曰肚帶，鞧曰後鞧，亦曰紂，馱具曰架子。渡船曰舢板，亦曰擺渡。

右行具。

六、物名之散見

牝牛曰牸。音字，《孔叢子》：「子欲速富，當畜五牸。」牝馬曰騍、音課。曰騲。音草，土稱騾馬牝者曰騍、驢牝者曰騲。

狼曰麻胡。麻胡有謂係石虎將麻秋者，（秋，胡人，故名。）有謂係隋將軍麻祜者，二人皆有名怖啼兒故事。又有謂有鬼名麻胡者，皆用以恐小兒。土人則指狼爲麻胡，以恐小兒。

蟬曰蠽，音截，《爾雅・釋蟲》：「蠽，茅蜩。」注：「江淮呼爲茅蠽，似蟬而小，青色。」又曰知了。土名唧柳，即知了轉音。《杭諺》：「一聲知了出黃梅。」

花蘂曰菁葖。音骨突。蓏音裸初現曰打莥。音狃，同菇。穀根曰芨蔕。土音讀若布帶。

根初生曰穖穖。土音讀若扭嘴。秫稭曰胡稭。穗變黑曰烏穲。音妹，土音讀若墨。

銅鏽曰綠，鐵曰鉎鏥。音生秀。石有裂痕曰璺。音問。

土磚曰墼。音積，亦作塈。器缺曰齾。土音讀若亞，如鐵器刃缺，則曰齾口。

右物名多不勝舉，僅就稱名最熟、字面較生者，略窺一斑。

〔乙〕代名詞

一、人稱代名詞

發言者自稱曰我、曰咱、音咂。曰喒、音昝。曰俺。即文言中吾、予……等字。

稱自己方面多數人曰我們、咱們、喒們、俺們。即文言中吾等、吾輩……等字。

按，土語稱我，係單指自己一人言，稱咱稱喒稱俺，雖亦係自指，而時含有二人以上之意。如有物如此，曰「我的東西」，當然所有權專屬一人。曰「咱的東西」、「喒的東西」、「俺的東西」，則物權是否一人專有，尚不確定。蓋土語對自己方面人，多稱曰咱曰喒；與人談話，又多稱自己方面曰俺，其意本與我字有別。至我們咱們喒們俺們等稱，則統係包括多數人在内，其義無殊。又二人多稱曰倆。土音讀若力拉切。

與言者對稱曰你。即文言中汝、爾、若、乃……等字。

稱對方多數人曰你們。即文言中汝等、爾輩……等字。

按，土語於你字外，常用那土音讀若你拉切字。如云「那家裏」「那的東西」。與同夥分物，曰「那應得多少」。問衆人何往，曰「那往那裏去」。見多客在座，曰「那都早來了」。其意與你們二字相類，當係你之音轉，或係借用那音納，訓彼字。又土語於你們二字，常合呼成一音。

所言者指稱曰他。即文言中彼、其、伊……等字。

稱他方多數人曰他們。即文言中彼等、伊輩……等字。

按，土語於他字外，常用那個人或某人等字。如云「那個人好，那個人壞」「某人在此處不在此處」，其意與他字同。又常用那些人或那一般子人等字，其意與他們二字同。

二、指示代名詞

指示在彼曰那。即文言中彼、伊……等字。

按，那字古音挪，亦音娜，訓何；又音哪，語助。土音讀納，又讀若涅，均係轉音。其義有二：一訓爲何，爲疑問代名詞；詳後。一訓爲彼，爲指示代名詞。如指示確定之時地或人事，曰「那一年上」，曰「那點地方」，曰「那樁事情」，曰「那箇東西」，一經提及，談話人不問便知。此處那字，土音多讀若涅。

指示在此曰這。即文言中此、玆、斯……等字。

按，這字古音彥，迎也，俗借爲者箇之者，遂音者，土音仍讀爲者，此也。如指示某一時間曰「這都過去了」，某一地方曰「這是某人所有的」，某一件事曰「這是某人辦過的」。眼前指點，不待煩言而解。

三、疑問代名詞

疑問其人曰誰。即文言中孰、疇……等字。

按，誰字本音是爲切，土音讀若勺，又若説。俗語有云「看看你是誰，我是誰」，又云「誰怕誰」。凡一切誰好誰歹，誰是誰非，誰窮誰富，誰俊誰醜，皆代名詞也。

疑問其事曰甚麼、亦作什麼。曰恁麼、曰那。即文言中何、胡、奚……等字。

凡問事實，動曰甚麼或什麼，如「甚麼時候」「甚麼地方」「甚麼事情」「甚麼人物」皆是。問作法，動曰恁麽，如「恁麽辦的」「恁麽學的」「恁麽好的」「恁麽樣的」皆是。問事物所在，動曰那，如「那年那月」「那箇地方」「那裏人」「那件事」皆是。此處那字，土音多讀若納。又那麽之那，人多讀爲你刃切。

〔丙〕動詞

一、言語

誦讀曰唸。訓斥曰訶，音呵。又曰吵。言急曰喝喇。大聲曰喓喝。罵人曰捐免。捐人土音轉爲譑人。口毁曰呰。音疵。背談曰⿰言函譖。音插砌。導人生事曰挑唆。以言嚇人曰唬。夏、虎兩音。以言誑人曰撒謊。以言侮人曰謑落。俗作奚落。以言託人曰詇。俗作央，即央求人。大言欺人曰吹，又曰⿰言尞。音聊。以大言冒人曰奅。音砲。絮聒曰謚。音盎。喧鬧曰咉。央、養二音。妄言曰謅。音鄒。隨便說話曰誁。音崩。疾言失次曰儳嘴。好挑語病曰拾後漏。好傳人言曰拉嘴舌。不聽閒話曰不耳食。

二、行爲

恤下曰拉拔。援上曰扶高。儉省曰會過。吝嗇曰慳，又曰慪。口侯切。得便宜曰幸虧。好告艱難曰苦窮。舉動不慎曰冒失。氣焰太盛曰勢張。言行不顧曰反眼。任意妄爲曰胡鬧。故意爲難曰勒掯。誘人爲非曰攛掇。音竄朵。盜取家私曰⿰足氐戲。音底盧。怒曰生氣。報復曰出氣。不爲而爲曰睹氣。努力曰⿰犮巴⿰犮吉。音巴劼，趨勢亦曰⿰犮巴⿰犮吉。當如此偏要如彼曰彆扭。姑息愛人曰慣。借端訛人曰賴。恃勢凌人曰霸道。欺人曰雄人。按，「以力雄人」係成語，雄字是動詞，俗稱被雄者亦曰雄，語甚普徧。或非此雄字，或如「治亂曰亂」，字義可反用歟？

三、舉動

立曰站。俗謂閑玩曰站。臥曰躺。音倘。踞曰蹲。土音轉敦。遊曰逛。古況切。走曰迈。音仍。急走曰跑、曰蹎、音顛。曰趿。音插。慢走曰蹭。千鄧切。跨越曰蹣。音瞞。緩走曰辿，音禪。又曰踱。音鐸。走一次曰趟。音燙。步立曰徸。竹買切，土音讀止買切。散步曰遛達。新字作蹓躂。眠曰睡覺。音教。假寐曰打盹。音躉。困倦欲眠曰瞌睡。瞌音磕，亦作渴。

右身之舉動。

飲曰哈。亦曰喝，土音仍讀曰哈。輕飲曰吸。土音讀若許。强飲曰灌。吮曰咂。音匝。食曰喫。同吃。大喫曰啖。音淡，與啗、噉同，土音讀若歹。放飯曰饕。音滔。斥之曰饏。音撑。以手進食曰唵。音俺。以箸進食曰扒。以箸夾食曰搛。音兼。小食曰鎌。音歛。齒囓曰齦。音懇。土音讀肯，又音銀，義別。舌取曰舔。音忝，俗作餂。噴鼻曰嚏。音帝，土語名爲代砌，乃帝之切音。鼻齅曰聞，俗曰聽。《詩》：「無聲無臭。」箋云：「耳不聞聲音，鼻不聞香臭。」世謂鼻觸曰聞，初見於此，聞聽同義，俗遂易聞爲聽。

右口之舉動。鼻附。

目開曰睁。音争。目動曰眨，音札。亦曰矆睒，音如護閃。又曰睞瞎。音夾括。審視曰端相。緩視曰𥊍瞜。音麻糝。偶視曰瞥。音撇。久視曰覴。音登，土音讀若鄧。直視曰瞪。同瞠，音棖，土音讀若鄧。

遠視曰瞭望。眇一目注視曰瞄。音妙。睨視曰邪睙，音裂。又曰瞯，愁上聲。或曰瞟、土音讀若漂。曰睖。音標。恨視曰眅喇。音拉。怒視曰窊眡。音窒俟。偷視曰瞀，音抽。又曰瞧。短視曰近覷。音趣。小物沖入眼中曰瞇。音米。

右目之舉動。

手取曰攄。音擿。手動曰揩。音昝。對搉曰拌。音捧，與搼摓皆同，土音讀普猛切。爪搔曰撓，又曰擓。若槐切。揉曰搓。音蹉。撫曰摩挲。撈曰摸搽。起動曰掀。理緒曰擇，又曰摽。音栗。置放曰穩。推送曰搓。音聳。捋取曰擼。音魯。探取曰掏。音滔。挖取曰摳。口侯切。遠取曰攏。音籠。持取曰扦。急持曰拎。音今。裂開曰攋，土音力買切。又曰撕。伸長曰抻。音疢。力抻曰掙。拔曰撥揦。音拉。指取曰拈。音年。捏曰撚。亦作捻，土音碾。擲曰扔、音仍。曰摔、曰撩。音聊。塞進曰搡。音顙。折曰抈。音月。按曰搵、恩去聲。曰搙。音耨。按物水中曰抐。音訥。扭捩曰扒。音别。手捻鼻膿曰擤。土音讀若松上聲。

右手之舉動。

舉足曰蹺。音喬，或作蹻。屈足曰蹩。音盤。頓足曰跢。音惰，或作跺。足抵曰蹬。音鄧。力踏曰蹺。土音普莽切。跟追曰蹓。音習，俗字。躡踐曰踹。音碾。足踏曰跐。音此，查《五方元音》跐字有二音，一音此，一柴上聲，故土語兼用兩音。蹂踐曰蹨。音碾。

右足之舉動。

四、工作

工作曰做生活。做同作，土音讀若奏。用力曰出劤。音近。首戴曰頂。肩荷曰夯。音抗。肋挾曰夾。肋挂曰拐。手攜曰提抑。音抵柳，提字有題、抵二音。搬運曰摙。音斂。舒量曰庹。音托。稱量曰战音顛弄，亦曰战敠。音掇。磨糧細曰研，粗曰㧚。音拉。輾轢曰軋。去穀芒殼曰㲉。土音讀若串。沃水以舂曰𥬒。音伐。淅米曰淘，又曰汰土音地沙。汰有太、替二音，替、地音相近。漬之曰滮。音砲。肥肉去油曰焅，音靠。乾曰炒，加水曰燉。土音頓。貼鍋爇熟曰熥，音剥。添水焅熟曰濩。音護，《詩》：「是刈是濩。」注：「煮也。」縫衣以粉線取直曰絣。音崩。剪裁曰鉸。音絞。初縫曰絇。音劬。對縫曰縕。音隱。横縕曰絎。行去聲。密絎曰衲。音納。兩縫相重而粗縫之曰綹，土音魯。細縫之曰敹。音聊，《書》：「善敹乃甲胄。」築屋曰蓋。懸繩取直曰弔線。木橛曰楔。音屑，土音洗雪切。製墼曰拖。鋸木曰拉。裁磚石曰砍。立牆曰壘。塗牆曰墁。以草覆屋曰苫。以瓦覆屋曰宼，蛙去聲。又曰捙。音律。

五、交易

買物曰置。賣曰折變，或曰出脱。全買曰夃音古底，亦曰磕莊。全賣曰撮莊。零批曰蔓。敦上聲。轉賣曰販。虛價曰要謊。較值曰争講。太刻曰經紀。不懂商情曰隔行。賣田房曰剔動。買田房曰弄。土音讀若耨。賣糧曰糶。買糧曰糴。買布成匹曰倒。零剪曰割、曰截。用器盛者多曰裝。論重量者多曰稱。買牲畜曰捉。買紙張曰揭。

六、爭鬬

擊人曰撻，又曰打。音頂，與撻同義，但撻、打通用日久，俗多以打易撻。頭擊曰撞，又曰揰，普棒切。亦曰楦。音炫。拳擊曰搥，又曰搫。音敦上聲。肩擊曰抗。掌擊曰撇、曰搧，音羶。曰抓，音瓜。曰揔。音忽。手捉曰揫，又曰攈。音豪。持髮曰捽。音昨。傷面曰摟。音婁。紾臂曰扭。扼吭曰搭。音卡。爪刺曰掐。音恰。肘擊曰拐。足踢曰踡。音捲。撩倒曰摔。鞭擊曰抽。杖擊曰掠、曰揪、曰揌。音孩。刀刺曰攮。奴倘切。槍刺曰戳、曰捅，音統。曰札。石擊曰砸，音咱，俗字。曰楔，音屑，土音洗雪切。曰劌。音譏，土音蠶。土語關於打人之事統稱曰毀。亦作搬。

七、其他動象

天晴曰開。陰雨曰壞。日晒曰晾。音亮。風起曰颳。音寡。雨漸曰瀡。音哨。納涼曰風。土語稱納涼爲風涼，義本《論語》「風乎舞雩」。海吼曰嘯。水決曰淈。音骨。沖物曰汆。吞上聲，土音轉如土。土填曰坉。音屯。火小燃曰爀。音煉。鷄孵卵曰毻。音抱。牲畜奔逸曰狘。音血。踢曰踶趹。音決。猫犬嘔吐曰吣。七枕切。猪掘地曰劕。音聳。閹獸曰騸。音扇。聚羣喂養曰羼。土音讀若竄。徒騎曰驏，亦曰蹝。驏、蹝俱音鏟。穀菜自生曰穭。音魯。叢苗待分曰畦。《離騷》：「畦留荑與揭車兮。」畦字名詞變爲動詞，土音讀若席。束積田禾曰穲。音羅。整齊高積曰稞。音朵。去草曰薅。音蒿，《詩》：「以薅荼蓼。」斫木曰茬。音槎，草木過一茬，新發一茬，引伸其義，人亦遂以茬論。

按，自然界動象甚多，挂一不免漏萬，右特就地方常談，字面較生者，略舉一二，以窺斑豹云爾。

〔丁〕形容詞

一、人類之形容

▲品性

誠樸曰老實。謹慎曰規矩。大方曰排場。敏捷曰馬利。聰明曰即令。《宋景文筆記》「精曰即令」，即本作鯽，今省作即。强暴曰厲害。粗魯曰莽壯。執拗曰倔彊。土音決降。游移曰二胡。羞縮曰緬靦。《容齋四筆》：「中心有愧，見之緬靦。」俗作靦覥，查靦覥二字俱音忝，與讀音不合。迫狹曰齷齪。土音讀若屋促，本形容詞，俗常用作動詞，遇拂意事，動曰齷齪。不謹事曰邋遢、音拉榻。曰郎當。不曉事曰褦襶、音耐代。曰顢頇，音瞞寒。又曰麻胡。猶模糊。憨猛曰奡傴。音仍挣。無氣節曰奊㚖。音列挈。《漢書·賈誼傳》：「奊㚖亡節。」膽怯曰草計。即雌鷄，取雌伏義，亦曰母鷄。煩悶曰毷氉。音冒燥。不慧曰獃、土音歹平聲。曰傻、土音石殺切。曰憨、胡歡切。曰儦。音標。荒嬉曰馬流。《雲麓漫鈔》：「北人諺語，胡孫爲馬流。」《交廣志》：「馬文淵立兩銅柱於林邑岸北，有遺兵十餘家不返，居壽冷南岸，面對銅柱，悉姓馬，自相昏姻，交州以其流寓，號曰馬流，歷年既久，人物與之俱化，語言啁哳，故取譬云。」

▲狀態

貌美曰俊、曰漂亮。高大曰魁偉。强健曰壯實，又曰挺妥。體肥曰胖。土音龐去聲。細長曰媌條。《客座贅語》：「南都人言物之長曰媌條。」今多借用窈窕二字。貌醜曰媸、音蚩，土音岑去聲。曰骯髒。音沆葬，體胖也，土音讀若盎葬。俗常用作動詞，凡遇厭惡事，動曰骯髒。又不潔曰腌臢（音淹贊），與骯髒音義亦相近。身矮曰矬。面短曰頣。土音瓦。目深曰曉、音摳，同眗。曰睺瞜。音侯婁。目小曰罥斜。一作乜斜，土音讀若滅邪。臌嘴曰胍肫。音孤都，《宋景文筆記》：「關中人以腹大爲胍肫。」今凡納悶而氣脹於脣頰之間，皆曰胍肫。腰曲曰𡰪𡰤。音洛官，土音轉羅鍋。跛曰瘸子。站步不穩曰踜蹭。魯鄧、千鄧二切。旋行曰蹩躠。音撇薛。行步不正曰蹀躞。衣破曰𧜏𧝉。音賴洒。

凡形容詞多用雙聲，土語又好加疊韻。如形容品性曰莽壯者，多曰莽莽壯壯；曰緬靦者，多曰緬緬靦靦。形容狀態曰媌條者，多曰媌媌條條；曰骯髒者，多曰骯骯髒髒……等是。此外，若安安端端，張張皇皇，飄飄搖搖，拉拉颯颯……等，俱可類推。

又借物喻人者，多以名詞作形容詞，如貴重曰金，板滯曰木，暴烈曰火，鄙野曰土，文明曰龍，曰鳳，貪猛曰虎，曰狼，粗笨曰牛，詭猾曰猴，下賤曰狗，馴懦曰羊，皆是。

▲聲音

呼曰嗷、曰號。應曰啊、曰嗳。歌曰嘔啞。笑曰嗤嗤、曰嘻嘻、曰哈哈、曰嚇嚇、曰嘩嘩。喧曰呶呶。音撓。哭曰咧咧、曰㖸㖸、曰嗚嗚、曰啕啕。痛曰嗳吆、曰唵呹、曰嚩。浮若切。鼾曰齁鮐。音侯哈。嚏曰啊嗪。音七。呵欠曰哈。咳嗽咳有孩、刻二音曰嗛。音康。噎曰餩餩。愛黑切。嘔吐曰喀，音客。又曰嘓。音國。氣逆曰响。俗稱打响。急喘曰嘝。音胡。唾曰呸呸。音匹。多言曰㖼嚼、音別節。曰嚄唶、音獲借。曰嘮叨、曰嗹嘍、音連婁。曰吧吧、曰嚨嚨。能上聲。衆口曰嚽嚽、曰嘈嘈、曰吵吵。音鈔。言不分明曰咕嚕、曰咕唧。小語曰嚓嚓。音切，又音察。小兒忿争曰吧呀。哄小兒曰遼遼。用張遼名怖啼兒故事。喚驢馬曰咄咄，音掇，又音突。命之左右曰咿、曰哦。喚牛犢曰咩咩。讀若滅。喚猫曰咈咈。喚猪曰噥噥。喚狗曰嘹嘹，嗾之曰吅。音丑。喚鷄曰咮咮。音祝，土音讀若皺。喚鴨曰啞啞、曰吧吧。驅鷄曰咃，土音讀若勢。亦曰嘔咃。

餘詳歎詞、助詞。

凡形容聲音，尤多雙聲疊韻，如右述各形容詞是。此外天籟之自鳴者，如風聲曰颼飀，音搜留。亦曰颼颼；雨聲曰淅瀝，亦曰淅淅；水聲曰潺湲，亦曰潺潺；草木聲曰蕭颯，亦曰蕭蕭；鳥聲曰啁啾，亦曰啾啾……等，俱可類推。

二、環境之形容

▲時間

晝曰白天。夜曰黑夜。黎明曰傍亮，又曰傍明。嗚、萠二音。曉曰天亮，又曰天明。正午曰晌。音賞。夕曰過晌，又曰下晚。昨日曰夜來。今日曰今。土音合今日二字爲一音，讀若基。明日曰明。土音合明日二字爲一音，讀若眉。頃刻曰没時歇、曰一霎、曰一陣、曰一會、曰倏、土音讀若哨。曰馬上、曰剛得剛。土音多讀若姜。

按，土語形容時間之短促，大約以視動爲標準。如曰轉眼、曰眨眼、曰大不瞧、曰没瞭瞧……等語，皆由視覺而表現；曰動身、曰轉身、曰腳前腳後……等語，皆由動作而表現。又有口頭語曰没恁幹，玩其語意，似謂甚麽事都没做，猶云没恁麽的，或係没恁箇三字之音轉。

▲地方

中間曰當中。四隅曰拐角。四圍曰周遭。揚子《方言》：「一周曰一僧。」今通作遭。隅内曰角落。土音讀若格拉。「壁角落頭」四字，見《東坡集·大慧真贊》，格拉，係角落音轉。又「閣落裏」三字，見馬致遠《薦福碑》曲。明處曰當陽。暗處曰黑落。周高中低曰窩落。事可公開曰大堂上、曰大道上、曰大街上。語不可據曰草市上、曰坑頭上、曰竈窠裏。

▲事物

凡事正大曰局面。急曰緊張。不分條理曰儱侗。音籠統。凡物量重曰沈。美曰精，又曰强。堆積曰磊竨。音對。披張曰艞沙。艞本作觰，音如遮，土音渣。短小曰蹶矲。音厥朵。不充實曰癟窳。音别玉。不精美曰勬𠢕。音勞曹。汙濁曰浽㶕。音倭囊。陳臭曰䶧䵜。烏孔、奴動二切。酒醇曰釅。音厭。粥厚曰糟。音紬。水苦曰灆。鹽少曰善。土語謂淡爲善。飯壞曰餲包，餲讀愛葛切。又曰饐毛。不潔曰髒。土音讀葬平聲。

〔戊〕副詞

副詞與形容詞，皆所以狀物者，而形容詞僅狀名詞代名詞，副詞則狀動詞形容詞及其他副詞。土語用副詞最多，第知其然不知其所以然耳。茲例舉如左：

一、狀動詞

説話曰好説歹説，或多説少説。走路曰快走慢走，或東走西走。辦事曰好辦難辦，或先辦後辦。買物曰貴買賤買，或整買零買。

右説字、走字、辦字、買字皆動詞，好歹多少……等字則皆副詞。不加副詞，動詞之作用即不明。此等副詞，土語亦好加疊韻，如好説亦云好好説，快走亦云快快走……等。此外直接用疊韻者，如笑嘻嘻、喘吁吁、唱嗷嗷、醉醺醺、飽蓬蓬、鬧叿叿、響錚錚、高高擎、輕輕放、時時來、常常見……等，凡加於動詞前後者皆是。

二、狀形容詞

論品貌曰太好太壞、曰真俊真醜。論方位曰正南正北、曰偏東偏西。論顔色曰鮮紅、曰深黑、曰斬青、曰嬌黃、曰淡白、曰淺藍。論氣味曰噴香、曰奇臭、臭有尺救、許救二切，土音從尺救切。曰焦酸、曰老辣、曰齁鹹、曰浄善。

右好壞俊醜……等字，皆形容詞；太真……等字，則皆副詞。不加副詞，形容詞之程度不現。此等副詞，用疊韻者尤多，如光堂堂、大汪汪、高亮亮、深兜兜、文傷傷、嬌滴滴、直挺挺、硬邦邦、硬橛橛、活潑潑、漫悠悠、虚飄飄、涼颼颼、煖烘烘、熱湯湯、濕淥淥、濕虀虀、亂董董、白𤾤𤾤、音了。紅丟丟、黑烏烏、黑漆漆、香噴噴、酸溜溜……等，俱可類推。

又狀形容詞者，亦多以名詞變爲副詞，如急曰火急，涼曰冰涼，深曰井深，硬曰銅硬，直曰筍直，薄曰紙薄，紅曰火紅，白曰雪白，黑曰漆黑、或曰墨黑，黄曰鵝黄，青曰靛青，緑曰葱緑……等，皆是。

三、狀副詞

表示滿意曰實在不錯，不滿意曰不大好。表示疑問曰到底怹没一回事。表示出衆曰某處某事的頭等第一。

右不錯、大好、頭等第一皆副詞，但不錯未必即是好，加實在二字，便含有真好的意思。大好即是好，加不字，便含有不好的意思。怹麽一回事，是普通問法，加到底二字，便含有切問的意思。頭等第一固是出衆，但不劃清界線，則地位仍混，如學位名次，大學本科甲等第一，與初級小學一年級甲等第一，相差遠甚。故副詞上有時必須再加副詞。諸可類推。

〔己〕介詞

凡兩詞本無關係，而使其發生關係者曰介詞。介詞分兩類：曰前置介詞，曰後置介詞。

一、前置介詞

居於動詞之前，文言用虚字，土語用實字，其義一也。例舉如左：

曰用、曰把、曰拿（或拿着）、曰使、曰因（或因着）。即文言中「以」字之義。

文言「以」字之用有二：一言所用，一言所因。土語中言所用者，則曰用、曰把，曰拿、曰使。如云「用米作飯」或「把米作成飯」，「拿米來作飯」「使米作飯」與「以米作飯」之語義皆同。

言所因者，則曰因。如云「因少成多」與「以少成多」意同。餘類推。

曰從、曰在、曰向。即文言中「於」字之義。

文言「於」字之用有三：一言所在，一言所從，一言所向。土語中間有用「於」字者，普通即以「在」字、「從」字、「向」字代之。如云「住在某處」「從某出來」「向某處去」，猶云「居於某處」「來於某處」「往於某處」。餘類推。

曰爲、曰替、曰給。即文言中「爲」字之義。

文言「爲」字之用有二：一言所因，一言所助。土語中言所因者則曰爲。如云「爲甚麼」。言所助者則曰替、曰給，如云「替人辦事」「給人家幫忙」。餘類推。

曰和。即文言中「與」字之義。

文言「與」字之義，是言所同。土語中則用「和」字。如云「我和你一同去」「風和雨一齊來」皆是。按，聯詞中之「與」字，專用以聯相等之詞或句，介詞中之「與」字，所以表動作之非獨行，故介詞先後必有實詞。

二〔一〕、後置介詞

居於所介者之後，所介兩端，皆爲名詞或代名詞。有時介名詞與形容詞或名詞與動詞之

〔一〕二：原誤作「一」。

間，其形容詞、動詞已轉爲名詞，其介詞亦具有名詞作用。

曰的（同底）。即文言中「之」字之義。

文言「之」字之用，是言所屬。土語中間有用「之」字者，普通皆用「的」字。如云「中國的地方」「春秋的時候」「我的東西」「你的事情」「亂雜的事」「聰明的人」等語皆是。餘類推。

〔庚〕**聯詞** 亦名接續詞

凡兩詞或兩句，互相聯絡以表明其作用者，曰聯詞。約分兩類：曰並列聯詞，曰相從聯詞。

一、並列聯詞

詞中所關合之詞或句，勢力平等，不相統屬，雖分開來寫，意義仍能獨立。其用法分平連、承接、轉捩、推進、比較五類。列舉如左：

▲平連

曰和、曰又。即文言中與、及、且、而……等字。

例如：「我和你」即「我與爾」或「予及汝」，「又富又貴」即「富與貴」或「富且貴」或「富而貴」。

此外又常用連帶二字，例如「連風帶雨」「連喝帶喫」，亦即「與」字、「且」字之義。

▲承接

曰就、曰才（與纔通）、曰再、曰這就那就、曰這才那才。即文言中則、即、斯、始、然後、然則……等字。

例如：「小學畢業就入中學」「有國才有家」「公事辦完再辦私事」，此就字、才字、再字，易作則字、即字、斯字、始字、然後字皆通。又如：「向東不行這/那就往西」或「這/那才往西」，易作「然則往西」皆通。

此外又有從此、至於、只得……等詞，類推。

▲轉捩

曰可就是、曰不然、曰但是。即文言中然而、不然、抑……等字。

例如：「説的很好，可就是不能行」「能買就買，不然就賣」「這一面説妥了，但是那一面呢」。

此外又有大不然、不過、卻是、只是、或者……等詞，類推。

▲推進

曰並且、曰何況、曰更兼、曰還要。即文言中並、況、復、又……等字。

例如：「不但够本，並且賺錢」「待父母不好，何況旁人」「有人更兼有勢」「得寸還要進尺」。

此外又有而且、況且、還得、更加上……等詞，類推。

▲比較

曰好像、曰那趕上、曰與其……不如、曰寧……不。即文言中如、何如、與其、寧……等字。

例如：「張三好像李四」「古人那趕上今人」「與其往東，不如往西」「寧折不曲」。折有浙、舌二音，此音舌。

二、相從聯詞

詞中所關合之句，乃補足前句之意義，一主一從，兩句互相依賴。其用法分因果、虛擬、假設三類。例舉如左：

▲因果

曰因爲、曰所以、曰就要、曰自然。即文言中因、故、則……等字。

例如：「因爲道上遇雨，所以來晚了」「既然犯法，就要判罪」「種豆自然得豆，種瓜自然得瓜」。

此外又有謂的是、因此才、應當該……等詞，類推。

▲虛擬

曰若是、曰除非、曰大概。即文言中若、非、蓋……等字。

例如：「若是他肯來，我没有不歡迎的」「要戰勝環境，除非自己努力」「這事雖没親見，大概是有的」。

此外又有大約、也許、興許、莫非是、差不多、敢保是、恐其是、我看着、你想一想……等詞，類推。

▲假設

曰設若、曰倘若、曰縱然、曰雖不。即文言中設、倘、苟、縱、雖、假令……等字。

例如：「設若天氣變動，怎麼安置」「倘若外國真不講理，又有没法」「縱然一時僥幸，亦不長久」「雖不富貴，亦不算窮」。

此外又有倘或、萬一、不幸、就算是、滿搭着、大豁拾……等，類推。

〔辛〕歎詞

凡有情而無義之字曰歎詞。約分七類：曰贊美，曰傷惜，曰驚駭，曰憤怒，曰覺悟，曰呼應，曰鄙薄。

一、贊美

曰咳、曰呵、曰咨。即文言中於、都、俞、咨……等字。

按，土語對贊歎、傷歎、憤歎，多用咳字，故下文重見。呵字亦可作驚歎用。咨字土音讀若茲上聲，又若遮上聲，舌音甚輕，猶嘖嘖稱羨之意。又婦孺稱羨，動有尼聊切之歎音，與奃字音近。查字書：「奃，乃了切，軟美貌。」或係借形容詞爲歎詞歟？

二、傷惜

曰咳、曰嗳、曰啁啁、曰咨咨。即文言中吁、嗟、噫嘻、嗚呼……等字。

按，土語單用咳字表示傷情，固係普通，而咳字下再加啁啁或咨咨者，亦成習慣，婦女尤多用之。

三、驚駭

曰呀、曰嚇、曰啊、曰咦、曰啀、音厓。曰喂、曰嗳呀、曰啊哈。即文言中呼、惡、咄……等字。

按，土語對驚駭、覺悟、呼應多用啊字，故下文重見。

四、憤怒

曰呸、音培。曰哎、音哀。曰音、音投。曰叱、曰咳。即文言中哎、叱……等字。

按，憤歎中咳字聲情激切，與贊歎、傷歎不同。

五、覺悟

曰哦、曰啊、曰占、烏陵切，土音愛更切。哼。

按，土語遇猛醒之事，動有愛梗切之歎音，即占、哼二字音促。

六、呼應

曰啊、曰噯、曰嗄、音霎。曰嗌、音盎。曰照、曰別。即文言中唯、諾、咈、毋……等字。

按，啊與噯均係隨呼而應，嗄字則有待商之意，照字係以人言爲是之諸音。《通俗編》引《十國春秋》云：「天福末浙地兒童聚戲，動以趙字爲語助，云得則曰趙得，云可則曰趙可。」照疑即趙可之意。别字，土音讀若白，係不認可之詞。

此外遇不加可否之事，動有恩入聲之諸音，即嗌音之轉。

七、鄙薄

曰啐、曰嘷、曰咍。即文言中啐、咍……等字。

按，土語表示鄙薄，動有土雷切之歎音，即咍音之轉。有時亦用咴字，與憤歎中咴字，語音略分輕重。又土語慣以「他媽」二字作語助，里巷閑談或嬉笑時，恒發於不自覺，雖無甚意義，而表示鄙薄者居多。

〔壬〕助詞

凡用在詞或句之後，借以發明其中語氣者，曰助詞。約分兩類：曰決定助詞，曰疑問助詞。

一、決定助詞

曰呀、曰喇、音拉。曰的、曰了、曰罷、曰罷了。即文言中也、矣、焉、爾、云、耳、已、而已……等字。

按，右列各詞，俱所以表已往及現在之成事，故爲決定助詞，有時亦可用作疑問助詞，則係變例。又語體文中，曰哩、曰咧，皆喇音之轉，土語習用喇字，用哩與咧字者甚少。

二、疑問助詞

曰呀、曰的、曰呢、曰嗎、曰哪、曰啊。即文言中乎、哉、與（通歟）、耶（通邪）、夫、諸……等字。

按，右列各詞，呀字、的字疑信兩用，餘皆係疑問，各詞兼可用作感歎。語體文中又有麼字，亦疑問助詞，麼乃嗎音之轉，土語習用嗎字，用麼字者甚少。

又的字與底字、地字，用法本不同。普通名詞、動詞之下，及介詞、助詞，皆用底字。作副詞語尾者，始用地字。作形容詞語尾者，則用的字。古人語録中，率用底字、地字，用的字者甚少。今人不分同異，多以的字代之。本編爲通俗便利起見，故統用的字。

牟平縣方言生字分類注音表

名詞

硈，ㄓㄜ，入聲。 夼，ㄎㄨㄤ，上聲。 墘，ㄐㄧㄤ，上聲。 炕，ㄎㄤ，去聲。 磂，ㄌㄚ，入聲。 𠪚，ㄋㄞ，上聲。 髁，ㄌㄨㄛ，平聲。 骭，ㄍㄢ，去聲。 眵，ㄔ，平聲。 崽，ㄗㄞ，上聲。 鮎，ㄍㄨ，平聲。 餡，ㄓㄚ，上聲。 餑，ㄅㄛ，入聲。 饞，ㄐㄩㄢ，去聲。 餺，ㄙㄨㄢ，平聲。 糊，ㄓㄡ，平聲。 秠，ㄆㄨㄟ，平聲。 㞞，ㄔㄚ，上聲。 柞，ㄓㄚ，平聲。 粍，ㄍㄜ，去聲。 紨，ㄅㄤ，上聲。 趿，ㄙㄚ，入聲。 耙，ㄅㄚ，去聲。 耮，ㄌㄠ，去聲。 耬，ㄌㄡ，平聲。 輥，ㄍㄨㄣ，上聲。 砘，ㄉㄨㄣ，去聲。 鍘，ㄓㄚ，入聲。 囤，ㄉㄨㄣ，去聲。 杴，ㄒㄧㄢ，平聲。 碧，ㄉㄨㄣ，平聲。 坩，ㄎㄢ，平聲。 墰，ㄊㄢ，平聲。 鱉，ㄅㄧㄝ，入聲。 軸，ㄕㄢ，平聲。 牸，ㄗ，去聲。 騍，ㄎㄛ，去聲。 騲，ㄘㄠ，上聲。 蠘，ㄗㄧㄝ，入聲。 蓇，ㄍㄨ，上聲。 葖，ㄉㄨ，入聲。 莥，ㄋㄧㄡ，上聲。 䊵，ㄋㄧㄡ，平聲。 穊，ㄗㄟ，上聲。 穮，ㄇㄛ，去聲。 鉎，ㄕㄥ，平聲。 鏥，ㄙㄧㄡ，入聲。 璺，ㄨㄣ，去聲。 齾，ㄧㄚ，入聲。

動詞

呰，ㄘ，平聲。 謕，ㄔㄚ，入聲。 譖，ㄘㄧ，去聲。 諕，ㄒㄧㄚ，去聲。 諕，ㄏㄨ，上聲。 詇，ㄧㄤ，上聲。 譑，ㄌㄧㄠ，平聲。 奅，ㄆㄠ，去聲。 謚，ㄤ，去聲。 呹，ㄧㄤ，平聲。 謅，ㄓㄡ，平聲。 誁，ㄅㄨㄥ，平聲。 儳，ㄔㄢ，平聲。 慪，ㄎㄡ，平聲。 掯，ㄎㄣ，上聲。 攛，ㄘㄢ，去聲。

𨀤，ㄉㄧ，上聲。　𨇴，ㄌㄨ，平聲。　蹩，ㄅㄧㄝ，入聲。　跋，ㄅㄚ，入聲。　跍，ㄐㄧ，平聲。　躺，ㄊㄤ，上聲。　逛，ㄍㄨㄤ，去聲。　𨑒，ㄌㄥ，平聲。　蹎，ㄉㄧㄢ，平聲。　𧺆，ㄔㄚ，入聲。　蹭，ㄘㄥ，去聲。　蹣，ㄇㄢ，平聲。　饓，ㄔㄥ，平聲。　唵，ㄢ，上聲。　搛，ㄐㄧㄢ，平聲。　鎌，ㄌㄧㄢ，上聲。　齦，ㄎㄣ，上聲。　舔，ㄊㄧㄢ，去聲。　嚏，ㄉㄧ，去聲。　眨，ㄓㄚ，去聲。　矆，ㄏㄨ，平聲。　睒，ㄕㄢ，上聲。　䀹，ㄐㄧㄚ，上聲。　𥅻，ㄍㄛ，入聲。　䁶，ㄇㄚ，平聲。　𥈚，ㄙㄚ，入聲。　覗，ㄌㄥ，去聲。　瞪，ㄉㄥ，去聲。　睙，ㄌㄧㄝ，入聲。　矁，ㄔㄡ，上聲。　瞟，ㄆㄧㄠ，上聲。　䁃，ㄅㄧㄠ，平聲。　眅，ㄈㄢ，平聲。　䁡，ㄌㄚ，入聲。　窊，ㄨㄚ，去聲。　𥇞，ㄏㄡ，平聲。　督，ㄔㄡ，平聲。　覰，ㄘㄩ，去聲。　瞇，ㄇㄧ，上聲。　摣，ㄓㄨㄚ，平聲。　揝，ㄗㄢ，上聲。　拝，ㄆㄥ，上聲。　擓，ㄎㄨㄞ，平聲。　搮，ㄌㄧ，上聲。　㧐，ㄙㄨㄥ，上聲。　摳，ㄎㄡ，平聲。　扞，ㄏㄢ，上聲。　拎，ㄐㄧㄣ，平聲。　攋，ㄌㄞ，上聲。　捵，ㄔㄣ，去聲。　扔，ㄌㄥ，平聲。　撚，ㄋㄧㄢ，上聲。　揾，ㄣ，上聲。　搙，ㄋㄡ，去聲。　抈，ㄩㄜ，入聲。　搡，ㄙㄤ，上聲。　擤，ㄙㄩㄥ，上聲。　㧙，ㄅㄧㄝ，入聲。　抐，ㄋㄛ，入聲。　蹺，ㄑㄧㄠ，平聲。　𨂿，ㄆㄢ，上聲。　跢，ㄉㄨㄛ，去聲。　蹬，ㄉㄥ，去聲。　跴，ㄙㄧ，入聲。　蹍，ㄋㄧㄢ，上聲。　跐，ㄘ，上聲。　跐，ㄔㄞ，上聲。　蹨，ㄋㄧㄢ，上聲。　劤，ㄐㄧㄣ，去聲。　夯，ㄎㄤ，去聲。　摙，ㄌㄧㄢ，上聲。　庹，ㄊㄨㄛ，去聲。　敁，ㄉㄧㄢ，平聲。　敠，ㄉㄛ，入聲。　掣，ㄌㄚ，入聲。　竄，ㄔㄨㄢ，去聲。　䀻，ㄈㄚ，入聲。　渧，ㄆㄠ，去聲。　焅，ㄎㄠ，去聲。　燉，ㄉㄨㄣ，去聲。　煿，ㄅㄨㄛ，上聲。　絣，ㄅㄥ，平聲。　鐝，ㄐㄧㄠ，上聲。　絇，ㄑㄩ，平

聲。繧，ㄧㄣ，上聲。衲，ㄋㄚ，入聲。敹，ㄌㄧㄠ，平聲。楔，ㄙㄧㄝ，入聲。宼，ㄨㄚ，去聲。⿰扌聿，ㄌㄩ，去聲。夃，ㄍㄨ，上聲。掽，ㄆㄥ，去聲。楦，ㄒㄩㄢ，去聲。⿱敦手，ㄉㄣ，上聲。撇，ㄆㄧㄝ，入聲。抓，ㄍㄨㄚ，平聲。揔，ㄏㄨ，入聲。掔，ㄗㄧㄡ，平聲。⿰扌豪，ㄏㄠ，平聲。捽，ㄗㄨㄛ，入聲。揢，ㄑㄧㄚ，平聲。掐，ㄑㄧㄚ，去聲。踡，ㄐㄩㄢ，上聲。攮，ㄋㄤ，上聲。捅，ㄊㄨㄥ，上聲。颳，ㄍㄨㄚ，入聲。潲，ㄕㄠ，去聲。淈，ㄍㄨ，上聲。氽，ㄊㄨ，上聲。坉，ㄊㄨㄣ，上聲。⿰火辮，ㄌㄧㄢ，去聲。飥，ㄅㄠ，去聲。狘，ㄒㄩㄜ，入聲。⿰賓刂，ㄍㄨㄥ，上聲。騸，ㄕㄢ，去聲。羼，ㄘㄢ，上聲。蹅，ㄔㄢ，上聲。⿰禾累，ㄌㄛ，去聲。⿰禾朵，ㄉㄛ，去聲。茬，ㄔㄚ，平聲。

形容詞

邋，ㄌㄚ，入聲。遢，ㄊㄚ，入聲。褦，ㄋㄞ，去聲。襶，ㄊㄞ，去聲。顢，ㄇㄢ，平聲。頇，ㄏㄢ，平聲。齈，ㄌㄥ，去聲。⿰亻盈，ㄓㄥ，上聲。⿱臼夫，ㄌㄧㄝ，入聲。⿱古夫，ㄒㄧㄝ，入聲。毷，ㄇㄠ，去聲。氉，ㄗㄠ，去聲。獃，ㄉㄞ，平聲。儍，ㄕㄚ，上聲。儦，ㄅㄧㄠ，平聲。曉，ㄎㄡ，平聲。睺，ㄏㄡ，平聲。瞜，ㄌㄡ，平聲。顊，ㄨㄚ，入聲。冐，ㄇㄧㄝ，平聲。胍，ㄍㄨ，平聲。⿰月乇，ㄉㄨ，平聲。⿸虍嬴，ㄌㄨㄛ，上聲。權，ㄍㄨㄢ，平聲。瘸，ㄑㄩㄝ，平聲。蹩，ㄆㄧㄝ，入聲。躠，ㄙㄩㄝ，入聲。⿰巾賴，ㄌㄞ，上聲。⿰巾殺，ㄕㄞ，上聲。呶，ㄋㄠ，平聲。呱，ㄨㄚ，去聲。吆，ㄧㄠ，平聲。⿰口尃，ㄈㄛ，入聲。⿰身句，ㄏㄡ，平聲。⿰身合，ㄏㄚ，入聲。⿰口桼，ㄘㄧ，去聲。嗛，ㄎㄤ，平聲。餘，ㄜ，入聲。呴，ㄍㄡ，平聲。嘝，ㄏㄨ，平聲。呕，ㄆㄧ，入聲。吣，ㄅㄧㄝ，入聲。嚹，ㄗㄧㄝ，入聲。嚄，ㄏㄨㄜ，入聲。唶，ㄗㄧㄝ，去聲。嗹，ㄌㄧㄢ，平聲。嘍，ㄌㄡ，平聲。噥，ㄋㄥ，上聲。嗸，ㄠ，平聲。嚓，ㄔㄚ，入聲。咄，ㄉㄨㄛ，入聲。咄，ㄉㄨ，入聲。咩，ㄇㄧㄝ，平聲。噥，ㄋㄨㄥ，平聲。㗊，ㄓㄡ，入聲。諄，ㄉㄟ，上聲。觰，ㄓㄚ，平聲。䂔，ㄉㄨㄛ，上聲。瘪，ㄅㄧㄝ，入聲。窳，ㄩ，上聲。麨，ㄌㄠ，平聲。麭，ㄘㄠ，平聲。涹，ㄨㄛ，平聲。灢，ㄋㄤ，去聲。䶪，ㄨㄥ，去聲。齈，ㄋㄨㄥ，去聲。釃，ㄧㄢ，去聲。𪓐，ㄔㄡ，平聲。

歎詞

奓，ㄋㄧㄠ，平聲。啀，ㄧㄞ，平聲。呸，ㄆㄡㄟ，平聲。杏，ㄊㄡ，上聲。占，ㄥ，平聲。嗄，ㄕㄚ，去聲。嗌，ㄤ，去聲。啐，ㄘㄨㄟ，去聲。暐，ㄨㄟ，平聲。咍，ㄊㄞ，平聲。

附：土音讀字 全縣土音亦不盡同，姑就多數而言之。

敲，讀七遥切。山，讀若三。之，兹。士，四。詩，私。螫，節。宅，賊。齋，栽。生，僧。扇，線。怵，觸。泥，迷。血，歇。痛，滕去聲。奪，的額切。握，瓦得切。熟，述。誰，轉説平聲。肉，右。刮，胯。做，奏。胖，龐去聲。角，甲。尾，乙。渴，磕。都，皆也，讀若兜。純，淨也，讀若鏟。别，勿也，讀若白。

附：省筆字

惡，省作悪。學，斈。辭亂，辞乱。齋，斎。體，躰。萬，万。箇，个。禮，礼。節，卩。從，从。處，処。匹，疋。離，离。異，异。實，寔。吴，吳。桑，桒。麗，丽。

右皆有説可據，無妨沿用。

廟，省作庙。寶，宝。聖，圣。賢，臤。體，体。聽，听。蟲，虫。蠶，蚕。猶，犹。燭，烛。燈，灯。繡，綉。擔，担。園，园。機，机。

右皆音義各别，未可通用。

〔民國〕掖縣志

【解題】又題《四續掖縣志》。劉國斌等修，劉錦堂等纂。掖縣，今山東省煙臺市萊州市。「歌謡俚語」見卷二《風俗》中。録文據民國二十四年（一九三五）鉛印本《掖縣志》。

歌謡俚語

東虹霧露西虹雨，南虹出來曬乾麯，北虹出來下潦雨。虹音洪，胡公切；又古巷切，音絳。俗音讀如醬者，蓋絳音之轉變也。

夏至辛逢三伏熱，重陽戊遇一冬寒。夏至與重九兩日，天干逢辛戊則兆三伏一冬之熱寒。

大旱三年，忘不了五月十三。俗以廢曆五月十三爲雨節日，又云關老爺磨刀必用水也。

淋伏頭，曬伏腳，打的糧食没處着。俗謂器能容物曰着了。伏頭、伏腳言初伏之首日有雨、末伏之末日晴霽燥濕，應時可期倉箱滿溢。

吹了佛爺面，收了也不賤。吹了佛爺背，不收也不貴。夏曆四月初八日爲釋迦誕辰，俗謂遇南風則爲吹面，遇北風則爲吹背，以此卜本年之糧價貴賤，不在禾稼之收與不收。

正月不剃頭，剃頭死己舅。聞諸鄉老談前清下剃髮之詔，於順治四年正月實行，明朝體制一變。民間以剃髮之故，思及舊君，故曰思舊。相沿既久，遂悮作死舅。掖人稱舅者，恒加一己字，所謂自己之舅云。

道士戴帽，下一小瓢。道士谷，山名，在城東八里，其山頂出雲若戴帽狀必落雨。曰小瓢者，下雨不多也。

六月北風貴似金，刮一刮，收一分。六月南風最多，禾稼易生油害，遇北風則退。

有錢難買五月旱，六月連陰吃飽飯。夏曆五月禾稼尚稺，宜多日曬，故欲旱。六月禾稼長大，宜多雨潤，故欲陰。

朝紅不出門，暮紅曬煞人。此以朝暮日之氣色，卜來日之陰晴。

千買賣，萬買賣，不如老驢翻土塊。意謂無論何項事業，不如牲畜耕田，以農爲本。

彩筆書春名士字，青紗障面美人風。婦女紗障見於《聊齋志異》，而行之者獨有掖俗，婦女騎驢戴此，其形似簾，以兩叉插鬢上，亦曰眼罩，多以黑紗爲之，可以看人，而人不覩其貌。《禮》云：「女子出門，必擁蔽其面。」是紗障猶有古制，今則多年無用者。至門上書貼春聯，歲一更新，此俗他縣亦多有。

火燒。即火食也。蓋因沿街擎賣者高呼火食嗽，遂沿食與嗽音接，呼轉變爲火燒。且因火烙熟而食，則燒字亦有義意。

腳大踢得江山穩，腳小惹得骨頭輕。此嗤婦女纏足務求其小之惡俗，不惟有傷肢體，且舉止失於端重，亦非福相。

釜臺。即竈突，設於屋頂以出竈烟者，若云釜上之臺也。

包彈。彈讀如唐蘭切，音檀。俗以器物有缺壞處呼曰包彈。宋御史包拯性峻介，常彈劾人過，故俗以物之缺壞譬人有過爲包所彈云。

嫚子。嫚音慢。《説文》：「侮易也。」《左氏》：「其言僭嫚于鬼神。」并無所謂婦女之解，而俗以嫚子代表小女，或命名焉。

割不斷。割音葛，歌遏切，俗讀如蛤上聲。同爲一岳之僚壻曰連襟，即《詩》所謂「瑣瑣姻婭」也；又曰割不斷，亦含有連袂之意。

生渣飯。此飯專以胡秫（即高粱）磨屑煮粥，或曰粥之在釜而起厚皮者曰生渣，（生本俗字，讀如哥，謂生不出。）故以名飯。然飯類多有生渣，奚必此？不能强爲之解。總之他縣呼爲紅粥或高粱麵飯，而家常所食，吾掖最多。

泥窗。泥，溺倪切，音尼，俗讀ㄇㄧ，近迷。水和土也。掖人謂以紙糊窗曰幕窗（幕讀如蠻），亦曰泥窗者，係蜀語。查掖民多遷自蜀，故沿其舊音。

罷什的罷。猶言不必作也。

没大臧干。猶言不多時也。

聾大驚的。亦曰稜大驚的，猶言突然也。

哈大忽什。猶言不穩當也。

墼。墼音激，未燒之塼坯也。俗以土坯爲塈，非是。查塈，截弋切，音即上聲。《禮・檀弓》：「夏后氏塈周。」塈者，火之餘燼，蓋猶今之用塼壘壙也。然則土坯應作墼，俗作塈者，轉音之誤也。

腊。腊音夕，乾肉也。俗多借以代臘字，非。

咀。咀音阻，嚼也。司馬相如賦：「咀嚼菱藕。」韓文：「含英咀華。」俗作嘴字，用如石虎嘴（掖海口岸名），寫作石虎咀，非。

囝。囝，本音蹇，是小孩子的稱呼，與崽字義同。俗讀如ㄗㄞ，音宰，以之罵小人曰小囝子，此字義之轉變也。

〔民國〕萊陽縣志

【解題】梁秉錕等修，王丕煦等纂。萊陽縣，今山東省煙臺市萊陽市。「方言」見卷三之二《禮俗》中。録文據民國二十四年（一九三五）鉛印本《萊陽縣志》。

方言

目録〔一〕

土字　土音　轉音　聲音　形狀　性情　行爲　稱謂　操作　争鬬　衣服　飲食　居住　器用　交易　天時　地理　動物　植物　礦物　疾病

〔一〕目録爲編者所加。

土有燥濕，水有剛柔，故人之居其地者，非獨性情異也，而聲韻亦殊，乃有所謂方言者焉。邑彈丸地，介處四鄰之中。西南接平即，其音浮以促；西北鄰招掖，其音偃以緩；東北界棲霞，其音舒以平；東南毗海陽，其音輕以清。完全土音，其中部乎，其音重而濁，雖士子吟哦，强行拗讀，而口吻習慣終雜土音。且往往有聲無字，有字無義，要皆於音轉訛誤，尋繹不得。今弗自揣，冒然有作，即於無可尋繹，亦必因聲求義，因義求字，然未敢云盡合也。

土字

夼，兩山間村名，膠東各縣多有之，本字當爲壙。础，讀如拙，亦讀如莊，村名。墕，讀如講，陵名，亦爲村名，當爲岡之訛轉。𠈍，藏也，音如靶。軸，音如蟾。

土音

耕更讀如京，又如精；敲如鍬，山如三，之如兹，士如四，吃如七，遲如齊，屍如私，紙如子，螯如節，宅如賊，齋如栽，生如僧，拆如測，人如因，扇如線之類。

轉音

雹轉音如拔，誰如芍，握如月，泥如迷，肉如右，横如混，刮如侉，贖如徐，做如奏，胖如龐，角如甲，虹如醬，血如歇，熟如述，痛如藤，尾如乙，又如羽之類。

聲音

呼聲曰噢號。應聲曰啊、曰嗷咦。笑聲小曰嗤嗤，大曰哈哈，亦曰嚇嚇、曰嘩嘩。哭聲小曰喂喂，放曰號咷。嗟歎曰咳咳。驚異曰噢吆。驚嚇曰啊呀。笑而嗤之曰哈。怒而斥之曰呸，亦曰杏。投。疑而問之曰唵。疑而不然或然曰嗑。忽而醒悟曰哦。悟而反悔曰唉咦。突現錯失曰占烏陵切哼。憐而惜之曰咹咦。痛楚曰噯吆。呻吟曰唵囔，亦曰啊嘘。呵斥曰吵吆，亦曰訶訶，亦曰嗷嗷。脣品味曰叵。打。德馬切。

喚驢馬聲曰都都，命之左曰咿咿，右曰哦哦，速之曰號，止之曰唷。牛犢曰咩咩，命之左曰嘹嘹，右曰喇喇。狗大曰嫯嫯，小曰巴巴。猫如呼呼。猪曰噥噥，速之動曰嘲號。鷄曰嘍嘍，亦曰嘔嘍。鴨曰啞啞，或曰鴨鴨，亦曰吧吧，嚇而逐之曰嚨，音如什。亦如嘔嚨。

謂人寐時齁鮯聲曰打鼾睡。齁曰打呵嚧。音如尺。噎曰打啲抖。欬曰欬音如克嗽。争鬭曰吵吵。馬鳴曰嘒嘒。牛曰牟牟。猪曰哼哼。音如錐。犬曰喤喤。鷄報曉曰响响。

形狀

形圓曰團、曰圈。亦曰郭輪。凸者曰鼓。凹者曰窊、曰渦。垂曰琅璫，亦曰邋音如拉𨘸音如答。隅曰角音如夾觚，亦曰拐角。不正曰邪理，亦曰歪歪。不平曰飄偏。直曰直亭亭的，亦曰直條條的。微寬曰寬約約的。微狹曰窄了了的。微大曰大發發的。微深曰深陡陡的。微淺曰淺了了的。微滑曰滑溜溜的。微高曰高聳音如生聳的。

身長曰高亮亮的，細曰細𨁂音如了䠛音如窕的，短曰矮𠉏𠉏的，亦曰矬不𨘸的，肥曰胖音如龐腯腯的，瘠曰瘦怯怯的，亦曰瘦寡寡的。

髮亂曰被颯。女子幼束髮曰髽髻，亦曰髽髤。長挽髮曰箕或覆，以髤亦曰箕入。假髮曰髲。被。額蹙曰縐。頞蹙曰緊。目深曰睺瞜。眨音如斬曰䁇瞪，亦曰矆許縛切，音如胡睒閃，亦曰眏䀹。恨視曰反瞓。怒視曰窊睺。審視曰端相。緩視曰瞖麻瞜師咸切。睨視曰邪睺。微視曰瞜睺。偷視曰瞀。敇鳩切。短視曰近覷。夜盲曰雀瞽。瞸呼牒切曰瞄。眩曰花。男女眉目傳情曰弔線，一曰流眼，亦曰飛眼。耳豎曰牚。音如掙。口巨曰咧奢，長曰撅撅。頭傾曰邪歪，亦曰衺骫。引領曰闖手，搖曰擺洒。駝背曰鍋腰腰。不正曰折戾。跛行曰瘸。巨靴切。箕踞曰拉胯。膝曲尻坐曰狗蹲。股栗曰顫顫。觳觫曰抖擻。羞縮曰眠娗，音如舔。亦曰怯陣。强健有力曰挺妥。

性情

勤苦曰下力。儉省曰會過。吝嗇曰裹音如疙固。懦弱曰鬆憨。癡曰獃。迂拙曰蠢体。同笨。遲緩曰邋遢。汙穢不潔曰滗倭囊。言語煩碎曰囉嗦。好苛求曰摘嫌，亦曰支巧。逞勇曰潑皮。舉止輕率曰浮躁。故意難人曰勒揹。粗鹵曰莽撞。蠻橫曰横音如泥理。强悍曰野霸。無理强舌曰攪音如照戾。很毒曰辣害。狡詐曰詭滑。好衒己長曰諞弄。大言欺人曰吹諒。言語不實曰撒謊。貪取人物曰下才。

行爲

誠樸無虛曰實落。撫養孤苦曰拉偅。音如撒。不孝曰生分。不務正業曰下流，或曰飄流。

恃强陵人曰霸道。不守規矩曰猾皮。好告艱難曰苦窮。誘人爲非曰攛掇，一曰攛弄，一曰掇弄。規避職責曰精細。詐欺取財曰坑騙。見物竊取曰猥瑣。盜取家私曰跂底戲音如古，一曰掉鬼。坑騙兄弟曰挖窟。舉動不慎曰冒失。言行不承曰反眼。好管閒事曰潮頭。背後談人曰譖察謲千結切。導人生事曰挑唆，一曰唆挑，一曰撥挑。好揭人短曰訐誚。好説流言曰海訌。好挑語病曰拾後漏。不信閒言曰不耳食。

稱謂

子稱父曰爹，母曰媽，後母或曰娘娘。父之父曰爺爺，母曰奶本字作嬭，通作奶奶。父之祖父曰老爺爺，母曰老奶奶。

謂子曰孩子。男曰小廝，女曰嫚兒，亦曰閨女。子婦曰媳婦子。

稱父之兄曰大爺，弟曰叔叔，或曰爹兒，其妻曰娘娘，亦曰媽媽，或稱娘兒。遠服則統稱大媽、嬸子。

父之姊妹曰姑姑，其夫曰姑夫。父之姑曰姑奶奶，其夫曰姑爺爺。父之舅父曰舅爺爺，母曰舅奶奶。亦有稱舅老爺、舅老娘者。父之外祖曰老老爺，外祖母曰老老娘。父之姨曰姨奶奶，其夫曰姨爺爺。

母之父曰老爺，母曰老娘，兄弟曰舅舅，其妻曰舅母，姑曰姑老娘，其夫曰姑老爺，姨曰姨老娘，其夫曰姨老爺，姊妹曰姨姨，其夫曰姨夫，舅曰舅老爺，其妻曰舅老娘。

夫於妻對人稱家裏，於尊長稱媳婦。稱妻之父與伯叔同，母爲大媽、嬸子，或與妻同稱，餘亦不異。對人則於妻父母稱丈人、丈母，祖父母加老字，姑稱姑丈母，姨稱姨丈母，兄弟稱舅子，姊妹稱姨子，其夫稱連襟。

妻於夫黨率與夫同，對人則夫稱外頭，夫之父稱公公，母稱婆婆，伯父母則加大字，叔父母則加叔字，兄曰伯，弟曰叔，姊曰大姑子，妹曰小姑子，嫂弟婦曰妯娌。

繼父母稱同父母，或仍原稱。對人則加過房。繼父母於嗣子亦然。義父母則稱乾爹、乾媽，其父母稱乾爺爺、奶奶。

婢曰嫚子，亦曰丫頭。路人相遇，長稱大爺，少稱大哥。

父子曰爺們。同族曰自己爺們。長幼對語曰咱同喒音，或如暫、如雜爺們。對人稱俺爺們。謂人曰您爺們。別指曰他爺們。母子曰娘們。

繼室曰填房。再醮曰醮音轉如孝婦。孕生他姓曰帶肚。隨娘改適曰跟腳。妾同妻曰平房。庶爲嫡曰扶正。先妻所生曰前窩，後曰後窩。

操作

首戴物曰頂。肩荷曰夯。音抗。脊負曰背。肱承曰朵。舒量曰庹。托。手取曰摘。理曰擇。置曰穩。移曰挪。起曰掀。紾曰扭。撫曰摩挲。衡曰敁丁兼切弄，亦曰敁敠。度。握曰捘。子寸切。掬曰捧。圜曰摶。裂曰撕。伸曰抻。丑忍切。抻曰掙。藏曰掩。對握曰揢。丘駕切。

擲曰扔，一曰捽，或曰撩，或曰拋。取諸高曰勾，取諸深曰搯。同掏。指按曰揾。恩上聲。甲搔曰揩。音轉如蒯。二人共舉曰擡。挹水曰舀。以沼切。傾水曰潑。磨刀曰鐊。他浪切。粗磨曰犁。網魚或兔曰打。網鳥曰趕。

快曰緊鍊，亦曰馬溜。慢曰蹭迋，亦曰摩蹭。先試曰驗符。挪暇曰趕空。争先曰賽。

争鬭

手或物擊人曰撻。拳擊曰打，都挺切。亦或曰搥。掌擊曰撇，亦或曰搧。頭擊曰撞。肘擊曰拐。鞭擊曰抽。槍戳曰攮。刀刺曰捅。擋曰招架。鬭曰打仗。

衣服

衣之襌者曰袿。通作褂。祫綿曰襖。無袖而短者曰領衣，或曰背心，或曰坎肩。葛布曰衫。喪服曰布衫。斬衰曰大領。裳曰裙子。袜腹曰肚兜。下衣曰袴。套袴無襠亦曰插袴。女領巾曰披肩。或曰雲肩。小兒領巾曰圍嘴，亦曰遮巾。於履曰鞋，草結曰蒲窩，毛曰毡窩，皮襪曰皺。音如幫。

成衣匠曰裁縫。音或轉如房。初縫曰絇。對縫曰繶。隱。橫繶曰絎。下更切。密絎曰衲。納。粗縫曰緶。兩幅相重而粗縫之曰繒。

著衣曰穿。不扣曰掩，亦曰解胸襶帶懷。著袴曰蹬。繫腰曰匝。納履曰提。解衣曰脱。强褫曰剥，或亦曰搠。

飲食

乾曰渴。音如嗑。飲曰喝。音如哈。脣吸曰嗜。舌吸曰咂。强飲曰灌。食曰喫，同吃。亦曰得。音如歹。放飯曰饕，饞戲之曰囔，斥之曰餑。音如根。以箸進食曰扒。舌取曰舔。手取曰攄。捉。進細粉於口曰唵。箸取菜曰鉗。乳兒曰奶。哺之曰餵。同餧。

水沸曰滚，亦曰開。鍋沸之曰燒。壺沸之曰燎。泡茶曰刺，亦曰沖。米熟之曰熬，漓者曰湯，糊者曰飯。飯稀者曰澆，厚者曰糨。糨而復稀曰澥漓。淅米曰淘。漬之曰浠。泡。水麵曰麵湯。水角曰餂飥。磨熟麥粒成條曰連展。搏麥麵爲圓形蒸之曰餑餑。搏米麵爲圓形糊之鍋旁曰餅子。火肥肉出油曰焅。音靠。乾之曰炒。加水曰燉。烹魚曰煎。加醋曰𣩊。蘇。鹽漬菜曰醃。微漬曰鹵。食餲曰壞。餿曰饐毛。魚餒曰糜。酒醇曰釃，不釃曰寡，味酸曰焦。

居住

居處曰宅子。土音宅或轉如擦，意若家若主，如言鄉紳宅、莊户宅。夾道曰巷，亦曰衚衕。庭曰院子。屋後隙地曰子院。映壁曰照壁。牆缺曰朵口。廁曰毛廁，亦謂之坑。猪所曰圈。鷄塒曰窩。馬廄曰棚。門之鋪首曰鋪音如補頭音如瓳。

環鈕曰摇關，亦曰打關。鉸鏈古稱屈戍，亦稱屈膝曰環拉。閾曰門限。楣曰上限。閉户曰廅。磕同扂。閉門機曰櫎。門同。房中間曰明間，亦曰正間，兩端曰裏間，亦曰套間。隅曰角音如格落音如拉。暗處曰黑落。榻謂之牀。塈壘曰匟。築屋曰蓋。損壞修理曰札固。

器用

常用者曰家使，亦曰家伙。鍋梁曰撑，亦曰柯音如克杈音如齒。覆具曰蓋，亦曰蔽子。桌狹長而矮者曰匟桌，或曰飯桌。坐者狹長曰凳子，方圓曰杌子。匱亦曰廚輿。無蓋者曰敞車。用騾載者曰馱轎。或形如馱轎而曲竹作弓上覆以席則曰軸子。碎糧者爲磨，細之曰研，粗之曰轢。音如剌。去殼成米者曰碾，其砥曰臺，其輪曰砣臺。鑿孔立軸曰榫，木作方匡曰挂。人推畜挽曰軋惟。去芒殼曰轂音如傳粒。沃水以碾曰𥗽。伐。擣衣之石曰敲板石，其杵曰棒槌。擣他物之石曰碓臼，其擣曰掂。軋田之石曰輥滚子，其兩輪者曰轂輪。軋場之石曰碌音如綠軸音如柱。刈草刀謂之箣刀。穿木錐則謂之鑽。起石之具圓身削首曰鍬，圓身尖首曰鏨。銅器以沐者曰銅盆，亦曰銅盤。鈸之大者曰光光。

交易

買物曰置，賣曰折變，或曰折動，音如磴。或曰出脱。先錢後貨曰定，先貨後錢曰賒。全買曰及古底，亦曰欱音如哈莊，亦曰括莊。全賣曰撮底。預期買賣曰賀空，亦曰做盤子。買而轉賣曰撥販，買而復賣曰倒過，或曰倒弄，或曰倒換。價起曰快，價落曰疲。虛價欺人曰要謊。回值曰講。論數曰争競，亦曰争講。太刻曰經紀。貨高曰骰子六。骰子六點爲極數。

賣田房曰替動，買曰弄。於神像曰請。土布或稱家布約五丈爲個，十五尺爲墨。機匠每至其數以墨識之，故名。個、墨均有大小之分，個或成疋曰㕮、通作拏。曰倒。零剪曰裂、音或如勒。曰割、曰搘，扯。亦曰倒。魚蝦花糖曰稱。油醋曰裝，亦曰舀。擾。酒多曰卸，少亦曰裝。紙箔曰揭。糧於家曰挖。牲畜曰捉。販曰行販。介紹者曰經紀，亦曰牙紀。包税者曰行頭。錢息借於人曰放，亦曰蕃生。立字作據曰帖子，或曰押頭。貣人錢財曰舉、今通曰取。曰揭、曰拉急荒。索債曰要，故意不還曰抗。以田房抵押於人曰帶籠頭。集股營商曰合夥。中途解散曰拆夥。倒閉曰仆。傭人曰僱夥計。受僱曰抗長活。暫曰工夫。未至期解僱，資方曰下臺，勞方曰找算。

天時

天氣清朗曰斬晴。氤氳曰霧昏。日出曰上，落曰没。反射曰倒照。光線下垂曰伸腿。月没曰落。暈曰風郭音如格輪音如漏。星動曰顫音如站徨。風扶摇而上曰飈。雲曰雲彩。出岫曰發，或亦曰長。雲下漏晴曰拔根，或曰閃縫。雨降曰下，細點曰星，大雨曰鞭桿流子，細雨曰麵湯搊子，微雨曰洒音如掇垺音如布土，斜擊曰潲。霞曰燒紅。虹弓形曰虹，音如醬。直形曰豎孤椿。電曰打閃。霆曰霹靂。雹曰冷子。雪細曰鹽麵子。

晝曰白日。夜曰黑夜。東方將白曰撲剌亮。破曉曰傍明。音如萌。朝曰早起。正午曰晌。夕曰下晚，亦曰下黑。頃刻曰轉眼、曰没眨眼、音如趕。曰没時歇。最近曰剛纔。

温曰暖和，亦曰燠音如惱和。寒曰冷瀧。

地理

邱陵曰墈，曰埠。本字爲阜。平原曰泊。下隰曰窪。近水曰灘。周高中低曰窩落。坳曰山汪。矮曰𦘸𦘸。部買切，音或轉如怕上聲。路歧曰跂道。遠曰窵遠。地出水曰澥澇。黏埴曰觔力。河心曰槽，兩側曰湑，湑上曰厓。水流曰淌，漲曰發。決隄曰淈。骨。沖物曰氽吞音轉如吐物。氽曰浮槎。音轉如柴。泥沈曰坐澄。渡船曰舢板，亦曰擺渡。聯木曰筏子。火然曰煋。音或如燭。焰曰火苗。熾曰旺。以火然物曰點。爲火所燒曰燎。烘曰烤。

動物

飼牲畜曰餵，秣以穀曰上料。牲畜掘草出槽曰[舟几]。灰。銜曰嚼子，亦曰水環。勒曰轡頭。羈曰籠頭。紲曰繮繩。繫之曰拴。櫪曰樁子。鞍韉曰韂。韅曰肚帶。靳曰當胸。鞧曰後鞧。鞧亦曰紂。不鞍曰驏。馱具曰架子。能負曰喫載。力不能勝而下之曰撩載。踢人曰撩腳。奔逸曰趹。音如穴。抖擻曰打顫。撻具曰鞭子，其本曰鞴，末曰鞘，柄曰桿。犬咬人曰下口。鷄啄人曰扭。猫犬嘔吐曰吣。音如寢。猪掘地曰劕。鞏。

鳥獸毛出曰毧，扎。毻曰退。毛根曰窋。竹。尾翹曰舉、曰豎、曰撅。鳥爪曰攎子，有蹼曰巴掌，距曰後蹬。

鳥産卵曰下，伏卵曰㐌。蟲曰哨子。行曰蠕蠕。音如縷。蛇曰蓽出龕拉。

植物

根初生曰穋音如扭𥣩音如嘴，長曰茁音如札根。單子葉者芽將出曰浮土，初出曰鑽錐，稍長曰仰臉。雙子葉者芽將出曰捼倭脖，亦曰㽾骨泥，初出曰頂瓦。自生曰稆。葉萎曰蔫菸。穗變黑曰烏穤。妹。

樹本曰梃。梯曰分。歧曰杈。翦枝曰髡，音如吞。全去曰抹頭。無枝曰榾骨柮咄音轉如魯。枯曰立乾，亦曰站乾。枝萎曰焦梢。柯裂曰㱚。同披。插枝曰壓。削枝插入別本曰棱。剥皮以麻裹他枝曰貼。引枝以麻裹他本曰靠。

花不實曰謊果。初生曰坐胎。蒂曰蔕同蒂茇。蓏初現曰打菰。菰、蓏同。其中曰瓤。栗殼曰栗蓬。槐實曰槐蘼蕾。

麥初出曰針，偃曰倒針。禾吐穗曰秀，難秀曰搭卡苞。穗末枯黃曰燒苞。苗而不秀曰槍桿。秀而不實曰明落。

穀秸曰楷〔一〕，節曰稭，節根曰茇分勿切，音或如布蔕音戴，束之曰把。秫秸曰胡楷，束之曰䅊。同稟。凡禾草散而積之曰堆，束而積之曰穲，羅。整齊而高積之曰稞。朵。地瓜插芽田壟曰捼，謂之芽瓜，逕植瓜地中謂之捼瓜，翦蔓植之謂之蔓瓜。

〔一〕秸：原誤作「桔」，下同。

礦物

銅銹曰録，鐵曰鉎鏥。石剥蝕曰疏。鍛鐵成器以水淬之曰濺。刀刃折曰崩，屈曰捲。

疾病

頭疙禿曰禿瘡。耳膿曰耳膣音如底子。鼻多涕曰膿鼻子。面斑曰狗皮癬。心意煩悶曰毷氉。燥。膚腫起曰疙音如格瘩。

〔道光〕重修膠州志

【解題】張同聲修，李圖等纂。膠州，今山東省青島市膠州市。「方言」「方音」見卷十五《風俗》中。録文據道光二十五年（一八四五）刻本《重修膠州志》。

方言

張羣鴈曰：膠僻處海濱，北境之人聲濁上，南境之人聲偃下，附城之人聲平簡。莅兹土者，不易於辭聽，因取畢拱辰先生《韻略》之字，擇其反切，爲方言，以備採。今删其泛蕪，而録如左。

目深曰瞘睺。上音摳，上音候。耳垂曰皺皷。上音臘，下音打。目瞰曰眨。音斬。微視曰眑。撒平聲。偷視曰眦。雪平聲。短視曰近覷。音趨。推人曰㩳。音竦。覆物曰扲。音搗。藏物曰擑。音也。以拳加物曰扠。日皆切。以肩掀物曰揵。音欠。足踢曰踡。音捲。足蹬曰蹽。旁上聲。不聽曰傻。

沙上聲。不斂曰傽。除庚切。不潔曰踑頼。上音僛，下音癩。羞縮曰眠娗。上音免，下音殄。乖張曰㚖㚖。上音列，下音角。不正曰僟偰。上音蔑，下音屑。不峭利曰邋遢。上音臘，下音趿。不爽快曰襬䙡。上音賴，下音戴。誘人爲非曰攛掇。上音躦，下音朵。依人度日曰傝㑩。上音磕，下音趿。背人私語曰譖諮。上音察，下音七。暗地害人曰嗕噍。上音慱，下音樵。村遠曰介。音壙。驛平曰疃。音毯。高埠曰埂。音梗。高崖曰䟫。剛上聲。土乾曰垎剌。上音搭，下音拉。塵細曰垺土。垺同坳。近海曰港溝。港音蔣。近灘曰鹻場。鹻，公斬切。水淡曰潡。音擎。路濘曰泥。鋤加切。碾穀曰𣫊。音篡。碾米曰市。音伐。屑粗曰粞。音踹。米粗曰䊪。音鏟。連展曰𪍿餕。上音廩，下音諄。飯焦曰鍋渣。鍋音轕。乾麵曰糢。不平聲。肥肉曰臕。音鑣。手進食曰唵。音俺。口就食曰嗒。音插。縫衣曰䘠。峭平聲。補鞵曰鞝。音仉。火伸帛曰熨。音慍。水浸物曰㴠。音炮。碾輪曰碢。音駝。酒牀曰醡。音劕。水盆曰盔。音煿。酒壺曰榼。音海。擦桌曰𢴔。音罵。踹鼓曰鞔。音瞞。補壺曰穴。音滴。滅火曰沁。音親。磨刀曰鍚。音湯。磢磨曰鐫。音攢。指量物曰㪥。音樝。肘量物曰庹。音托。竹勒鷄毛曰担。音旦。牆釘木橛曰𣏌。音債。種麥曰耩。音講。種穀曰耬。音樓。秫稍曰莛秆。莛音廷。穀根曰秨子。秨音渣。禾早熟曰穲。音犒。稼晚收曰䅉。音民。樹分枝曰椏杈。上音丫，下音巴。樹無枝曰榾柮。上音沽，下音堆。蝦蟆子曰蛞蚾。上音括，下音達。蛇行草曰䓛𦽰。上音出，下音臘。拔草曰薅。音蒿。推車曰鞏。音拱。挹水曰舀。音擾。棄水曰潑。音頃。物掩蓋曰閅。音鼈。物著雨曰黴。音霉。蒸米作酒曰酶。音媒。蒸米培醋曰粩。音查。磨麥作麯曰䴸。音㨶。下鹵作腐曰拃。音斬。

竹篾曰箍。音沽。鏨柄曰榫。音損。鐵錮曰鋦。音菊，古作曓。銀鰾曰銲。音旱。風轉曰颷。旋去聲。雨侵曰潲。音哨。酒酸曰倒畚。音反。飯臭曰㽷餿。上音斯，下音惱。豆粉曰粉糰。音團。醬瓜曰瓜齏。音齎。餑一籠曰一裝。音莊。草一束曰一栞。音檢。碗一塊曰一鞴。音紂。線一紮曰一綹。音柳。

方音

虹曰醬。雹曰拔。港曰蔣。日曰義。人曰仁。血曰歇。肉曰幼。熟曰述。渴曰磕。飲曰哈。額曰葉。尾曰乙。謝降曰謝醬。場園曰場完。膠河曰焦河。嶽廟曰迓廟。以上變音，以下訛音。

俱訛具。祠訛祀。韋訛葦。憎訛贈。箪訛但。羹訛梗。咸訛顯。垠訛認。黎訛利。潛訛淺。卑訛比。樊訛范。陬訛湊。扃訛迥。躋訛濟。顔訛雁。珍訛枕。緘訛減。緅訛縐。絺訛恥。龔訛鞏。緇訛止。雌訛次。虧、窺皆訛愧。謀、牟皆訛木。頽、魋皆訛腿。慙、餐皆訛粲。以上本皆平聲。

靡訛迷。幾訛機。殍訛瓢。軌訛規。範訛繁。窘訛迥。顙訛桑。釁訛欣。懿訛夷。殉訛旬。茗訛名。頲訛廷。紹訛韶。鄙訛卑。菡萏訛函談。穎、郢皆訛盈。估、詁皆訛孤。赳、糾、咎皆訛鳩。菲、匪、篚、斐皆訛非。以上本皆上聲。

莉訛黎。謚訛尸。遂訛隨。暇訛霞。值訛姪。孳訛兹。勘訛堪。屢訛吕。付訛夫。邵訛韶。堠訛侯。緯訛維。玩訛完。以上本皆去聲。戚訛妻。揖訛衣。翕訛熙。匿訛泥。服訛符。俗訛徐。局訛拘。逸、佚皆訛夷。綌訛兮。以上本皆入聲。

〔民國〕膠澳志

【解題】趙琪修，袁榮叟纂。膠澳，今山東省青島市舊稱。「方言」見卷三《民社志》中。録文據民國十七年（一九二八）鉛印本《膠澳志》。

方言

張揅雁曰：膠澳僻處海濱，北境之人聲濁上，南境之人聲偃下，附城之人聲平簡。莅兹土者，不易於辭聽，因取畢拱辰先生《韻略》之字，擇其反切，爲方言，以備採。今删其泛蕪，而録如左。

目深曰曉睺。上音摳，上音候。耳垂曰皺皷。上音臘，下音打。目瞰曰眨。音斬。微視曰眇。撒平聲。偷視曰眺。雪平聲。短視曰近覷。音趨。推人曰攖。音竦。覆物曰抙。音搗。藏物曰撳。音也。以拳加物曰扠。日皆切。以肩掀物曰揵。音欠。足踢曰踡。音捲。足蹬曰蹺。旁上聲。不聽曰傻。沙上聲。不斂曰倀。除庚切。不潔曰踑賴。上音憊，下音癩。羞縮曰眠娗。上音免，下音殄。乖張曰㚗㚗。上音列，下音角。不正曰傶僁。上音蔑，下音屑。不峭利曰邋遢。上音臘，下音趿。不爽快曰褦襶。上音賴，下音戴。誘人爲非曰攂掇。上音趲，下音朵。依人度日曰儃儓。上音磕，下音踧。背人私語曰譖謕。上音察，下音七。暗地害人曰嗕嘸。上音慱，下音樵。村遠曰夰。音壙。驛平曰疃。音毯。高埠曰埂。音梗。高崖曰旈。剛上聲。土乾曰垎刺。上音搭，下音拉。塵細曰垺土。垺同坳。近海曰港溝。港音蔣。近灘曰鐮場。鐮，公斬切。水淡曰澉。音擥。路濘曰涀。鋤加切。碾穀曰皾。音篡。碾米曰市。音伐。屑粗曰粞。音踹。米粗曰糶。音鏟。連展曰麯餕。上音廩，下音諄。飯焦曰鍋渣。鍋音轄。乾麵曰糕。不平聲。肥肉曰臕。音鑣。手進食曰唵。音俺。口就食曰唽。音插。縫衣曰紼。峭平聲。補韈曰鞝。音仉。火伸帛曰熓。音愠。水浸物曰㳡。音炮。碾輪曰碢。音駝。酒牀曰醡。音鰂。水盆曰盎。音煿。酒壺曰榼。音海。擦桌曰帓。音罵。踹鼓曰鞔。音瞞。補壺曰宂。音滴。滅火曰沁。音親。磨刀曰錫。音湯。磢磨曰鐫。音攢。指量物曰戲。音櫨。肘量物曰庹。音托。竹勒鷄毛曰担。音旦。牆釘木橛曰杺。音債。種麥曰耩。音講。種穀曰耬。音樓。秫稭曰莛秆。莛音廷。穀根曰秨子。秨曰渣。禾早熟曰穛。音造。稼晚收曰穒。音民。樹分枝曰椏杈。上音丫，下音巴。樹無枝曰榾柮。上音沽，下音堆。蝦蟆子曰蛞蟲。上音括，下音達。蛇行草曰葦傘。上音出，下音臈。拔草曰薅。音蒿。推車曰鞏。音拱。挹水曰舀。音擾。棄水曰潑。音頃。物掩蓋曰閅。音龞。物著雨曰黴。音霉。蒸米作酒曰酶。音媒。蒸米培醋曰粏。音查。磨麥作麯曰韥。音摲。下鹵作腐曰拃。音斬。竹篾曰箍。音沽。斵柄曰榫。音損。鐵錮曰鋦。音菊，古作𨳡。銀鏢曰銲。音旱。風轉曰颷。旋去聲。雨侵曰潲。音哨。酒酸曰倒畬。音反。飯臭曰凘餡。上音斯，下音惱。豆粉曰粉糰。音團。醬瓜曰瓜齏。音齏。餎一籠曰一茓。音莊。草一束曰一桒。音檢。碗一塊曰一鞠。音紂。線一紮曰一綹。音柳。

以上方言。

虹曰醬。雹曰拔。港曰蔣。日曰義。人曰仁。血曰歇。肉曰幼。熟曰述。渴曰磕。飲曰哈。額曰葉。尾曰乙。謝降曰謝醬。場園曰場完。膠河曰焦河。嶽廟曰迓廟。以上變音，以下訛音。

俱訛具。祠訛祀。韋訛葦。憎訛贈。簞訛但。羹訛梗。咸訛顯。垠訛認。黎訛利。潛訛淺。卑訛比。樊訛范。陬訛湊。扃訛迥。躋訛濟。顔訛雁。珍訛枕。緘訛減。緅訛縐。絺訛恥。龔訛鞏。緇訛止。雌訛次。虧、窺皆訛愧。謀、牟皆訛木。頹、魋皆訛腿〔一〕。槧、餐皆訛粲。以上本皆平聲。

靡訛迷。幾訛機。殍訛瓢〔二〕。軌訛規。範訛繁。窘訛迥。顙訛桑。釁訛欣。懿訛夷。殉訛旬。茗訛名。頲訛廷。紹訛韶。鄙訛卑。菡萏訛函談。穎、郢皆訛盈。估、詁皆訛孤〔三〕。赳、糾、咎皆訛鳩。菲、匪、篚、斐皆訛非。以上本皆上聲。

〔一〕魋：原誤作「訛」，據道光《膠州志》改。
〔二〕訛瓢：原作「瓢訛」。
〔三〕詁：原脱，據道光《膠州志》補。

莉訛黎。諡訛尸。遂訛隨。暇訛霞。值訛姪。孳訛兹。戡訛堪。屢訛吕。付訛夫。邵訛韶。堠訛侯。緯訛維。玩訛完。以上本皆去聲。

戚訛妻。揖訛衣。翕訛熙。匿訛泥。服訛符。俗訛徐。局訛拘。逸、佚皆訛夷。綌訛兮。以上本皆入聲。

以上方音。

右文録自道光二十五年張同聲修之《膠州志》。膠、即兩縣，方言略同，其發音有異於今，實合於古。王筠《説文釋例》載産，《唐韻》所簡切，段氏謂今南北語言皆作楚簡切，余妻高膠州人，其讀書、語言皆作所簡切，王著《説文釋例》所述如是。是知即墨人産讀如陝，乃《唐韻》之讀法也。《膠志》所謂變音，如港曰蔣、日曰義之類，亦古音耳。以下更就即墨人之鄉談俗語，雜采數十則，以見一斑。

交付　欠人財物，交還於人，謂之交付。例如錢業以三月、八月爲期，即謂之三月付、八月付。　芽瓜　取芽而種之。甘藷謂之芽瓜。　蔓瓜　折蔓而種之。甘藷謂之蔓瓜。　偏道　繞路之謂。不繞路即曰不偏道。　壯　粗大之謂。對細言。　輕妙　細小之謂。對粗言。　折蹬　要弄人之謂。　直蹶蹶的　形容其直，或言其粗魯。　轉不的　阻止其轉，又爲無可奈何之意。　瞧不起　看不中之謂。　鈷釘　音沽丁，儘全力以擊人，謂之鈷釘。　腚　讀如定，即臀之訛音。　睃　平視之謂。　老雜毛　鄙俗相詬之詞，意與老雜種同。　乜　義與的字同，讀如聶。　遲糢糊　眼汙未清。　冷糊塗　即拈扎湯。似北京之飥飳湯。　够　滿足也。　小嬌嬌　愛好子女之稱謂。　作嘎　何爲之意，與江浙語之「作舍」正同，無所爲即曰不作嘎。　耐　讀如惹阿，兩人之謂，即北京語之倆。一揸 以中指及大指伸直量物，謂之一揸。欹下 讀如且下，睡倒之謂。科子 女子不正之謂。瘦成一朵 言其瘦瘠不堪，只剩一把骨頭也。裂嘴 張口之謂。擠打 眼上下活動，擠眉弄眼之謂，亦云擠軋，義同。囃 作甚之謂，與京語之幹嗎同。把抓 手抓之謂，如言兩手即云兩隻把抓。弄把 收拾戲弄之謂，打降對仗亦云弄把。妗子 甥對舅母之稱。媽媽 祖母之謂。大爹 姪對伯父之稱。媽子 老媽或老媼之謂。嫚 女童謂之嫚。捨官 女童之謂。小廝 童子之謂，對人稱己之子曰小廝。敢子的 能如此便佳，與京語敢情之用同。肋肥 脅下之謂。善岔 循良之謂。不是善岔，與京語不是好惹的語同。扤 音兀，掩耳謂之扤。不的麽 猶言不好麽。歹 吃苦之謂。撅人 即詈人。仁義 爲人端厚之謂。肚兒圓 飯飽肚大之謂。劁下頭來 砍頭之謂，斬伐樹稍亦曰劁下頭來。嗓根頭子 猶言喉根。不利索 猶言不唎囉。褄褵搭撒的 亟形其襤褸也。扎拈 裝扮或修繕之謂。纂 女人束髮者。拉撒 汙穢之謂。半瞎 目光近視之謂。膺 推人之謂。《詩經》「戎狄是膺」，膺，擊也。錘 以拳擊人之謂。不峭利 猶言不爽快。靦𩈢 羞縮之謂，讀若面騙。不出頭 羞縮之謂。混賬 不正之謂。跨拉 遥遠之謂，或書作夼。不細 粗大之謂。人前一半，人後一半 背人説私話之謂。埠子 山嶺之謂，亦曰高崮。連展 青麥穗上磨推碾，謂之連展。崮峯謂之崮。鍋炸 即京語餃子。抓 以手抓食之謂。銲 以金類補壺漏處，謂之銲。壓 傾水之謂。蟻羊 蟻羣之謂。額顱蓋 額之謂，即天靈蓋。額讀如頁。穩 安置物件之謂。菴子 山中小寺宇，或農佃人所居小屋，俗稱菴子。差不離 相去不遠之謂。二十七、四十一 即墨人諱言之，俗以二十七喻兔，以四十一喻龜也。賴戴 汙穢之謂。冷拉鐵不打錘 過時則失其時效之謂。老母猪括打 野蔬之一種，晒乾煮食，俗稱老母猪括打。牛筋子花 喬木白花，俗呼牛筋子。瓜皮水 河水干涸時，細流不絶，謂之瓜皮水。形其少也。多大 玉蜀黍製餅，枚重一斤，俗呼多大。一抹五一總之謂。夾骨 吝嗇之謂。嘔吼 吆喝之謂。媽虎 謂狠爲媽虎。瞧不起 輕視之謂。般打般兒 言一班相等也。使性磅氣的 没好氣之謂。跛羅蓋 膝蓋之謂，跛讀波。挖睺 瞪目視人，即睚眦之義。讀如瓦候。替蹬 毁棄之謂，又有賣卻之義。夾哈兒 牆角隱僻之處，謂之夾哈兒。艮 上聲。遲緩又柔韌之謂，又物反潮濕，亦云反艮。大董子 一總之謂，董即總之轉音。敗以 禁止人且勿如此，又不要如此即曰敗以。三不動的 不應而慣行之謂。折蹬 折磨之謂，又有變賣之義。緊参火 趕緊之謂。閃下 遺棄之謂。搗 以箸取菜之謂。没争敢 瞬息之謂。没過細 未注意之謂。

〔民國〕增修膠志

【解題】葉鍾英修，匡超等纂。膠，即膠州，今山東省青島市膠州市。「方言」「增補方言」「方音」見卷十《疆域志·風俗》中。録文據民國二十年（一九三一）鉛印本《增修膠志》。

方言

張羣鴈曰：膠僻處海濱，北境之人聲濁上，南境之人聲偃下，附城之人聲平簡。莅兹土者，不易於辭聽，因取畢拱辰先生《韻略》之字，擇其反切，爲方言。並删其泛蕪，而録如左云。李之雍先生又增補方言續解，合爲一册。兹並採入，分類録之，並補其遺漏，以備採風問俗者覽焉。

目深曰曉睺。上音摳，上音候。耳垂曰皺皶。上音臘，下音打。目瞰曰眨。音斬。微視曰眍。撒平聲。偷視曰眺。雪平聲。短視曰近覰。音趨。推人曰攫。音竦。覆物曰拚。音搗。藏物曰撒。音也。以拳加物曰扠。日皆切。以肩掀物曰揵。音欠。足踼曰蹝。音捲。足蹬曰蹽。旁上聲。不聰曰傻。沙上聲。不斂曰倀。除庚切。不潔曰蹎賴。上音僪，下音癩。羞縮曰眠娗。上音免，下音殄。乖張曰奊奊。上音列，下音角。不正曰倢偰。上音蔑，下音屑。不峭利曰邋遢。上音臘，下音踧。不爽快曰褦襶。上音賴，下音戴。誘人爲非曰攛掇。上音躦，下音朵。依人度日曰傐傺。上音磕，下音踧。背人私語曰譖諒。上音察，下音七。暗地害人曰啅嘶。上音愽，下音樵。村遠曰夰。音壙。驛平曰疃。音毯。高埠曰埂。音梗。高崖曰矼。剛上聲。土乾曰垎剌。上音搭，下音拉。塵細曰垺土。垺同坳。近海曰港溝。港音蔣。近灘曰鹻場。鹻，公斬切。水淡曰潡。音擊。路濘曰浞。鋤加切。碾穀曰轂。音篡。碾米曰市。音伐。屑粗曰粞。音踹。米粗曰糶。音鏟。連展曰麯餕。上音廩，下音諄。飯焦曰鍋渣。鍋音轄。乾麵曰糢。不平聲。肥肉曰臕。音鑣。手進食曰唵。音俺。口就食曰嗏。音插。縫衣曰䌈。峭平聲。補輾曰鞫。音仉。火伸帛曰熨。音愠。水浸物曰渧。音炮。碾輪曰碢。音駝。酒牀曰醡。音劊。水盆曰盎。音娉。酒壺曰榼。音海。擦桌曰抹。音罵。踹鼓曰鞔。音瞞。補壺曰穴。音滴。滅火曰沁。音親。磨刀曰鐋。音湯。磢磨曰鐫。音攢。指量物曰㪍。音櫨。肘量物曰庹。音托。竹勒鷄毛曰担。音旦。牆釘木橛曰杙。音債。種麥曰耩。音講。種穀曰耬。音樓。秫稍曰莛秆。莛音廷。穀根曰秨子。秨音渣。禾早熟曰穛。音糙。稼晚收曰穭。音民。樹分枝曰椏杈。上音丫，下音巴。樹無枝曰榾柮。上音沽，下音堆。蝦蟆子曰蛞蠹。上音括，下音達。蛇行草曰葦韋。上音出，下音臘。拔草曰薅。

音蒿。推車曰鞏。音拱。挹水曰舀。音擾。棄水曰漀。音頃。物掩蓋曰閇。音鼈。物著雨曰黴。音霉。蒸米作酒曰酶。音媒。蒸米培醋曰粋。音查。磨麥作麴曰麳。音揀。下鹵作腐曰拃。音斬。竹篋曰箍。音沽。斵柄曰榫。音損。鐵錮曰鋦。音菊，古作䤗。銀鏢曰銲。音旱。風轉曰颴。旋去聲。雨侵曰潲。音哨。酒酸曰倒畚。音反。飯臭曰㽧餿。上音斯，下音惱。豆粉曰粉糰。音團。醬瓜曰瓜齏。音齏。餑一籠曰一裝。音莊。草一束曰一槀。音檢。碗一塊曰一鞹。音紂。線一紮曰一綹。音柳。

以上前志。

增補方言

天時

秋分曰涼滲。罧。冬曰冷灑。大風曰颳。瓜上聲。回風曰趯。雪平聲。雷聲曰雺䨗魯。電光曰睒。閃。雲響曰雲霙。無雲曰昺亨晴。大霰曰飯樸糲。濃霧曰幕露降。訛沫落醬。碎雲曰𡏖刺磕拉雲。月暈曰風轕邋。雨潤曰汳潮。春陰曰拃凍。大霧曰海麻互。即莫胡。彗星曰埽帚星。冬暖曰攮忽。

地理

歧路曰跋路。同岔。路遠曰窵弔遠。路險曰磽磝。堯敫。地窪曰瀣澇。土穢曰浽音餧瀼。沙屯曰沙堝。水響曰漼。滑上聲。放水曰滏。倘上聲。

身體

身長曰細蹽䠷。撾介。小女髻曰鬡髤。小兒髮曰鬙鬐。搡翟。手撾曰攄。撾。手擋曰趟。招。手撓癢曰掗。瓦。手捻鼻曰擤。擰，本亨上聲，訛醒。手捼曰攥。鑽。手捋曰攥。柞。目汁曰瞌。鴟，同眵。耳膿曰瞠。底。足不起曰趿躐。俤啦同〔一〕。行不正曰歪𧗟。外邋同。鼻受涼曰嚏呸。訛代伍。口品味曰嚜唼。頭强起曰頫掙乍身。善走曰趔勢。拳搗曰㧟。歪上聲。手敵曰牂。妝去聲。兩指撕曰掐。恰。單拳打曰捶。手動曰掯挱。墮莎。手搖曰擺洒。退縮曰跐。楚去聲。跛行曰儌。缺平聲，瘸蹷同。頦曰夜賴蓋。頦曰下巴骨。額下鼻上曰鼻窠。肩曰尖膀。肱曰葛巴。乳曰奶子。膝骨曰髆胳蓋。膝骨後曰曲般。踝曰何郎骨。小兒蒙眼作戲曰叜同摸互。

性情

心狠曰歁。蔻。性謬曰懤。宙。不聰明曰傻。沙上聲。不善良曰辣害。以言懼人曰嚇唬。下虎。以聲畏人曰喝咄。嗑奪。唾人曰呸。陪平聲。大聲曰嗷。驟驚而怒曰嚇。怒極故作驚詞曰灰。粗鹵曰漭撞。野霸曰撒抪。潑同。癡呆曰癡聳。迂拙曰蠢倴。古作体。自誇曰讕弄。邁弄。面斥曰傖促。傖蹵。挑事曰挑唆。條梭。關己醜聲曰搯瓦臉。事太煩瑣曰躧蹽。太汙穢曰靇態蛋。善逢迎曰滑溜毬。惹人嗤笑曰胖頭鳥。不識好歹曰瞎眼蟲。故難人曰勒揹。忍不

〔一〕俤：原誤作「傪」。

住曰疲煩性。喪其家業曰逃失。吝於財物曰裹訛疙固。不和睦人曰磣岑上聲酸。亦曰假酸。好苛求曰摘嫌。懷安曰㺜濃養。軟弱曰鋪囊。强暴曰横魂流。驕奢曰脹丈膨。狡詐曰詭調釣頭。放蕩曰浪張貨。不順叙曰拙取。紂。逞勇曰潑皮虎。裝豪俠曰大頭廓落。猪名。

倫類

祖父曰爺。祖母曰媽。娣娣曰妯娌。幼女待年婿家曰團圓。醫生曰大音代夫〔一〕。巫神曰神婆。同岳曰連襟。亦曰連喬。同室曰當家。外祖父母曰老爺〔二〕、曰老娘。岳家父母曰丈人、丈母。嗣族人者曰過房。亦曰過繼。復本姓曰歸宗。繼室曰填房。再醮曰半花。假母曰姏娘。義子曰買官。亦曰乾兒。隨娘改嫁曰跟腳。孕生他姓曰帶腹。妾同妻曰平房。庶爲嫡曰復堂。晚年所娶曰後婆。亦曰晚婆。先妻所生曰前窩。吹打曰鼓手。剃頭曰待召。訛周。僕稱主人曰主訛準家。農種人地曰佃户。亦曰客家。扢起，亦作奇手曰小掐。訛吕。土豪曰惡棍。貿遷有無曰行杭販。調說生意曰經紀。

人事

送妝奩曰鋪牀。初冠笄曰上頭。親友助奩曰添箱。侍女隨新人曰陪嫁。洞房陳設曰擺圓房。新婦上牀曰坐廬帳。從嫁筵曰隨身飯。洞房宴曰合婚酒。假託名色曰打局。竊物遠

〔一〕「醫」下原衍一「生」字。
〔二〕父：原誤作「外」。

逃曰拐騙。初喪曰倒頭。發引曰出殯。候客曰開奠。亦曰開弔。茶水送廟曰潑湯。三牲行奠曰燒紙。次晚同祭曰擺坐夜。二日詣廟曰送盤纏。返虞宴族曰搶遺飯。有事襄理曰幫忙。隨處用役曰打閒。合夥曰佮葛夥。事怪曰蹊蹺。喬。事亂曰哱波囉。總買曰全夃。孤。料值曰咶價。詐買曰誆騙。諞同。巧買曰磕打。託故求幫曰打秋風。亦曰抽豐。因人得潤曰喝渾水。計破曰漏馬腳。事亂曰爛羊頭。掩飾不過曰猫蓋屎。急迫而行曰狗跳牆。瓦解曰迸蚌情。玉成曰愍慫。市儈首率曰掌櫃。買賣説合曰牙子。以手稱物曰战敠，占度。或作顛篤，又作度量、稱量、章量。許可曰中。碎裂曰斯。匠人以薄片塞空曰粲。土工抛磚瓦曰撇。

宮室

映壁曰照壁。臺階曰姜礤。際。獸頭曰乾猙。干静。攔門棍曰拴。閉門機曰櫰。門同。牝瓦曰瓪瓦。瓬瓦曰甋瓦。閉户曰廅。磕，同廅。遮門曰扂。牐閘同，俗音茶。糞坑曰屙落。牆缺曰朵口。門房圓石曰石鼓。簷角雕木曰花牙圓。瓦當去聲曰猫頭。撐檐木曰猪嘴。門機曰哈馬。

貨物

多買曰躉。啍稕同。欠值曰賒。十六兩曰觔。斤同。四十斤曰枹。砲，今作二十斤。稱低曰芇欠。綿餙同。尖曰梨哨尖。齊曰鯐譖齊。乾曰焦乾。白曰瞟白。細洗曰涮。粗洗曰磢。創。草刀曰劄。扎去聲。野刀曰鏺砑。碾米曰碾。念。輪曰碢。駝。履塞曰楥。絢楦鞙同。瓷甕曰礵。缸甗同。壓酒曰笮。今作榨。漉酒曰篘。撈米曰笊籬。甑隔曰箅篦子。竹羅曰篩子。崽子。水盆曰盎。撥。酒壺曰榼。海。箱飾曰鏵件。鐵銹鏽同曰鉎鏥。縮。物破未離曰璺。問。鞭尾曰鞘。刀柄曰把。鑿石具曰鏨。昝去聲。穿木錐曰鑽。纂去聲。一數曰䃺。酞同。三數曰酞。撒平聲。木在中曰閛。聽。木在下曰桿。敢。拈繩曰縒。矬平聲。絞繩曰囊。檸同囊。打鐵曰鉆。解鐵曰銼。矬去聲。抓物曰拘鈎。俗訛鐃鈎。弓囊曰衱袋。撒袋。爽眼曰真訛皴亮。工快曰瀗拴去聲溜。

服物

短袂曰褃䙕。無袖曰褙褡。補衣曰𧝐。遼。縫帶曰𥡡。鍬訛，峭平聲。洗衣曰糨。初縫曰絢。鈎。對縫曰𦄿。隱。細縫曰絎。杭。粗縫曰編。衣長曰褷䙕。衣瘦曰裾䘖。居律。皮襪曰皾。榜。單裙曰裢。雪平聲。毛布曰氆氌。綵紬曰毰毸。撒。

飲食

飯厚曰糐。籌。磨米作飯曰䊦粖同粥。摩竹。糖麵成餅曰酵餅。膠訛焦。烹魚曰篡爜煠。菜曰焯。綽。烹蛋曰㷶。倭。煮肉曰熬。奥平聲，爊通。火乾飯曰㶲。插。火乾肉曰㸋。芻炒同。魚加醋曰𩸞。蘇。酒一巡曰一啉。林。咬物易斷曰脆。翠。食物雜砂曰磣。墋。酒曰燉、曰釃。敦去聲。篩。餅曰烙、曰爐。滾水和麵曰盪麵。粥煮太薄曰澥漓。懈離。鹽醬豆曰豉。粧。搗蒜曰攢。竄平聲。焯菜曰㳇。料。飲酒曰嗜。許。貪吃曰饕滔饞。留渣曰浥。必。出水曰汔。即。

百穀

粱稍曰莛稈。廷桿。粱桿曰秫稭。麥加蹂曰穰稭。禾變黑曰烏穛。妹。豆莢曰角。麥針曰亡。亡俗作芒。

樹木

續木曰椄。接。壓枝曰靠。無枝曰棤柮。跕堆。分枝曰丫爬。鴉巴。枝折曰破。劈。斜砍曰槎。汊。松實曰松椃虎籠。椿英曰姑固。栗殼曰栗蓬殼。

果蔬

似杏而酸曰杏梅。似柑而圓曰香櫞。元。鬧別柿曰烘柿。脆柿曰澉柿。澉訛攬。大赤棗曰糖唐訛餉棗。小黑梨曰桑梨。匾柿曰托柿。匾桃曰盒子桃。胡荽曰芫荽。北菌曰蘑菇。南菌曰香蕈。鳧茈曰地栗。番薯曰地瓜。倭瓜曰番瓜。蘿蔔曰蘿白，紅者曰胡蘿白。瓜初結曰茹茹茄同子。

花草

生芽曰茁。札。吐穗曰穇。參訛竄平聲。染絳曰茈紫草。染藍曰澱。電殿靛同。花彫零曰枯樨。撒訛綏。枝萎曰蔫烟菸。花未放曰古朵。古都。紫薇曰百日紅。酴醾曰八班寶。子午花曰夜落金錢。鳳仙花曰假指桃花。亦名急性子。罌粟曰生菜蓮。躑躅曰映山紅。即杜鵑。玫瑰曰刺玫菊。芘芣曰金錢葵。即荍。荷實曰蓮蓬。蓼花曰水紅。同葓。淡竹葉曰藍蝴蝶。水中生草曰菱扎菜。水上枯草曰浮萓。訛浮柴。蕢曰接骨草。蔽曰夬子。蔽同快。

禽獸

伏卵曰𧋢。抱同菴。啄粟曰鴿。千。毛出曰毨。扎髩同。毛根曰窋。竹。形小曰鴇子。初生曰雛子。鳶曰鷂鷹。隼曰鶉鴂。訛嚀奪。秃鶖曰鵟鷟。兔鷹曰大鷹。紅眼鷹曰班雄。黃眼鷹曰鵟戧同子。竊脂曰偷胭脂。竊藍曰藍靛。科在草曰趲草鷄，在泥曰泥裏扎。黃鸝曰黃蠟棒。戴勝曰鐵䎃毛。宵雇曰唧唧梗。玩鳥曰鳩鳩兒。知陰晴曰早鵓、夜鵓。蛙。割麥插禾曰光棍奪鋤。恒養者金翅虎皮。南來者珍珠芙蓉。山鳥曰山和尚、山道士。野鳥曰麻穀荛、大眼賊。戀偶曰相思鳥。戀羣曰早姊妹。鳥交曰伏羣。雛出曰鴿鸖。千節。鸖曰仙毫。雉曰野鷄。雀曰家鴇。鵩梟曰猫兒頭。鷦鷯曰粉眼。鷰曰燕子。翠鶉曰鷂鶉。斲木曰奪木蟲。鳥之小者曰隹隹。牝馬曰騍馬。牝驢曰騲驢。驢馬踦人曰踦。驢馬臥地作滾曰打戰。大牛曰犍犍。小牛曰犢朴訛怕上聲牯。牛不犗曰犍子。小牛曰牂。滅平聲。牝牛曰牸牛。牡豕曰豵猪。牡狗曰牙狗。狸之大者曰臊貔子。尾曰以八。牛張角曰觰。樝。豕發地曰犕。灰，同豗。馬轉土曰驏。戰。馬逸曰跌。穴，同狘。狗食曰䑛。忝。猫吐曰吣。沁，親去聲。猪嘴曰劊。鞏。犬吠曰咨。汪。驢載曰他。惰，俗作垛。驝曰駱駝。駝同。犬喜曰撒吽。歡。

昆蟲

蟬曰蠽流。捷流。蝗曰螞蚱。蜣螂曰蛣蝂螂。螳螂曰刀螂。蛾未出曰蛹。永。蟬未蜕曰螝。圭。蟲食豆曰虸蚄。方，訛黃。螳螂子曰螵蛸。標宵，亦名博焦。蝦蟆子曰蛞括蝀。東。訛疙疸。蜥蜴曰馬蛇。水蛭曰馬蜞。奇，訛蹄。蝙蝠曰蟞蚨。又訛鱉虎。蚰蜒曰虸蜒。小蟲曰姑姑子。即蚱蜢。螽飛有聲曰蛌蝫板。瓜打，即螇蚚。蛾飛有聲曰錮盧鍋。長螽曰捎母角。綠蝗曰青頭郎。蝗無翅曰肉墩子。蝗有力曰蹬倒山。倒窩蜂曰氣不憤。浮水蟲曰担杖鈎。蝎鈎人曰蜇。⿰虫若，蠚同。蝎生子曰蚠。憤。食苗曰截蟲。蠹木曰蛀蟲。

鱗介

鰞鰂曰烏魚。鰂蓋曰海螵蛸。鯸鮐曰河豚。魨同。水母曰海蛇。鮀同，音柁，俗訛音折作蜇蟄。鱗美曰鱘鰉。訛秦皇。頭美曰⿰魚加鯚。加吉。尾美曰䰾魚。杷，通作鮁。子美曰鮁魚子。以地美者沽河鮨、亦通用鯔，以其肥當作脂。淮河鯉。以時美者開凌鮻。亦用鯵。鼈曰團魚。訛作鱖，非。鱖非鼈也。蚌大者曰鰒報魚。蚌小曰波螺。似蝸，訛波。殼小有尖曰海螺。俗曰海螺螓。圓而帶泥曰泥螺。蠣曰海蠣。蛤曰蛤蜊，訛辣。方長曰⿰虫鮮，瘦長曰蟶，稱。扁曰匾淺子，黑曰黑蛤蜊。魚因黏滑曰鮎魚。魚以色別曰黃姑、白姑。鰌曰泥勾。鯊曰浮梢。蛤之大者曰江珧柱。蝦醬曰莫胡。

雜類

思飲曰磕。讓酒曰宣。以蒲作履曰蒲韈。以布承溺曰藉子。藉應作褯，《說文》：「褯，褓也。」衣破裂曰緝厲。履襯曰鋪襯。門背横木曰光。門背豎木有孔受扃曰門鼻子〔二〕。燒木滅水曰⿰娄夫

〔二〕 豎：原作「樹」。

炭。以水滅火曰侵。鍋破以鐵固之曰錮路鍋。芻靈曰童男女。木偶曰窟里子。毀壞曰作踐。木段曰滚子。栅曰栅欄。響聲遠聞曰互隆。擊空聲曰古東。水突流曰花拉。冰柱曰凌孤椎。孝子廬於墓側曰慮墓。慮廬轉重讀。牌位曰牌外。位、外古讀同。衣敝曰藍鹵,亦曰濫路。縷鹵路聲近。傑出曰天王甲。嚇小兒曰馬告告。告即貋。馬貋者,狼也。又貋,犬呼也。古通用皋,故呼犬曰皋。形容怪聲曰狼號鬼叫。

以上李之雍補。

方音

虹曰醬。雹曰拔。港曰蔣。日曰義。人曰仁。血曰歇。肉曰幼。熟曰述。渴曰磕。飲曰哈。額曰葉。尾曰乙。謝降曰謝醬。場園曰場完。膠河曰焦河。嶽廟曰迓廟。宋家莊、魯家莊曰宋姑莊、魯姑莊。以上變音,以下訛音。

俱訛具。祠訛祀。韋訛葦。憎訛贈。簞訛但。羹訛梗。咸訛顯。垠訛認。黎訛利。潛訛淺。卑訛比。樊訛范。陬訛湊。扃訛迥。躋訛濟。顏訛雁。珍訛枕。緘訛減。緅訛縐。絺訛恥。龔訛鞏。緇訛止。雌訛次。虧、窺皆訛愧。謀、牟皆訛木。頹、魋皆訛腿。虀、餐皆訛粲。以上本皆平聲。

靡訛迷。幾訛機。殍訛瓢。軌訛規。範訛繁。窘訛迥。顙訛桑。釁訛欣。懿訛夷。殉訛旬。茗訛名。頲訛廷。紹訛韶。鄙訛卑。菡萏訛函談。穎、郢皆訛盈。估、詁皆訛孤。赳、糾、咎皆訛鳩。菲、匪、篚、斐皆訛非。以上本皆上聲。莉訛黎。謚訛尸。遂暇訛隨霞。値訛姪。孳訛兹。勘訛堪。屢訛吕。付訛夫。邵訛韶。堠訛侯。緯訛維。玩訛完。以上本皆去聲。戚訛妻。揖訛衣。翕訛熙。匿訛泥。服訛符。俗訛徐。局訛拘。逸、佚皆訛夷。給訛兮。以上本皆入聲。

〔民國〕壽光縣志

【解題】宋憲章修，鄒允中等纂。壽光縣，今山東省濰坊市壽光市。「方言」見卷八《民社志》中。録文據民國二十五年（一九三六）鉛印本《壽光縣志》。

方言

天時

春温曰暖和。炎歊曰奇熱。微凉曰凉颼。大寒曰冷。風大曰颳。刮上聲。風轉曰颴。旋。雷響曰雳霳。笏籠。雲響曰雲霣。月暈曰風圈。屋簷冰穗曰淩錐。彗星曰掃帚星。虹出曰醬。雨侵曰潲。稍去聲。

地理

田隴彎形曰車輞地。地鄰如丁字形曰枕頭地。路途經雨曰泥渦。窩。歧路曰𨀤路。路遠不順曰窵遠。窪地曰鰜場。塵飛曰埻土。雨足曰沃土。糞田地曰使力量。牆陰黑暗處曰旭旮。葛拉。共同出入曰夥巷。地處曰埝。

身體

身有力曰壯實。手搔癢曰撓。指甲著力曰掐。恰。以手離物曰撕。目汁曰眵。鴟。邪視曰瞅。張目曰瞪。耳膿曰聹。底。身冷搖動曰顫。戰。跛行曰瘸。躩。行不正曰歪孬。外拉。脛曰核桃骨。脣缺曰豁脣。小兒頂前髮曰囟信毛。

性情

心狠曰歹。蔻平聲。性滯曰懤。紂。不伶俐曰傻。蛇上聲。不和平曰辣害。言語恐人曰嚇唬。粗鹵曰莽撞。迂拙曰蠢笨。自誇曰謅弄。撥弄是非曰唆撥。買物少與價值曰勒揹。吝財物曰不割授。逞强曰好漢，亦曰强梁。兩端模棱曰舞弄。私蓄錢財曰私放。不珍重物曰糟癱。心中快樂曰舒坦。精神不振曰憊癩。戲言曰胡嚷。作事挨延曰拖拉。俯就人曰就情。容忍難事曰吃屈。羨人之物曰喜罕。煩惱曰心焦。恃勢凌人曰欺負。冷語譏人曰敲打。虛張聲勢曰噓喝。不整潔曰殃爛。頹靡不振曰傝倕。塌卅。説話太長曰俗道。遇事心中度量曰掇敠。顛奪。吝嗇太甚曰夾擠。無正經曰郎當。

倫類

祖父曰爺爺。祖母曰媽媽。父曰爺。母曰娘。宦裔稱父曰爹。妻父曰丈人。妻母曰丈母。姊妹夫婿曰連喬。出繼、入繼曰過房。繼娶曰填房。再醮曰改嫁。無妻曰光棍。買女不爲妾曰平處。仁母曰乾娘。隨母改嫁曰跟腳。孕生他姓曰帶肚。前室子曰前窩。女子童養曰團圓。女巫曰神婆。兩人拜交曰盟兄弟。夫兄曰大伯。夫弟曰小叔。娣姒曰妯娌。遠親曰瓜蔓親。

人事

僱傭曰覔漢。爲人買賣田房曰中人。爲人買賣貨物曰經紀。商店經理曰掌櫃。寄人廡下曰客家。贈送陪嫁禮曰送禄。新婦上牀曰坐廬帳。洞房宴曰合婚酒。新春婿往岳家曰拜年。用男巫還愿曰燒紙。親歿謁廟曰送盤纏。發引曰出殯。殯後以餅餌分人曰分福。騙人婦女曰拐帶。誆詐財物曰騙子手。小綹吕曰扢迄手。地棍曰潑皮。有事合作曰佮葛夥。遇怪事曰奇巧。背人低語曰𧬄𧬄。察七。辦事恰當曰中。事不利便曰累贅。言語不實曰支吾。言語無根曰胡謅。事太瑣碎曰麻煩。從中壞事曰攪拉。奮力工作曰忙活，亦曰巴竭。兩人撑拒曰扎掙。暗中尋物曰摸索。作事大方曰排場。使令人曰吩咐。不守家業曰踢蹬。儉樸曰仔細。鼾睡曰呼嚕。忸怩曰羞慚。小兒哭曰叫喚。物珍貴者曰希罕。這樣曰章。那樣曰囊。上平。

宮室

照壁曰映壁牆。庭中磚路曰砌道。以草覆屋曰屯。瓦仰者曰瓪板瓦，覆者曰瓬筒瓦。户樞曰轉身。扊扅曰門關。屈戌曰門挂。木門拴曰哈馬。布門簾曰門擋子。屋山開門曰筒屋。牆上留龕曰牆廚。院落曰天井。出煙之處曰竈突。

服食

衣長曰褑纚。衣破曰緝縭。衣無兩袖曰坎肩。縫衣曰絇、勾。曰繶、引。曰紋。較。搗衣曰捶。提衣去土曰抖擻。斗擻。新婦紅袍曰福衣，蒙首曰罩頭幅。素衣曰布衫。弔喪冠曰孝帽。冬日綿鞋曰翁鞋。饅頭曰波波。飯厚曰糱。稠。飯薄曰澥漓。米糊攤熟曰煎餅。水餃曰扁食。脂麻麵烙熟曰焦餅。菉豆濃汁蒸熟曰虛餻。滚水和麵曰燙麵。食物燒乾曰烤。煮茶酒曰燎。斟酒細飲曰嗇。旭。喫飽飯曰撑。煮米作飯曰黏粥。稀飯曰湯。

器具

耕地器曰犂。播種器曰耬。鐵齒平土曰耙。木齒翻禾穗曰杈。木齒平土曰木杋。桔槔曰轆轤。隴間雙輪壓土曰石砘子。兩人舁重木使土堅實曰夯。碾輪石曰砣。木箱分米出糠曰扇車。木箱催火曰風匣。竹器落土曰篩子。奩具曰盬房。箱櫃銅飾曰錞件。拂塵曰搯打。芻靈曰童男女。磁瓦器破而未離曰璺。問。

五穀

五穀皆曰莊稼。薥秫穀曰秋田。薥秫穗壞曰烏霉。蟲食心曰黄心。薥秫早曰六月紅。穀有稭無穗曰鎗桿。穀穗不實曰灰包。麥針曰芒。豆田兔絲曰銅絲。菉豆有二種，曰一攢鎗，曰葉裏藏。禾稼晚收曰苠。民。拔草曰薅。蒿。

樹木

松實曰松林子。大赤棗長形曰糖。唐上聲。臭椿樹纓曰姑固翅。白楊樹纓曰毛搭撒。樹乾枝曰瘋。樹豁腹曰枯。榆莢曰榆錢。柳線下垂曰倒垂柳。有幹無枝曰榾爪。

花草

蓓蕾曰花骨突。紫薇曰百日紅。酴醿曰八寶。鳳仙曰指甲花。無花結實曰無花果。柳葉桃曰羊桃。蜀葵曰光光花。水上生草曰浮萍，又一種曰菱茁草。茅曰芬子草。窪地生者曰三稜草。擰繩最有力者曰壯草。

禽獸

家雀曰鴞子。鷂鷹曰老鵰。竊脂頦下紅者曰紅下頦，藍曰藍下頦，色純黃者曰洋鳥。布穀曰山和尚。鴞鳥曰夜猫子。善鬭者曰鵪鶉。鳥相交曰伏羣。鷄鳴曰噶噠。伏卵曰毨。暴。毛根曰窋。竹。牲畜踢人曰踡。牛觸人曰牴。騾馬逸曰趹。穴入聲。肥牛曰膔牛。牡牛曰犍。牝牛曰牳，亦曰犻。牡豕曰豵猪。牝驢曰草驢。鴨曰扁嘴。猫睡有聲曰念經。呼驢馬駒曰都都。驅驢馬疾行曰得得。

昆蟲

蟬曰蠽流，未脱殼曰仙甲，同類曰稍遷、都了，最晚者曰烏友。蝗曰螞蚱，色緑曰青頭郎。

蟯蝍曰蛣蝍。蟲食穀葉曰蚮蚄，食穀節曰截蟲，穿豆甲曰鑽甲蟲，食棗葉曰步屈。蠶出繭口曰蛾，未出曰蛹。水蛭曰馬蟥，亦曰馬蜞。披。蝙蝠曰蝎虎，亦曰簷邊虎。蛾飛有聲曰錮盧鍋。浮水蟲曰擔杖鈎。蝎以尾針刺人曰螫。食木者曰鑿木蟲。蚓曰曲閃。蟋蟀曰促織，亦曰寒蛩。

鱗介

春初鯪魚曰開凌鯪。石首曰黄花。嘉鯕曰加級。銀魚曰麪條魚。冰魚味似黄瓜曰黄瓜魚。春初鰊子曰紅翅。黑色無鱗曰黑魚。鰌曰泥勾。鰲魚曰浮鮹。鱠魚曰白鱗。鼈曰團魚。蝦有對蝦、米蝦，去糠曰海米，醃好蹂細曰蝦醬。蛤窄而長者曰鮮。蟹小者曰獨魯。光魚曰溝港。

〔民國〕濰縣志

【解題】又題《濰縣志稿》，常之英修，劉祖幹纂。濰縣，今山東省濰坊市濰城區。「方言」見卷十五、十六《民社志》。録文據民國三十年（一九四一）鉛印本《濰縣志稿》。

卷十五　方言

人類有言語，然後有文字。進化日久，聲隨時變，則言語與文字不盡相合。章炳麟曰：「考方言者，在求其難通之語，筆札常文所不能悉，因以察其聲音條貫，上稽《爾雅》《方言》《説文》諸書，斂然如析符之復合，斯爲貴也。」《新方言·序》。山東純爲諸夏，獨被華名，其語流傳至今，《新方言·釋言》：「華，中國也。《傳》曰：『夷不亂華。』古人以國稱其種族，今直隸、淮南皆謂山東人爲侉子，侉即華之聲借，若華亦作荂矣。蓋淮南古有徐戎、句吴，直隸亦雜山戎；南北相望，惟山東純爲諸夏，故獨被以華名。其語流傳至今，因謂山東侉聲侉气。然國族命名本象其聲，夏、楚、吴、揚是也。」爲唐虞遺音。《章氏叢書·檢論·方言篇》：「凡今語言，略分九種。河之朔，暨于北塞，東傅海，直隸、山西，南得彰德、衛輝、懷慶，爲一種，紐切不具，亢而鮮入，唐虞及虜之遠音也。」濰縣乃山東鉅邑，人民口語聲音間有異古，然試探其轉變之源，則誠如章氏所云：「雖身在隴畝，與夫市井販夫，當知今之殊言，不違姬漢也。」《新方言·序》。茲擇録縣人郭麐所箸《濰言》並補其失采及原注不詳者，述方言於左。其從《濰言》擇録者，注前皆冠以「濰言」二字，原注之前皆冠以○，補注及新輯者注前均加●以爲識別。所附注音符號，陰平聲無記號，陽平聲末母上右角加/，去聲加\，上聲加)〔一〕。

名物詞

日光曰陽暘。ㄧㄤ陽 ㄧㄤ陽。《濰言》。○原注：暘見《玉篇》：「明也。日乾物也。」●《説文》：「暘，日出也。」與章切。

日陰曰陰晾。ㄧㄣ ㄌㄧㄤ陽。《濰言》。○原注：晾見《字彙補》引呂毖《小史》曬晾。

彗星呼如埽去聲星。ㄕㄠ去 ㄙㄧㄥ。《濰言》：「彗星曰敹星。」○原注：敹音稍。《玉篇》：「攬，敹也。」●按，縣人呼彗星音如埽去聲星，埽即彗之音轉。彗與埽爲變聲。《廣韻》十三祭：

〔一〕 正文中，聲調改用小五號漢字「陽」「去」「上」表示。

「彗，星名。祥歲切。」又音遂。

風平地而起曰旋風，呼如泉風。ㄘㄩㄢ ㄈㄨㄥ。《濰言》。●按，旋、泉疊韻相轉。

雨急曰霔雨。ㄔㄨㄤ上 ㄩ上。《濰言》。○原注：霔見《集韻》：「雨貌。」俗讀牀去聲。●按，今縣人讀牀上聲。

雨細曰霿凇，音如夢送。ㄇㄥ去 ㄙㄨㄥ去。《濰言》。○原注：《字林》：「寒氣結水如珠〔一〕，見晛乃消，齊魯謂之霿凇。」●《説文》：「溟，小雨溟溟也。」又：「䨘，小雨也。」素官切。縣人呼小雨音如夢送，或是溟䨘之聲轉。

又呼如雨毛。ㄩ上 ㄇㄠ去。●章炳麟《新方言・釋天》：「《爾雅》：『小雨謂之霢霂。』今廣州謂細雨爲霢雨，轉作平聲。」縣人呼極細之雨聲如雨毛，當是霢霂之聲轉。霢、霂、毛爲雙聲。

虹蜺曰虹，音如絳。ㄐㄧㄤ去。《濰言》。○原注：虹音絳，見《廣韻》。●《廣韻》一東：「虹，戶公切。」音同紅。又四絳：「虹，古巷切。」音同絳。王筠《説文句讀》下稱王氏《句讀》紅字注：「《易》《書》《周禮》《儀禮》皆無紅字，惟《春秋》有昭八年『蒐於紅』，《論語》有『紅紫』，蓋古謂之絳，周末謂之紅。工、夅二音相近，故《漢・外戚恩澤侯表》有『紅侯』，小顔疑爲絳侯。」可

〔一〕水：原誤作「冰」，據《正字通》引《字林》改。

證虹亦如紅之古爲古巷切，後轉爲户公切。縣人呼虹猶爲古巷切，音小變如醬，蓋疊韻相轉也。

震曰劈歷，呼如挂拉。ㄍㄨㄚ ㄌㄚ。《濰言》。●《説文》：「震，劈歷振物者也。」王氏《句讀》：「劈歷者，震之别名也。洪邁曰：『劈歷二字，古不從雨。』」縣人呼震音如挂拉，當是劈歷之聲轉。歷、拉爲雙聲，挂則辟之音訛。又呼爲陳雷，陳當是震之聲轉。

雹呼如拔子。ㄅㄚ陽 ㄗ上。又曰冷子。ㄌㄥ上 ㄗ上。《濰言》。●《廣韻》四覺：「雹，蒲角切。」縣人呼如拔。《新方言·釋天》：「《説文》：『勝，仌出也。《詩》曰：納於勝陰。』或作凌，力膺切。華山之陽漢中、保寧謂雹及霰皆曰凌子，讀上聲。」然則冷子當作凌子。

霰呼如飯波螺。ㄈㄢ去 ㄅㄛ ㄌㄨㄛ陽。《濰言》。○原注：霰，《説文》謂之稷雪，《埤雅》謂之米雪。●《廣韻》三十二霰：「霰，雨雪雜。蘇甸切。」飯當是霰之聲轉。飯與霰爲疊韻，波螺或轉如巴拉，則象其降落時之聲也。

日午曰正晌。ㄓㄥ ㄕㄤ上。午後曰下晌。ㄒㄧㄚ去 ㄕㄤ上。《濰言》。○原注：晌音賞，見《篇海》：「午也。」●按，晌字始見《篇海》，《説文》《廣韻》皆有曏字，無晌字。《説文》：「曏，不久也。」《廣韻》三十六養：「曏，少時也。書兩切。」音同賞。又四十一漾：「曏，少時也，不久也。式亮切。」音同向。是曏爲暫時之稱，不拘何時皆可曰曏。縣人加早、正、下、後等字以爲分别，正合不久及少時之義。後人以曏字點畫較多，遂别製晌字。今商務印書館出版之新字典兩字並收，且注云「晌讀如向」「䬞音向」，均無書兩切之音，與《説文》《廣韻》皆不合。縣人讀䬞如賞，正與《廣韻》合。王氏《句讀》「餯，晝食也」注：「吾鄉謂午飯曰餯飯，因謂正午爲正餯。」按，《廣韻》十三六養：「餯，書兩切。」訓曰夕食，非正午食，則正ㄕㄤ上之字當作䬞，不當作餯。

天色向晚視物不清曰麻茶眼。ㄇㄚ陽 ㄔㄚ陽 ㄧㄢ上。《濰言》。○原注：按，趙甌北詩有云「蹣跚雙足眼麻茶」是也。●今人呼似麻札眼，又似馬撒眼。

最近之過去曰羌纔。ㄐㄧㄤ ㄘㄞ陽。●《新方言·釋詞》：「《廣雅》：『羌，乃也。』亦作慶。《漢書·楊雄傳》：『懿神龍之淵潛兮，慶竢雲而將舉。』案，乃有二義，一爲然後。《説文》：『乃，曳詞之難也。』一爲適纔。《漢書》言『乃者』是也〔一〕。今人言羌音皆如剛，亦或如姜。其言適纔則謂之剛，其言然後亦謂之剛，皆羌字也。」縣人言適纔音正如姜纔。

大陸曰阜，音如部。ㄅㄨ去。●《説文》：「阜，大陸，山無石者。」《廣韻》四十四有阜，房九切，與婦、負同音。古無輕唇，則阜之古音當如部。縣人呼大陸音如部，猶是阜之古音。

地高平曰甿。ㄍㄤ。《濰言》。●《説文》：「甿，境也。一曰陌也。」《廣韻》三十七蕩：「甿，各朗切。」縣人呼高崖爲甿，音如岡上聲，猶是陌字之義。

〔一〕漢：原脱，據《新方言》補。

下曰窊。ㄨㄚ。《濰言》。●《廣韻》九麻：「窊，凹也。《説文》曰：汙衺下也。烏瓜切。」

地方或呼如地鋪。ㄉㄧ去 ㄆㄨ去。●《廣韻》十陽：「方，府良切。」古無輕脣，其音當如旁。旁字從方得聲可證。縣人呼地方音或如地鋪，當是旁之聲轉。

所曰黨，音轉如頭。ㄊㄡ陽。或如撚。ㄋㄧㄢ上。●《新方言》：「黨，所也。《左傳》曰：『何黨之乎？』今吳越間謂上方曰上黨，高處曰高黨，皆讀德挺切。」縣人呼黨所之義音或轉如頭，如上頭、前頭、後頭之類。又或轉如撚，如謂何處音如那個撚。

塵曰坾土。ㄅㄨ陽 ㄊㄨ上。《濰言》。○原注：坾，蒲没切，俗讀若布。●《廣韻》十一没：「坾，塵起。蒲没切。」

土塊呼如磕拉。ㄎㄚ ㄌㄚ。●《説文》：「凷，墣也。」或从鬼作塊，《廣韻》收入十八隊苦對切下。縣人讀如快。又轉如磕拉，則餘音也。

冰呼如冬凍。ㄉㄨㄥ ㄉㄨㄥ。《濰言》。●《正韻》：古文冰作仌，凝作冰。後人以冰代仌，以凝代冰。冬凍當是冰凍之訛。冰、冬爲疊韻。

久積水池曰洿，音轉如彎。ㄨㄢ。●《説文》：「潢，積水池也。」〔一〕大曰潢，小曰洿。又洿，濁水不流池也。是久積水池正名爲洿。《廣韻》收入十虞哀都切，音烏。縣人呼洿音轉如彎，

〔一〕「積」下原衍「久」字，據《説文解字》删。

或以灣字當之，非是。《廣韻》二十七删：「灣，水曲。烏關切。」無濁水不流之義。

村隖之隖音轉如圍。ㄨㄟ陽。●《廣韻》十姥：「隖，村隖；亦壁壘。《説文》曰：『小障也。一曰庳城也。』安古切。」縣人呼隖雙聲轉平如圍，村隖呼如圍子。

城曲重門曰闉，轉如瓮。ㄨㄥ去。●《説文》：「闉，城曲重門也。《詩》曰：『出其闉闍。』」於真切。王氏《句讀》：「《鄭風》『出其東門』文，傳云：『闉，曲城也。闍，門臺也。』疏曰：『闉是門外之城，即今之門外曲城是也。』」縣人呼城門外之曲城音如瓮城，當是闉之聲轉。闉、瓮皆喉音影母字，闉爲齊齒，瓮爲合口。

城下池曰㽞隍，音轉如越河。ㄩㄛ去 ㄏㄛ陽。●《廣韻》三十九過：「㽞，城下田曰㽞〔一〕。又隍，池内也。乃臥切。」《説文》：「隍，城池也。有水曰池，無水曰隍。」是㽞與隍義相似，故可連二字謂一名。縣人呼從耎之字多如元聲，如餪飯呼如元飯，懦弱呼如遠弱。㽞字從耎，故亦讀遠聲。遠越、隍河皆雙聲，故呼㽞隍如越河，或呼爲護城河。無源之水不能稱河，况隍内不必恒有水，更不能以河名之也。

宅在野曰莊。ㄓㄨㄤ。《濰言》。●《新方言・釋地》：「《爾雅》：『六達謂之莊。』郭璞引《左傳》曰：『得慶氏之木百車於莊。』今人以爲通名，田家村落謂之莊，山居園圃亦謂之莊。」縣

〔一〕田：原脱，據《廣韻》補。

之村落多以莊名，其稱甚古。

門内曰衕。ㄉㄨㄥ去。《濰言》。○原注：衕音洞。●《廣韻》一東：「衕，通衕也。徒紅切。」《集韻》：「衕，通穴也。」〔一〕音動。縣人呼門内爲門衕，音如門動。

門内道曰垣道，音轉如過道。ㄍㄨㄛ去ㄉㄠ去。●《新方言·釋宫》：「《説文》：『亘，竟也。』孳乳作垣。《廣雅》：『垣，道也。』《既夕禮》曰：『唯君命止柩於垣。』今饒州、廣信謂門前道曰垣，堂塗亦曰垣。」人謂門内道音如過道，過蓋垣之音轉。垣、過雙聲。《廣韻》四十八嶝：「垣，古鄧切。」七歌：「過，古禾切。」

正屋曰廳。ㄊㄧㄥ。廳上有安鴟尾者曰吻。ㄨㄣ上。《濰言》。○原注：鴟尾本海魚，其尾似鴟，能厭火災，故置於屋脊，或呼螭吻，蓋沿鴟尾之譌。

廳之前後曰椱檐。ㄕㄚ去ㄧㄢ陽。《濰言》。○原注：椱，俗讀若廈。●《集韻》：椱，所鑒切，衫去聲，接檐也。《六書故》：「屋東西榮柱外之宇爲椱。」縣人呼如沙去聲。沙、衫雙聲。

亭柱呼如明柱。ㄇㄧㄥ陽ㄓㄨ去。●《新方言·釋宫》：「《釋名》：『楹，亭也。亭亭然孤立旁無所依也。』據此，凡漢音楹本同亭。今人謂柱爲亭柱，即楹柱也。或書作庭，非也。」縣人呼亭柱音如明柱。明、亭疊韻。

〔一〕「通」上原衍「地」字，據《集韻》删。

閾曰門閬，音轉如門坎。ㄇㄣ陽 ㄎㄢ上。《濰言》。〇原注：閬音限，俗讀若坎。●《新方言·釋宮》：「《爾雅》：『柣謂之閾。』郭璞曰：『謂門限也。』柣音切，故《漢書·外戚傳》曰：『切皆銅沓黄金塗。』以切爲柣也。音轉如倩。《匡謬正俗》言之今人言門柣猶作門倩，俗人不達，乃以檻字爲之。合口呼檻，易與倩溷，開口呼者則愈遠矣。」縣人呼閾音如門坎，當是切之聲轉。

所以鉤門户樞曰鐉。ㄗㄨㄢ上。又曰門管扇。ㄇㄣ陽 ㄍㄨㄢ上 ㄕㄢ去。《濰言》。●《説文》：「鐉，所以鉤門户樞也。」王氏《句讀》：「其形如鉤而長爪，爪箸於門匡，樞納其中，以利開闔。吾鄉猶用此物，京師則横板鑿孔以納樞，南方亦然，故不知鐉爲何物。」《廣韻》二仙：「鐉，此緣切。」音詮。縣人呼此音小變，轉上如篹。

窗在牆可挂者曰釣窗。ㄉㄧㄠ去 ㄔㄨㄤ。《濰言》。●《新方言·釋言》：「《方言》：『佻，縣也。』丁小切。王延壽《王孫賦》作𠄌。今通謂縣物曰佻，讀如弔。」然則釣窗當作佻窗。

重窗曰雨䈳。ㄩ上 ㄉㄚ去。《濰言》。〇原注：䈳音蹋，俗讀若撻。雨䈳見李西涯《嶽麓堂集》。●《廣韻》二十八盍：「䈳，窗扇。徒盍切。」

窗隔子曰欞。ㄌㄧㄥ陽。《濰言》。●《説文》：「戾，輜車旁推户也。从户大聲。讀與鈦同。」徒蓋切。王氏《句讀》：「桂氏曰：《字林》：輧車有衣蔽無後轅者謂之輜輹，謂有衣蔽，故有旁推户也。杜注《左傳》：蔥靈，輜車名。正義：蔥靈，車前後有蔽，兩旁開蔥，可以觀望，蔥中豎木謂之靈。今人猶名蔥木爲靈子。」《廣韻》十五青：「櫺，蔥櫺，郎丁切。」縣人呼窗中豎木爲靈子，其字正應作靈，櫺則後起之字也。

土牀曰亢。ㄎㄤ去。●《新方言·釋宮》：「《毛詩·大雅》傳曰：『伉，高貌。』釋文本又作亢。《明堂位》云：『崇坫康圭。』康亦亢也，置圭坫上曰亢。今北方謂土牀曰亢，亦謂其高可以亢物耳。或曰《魏書·儒林傳》云：『游雅取陳奇所注《論語》《孝經》焚於炕内。』又元宇文懋昭《金志》云：『穿土爲牀，緼火其下，而寢食起居其上。』又云：『家無大小皆坐炕上。』然炕本訓火乾，非是物名。」縣人呼土牀爲炕，其字當作亢。通常則作炕矣。

竈前積薪處曰窹，音轉如科落。ㄎㄛ ㄌㄛ去。●《新方言·釋宮》：「《廣雅》：『窹謂之竈。』古借雅字爲之。齊公孫竈字子雅。浙西謂竈下積薪處爲竈窹，音如枯，疑紐旁迤爲溪紐也。郝懿行説：『登萊謂竈爲尉烓。』《説文》：『烓，行竈也。』口迥切。」《倉頡篇》：「楚人呼竈爲窹。」縣人謂竈前積薪處音如科落，科、枯雙聲，皆讀溪紐，則縣人呼此之轉爲科，同於浙西之轉爲枯也。

竈罙音轉如竈突。ㄗㄠ去 ㄊㄨ陽。●《説文》：「罙，深也。一曰竈突。從穴從火從求省聲。讀若《禮》三年導服之導。」王氏《句讀》：「小徐突作突。《集韻》敢部：『罙，杜覽切。爨突謂之罙。』蓋即據此文。字作罙者，依篆作之。」罙字從穴與朝夕之夕及水火之火，原書如此。《説文》既明言從火，則罙當然爲竈突本字。導、突雙聲，音轉如突罙。又與突形近，遂以突爲罙。突字從犬，可知必非竈突本字。或以其無義，加土作堗，則亦宊字音轉爲突後之累增字也。

屋笮曰板與簿，轉如巴。ㄅㄚ。●《説文》：「笮，迫也。在瓦之下，棼之上。」王氏《句讀》林部：「棼，複屋棟也。案，棟今謂之檁。笮在瓦棼之間，爲所迫笮，故名笮也。《釋宮》：『屋上簿謂之筄。』未嘗釋笮。《説文》又無筄，意者筄即笮之譌乎？」又土部墍下曰：「今人於檁之上，以葦爲笮，笮上塗以泥，泥乾乃茨以草。」《廣韻》二十陌：「笮，矢箙。又屋上版。」縣人呼笮音如巴，當是板與簿之聲轉。

暗關曰窊。ㄏㄨㄚ陽。《濰言》。○原注：窊，《集韻》胡化切，音華，横木不入也。

障風門曰幁子門。ㄓㄥ去 ㄗ上 ㄇㄣ陽。《濰言》。○原注：幁同幀，猪孟切。《類篇》：「開張畫繒也。」

牆基音轉如翦腳。ㄗㄧㄢ上 ㄐㄩㄛ陽。《濰言》：「牆基曰堅腳。」●縣人呼牆基音如翦腳，當即牆基之聲轉。牆翦、基腳音雙聲。

庭中曰天井。ㄊㄧㄢ ㄗㄧㄥ上。《濰言》。●《新方言・釋宮》：「《説文》：『廷，朝中也。』古者朝皆露立。廷音轉爲唐。《爾雅》：『廟中路謂之唐，堂塗謂之陳。』如淳《漢書注》：『唐，庭也。』庭者，廷之借字。今人謂廷爲天井，即廷之切音。松江、嘉興謂廷爲田心，即陳字。古音陳、田相同，故《説文》曰：『田，陳也。』陳氏轉爲田氏，此其證也。」

塼砌地曰戺道。ㄕ上 ㄉㄠ去。《濰言》。○原注：戺音士。●《廣韻》六止：「戺，砌也。」又作吧，鉏里切。

階級曰石隥陔。ㄕ陽 ㄉㄥ ㄧㄞ。《濰言》。○原注：隥音凳。陔，俗讀若厓。●《廣韻》十六咍：「陔，殿階次序。古哀切。」音同該。

階兩旁石曰姜礤。ㄐㄧㄤ ㄔㄚ。《濰言》。○原注：礤音擦。《字彙補》：「姜礤石，出《大內規制記》。」

匽音轉如倦。ㄐㄩㄢ去。●《郝氏遺書·證俗文》：「案，廁謂之圊，路廁謂之匽。《周禮·宮人》：『爲其井匽。』鄭司農云：『匽，路廁也。』」《廣韻》二十阮：「匽，隱也。於幰切。」《集韻》：「匽，於建切。」音如燕。縣人呼廁音如倦，當是匽之聲轉。匽、倦疊韻。或以圈字爲之，非是。《說文》：「圈，養畜之閑也。」

牆下水道曰羊溝。ㄧㄤ陽 ㄍㄡ。《濰言》。●按，羊溝或是牆竇之音轉。羊牆、溝竇皆疊韻。《說文》：「竇，空也。從穴，瀆省聲。」徒奏切。《說文句讀》：「玄應引此，而申之曰『謂孔穴也』，《左傳》：『逃出自竇。』」

土坏曰墼。ㄗㄧ陽。《濰言》。○原注：墼音吉。《後漢書·周紆傳》：「廉潔無資，常築墼以自給。」●《說文》：「墼，瓴適也。一曰未燒者。」縣人讀如積。

街巷曲折之處曰廾角。ㄍㄨㄞ ㄐㄧㄛ陽。●《新方言·釋言》：「《說文》：『廾，羊角也。』工瓦切。今人謂街巷曲折之處爲廾角。圭角、乖角，亦一語也。俗書作拐角。」

木垣曰寨，亦曰柤闌。ㄓㄚ陽 ㄌㄢ陽。《濰言》。○原注：按，柤音摣，木閑也。俗讀若[月臿]。

𠣘匌音如周葛。ㄓㄡ ㄍㄚ。●《説文》：「𠣘，帀偏也。」職流切。「匌，帀也。」侯閤切。王氏《句讀》帀下云：「周也。借周爲𠣘，故于此以帀説𠣘，然又申之以偏而彼不申之者。孟喜注《易・益卦》偏詞曰周帀也。案，恒言曰𠣘帀，不曰帀𠣘，故于此申之也。《詩・崧高》箋天官司會、地官司徒，注皆曰周偏也。旬之偏是周溥之偏，𠣘之偏是週遭之偏。故𠣘不與旬類聚，而與匌類聚。亦借舟爲之。孟郁《修堯廟碑》：『委曲舟帀。』舟、周亦通用。鄭箋《詩・大東》云：『舟當作周。』又注《考工記》曰：『故書舟作周。』」縣人以𠣘匌爲恒言，每周遭曰𠣘匌拉。

孔呼如窟籠。ㄎㄨ去 ㄌㄨㄥ陽。●《廣韻》一董：「孔，孔穴也。康董切。」聲延如窟籠。籠亦收董韻，訓竹器，力董切。又龍、聾二音。

小孔曰肙，音轉如眼。ㄧㄢ上。●《説文》：「肙，小蟲也。一曰空也。」烏懸切。王氏《句讀》：「段氏曰：甑下孔謂之窐。窐亦作瓹，是其義也。桂氏曰：稍字從之者，麥莖中空也。」縣人呼小空音如眼，或重如眼眼，即肙之音轉。

父曰爺。ㄧㄝ陽。又曰爹。ㄉㄧㄝ陽。《濰言》。○原注：按，爺本作耶，見《木蘭詞》：「阿耶無大兒。」爹見《廣韻》：「北方人呼父。」●《玉篇》：「爺，俗呼爲父爺字。」《廣韻》九麻：「爹，陟邪切。羌人呼父也。」又三十三哿：「爹，徒可切。北方人呼父。」縣人呼父从陟邪切，聲小變如地耶切，音近跌。又轉如德娃切，音近答平聲。

又曰爸爸。ㄅㄚ去ㄅㄚ去。●《新方言·釋親屬》：「《廣雅》：『翁、公、叜、爸、爹、奢，父也。』今通謂父爲爸。古無輕脣，魚、模轉麻，故父爲爸。」

母曰孃。ㄋㄧㄤ陽。《濰言》。○原注：呼母爲孃，見《木蘭詞》：「不聞耶孃唤女聲。」

祖父曰爺爺。ㄧㄝㄧㄝ。《濰言》。○原注：耶耶，見唐太宗帖。又《野客叢談》：「狄青爲樞密使，自恃有功，驕蹇不恭，怙惜士卒。每得衣糧，皆負之曰：此狄家爺爺所賜。」

祖母曰媽媽。ㄇㄚ上ㄇㄚ上。《濰言》。●《廣韻》十姥：「媽，母也。莫補切。」縣人呼祖母曰媽媽，聲轉如馬。

庶母曰姬，音如怡。ㄧ陽。《濰言》：「庶母曰姨。」○原注：庶母爲姨，見六朝人語，當不始于六朝矣。●《新方言·釋親屬》：「《説文》：『妣，婦官也。』漢有鉤弋夫人，弋即妣字。《春秋》姒氏，《公羊經》皆作弋，則妣即姒姓之姒。漢亦謂妾爲姬，蓋貴者後宫取備百姓，故弋、姬皆爲妾稱。《漢書·文帝紀》：『母曰薄姬。』如淳曰：『姬音怡，衆妾之總稱。』妣轉平聲亦爲怡。今人謂妾曰姬娘，音正如怡。世皆誤作姨。姨爲妻之姊妹，非姬妾字也。」

妾曰嬭嬭，音如乃乃。ㄋㄞ上ㄋㄞ上。●《新方言·釋親屬》：「《説文》：『嬭，下妻也。』廣州謂妾曰嬭，音亦如乃。」縣人謂妾爲嬭嬭。

兄曰哥。ㄍㄜ。又曰哥哥。ㄍㄜㄍㄜ。《濰言》。○原注：哥見《廣韻》：「今呼爲兄。」哥哥見《禽言》：「行不得也哥哥。」●《新方言·釋親屬》：「《説文》：『周人謂兄曰罤。』古魂切。

經典相承用昆爲之。見紐雙聲相轉，今稱兄爲哥。」

妻父曰丈人。ㄓㄤ去 ㄖㄣ陽。妻母曰丈母。ㄓㄤ去 ㄇㄨ上。《濰言》。○原注：丈人見《野客叢談》：「後山送外舅詩『丈人東南來』注謂〔一〕：丈人字，俗以謂婦翁之稱，然字則遠矣。其言雖如此，而不考所自。余觀《三國志》裴松之注『獻帝舅車騎將軍董』句下謂古無丈人之名，故謂之舅。按，松之，宋元嘉人，呼婦翁爲丈人，已見此詩。」●《新方言·釋親屬》：「《方言》：『南楚、瀑洭之間謂婦妣曰母㚷，婦考曰父㚷。』郭璞音多，曹憲又音多可反。案，㚷，《説文》本訓美女，音尺氏切；其爲婦妣、婦考之稱，與爹、奓、姐、社同字。《廣雅》爹、奓並訓父，曹憲音爹爲大多反，《廣韻》兼入麻部音陟邪切。曹憲音奓爲止奢反。《説文》云：『蜀人謂母曰姐，淮南謂之社。』尋《淮南·説山訓》云：『社何愛速死。』高誘注：『江淮謂母爲社，雒家謂公爲阿社。』然則呼母爲社即與姐同，呼公爲社即與爹、㚷同，皆今韻麻部字，其紐微有清濁弇㚷，然古人不甚分也。㚷從多聲，正與爹同。婦考爲㚷，㚷即爹、奓、社也；婦妣爲㚷，㚷即姐、社也。《廣韻》四十禡陟駕切下有奼字，訓美女，即《説文》㚷字之訓，又多聲字如哆、奓、誃，《廣韻》皆在陟駕切下，故知㚷可讀陟駕切。爹切陟邪，㚷切陟駕，平去之異耳。今人謂婦考曰丈人，義已無稽；謂婦妣曰丈母，名實乖謬。丈本丈夫，不應以稱女子。《顏氏家訓·風操》篇：『中外丈人之婦，猥俗呼

〔一〕來：原誤作「英」。

爲丈母。』稱爲猥俗，其謬可知。原其言丈，本是音譌。山西猶稱婦考曰㚻人，婦母曰㚻母〔一〕，音正作陟駕切。蓋里巷殊言，猶存故訓；文士皮傅，一箸紙筆，音義便差。此類實多，無足深怪。」然則丈人、丈母字當作㚻人、㚻母。

父之外舅曰外祖，又曰老爺。ㄌㄠ上 ㄧㄝ陽。父之外姑曰外祖母，又曰老孃。ㄌㄠ上 ㄋㄧㄤ陽。《濰言》。●《郝氏遺書·證俗文》注：「北方人呼外祖母爲嫽嫽。」《字典》嫽音老。《廣韻》三十二皓：「媼，女老稱。烏皓切。」《説文》：「媼，女老稱。」《前漢書·高帝紀》：「母媼。」〔二〕孟康曰：「媼，長老尊稱也。」又《外戚傳》：「地節三年求得外祖母王媼。」是媼本爲女老尊稱，因以稱母之母。媼、老疊韻，遂譌爲老，或呼如老老。或稱爲老娘，求其字而不得，遂以嫽字當之，强讀爲老。《廣韻》三蕭：「嫽，落蕭切。相嫽戲也。」不可以爲尊者之稱。至老爺之稱，其字當作媼爺。媼本女稱，而俗移以爲男稱，正如丈母之丈本男稱，而俗移以爲女稱也。

舅母曰妗子。ㄐㄣ去 ㄗ上。《濰言》。○原注：妗，《説文》：「娑，妗也。一曰善笑皃。从女今聲。」《集韻》音矜，「俗謂舅母曰妗」。●《新方言·釋親屬》：「幽、侵對轉，舅、妗雙聲，故山東謂舅妻爲妗。本火占切，今渠甚切。叔、嬸雙聲，故通語謂叔母爲嬸。此雖鄙言俗字，然音均

〔一〕母：《新方言》作「妣」。

〔二〕「母媼」下原衍「孟媼」二字，據《漢書》删。

不相越也。」徐灝《説文箋》：「俗謂舅母曰妗，妗即舅母之合聲，猶俗稱叔母曰嬸，嬸亦叔母之合聲也。然皆非古義。」

夫謂妻曰家裏。ㄐㄚ ㄌㄧ上。又曰婆子。ㄆㄛ上 ㄗ上。《濰言》。○原注：家裏見《西谿叢語》：「沈休文《山陰柳家女》詩云：『還家問鄉里，詎堪持作夫。』鄉里，謂妻也。《南史·張彪傳》呼妻爲鄉里，云：『我不忍令鄉里落它處。』今會稽人言家裏，其意同也。」●《新方言·釋親屬》：「《漢書·高帝紀》：『常從王媼、武負貰酒。』如淳曰：『俗謂老大母爲阿負。』古無輕脣，負音如倍，音轉作婆。《廣韻》：『婆，老女稱也。』婦、負同聲，婦轉亦爲婆，故今謂妻爲老婆。」縣人謂妻亦曰老婆，老字重讀。謂婦人年高者亦曰老婆，則重讀婆字。通謂妻曰家裏。《郝氏遺書·證俗文》：「婦，秦晉謂之家。《左氏》僖十五年《傳》：『逃歸其國而棄其家。』杜注：『家謂子圉婦懷嬴。』孔疏：『夫謂妻曰家。』」則家裏之稱甚古。

君舅曰公公。ㄍㄨㄥ ㄍㄨㄥ。君姑曰婆婆。ㄆㄛ陽 ㄆㄛ陽。《濰言》。●《郝氏遺書·證俗文》：「舅或謂之章，又謂之忪。秦人謂之公。注：《漢書·賈誼傳》：『抱哺其子，與公併倨。』《顔氏家訓·書證》篇：『北間風俗，婦呼舅謂大人公。』案，公通作妐。《吕氏春秋·遇合》篇云：『姑妐知之曰：爲我婦而有外心，不可畜。』今東齊亦稱舅姑爲公公、媻媻。」

兒妻曰兒媳。ㄦ陽 ㄙㄧ。《濰言》。●《郝氏遺書·證俗文》：「婦謂之息。注：案，俗作媳，稱媳婦，非也。《禮·檀弓》：『細人之愛人以姑息。』注云：『息猶安也。言容取安也。』《吕氏春秋·觀世》篇云：『辟遠箕子，爰近姑與息。』《尸子》曰：『紂棄黎老之言，用姑息之語。』注云：『姑，婦女也。息，小兒也。』愚案，息謂婦也，姑與息對言，即謂姑與婦爾。《春秋傳》云：『婦者，有姑辭也。』《賈誼傳》云：『婦姑不相說，則反脣而相稽。』皆姑與婦對言。至於《檀弓》《尸子》《吕覽》並以姑與息連文，其義一也。姑息之愛，蓋謂婦人之仁，鄭注非是。乃若棄黎老之言、用姑息之語，即是謂紂惟婦言是用。《尸子》之注亦未得矣。又《東觀漢紀》：『此蓋我子息也。』《戰國策》：『老臣賤息舒祺。』此皆謂子曰息，蓋息以生長爲義，子之與婦義得兼施，證以今俗媳婦之語，則知稱婦曰息，自周秦之世已然。』然則子婦之稱，古只用息字。《廣韻》無媳字。縣人謂子婦曰兒息婦，少婦通稱亦曰息婦，字當以息爲正。

女曰閨女。ㄍㄨㄟㄏㄩ上。又曰妮子。ㄏㄧㄗ上。《濰言》。○原注：妮子見《五代史》。●《廣韻》十二齊：「閨，閨閤。古攜切。」縣人呼閨音如古温切。《新方言·釋親屬》：「《説文》：『婗，嫛婗也。』《釋名》：『人始生曰嬰兒，或曰嫛婗。』山東謂幼女爲婗子，亦以稱婢。兒、婗、孺古皆在泥紐，音轉如怒。《治要》引桓子《新論》：『哀帝時，待詔伍客言漢朝當生勇怒子。』帝爲怒子，非所宜言。今揚、越愛憐其兒，皆稱爲怒。又轉爲麑。《説文》：『麑，鹿麛也。』奴亂切。江南、浙江亦謂小兒爲麑。」是婗本男女幼小之通稱。縣人則以婗子爲幼女之專稱。

婦人尊稱曰嬭嬭，音如乃乃。ㄋㄞ上ㄋㄞ上。●《新方言·釋親屬》：「《曲禮》：『大夫曰孺人。』字轉作嬭。《廣雅》：『妻謂之嬭。』《廣韻》嬭訓妻名，有人朱、相俞二切，人朱爲本音。音轉如乃，古無日母，故今嬬轉在泥母。今人尊稱婦人曰嬬嬬。與孄異字。」縣人謂少婦曰少嬬嬬。

醫生曰大夫。ㄉㄞ ㄈㄨ陽。《濰言》。○原注：醫生爲大夫，見《隨園隨筆》：「醫師，《周禮》本上士之職。而今北人稱大夫，南人稱郎中者。《漢書・周文傳》：『文以醫見，文帝時爲太子舍人，以功累至中大夫。景帝即位，遷郎中令。』故稱之或大夫或郎中，以美之也。」

商賈總理財者曰掌匱。ㄓㄤ上 ㄍㄨㄟ去。分理者曰火計。ㄏㄨㄛ上 ㄐㄧ去。《濰言》。○原注：火計即《木蘭詞》火伴也。●《新方言・釋言》：「朋輩謂之火計，此合語也。元魏時軍人同食者稱火伴〔一〕，漢時吏民被徵詣長安者令與計偕，故今合語爲火計。」

販古器者曰匢董客。ㄍㄨ上 ㄉㄨㄥ上 ㄎㄜ陽。《濰言》。○原注：匢音忽，俗讀若骨。匢與匫同，古器也。董，正也，見《通雅》。俗作骨古者，非。●《新方言・釋器》：「《説文》：『匫，古器也。』呼骨切。今人謂古器爲骨董，相承已久。其實骨即匫字，董乃餘音。凡術、物等部字，今多以東部字爲餘音，如窟言窟籠，其例也。」

獿人曰獿匠，音轉如堯匠。ㄧㄠ陽 ㄗㄧㄤ去。《濰言》。○原注：獿匠見《前漢・楊雄傳》：「獿人亡，則匠石輟斤而不敢斲。」服虔曰：「古之善塗墍者也。」師古曰：「墍即今仰泥也。獿，抆拭也。」故謂塗者爲獿人。獿，乃高反，俗讀若堯。●縣人呼泥瓦匠曰獿匠，音轉如堯匠。

〔一〕時：原誤作「氏」，據《新方言》改。

治皮者曰縸毛匠，音轉如磨磨匠。ㄇㄛ陽 ㄇㄛ陽 ㄗㄧㄤ去。《濰言》。○原注：《集韻》縸，莫古切，音暮，又音米。《類篇》：「惡絜也。」●縣人呼治皮者聲轉如磨磨匠。

縫人曰裁縫，音轉如裁方。ㄘㄞ陽 ㄈㄤ陽。《濰言》。○原注：縫，俗讀如方。●按，縫、方雙聲相轉。

補鉼鍋盌人曰錮鏴子。ㄍㄨ去 ㄌㄨ陽 ㄗ上。《濰言》。○原注：錮、鏴分見《說文》：「錮，鑄塞也。」「鏴，煎膠器也。」

賣送酒食人曰跑蕩。ㄆㄠ上 ㄊㄤ陽。《濰言》。○原注：蕩見《等韻》，音唐，過也。

啚酉之人曰莊家老斗。ㄓㄨㄤ ㄗㄧㄚ ㄌㄠ上 ㄉㄡ上。《濰言》。●《新方言·釋言》：「《說文》：『豎，豎立也。』凡人初能立者爲之童豎，豎有短義。故《方言》曰：『襜褕，短者謂之裋褕。』豎猶裋也。在鳥，短羽則爲几几。《韓非·說林下》曰：『鳥有翢翢者，重首而屈尾。』翢翢即几几。在人則曰侏儒，亦曰焦僥、周饒。《海外南經》：『周饒國，其爲人短小。』緯書言冠短周。周、朱聲通。如裯音侏大，可證。鐃歌有《朱鷺》，鷺無朱者，朱借爲翢。鷺本短尾，近韓非所謂翢翢矣。短人淺小，童子蒙昏，故駡人昏愚謂之豎儒。《漢書·張良傳》曰：『豎儒，幾敗乃公事。』豎儒即侏儒也。豎從豆聲，或轉如斗。今淮西謂僮僕爲斗子，直隸、山東謂農夫無知者爲莊家老斗，即豎字也。」按，《廣韻》十虞：「几，《說文》云：『鳥之短羽飛几几也。』市朱切，音殊。」又六豪：「翢，土刀切。」音韜。《韻會》：「有鉤挑者爲几案之几，不鉤挑者爲几，鳥短羽也。」

武斷鄉曲者曰光矜，音如光棍。ㄍㄨㄤ ㄍㄨㄣ去。《濰言》：「武斷鄉曲者曰光棍。」●《新方言・釋言》：「《方言》：『矜謂之杖。』尋古音矜如鰥，故老而無妻者或書作矜，或書作鰥。今人謂杖爲棍，即矜字之變矣。又謂凶人爲光棍。尋《說文》：『檮柮，亦作杌。斷木也。』古謂凶人曰檮柮，今謂凶人曰光棍，其義同也。《左傳》檮柮，杜解以爲即鯀。古人即名表德，堯、舜、桀、紂皆是。然則鯀之言棍，即古矜字矣。《楚辭》云：『鯀婞直以亡身。』婞直亦與矜同義。矜爲直立之物，故古人謂直爲矜。《論語》：『古之矜也廉，今之矜也忿戾。』又云：『君子矜而不爭。』廉直爲矜，所謂婞也；忿戾爲矜，所謂檮柮、光棍也。古今語正自不異。今人亦謂無室家者爲光棍，則正無妻爲矜之義，訓詁聲音皆同。《說文》鯀、鰥二文相接，並訓魚，疑本重文。」或言光蛋，亦矜之切音也。

誆人財物曰騙子。ㄆㄧㄢ去 ㄗ上。《濰言》。〇原注：騙，偏上聲，本躍而乘馬。《正字通》：「俗借爲誆騙字。」●《新方言・釋言》：「《說文》：『諞，便巧言也。』今通謂善欺者爲諞子。諞本音部田切，今音普麪切。」是誆騙字當用諞字爲正。

乞丐曰叫化子。ㄐㄧㄠ去 ㄏㄨㄚ去 ㄗ上。《濰言》。●《新方言・釋言》：「《公羊》桓六年《傳》：『化我也。』解詁曰：『行過無禮謂之化，齊人語也。』哀六年《傳》云：『願諸大夫之化我也。』此化直訓行過。凡行過無禮者，非爲暴客，則多需求；故今人謂過人乞貸爲募化，踵門乞食者爲叫化子。」縣人或簡稱爲化子，音如花子。

竊人婦女者曰拐子。ㄍㄨㄞ上 ㄗ上。《濰言》。○原注：拐子之拐，本手腳物枝也。●《新方言・釋言》：「《説文》：『詿，誤也。』『誤，謬也。』詿誤爲漢人常語。今人謂失官爲詿誤，蓋謂己本無罪，被人所詿誤耳。此非本義。武昌、長沙謂錯誤爲詿，音如拐，此乃本義。又，通語謂以言迷誤人者爲詿子，音亦如拐。此亦本義。至略賣人者稱爲拐帶，此別一字。金人有拐子馬，謂相連帶者也。此於字義無取〔一〕。若因其迷誤小兒，則仍是詿字。」按略誘婦女，亦有以言語迷誤之義，則拐子字當以詿字爲正。

小偷曰㓟手。ㄑㄧ上 ㄕㄡ上。《濰言》。○原注：㓟音齒，見《篇海》：「割物也。」●縣人呼小偷音如起手。㓟、起疊韻相轉也。

又曰小寽。ㄙㄧㄠ上 ㄌㄩ上。《濰言》。○原注：寽音律，見《説文》：「五指捋也。」

行刑者曰劊子手。ㄍㄨㄟ上 ㄗ上 ㄕㄡ上。《濰言》。○原注：劊，古外、古活二切，斷也。俗讀若桂。

與私娼尤密者曰婟嫪。ㄍㄨ ㄌㄠ上。《濰言》。○原注：婟嫪音固潦，見《一切經音義・佛本行集經》引《聲類》云：「婟嫪，戀惜不能去也。」

所疾曰憝頭，音轉如對頭。ㄉㄨㄟ去 ㄊㄡ陽。●《新方言・釋言》：「《大雅》：『帝作邦作

〔一〕於：原誤作「與」，據《新方言》改。

對。』〔一〕傳：『對，配也。』《士昏禮》：『設對醬。』總言相配爲對，别言相敵爲憝。《方言》：『諄、憎，所疾也。』《説文》：『憝，怨也。』徒對切。諄、憝同字。今人謂相惡曰作對，所疾曰對頭對，對亦憝也。」

罵人曰私科子。ㄙㄎㄜㄗ上。《濰言》。〇原注：私科子見《堅瓠集》：「私倡曰私科子。鷄雉所乳曰窠，即科也。見《晏子春秋》：『殺科雉者不出三月。』〔二〕蓋言官妓出科，私倡不出科，如鷄雉之戀窠也。」●按，孔云亭《桃花扇》：「小私窠賤根，小私窠賤根，訕謗尊親。」則作窠，不作科。

自謂曰朕。ㄗㄣ上。●《新方言・釋言》：「《爾雅》：『朕，我也。』今北方音轉如簪，俗作偺偺。偺即朁字，本朕字耳。自秦以來文字無敢用朕者，而語言不能禁也。朕本音在蒸部，《廣韻》入四十七寑，讀直稔切，則轉入侵部矣。朁、簪亦在侵部也。」縣人謂我音如子銀切，字應作朕。

又曰卬，音轉如安上聲。ㄢ上。《濰言》：「自謂曰俺。」〇原注：俺見《廣韻》。●《新方言・釋言》：「《説文》：『我，施身自謂也。』義從我聲，故我音轉如儀。《韓詩》：『如食儀饇。』傳：『儀，我也。』今江南蘇、松之間謂我爲儀。我轉爲吾。《説文》：『吾，我，自稱也。』吾亦音

〔一〕帝：原誤作「旁」，據《新方言》改。
〔二〕月：原誤作「日」，據《堅瓠集》改。

牙。《漢書・地理志》允吾，應劭曰：『音鉛牙。』又轉爲卬。《爾雅》：『卬，我也。』今徽州及江浙間言吾如牙，亦卬字也。俗用俺字爲之。卬變爲陽。《爾雅》：『陽，予也。』字亦作姎。《説文》：『姎，女人自稱我也。』今直隸、山東農婦皆自稱老姎們，聲在娘、牙之間。或書作娘，非也。」縣人自稱音如安上聲，即卬之聲轉。《廣韻》五十五豔：「俺，大也。於驗切。」又六十梵：「俺，大也。於劒切。」皆無吾我之義。

又曰自家。ㄗ上ㄐㄧㄚ。《濰言》。〇原注：自家見唐詩：「自家夫壻無婦信，卻恨橋頭賣卜人。」

謂人曰乃，音轉如乃里切。ㄋㄧ上。又轉如恩上聲。ㄋㄣ上。《濰言》：「謂彼曰你，又曰恁。」〇原注：你見《通雅》：「爾、汝、而、若、乃一聲之轉，爾又爲尔，尔又作你也。」恁見《説文》徐鍇云：「俗言如此也。」音飪，俗讀恩上聲。●《新方言・釋言》：「《大雅》：『予豈不知而作。』箋云：『而猶女也。』音轉如乃，爲若。《祭統》：『皆纂乃祖服。』注：『若、乃，猶女也。』今蘇州謂女爲而，音如耐，耐從而聲，而古音耐。亦與今言乃近。浙東謂女爲若，音如諾。諾從若聲。音又轉爲戎。《大雅》『戎雖小子』『纘戎祖考』『以佐戎辟』，箋皆訓戎爲女。今江南、浙江濱海之地謂女爲戎，音如農。古音日紐歸泥，今此三音猶本於古。」《廣韻》六止：「你，乃里切。秦人呼傍人之稱。」縣人稱人如乃里切。又如尼隱切，蓋皆乃之聲轉。或如恩上聲。恁字無尔女義，《説文》：「恁，下齎也。從心任聲。」徐鍇曰：「心所齎卑下也，俗言如此也。」

稱別人曰他。ㄊㄚ。《濰言》。○原注：他音塔，又塔平聲，並見《離騷》：「初既與余成言兮，後悔遁而有他。余既不難夫別離兮，傷靈修之數化。」化音花，他讀塔平聲；化讀本音，則他讀塔矣。

儕輩曰顜，顜音轉如們。ㄇㄣ陽。●《新方言·釋言》：「《方言》：『顜、鑠、盱、揚、䁓，雙也。』郭璞曰：『此本論雙耦，因廣其訓，復言目耳。』今語有顜䁓。」《史通》言渠門，至今有你們、我們之語。們者，謂其曹耦，乃顜之聲轉矣。顜，郭音縣。

多數人曰倗，音轉如幫。ㄅㄤ。●《新方言·釋言》：「《說文》：『倗，輔也。』步崩切。此倗友正字，亦爲倗黨。朋聲今轉入東江，故呼倗如幫。幫，正作幇。凡工商游民無不稱幫。又凡相輔助亦曰幫，本倗字也。《說文》云：『堋，喪葬下土也。《禮》謂之封，《周官》謂之窆。』則朋聲、封聲自古相通轉矣。」縣人謂多數人音如一幫。

雙方曰兩㕦，音如兩下。ㄌㄧㄤ上 ㄒㄧㄚ去。●《新方言·釋言》：「《廣雅》：『㕦、偫、儷、諧，耦也。』㕦，曹憲音下邁反。今人謂耦俱爲兩㕦。㕦，開口呼。凡去聲泰、怪、夬等韻，今人多開口呼之，與卦韻同，亦與禡韻相亂。此㝡殽溷者，如活本音下快反，今音則與華、獄不殊，餘皆準此。遂誤書作兩下。」

厲鬼曰魀，音轉如殺。ㄕㄚ。●陳莞侯《廣新方言》：「《說文》：『魀，厲鬼也。從鬼失聲。』丑利切。重讀之則爲煞。煞，《廣韻》曰俗殺字，此字見於《白虎通》，亦無鬼義。」縣人呼厲鬼音如殃殺，殺即魀之音轉。

囟曰頭囟。ㄊㄡ陽 ㄙㄧㄣ去。《濰言》。●《新方言・釋形體》：「《說文》：『囟，頭會匘蓋也。』息進切。今淮南、吴越皆謂小兒匘蓋爲囟門。」《廣韻》二十一震囟又作顖，息晉切，音同信。縣人呼爲頭囟子。

顙曰頷顱蓋，音如夜來蓋。ㄝ去 ㄌㄞ陽 ㄍㄞ去。●《說文》：「顱，頊顱首骨也。」頊，徒谷切。顱，洛乎切。又：「顙，頟也。」《說文句讀》：「《方言》：『中夏謂之頟，東齊謂之顙。』《詩》『抑若揚兮』，傳云：『揚，廣揚。』正義：『揚是顙之別名，顙貴闊，故曰廣揚。』」又：「頟，顙也。」《說文句讀》：「俗作額。《廣韻》二十陌額，《說文》作『頟，顙也』。五陌切。」縣人呼顙爲頷顱蓋，頷顱音轉如葉來。又俗長者與小兒兩顙相對謂之摩頷，呼如摩言。言、葉、揚皆頟之聲轉也。

黑髮中有白髮者曰宣髮。宣音轉如殘上聲。ㄘㄢ上。●《新方言・釋形體》：「《考工記》注：『頭髮晧落曰宣。』《易・說卦》：『其於人也爲宣髮。』釋文：『黑白雜爲宣髮。』淮西、淮南、吴越謂黑髮中有一二莖白者爲宣髮，讀如蒜。《北齊書・慕容紹宗傳》：『吾自年二十以還，恒有蒜髮。』已讀宣如蒜矣。」縣人謂黑髮中白髮音如殘上聲白，殘蓋宣之音轉。

生而白髮者曰白工。ㄅㄜ ㄍㄨㄥ。《濰言》。○原注：白工即《書影》謂之羊白。又燕趙之間謂之天勞，又謂之雪裏迷是也。

髮初出曰髩。ㄓㄚ去。髮末曰髾。ㄕㄠ。《濰言》。○原注：髩音詐。●《玉篇》：「髩，多毛。」《廣韻》五肴：「髾，髮尾。所交切。」音同筲。

小髻曰鬏，音轉如就平聲。ㄗㄧㄡ。●《廣韻》十七薛：「鬏，《説文》曰：『束髪尐小也。』姊列切。」縣人呼婦人小髻曰鬏，雙聲轉如就平聲。

面曰顅，音轉如力減切。ㄌㄧㄢ上。《濰言》。●《新方言・釋形體》：「《説文》：『顅，頭頰長也。』五咸切。引伸爲頰之稱。《釋名》：『頰車或曰鼸車。』借鼸爲之。説曰：鼸鼠之食積於頰，人食似之，故取名也。《釋名》以聲爲訓，無嫌以鼠比人；正名定字，鼸當作顅。古或借頷爲顅。蕭該《漢書音義》引《字林》曰：『頷，狹面鋭頤之貌也。』《倉頡篇》亦云頷，北欽反，又吾儉反。今人謂面曰顅，俗作臉，蓋頷之變也；音良冉切，與斂、蘞、撿、溓、嬚、鎌同音。蓋本專指面之狹長者，其後通爲面稱。臉之本義，《廣韻》：『臉臘，羹屬也。力減切。』與訓面者不相涉。所在稱臉，惟福州呼爲面耳。」

目圍曰眼䀠，音如圈。ㄑㄩㄢ。●《新方言・釋形體》：「《説文》：『䀠，目圍也。』讀若書卷之卷。今人謂目圍曰眼䀠，音去玄切，以圈爲之。總語曰圓，别語曰䀠。」

眼睫毛呼如眼支毛。ㄧㄢ上 ㄓ ㄇㄠ陽。《濰言》。●《新方言・釋形體》：「《説文》：『䀹，目旁毛也。』子葉切。字亦作睫。今通謂目旁毛爲眼䀹毛，目瞬亦曰䀹。」縣人呼䀹音轉如支。

目汁凝曰眵。ㄔ。《濰言》。○原注：眵音鴟，見韓退之詩：「兩目眵昏頭雪白。」●《新方言・釋形體》：「《説文》：『眵，一曰瞢兜。』叱支切。今人謂眼中凝汁爲眼眵，讀如矢。」縣人呼眵音如參差之差。

耳曰耳睡。ㄦ上 ㄉㄨㄛ陽。《濰言》。○原注：睡音朵。●《新方言·釋形體》：「《説文》：『耽，耳大垂也。聸，垂耳也。』耽音丁含切，聸音都甘切。今人謂耳曰耳聸，音轉如朵。耽、聸訓垂，本由雙聲流轉。古音垂如埵，《説文》埵讀若朵，訓樹木垂朵朵也，故聸得讀如朵。其在韻部，亦猶冉聲之那入歌類矣。」

耳頣曰臺。ㄊㄞ陽。《濰言》：耳根曰臺。●《説文》：「頣，頰後也。」王氏《句讀》：「俗言耳根，當作耳頣。」

鼻液曰洟，音轉如亭。ㄊㄧㄥ陽。《濰言》。●《廣韻》十二霽：「洟，鼻洟。他計切。」音替。縣人呼如亭，替、亭雙聲。

耳垢曰塞，音轉如筍。ㄙㄨㄣ上。《濰言》。●按，塞音轉如筍。塞、筍雙聲。

耳病曰瞪。ㄉㄧ上。《濰言》。○原注：瞪音底。●廣韻十一薺：「瞪，耳膿。都禮切。」音同底。

頤中窊曰笑渦。ㄙㄧㄠ去 ㄨㄛ。又曰酒渦。ㄗㄧㄡ上 ㄨㄛ。《濰言》。○原注：笑渦即梨渦，見唐詩。

口曰觜。ㄗㄨㄟ上。《濰言》。●《新方言·釋形體》：「《廣雅》：『柴，口也。』今語多讀口爲柴，相承作觜。俗作嘴。」

口圍曰觜輔，音轉如巴。ㄆㄚ去。●《新方言·釋形體》：「《説文》：『酺，頰也。輔，人頰車也。』《釋名》：『輔車或曰牙車，或曰頷車，或曰頰車，或曰鼸車。』今揚州、安慶皆謂頰爲輔，音如巴。直隸、山東、浙江、江南、江西、湖北、湖南皆謂口圍爲⿱此米輔，音如巴。浙之杭州、紹興言⿱此米輔音如匍；又謂脣爲⿱此米脣輔，音亦如匍。凡言胡下者通謂之下輔，讀如杷。輔讀爲巴、爲杷者，古無輕脣，輔讀如補；今音據此轉變，魚、模生麻，遂爲巴、杷等音，若父爲爸、匍爲爬、傅爲巴矣。」

頤曰下頦。ㄒㄧㄚ去 ㄏㄞ上。《濰言》。●《新方言・釋形體》：「《說文》：『𦣝，顄也。』篆文作頤。今寧武、朔平、大同之間猶稱下輔爲頤。福州音轉如哈，呼來切。頤、哈古同部。稱曰下頤。安慶謂留鬚爲留下頤，音轉如海。」《廣韻》十六咍：「頦，頤下。户來切。」音同孩。

口上阿曰谷，音如口谹切。ㄎㄜ。●《說文》：「谷，口上阿也。从口，上象其理。」其虐切。王氏《句讀》：「口内之上下皆有阿曲，其上阿則名谷也。」縣人呼爲上牙谷，音如口谹切。

齒本曰齶，音轉如花。ㄏㄨㄚ。●《說文》：「齗，齒根肉也。」字又作齦。《廣韻》十九鐸：「咢，口中齗咢。出《字統》。五各切。」字又作齶，音同萼。縣人呼牙根肉，音如牙花。

牙外見曰齹牙。ㄘㄧㄚ陽。《濰言》。○原注：齹，楚宜切。●《說文》：「齹，齒參差也。」又：「齞，口張齒見也。从齒，只聲。」王氏《句讀》：「與齜下說異者，彼謂故使之，然此則生而脣不掩齒也。」縣人呼如此牙，字當以齞爲正。

脣缺曰火脣。ㄏㄨㄛ上 ㄔㄨㄣ陽。《濰言》。●《郝氏遺書・證俗文》：「兔歧脣曰火。」《韻會小補》：「火，虎何切。蓋古音也。」《莊子·外物》篇：「利害相摩，生火實多，衆人焚和，月固不勝火。」案今謂破處曰火口子。《淮南子》：「孕婦見兔而子缺脣，見麋而子四目。」則火或缺之音轉。火、缺爲疊韻。或謂火脣應作豁脣，豁有開義也。

頸内曰胡嚨。ㄏㄨ陽 ㄌㄨㄥ陽。《濰言》。○原注：胡嚨見漢童謡：「請爲諸君鼓嚨胡。」●《説文》：「胡，牛顄垂也。」王氏《句讀》：「喉、胡古通。」

頸曰勃子。ㄅㄛ陽 ㄗ上。《濰言》：「頸曰脖子。」●《新方言·釋形體》：「《釋名》：『肺，勃也。言其气勃鬱也。』今北方謂頸曰勃子，匈曰匈勃子，亦由其气勃鬱，故得是名矣。俗字作脖。」

次曰舌次，音轉如斜鮮。ㄙㄧㄝ陽 ㄙㄧㄢ陽。《濰言》。○原注：次俗讀若䖳。

須曰胡髭。ㄏㄨ陽 ㄗ上。《濰言》。●《新方言·釋形體》：「《説文》：『胡，牛顄垂也。』《史記·封禪書》曰：『有龍垂胡髯下迎黄帝。』又云：『抱其弓與胡髯。』乃稱髯爲胡髯矣。今人謂鬚爲胡髭，俗作鬍。惠、潮、嘉應之客籍音轉如姑，謂鬚爲鬚胡。此皆引伸義。紹興謂喉曰胡嚨，乃近本義。」

肩曰肩髆，音轉如榜。ㄅㄤ上。臂曰胳髆，音轉如各傍。ㄍㄛ ㄆㄤ陽。《濰言》。○原注：髆音博。●《新方言·釋形體》：「《説文》：『髆，肩甲也。胳，亦下也。』上補各切，下古洛切。今謂臂曰臂髆，或曰胳髆，語稍異古，然相引伸也。」《廣韻》十九鐸：髆，補各切，音同博。縣人呼此音，或轉如肩榜，或轉如各傍。

手曰䶕掌，音轉如巴征。ㄅㄚ ㄓㄥ。《濰言》。●《説文》：「䶕，搥擊也。」王氏《句讀》：「搥者，反手擊也。」本是動字。縣人呼手爲䶕掌，則連用爲名字矣。

手指分處曰手丫。ㄕㄡ上 ㄧㄚ。《濰言》。●《新方言·釋言》：「《説文》：『介，畫也。从八从人。』『八，别也。象分别相背之形。』今直隸、山東謂兩物根柢相連之間曰介八，若兩指間曰手介八、脚介八；樹兩枝間曰樹介八是也〔一〕。介，讀古八切。揚州謂指兩節間亦曰介八，尋《孟子》云『山徑之蹊間介然』，《長笛賦》云『間介無蹊』，今人言介八，若古人言間介矣。」然則手丫八字當作手介八。

手屈曰拳。ㄑㄩㄢ陽。又曰椎。ㄓㄨㄟ陽。《濰言》。●《説文》：「椎，擊也。齊謂之終葵。」直追切。王氏《句讀》：「《倉頡篇》：『椎，用打物者也。』《齊策》：『秦遺連環，君王后用椎椎破之。』《御覽》引作柊楑，注云：『音終葵。』《纂文》：『柊楑方椎。』《廣雅》《玉篇》皆曰：『柊楑，椎也。』《考工記》則作終葵。案終葵者，椎之反語，乃長言短言之分也。」是椎本打物之具，以拳打物，遂借椎以名之耳。

腋曰腋脛。ㄝ ㄔㄝ去。又呼如夾整窩。ㄐㄧㄚ ㄓㄥ上 ㄨㄛ。《濰言》。●《新方言·釋形

〔一〕 曰：原脱，據《新方言》補。

體》：「《説文》：『亦，人之臂亦也。』俗作腋。揚州謂臂裏脅間爲腋魄，魄讀若霸。《爾雅》：『孔、魄，間也。』」《説文》：「脅，兩膀也。」王氏《句讀》：「《通俗文》：『腋下謂之脅。』」縣人呼腋如腋轍，當是腋脅之音轉，夾整當是肩肘之音轉。《集韻》脛訓脯，無人身體之義。

乳曰⿴囗乳子。ㄋㄞ上 ㄗ上。乳湩曰⿴囗乳。ㄋㄞ上。《濰言》。○原注：⿴囗乳音乃。●《新方言·釋形體》：「《廣雅》：『湩謂之乳。』今人謂乳爲嬭，《廣韻》已有此訓，日紐歸泥紐也。」是乳之音轉如乃。⿴囗乳，爲古嬭字。

臍曰脖臍。ㄅㄨ陽 ㄘㄧ陽。《濰言》。●《廣韻》十一没：「脖，胦臍。蒲没切。」音同勃。

背⿸疒需曰痀僂，又曰柯腰。ㄍㄨㄛ ㄧㄠ。《濰言》。○原注：⿸疒需音妥，痀僂音劬樓，見《莊子·達生》篇。柯本訓斧柄，又木横枝，蓋取横而不直之義。●《廣韻》十虞：「痀，曲脊。舉朱切。」音同俱。《説文》：「痀，曲脊也。」王氏《句讀》：「《廣韻》云瘻痀，《列子》云痀僂，《通俗文》曲脊謂之傴僂。亦借用鉤。《趙策》：『武安君曰：縪病鉤。』是痀之古音如鉤。」今四川稱曲背爲句背。見《新方言·釋形體》「奚，大腹」條注。雙聲轉如柯，柯腰即痀腰之聲轉，作柯腰非是。⿸疒需見《字彙》，音妥，腰病，是後起俗字。《新方言·釋形體》：「《方言》：凡以驢馬馲駝載物者謂之負佗。佗今作馱，此通語也。負物必曲背，故今謂僂者爲佗背。《爾雅》：『鮐背，壽也。』恐鮐背即佗背，老人多僂，以此狀之。台、它雙聲。《莊子德·充符》篇：『衛有惡人焉，曰哀駘它。』蓋醜莫如局背，故亞訓爲醜，象局背形；駘它者，即局背之謂耳。舊説鮐背背有鮐文，甚誤。」然則背痡字當作背佗。

腰左右曰腰膁，音轉如眼。ㄧㄠ ㄧㄢ上。《濰言》：「腰左右曰腰眼。」●《廣韻》五十一忝：「膁，腰左右虛肉處。苦簟切。」疊韻轉如眼。是腰眼字當作腰膁。

胯後兩臀原注：殿、豚、定三音曰臀。原注：音定。ㄉㄧㄥ去。《濰言》。●《新方言・釋形體》：「《說文》：『屍，髀也。』或作臀。今省作臀。山東北至天津皆謂尻曰臀兒，音如定，殿音之轉也。《釋名》曰：『臀，殿也。高厚有殿遌也。』」

厀臏曰波羅蓋。ㄅㄛ ㄌㄛ陽 ㄍㄞ去。《濰言》。●《新方言・釋形體》：「厀蓋，陝西、四川、湖北、江南、浙江皆謂之蓋厀頭，自淮南至山東、直隸或謂之欂櫨頭。《說文》欂櫨即楶。《爾雅》：『栭謂之楶。』李巡以爲斗拱。《釋名》：『櫨，在柱頭，如都盧，負屋之重也。』然則人脛如柱，厀蓋在上如斗拱，以負兩髀之重，故謂之欂櫨頭。淮南又稱厀蓋爲蓋枅頭。《說文》：『枅，屋櫨也。』《廣雅》：『欂謂之枅。』曹憲音鷄，今亦正作鷄音。此則在屋在人皆通名矣。」縣人呼厀蓋音如波羅蓋，字當作欂櫨蓋。

股曰大骽。ㄉㄚ去 ㄊㄨㄟ上。脛曰小骽。ㄙㄧㄠ上 ㄊㄨㄟ上。《濰言》。●《新方言・釋形體》：「《說文》：『夊，行遲曳夊夊。象人兩脛有所躧也。』楚危切。夊夊，即《詩》所謂『雄狐綏綏』。夊變爲綏，故兩脛之名亦由夊變爲骽，今人皆謂脛爲骽。福州謂脛爲骽骽。《說文》：『骹，脛也。』脛後通謂之骽肚，猶古人言腓腸矣。」

踝曰腳核桃。ㄐㄧㄛ上 ㄏㄛ陽 ㄊㄠ陽。《濰言》。●《新方言·釋形體》：「《釋名》：『踝，确也，居足兩旁，磽确然也。』今人謂脛下骨隆起者爲孤踝，亦或稱𨈈爲孤踝。踝言之咼也，《說文》言咼象隆骨，則足有隆骨處並稱踝，亦無誤也。孤、踝本雙聲，孤借爲軱。《莊子·養生主》曰：『而況大軱乎？』釋文軱音孤。向、郭云：『軱，戾大骨也。』」縣人以踝形似核桃，因呼爲腳核桃。

豪曰𣯴毛。ㄏㄢ去 ㄇㄠ陽。●《新方言·釋形體》：「《說文》：『𣯴，獸豪也。』《廣雅》：『𣯴謂之豪。』則不別人獸矣。曹憲音汗。今直隸、陝西、江浙、廣東皆謂豪爲𣯴毛，讀平聲。」縣人呼𣯴毛如漢毛。

瘡痂曰甲𤺌。ㄍㄚ ㄓㄚ。●《廣韻》九麻：「𤺌，瘡痂甲也。側加切。」縣人謂瘡痂爲甲𤺌。

胼胝曰𤿻，音如罔上聲。ㄍㄤ上。《濰言》。○原注：𤿻，見《集韻》，本訓張大皃。●《集韻》𤿻，古晃切，音廣。

趾生胼胝曰磨趼。ㄇㄛ陽 ㄧㄣ陽。《濰言》。○原注：趼音硯。●《廣韻》二十七銑：「𤿻，皮起。古典切。」又作趼，音同薾。《廣新方言》：「今俗謂足踵摩擦所生之薾肉曰鷄眼，象其形也，亦薾之切語也。按《說文》：『胝，腄也。』竹尼切。腄，跟胝也。《戰國策》：『墨子聞之，百舍重薾。』高注：重薾，累胝也。蓋胝者，皮之堅厚者也。今俗云鷄眼，即胝薾之轉。」《說文》：「䵎，黑皴也。」古典切。段氏注：「《戰國策》：『墨子百舍重薾，往見公輸班。』《淮南子》：『申包胥累繭重胝，七日七夜至於秦庭。皆借繭爲蘺。』」然則胝繭字應作胝蘺，鷄眼則蘺之延聲。縣人呼如磨眼，眼亦蘺之聲轉。眼、蘺疊韻。

有力曰勁。ㄐㄧㄣ去。《濰言》。○原注：勁見《集韻》，用力也。●《埤蒼》：「劤，多力也。」《廣韻》二十四焮：「劤，多力皃。居焮切。」音同靳。無勁字。《說文》：「勁，彊也。從力巠聲。」吉正切。王氏《句讀》：「《呂覽·慎大》篇：『孔子之勁，舉國門之關，而不肯以力聞。』」然則居焮切之音當是勁字之音轉。劤、勁蓋皆後起之字耳。縣人謂有力音如有靳，謂用力音如使靳。

事有偏好曰毛病。ㄇㄠ陽ㄅㄧㄥ去。又曰包彈，彈音轉如團。ㄊㄨㄢ陽。《濰言》：「事有偏好曰癖，又曰癮、曰毛病、曰包彈。」○原注：癖見《晉書·杜預傳》：「臣有《左傳》癖。」癮見《廣韻》，本瘾，胗皮外小起。按俗有皮癮之病，即胗字也。毛病出徐咸《相馬書》，包彈見《野客叢談》。按彈，糾也、劾也。見《周禮·地官·里宰》注：「街彈之室。」漢時在街置室，檢彈一里之民。

災眚音轉如災星。ㄗㄞ ㄙㄧㄥ。●《廣新方言》：「今俗謂人有患難曰災星。按當作眚。《說文》：『眚，目生病也。』段注引申爲過誤，如眚災肆赦，不以一眚掩大德是也。又爲災眚，李奇曰『內妖曰眚，外妖曰祥』是也。」

罪薛呼如罪業。ㄗㄨㄟ去ㄧㄝ去。●《新方言·釋言》：「《說文》：『薛，辠也。』」私列切。今人謂罪惡爲罪薛，音如孽。」

女帽曰箛子。ㄍㄨ ㄗ上。《濰言》。〇原注：箛音孤，見《玉篇》，本以篾束物也。又元代有固姑帽，婦女用之，見陶南邨詩：「江南有眼何曾見，争卷珠簾看固姑。」固姑，或作顧姑、罟罟、姑姑，字雖不同，其實一物也。

喪幘曰帤，音轉如鏟。ㄔㄢ上。《濰言》。〇原注：帤音粲、音茜，俗讀若田産之産，見《方言》：「自河以北趙魏之間曰幧頭，或謂之帤，或謂之帷。」●《廣韻》三十二霰：「帤，帷也。又幧頭。倉甸切。」音同倩。縣人謂喪幘曰孝帤，音轉如孝鏟。

身衣曰袿，音轉如卦。ㄍㄨㄚ去。《濰言》：「身衣曰袴。」〇原注：袴音胯，俗讀若挂，見《廣韻》：「袴，衿袍也。」又《集韻》：「小衫曰袴。」今通作褂，而字書不載。●《廣韻》十二齊：「袿，《釋名》曰：婦人上服曰袿，《廣雅》曰：袿，長襦也。古攜切。」音同圭。今音轉如挂，則身衣字當作袿。

枓袯呼如斗朋。ㄉㄡ上 ㄆㄥ陽。●《郝氏遺書・證俗文》：「《方言》無袂之衣謂之褙；《玉篇》枓，衫袖也；《說文》袯，蠻夷服也。枓袯者，狀如袍而無襟袖，披之以禦雨雪。今禮部曾試有散枓袯官四員。俗謂之枓朋。」枓，《廣韻》十三末：「袯，北末切。」音同撥。俗呼爲斗篷。篷、撥雙聲相轉也。

心衣曰斗篼。ㄉㄡ上 ㄉㄡ。《濰言》。〇原注：篼，當侯切。斗篼即裹肚。或云即古之抱腹。王筠《裁衣》詩：「裲襠雙心共一抹，抱腹兩邊作八撮。襻帶雖安不忍縫，開孔纔穿猶未達。」又或云即古之心衣。余按《釋名》，抱腹，上下有帶抱裹其腹，上無襠者也；心衣抱腹而施鉤肩，鉤肩之間施一襠〔一〕，以養心也。與今斗篼製證之，則心衣近是。

喪裘曰葛裰。ㄍㄜ ㄉㄨㄛ去。《濰言》。○原注：裰，都括切，見《集韻》：「補裰破衣也。」

冬用鞋曰鞥鞵。ㄨㄥ ㄒㄧㄞ陽。《濰言》。○原注：鞥見《廣韻》：「吴人鞾靿曰鞥。」

走卒利走曰儳鞋。ㄘㄧㄢ上 ㄒㄧㄞ陽。《濰言》。○原注：儳見《後漢・何進傳》，疾也。●按縣人呼如淺鞋，淺、儳疊韻。

皮作下水者曰䩷。ㄅㄤ上。《濰言》。○原注：䩷音榜，見《廣韻》：「小兒皮履也。」●《郝氏遺書・證俗文》：「小兒屨又謂之紨。《説文》：『紨，枲履也。』《廣韻》以爲『小兒皮屨』。《急就篇注》云：『圜頭掩上之屨也。』案今邨民以皮爲屨，其頭正圓，深掩前上，草薦於中，俗謂之紨，聲轉爲膀。《周官・屨人》皮屨其狀，疑或類此，但其下有約繶爲飾耳。」

韈踊音轉如韈桶。ㄨㄚ去 ㄊㄨㄥ上。●《新方言・釋器》：「《左傳》：『踊貴屨賤。』踊爲刖者所著，貫脛而下無跗。踊之言通也，凡貫脛者皆得此語。今人謂鞾、韈貫脛處曰鞾踊、韈踊，讀如桶〔二〕。案《釋名》：『鞣釋，鞾之缺前壅者。』後人言深雍鞾。雍、壅皆即踊字。」

〔一〕鈎肩：原脱，據《釋名》補。
〔二〕桶：原作「踊」，據《新方言》改。

䙆曰次裹，音轉如次葛拉。ㄙㄧㄢ陽 ㄍㄚ ㄌㄚ陽。●《説文》：「䙆，編枲衣。一曰次裹衣。」〔一〕王氏《句讀》：「《方言》『緊袼謂之䙆』注：即小兒次衣也。」縣人呼小兒次衣音如次葛拉，蓋裹之聲轉也。

行縢曰裹骽。ㄍㄨㄛ上 ㄊㄨㄟ上。《濰言》。●《郝氏遺書・證俗文》：「行縢，脛纏也。《詩・小雅》『邪幅在下』，箋云：邪幅，如今行縢也。偪束其脛，自足至膝，故曰在下。疏云：名行縢者，言行而緘束之。案邪幅或單作幅。《左氏》桓二年《傳》：『帶裳幅舄。』亦作偪。《禮・内則》『偪屨著綦』注云：『偪，行縢。』《釋名》：『偪，所以自偪束。』今謂之行縢，言以裹腳，可以跳騰輕便也。亦或單作縢。《戰國策》：『蘇秦羸縢履蹻。』其文字通名皆作行縢矣。《吴志》：吕蒙爲兵作絳衣行縢。《舊唐書》：德宗入駱谷，值霖雨，道塗險滑。東川節度使李叔明之子昇及郭子儀之子曙、令狐彰之子建等六人，恐有姦人危乘輿，相與齧臂爲盟，著行縢釘鞋，更鞚上馬，以至梁州。是則古人單著行縢之驗。今郝民有著行縢而後韈者，亦有不韈而著行縢者，皆古之遺象也。」縣人呼爲裹骽。

衣之袖豎身横處曰袼，音轉如墾去聲。ㄎㄣ去。《濰言》：「衣之袖豎身横處曰裀。」〇原注：裀，苦本切，見《集韻》：「成就也。」●《禮・深衣》：「袼之高下，可以運肘。」注：「袼，衣袂

〔一〕一：原脱，據《説文解字》補。

當掖之縫也。」《廣韻》十九鐸：「袼，袼𧞣也。古落切。」音同閣。縣人呼此音轉如壑去聲。袼亦作胳。《說文》：「胳，亦下也。」古洛切。王氏《句讀》：「亦，俗作腋。」《廣雅》「胳謂之腋」，渾言之；許析言之。因而袂當胳者，亦謂之胳。《深衣》「袼之高下，可以運肘」注：「袼，衣袂當掖之縫也。」釋文：「袼，本又作胳，腋也。」《說文》無袼，當是據本作胳。

衣下際四圍曰闌，音轉如連。ㄌㄧㄢ陽。開而不合者曰䘹，音如七意切。ㄘㄧ去。《濰言》。○原注：䘹，見《玉篇》：「䘹，膝裙衿也。」●《新方言・釋器》：「《聲類》：『袲，開衣領也。口禮反。《玉篇》引。袲，從多聲，口禮反者，猶《說文》引《論語》跢予足，今作啓。是袲有啓音也。今人謂開裳下齊爲開袲。俗書作气，無義。或呼開袲爲充夜切，此正如哆、奓、胗等皆入麻、禡韻也。書作開叉者亦非本字。或應作哆訓張，音欶加切耳。」《廣韻》十一薺：「袲，康禮切。」音同啓。縣人呼如七意切，當是啓聲之轉。則開裳下齊之義，字當作袲。衣下際四圍則呼如下連頭。

絝踦曰襱，音轉如骽。ㄊㄨㄟ上。●《說文》：「襱，絝踦也。」丈冢切〔一〕。段氏注：「絝踦，言袴之近足狹處也。」王氏《句讀》：「顔注《急就篇》：袴之兩股曰襱。」《新方言・釋器》：「《說文》：『襱，絝踦也。』丈冢切。今人通言韜絝，福州謂之襱，從舌頭音呼如動。」縣人呼如絝襱，動、骽皆舌頭音。

〔一〕　丈：原作「大」，據《說文解字》改。

枕曰斗枕。ㄉㄡ上 ㄓㄣ上。《濰言》。○原注：枕見《釋名》：「枕，檢也，所以檢項也。」●按斗枕當是頭枕之聲轉。斗、頭疊韻。

隱囊曰拐枕。ㄍㄨㄞ上 ㄓㄣ上。●《郝氏遺書·證俗文》：「隱囊，亦枕類也。今之拐枕。六朝人作隱囊，柔軟可倚。王維詩：『不學城東遊俠兒，隱囊紗帽坐彈棊。』」

坐褥曰簟子。ㄉㄧㄢ上 ㄗ上。《濰言》。○原注：簟，徒念切，見《詩·秦風》「簟茀朱鞹」傳云：「方文席也。」●《説文》：「荐，薦蓆也。」在甸切。王氏《句讀》薦句，謂薦可通于荐也。《左傳》「戎狄薦居」，釋文作荐。縣人呼薦義音轉如店，坐褥音如店子，其字當作薦子。

小兒禦穢布曰藉子。ㄗㄧㄝ去 ㄗ上。●《新方言·釋器》：「《説文》：『藉，祭藉也。一曰草不編，狼藉。』凡在下承物者皆被此名。鄧廷楨説淮北小兒臥處以布禦穢，謂其布曰藉子，亦其一矣。」

剪餘布帛曰幓裂，音轉如七立。ㄘㄧ ㄌㄧ去。●《説文》：「帍，幓裂也。」又：「幓，殘帛也。」又：「裂，繒餘也。」縣人呼剪餘布帛音如七利，當是幓裂之聲轉。

衣破補處曰補靪。ㄅㄨ上 ㄉㄧㄥ上。●《新方言·釋器》：「《説文》：『靪，補履下。』今謂衣破補處爲補靪。」

檲音轉如倍。ㄅㄟ去。●《説文》：「檲，匡當也。」古悔切。段氏注：「匡當，今俗有此語，謂物之腔子也。檲亦作䈛，亦作䕇。」《新方言·釋器》：「《説文》：『檲，筐當也。』古悔切。字亦作蔮。《釋名》：『簂，恢也，恢廓覆髮上也。』今浙江稱作帽木楥爲頭簂，軍人所戴頭盔正應作簂。其他木楥謂之簂頭，音正如恢。又，優人所被假面通言面檲，讀古悔切，假面亦筐當也。又，檲之言馘也。《莊子》云：『槁項黃馘。』謂黃面也。凡國聲字皆可讀古悔切，山東讀國、馘皆古恢切〔一〕。自江而北或言檲臉，學者不得其字，則書作鬼臉矣。筐當亦今通語，凡有廓者多被此名。」縣人謂黏合碎布數層爲一，或黏合紙數層爲一，皆呼如倍子，當是檲子之音轉。

乾黏曰滰，音如姜去聲。ㄐㄧㄤ去。《濰言》：「檠滰曰滰。」○原注：滰，巨兩切，見《方言》：「滰黏曰滰。」●縣人以麥麵作粥狀用以黏物，呼曰滰子，音如降子。

結締音轉如葛達。ㄍㄚ ㄉㄚ。●《説文》：「結，締也。」段氏注：「古無髻字，即用此。」徐灝箋：「凡以繩屈之爲椎謂之結。古者佩觿專爲解結用也。又《説文》：『締，結不解也。』特計切。段氏注：『解者，判也。』下文曰「紐結而可解也」，故結而不可解者曰締。』古人以締釋結，故結締可合爲一名。」縣人呼此音轉如葛達，其可自解者曰活扣，不可自解者曰死扣，扣當是緭字之音轉。《説文》：「緭，結也。」古忽切，音如骨。

縫衣長線腳在外曰纍，音如菊。ㄐㄩ陽。《濰言》。○原注：纍見《説文》：「約也。从系具聲。」又《玉篇》：「纏也，連也。」●《説文》：「纍，約也。」居玉切。王氏《句讀》：「《廣雅》：

〔一〕恢：《新方言・釋器》作「悔」。

『纍，連也。』《廣韻》：『纍，靴纍子纏連者。』」

布囊曰包，音延如包伏。ㄅㄠ ㄈㄨ陽。●《新方言·釋器》：「今人謂布囊爲包伏，伏無正字。或書作絥，絥乃車茵，義絶不相涉。包、伏同聲，如包犧即伏義。則一語二音也。」然則包伏之音，即包字之延聲。古音皆重脣，呼如包僕，其後伏字變輕脣，遂如今音。

家財曰家帑。ㄐㄧㄚ ㄉㄤ去。●《新方言·釋器》：「《説文》：『帑，金幣所藏也。』《地官》英蕩，杜子春云：蕩當爲帑。《周成雜字》云：帑音蕩。《一切經音義》引。今北音蕩如的當之當，故所在謂家財爲家帑，亦作當音。」

什器曰傢伙。ㄐㄧㄚ ㄏㄛ上。又曰家器，音轉如家事。ㄐㄧㄚ ㄕ去。●《新方言·釋器》：「《虞書》：『懋遷有無化居。』今人謂什器曰傢伙。尋《説文》：『家，居也。』《釋名》：『火，化也。』此皆以聲爲訓。家與居同音，火與化同音，則傢伙即居化，是化居二字倒易耳。或稱什器爲貨者，亦同此義。」縣人謂什器亦曰家器，音轉如家事。

大錢合音如旦平聲。ㄉㄢ陽。●縣人呼大錢合音如旦之陽平聲。即讀旦與田、年爲韻。

長几曰兆几，兆讀如條。ㄊㄧㄠ陽。●《新方言·釋器》：「《方言》：『牀杠，南楚間謂之趙。』郭璞曰：『中國亦呼杠爲桃牀。』《廣雅》桃作兆。今人謂長凳爲兆凳，《廣韻》作徒了切，今讀如條。」縣人呼長几音如條几，字當作兆几。

几案有抽匣者曰抽牏，音如抽頭。ㄔㄡ ㄉㄡ陽。《濰言》。○原注：按牏見《史記·萬石君傳》「廁牏」。徐廣曰：音豆。蘇林曰：音頭。孟康曰：廁，行清。牏，行清中受糞函者也。東南人謂鑿木空中如曹，謂之牏。今俗謂抽牏之牏，正與蘇音、孟訓相合。●《郝氏遺書・證俗文》：「《珩璜新論》：宋臨江孔平仲毅父纂。俗呼抽替，《南史・后妃傳上》：殷淑儀〔一〕，孝武帝之貴妃也，有寵而薨，帝思見之，遂爲通替棺，欲見輒引替覩屍。」據此則抽頭或爲抽替之聲轉。替、頭雙聲。

書槴音轉如書符。ㄕㄨ ㄈㄨ陽。《濰言》。○原注：槴音户。漢李尤有《書槴銘》。●《集韻》：「槴，藉書具。」縣人呼如書符。

交牀曰馬閘子。ㄇㄚ上 ㄓㄚ ㄗ上。《濰言》。○原注：見《秋雨庵隨筆》。今人以皮交牀名馬閘子，官長多以自隨，以便於取挈也。按唐明皇作逍遥座，遠行攜之，如摺疊椅，蓋即此物之權輿乎？

藉藁臥曰打荹荹，音轉如鋪去聲。ㄆㄨ去。●《説文》：「荹，亂艸也。」王氏《句讀》：「今諺藉藁臥曰打荹。《廣韻》十一暮：『荹，亂草。薄故切。』」音同步。縣人呼如打鋪。去聲。

車輪曰輥轠。ㄍㄨㄣ上 ㄌㄤ。《濰言》。●《六書故》：「輥，轉之速也。」《廣韻》二十一混：「輥，車轂齊等皃。古本切。」音同衮。又十一唐：「轠，車轠。都郎切。」

〔一〕儀：原誤作「義」。

䡊曰車轅，又曰車䡀，音轉如聽。ㄊㄧㄥ。《濰言》。○原注：轅音袁，俗讀若言。䡀音樘，俗讀若聽。●《廣韻》十一唐：「樘，車樘。徒郎切。」音如唐。《集韻》：「樘，柱也。」轅之義字當作樘。《廣韻》十一唐：「䡀，䡀輥軘軨。」字亦作䡀，無轅義。

止轎之立木曰毃。ㄔㄨ上。《濰言》。○原注：按轎見《漢書·嚴助傳》：「輿轎而隃領。」本音橋。《玉篇》毃，上郗切。《字彙》毃音殳，車竿。●韓愈《王適墓銘》：「鼎也，不可以柱車馬也，不可使守閭。」《廣韻》九麌：「柱，直注切。」音同除上聲。縣人呼止轎之立木音如除上聲，其字當作柱。

杖曰拄棒。ㄓㄨ上ㄅㄤ去。●《説文》：「杖，所以扶行也。」《戰國策·齊》：「嬰兒謡曰：大冠若箕，修劍拄頤。」古亦用柱字。《吕氏春秋》：「柱杖而問其兄弟。」縣人呼杖曰拄棒，當是杖之延音。

雨蓋曰苫，音轉如三上聲。ㄙㄢ上。●《新方言·釋器》：「《爾雅》：『白蓋謂之苫。』《説文》：『苫，蓋也。』『蓋，苫也。』目部睒下云：『讀若白蓋謂之苫。』睒，今音失冉切，則苫亦可讀失冉切。《左傳》云：『被苫蓋。』凡張蓋皆得稱苫，非止編茅覆屋而已。今人華蓋、雨蓋皆謂之苫，音正作失冉切。譌入元、寒作繖。《通俗文》云：『張帛避雨謂之繖蓋。』是漢末音韻已歧矣。揚州、儀徵謂雨蓋曰苫，或曰小苫子，音如添，添正作沾。猶可考見本字。」

招牌曰望子。ㄨㄤ去ㄗ上。《濰言》。○原注：《廣韻》：「帘，青帘。酒家望子。」

鈴曰令丁，音轉如令當。ㄌㄧㄥ陽 ㄉㄤ。●《説文》：「鈴，令丁也。」王氏《句讀》：「三字疊韻，故以令丁爲鈴之別名。《廣雅》：『鐲，鈴也。』則鈴與鉦同類。《左傳》謂鉦爲丁寧猶之此也。」縣人呼鈴爲令當，蓋令丁之音轉。

柳器宛把曰䩩斗。ㄩㄢ陽 ㄉㄡ上。《濰言》。〇原注：按䩩音宛，量物之器；一曰抒井䩩也。俗讀若院。●《廣韻》二十二元：「䩩，量物之具。」

髹漆之器曰涮。ㄕㄨㄢ。《濰言》。〇原注：按涮，生患切，洒也。俗讀數還切，蓋髹漆一次必涮洒一次，故以涮名之。

妝域曰連撚轉，音轉如撚撚轉。ㄋㄧㄢ上 ㄋㄧㄢ上 ㄓㄨㄢ去。《濰言》。〇原注：按妝域，明宮内戲具也。●縣人呼如撚撚轉，轉讀去聲。

臼曰臿臼。ㄔㄚ陽 ㄐㄧㄡ去。●《説文》：「臿，舂去穀麥皮也。」楚洽切。縣人呼臼音如插臼。

餅器曰鏊。ㄠ去。《濰言》。〇原注：餅鏊見《廣韻》，一作鏖。●《説文》：「鏖，温器也。讀若奥。」王氏《句讀》：「案此讀，則鏖即鏊也。鏊面圓而平，三足，高二寸許。《廣韻》三十七號：『鏊，餅鏊。五到切。』」音如傲。縣人呼此音正如傲。

小釜有把曰銚，音轉如瓢。ㄆㄧㄠ陽。●《新方言·釋器》：「《説文》：『銚，温器也。』曹憲《廣雅音》云：『銚，今人多作大弔反。』又《説文》：『鐎，鐎斗也。』漢人皆作刀斗。銚、鐎本一字。今淮南謂小釜爲銚子，音正作大弔反。」《正字通》：「今釜之小而有柄有流者亦曰銚。」縣人謂沙釜之有柄者，音如沙釣，正作大弔反，亦呼如沙瓢；謂鐵釜之小而有柄者，音如鐵瓢。蓋銚之音轉。《廣韻》四宵：「銚，燒器；亦古田器。餘昭切。」音同銚。又徒弔切。

煗酒取速器曰輲子，音如竄子。ㄘㄨㄢ ㄗ上。《濰言》。○原注：按輲子俗讀竄子，見《庶物異名疏》云：「《穆天子傳》：『盛姬病，求飲。天子命人取槳而給是，曰壺輲。』郭璞云：『壺器名輲，音遄，速也。』」今京師於煤鑪上煗酒煮泉以取速者名曰輲子，當用此字。

罩㸚音如罩籬。ㄓㄠ去 ㄌㄧ陽。●《新方言・釋器》：「《說文》：『㸚，二爻也。』力几切。爾字從㸚，謂其孔㸚，故直隸謂葦柳諸器爲罩㸚，通依《廣韻》作笊籬。離、㸚聲通。」

切肉木質曰椹子，音如敦子。ㄉㄨㄣ ㄗ上。●《廣韻》二十一侵：「椹，鈇椹，斫木質。知林切。」音同碪。《新方言・釋器》：「《爾雅》：『椹謂之榩。』孫炎云：『斫木質。』或用以斬人，加於椹上而斫之。《秦策》云『今臣之胸不足以當椹質，要不足以待斧鉞』是也。今人謂切肉所藉木質爲椹板。」縣人呼如敦子，古無舌上，則椹之古音當如敦。

盌之大者曰閜盌，閜音如海。ㄏㄞ上。●《新方言・釋器》：「《方言》：『閜，桮也。』大者謂之閜。』郭璞音呼雅反。今通謂大盌爲閜盌，音轉如海。」縣人謂盌之大者音如海盌。

小盤曰㼭，音轉如碟。ㄉㄧㄝ陽。●《新方言・釋器》：「《方言》：『甌、甂，陳魏宋楚之間謂之㼭。』郭璞曰：『今河北人呼小盆爲㼭子。』㼭，杜啓反。』案今人稱盤小而庳者爲㼭，轉入如狄，遂譌韻碟。《唐貞元十三年濟瀆廟北海壇祭器碑》有疊子五十雙、盤子五十雙，《宋史・呂蒙正傳》作楪。疊、楪皆誤，正字當作㼉。若從聲音假借，可作狄、敵，不可作疊、碟也。」縣人呼㼉音如碟子。

斟羹之器曰匙，音轉如齒。ㄔ上。又曰刀圭，音轉如條耿。ㄊㄧㄠ陽 ㄍㄥ上。●《新方言・釋器》：「《說文》：『匙，匕也。』湖北謂斟羹之匕曰匙。」又：「《漢書・律歷志》：『用銅方尺而圜其外，旁有庣焉。』鄭氏曰：『庣音條桑之條。』蓋凡中窊之器可以容物者皆謂庣。《方言》云：『鍬，燕之東北、朝鮮冽水之間謂之斛。』此田器中窊容物者謂之庣也。其鐎斗、刀斗諸名亦皆放其聲類，並以中窊容物得名。今鍬之名不專用於田器，如炊時運置火炭者爲火鍬，其斟藥斟羹之小匕亦謂之鍬，實皆庣字也。斟藥者漢人謂之刀圭，即十分方寸匕之一刀。刀即庣字〔一〕。圭者，《律歷志》云：『不失圭撮。』孟康曰：『六十四黍爲圭。』是也。今斟藥、斟羹者多謂之鍬。斟羹者或借瓢名。惟江南運河而東至浙江、福建數處謂之刀圭，音如條耕。讀刀如條，正合庣音。圭都耕者〔二〕，支佳、耕清同入對轉，圭聲字多轉入耕清，如圭田即頃田，跬步作頃步，烓讀如同，從烓之字爲耿。《爾雅》注以黽爲耿黽，耿黽即《說文》所謂鼃黽也。今音刀圭如條耕，正符其例。或說當爲調羹，非也。此以斟羹，非以調羹，人所盡知。」《廣韻》五支：

〔一〕刀：原脱，據《新方言》補。
〔二〕圭：原脱，據《新方言》補。

「匙，是支切。」音通時。縣人呼匕曰匙子，音轉如齒子。又呼如條耿，則刀圭之圭又轉爲上聲矣。

箸曰快子。ㄎㄨㄞ去 ㄗ上。《濰言》。○原注：按舟行諱住，故呼筯爲快子。●《新方言・釋器》：「《説文》：『箸，飯攲也。』今惠、潮、嘉應之客籍謂飯攲爲箸隻，其餘通謂之夬，讀若快。尋《説文》：『夬，分決也。』今人以箸可分決羹肉，故謂之夬。語亦甚古。按陸容《菽園雜記》謂舟人諱箸爲快，幡布爲抹布，梨爲圓果，苦爲豎笠。然亦合於字訓，故爲證明之。」

烝食竹具曰箅。ㄅㄧ去。●《嶺外三州語》：「《説文》：『箅，所以蔽甑底。』必至切。三州謂烝食所藉竹具曰箅子。」縣人亦曰箅子。

鉸刀曰翦子。ㄗㄧㄢ上 ㄗ上。《濰言》。○原注：鉸刀曰翦，見李長吉《五粒小松歌》：「緑波浸葉滿濃光，細束龍髯鉸刀翦。」注：束龍髯，形容松葉之齊如刀翦截也。鉸，即今婦功縫人所用者，俗呼翦刀。縣人呼爲翦子，其謂翦斷則曰鉸。

刺繡所用木框曰幀子，音轉如争去聲子。ㄓㄥ去 ㄗ上。《濰言》：「繡花草掟沙羅之木框曰幀子。」○原注：幀與幁同，見《類篇》：「開張畫繒也。」

臿曰钁，音如掘。ㄐㄩㄝ陽。●《嶺外三州語》：「《説文》：『钁，大鉏也。』居縛切。三州謂臿爲钁頭。」縣人呼臿爲钁。

小矛曰䂼，音轉如囊上聲。ㄋㄤ上。●《廣新方言》：「《説文》：『䂼，矛屬。』力當切。今俗無賴刺人凶器曰小稂，讀如朗。」縣人呼如囊上聲子。

暴子曰推杷。ㄊㄨㄟ ㄆㄚ陽。●《新方言・釋言》：「《爾雅》：『毗鎦，暴樂也。』郭璞曰：『謂樹木葉缺落蔭疏。』今人狀木葉果實之墮落曰毗鎦杷刺。又今人謂以鐵器刮木爲暴，其器曰暴子，俗字作鏷，亦謂刮削木皮暴樂而下爾。」縣人呼暴子音如推杷，杷蓋暴之聲轉，暴、杷雙聲。

支牀几之跗曰摋子。ㄙㄚ ㄗ上。●《新方言・釋器》：「《考工記》：『牙得則無槷而固。』鄭司農云：『槷，摋也。蜀人言摋曰槷。』此即楔也。今人謂以木銜瓶曰煞子，支牀几之跗曰煞腳，即此摋字。或言當作塞，非也。填其内曰塞，外内相銜曰摋，所以摋謂之櫼。《説文》：『櫼，楔也。』子林切。此《説文》舊音，見《一切經音義》引。」縣人呼支牀几之跗曰摋子，摋音如薩。

虛棺未用曰幬器，音如壽器。ㄕㄡ去 ㄑㄧ去。《濰言》：「壙有生製者曰壽墳，棺椁有生製者曰壽器。」〇原注：壽墳即《後漢・趙岐傳》所謂壽藏也〔一〕。又名壽冢，見《宦者侯覽傳》，李賢曰：「稱壽者，取其久遠之意也。」猶如壽宮、壽器之類。●《郝氏遺書・證俗文》：「虛棺未用謂之幬器。注：《言鯖》：『人未死先合棺爲幬器。』見《類聚》《音韻》。」

夜受溲便之器曰夜壺。ㄧㄝ去 ㄏㄨ陽。《濰言》。〇原注：夜壺，即唐人謂之夜瀦；《説文》

〔一〕岐：原誤作「歧」。

作械窬，音威豆；賈逵《周官解》械虎子也。古之受大小溲者，皆以虎子呼之。按虎子蓋因虎形得名，相傳始于李廣射虎，斷其髑髏以爲枕，示服猛也。象形爲褻器，示厭辱之也。故今夏日涼枕有呼爲瓷猫者，即虎之遺製。惟褻器不復見有作虎形者矣。●《郝氏遺書・證俗文》：「《西京雜記》：『漢朝以玉爲虎子，以爲便器，使侍中執之，行幸以從。』案漢朝侍中多以士人爲之，孔光以名士侍中，親執唾壺，此猶可也，謂執便器以從，恐不可信。《汲黯傳》：『大將軍青侍中，上踞廁視之。』如淳曰：廁，溷也。已謂非宜，況使親執褻器邪？」按虎、壺音近，俗不知虎子之名，遂以壺當之。古者壺與尊彝並列，不應以名褻器也。

手械曰梏，音轉如靠。ㄎㄠ去。●《新方言・釋器》：「《説文》：『梏，手械也。』古沃切。今人通言手梏，音如靠。」

符音轉如飄去聲。ㄆㄧㄠ去。●《新方言・釋器》：「《説文》：『符，信也。』今人官檄、借券皆謂之符。音並如票，若餓莩之莩讀摽矣。」按符古讀重脣，故音轉如飄去聲。

賭者以物爲質曰鉒，音如柱。ㄓㄨ去。●《新方言・釋器》：「《廣雅》：『鉒，置也。』《莊子・達生》篇作注。今人猶謂賭者質物爲鉒。」

賭家以籌記勝算爲籌馬。ㄔㄡ陽ㄇㄚ上。●《新方言・釋器》：「《投壺》：『請爲勝者立馬，一馬從二馬，三馬既立，請慶多馬。』注：『馬，勝算也。』其後字變作碼。《方言》：『碼，益也。』今謂記數以縱横畫代一、二、三、四等字爲馬子，賭家以籌記勝算爲籌馬。」

規模曰圓，音如渠淵切。ㄑㄩㄢ。●《新方言・釋言》：「《説文》：『圓，規也。』《廣韻》音火玄切，字通作梋。《通俗文》：『書圓曰規，規模曰梋。』《一切經音義》引。今人謂圓規形曰圓梋，規模亦曰梋子，音去玄切。世皆作圈。圈本養畜之閑，音渠篆切。今人猶言猪圈。《玉藻》杯圈已借爲梋，《方言》：『椀木謂之梋枎。』今更借爲規梋也。」

探鈎呼如拾邱。ㄕ陽ㄑㄧㄡ。●《新方言・釋言》：「《列子・黄帝篇》：『以瓦摳者巧，以黄金摳者惛。』殷敬順曰：摳，探也。《荀子・君道篇》：『探籌投鈎者，所以爲公也。』《慎子》曰：『投鈎分財，投策分馬，非鈎策爲均也。』又曰：『分馬者用策，分田者用鈎。』《慎子》引見《羣書治要》。鈎亦摳也。今言拈鬮，即此鈎字。廣信謂隱度探索爲彄。凡此，皆本區字也。」縣人呼探鈎音如拾邱。邱即鈎之音轉。邱、鈎疊韻。

猜微呼如猜枚。去聲。ㄘㄞ ㄇㄟ去。●《新方言・釋詞》：「《廣雅》：『微，小也。』《小爾雅》：『微，無也。』微、無雙聲。凡不知其數則問曰幾，不了其物則訊曰微。微、幾同義。《説文》：『幾，敳也。』《左傳》：『南蔽枚筮之。』枚者，微也。《詩・國風》傳：『枚，微也。』今人謂射覆爲猜枚，枚即微字。」

銅衣曰銴，音轉如斑。ㄅㄢ。●《説文》：「銴，車樘結也。讀若誓。一曰：銅生五色也。」王氏《句讀》：「此所謂衣也。金下云：久薶不生衣。」《集韻》蒲計切，音薜。縣人呼古銅器所生五色衣音如斑，當是薜之音轉。薜、斑雙聲。

鐵衣曰鉎，亦曰鉎鏉，音如生梳。ㄕㄥㄕㄨ。《濰言》。○原注：按鉎鏉音星瘦，一音生速。《一切經音義・大比邱威儀》引《坤蒼》云：「鉎鏉也。」●《廣韻》十二庚：「鉎，鐵鉎。所庚切。」

火柴曰焠，音轉如取登。ㄘㄩ上ㄉㄥ。●《郝氏遺書・證俗文》：「田汝成《委巷叢談》：杭人削松木爲小片，其薄如紙，鎔硫黄塗其鋭，名曰發燭，亦曰焠兒，用以發火。史載周建德六年，齊后妃貧者以發焠爲業，豈即杭人所製歟？陶穀《清異録》云：夜有急，苦於作燈之緩，披杉染硫黄，遇火即焰，呼爲引光奴。今遂有貨者，易名火寸。注：《天禄識餘》：案寸、焠聲相近，字之譌也。然引光奴之名爲雅。案今俗名促鐙，疑促爲焠聲之誤也。北方人貨者緐藉爲之，尤易得。」是易於引火之物，舊名爲焠。歐西所製火柴入中國，仍以舊名名之。或用促字，或用取字，蓋皆焠字之音轉也。

器有缺曰齾，音如鴉。ㄧㄚ。●《新方言・釋言》：「《方言》：『慭，傷也。』《説文》：『傷，創也。』慭爲傷創，故引伸爲殘缺。《左傳》：『兩君之士皆未慭也。』杜解：『慭，缺也。』釋文：『慭，又魚轄反。』《説文》：『齾，缺齒也。』五轄切。『歺，𠛱骨之殘也。』五割切。慭、齾、歺音義並同。今人謂物缺處爲缺慭，正作魚轄反。」縣人謂刀缺處音如鴉，字當作齾。

器破而未離處曰璺，音如問。ㄨㄣ去。●《廣韻》二十三問：「璺，破璺。亦作璺。」《方言》曰：「秦晉器破而未離謂之璺。」亡運切，音同問。縣人呼瓷器破而未離處曰璺。

宴集曰具。ㄐㄩ。●《新方言・釋器》：「《説文》：『具，供置也。』《内則》：『佐長者視具。』注：『具，饌也。』《漢書·竇田灌韓列傳》：『請語魏其具。』又曰：『嬰與夫人益市牛酒，夜灑掃張具。』《何武傳》：『爲具召武帝顯。』江南、浙江言有宴集則曰有吃具，具音如局，若《説文》㒸字，《周語》《漢書》作梮矣。」縣人謂有宴集曰有酒具，具音如局。

水調酒酵溲曰起麪。ㄑㄧ上ㄇㄧㄢ去。《濰言》。○原注：起麪，見《南齊書》永明九年正月詔太廟四時祭薦宣皇帝起麪餅。即賈公彦所謂起膠餅，《齊民要術》所謂餢飳，《青箱雜記》所謂炊餅，《名義考》所謂烝餅。又曰餢餅，束晳《餅賦》所謂饅頭是也。●今呼爲發麪。

以起麪烝圜之而大者曰饅頭。ㄇㄢ去ㄊㄡ陽。次曰波波。ㄅㄛㄅㄛ。《濰言》。○原注：饅頭，見《事物紀原》〔一〕：「諸葛亮南征，將渡瀘水，土俗殺人首祭神。亮令以羊豕代，取麪畫人頭祭之。饅頭名始此。」波波，一作餑餑。按餑音勃，見《廣雅》：「餑、䭔，長也。」又《玉篇》「麪餑」。●《郝氏遺書·證俗文》：「磨磨，南北通名。今唯東齊人曰波波。」按此當以餑餑爲正字，波波、磨磨，皆餑餑之音轉。勃、波、磨皆重脣音。

木模攝麪成餅曰戛子，音如溘子。ㄎㄚ去ㄗ上。●《新方言·釋言》：「《爾雅》法、則、刑、範、矩、律、戛並訓常，刑、範、律、矩則又並訓法。案戛亦法也。《康誥》：『不率大戛。』正義曰：『戛猶楷也。』古字戛、楷雙聲而相通借。《儒行》：『後世以爲楷。』陸、孔皆訓楷爲法式，則

〔一〕紀原：原誤作「原始」。

戛亦法式矣。《晉書・衛恒傳》：『上谷王次仲始作楷法。』今人言楷書，皆知其義爲楷法；楷本作戛，則鮮知矣。揚州猶謂木模攝麫成餅曰麫戛子，作苦八反，合口呼之。」縣人亦謂木模攝麫成餅曰戛子。

屑米餅曰粄，音延如竨鼓。ㄆㄚ ㄍㄨ上。《濰言》：「蜀黍麫水溲作覆椀形者曰竨鼓。」○原注：竨，部下切，俗讀鈀上聲。●縣人呼屑米餅音如竨鼓，别地或呼爲片片，或呼爲窩窩頭。竨鼓，蓋粄之延聲。《荆楚歲時記》：「三月三日，取鼠麴汁蜜和粉，謂之龍舌粄，以厭時氣。」《廣韻》二十四緩：「粄，屑米餅也。博管切。」字亦作𥹳、䬳。然則竨鼓即博管之聲轉。博竨、管鼓皆雙聲。

饆饠曰包子。ㄅㄠ ㄗ上。《濰言》。○原注：按包子即有餡饅頭，見《燕翼詒謀録》〔一〕：「仁宗皇帝誕生之日，真宗皇帝喜甚。宰臣以下稱賀，宫中出包子以賜臣下，其中皆金珠也。」又《清異録》：「閶闔門食肆，逢伏日賣緑荷包子。」●《郝氏遺書・證俗文》：「坎其中而餡之者曰饆饠。注：《玉篇》：『饆饠，餅屬，中有餡。』《資暇集》：『蕃中畢氏、羅氏好食此味，因名畢羅，後人加食旁爲饆饠。』」

稍麥曰𩯭頭包子。ㄋㄠ陽 ㄊㄡ陽 ㄅㄠ ㄗ上。●《郝氏遺書・證俗文》：「綻頭者謂之稍麥。注：此名於古無考，今京師賣者謂之稍麥。」稍麥之狀如安石榴，其首綻開，中裹肉餡，外皮甚薄，稍謂稍

〔一〕翼詒：原誤作「翊貽」。

稍也，言用麥麪少。今或呼如燒賣。

爲餅切而煮之曰切麪，亦曰湯餅，簡稱曰麵。ㄇㄧㄢ去。亦曰湯。ㄊㄤ。《濰言》。○原注：按切麪見《名義考》：「即古謂之湯餅，亦曰煮餅也。」又見《演繁露》：「湯餅一名餺飥，亦曰不托。李涪《刊誤》云：『舊未就刀鈷時，皆掌托烹之，刀鈷既具，乃云不托，言不托以掌也。俗傳餺飥，字非。』束晳曰：『仲春之月，天子食麥，而朝事之籩，煮麥爲麪。《内則》諸饌不説餅，然則雖云食麥，而未有餅，餅之作也，其來久矣。又曰：三冬冽寒，涕凍鼻中，霜成口外，充虛解戰，則湯餅爲最。而其形容製造之意，則曰：火盛湯涌，猛氣烝作，攘衣振掌，握搦拊搏。麪彌離於指端，手縈回而交錯。紛紛駁駁，星分雹落。柔如春緜，白若秋練。當晉之時，其謂湯餅者，皆手摶而擘置湯中煮之，而未用刀几。』又庚闡賦曰：『當用輕羽，拂取飛麪，剛軟適中。然後水引，細如委綎，白若秋練。』則其時之謂湯餅，皆齊高帝所嗜水引麪也。今世猶或呼之〔一〕。又遂名蝴蝶麪也。水引、蝴蝶，皆臨鼎手托爲之，特精粗不同耳。不知何世改用刀几，而名不托耳。」又伏日例食刀切麪，生日亦如之。一見《歲時記》：「伏日所作湯餅食，名爲辟惡餅。」一見《松窗雜記》：「唐明皇王后寵衰，一日訴曰：三郎獨不記阿忠脱新紫半臂换一斗麪爲三郎生日湯餅耶？」●《郝氏遺書・證俗文》：「爲餅切而煮之曰湯餅，亦曰水引餅。注：《齊

〔一〕世猶：原誤作「猶世」，據《演繁露》改。

書・何戢傳》：『太祖好水引餅，戢令婦女躬執事以進。』案即今水麪，亦曰湯麪。韋巨源《食譜》：『建康七妙餅可映字，麪可穿結帶。』蓋言餅貴明薄，麪貴細韌也。」

以小麥麪、蕎麥麪合爲之者曰河洛。ㄏㄛ ㄌㄛ去。《濰言》。○原注：河洛，見《説銓》：「北方麪食曰河洛。」又名河漏，見《農政全書》：「蕎麥，北方山後諸郡多種，治去皮殼，鑣而爲麪，焦作煎餅，配蒜而食。或作湯餅，謂之河漏。」按此二名，或云唐明皇以鮮鹿賜，合血煮食，以賜安禄山，名熱洛河，即從此出。蓋河漏乃河洛之譌，河洛乃洛河之譌也。

麪箸攪作小塊曰餶飿，音如孤查。ㄍㄨ ㄓㄚ。《濰言》。○原注：餶飿麪，一曰孤柤麪，即今京師呼爲麪魚也。餶飿，俗讀若孤查。餶飿字，字書不收。或云即榾柮之譌，未審其詳也。

水煮餃餌曰扁食。ㄅㄧㄢ上 ㄕ陽。《濰言》。○原注：角子，本名湯中牢丸，一名粉角，又曰餃餌。

如彈丸者曰餛飩。ㄏㄨㄣ去 ㄊㄨㄣ去。《濰言》。○原注：餛飩，見《酉陽雜俎》：「今衣冠家有蕭家餛飩，漉去湯肥，可以瀹茗。」又《清異録・韋巨源》：「上燒尾食，有生進二十四氣餛飩。花形餡料各異，凡二十四種。」又《南粤志》：「閩人十月一日作京飩祀祖告冬。」

餅之作荷葉形者曰薄餅。ㄆㄛ陽 ㄅㄧㄥ上。《濰言》。○原注：薄餅，見《北史》：「陸法和爲元帝使設供食〔二〕，爲大饈薄餅。」

〔二〕使：原脱，據《北史・陸法和傳》補。

餅之小而厚者曰火燒旋餅。ㄏㄨㄛ上 ㄕㄠ ㄙㄩㄢ去 ㄅㄧㄥ上。《濰言》。●簡稱爲火燒，亦曰火子。

胡餅曰燒餅。ㄕㄠ ㄅㄧㄥ上。《濰言》。○原注：燒餅，見《名義考》：「即《後漢書》所謂胡餅。」《清異録》：「所謂爐餅，崔鴻《後趙録》所謂麻餅是也。」●《郝氏遺書・證俗文》：「亦有發酵爲餅，中裹餹餡，上著胡麻，謂之胡餅，今謂之燒餅。注：《世説》：『王羲之踞牀方啖胡餅。』唐玄宗幸蜀，日中未食，楊國忠自市胡餅以獻。注云：『即今之蒸餅以胡麻著之也。』」

作於新春者曰春餅。ㄔㄨㄣ ㄅㄧㄥ上。《濰言》。○原注：春餅，見《關中記》：「唐人以立春日作春餅，以青蒿、黄韭、蓼芽包之。」

作於八月十五日者曰月餅。ㄩㄛ去 ㄅㄧㄥ上。《濰言》。○原注：月餅，見《熙朝樂事》：「八月十五日，民間以月餅相遺，取團圓之意。」

水調麪於鏊上烙之者曰煎餅。ㄗㄧㄢ ㄅㄧㄥ上。《濰言》。○原注：煎餅，見《拾遺記》，又唐人詩：「一枚煎餅補天穿。」

油煠者曰麻花餲子。ㄇㄚ陽 ㄏㄨㄚ ㄍㄨㄛ上 ㄗ上。《濰言》。○原注：小麥麪秤脂麻，調水鹼鹽水合溲，分作如手環形，或作聚頭繩截竹笛等形，以油煠之，曰麻花餲子。餲音曷，俗讀若果。按餲，見《廣韻》「餅名」。又《太平御覽》卷八百六十引《通俗文》：「寒具謂之餲。」又曰𪎉䴹、曰環餅、曰馓子、曰捻頭，見《庶物異名疏》。曰粔籹、曰膏環，見《楚詞》注。又唐劉禹錫詩：「纖手搓來玉數尋，碧油煎出嫩黄深。夜來春睡無輕重，壓匾佳人纏臂金。」即詠寒具也。

湯圓曰元宵。ㄩㄢ陽ㄙㄧㄠ。《濰言》。○原注：按湯圓，即《事物紺珠》所載周公所製之湯圓，亦即《歲時記》所云「端午作水團，又名白團，或雜五色花果人獸之狀，其精者名滴粉團」是也。

以麪爲烝餅，樣團，棗坿之，曰月糕，簡稱爲月。ㄩㄛ去。《濰言》。○原注：按餻，見《周禮·籩人》：「羞籩之實〔一〕，糗餌粉餈。」注：「餅之曰餈。」疏：「今之餈餻。」又《隋書·五行志》載謡言曰：「八月刈禾傷早，九月食餻正好。」月餻，即《藝苑雌黄》「寒食以麪爲烝餅，樣團，棗坿之，名曰棗餻」是也。●縣人每於中秋節前，作此相遺。中秋夕，小兒各以小几置之於門前，上置香一炷，高聲歡呼，謂之念月。

合餻數箇如大餅，作於歲除者曰餻粑。ㄍㄠ ㄊㄛ陽。《濰言》。○原注：粑，見《類篇》：「餌也。」

黍稉二米秤棗饃者曰粖餻。ㄇㄛ上ㄍㄠ。《濰言》。○原注：粖，見《廣雅》：「饘也。」

大麥芽黍米合煎爲膏曰飴，音轉如稀。ㄒㄧ。《濰言》。○原注：飴音移，俗讀若稀。按飴，見《大雅》：「堇荼如飴。」《本草》謂之軟餳。●縣人呼如餳稀。

〔一〕實：原誤作「食」，據《周禮·籩人》改。

初出色黃曰黃餳。ㄏㄨㄤ ㄊㄤ陽。以手拔絲變白曰餲餳。ㄏㄛ ㄊㄤ陽。《濰言》。○原注：餲音曷，餲餳即《文昌雜録》所謂白餳，然與甘蔗餳霜中之白餳、又火麻仁所作亦謂之白餳，各不相蒙矣。●《博雅》：「餅餲，白也。」縣俗每於十二月二十三日祀竈神，必以餲餳爲祀品。餳，《集韻》徒郎切，音唐。

密漬果實曰蜜瀸，音轉如蜜箭。ㄇㄧ去 ㄗㄧㄢ去。●《新方言・釋器》：「《説文》：『瀸，漬也。』子廉切。今以蜜漬果實謂之蜜瀸，讀去聲。」縣人呼如蜜箭。

小麥未甚孰，礳作條丞食之曰稐稕。ㄌㄨㄣ上 ㄔㄨㄣ上。《濰言》。○原注：稐，魯本切。稕，朱閏社。按稐、稕本禾束、禾稈，乃連展之別名。又曰麥蠶。或云即《劉子雜俎》謂之麯餕，未審其詳。

爒而作麪秤餳食之曰爒麪。ㄔㄠ上 ㄇㄢ去。《濰言》。●《説文》：「糗，熬米麥也。」王氏《句讀》：「許意已炊之飯乾之曰糒生米麥，火熬之曰糗，其實一物也。趙注《孟子》：『糗，飯乾糒也。』《周禮・籩人》注：『鄭司農云：糗，熬大豆與米也。』許君亦以爲糒之別説也。糗有擣粉者，亦有不擣者，許君但渾言之。又案糗之音變爲尺沼反。《廣韻》三十小䴬亦作麨，糗也。今人皆呼之。」據此則爒麪字當作麨麪，尺沼切之音，又變楚瓜切耳。

米麥豆揧半破者曰䊂，音如策。ㄘㄛ。《濰言》。○原注：䊂，磨豆也，見《唐書・張孝忠傳》：「孝忠與其下同粗淡，日膳裁豆䊂而已。」

豆腐之嫩者曰豆腐灝，音轉如豆腐腦。ㄉㄡ去ㄈㄨ ㄋㄠ上。●《説文》：「灝，豆汁也。」呼老切。音如好。縣人謂豆腐之極嫩者音如豆腐腦。腦當是灝之音轉。灝、腦疊韻。

燒腫音轉如燒靠。ㄕㄠ ㄎㄠ上。●《新方言·釋器》：「《説文》：『腫，肉羹也。』字亦作膗。《釋名》：『膗，蒿也，香气蒿蒿也。』今人乃稱燔豚謂燒腫，音如靠。」

碎脂曰脂膋膭，音轉如脂洛鎖。ㄓ ㄌㄛ去 ㄙㄨㄛ。●《説文》：「膭，膋也。」穌果切。王氏《句讀》：「桂氏、段氏皆曰膋者膋之誤也。《廣韻》：『膭，膋膏也。』『膋，膏膜。』又云：『膏，肥皃。』《集韻》：『膋，碎脂也。』」《廣韻》二沃：「膋，膏膜。烏酷切。」音同沃。縣人呼碎脂膜音如脂洛鎖，洛蓋膋之音轉。

以粉糲濃湯曰䭤。ㄑㄧㄢ去。《濰言》。〇原注：䭤，音遣，見《廣韻》：「黏也。」

飛麪曰麰，音如勃。ㄅㄨ陽。《濰言》。〇原注：麰，見《集韻》：「屑麥也。」●縣人呼作餅時所用乾麪曰麪麰。

日夕食曰餳飯，音如賞飯。ㄕㄤ上 ㄈㄢ去。●《廣韻》三十六養：「餳，日西食。書兩切。」音同賞，字亦作餳。

嫁女後送食物曰饌飯。ㄩㄢ上 ㄈㄢ去。《濰言》。〇原注：饌，煐、偄二音。饌飯，見《邵氏聞見録》：「宋景文納子婦，其父饋食物，書云：以食物嫂女。公曰：嫂字錯用，从食从而从

大。其子退檢字書，《博雅》中餪字注云：女嫁三日餉食，爲餪女。」〔一〕

糟滓曰苴，音如楂。ㄓㄚ。●《新方言・釋器》：「《莊子・讓王》篇：『其土苴以治天下。』釋文：『苴，側雅反，又知雅反。』李頤云：『土苴，糟魄也。』苴亦借沮爲之。《說文》：『揟，取水沮也。』今人謂糟滓爲苴，作側加反。俗字作渣，乃沮之形變也。」

食有沙曰墋。ㄔㄣ去。《濰言》。○原注：墋，楚錦切。●《廣韻》四十七寑：「磣，食有沙磣。初朕切。」縣人呼如牙磣。磣音如岑上聲。

味覃曰味道。ㄨㄟ去ㄉㄠ去。●《新方言・釋器》：「《說文》：『嘾，含深也。』徒感切。含深曰嘾，所含曰覃。《說文》：『覃，長味也。』雙聲相轉，侵、幽對轉字變作道。《說文》：『甘，從口含一。一，道也。』覃之爲道，若禫服作導服、縠道呼縠瞫矣。今人通謂味爲味道，本味覃也。」

花蓓蕾曰胍𦙶，音如孤都。ㄍㄨ ㄉㄨ。《濰言》。○原注：《廣韻》胍𦙶音孤都，大腹皃。●《說文》：「蔄，菡蔄，芙渠華。未發爲菡蔄，已發爲芙渠。」〔二〕徐灝箋：「《爾雅》作菡萏，《繫傳》曰：『菡猶含也。』」未吐之意。《韻會》「萏葩，華皃」，是不獨荷花之未舒者稱菡萏，凡一切花之未舒者皆可稱菡萏。杜甫《朝享太廟賦》：「雲菡萏以張蓋。」則以菡萏爲形容雲貌之詞。

〔一〕餪：原誤作「媆」。
〔二〕芙渠：《說文解字注》作「芙蓉」或「夫容」。

更可爲不獨荷花未舒稱菡萏之證。《廣韻》四十八感：「菡，胡感切。萏，徒感切。」雙聲轉如胡都，音小變如孤都。縣人呼花蓓蕾音如孤都，或即菡萏二字之音轉。胍肫，訓大腹，似與花蓓蕾之義無取。

蔬菜之根柢，音轉如葛達。ㄍㄚ ㄉㄚ上。●《廣韻》二十四痕：「根，根柢也。古痕切。」又十一薺：「柢，本也；根也。都禮切。」縣人呼芹菜、芫荽等之根柢音如葛達。根葛、柢達皆雙聲。

菜葉曰英子。ㄧㄥ ㄗ上。《濰言》：「芥葉曰英子。」○原注：以英作葉，見《玉函方》：「甘菊，三月上寅采葉，名玉英。」縣人呼芥葉及蘆菔、蔓菁葉皆曰英子。

果蓏不誠曰秕子。ㄅㄧ ㄗ上。●《新方言・釋植物》：「《說文》：『秕，不成粟也。』今謂不成粟者爲秕穀，轉入如畢，俗字作癟，無以下筆。」縣人呼果蓏之不誠者曰秕子。

玉秫曰棒椎子。ㄅㄤ去 ㄓㄨㄟ ㄗ上。《濰言》。○原注：按玉秫，山海關以外謂之包兒米〔一〕。

蘩菜，聲轉如波菜。ㄅㄛ ㄘㄞ去。●《新方言・釋植物》：「《爾雅》：『蘩，皤蒿。』元寒、歌戈對轉。今言蘩菜聲如波菜。」縣人呼蘩菜如波菜。

〔一〕以：原作「已」。

番薯曰地瓜。ㄉㄧ去 ㄍㄨㄚ。《濰言》。○原注：按番薯一名甘藷，有二色，紅曰紅薯，白曰白薯。明萬曆間閩人得之於呂宋國，始爲内地所有。

菸草葉曰煙葉。ㄧㄣ ㄧㄝ去。《濰言》。○原注：按菸草一名相思草，又曰淡巴菰。明末禁吸其煙尤嚴，見《蚓庵瑣語》云：「煙葉出自閩中，邊土寒疾，非此不治。關外人至以匹馬易煙一斤。崇禎癸未下禁煙之令，民間私種者問徒，法輕利重，民不奉詔，尋令犯者斬。然不久因邊軍病寒無治，遂停是禁。」

莧菜曰人青菜。ㄖㄣ陽 ㄘㄧㄥ ㄘㄞ去。《濰言》。○原注：按莧有紅、白二種，實與苗異名，實曰馬莧，苗曰人莧，即俗謂人青菜也。忌與鼈同食，見《博物志·戲術》云：「取鼈挫令如棊子大，擣赤莧汁和合厚茅包，五六月中作投池中，經旬臠臠盡成鼈也。」

樗瓢曰固姑飾。ㄍㄨ ㄍㄨ ㄔ。《濰言》。○原注：樗瓢，一名鳳目草，又曰午時忙。

秫稭節曰箇簜。ㄍㄜ上 ㄉㄤ去。《濰言》。○原注：簜見《爾雅》疏：「孫炎曰：竹闊節曰簜。」

葉掩稭曰穛，音轉如庫。ㄎㄨ去。《濰言》。○原注：穛，見《説文》：「禾皮也。」音灼。《廣韻》音梏，俗讀若庫。●《説文句讀》：「穛，稭外之皮也。小徐引《呂氏春秋》：『得時之禾，圜粒而薄穛。』《呂覽》又曰『得時之麥，服薄穛而赤色』，知服者穛之別名。今呼禾葉之下半包其稾者爲蘆服，即此意也。」王氏煦曰：「《春秋》莊公二年『公及齊侯盟于穛』，《公羊傳》作部，是穛、部古音本同。段氏曰：『《春秋》有禚字，《釋文》《五經文字》皆从示，惟《玉篇》從禾。』按穛字从羔得聲，故古音與部同，聲轉如庫。」縣人呼穛曰秫稭穛，音如秫稭庫。

稭上曰莛。ㄊㄧㄥ陽。《濰言》。〇原注：莛，稾也，見《前漢·東方朔傳》：「以莛撞鐘。」●《説文》：「莖，草木榦也。」「莛，莖也。」王氏《句讀》：「一體而小别，故有兩名。俗謂麥秫連穗之莖曰莛，蓋古語。《東方朔傳》：『以莛撞鐘。』」

稭皮曰席篾，音轉如席密。ㄙㄧ陽 ㄇㄧ去。《濰言》。〇原注：篾，見《正韻》：「竹皮也。」俗讀若密。●按蔑、眛通用。《春秋左傳》：「盟于蔑。」《公》《穀》作眛。縣人呼稭皮亦曰席眛，即席篾也。

束稈曰稕，音如準去聲。ㄓㄨㄣ去。●《廣韻》二十二稕：「稕，束稈也。之閏切。」縣人謂束高粱稭作屋上簿曰稕子簿。簿音轉如巴。

稭割餘根在田曰楂，音如乍。ㄓㄚ去。《濰言》。〇原注：楂，見《説文》：「栞，楂識也。」引《夏書》曰：「隨山栞木。」「楂，衺斫也。」引《春秋傳》曰：「山木不楂。」它如「刈餘曰楂」，見《一切經音義·順正理論》引《通俗文》。「山不楂枿」，見《文選注》引《國語》。「焚楂發等」，見王褒《僮約》。皆側下切，又宅加切。今以俗語證之，蓋削木留餘者，音乍；削木見衺者，音茶。

烏鴉曰老鸛。ㄌㄠ上 ㄍㄨㄚ。《濰言》。〇原注：按烏鴉之名，《續博物志》言之詳矣。又黄氏《夏小正》「黑烏浴」注云：烏有三種，大而巨喙白頸爲老鴉，亦名鸛鸛；小而白腹爲鴉烏，亦名鸒斯〔一〕；小而細喙，母哺六十日，子反哺如之，謂之慈孝烏。冬月成羣，其鳴啞啞，又謂之寒鴉是也。老鶡之名，當出於鶛鶡。按《初學記》卷三十引《通俗文》云：「白頭烏謂之鶛鶡，治八反是也。」鶡，俗音近瓜。●《廣韻》十五鎋：「鶛，鶛鶡，鳥名，似伯勞而小。胡瞎切。」「鶡，乙轄切。」

寒號蟲曰鶡鴠。ㄏㄢ去 ㄉㄢ去。《濰言》。○原注：按鶡鴠見《方言》，俗借以戲呼愚人。蓋鶡鴠爲夜鳴求旦之鳥，人或有求不得尤極力求之，正如彼終夜求旦而終不得旦也。

鳥媒曰囮，音轉如户。ㄏㄨ去。●《説文》：「囮，譯也。從口化聲。五禾切。率鳥者繫生鳥以來之，名曰囮。讀若譌。」王氏《句讀》：「此蓋字之本義，今失傳耳。用爲鳥媒字，則借用也。口是國，象教化行則重譯而來也〔二〕。知可借者，吾鄉呼鳥媒爲户，户蓋化之轉音也。」

鷄胃曰膍胵，音轉如孛鵖。ㄅㄨ陽 ㄔ去。《濰言》。○原注：膍音皮，俗讀若孛。胵音鵖，内有膜曰鷄内金。●《説文》：「膍，牛百葉也。房脂切。一曰鳥膍胵。」王氏《句讀》：「《廣雅》：『百葉謂之膍胵。』《廣韻》：『膍胵，鳥藏。』然則兩物同此一名。」又：「胵，鳥胃也。」處脂切。「謂鳥胃亦單名胵也，蓋膍、胵疊韻。牛百葉單名則曰膍，雙名則曰膍胵，鳥亦同也。」《廣韻》六脂膍與仳、毘同音，胵與鴟同音，膍雙聲轉如勃，與仳臍之轉如勃臍同例。單名爲胵，音

〔一〕鸒：原誤作「譽」。

〔二〕教：原脱，據《説文句讀》補。

轉如鍼，脛肝連言音如鍼肝。

呼鷄曰喌喌，音如姑姑。ㄍㄨ ㄍㄨ。《濰言》：「鷄呼之使來曰咯咯。」○原注：按咯咯當爲喌喌之轉，見施肩吾詩云「遺卻白鷄呼喌喌」，又韓昌黎云「祝祝庭中拾螻蟻」。蓋祝即喌也。●《廣韻》一屋：「喌，呼鷄聲。亦作咮。之六切。」音同粥、祝。

馬牝曰騍馬。ㄎㄜ去 ㄇㄚ上。《濰言》：「馬牡曰二馬，牝曰課馬。」○原注：課，一作騍。

馬去勢曰騬，音轉如扇。ㄕㄢ去。《濰言》：「馬去勢曰𠠆馬。𠠆，一作騸。」●《新方言・釋動物》：「《説文》：『騬，犗馬也。』登、萊移以言猪，謂猪去陰者爲騬猪。凡言犍言騬，皆雅言也。或謂之騸，則後出語也。」按《説文》騬，從馬乘聲，食陵切。王氏《句讀》：「騬，今謂之騸，蓋本是雙聲語轉。」騸亦借用扇。《五代史・郭崇韜傳》：「謂繼岌曰：當盡去宦官，至於扇馬，亦不可騎。」

牛牝曰牸牛。ㄗ ㄋㄧㄡ陽。《濰言》。●《新方言・釋動物》：「《史記・平準書》：『乘字牝者儐而不得聚會。』字變作牸。《廣雅》：『牸，雌也。』直隸、山東、淮南、浙東皆謂牝牛爲牸牛。」縣人或呼如市牛。

驢牝曰草驢。ㄘㄠ上 ㄌㄩ陽。《濰言》：「驢牡曰哮驢，牝曰騲驢。」●《新方言・釋動物》：「《爾雅》：『牝曰騇。』郭璞曰：『草馬名。』今北方通謂牝馬曰草馬，牝驢曰草驢。湖北移以言猪，謂牝猪爲草猪。」按草馬，古只用草，後人加馬作騲。《玉篇》：「騲，牝畜之通稱。」

驢子曰驝，音轉如毛。ㄇㄠ陽。●《説文》：「驝，驢子也。」《廣韻》一東：「驝，驢子曰驝。莫紅切。」縣人呼驢之小者音如小毛驢，毛即驝之音轉。

短脛狗曰猈狗，猈音轉如巴。ㄅㄚ。《濰言》：「犬小者曰⿰犭罷狗。」●《説文》：「猈，短脛狗。從犬卑聲。」薄蟹切。王氏《句讀》：「脛，小徐《韻譜》作頸，與《玉篇》《廣韻》合而不改者。案猈即今之巴狗。今人欲其足短，因以之妄意古人，字又從卑，或亦一證。」《廣韻》十二蟹：「猈，犬短頸。」「⿰犭罷，⿰犭罷⿰犭皆，短也。」「罷，止也；休也。」三字皆薄蟹切。罷今轉如薄下切，巴狗之巴亦是猈之音轉，與罷之轉爲薄下切相同。則短頸狗當以猈狗爲正字。⿰犭罷、巴皆借音字也。縣人呼犬音如巴巴，字當作猈猈。

亦曰猲猈狗，音轉如哈巴狗。ㄏㄚ ㄅㄚ ㄍㄡ上。●《廣新方言》：「今俗謂短喙、短頸獅毛小狗曰哈巴狗。按當作猲猈狗。《説文》：『猲獢，短喙犬也。從犬曷聲。《詩》曰：「載獫猲獢。」《爾雅》曰：「短喙犬謂之猲獢。」許謁切。』又猈訓短脛狗，從犬卑聲，薄蟹切。猈之言卑也，言⿰犭罷⿰犭皆也。《廣韻》：『猈，短頸狗也。』審音覈義，當作猲猈無疑。」

蟬曰蠽蟧，音轉如借流。ㄗㄧㄝ去 ㄌㄧㄡ。●《新方言・釋動物》：「《方言》：『蟬，其大者謂之蟧。』今直隸謂蟬爲即蟧，山東、淮南北謂之蠽蟧，浙江謂之蛰蟧，或曰知蟧。蟧，或讀如嬈。」縣人呼蟬音如借流，即蠽蟧之音轉。

蜩蟬，音轉如稍遷。ㄕㄠ ㄘㄢ。●《説文》：「蜩，蟬也。」徒聊切。王氏《句讀》：「《詩》及

《爾雅》皆言蜩，毛公乃言蟬，《吕氏》《月令》亦言蟬，知蟬是秦字。《夏小正》之寒蟬，似後人改。《月令》注：寒蟬，寒蜩。案《方言》寒蜩注曰：《月令》亦曰寒蜩鳴。」又：「《楚詞·招隱士》：『蟪蛄鳴兮啾啾。』王注：『蜩蟬得夏，喜呼號也。秋節將至，悲嘹噍也。』」是古人恒以蜩蟬連言。縣人呼蟬之一種，音如稍遷，當是蜩蟬之音轉。蜩稍、蟬遷皆疊韻。

蛁蟟，呼如都了。ㄉㄨ ㄌㄧㄠ上。●《說文》：「蟧，蟧鹿，蛁蟧也。」胡鷄切。王氏《句讀》：「《說文》無蟟字，似當作蛁遼也。革部鞀下云鞀遼也，可證。短言之則曰鞀曰蛁，長言之則曰鞀遼、蛁遼耳。吾鄉呼此物曰都遼，都遼正切蛁字也。」縣人則呼如都了。

寒蜩曰蠅，呼如温應。ㄨㄣ ㄧㄥ。●《說文》：「蜺，寒蜩也。」五鷄切。王氏《句讀》：「《釋蟲》文注：『寒螿也，似蟬而小，青色。』許注《淮南》云：『寒螿，蟬屬也。』《方言》蠅謂之寒蜩，郭注以《釋蟲》駁之。案蜺、蠅雙聲字，隨語變耳。」《廣韻》十六蒸：「蠅，寒蟬。於陵切。」音同應。縣人呼如温應，恒鳴於立秋節前。諺云：温應叫一聲，懶婦嚇一驚。以此物至而天氣將寒也。

蜻蜓呼如蜓蜓。ㄊㄧㄥ陽 ㄊㄧㄥ陽。●《新方言·釋動物》：「《爾雅》：『虰蛵，負勞。』郭璞曰：『即蜻蛉也。江東呼狐梨。』今通謂之蜻蜓。順天呼赤者爲火壺盧，壺盧即狐梨矣。郝懿行說。」縣人呼如蜓蜓。

蝙蝠呼如燕邊狐。ㄧㄢ去 ㄅㄧㄢ ㄏㄨ陽。●《說文》：「蝙，蝙蝠也。」布懸切。又：「蝠，蝙蝠，伏翼也。」方六切。王氏《句讀》：「《古今注》：『蝙蝠，一名仙鼠，一名飛鼠。』」《唐本草》

注：「伏翼以其晝伏有翼爾。」《方言》《新序》皆作服翼，與《爾雅・釋鳥》同。

蟋蟀曰促織，音轉如土轍。ㄉㄨ上 ㄔㄜ陽。●《新方言・釋動物》：「《爾雅》：『蟋蟀，蛬。』郭璞曰：『今促織也，亦名蜻蛚。』今人皆謂蟋蟀爲促織。別有小蟲能鳴者稱爲蜻蛚子，音如蜻蛉。」縣人呼蟋蟀音如土轍，即促織之音轉。促、土疊韻，織、轍雙聲。

蝗曰蛨虴，音如罵乍。ㄇㄚ去 ㄓㄚ去。●《新方言・釋動物》：「《說文》：『蝗，螽也。』今通言謂之蝗，或謂之蛨虴，或謂之虴蜢。《方言》作蟅蟒。」縣人呼蝗曰蛨虴，音如罵乍。

蠨蛸曰喜鼅鼄，音如喜朱朱。ㄒㄧ上 ㄓㄨ ㄓㄨ。《濰言》。〇原注：按陸機《詩疏》云：「蠨蛸，長踦，一名長腳，荊州河內人謂之喜母。此蟲著人，當有親客至，有喜也。」

蝘蜓曰蝎虎。ㄒㄧㄝ ㄏㄨ上。《濰言》：「蝘蜓曰蝎虎。蝘蜓，一名守宮。」●《新方言・釋動物》：「《爾雅》：『蠑螈，蜥易；蜥易，蝘蜓；蝘蜓[一]，守宮也。』今呼在壁者爲壁虎。紹興謂在壁者爲蝘蜓[二]，蜓本音徒典切，今從舌頭轉舌上爲陟鄰切。」

蜥蜴曰蛇蟲子。ㄕㄜ陽 ㄔㄨㄥ陽 ㄗ上。《濰言》：「蜥蜴，一名蛇醫，一名蠑螈。」●《說文》：「蝘，守宮[三]。在壁曰蝘蜓，在草曰蜥易。」縣人呼在草者曰蛇蟲子。

[一] 蝘蜓：原脱，據《新方言・釋動物》補。
[二] 壁：《新方言・釋動物》作「地」。
[三] 守宮：《說文解字》無此二字。

蟻呼爲蟻蛘。一上 一尢陽。《濰言》。○原注：蟻蛘，見《方言》云：「蚍蜉，燕謂之蟻蛘。」又郭璞注《爾雅・釋蟲》云：齊人呼蛾爲蛘。●《説文句讀》：「蛾，羅也。注：蛾古字，螘漢字。故許篆云蛾，説解則皆用螘字也。漢初以前書多用蛾字，間亦作蟻。古讀義，亦如俄也。」

蟅曰土鼈。ㄊㄨ上 ㄅㄧㄝ。《濰言》。○原注：蟅，一名地鼈。●《説文句讀》：「蟅，蟲也。注：若《廣雅》《本草》所云蟅者，皆非許意。案《廣雅》：『負蠜，蟅也。』《本草》：『䗪蟲，一名土鼈。』」

濕生蟲曰濕濕蟲。ㄕㄕ ㄔㄨㄥ陽。《濰言》。○原注：按濕生蟲，見《圖經本草》，即《爾雅》「蟠，鼠負」，郭璞云「甕器底蟲」是也。●《説文》：「蛜，蛜威，委黍。委黍，鼠婦也。」王氏《句讀》：「蛜當作蛜。《詩・東山》『伊威在室』傳：『伊威，委黍也。』陸《疏》『伊威，一名委黍，一名鼠婦。在壁根下甕底土中生，似白魚者』是也。」按濕濕當是委黍之音轉，黍、濕雙聲。委黍轉如濕濕，亦猶蜻蜓之轉如蜓蜓，鼅鼄之轉如朱朱也。

水蛭曰馬蜞，音轉如馬批。ㄇㄚ上 ㄆㄧ上。《濰言》。○原注：《本草》：「水蛭，一名馬蜞。」按蛭，之逸切，蜞音其，俗讀若批。

蝸牛呼如波羅牛。ㄆㄛ ㄌㄛ陽 ㄋㄧㄡ陽。●《説文》：「蠃，蜾蠃也。一曰虒蝓。」郎果切。王氏《句讀》：「《釋魚》『蚹蠃，螔蝓』，注：『即蝸牛也。』」又《説文》：「蝸，蝸蠃也。」亡華切。王氏《句讀》：「上文蠃下既云虒蝓矣〔一〕，此又以蝸蠃爲名者，二字疊韻，可單可雙。《士冠禮》蠃醢注：『今文蠃爲蝸。』案今人俗語猶合兩字一義者爲一語，如能耐、做作是也。故吴俗又謂之蒲蠃，蒲蠃即《夏小正》之蒲盧，盧、蠃聲轉也。」縣人呼蝸牛音如波羅牛，波即蝸之音轉。蝸，古音讀古戈切，與波爲疊韻，縣人之轉如波，猶吴語之轉爲蒲，皆重脣音也。

蚰蜑呼如幼衍。ㄧㄡ去 ㄧㄢ上。●《新方言・釋動物》：「《方言》：『蚰蜑，自關而東謂之螾蜑。今人通謂之蚰蜑。』」字亦作蚰蜒。《爾雅》云：「螾衙，入耳。」郭璞云：「蚰蜒也。」

蚯蚓曰曲蟺。ㄑㄩ ㄕㄢ上。●《説文》：「螾，側行者。蚓，螾或從引。」余忍切。王氏《句讀》：「《淮南子》『蚯螾出』，《月令》作蚓。」《新方言・釋動物》：「《説文》：『蟺，夗蟺也。』《廣雅》：『蚯蚓，蜿蟺也。』今通謂蚓爲曲蟺。」

米中小蟲曰羊子，音轉如由子。ㄧㄡ陽 ㄗ上。●《新方言・釋動物》：「《爾雅》：『蛄䗐，强蛘。』郭璞曰：『米穀中蠹，小黑蟲也。』今通言皆曰羊子。」縣人呼如由子。由、羊雙聲相轉也。

蛕呼爲蛕食蟲。ㄏㄨㄟ去 ㄕ ㄔㄨㄥ陽。●《説文》：「蛕，腹本長蟲也。」户恢切。王氏《句讀》：「字或作蛔。《關尹子》：『我之一身，内變蟯蛔，外烝蝨蚤。』」《廣韻》十四賄：「蛕，呼罪切。」音同賄。縣人依《廣韻》呼如賄。

〔一〕文：原誤作「夕」，據《説文句讀》改。

犬蝨曰蜫蝨。ㄅㄧ陽ㄕ陽。《濰言》。●《説文》：「蜫，齧牛蟲也。」邊兮切。王氏《句讀》：「《玉篇》：『蜫，牛蝨也。』玄應曰：『今牛馬鷄狗皆有蜫也。』《通俗文》：『狗蝨曰蜫。』」

蜣蜋曰蜶蜋。ㄑㄧㄛ ㄌㄤ陽。●《説文》：「蜶，渠蜶，一曰天社。」其虐切。王氏《句讀》：「《御覽》引作蜣蜋。《説文》無蜣字，嚴氏曰：『當作蜶蜋。』《玉篇》：『蜶即蜣。』」《廣雅》：「天社，蜣蜋也。」縣人呼爲矢蜶蜋子，以其轉糞也。

鮇鯕魚曰嘉鯕魚，音如嘉基魚。ㄐㄚ ㄐ ㄩ陽。《濰言》：「嘉鯕，見龐元英《文昌雜録》。」●《郝氏遺書・記海錯》：登萊海中有魚，厥體豐碩，鱗鬐赬紫，尾盡赤色，《詩》言「魴魚赬尾」，此近似之。啖之肥美。其頭骨及目多肪腴，有佳味。率以三四月間至。經宿味輒敗，京師人將冰船貨致都下。因其形象，謂之大頭魚，亦曰海鯽魚。士人謂之嘉鯕魚。案許氏《説文》：「鮇，鯕魚，出東萊。」《廣韻》七之云：「鮇鯕，鯿魚也。」〔一〕謂之鯿魚，亦因其形似耳，其鱗色赤。黑者謂之海鮇，味不及嘉鯕，許云「出東萊」者。今茲魚獨登萊有之。舊唯出登州，故海人言嘉鯕不過三山，今亦過萊而西矣。是鮇鯕即嘉鯕，讀如基。蓋一物二種，或古今異名也。又《水經・江水》注云：「江之左岸有巴鄉邨，人善釀酒，邨側谿中有魚，其頭似羊，豐肉少骨，美於餘魚。」余謂今嘉鯕頭骨，童兒掇拾插點爲羊，其首顱乃偪肖。又「豐肉少骨，美於餘魚」注：所稱疑爲一物，唯生

〔一〕《廣韻》七之作「鯕鯿魚」。

於江、海爲異耳。亦猶魚枕象丁，魚尾象丙之類矣。因感《爾雅》之文，辨證於此。案《廣韻》鯕收七之，渠之切，下與旗、麒、淇、棊同音。縣人呼此魚音如嘉基，當爲鯕之延聲。

⿰魚犬魚呼如巴魚。ㄅㄚ去 ㄩ陽。《濰言》：「嘉鯕頭，⿰魚犬魚尾。」○原注：⿰魚犬魚，見侯登岸《掖乘》，云：尖觜，圓身而微扁，脊青黑色，無鱗，大者長可三四尺，闊四五寸，初夏時取之，其子以鹽浸之曬乾，煮而食之最美。其體亦多作臘，煮食或蒸食，有首上作印字形者，號印⿰魚犬魚。按⿰魚犬音罷。謝再杭《居東雜志》作魞，字書不載。《掖縣志》作鮁，亦非。●《郝氏遺書・證俗文》：「登萊海中有魚，灰黑色，無鱗，有甲，形似鮐魚，而背無黑文，體腹長大，其子壓乾可以餉遠，俗人謂之鮁魚。然鮁非魚名也。余案《廣韻》四十禡⿰魚犬紐下有⿰魚犬字，白駕切，云海魚也，是鮁當作⿰魚犬矣。」

䱜魚呼如梭魚。ㄙㄨㄛ ㄩ陽。●《郝氏遺書・記海錯》：「唐慎微《大觀本草》云：『鯔魚似鯉，身圓頭扁，骨輭，生江海淺水中。』余案鯔之言緇也，其色青黑，而目亦青。又有䱜魚，其形與鯔魚同，唯目作黃色爲異，當是一類二種耳。其肉作鱠並美。今登萊海上冬春間多有之。《廣韻》云：『鯔，側持切。』䱜魚出文登海中者佳，以冰泮時開，彼人珍之，呼開凌䱜。」縣人呼䱜魚音如梭魚。

刀魚曰鮤刀魚，音轉如林刀魚。ㄌㄧㄣ陽 ㄉㄠ ㄩ陽。●《郝氏遺書・證俗文》：「刀魚體長而狹薄，銀色鮮明，宛成霜刃，腹下攢刺，銛若鍵鋩。案《爾雅》云：『鮤，鱴刀。』郭以爲鮆魚。

《説文》：『刀魚，九江有之。』今登萊人呼爲林刀魚。林、䰳一聲之轉。是刀魚江海皆有，海中者無鱗爲異耳。」

鼈曰甲魚，音轉如厥魚。ㄐㄩㄛ ㄩ陽。《濰言》。●《説文》：「鼈，介蟲也。」並列切。王氏《句讀》：「《月令》：『其蟲介。』注：『介，甲也，魚鼈之屬。』」

水母曰海蛇，音轉如海折。ㄏㄞ上 ㄓㄜ。《濰言》：「水母曰海舌，見《庶物異名疏》。一名鰕肋，見薩鴈門詩；一名海蛇，見郭璞《江賦》『水母目蝦』注。李時珍曰：『蛇有宅、作二音，南人誤讀爲折是也。』」●《郝氏遺書・記海錯》：「蛇，《文選・江賦》云：『水母目蝦。』李善注引《南越志》曰：『海岸間頗有水母，東海謂之蛇，正白，濛濛如沫，生物，有智識，無耳目，故不知避人，常有蝦依隨之，蝦見人則驚，此物亦隨之而没。蛇音蜡。』余案蛇，今海人名爲蜇，蜇是俗作字，又因聲近譌轉也。蜇讀如哲。按《香祖筆記》以鴟夷爲河豚，槫蒲爲海蜇。《廣韻》四十禡，蛇音除駕切，『水母也。一名蟦，形如羊胃，無目，以蝦爲目』。今驗蛇之形狀，惟《南越志》説之極詳。其物大者，有如一間屋，體如水沫結成。海人採得之，漬以礬，下盡其水，形如猪肪，或蹙縮如羊胃。人有貨致都中者，用密器收之，經年味不變。柔之以醯，啖之極脆，可以案酒。」

物體生有白色微生物曰醿，音轉如毛。ㄇㄠ陽。●《説文》：「醿，麴生衣也。」莫紅切。音如蒙。縣人謂物體生有白色微生物音如白毛，蓋蒙之音轉。

尾呼如乙巴。ㄧ上 ㄅㄚ。●縣人呼鳥尾、獸尾音如乙巴。乙蓋尾之古音。《詩・魚藻》：

「魚在在藻，有莘其尾。王在在鎬，飲酒樂豈。」尾與豈爲韻可證。古無輕脣，則尾字必不讀無匪切。小兒戲伏車尾，呼如研車由由，又乙之音轉，研則壓之音轉也。

一列曰一輩，或音轉如一伐。一ㄈㄚ陽。●《新方言·釋言》：「凡人及物一列爲一輩。《說文》：『發車百兩爲一輩。』今人謂一列爲一排，事有先後，一列爲一伐，本輩字也。排、輩皆從非聲，排本訓擠，言排比者，亦輩之借。輕重脣相轉，故輩爲伐。」

往返一周曰一達，音轉如一湯。去聲。一ㄊㄤ去。《濰言》：「一去之行曰行，户浪切，俗讀他浪切。去來不已曰逿。」●《新方言·釋言》：「《說文》達字得聲於大，或從大作达。达下云『或曰迭』，迭下云『一曰达』，是达、迭義本相近，故《鄭風》『挑兮達兮』傳云：『挑達，往來相見皃。』往來即更迭義。今凡往返一周，浙江云來一達、去一達，達讀如大。徒蓋切。湖北謂之一道，道、挑聲亦相近。《說文》引《詩》『叏兮達兮』，訓叏謂滑，亦謂往來滑利也。《詩》釋文：『挑，佗羔反。』」縣人謂往返一周音如一湯，去聲。即一達之音轉。湯、去聲。達皆舌頭音。《廣韻》四十二宕：「逿，過也。徒浪切。」蓋後起之字也。

一次曰一造，音轉如一糟。一ㄗㄠ。●《新方言·釋言》：「造、次雙聲。《論語》：『造次必於是。』是連語也。今人言一次者或言一造。七到切。一曰《說文》：『造，就也。』一造猶一就矣。」縣人謂一次曰一造，轉平聲如一糟。

事一終，音轉如一椿。一ㄓㄨㄤ。●《新方言·釋言》：「凡事有始終期限，故曰一成。或曰一終，今公牘轉作一宗，通俗轉作一椿，皆終字也。」

物一層曰一重，音轉如一幸。ㄧㄒㄧㄥ去。●《新方言・釋言》：「凡物一層爲一重。《説文》：『緟，增益也。』古今相沿祇作重音，轉如撞。撞本從重得聲。今人謂一層爲一撞，本重字也。」縣人謂一層音如一幸，即一重之音轉，重、幸疊韻。

物數具完曰一簉，音轉如一韜。去聲。ㄧㄊㄠ去。●《新方言・釋言》：「《廣雅》：『貳福、即副字。簉倅，盈也。』《西京賦》：『屬車之簉。』薛綜注：『簉，副也。』曹憲音簉爲楚驟反。簉之訓副，本由造舟引申。《爾雅》：『天子造舟。』造謂比次，故簉本當音造。今凡物有數具者，完具曰一副，或曰一簉。齒音歸舌頭作佗嘯切，鄙俗作套。」

燈曰一焌，音轉如盞。ㄓㄢ上。●《新方言・釋器》：「《説文》：『焌，然火也。從火夋聲。《周禮》曰：「遂龡其焌。」焌火在前，以焞焯龜。』子寸切。今人言一焌鐙光，焌讀如箭。」縣人呼一焌鐙，音如一盞鐙。

樹一株曰一科。ㄧㄎㄜ。《濰言》：「穀一苗曰一科。」○原注：科音課，俗讀本音，見《廣韻》：「苦臥切，滋生也。」《正字通》云：「植禾本也。」●《新方言・釋植物》：「《廣雅》：『科，本也。』今人謂一本樹，或曰一株，或一科。」

須臾之閒曰一選，音轉如一殺。ㄧㄕㄚ。●須臾之閒，通呼爲一霎。楊萬里詩：「好風穩送五湖船，萬里銀濤半霎閒。」然《廣韻》三十一洽霎訓小雨，無須臾之意。牟庭《雪泥屋雜志》

云：「《呂氏春秋・音初》篇、《蕩兵》篇皆曰『少選，須臾也』，《本味》篇高注曰『少選，須臾之閒也』，《任數》篇高注曰『選閒，須臾』，《處方》篇高注曰『選閒，猶選頃也』，《漢書・蕭望之傳》有金選之品，應劭注曰『選音刷』，師古曰『字本作鋝』，《書大傳・甫刑》篇曰『一鐉，六兩』，《史記・平準書》曰『白選，直三千』，《漢書・食貨志》作白撰，《史記・周本紀》『其罰百率』，徐廣曰『率音刷』。然則選、鋝、鐉、撰、率皆同音。梅賾《古文呂刑》作鍰，鍰即鋝之形誤也。《考工記》鄭司農注曰：『鋝，量名也。讀爲刷。』據應劭、徐廣所讀，可識選之古音矣。俗語謂須臾之頃曰一霎，本當云一選耳。今人不能正讀，既不識選字，乃借用霎字，甚失古音。是選字古音如刷，疊韻轉如殺。人求其字而不得，遂以霎字當之耳。」

卷十六　方言

形容詞

久雨曰䨨，音如連。ㄌㄧㄢ陽。●《説文》：「䨨，久雨也。」力鹽切。段氏注：「䨨之言連也。」縣人謂久雨曰䨨陰，音如連陰。

雨霽曰啓殅，音如啓情。ㄑㄧ上ㄘㄧㄥ陽。●《説文》：「殅，雨而夜除星見也。」疾盈切。俗作晴。又：「啓，雨而晝殅也。」康禮切。是古人以晝霽爲啓，夜霽爲殅。縣人合兩字爲一義，不分晝夜，凡霽曰啓殅。

地高峻曰斗。ㄉㄡ。●《郝氏遺書・證俗文》：「今俗謂山徑險絶處爲斗辟，亦是古語也。

《漢書·匈奴傳》：『漢亦棄上谷之斗辟縣造陽地以予胡。』孟康曰：『縣斗辟，曲近胡。』師古曰：『斗，絶也。縣之斗曲入匈奴界者，其中造陽地也。辟讀曰僻。』又云：『匈奴有斗入漢地，直張掖郡。』師古曰：『斗，絶也。直，當也。』《郊祀志》云：『盛山斗入海。』師古曰：『斗，絶也。』《日知録》二十七卷云：『斗謂斜曲入之如斗柄然，古人語也。』案，今讀書人不曉斗字之義，妄造陡字，如云陡然、陡絶，斯皆非也。」

地濕將燥曰𣊫，音如泣。ㄑㄧ。●《廣韻》二十六緝：「𣊫，欲燥。志急切。」音泣。縣人謂雨後地將燥曰𣊫晾，音如泣涼。

潦泥曰湠。ㄔㄚ陽。《濰言》。○原注：湠，楚瓦切，見《集韻》，泥也。●《廣韻》十二曷：「澾，泥滑。他達切。」縣人謂泥滑音如楚娃切，或是澾之音轉，《玉篇》有湠字，初瓦切，泥也。當是後起之字。

水鹹曰漤。ㄌㄢ上。《濰言》。○原注：漤，音覽，本鹽漬果汁也。●《廣韻》四十九敢：「澉，澉䀢，無味。古覽切。」音同敢。縣人呼井水之不甘者音如覽水，或是澉之音轉。澉覽疊韻。

水微温曰涚，音轉如屋禿。ㄨ ㄊㄨ。●《説文》：「涚，財温水也。」王氏《句讀》：「財者，才之借字。」《説文》又借材裁，今借纔。《後漢書·馬援傳》：「但使衣食財足。」財温者，不大熱也。《月令》：「季夏温風始至。」是古謂大熱爲温。《廣韻》十三祭：「涚，舒芮切。」音如税。涚從兑得聲，雙聲，轉如秃。縣人謂水微温者音如屋秃水，秃當是涚之聲轉。

絶遠曰逴遠，音如掉遠。ㄉㄧㄠ去 ㄩㄢ上。●《新方言・釋言》：「《説文》：『逴，遠也。』讀若掉苕之掉。今人謂相距絶遠曰逴遠，音正如掉。公牘譌作窵遠。《説文》云：『窵窅，深也。』非遠義。」《史記》作踔遠，《貨殖傳》：「上谷至遼東〔一〕，地踔遠。」

屋無内外間曰洞宕，音轉如通廳。ㄉㄨㄥ ㄊㄧㄥ。●《説文》：「宕，過也。一曰洞屋。」王氏《句讀》：「《後漢書・梁冀傳》『連房洞户』注：『洞，通也。』」縣人謂屋無内外間者音如通廳。廳、宕皆舌頭音。《廣韻》一東：「洞，徒紅切。」本可讀如同，小變則如通。

慧曰伶俐。ㄌㄧㄥ ㄌㄧ去。《濰言》。○原注：伶俐，見《字彙》。今方言謂黠慧也。●《廣韻》十五青：「怜，心了，黠皃。」

又曰獪。ㄍㄨㄞ去。《濰言》。○原注：獪，《正韻》本作狭狡也。●《廣韻》十七夬：「獪，狡獪。古賣切。」音同夬。音或轉如楚壞切，俗謂小兒蠻行爲使獪。

亦曰鬼。ㄍㄨㄟ上。《濰言》。○原注：見《方言》：「鬼，黠也。」●《方言》：「虔、儇，慧也。自關而東趙魏之閒謂之黠，或謂之鬼。」

智曰伎倆。ㄐㄧ去 ㄌㄧㄤ上。《濰言》。○原注：伎倆，音芰兩，見《集韻》：「巧也。」

〔一〕谷：原誤作「古」，據《史記》改。

不慧曰体。ㄅㄣ去。《濰言》：「不慧曰魯，又曰鈍、曰体。」○原注：体，見《集韻》：「性不慧也。」

又曰戇，音如絳。ㄐㄧㄤ去。《濰言》。○原注：戇與惷同。《前漢・汲黯傳》：「甚矣，汲黯之戇也。」●《廣韻》四絳：「戇，愚也。陟降切。」縣人謂性情拘執曰戇。疊韻轉如絳。

不智曰愚，音轉如牛。ㄋㄧㄡ陽。《濰言》。●《新方言・釋言》：「《説文》：『愚，戇也。從心從禺。禺，猴屬，獸之愚者。』今吴楚閩廣皆謂愚爲禺，俗誤書牛。案，《唐韻》禺音牛具切，然偶耦藕等字皆從禺聲，則禺古音如偶。郭璞《山海經注》曰：『禺，今江南山中多有，説者不了，乃作牛字。』是禺音近牛，晉代已有此誤〔一〕。牛者，事也，多力任事，應與能獸齊稱，無愚義也。 或言惷如禺。 惷音丑江切，今以形近惷字，遂誤作蠢。義絶相遠，當正。 亦讀如牛，誤爲戴角之牛久矣。」

又曰錭，音轉如潮。ㄔㄠ陽。《濰言》。○原注：錭見《説文》：「鈍也。」音桃。俗讀若潮。

又曰憨。ㄏㄢ。《濰言》。●《新方言・釋言》：「《説文》：『⿰黑敢，忘而息也。』於檻切。字變作憨。」縣人謂癡曰憨，音如侯安切。

又曰嬯，音轉如待平聲。ㄉㄞ。《濰言》。不智，亦曰獃。○原注：獃見《廣韻》：「癡獃。一曰犬小時未有分別。」〔二〕●《新方言・釋言》：「《莊子・達生》：『公反誒詒爲病。』李頤曰：

〔一〕誤：原誤作「語」。

〔二〕別：原誤作「明」，據《廣韻》改。

『誒詒，失魂魄也。』誒，一音哀。詒音臺。誒，亦爲騃。《廣雅》：『騃，癡也。』《漢書・息夫躬傳》：『内實騃，不曉政事。』《説文》有佁字，云『癡貌』，讀若騃。詒亦爲儓。《方言》：『儓，南楚凡罵庸賤謂之田儓。』郭璞曰：『佅儓，駑鈍貌。』儓音臺。駑駘亦此字也。今謂白癡爲誒詒，俗作呆、獃。」《廣韻》十六咍：「嬯，鈍劣。徒哀切。」音同臺。縣人呼此音轉如待平聲，讀書人之食古不化者曰書嬯子。

又曰傻，音如式瓦切。ㄕㄚ去。《濰言》。○原注：傻見《廣韻》，輕慧皃。●《新方言・釋言》：「《説文》：『傞，醉舞貌。《詩》曰婁舞傞傞。』素何切。案，今人謂清狂縱動爲傻，此字已見《廣韻》，而訓有異。禡部所化切下云：『傻傻偢不仁。』尋傻字無以下筆。《廣韻》傻謏同紐，則傻實從夋聲，本即俊字，誤變作傻耳。然俊訓『材千人』，何因轉爲不仁，復爲清狂縱動？明今義乃借爲『傞，醉舞』，與清狂縱動義相引伸，歌戈轉生麻部，故素何切轉爲所代切矣。夋聲之字梭入戈韻，䅝葰入果韻尤可證。」按《廣韻》三十五馬：「傻傻俏不仁。沙瓦切。」又四十禡：「傻傻偢不仁。所化切。」縣人呼如式瓦切，謂愚昧無知曰傻子。

又曰顡，音轉如耶。ㄝ。●《廣韻》八未：「顡，《説文》曰：癡顡不聰明也。魚既切。」音同毅，雙聲轉如耶。縣人呼癡人或音如耶巴，即顡字也。

人性句晉曰殟，音如運平聲。ㄩㄣ。●《新方言・釋言》：「《説文》：『殟，暴無知也。』《一切經音義》引。徐鉉音烏没切。今通謂暴厥無知爲殟死，音如暈。殟聲本在文魂部。《聲類》：『烏殟欲死也。』《一切經音義》引。今人猶云烏頭暈矣。然《廣雅》殟殙皆訓極，殙有瞀義，《說文》。則殟亦有瞀義。淮南吳越謂人性句瞀者爲殟孫，讀如溫，此疊韻連語也。」縣人謂人愚昧躁妄音如運平聲。讀運，與溫渾爲韻。

無知曰渾敦，音轉如昏旦。ㄏㄨㄣ ㄉㄢ去。又轉如胡都。ㄏㄨ陽 ㄉㄨ。《濰言》：「不明白曰倱伅，又曰糊塗。」○原注：倱伅，不開通皃。●《新方言·釋言》：「《左傳》渾敦，杜解謂『不開通之貌』。《莊子·應帝王》篇：『中央之帝爲渾沌，無有七竅。』亦此義也。今音轉，謂人不開通者爲昏蛋。」按，俗謂不明白，音如胡都，亦渾敦之音轉。渾胡、敦都皆雙聲。楊慎謂：「官有憒憒於臨事，士有藐藐於臨文，世目爲醫濁蟲。」醫濁讀如胡都。然音轉本無正字，則醫濁亦借用耳。

又曰悖惑。ㄅㄟ去 ㄏㄨㄟ去。《濰言》。○原注：悖惑，見《方言》郭注。●《方言》：「蚩、慆，悖也。」注：「謂悖惑也。」

巧曰伎巧。ㄐㄧ ㄑㄧㄠ上。《濰言》。○原注：伎巧見老子《道德經》：「多人伎巧。」

人性顯明曰暴亮，音轉如僄亮。ㄆㄧㄠ去 ㄌㄧㄤ去。●《新方言·釋言》：「《說文》：『暴，晞也。』引申爲箸明。今謂人物性顯明者爲暴亮[一]，音如僄。暴，古文作曓，故有僄音也。」

[一] 謂人：原誤作「人謂」。

勤奮曰篤實，音轉如典實。ㄉㄧㄢ上 ㄕ陽。《濰言》：「勤曰典實。」●《廣韻》二沃：「篤厚也。冬毒切。」典實當是篤實之音轉，典篤雙聲。

敏捷曰麻力。ㄇㄚ陽 ㄌㄧ去。●《新方言·釋言》：「《爾雅》：『亹亹、蠠没、孟、茂、劭，勉也。』皆音之轉。《方言》：『勞而相勉謂之侔莫。』欒肇曰：『燕齊謂勉强爲文莫，亦皆一音之轉。』今又音轉爲麻，浙江謂勉力爲麻力，湖北謂敏捷爲麻力，皆一語也。」縣人亦謂敏捷爲麻力。

能曰巍，音轉如會。ㄏㄨㄟ去。《濰言》：「能曰譓。」○原注：「譓音惠，與譿同。多謀智也，辨察也。」●《新方言·釋言》：「《方言》：『巍，能也。』《周書·謚法解》曰：『克威捷行曰巍。』今謂不能曰不巍，聲小變如會，通以會字爲之，然作會實無義。凡言會心或言領會皆無能義。」縣人謂能音如會，其字當作巍。

挑達不已曰傄偧，音轉如麻滑。ㄇㄚ陽 ㄏㄨㄚ陽。《濰言》。○原注：《廣韻》：「傄偧，健皃。」又：「無憚也。」傄，莫八切，音麻入聲。偧，呼八切，音瞎。●《廣韻》十四黠：「傄偧，健皃。」縣人呼此音轉如麻滑，恒言曰麻滑頭。

有威曰㰯，音轉如叩平聲。ㄎㄡ。《濰言》。○原注：《集韻》：「數㰯，小兒兇惡也。」音蔻。●《廣韻》五十候：「數㰯，小兒兇惡。」音如漏吼。縣人謂暴武曰㰯，音轉如叩平聲。

惰懈曰傱。ㄙㄨㄥ。《濰言》：「無力曰傱。」○原注：傱音松，見《方言》。隴右人名嬾爲倯，俗讀如鬆。●《新方言・釋言》：「《方言》：『庸謂之倯，轉語也。』郭璞音『相容反』。通語謂操作惰弛爲倯懈。凡物寬弛亦曰倯，以鬆爲之。」縣人呼如送平聲。

不謹事曰邋遢，音轉如拉僻。ㄌㄚ ㄆㄧ。《濰言》。○原注：《集韻》：「邋遢，行皃。」音臘榻。《廣韻》：「不謹事也。」明初張三豐世呼爲邋遢張。●《廣韻》二十八盍：「遢，邋遢不謹事。」縣人謂不謹事音如拉僻，即邋遢之音轉。

無威曰傝㒌，音如榻薩。ㄊㄚ ㄙㄚ。《濰言》。○原注：《玉篇》：「傝㒌，惡也。一曰不謹皃。」●《廣韻》二十八盍：傝，吐盍切。㒌，私盍切。

懦弱曰孱，音轉如衍。ㄧㄢ上。《濰言》。○原注：《史記・張耳傳》：「趙相貫高曰：吾王，孱王也。」●《新方言・釋言》：「《説文》：『孨，謹也。』相承以孱爲之。《漢書・張耳傳》：『吾王，孱王也。』孟康曰：『冀州人謂懦弱爲孱。』今謂下劣性弱爲孱頭。孨，本旨兖切，今爲初鴈切。」縣人呼孱音轉如衍，恒言曰孱子、曰孱遜。孱頭，則音轉如殘頭。字亦作㦃。《廣韻》二十八獮：「㦃，㦃弱。而兖切。」《集韻》㦃僎音筍，㦃僎，劣弱皃。㦃僎，即孱遜。縣人呼如衍孫，上聲。單言僎則音如孫。

不決斷曰逶羸，音轉如惡訥。ㄨㄛ ㄋㄛ。《濰言》。○原注：逶羸，見《篇海》，弱立皃，上烏臥切，下魯過切。

輭弱無用曰保，音轉如雄。ㄒㄩㄥ陽。《濰言》。○原注：保見《方言》：「保倯，駡也。」又

《玉篇》：「燕之北郊曰傑倯。謂形小可憎之皃。」

畾西曰邨。ㄘㄨㄣ。《濰言》：「人本畾西曰土，又曰山、曰野、曰邨。」○原注：邨，本聚落。又所見不廣之稱邨夫子，見蘇東坡詩。邨婆子，見《鶴林玉露》：「秦檜之夫人常入禁中。顯仁太后言近日子魚大者絶少，夫人對曰：妾家有之，當以百尾進。歸告檜。檜咎其失言，與其館客謀，進青魚百尾。顯仁拊掌笑曰：我道者婆子邨，果然。蓋青魚似子魚而非，特差大耳。」邨措大，見《桯史》，史文惠對孝宗曰：「北内給事，無非閹人〔一〕，是惡知大體。若非幾個邨措大在言路，時以正論折其萌芽，此曹凭依自恣，何所不至。」又邨書，見陸放翁詩：「兒童冬學鬧比鄰，據案愚儒卻自珍。授罷邨書閉門睡，終年不著面看人。」自注：「農家十月乃遣子入學，謂之冬學。所讀雜字百家姓之類謂之邨書。」

又曰朒頭，音轉如肉頭。ㄖㄡ去 ㄉㄡ陽。《濰言》。○原注：朒，本朔而月見東方也。又縮朒，不任事，見《前漢・五行志》注。鄭氏云：「縮朒，不任事之皃。」

欺詐曰陶誕，音轉如掉旦。ㄉㄧㄠ去 ㄉㄢ去。《濰言》：「不實曰荒唐。又曰弔詭、曰弔誕。」○原注：弔詭，至怪也。見《莊子・齊物論》：「其名爲弔詭。」●《新方言・釋言》：「陶誕，詐也。《荀子・榮辱篇》：『陶誕突盜。』《彊國篇》：『陶誕比周。』今人謂欺詐爲陶誕。陶讀如

〔一〕内：原誤作「向」。閹：原誤作「闡」，據《桯史》改。

掉。」縣人謂欺詐，音如掉旦。

又曰傜陂，音轉如條皮。ㄊㄧㄠ陽 ㄆㄧ陽。●《新方言・釋言》：「《方言》：『陂、傜，衺也。』《廣雅》：『彼，邪也。』《孟子・公孫丑》篇：『詖辭。』趙云：『險詖之言。』又《周易》鄭注訓陂爲傾。陂，古文同頗。是陂頗彼詖本一語也。今人呼邪人爲彼子，俗誤書痞；又謂欺詐爲掉皮，即傜陂也。傜陶同字。一曰《說文》：『姡，不肖也。』匹才切。痞子即姡子，亦通。」

喜樂曰恣，音如字。ㄗ去。《濰言》：「喜笑之詞曰得，又曰恣。」○原注：恣，資四切，資去聲。《說文》：「恣，縱也。从心次聲。」《易林》謙之第十五明夷云：「街巷偏隘，不得自在。」縣人言喜樂音如字，或是自在之省。

又曰舒坦。ㄕㄨ ㄊㄢ。●《說文》：「坦，安也。」他但切。

又曰舒蘇，音轉如舒梭。ㄕㄨ ㄙㄨㄛ。●《方言》：「悅、舒，蘇也。」

意伏曰㜷，音轉如榻。ㄊㄚ。●《廣韻》二十七合：「㜷，安皃。」《說文》曰：「俛伏也。一曰伏意也。」〔一〕縣人恒言曰死心㜷意。

不精采曰偃蹇，音轉如焉焉。ㄧㄢ ㄧㄢ。《濰言》。○原注：偃蹇，《左傳》注「驕傲也」，一曰「困頓失志皃」。●《左傳》哀六年：「彼皆偃蹇，將棄子命。」注：「偃蹇，驕傲。」《釋名》：「蹇，

〔一〕伏意：原誤作「意伏」，據《說文解字》改。

病不能執事役也。」

儉曰子細。ㄗ上 ㄙㄧ上。《濰言》。○原注：子細，見《北史·源思禮傳》：「爲政固當舉綱，何必須太子細。」

又曰惜費。ㄙㄧ上 ㄈㄟ去。《濰言》。○原注：惜費，見《西門行》：「貪財惡惜費，但爲後世嗤。」

又曰減省。ㄐㄧㄢ上 ㄕㄥ上。《濰言》。○原注：減省，見漢成帝報許皇后書稱「順婦道，減省羣事」。

吝嗇曰頡，音轉如蛤。ㄍㄚ陽。●《廣韻》十四黠：「頡，《漢書》有羹頡侯〔一〕。古黠切。」音同戛。《增韻》：「頡，減剋也，掠除也。」《唐書·高仙芝傳》：「盜頡資糧。」縣人謂吝嗇音如蛤雜子，謂賣物者求利高而難與交易亦曰頡。《史記·楚元王世家》：「高祖微時，與賓客過丘嫂食，嫂詐爲羹盡轑釜。乃封其子信爲羹頡侯。」注：索隱曰：「羹頡，爵號，非縣名。」正義曰：「《括地志》云羹頡山在嬀州懷戎縣東南十五里，高祖取其山名爲侯號者，怨故也。」蓋羹頡云者，言羹亦吝嗇也，正與縣人用義相合。

浮華曰闊。ㄎㄛ去。《濰言》：「好奢侈曰浮華，又曰闊、曰大手。」○原注：浮華，見六朝

〔一〕羹頡：《廣韻》作「頡羹」。

小詩：「郎君不浮華，誰能呈實意。」闊，猶漢人謂都也。●《新方言·釋言》：「《説文》：『綽，緩也。』《爾雅》：『寬，綽也。』今謂屋及器寬大爲寬綽，人性奢泰爲闊綽。」

輕財曰甹，音轉如標。ㄅㄧㄠ。●《新方言·釋言》：「《方言》：『拌，棄也。』今謂棄身爲拌命，拌讀爲甹。《説文》：『三輔謂輕財者爲甹。』普丁切。今語猶然。」縣人呼輕財者音如標子，蓋即甹之音轉。

窮而失業曰落魄。ㄌㄛ去ㄆㄛ。《濰言》。○原注：魄音薄，俗讀如字。落魄，見《酈食其傳》：「家貧落魄，無衣食業。」鄭氏曰魄音薄。應劭曰：「志行衰惡之皃。」師古曰：「落魄，失業無次也。」

弱曰宦㝩。ㄌㄤ陽ㄎㄤ。《濰言》。○原注：宦㝩，本作㝩宦，屋空虛也。

身高曰䠷，如條上聲。ㄊㄧㄠ上。《濰言》。●《廣韻》二十九篠：「䠷，身長皃。土了切。」縣人謂人身長者曰高䠷，呼如條上聲。

身短曰矬。ㄘㄛ陽。《濰言》。○原注：矬，見《北史·宋世景傳》：「孝王學涉，形貌矬陋。」●《廣韻》八戈：「矬，短也。昨禾切。」

身肥曰伴，音轉如普旺切。ㄆㄤ去。●《説文》：「伴，大皃。」薄滿切。王氏《句讀》：「《大雅》『伴奐爾游矣』，傳：『伴奐，廣大有文章也。』亦借胖爲之。《大學》『心廣體胖』，注：『胖，猶大也。』」縣人呼伴大之伴音轉如普旺切。

又曰朧。ㄅㄧㄠ。《濰言》。○原注：朧，見《博雅》：「身大也。」《集韻》：「豐肉也。」

頭不正曰鷩栗，音轉如別列。ㄅㄧㄝ ㄌㄧㄝ。《濰言》。○原注：鷩栗，見釋惠江嘲程紫霄詩：「先生鷩栗頭。」俗讀若別列。●按，別列之音，字當作弗戾。《新方言・釋言》：「《説文》：『弗，撟也。』今黄州謂撟强爲之爲弗，吴越之間亦然，謂回首爲弗轉頭，音皆如弼，弗之古音矣。《記》言：『獻鳥者佛其首。』佛亦弗也。」縣人呼弗音如別，即弗之古音，與黄州、吴越之呼如弼，皆重脣音。《説文》：「戾，曲也。從犬出户下。身曲戾也。」郎計切。《廣韻》十六屑：「戾，練結切。」音轉如列。

頭摇曰顉穎，音如撼散。ㄏㄢ去聲 ㄙㄢ去聲。《濰言》。○原注：顉穎，音撼散，摇頭皃。●《廣韻》五十三勘：「穎，顉穎，摇頭皃。蘇紺切。」

頭向前曰𠑷侺，音轉如林琴。ㄌㄧㄣ陽 ㄑㄧㄣ陽。《濰言》。●《廣韻》五十二沁：「𠑷，𠑷侺，頭向前。良鴆切。」音同臨。又：「侺，𠑷侺。時鴆切。」音同甚。縣人呼人頭向前曰𠑷侺肩，音轉如林琴肩。

髮亂曰𩯊。ㄋㄠ陽。《濰言》：「髮亂曰𩯊。又曰鬧埽。」○原注：鬧埽，本唐宮女髻名。●《集韻》：「𩯊，乃老切。」音惱。髮貌。縣人呼如平聲。

面美曰儁。ㄗㄩㄣ去。又曰潲潎，音轉如俏瞥。ㄘㄧㄠ去 ㄆㄧㄝ。《濰言》。●《廣韻》二十二稕：「俊同儁。子峻切。」《説文》：「俊，材千人也。」是俊之義乃言人之才，非言人之貌。貌美字當作𦘔。《説文》：「𦘔，聿飾也。從聿從彡。」俗語以書好爲𦘔，讀若津，將鄰切。是漢時以書之美好爲𦘔。後又引申謂人之美好爲𦘔，轉去聲音如俊。𦘔字人多不識，遂以俊字當之。《新方言·釋言》：「《方言》：『釥，好也。』郭璞音錯妙反。今人謂好曰釥，俗作俏，釥之言峭也。又《説文》：『庯，石間見也。』《字林》：『峬峭，好形也。』《廣韻》引。今南人言波峭，北人言峭皮。」《廣新方言》：「《説文》：『庯，石間見。』讀如敷。』段注謂：『間讀去聲。間見謂突兀、忽見。庯，史叚逋爲之。《魏書》《北史》温子昇傳云：「子昇詣梁客館，不修容止，謂人曰：詩章易作，逋峭難爲。」《字林》云：「峬峭，好形皃。」峬即庯之隸變。凡字因時而作，故《説文》庯，《字林》作峬；《説文》衹有殷，《字林》有黫。近世波俏之語，又音字之遷移也。』按庯峭，本謂山石之高出尋常者，故引申爲贊美出衆之詞。」縣人言形好言如俏瞥，即峭峬之音轉。

美姿態曰僐，音轉如閃。ㄕㄢ上。●《嶺外三州語》：「《説文》：『僐，作姿也。』常演切。三州謂人佳麗有態爲僐。」縣人謂人美姿態曰好僐頭，音如好閃頭。

醜曰惡札。ㄛ ㄓㄚ上。《濰言》。○原注：惡札，見米元章《書史》，本謂字劣。

蹴鼻曰欲，音轉如窊愁。ㄨㄚ ㄔㄡ陽。●《新方言·釋形體》：「《説文》：『欲，蹴鼻也。』於糾切。蹴即縮字。今人謂面中宛爲欲臉。」縣人呼面中凹音如窊愁臉，窊愁，即欲之延音。

垂目欲睡曰苜衺，音轉如馬薩。ㄇㄚ上 ㄙㄚ。●《廣新方言》：「《説文》：『苜，目不正也。』模結切。泰州謂目視不莊曰苜衺，苜讀如末鴉切，雙聲也。衺讀如散鴉切，音轉也。又謂垂目欲睡者亦曰苜袞。」縣人謂垂目欲睡曰苜袞。

鼻審於氣臭曰顫，音轉如尖。ㄗㄧㄢ。《濰言》。○原注：顫，舒延切，俗讀若尖。●《莊子·外物》篇：「鼻徹爲顫。」《集韻》：「顫，審於氣臭也。」音羶。縣人呼如尖，尖顫疊韻。

耳先聽曰聆睛。ㄌㄧㄥ陽 ㄗㄧㄥ。《濰言》。○原注：聆音陵，聽也。睛音精，聽聰也。

大聾曰聵，音如怪。ㄍㄨㄞ。《濰言》：「耳重聽曰聾，又曰背。大聾曰聵。」○原注：聵，五怪切，俗讀若怪。●《廣韻》十六怪：「聵，聾也。五怪切。」

聽而未詳曰耳夢。ㄦ上 ㄇㄥ。《濰言》：「聽而未詳之事曰耳夢。」○原注：張杞園貞有《渠邱耳夢録》。

難言曰極輔，音轉如結巴。ㄐㄧㄝ ㄅㄚ。《濰言》。●《新方言·釋言》：「《方言》：『極，吃也。』《説文》：『吃，言蹇難也。』居乙切。通語謂言蹇難爲吃，淮南謂之極輔子。輔者，《毛詩·國風》傳曰：『好口輔。』故今謂口爲輔，音如巴。」縣人謂口吃，音如結巴，即極輔之音轉。極結雙聲。輔古讀重脣，故雙聲轉如巴。

吐字不清曰嬌舌。ㄐㄧㄠ ㄕㄝ陽。《濰言》：「吐字不清曰促舌，又曰嬌舌。」○原注：李太白詩：「道字不正嬌唱歌。」即嬌舌也。

好多言曰方頭，音如滂頭。ㄆㄤ ㄊㄡ陽。《濰言》。○原注：哤音龙，俗讀若旁，見《小爾雅》《廣韻》：「雜言曰哤。」又方頭，方俗讀滂上聲，見《七修類稾》：「今人言不通時宜而無顧忌者曰方頭。《輟耕録》引陸魯望詩曰：『頭方不會王門事，塵土空緇白紵衣。』今讀魯望《苦雨》之詩，又曰：『有頭强方心强直，撑拄頽風不量力。』〔一〕觀二詩之意，方頭亦爲好稱。兹以爲惡語，乃末世之論也。」●按，古無輕脣，滂即方之古音。

言煩絮曰謱疏，音轉如絡瑣。ㄌㄛ ㄙㄨㄛ。●《新方言·釋言》：「《方言》：『謰謱，拏也。』蘄州謂支離牽引之言爲謱話，謂倚邪可詑之人爲謱人，音如鹿。淮南、吴越謂人言煩絮爲謱搜，或曰謱疏，讀如字，或如羅。」縣人謂言煩絮音如絡瑣，字當作謱疏。

多言曰嚬。ㄆㄧㄣ陽。《濰言》：「好作穢言曰嚬話，又曰誕話。」○原注：嚬，見《類篇》：「多言也。」

詐語曰䛩。ㄒㄧㄚ。《濰言》。○原注：䛩，見《字彙補》：「何駕切，音夏。詐也。」又曰誕。ㄉㄢ去。《濰言》。○原注：誕，妄爲大言也。

附耳語曰咠咠，音轉如察察。ㄔㄚ ㄔㄚ。《濰言》。●《廣韻》十六屑：「嗏，小語。千結切。」音同切。《集韻》初戛切，音察。《新方言·釋言》：「《説文》：『聶，附耳私小語也。』『咠，聶語也。』《詩》曰：『咠咠幡幡。』七入切。今人狀私小語曰咠咠錯錯。」《廣韻》二十六緝：「咠，咠咠，譖言也。《説文》曰：聶語也。七入切。」音同緝。按，咠切雙聲。附耳語以咠咠爲正字，音轉如切，

〔一〕撑：原誤作「檔」。

遂别製嚓字，又轉如察察，《集韻》遂有察音。縣人呼附耳小語音如察察，字當作咠咠。

言不成聲曰嗄，音轉如押。一丫。《濰言》：「慟後言不成聲曰嗄。」〇原注：嗄，俗讀若押，見《莊子·庚桑》：「子終日嗥而嗌不嗄。」●《新方言·釋形體》：「《莊子·庚桑楚》篇：『兒子終日嗥而嗌不嗄。』司馬彪曰：『楚人謂啼極無聲曰嗄。』今通謂不能言者爲嗄，啼極無聲亦曰嗄，通借啞字爲之。啞本訓笑。《易》言笑言『啞啞然』。《史記·刺客列傳》已云『吞炭爲啞』，其假借久矣。」《廣韻》四十禡：「嗄，所嫁切。」

語音不振曰沙。ㄕㄚ。《濰言》。〇原注：沙，見《禮·內則》：「鳥皫色而沙鳴。」注：「沙，猶嘶也。」●《新方言·釋形體》：「《天官》：『鳥皫色而沙鳴。』注：『沙，澌也。』澌即嘶字。《漢書·王莽傳》：『大聲而嘶。』師古曰：『嘶，聲破也。』今通謂聲破爲沙喉嚨。」

瘖不能言曰瘂。一丫。《濰言》。〇原注：瘂，烏下切。●按，《説文》無瘂字，不能言，古謂之瘖。《説文》：「瘖，不能言也。從疒音聲。」於今切。王氏《句讀》：「《晉語》：嚚瘖不可使言。」徐灝箋：「《釋名》云：『瘖，唵然無聲也。』《王制》：『瘖聾疲躃。』釋文：『瘖，啞也。』瘖雙聲轉如啞，遂借啞字爲之。後又製瘂字，《廣韻》二十五馬：『啞，不言也。烏下切。』瘂瘷並上同。」縣人呼瘖者音如亞巴。

食足曰㗇，音如構。ㄍㄡ去。《濰言》：「食足曰够。」〇原注：够，聚也，多也。見左太沖《魏都賦》：「繁富夥够，不可單究。」●《新方言·釋言》：「事盡爲究。《爾雅》：『究，窮也。』食飽爲餇。《説文》：『餇，飽也。』民祭祝曰厭餇。居祐切。埶滿爲彀。《説文》：『彀，張弩也。』物多爲够。《方言》：『凡物晠而多謂之寇。』寇變作够。《廣雅》：『够，多也。』《文選·魏都賦注》引，今脱。今人言此四者，音盡如彀，惟事了爲究，或呼如咎繇之咎。究鞫聲亦相轉，亦通作砮。」

飽甚曰饄，音如撐。ㄔㄥ。又曰⿰食央，音轉如桑上聲。ㄙㄤ上。《濰言》：「飽甚曰饄，饄甚曰⿰食央。」○原注：饄與膯同，字亦作樘，見《全唐詩》洛陽歌婦楊紵蘿詠鼊鼊云：「喫得肚嬰樘。」⿰食央，俗讀若想。●《玉篇》：「⿰食央，飽也。」《廣韻》三十六養：「⿰食央，飽皃。於兩切。」音同鞅。縣人謂過飽音如桑上聲，蓋⿰食央之音轉。

貪食曰饞⿰食宗。ㄔㄢ ㄔㄨㄥ陽。《濰言》：「食多曰貪、曰饞⿰食宗。」○原注：⿰食宗音崇，饞⿰食宗本作⿰食宗饞。●《廣韻》一東：「⿰食宗，饞⿰食宗，貪食也。」

病後食多曰䐹，音如探去聲。ㄊㄢ去。《濰言》。○原注：䐹音探。●《廣韻》五十三勘：「䐹，食味美。他紺切。」

項直曰姛，音轉如梗。ㄍㄥ陽。●《説文》：「⿰同攵，直項皃。」他孔切。《廣韻》一董：「姛，項直皃。徒揔切。」縣人謂項直音如梗，即姛之音轉。

手披張曰觰沙，音轉如樝沙。ㄓㄚ ㄕㄚ。《濰言》。○原注：觰，陟加切。觰沙，見韓退之《月蝕》詩：「尾禿翅觰沙。」●王氏《説文句讀》觰字注：「《廣雅》：『觰，大也。』《六書故》：『觰，角本大也。』俗謂根據爲觰拏，披張爲觰沙。《廣韻》：『觰⿰角咼，牛角開。』與披張義合。」

足披張曰剌𣥂，音轉如臘跋。ㄌㄚ ㄅㄚ。《濰言》：「足披張曰擗剌，又曰剌犮。」〇原注：剌犮，見《說文》犮字解：「走犬皃。从犬而丿之。曳其足，則剌犮也。」又躐跋，步行躐跋也。●《說文》：「𣥂，足剌𣥂也。从止少。相背。讀若撥。」北末切。王氏《句讀》：「剌，盧達切。剌𣥂疊韻。人曰剌𣥂，犬曰剌犮，字異義同。」《廣韻》十三末：「𣥂，足剌𣥂也。北末切。」音同撥。縣人謂足披張音或如擗剌，蓋𣥂剌之音轉，擗𣥂皆重脣。

一𡯌不能行曰瘸，音如巨靴切。ㄑㄩㄛ。《濰言》：「不能行曰癱。一𡯌不能行曰瘸，又曰尥。」〇原注：瘸，手足曲病也，巨靴切。尥，力弔切。●《說文》：「𡯌，蹇也。从尢皮聲。」布火切。王氏《句讀》：「足部跛行不正也。蹇，跛也。此以蹇釋𡯌，所以見𡯌跛之爲一字也。」又：「尢，𡯌。曲脛也。从大，象偏曲之形。凡尢之屬皆从尢。」王氏《句讀》：「以𡯌釋尢，廣二名也。曲脛則其訓義也。《九經字樣》：大字象人形，屈其右足爲尢。烏光切。」縣人謂跛者音如渠俄切，當是蹇之音轉。瘸，蓋後起之俗字。

行無罣礙曰𨘙趚，音轉如歷索。ㄌㄧ ㄙㄛ。《濰言》。〇原注：趚𨘙，見《集韻》。●《廣韻》二十三錫：「𨘙，𨘙趚，行皃。郎擊切。」音同靂。又二十二昔：「趚，七迹切。」音同磧。縣人呼此音轉如索〔一〕。

〔一〕如：原誤作「加」。

有礙曰礧䃀，音轉如累墜。ㄌㄨㄟ去 ㄓㄨㄟ去。《濰言》。○原注：礧䃀，見《廣韻》：「本重也。」●《廣韻》十八隊：「礧，礧䃀重也。」〔一〕音如耒隊。《新方言·釋言》：「《説文》：『磊⿰石享，重聚也。』今謂物之重事之艱，皆曰磊⿰石享。或爲絫墜，皆一語也。」

又曰蹭蹬。ㄘㄥ ㄉㄥ。《濰言》。○原注：蹭蹬，見《説文新附》：「失道也。」●縣人謂小兒好嬉戲曰蹭。

勉强行曰跁跒，音轉如巴結。ㄅㄚ陽 ㄐㄧㄝ。《濰言》。○原注：跁跒，音罷賈，又音爬⿰齒可，俗讀若巴結。《玉篇》訓「不肯前」。又李建勳詩：「跁跒爲詩跁跒書。」

行困曰儽。ㄌㄨㄟ陽。《濰言》。●《説文》：「儽，垂皃。」落猥切。王氏《句讀》：「《玉藻》『喪容纍纍』，鄭注：『羸，憊皃也。』案，纍蓋儽之省。」《廣韻》十八隊：「儽，極困也。盧對切。」

又曰疺。ㄈㄚ陽。《濰言》。●原注：疺，見《永樂北征録》：「駕發鳴轂鎮，天氣清爽，人馬不激，若喧熱，則皆疺矣。」●《玉篇》：「疺，疲也。」《集韻》疺，扶法切，音乏。《廣韻》五支：「疲，勞也，乏也。」則因倦意古只用乏，後人加疒以爲別也。

衣短適曰俏醋，音轉如俏梭。ㄘㄧㄠ去 ㄙㄨㄛ。●《廣韻》三十五笑：「俏，俏醋好皃。七肖切。」醋本音如咋，疊韻轉如梭。《説文》：「醋，客酌主人也。从酉昔聲。」在各切。段氏注：

〔一〕礧䃀：原誤作「䃀碌」，據《廣韻》改。

「《瓠葉傳》曰：酢，報也。按諸經多以酢爲醋，惟《禮經》尚仍其舊。後人醋酢互易。」今讀倉故切，以代酢爲酒醋字。

衣過寬大曰褦襶，音轉如來戴。ㄌㄞ ㄌㄞ。《濰言》：「不潔浄曰褦襶。」○原注：《類篇》：「褦襶，不曉事。」《篇海》謂：「當暑人樂袒裸，而固盛服請見也。」魏程曉詩：「今世褦襶子，觸熱到人家。」●《郝氏遺書・證俗文》：「今俗所謂褦襶者，爲其不俏醋也。褎衣大袖，不合時尚，亦爲褦襶。」案，褦襶音耐戴，今俗語音來戴。

又曰郎當。ㄌㄧㄤ ㄌㄤ。《濰言》：「不勤曰嬾惰，又曰懈怠、曰郎當。」○原注：郎當，本鋃鐺省文。「三郎郎當」，見《唐書》。又楊大年《詠傀儡》詩：「鮑老當筵笑郭郎，笑他舞褎太郎當。若教鮑老當筵舞，轉更郎當舞褎長。」

衣長曰褨，音轉如梭。ㄙㄨㄛ。●《廣韻》三十三哿：「褨，衣長皃。蘇可切。」縣人謂衣長音如梭拉，褨音轉如平聲。

色敗曰黦，音如謁。ㄧㄝ。《濰言》。○原注：《集韻》作黬，「於歇切。色變也」。●《廣韻》十月：「黦，色壞也。於歇切。」音同謁。

有垢曰黵，音如占上聲。ㄓㄢ上。《濰言》。○原注：黵，見《廣韻》：「大汙垢黑。」●《廣韻》四十九敢：「黵，大汙垢黑。都敢切。」音同膽。縣人呼如占上聲。

汙垢曰黨，音如髒。ㄗㄤ。●《新方言・釋言》：「《説文》：『黨，不鮮也。』黕黨黷黵四字，

《説文》列爲一聯。黕訓滓垢也，黷訓握持垢也，黯訓大汙也，則黨亦爲汙垢之義。汙垢，故不鮮也。今人謂汙垢曰黨，音如髒，借髒爲之。《後漢書·文苑傳》曰『抗髒倚門邊』，注：『抗髒，高亢婞直之貌。』非汙垢義也。案，《説文》：『坱，塵埃也。』於亮切。今人單言曰黨，重言曰坱黨。坱黨連言，猶鞅掌也。世人誤書骯髒。單言黨者亦遂誤書髒矣。」縣人重言黨曰黨坱，音如髒囊。

不潔曰毗鑗，音轉如儓來。ㄆㄞ ㄌㄞ。●《新方言·釋言》：「《爾雅》：『毗鑗，暴樂也。』郭璞曰：『謂樹木葉缺落蔭疏。』今人狀木葉果實之墮落曰毗鑗杷剌。葉落墮地則狼藉不潔，故常德謂不潔曰毗鑗。鑗音如來。移以言人，吴揚之間音如儓來。」縣人謂不潔音亦如儓來，蓋即毗鑗之音轉。

傷溼曰黴，音如眉。ㄇㄟ陽。《濰言》。○原注：黴音眉，見《説文》：「物中久雨青黑。」

傷潐曰燋。ㄗㄠ。《濰言》。○原注：燋，見《説文》：「焦也。」

物圓曰棞，音延如骨倫。ㄍㄨ ㄌㄨㄣ陽。●《廣韻》二十一混：「棍，木名。」「棞，木未破也。」俱胡本切，音同混。未破木之義，當作棞。俗皆以棍爲之。棞之延聲爲忽倫，小變如固倫，引伸爲圓之義。

物薄曰甂㢊，音轉如扁僻。ㄅㄧㄢ上 ㄆㄧ。《濰言》：「物薄曰匾㔸。」○原注：匾㔸，音扁梯，物之薄者。●《方言》：「物之薄者曰匾㔸。」《新方言·釋言》：「《説文》：『甂，似小瓿，大口而卑。』引伸凡體卑平者皆曰甂，相承作扁。《釋名》：『膝頭曰髆。髆，團也。因形團圜而名之也。或曰蹁。蹁，扁也。亦因形而名之也。』團扁對言，是漢時語已然。扁爲户册，縱陳横陳亦各不一，非必卑平也。故知由甂引伸。扁庳聲轉。猶裨之爲偏、辯之爲俾。《説文》：『庳，中伏舍。一曰屋庳。』《唐韻》作便俾切。《説文》又讀若逋。此猶《方言》鋪脾，止也，爲雙聲。故今揚州狀扁曰逋。逋音如巴，魚模轉麻，若父今稱爸矣。」王氏《句讀》：「《左》襄三十年《傳》：『宫室卑庳。』引伸之凡卑皆曰庳。《周禮》：『其民豐肉而庳。』」按，物凡甂必庳，單音不便口語，故甂庳連言。庳音稍變如僻字，當以甂庳爲正。匾㔸字，《説文》無。

應空而實曰實䈄，音如實彈。ㄕ陽 ㄊㄢ陽。《濰言》。○原注：䈄音含，實中竹也，俗讀若彈琴之彈。●按，實彈之音，當是實内之聲轉，内彈皆舌頭音。

應實而空曰枯𥨪，音如枯充。ㄎㄨ ㄔㄨㄥ。《濰言》。○原注：𥨪音充，空也。●按，枯充之音，當是空之延聲，與孔之延爲窟籠同例。

謂空曰康。ㄎㄤ。●《新方言·釋言》：「《爾雅》：『漮，虚也。』《方言》：『㝩，空也。』古通以康爲之。江淮間謂蘆菔受凍中虚曰康。鄧廷楨説。凡鄧廷楨説皆見其所著《雙硯齋筆記》。通語謂罄盡爲光，亦康之音變也。」縣人亦謂蘆菔受凍中虚曰康。

物偏頗暴起曰藃，音如竅。ㄑㄧㄠ去。●《新方言·釋言》：「《考工記》：『轂雖敝而不藃。』注：『藃，藃暴。』《毛詩·國風》傳云：『喬，上竦也。』《爾雅》：『句如羽，喬。上句曰喬。』」小枝上繚爲喬。今謂物不妥帖偏頗暴起爲蔽，音如喬。小枝上竦而句曰喬〔一〕，音如竅。須句如羽謂之喬胡髭。」縣人呼物偏頗暴起音如竅，又呼如瓢。偏瓢，蓋蔽之音轉。

兩物相覆參差不正曰夕陂，音轉如錯坡。ㄘㄛ去 ㄆㄛ去。●《新方言・釋言》：「《廣雅》：『夕，衺也。』《呂氏春秋・明理》篇曰：『是正坐於夕室也，其所謂正，乃不正矣。』高誘曰：『言其室邪夕不正。』《地官・保氏》注：有夕桀夕者，邪也。桀者，《字林》訓杙，《毛詩・國風》傳訓特立，是直物也。一邪一直爲磬折形，小別於句股也。今淮南、吴越謂兩物相覆參差不正曰夕，音如鵲。夕昔聲通。亦謂邪轉曰夕轉。吴越如字，淮南音如鵲，猶回訓衺亦訓轉矣。」《詩・齊風》「齊子發夕」，與鞹薄爲韻，是夕之古音當近鵲。夕昔聲通，從昔之字多得鵲聲。《廣韻》十八藥「鵲遣碏皵踖䟷鰿」皆七雀切，十九鐸「錯厝䱜趞剒」皆倉各切，可以爲證。縣人呼夕如錯，是古音之小變。陂亦訓衺。《方言》：「陂，衺也。陳楚荆揚曰陂。」讀滂禾切，音同坡。夕陂既皆訓衺，故可連用也。

器破而未離曰𤿎，音如披。ㄆㄧ。●《廣韻》五支：「𤿎，器破而未離。敷羈切。」音同披。縣人謂竹木器破而未離曰𤿎。

器㼝水因凍而破曰圾，音如積。ㄗㄧ。《濰言》。○原注：按圾即宋哥窰淺白斷紋號百圾

〔一〕小：原誤作「上」，據《新方言》改。

碎之圾，圾音及。今縣人呼如積。

器物不精好曰行貨。ㄒㄧㄥ陽ㄏㄨㄛ去。《濰言》。〇原注：行貨，見王半山詩：「世人莫笑老蛇皮，已化龍鱗衣錦歸。傳語進賢饒八舅，如今行貨正當時。」●《新方言・釋言》：「《周禮・地官・司市》注曰：『物行苦。』《九章算術》有行酒，行者，粗惡之義。今吴越謂器物楛窳爲行貨。」《説文》：「醨，泛齊，行酒也。」徐灝箋：「《九章算術》曰：醇酒一斗直錢五十，行酒一斗直錢一十。行酒，謂酒不醇者也。」《唐律疏義》曰：「諸造器用之物及絹布之屬，有行濫短狹而賣者，杖六十。」注云：「不牢謂之行，不真謂之濫。」醨，即行濫之義也。今人猶謂貨物不精好者爲行貨。縣人謂貨物精好者曰門市貨，不精好者曰行貨。

茶味厚曰釅。ㄧㄢ。●《廣韻》五十七釅：「釅，酒醋味厚。魚欠切。」縣人謂茶之味厚者曰釅茶。

飯壞曰餿，音延如斯撓。ㄙㄋㄠ陽。《濰言》：「味變曰凘惱。」〇原注：凘惱音斯嫋。●《廣韻》十八尤：「餿，飯壞。所搜切。」〔一〕音轉如騷，延如斯撓。

食物焦黄曰燣，音如覽。ㄌㄢ上。《濰言》。〇原注：焦，見《玉篇》：「火燒黑也。」燣音覽，見《廣韻》：「黄焦。」●《廣韻》四十八感：「燣，黄焦。盧感切。」

〔一〕《廣韻》作「所鳩切」。

若乎。

燣黑曰熣，音轉如乎。ㄏㄨ陽。《濰言》。○原注：熣音鵠，見《説文》：「灼也。」俗讀

粥穮曰稠，音轉如降。ㄐㄧㄤ去。●《廣韻》十八尤：「稠，穊也，多也。直由切。」音同籌。

雙聲轉如帳，音小變如降。縣人謂粥穮曰稠，音如降。

不黏曰餳，音轉如懈。ㄒㄧㄞ。《濰言》：「湯變曰解濟。」○原注：解音械。●《廣韻》十五

卦：「餳，不黏之皃。所賣切。」縣人謂物不黏音如懈，字當作餳，懈曬疊韻。

物堅曰艮。上聲。ㄍㄣ上。●《方言》：「艮，堅也。」縣人謂食物之堅而難斷者曰艮，讀

上聲。

不堅曰脆，音如翠。ㄘㄨㄟ去。●《廣韻》十三祭：「脆，《説文》曰：小耎易斷也。」楚税切。

字亦作臎，俗作脆。縣人讀如翠。

穀不升曰歉，音如見。ㄐㄧㄢ去。●《廣韻》五十一忝：「歉，食不飽。苦簟切。」字亦作兼。

《穀梁傳》襄二十四年：「穀不升謂之嗛。」縣人謂穀不升之年曰歉年，音如見年。

草木不鮮曰蔫蔫，音如焉焉。ㄧㄢ ㄧㄢ。《濰言》。○原注：按，《一切經音義》引《聲類》：

萎，草木菸也。關西言菸，山東言蔫，江南亦言矮，方言也。又引《韻集》：菸，乙餘反。今關西

言菸，山東言蔫蔫，音於言反，江南亦言矮矮，矮又作萎，於爲反。●《廣韻》二仙：「蔫，物不鮮

也。於乾切。」音同焉。

事不定曰㴉湖，音如含胡。ㄏㄢ陽ㄏㄨ陽。《濰言》。〇原注：㴉湖，不定也。見《方言》郭注。●《方言》：「㴉，或也。沅澧之間凡言或如此者曰㴉若是。」注：「此亦憨聲之轉耳。」一曰㴉湖，不定也。

事非人所料曰骨懂。ㄍㄨ上ㄉㄨㄥ上。《濰言》。〇原注：骨懂，見劉朝霞獻唐明皇《温泉賦》：「別有窮奇蹭蹬，失路倡狂。骨懂雖短，伎藝能長。」

獨行人所不行曰蹺蹊，音轉如蹺奇。ㄑㄧㄠㄑㄧ陽。《濰言》。〇原注：蹺，舉足也。蹊，先行無路，初爲徑路者謂之蹊。

瑣細之事曰凌誶。ㄌㄧㄥ陽ㄙㄨㄟ去。●《郝氏遺書·證俗文》：「瑣細之事曰凌誶。《莊子·徐無鬼》篇：『察士無凌誶之事則不樂。』今俗作零碎，非也。」

凌亂無叙曰縮，音轉如糟。ㄗㄠ。●《新方言·釋言》：「《説文》：『縮，亂也。一曰蹴也。』古縮蹴同聲。《説文》：『摍，蹴引也。』蹴亦即縮。故今謂凌亂無叙爲縮，亦讀如蹧。蘄州正謂之縮，作所六切。」縣人謂凌亂無叙恒言曰七亂八糟，糟即縮字也。

事變壞曰荒，音如黃。ㄏㄨㄤ。●《新方言·釋言》：「《説文》：『荒，蕪也。』今山東謂事變壞曰荒，吴揚謂事不可收拾曰荒，音並如黃。」縣人商業停歇曰荒，音正如黃。

應爲曰該。ㄍㄞ。●《新方言·釋言》：「《説文》：『該，軍中約也。』約成則分定，故今人謂分所應爲曰該，該猶當也。」縣人每以該與當合用曰該當。

相似曰肖，音轉如象。ㄙㄧㄤ去。●《方言》：「肖、類，法也。齊曰類，西楚梁益之間曰肖，西南梁益之間凡言相類者亦謂之肖。」《説文》：「肖，骨肉相似也。」《廣韻》三十五笑：「肖，似也，小也，法也，像也。私妙切。」音同笑。縣人呼如象。

物全曰侊，音延如忽倫。ㄏㄨ ㄌㄨㄣ陽。《濰言》：「物全曰囫圇。」〇原注：囫圇，音忽倫，器未殘破也。《俗書刊誤》〔一〕：「物完曰囫圇。」與渾侖同義。●《郝氏遺書·證俗文》：「今人言物完具謂之囫圇，此不成字。寇萊公澶淵之役，畢士安有相公交取鶻崙官家之説，則當時已有此語。借作鶻崙，猶言渾淪也。畢士安語見羅大經《鶴林玉露》。」《説文》：「侊，完也。」胡困切。王氏《句讀》：「《廣韻》：『侊，全也。』宀部：『完，全也。』知侊爲完之絫增字。」然則忽倫之音，即胡困之小變，乃侊字之延聲，本無正字，鶻崙爲借字，囫圇尤後起之俗字也。

又曰全完，音如全桓。ㄘㄩㄢ陽 ㄏㄨㄢ陽。●《廣韻》二十六桓：「完，全也。胡官切。」音同桓。今多讀五還切，音如頑。縣人謂全完，音如全桓，猶是完字正讀。

下垂曰鞞，音轉如答。ㄉㄚ。●《廣韻》三十三哿：「鞞，垂下皃。丁可切。」古文作鞸，音近朵。岑參詩：「柳鞞鶯嬌花復殷。」縣人謂垂下音如答拉，答即鞞之雙聲，拉則餘音也。

不正曰竵，音如鼃。ㄨㄞ。《濰言》：「側臥曰竵。」〇原注：竵，烏乖切，俗作歪。唐人以

〔一〕誤：原誤作「物」。

夭爲歪，見白香山「錢塘蘇小小，人道最夭斜」詩自注：「夭音歪。」●《新方言・釋言》：「《説文》：『竵，不正也。』火鼃切。古祇作華。《夏官》『無有華離之地』注：『華爲佤哨之佤。』今江南謂不正爲竵，尚合本音，佗處讀如鼃，合口呼之。口戾不正爲咼，本苦媧切，今江南亦音華，佗處亦合口呼鼃。」

謂好曰高，音轉如岡上聲。ㄍㄤ上。●《廣韻》六豪：「高，上也，崇也。古勞切。」引伸爲美好之稱。縣人謂美好音如岡上聲，即高之音轉。高岡皆見母字，故可相轉。

謂劣曰懮，音轉如操。ㄘㄠ。《濰言》。○原注：《類篇》：「懮，劣也。」音猱，俗讀若鈔。又曰不濟。ㄅㄨ ㄗㄧ去。《濰言》。○原注：濟，利用也。見《易・繫辭》：「臼杵之利，萬民以濟。」

聲清徹曰憀亮。ㄌㄧㄠ陽 ㄌㄧㄤ去。《濰言》。○原注：憀亮，見《文選・琴賦》「新聲憀亮」注：「憀亮，聲清徹貌。」與聊字義同。

物堅曰鐕，音延如結實。ㄐㄧㄝ ㄕ陽。●《方言》：「鍇、鐕，堅也。自關而西秦晉之間曰鍇，吴揚江淮之間曰鐕。」鍇音楷，鐕音啓。《廣韻》十二齊：「鐕，堅也。古奚切。」縣人謂物堅音如結實，即鐕之延聲。

有餘曰些。ㄙㄧㄝ。《濰言》。○原注：些與《楚詞》語助讀瑣不同，見唐玄宗《詠傀儡》詩：「刻木牽絲作老翁，鷄皮鶴髮與真同。須臾舞罷無些事，也算人生一世中。」又盧多遜《詠新月》詩：「誰家玉匣新開鏡，露出清光些子兒。」又《書影》引爬癢廋語：「上些兰上些兰，下些兰下些兰，不是不是，正是正是。」

謂多爲够，音轉如購。ㄍㄡ去。●《廣韻》十九侯：「够，多也。古侯切。」《新方言·釋言》：「物多爲够。《方言》：『凡物䫉而多謂之寇。』寇變作够。《廣雅》：『够，多也。』今人言此音如彀。」縣人謂多曰够，音如購。

易物相等曰斢，音轉如準。ㄓㄨㄣ上。●《說文》：「斢，相易物，俱等爲斢。」昌六切。縣人謂兩物相抵音如準，謂稱物足斤兩亦如準，當是斢之音轉。

狀清曰澄，音轉如争去聲。ㄓㄥ去。《濰言》。○原注：澄，俗讀若贈。

狀濕曰納納，音轉如搭搭。ㄉㄚ ㄉㄚ。●《說文》：「納，絲濕納納也。」如答切。王氏《句讀》：「《劉向《九歎》：『衣納納而掩露。』王注：『納納，濡濕皃。』」縣人謂衣被雨淋音如挂搭搭，即納納之音轉。

狀瘦曰瘦查牙。ㄕㄡ去 ㄔㄚ 一ㄚ陽。《濰言》。○原注：瘦查牙，見曹唐《病馬》詩：「失雲龍骨瘦查牙。」

狀怒曰嫼，音轉如墨。ㄇㄛ去。●《廣新方言》：「《說文》：『嫼，怒皃。』呼北切。泰州謂怒者欲得而甘心，其形容詞曰嫼。嫼讀若國。」王氏《句讀》：「《廣韻》：『嫼，烏黠切。嫉怒。』通作赫。《詩》：『王赫斯怒。』箋：『赫，怒意。』」縣人狀怒音如墨赫，即嫼之重言。段氏《說文注》：「《玉篇》莫勒切，奴也。奴者，怒之誤。」縣人正呼如莫勒切狀人之怒，音如墨赫，即嫼之延音。恒言曰氣的墨赫墨赫的。

狀白曰雪白。ㄙㄩㄛ ㄅㄜ陽。又曰皏白，音轉如飄白。ㄆㄧㄠ ㄅㄜ陽。●《博雅》：「皏、皛，白也。」《廣韻》三十九耿：「皏，普幸切。」音如烹上聲，雙聲轉如飄。

狀黑曰墨黑。ㄇㄜ去 ㄏㄜ。又曰昒黑。ㄏㄨㄥ ㄏㄜ。●《説文》：「昒，尚冥也。」《漢書注》：「日尚冥。」蓋未明之時。《廣韻》十一没：「昒，呼骨切。」音如忽。縣人以昒狀黑，音如黑忽忽，或小變如紅去聲。

狀紅曰彤紅。ㄊㄨㄥ陽 ㄏㄨㄥ陽。●《廣韻》二冬：「彤，赤也。徒冬切。」

狀黄曰絞黄，音轉如焦黄。ㄗㄧㄠ ㄏㄨㄤ陽。●《廣韻》五肴：「絞，黄色。胡茅切。」音同肴。疊韻轉如焦。

狀紫曰紺紫，音轉如蘸紫。ㄓㄢ去 ㄗ上。●《廣韻》五十三勘：「紺，青赤也。古暗切。」音同贛。疊韻轉如蘸。

狀青與緑曰靘藍、靘緑，音轉如争去聲藍、ㄓㄥ去 ㄌㄢ陽。争去聲緑。ㄓㄥ去 ㄌㄩ去。●《廣韻》四十六徑：「靘，青黑。千定切。」疊韻轉如争去聲。

狀新曰䵂新，音轉如醋新。ㄘㄨ去 ㄙㄧㄣ。●《廣韻》八語：「䵂，《説文》曰：『會五綵鮮皃。』引《詩》云：『衣裳䵂䵂。』創舉切。」音同楚。縣人狀新音如醋新，醋當是䵂之音轉，䵂醋疊韻。

狀齊曰齊芈芈，音如齊楚楚。ㄘㄧ陽 ㄔㄨ上 ㄔㄨ上。●《説文》：「芈，叢生草也。象芈嶽相並出也。讀若浞。」士角切。雙聲轉如楚。縣人謂齊音如齊楚，或曰齊楚楚。

狀直曰梗直。ㄍㄥ上 ㄓ陽。●《方言》：「梗，覺也。」注：「謂直也。」戴氏疏證：「《爾雅·釋詁》：『梗，直也。』《詩·大雅》『有覺德行』，毛傳：『覺，直也。』」

狀薄曰菲薄。ㄈㄟ ㄅㄛ陽。●《方言》：「菲，薄也。」

狀圓曰胡盧，音轉如迷溜。ㄇㄧ ㄌㄧㄡ。●《新方言·釋言》：「古人謂物圓可轉及形圓腰細者，其音近於胡盧。如蟲名果蠃，草名括蔞，李名接盧，汲具名鹿盧是也。今人狀物之圓曰圓果盧都。」縣人狀圓恒言音如團迷溜，或如迷溜團。團迷溜，即胡盧之音轉。

狀矮曰竬竬。ㄆㄚ ㄆㄚ。●《説文》：「竬，短人立竬竬皃。」榜下切。《廣韻》收三十五馬。縣人狀矮曰竬竬，極矮之屋曰小竬屋。

狀快曰快筤筤，音轉如快霜霜。ㄎㄨㄞ去 ㄕㄨㄤ ㄕㄨㄤ。●《説文》：「适，疾也。」讀與括同，古活切。此快趨之本字，雙聲轉如快，遂以快字爲之。《廣韻》十七夬：「快，稱心也，喜也，可也。」無疾速之義，相承既久，直以快爲适矣。又：「筤，疾也。」《廣韻》一屋：「筤，疾也，長也。式竹切。」音同叔。縣人狀疾音如快霜霜。霜，即筤之音轉。

狀趨曰趨憂憂。ㄇㄢ去 ㄧㄡ ㄧㄡ。●《説文》：「趨，行遲也。」莫還切。段氏注：「今人通用慢字。」又《説文》：「憂，和之行也。从夊㥑聲。《詩》曰：布政憂憂。」於求切。段氏注：憂優古今字。《商頌·長發》篇：「敷政優優。」毛傳：「優優，和也。」徐灝箋：「許云『和之行者』，以字从夊也。凡言優游者，此字之本義。今專用爲憂愁字。」

狀香曰蕡香，音如噴香。ㄆㄣ ㄒㄧㄤ。●《新方言·釋器》：「《説文》蕡，雜香草也。今人謂香盛爲蕡香，音如噴。」《廣韻》二十文：「蕡，符分切。」音本如汾。

狀殠曰餲殠，音轉如驗殠。ㄧㄢ去 ㄔㄡ去。●《爾雅·釋器》：「食饐謂之餲。」注：「飯䬾臭。」《廣韻》十二曷：「餲，食傷臭。烏葛切。又於介、於罽二切。」《集韻》乙界切，音噫，雙聲轉如驗。《説文》：「殠，腐氣也。」尺救切。《漢書·楊惲傳》：「單于得漢美食好物，以爲殠惡。」香殠字本作殠，古或通用臭字。《左傳注疏》：「臭是氣總名。」元非善惡之稱，既謂善氣爲香，則專以惡氣爲臭。縣人狀殠音如驗殠。驗，當是餲之音轉。

又曰殠糿糿，音如殠烘烘。ㄔㄡ去 ㄏㄨㄥ ㄏㄨㄥ。●《説文》：「糿，陳臭米。」户工切。今謂物殠音如殠烘烘，字當作糿。

狀甜曰甜醰醰，音轉如甜塞塞。ㄊㄧㄢ陽 ㄙㄜ ㄙㄜ。●《廣韻》四十七寑：「醰，小甜。七稔切。」音如侵上聲。縣人呼小甜音如甜塞塞，塞當是醰之音轉。塞醰皆斜齒音字也。

狀苦曰瓜苦。ㄍㄨㄚ ㄎㄨ上。亦曰苦蕿蕿。ㄎㄨ上 ㄗㄣ ㄗㄣ。●《詩·豳風》：「有敦瓜苦。」《説文》：「蕿，人蕿，藥草。」王氏《句讀》：「玄應引作『苦草』也，蓋謂其味初苦而後甘也。」

狀酸曰酸劉劉。ㄙㄨㄢ ㄌㄧㄡ ㄌㄧㄡ。●《説文》：「杙，劉劉，杙。」王氏《句讀》：「《釋木》文，郭注：『劉子生山中，實如梨〔一〕，酢甜核堅。』疏云：『劉一名劉杙。』段氏則以劉劉爲句，是也。吾鄉謂微酸曰酸劉劉，或猶古之遺語。」縣人亦謂微酸曰酸劉劉。

狀鹹曰鹹鮎鮎，音如鹹真真。ㄒㄧㄢ陽 ㄓㄣ ㄓㄣ。●《廣韻》五十七釅：「鮎，鹹多。陟陷切。」縣人狀鹹音如真，真當是鮎之音轉。

味過厚烈曰嚛，音轉如户鈎切。ㄏㄡ。●《新方言·釋器》：「《説文》：『嚛，食辛嚛也。』火沃切。《呂氏春秋》：『本味曰酸而不酷。』《玉篇》引作『不嚛』。今人謂味過厚烈爲嚛，轉平如蒿。」縣人謂味過厚烈音如户鈎切，即嚛之音轉，如過鹹曰嚛鹹，過辣曰嚛辣。

狀重曰鎮厧厧，音轉如陳顛顛。ㄔㄣ陽 ㄉㄧㄢ ㄉㄧㄢ。●《新方言·釋言》：「《廣雅》：『厧、錪、鎮、珍，重也。』厧，曹憲音鼎。今人狀物之重曰重厧厧，與錪鎮珍皆一聲之轉。」縣人謂重音如陳，即鎮之聲轉。鎮陳疊韻，厧音轉如顛。

狀鞕曰弸鞕。ㄅㄥ去 ㄧㄥ去。●《新方言·釋言》：「《説文》：『弸，弓彊貌。』〔二〕今人狀物之堅彊曰弸鞕，讀如崩。」

狀漲曰漲彭亨，音轉如漲烹烹。ㄓㄤ去 ㄆㄥ ㄆㄥ。《濰言》。〇原注：彭亨，見韓昌黎詩

〔一〕如：原作「爲」，據《爾雅》郭注改。
〔二〕彊：原誤作「疆」，據《説文解字注》及《新方言》改。下同。

云：「家腹漲彭亨。」●縣人狀漲音如漲烹烹。

狀善曰壬，音如頂。ㄉㄧㄥ上。●《新方言・釋言》：「《廣雅》：『厧、錪、鎮、珍，重也。』錪，曹憲音鼎。厧，又同壬。《説文》：『壬，善也。』佗鼎切。重，從壬厚也。今人猶云壬好、壬厚。」縣人亦壬好音如頂好。

狀甚曰綦，音如奇。ㄑ陽。《濰言》。○原注：極深、極淺曰綦深、綦淺。按，綦音奇，本《荀子》「君綦貴」之綦。

又曰況，音轉如荒。ㄏㄨㄤ。●《新方言・釋詞》：「《説文》：『兄，長也。』古音兄如荒。見《釋名》。《詩・大雅》『倉兄填兮』『職兄斯引』，傳並云：『兄，兹也。』釋文兄音況，是兄有兹長增益之義，引伸訓甚，《小雅》：『僕夫況瘁。』況瘁，猶甚瘁也。《莊子・知北游》篇：『正、獲之問於監市履豨也，每下愈況。』愈況，猶愈甚也。今直隸語終言甚，則曰況，如甚熱曰熱的況，甚苦曰苦的況，佗皆準此，況讀如荒。通語則謂之很。」縣人語終言甚，音亦如荒。

狀過曰忒，音轉如泰。ㄊㄞ去。●《新方言・釋詞》：「《月令》注：『不貸，不得過差也。』貸本作忒，今人謂過曰忒，如過長曰忒長，過短曰忒短，亦通言泰，一音之轉。」

狀多狀久曰塵曰鎮，音皆轉如成。ㄔㄥ陽。●《新方言・釋言》：「《爾雅》：『塵，久也。』《毛詩・大雅》傳：『填，久也。』填即塵字。填從真聲，在真部。久積則塵。《漢書》言『陳陳相因』是也。今人謂物久爲陳，積亦曰塵。直隸、山東、淮南、吴越狀物之多曰塵千塵萬，或曰鎮千鎮萬，鎮即填也。皆從真聲。其訓久者，則謂長夜不休爲塵夜，長日不休爲鎮日，鎮亦鎮也。」縣人呼如成千成萬，成年成月。成與塵、鎮爲雙聲，成即塵、鎮之音轉。

狀總曰諸，音轉如豆。ㄉㄡ去。●《新方言・釋詞》：「《聲類》：『諸，詞之總也。』《一切經音義》引。古諸字音同都。《周禮・夏官》「望諸」注：「望諸，明都也。」《爾雅》作孟諸，皆一語也。漢人多以都爲諸，都試者，總試也。都養者，總養也。《漢書・兒寬傳》：『嘗爲弟子都養。』師古曰：『都，凡衆也。供諸弟子烹炊。』其以名官，兼有治事之義。《説文》：『諸，辯也。』辯即今辨字。諸同署。《説文》：『署，部署也。』漢官都尉、都水、都司空，都者，猶今言總辨耳。《淮南・天文訓》：『何謂五官？東方爲田，南方爲司馬，西方爲理，北方爲司空，中央爲都。』高誘曰：『都爲四方最也。』此單言都，則正猶今之總辨。今亦尚有都察院。今人言總皆曰都，如云都好、都去、都來是也，本即諸字。」縣人狀總言如豆，即都之言轉。

者樣合音如張。ㄓㄤ。《濰言》：「當如此之詞曰曏，又曰曏等、曰者、曰者們。」〇原注：曏，許兩切，俗讀若張，見《春秋傳》曰「曏役之三月」。者，見《增韻》：「此也。」者們，見宋人語：「就是者們一個人。」●《新方言・釋詞》：「《説文》：『者，別事詞也。』《漢書・藝文志》曰『儒家者流』『道家者流』，者訓爲此。今人謂此爲者，如者回、者里、者番、者箇是也。禪人語録多作遮。」今俗或以這爲者，非是，這音彥，《廣韻》收入三十三線，魚變切，下訓迎也。縣人呼如此曰者樣，二字合音如張。又《説文》：「像，象也。讀若養。」王氏《句讀》：「據此讀知今所謂式樣者，古曰式像也。《莊》《列》樣字皆作橡可證。」〔一〕今則通用樣字。

若樣合音如娘。陰平。ㄋㄧㄤ。●《新方言・釋詞》：「《論語》：『君子哉，若人。』《公羊傳》：『有明天子，則襄公得爲若行乎？』《莊子・外物》篇：『任公子得若魚。』若皆訓此。今人指物示人曰若，音如諾。」古無日母，故若音如諾。縣人指物之較近者音如聶個，聶即諾之聲轉。若樣二字合音如娘之陰平聲。讀娘與方、箱相叶。

又音轉如囊。ㄋㄤ。《濰言》：「當如彼之詞曰囊、曰那、曰那們。」○原注：曩，囊上聲，俗讀若囊。那，奴何、奴可二切，俗讀若納。曩，見《楚詞・九章》：「猶有曩之態也。」那，見唐詩：「那年離別日。」●縣人謂如彼音如囊，仍是若樣二字之合音，較前之合音爲小變耳。

動作詞

雨挾風曰潲。ㄕㄠ去。《濰言》。○原注：潲，見《集韻》：「水激也。所教切。」俗讀若哨。●《廣韻》三十六效：「潲，豕食。又雨濺也，所教切。」

水出曰㴘，音如冒。ㄇㄠ去。《濰言》。○原注：㴘，見《集韻》：「水漲也。」

水流曰蕩，音如湯上聲。ㄊㄤ上。《濰言》：「大流曰淌，音唱。俗讀若倘。」○原注：淌，見《淮南子・本經訓》「淌游瀷淢」注，皆文畫擬作水勢之皃。●《周禮・地官》：「稻人以溝蕩

〔一〕字：原誤作「家」，據《説文句讀》改。

水。」注：「以溝行水也。」音黨。則水流之義字當作蕩。縣人呼此，疊韻轉如湯上聲。

水滴曰滴沰，音轉如滴達。ㄉㄧ ㄉㄚ上。●崔實《農家諺》：「上火不落，下火滴沰。」《廣韻》十九鐸：「沰，他各切。」音同託。《集韻》：「沰，滴也。當各切。」縣人呼滴沰音如滴達。達託皆舌頭音。沰本作涿。《廣新方言》：「蕪湖謂流質之厚者曰篤，謂大於一滴之流質亦曰一篤，江蘇則云沰。按，一篤之篤當作涿。《說文》：『涿，流下滴也。』段注云：『《周禮》有壺涿氏，注：壺，瓦鼓也；涿，擊之也。謂擊瓦之聲如滴然，故曰壺涿。今俗謂一滴曰一涿。』本竹角切，讀如篤，是謂雙聲，故《集韻》作徒谷切，音牘。沰，《廣雅》訓磓也，《玉篇》訓落也。涿爲沰本字。篤厚字當作管，《說文》：『管，厚也。』」

水沸曰涫，音轉如滚。ㄍㄨㄣ上。●《說文》：「涫，𤅊也。」古丸切。段氏注：「《春秋繁露》『燔以涫湯』，《韓詩外傳》作沸湯，然則涫𤅊一也。今江蘇俗語𤅊水曰滚水，即涫水之轉也。」《廣韻》二十九換：「涫，沸也。古玩切。」音同貫。縣人呼沸水音亦如滚水。滚即涫之音轉。

通氣曰埱氣，音如透氣。ㄊㄡ去 ㄑㄧ去。●《新方言·釋言》：「《說文》：『埱，氣出土也。』昌六切，音轉如秀。今語謂通氣爲埱气，穿出爲埱出。埱，佗侯切，通以透字爲之。」

屋牆下陷曰⿰土㬎，音如轍。ㄔㄜ陽。●《廣韻》二十六緝：「⿰土㬎，下入。直立切。又直輒切。」縣人謂屋牆下陷爲⿰土㬎，依《廣韻》讀直輒切，音如轍。

知曰黨，音轉如敦上聲。ㄉㄨㄣ上。●《新方言·釋言》：「《方言》：『黨，知也。』今謂了解爲黨，音如董，俗作懂非也。《廣韻》懂訓心亂，今猶有懵懂之語，其義絶異。」縣人謂不了解音如不敦，上聲。即黨之音轉。

約舉大數曰無慮，音轉如母量。ㄇㄨ上 ㄌㄧㄤ陽。又轉如約莫。ㄧㄛ ㄇㄛ陽。《濰言》：「大小未定曰廓摸。」〇原注：廓摸，見《方言》：「張大使小謂之廓，秦晉之間謂之摸。」●《新方言・釋言》：「《廣雅》：『無慮，都凡也。』《周髀算經》趙爽注：『無慮者，粗計也。』王念孫曰：『《莊子・齊物論》「孟浪之言」，李頤云：「孟浪，猶較略也。」《吴都賦》劉逵注〔一〕：「孟浪，猶莫絡。」不委細之義。莫絡、孟浪、無慮皆一聲之轉。總計物數謂之無慮，總度事情亦謂之無慮。今江淮間人謂揣度事宜曰母量，即無慮之轉。』以上王説。驗今南北皆謂大數爲大母子，又謂粗率嫴量爲毛嫴，約舉大數曰約莫，蓋無慮疾呼成無，無古音模，母毛莫皆無之聲轉。」

略揣梗概曰嫴，音如古。ㄍㄨ上。●《新方言・釋言》：「《廣雅》：『嫴榷，都凡也。』《孝經》孔傳：『蓋者，辜較之辭。』劉炫《述義》曰〔二〕：『辜較，猶梗概也。』字亦作沽。《檀弓》『以爲沽也』，注：『沽，猶略也。』今人謂略揣梗概曰嫴。俗變作估，傷人者嫴計死期猶曰保嫴。」

愛憐小兒曰瘝，音如貫。ㄍㄨㄢ去。●《新方言・釋言》：「《爾雅》：恫，痛也。瘝，病也。《書》『恫瘝乃身』，鄭注：『刑罰及己爲痛。』引伸凡愛憐曰痛，亦謂之瘝。瘝，亦作矜。《方

〔一〕劉：原作「鎦」。逵：原誤作「達」。
〔二〕劉：原作「鎦」。

言》：『悛、憮、矜、悼、憐，哀也。』今凡謂愛憐小兒者通言曰疼。江南運河而東曰肉痛，揚州、安慶曰㾕，讀如貫，或説丱字，非也。」縣人謂愛憐小兒、管束不嚴，音如貫，字當作㾕。

待人寬曰饒人。ㄖㄠ陽 ㄖㄣ陽。《濰言》。○原注：饒人之饒有益也、寬也二解。《史記·陳平傳》對漢王曰：「大王能饒人以爵邑。」此饒作益解也。唐杜樊川詩：「公道世間惟白髮，貴人頭上不曾饒。」又宋善基道人詩：「爛柯真訣妙通神，一局曾經幾度春。自出洞來無敵手，得饒人處且饒人。」此饒作寬解也。俗語饒人，蓋從寬也。

不悦曰恚，音轉如怪。ㄍㄨㄞ去。●《廣新方言》：「《説文》：『恚，不説也。』[一]於避切。」按，説即今悦字。秦俗謂讓責人曰恚，謂罪於人曰見嫿，讀如怪。《説文》：「恚，恨也。從心圭聲。」又：「嫿，不説皃也。從女恚聲。」王氏《句讀》：「嫿者，恚之絫增字。」縣人謂不悦於人，音如怪，即恚之聲轉。

怒曰愾，音如氣。ㄑㄧ去。●《新方言·釋言》：「《説文》：『愾，大息也。』《詩》曰：『愾我寤歎。』鎎，怒戰也。《春秋傳》曰：『諸侯敵王所鎎。』愾鎎並許既切，本實同字，故愾亦訓怒。今人謂怒爲气，實當作愾。」縣人謂生愾，音或轉如發喬，喬、愾雙聲相轉也。

恥曰羞，音轉如囂。ㄒㄧㄠ。《濰言》：「羞曰囂。」●《廣韻》十八尤：「羞，恥也。息流切。」

[一] 恚：當作「嫿」。

縣人呼羞音轉如囂，恒言曰害羞，音如害囂。

又曰面覥，音轉如勉篇。上聲。ㄇㄧㄢ上 ㄆㄧㄢ上。《濰言》：「靦曰面覥。」○原注：覥，他典切，音腆，面覥字或作腆，腆亦訓靦也。●字亦作㥏。《説文》：「㥏，青徐謂靦曰㥏。」他典切。

勞不得休曰勦心，音轉如操心。ㄘㄠ ㄙㄧㄣ。《濰言》。○原注：勦，子小切，見《春秋傳》「安用勦民」。《説文》：「勦，勞也。從力巢聲。」●《廣韻》三十小：「勦，勞也。」又音巢，子小切。

又曰懆恅，音如操勞。ㄘㄠ ㄌㄠ陽。《濰言》。○原注：懆恅，《廣韻》：「心亂也。」●懆，收《廣韻》三十二皓采老切下，音同草。

憂不能解曰懆懆。ㄘㄠ陽 ㄘㄠ陽。《濰言》。○原注：懆懆，見《詩・小雅》「念子懆懆」，《説文》：「懆，愁不安〔一〕。喿聲。」●《廣韻》三十二皓：「懆，憂心。采老切。」音同草。

煩悶曰毷氉，音轉如庖糟。ㄆㄠ陽 ㄗㄠ陽。《濰言》：「浮躁曰急火，又曰急躁、曰毷氉。」○原注：毷氉音冒燥，見《國史補》：「舉子不捷而醉飽，謂之打毷氉，謂拂其煩悶也。」

事不自寬曰鑽牛角。ㄗㄨㄢ ㄋㄧㄡ陽 ㄐㄧㄚ。《濰言》。○原注：角，俗讀若甲。《五代史》：「南漢劉龑病臥寢中，召右僕射王翻，與語曰：『吾子孫不肖，後世如鼠入牛角，勢當漸小

〔一〕愁：原誤作「心」，據《説文解字》改。

耳。』因泣下歔欷。」又南宋高宗初避金亂之杭州，復有遷閩廣之意，時有人題詩於吴子胥廟云：「和戰無成數戒嚴，中原民苦望熙恬。遷杭不已思閩廣，牛角山河日入尖。」

懼曰怖，音轉如普駕切。ㄆㄚ去。●《新方言·釋言》：「《説文》：『悑，惶也。』或作怖，普故切。」今人謂惶懼曰怖，轉如禡韻，以儋怕字爲之。唐義凈譯佛律已作怕懼，此當正者。

又曰嚇，音如下。ㄒㄧㄚ去。《濰言》：「以言恐人曰嚇。」〇原注：嚇音鏬，又音赫，見《莊子》：「今子欲以子之梁國而嚇我哉？」又：「鴟得腐鼠，鵷鶵過之，仰而視之曰嚇。」注：司馬云：「怒其聲，恐其敚己也。」又嚇亦作赫，見《詩·大雅》「反予來赫」，毛傳：「赫，炙也。」許白反。鄭箋：「赫，口拒人謂之赫。」許嫁反是也。

又曰兇，音轉如雄。ㄒㄩㄥ陽。●《説文》：「兇，擾恐也。從儿在凶下。」[一]許拱切。《春秋傳》曰：「曹人兇懼。」字亦作匈、恟。縣人謂懼亦曰兇，音如雄，恒言曰兇膽子，音如雄旦子。

又曰惶，音轉如荒。ㄏㄨㄤ。●《新方言·釋言》：「《説文》：『惶，恐也。』今人謂恐爲惶，讀如荒。」縣人謂恐曰惶，音如荒。或重言惶惶，音如荒荒。

惸恐曰悸，音轉如極。ㄐㄧ陽。●《新方言·釋言》：「《説文》：『悸，心動也。』其季切。今人謂惶恐曰悸，以北音急讀去聲，遂誤書急字爲之。」縣人謂悸音如極。

[一] 儿：原誤作「人」，據《説文解字》改。

怯曰苦，音轉如楚去聲。ㄔㄨ去。●《郝氏遺書・證俗文》：「京師謂怯曰齼。注：《天祿識餘》：『齼，音楚去聲，齒怯也。』今京師語謂怯皆曰齼。曾茶山和曾宏父《餉柑》詩云：『莫向君家樊素口，瓠犀微齼遠山顰。』黄山谷《和人送梅子》云：『相如病渴應須此，莫與文君蹙遠山。』茶山之詩全效之。案：《説文》：『齭，齒傷酢也。讀若楚。』《玉篇》齭作齼。今謂怯曰褪齼。又案，謂怯曰齼之，齼當作孎。《説文》云：『人不遜爲不孎。』輟欲反。牟默人説。」按，謂怯曰楚，去聲。當是苦之音轉。《西溪叢語》：「今人不善乘船謂之苦船，北人謂之苦車，苦讀去聲，音如庫。」疊韻轉如楚去聲。縣人謂怯音如打楚，去聲。或如打蜀，皆苦之音轉。又使人畏怯亦曰苦，讀上聲。縣人謂人之輭弱者曰孬子，音如眼子，謂欺侮輭弱之人音如楚上聲眼子，楚亦苦之音轉。孎，《説文》訓謹，無怯義。

心有所惡曰歁歕，音轉如務素。ㄨ去 ㄙㄨ去。●《廣新方言》：「《説文》：『歁，心有所惡，若吐也。』哀都切。歕，歁歕也。才六切。今俗謂心有所惡而欲吐曰歁如，哀郭切；謂汙穢不潔心甚惡之曰歁歕。」縣人謂心有所惡音如務速，即歁歕之音轉。

惡事疑心曰嶷嶴，音如義映。一陽 一ㄥ上。《濰言》。〇原注：嶷嶴，音義映。嶷，恐也。嶴，巫厭也。●《廣韻》七志：「嶷，恐也。魚記切。」又四十一迥：「嶴，巫厭。烟涬切。」

以威迫人曰愶，音轉如雄。ㄒㄩㄥ陽。《濰言》。〇原注：愶見《廣韻》：「以威力相恐也。」●《廣韻》三十三業：「愶，以威力相恐也。虛業切。」音同脅。縣人呼如雄，雄、脅雙聲。

欺人曰慳，音轉如硜。ㄎㄥ。●《廣新方言》：「《説文》：『硜，恨也。』胡頂切。今俗謂可恨之事曰慳壞人。」縣人謂騙取人財物曰慳人，蓋言其可恨也。

以禍加人曰頂鋼。ㄉㄧㄥ上 ㄍㄤ。《濰言》。○原注：按，明初金陵上清河一帶善崩，太祖患之。人言猪婆龍窟其下，故爾爲患。時工部欲聞於上，又疑猪犯國姓，輒稱云大黿爲害。太祖惡其同元字，命漁人捕之，殺黿殆盡。先是漁人用香餌引黿，凡數百斤，一受釣以前兩爪據沙，深入尺許，百人引之不能出。一老漁諳黿性，命于受釣時用穿底鋼從綸貫下覆黿首，黿用前爪抵鋼，不復據沙，引之遂出。金陵人語曰：猪婆龍爲殃，癩頭黿頂鋼。言嫁禍也。

游戲曰媻姗，音轉如玩刷。上聲。ㄨㄢ陽 ㄕㄨㄚ上。●《新方言·釋言》：「《爾雅》：『般，樂也。』亦作盤。《書》云：『盤于游田。』重言曰盤桓。《易》曰：『雖磐桓，志行正也。』其實般、桓本一語，般與桓古音相近，如譯佛書者涅槃或作泥洹，是其例也。今人謂游戲爲頑，本即桓字，實即般字也。頑本音五還切，桓則音胡官切，音紐不同，然今人讀疑母字多近喻母。又《爾雅》：『婆娑，舞也。』婆字，《説文》本作媻。《文選·神女賦》注：『婆婆，猶媻姗也。』今人亦謂遊戲爲頑耍，耍即姗之譌俗。姗字作要，遂譌作耍。本當作媻姗，亦即婆娑。又謂小兒遊戲無度爲頑皮，皮亦即婆之聲轉。」

能理亂曰撩理。ㄌㄧㄠ陽 ㄌㄧ上。《濰言》。○原注：《一切經音義·四分律》引《通俗文》：「理亂謂之撩理。」●《説文》：「撩，理之也。」謂撩捋整理也，洛蕭切。王氏《句讀》：「《廣雅》：

『撩，理也。』他書率借繚及料，但仍音聊耳。《莊子・盜跖》篇：『繚意絶體而争此。』釋文：『繚，理也。』《通俗文》：『理亂謂之繚理。』《晉書・王羲之傳》：『比當相料理。』」

又曰莩攎，音如蒲盧。ㄆㄨ陽 ㄌㄨ陽。《濰言》。○原注：莩攎，音蒲盧，本收亂草也。●亦作捊攎。《集韻》：「捊攎，收斂也。」

怠事曰伿，音轉如厓。ㄧㄞ陽。●《新方言・釋言》：「《説文》：『伿，隋也。』隋即惰。以豉切。《內經》『有食亦病』，亦即伿字。今浙西謂劣材從事爲伿，讀如蟹。支佳本一部。又《説文》：『傒，待也。』『徯，待也。』《廣韻》並胡禮切。郭璞《爾雅注》曰：『河北人以待爲傒。』今人有所顧望留待則謂之徯，轉讀爲胡懈切或魚懈切，俗作捱。猶奚聲之鞵字亦作鞋而入佳韻也。傒、徯本一字，亦含伿、惰之義。」

相違曰靠。ㄎㄠ去。●《新方言・釋言》：「《説文》：『靠，相違也。』今人謂相依爲靠，其義相反，猶亂爲治、苦爲快矣。」縣人謂凡事互相推諉爲靠〔一〕，正合相違之意。

娶婦曰將。ㄗㄧㄤ。《濰言》。○原注：將，資良切，即《小雅》「無將大車」之將。●按，《詩》「百兩將之」，是將之稱甚古。

相當曰鼎。ㄉㄧㄥ上。●《新方言・釋言》：「《爾雅》：『丁，當也。』字亦通鼎。《漢書・賈

〔一〕推：原誤作「誰」。

誼傳》曰：『天子春秋鼎盛。』《匡衡傳》曰：『匡鼎來。』鼎皆訓當。今市井以己所設坫肆迻貿於人，謂之鼎坫。鼎者，謂其名實相當也。又凡以是人充當彼人，謂之鼎名，俗以頂字爲之。《爾雅》丁與昌、敵、彊、應皆訓爲當，故今用力抵拒、以言抵拒，皆謂之鼎。俗亦以頂字爲之。」〔一〕

賃人爲之曰故。ㄍㄨ去。●《新方言・釋言》：「《說文》：『故，使爲之也。』相承以僱及顧爲之。今賃人爲之曰顧，本故字也。漢軍法曰：『故行不行，奪勞二歲。』《史記・馮唐傳》集解轉引如淳所述。司馬貞謂故與雇同，不悟雇當作故爾。」

倩人爲之曰將，音如鏘。ㄘㄧㄤ。●《新方言・釋言》：「《爾雅》：『將，請也。』將，音七羊反，與請一聲之轉。廣州謂請曰將，通語倩人爲之亦曰將。俗誤書槍，因傅會曹公捉刀之事，何其誣妄。」

新故更代曰迭，音轉如替。ㄊㄧ去。●《新方言・釋言》：「《說文》：『迭，更迭也。』今謂新故更代爲替，實即迭字入轉爲去耳。《匡謬正俗》引《爾雅》『替，廢也』，謂『前人既廢，後人代之』，說雖可通，然非其本。《方言》：『庸、恣、比、侹〔二〕、更、佚，代也。』郭璞曰：『佚，音蹉跌。』佚即迭字也。」

忽相值曰逢，音彭去聲。ㄆㄥ去。《濰言》：「忽而相值曰撞，又曰掽。」〇原注：撞音幢去

〔一〕字爲之：原誤作「爲之字」，據《新方言》改。
〔二〕侹：原作「廷」，據《方言》改。

聲，掽音彭去聲，見《字彙》：「掽，掽撞也。」●《新方言・釋言》：「《説文》：『夆，啎也。』『逢，遇也。』今人謂相啎曰夆，相遇曰逢，皆音普用切，古無輕脣，從重脣也。不意得之亦曰逢，音轉字變作髼。《説文》：『髼，忽見也。』蒲浪切，俗作碰。」《廣新方言》：「蕪湖謂路行相遇曰碰，俗作掽。按，當作夆。《説文》：『夆，啎也。』夆，『從夊丰聲，讀若縫』。古無輕脣音，讀若碰也。午部：『啎，屰也。』屰，迎也。行路相逆故曰夆。《新方言》曰：《説文》：髼，鬃也。鬃，髼也，忽見也。髼音蒲浪切。今人謂忽見爲髼著，俗作碰。然髼乃假字，非本字也。髼謂婦人頭飾，今俗猶謂婦人兩鬢曰髼頭，此其證也。所以名髼者，因兩鬢之髮，鬅鬙相並也。古或作旁。《漢書・霍光傳》：『使者旁午。』旁午者，夆啎也。引申之，聚首曰夆頭，抵啎曰夆丁子。」《説文》：「夆，啎也。從夊丰聲，讀若縫。」王氏《句讀》：「逢者，夆之累增字，當云讀若逢，同敷容切。」按，夆字從夊，夊訓「從後至，象人兩脛後有致之者」，已具行走之義，加辵爲逢，實無所取，故王氏以逢爲夆之累增字。《廣韻》三鐘符容切下有逢無夆，敷容切下亦無夆字，更可證夆、逢之爲一字，古讀重脣平聲則如蓬，去聲則爲普用切，然則忽見之義應以夆爲正字。亦作逢、碰、掽，皆後起俗字。髼，亦假借字也。

與人戲曰懰怹，音如黎醯。ㄌㄧ陽ㄒㄧ。《濰言》。○原注：懰怹，音黎醯，見《方言注》謂「以言相嗤弄也」〔一〕。

〔一〕嗤：原作「蚩」，據《方言注》改。

又曰謾，音如玩。ㄨㄢ陽。《濰言》：「好與人戲曰玩，又曰耍笑。」○原注：玩，弄也，戲也。耍，沙下切，見《篇海》：「尖耍，俊利也，戲也。」●《廣韻》二十二覃：「謾，不惠也。」又「謔弄言」，五含切。縣人謂與人戲，音如玩，字當作謾。

輕視人曰小蔑。ㄙㄧㄠ上 ㄇㄧㄝ去。●《新方言·釋言》：「《方言》：『杪，小也，木細枝謂之杪。江淮陳楚之内謂之蔑。』[一]郭璞曰：『蔑，小皃也。』今杭州謂極小曰蔑，讀如彌。宜昌謂小兒爲蔑子。」

指人瑕玼曰挑偐。ㄊㄧㄠ ㄧㄢ。《濰言》。○原注：偐與贋同，僞物也。

累人曰帶累，音轉如帶溜。ㄉㄞ去 ㄌㄧㄡ去。《濰言》。○原注：帶累，見薛能《贈妓》詩：「朝天御史非韓壽，莫竊香來帶累人。」

以巫魘之術禳禍加人曰厭禳，音轉如眼仰。ㄧㄢ上 ㄧㄤ上。《濰言》。○原注：厭禳之厭，當作魘，與厭勝之厭讀壹涉切不同。其説有二，一暗以魘術而禳加人之禍，此之謂厭禳是也；一見薛能《詠黄蜀葵》詩：「記得玉人春病後，道家裝束厭禳時。」此蓋因病魘而自禳之也。

打降，音轉如打仗。ㄉㄚ上 ㄓㄤ去。●《郝氏遺書·證俗文》：「俗謂手搏械鬭爲打降。降，下也，打之使降服也。方語不同，字音遂變，或讀爲打架，蓋降聲之轉也。一讀爲打將，去

[一] 内：原誤作「間」，據《新方言》改。

聲。亦降之譌語耳。《爾雅·釋天》：『螮蝀，虹也。』釋文虹，郭音講，陳國武古巷反。俗亦呼爲青絳，是知虹有絳音。今東齊人呼虹若醬，即絳聲之譌。又呼相打爲打將，去聲。亦即絳聲之誤耳。案，打，《唐韻》都挺切，音頂，今讀德馬切，答上聲，唯江南人讀若頂耳。降，《廣韻》正古音洪，凡降下之降與降服之降，俱讀爲平聲，故自漢以上之文無讀爲去聲者。又《唐韻》降，古巷切，音絳。案，降讀去聲，自《玉篇》始，今皆讀去聲矣。」

以事誣人曰謷賴，音轉如刁賴。ㄉㄧㄠ ㄌㄞ。《濰言》：「以事誣人曰放謷、曰放賴。」○原注：謷，本音叫，痛呼也。又訓訐，見《前漢·藝文志》：「及謷者爲之，則苟鉤、鈲析亂而已。」俗讀若刁。王莽州《四部稾》謂俗謂放刁，刁當作謷。或曰刁乃掉之譌，見《禮·内則》孔疏：《隱義》云「齊謂相絞訐爲掉磬」。賴，見《方言》：「南楚之外曰賴，秦晉曰讎。」注：「賴亦惡名。」

積錢曰儹。ㄗㄢ上。《濰言》。○原注：儹音贊上聲，見《正韻》：「聚也。」●《新方言·釋言》：「《說文》：『儹，冣也。』作管切。『僔，聚也。』慈損切。今通謂積資爲儹錢。」

募集曰酇。ㄘㄨㄢ陽。●《廣韻》二十六桓：「酇，酇聚也。在丸切。」縣人謂募集人財曰酇錢。

用財曰破費。ㄆㄛ去 ㄈㄟ去。《濰言》。○原注：破費，見蘇東坡《驪山》詩：「破費八姨三十萬，大唐天子要纏頭。」

又曰撒花。ㄙㄚ ㄏㄨㄚ。《濰言》。○原注：撒花，按宋時三佛齊自注：「輦國來朝貢，即請繞殿撒花，初撒金蓮花〔一〕，次撒珍珠龍腦，佈于御座，所擕頃刻俱盡。蓋胡人至重禮也。」〔二〕

以銀易錢曰[亻對]，音如對。ㄉㄨㄟ去。●《新方言·釋言》：「《説文》：『[亻對]，市也。』都隊切。今人謂以銀易錢曰[亻對]，通以兑字爲之。」

貿易先期出錢爲質曰厧，音如殿。ㄉㄧㄢ去。●《新方言·釋言》：「《説文》：『鎮，博壓也。』博壓者，如今賭者以物爲質，所謂鉒也。今亦謂質曰壓。鎮與錪、厧本一聲之轉，凡質物謂之典，即鎮字也。厧亦音堂練切，徐鉉依《唐韻》音如此。今人貿易先期出錢以爲質壓謂之厧，厧亦鎮字也。俗皆作墊，謬甚。墊本訓下，昏墊、墊隘皆此義也。今人乃謂河中積沙漸高爲淤墊，則義相反矣。此本當作填字耳。」

以錢沽物有餘而返其錢曰爪。ㄓㄠ上。●《新方言·釋言》：「《釋名》：『爪，紹也。』此明古音爪、紹相同。今衣工謂袂端接袖爲爪袖，爪即紹也。今人又謂以錢沽物有餘而返其錢爲爪，或謂之繳。尋《説文》：『繳，生絲縷也。』之若切。引伸爲繳繞。《漢書·司馬遷傳》：『名家苛察繳繞。』如淳曰：『繳繞，猶纏繞也。』纏繞則有返歸之義，故謂返錢爲繳。之若切轉爲上聲，正當讀爪。相承皆讀繳爲古了切，遂若與爪異語，其實一也。」

〔一〕初撒金蓮花：原作「金蓮」，據褚人獲《堅瓠廣集》補。

〔二〕胡：原誤作「國」，據褚人獲《堅瓠廣集》改。

研磨作價曰僞，音轉如講。ㄐㄤ上。又轉如靠。ㄎㄠ去。●《新方言・釋言》：「《說文》：『僞，引爲賈也。』賈即今價字。於建切。《後漢書・崔駰傳》：『崔烈入錢五百萬，得爲司徒。及拜日，帝顧謂親倖者曰：悔不小僞，可至千萬。』今本僞作靳。今吴越謂研磨作價爲僞，音如靳。元、寒轉諄、文、魂也。淮南謂研磨作價爲僞，音如奥。此如奥字本在元、寒，轉爲今音。」王氏《句讀》僞字注：「與韓康伯不二價相反。引者，挽弓也。挽弓者必滿其量，因以爲張大靳固之名。」縣人謂研磨作價音如講，與靳爲雙聲。又音如靠，與奥音近。皆僞之音轉也。

人不受而彊予之曰柴。去聲。ㄔㄞ去。●《郝氏遺書・證俗文》：「人不受而彊予之曰柴。《莊子・天地》篇：『趣舍聲色，以柴其内。』又云：『内支盈於柴柵。』注：『柴，塞也。』案，柴讀去聲。《說文》徐鉉曰：『師行野次，豎散木爲區落，名曰柴籬。』後人語譌，轉入去聲，又别作寨字，非是。」縣人謂不欲買而强賣之曰柴，讀去聲。

借人光景曰借光。ㄐㄧㄝ去 ㄍㄨㄤ。《濰言》：「借人光景曰占光，又曰借光。」〇原注：借光，見宋人詩：「磽社湖中舊明月，淮南草木借光輝。」

求人幫助曰打秋豐。ㄉㄚ上 ㄘㄧㄡ ㄈㄨㄥ。《濰言》。〇原注：打秋豐，見米元章帖。又曰打抽豐，見雪濤《諧史》。又曰打秋風，見明人詩：「馬馱沙上縣新開，城郭民稀半草萊。寄語山南諸子弟，秋風切莫過江來。」

勒人出錢曰迦，音轉如架。ㄐㄚ去。●《新方言・釋言》：「《說文》：『迦，迦互，令不得行也。」古牙切。今謂强止人行曰迦往，音去駕切。又凡關津置木水中以禦舟行，古曰水衡，今謂之迦，讀苦野切。俗字作卡，無以下筆。迦轉爲抲。歌、麻本一部，迦之與抲，猶茄之與荷。《説文》引《周書》曰：『盡執抲。』今《書》作拘，義同字異。抲借爲迦。今江南、浙江皆謂執曰迦，音去駕切，即執抲之義也。抲聲古與猗同，《毛詩·國風》傳曰：『角而束之曰猗。』亦此義也。迦又轉苛。《説文序》曰：『苛人受錢。』今人猶謂勒人出錢曰迦，音去牙切。」縣人呼勒人出錢音如架，當以迦爲正字。

皮加帛縫曰衭。ㄉㄧㄠ去。《濰言》：「皮加帛繞曰褾，又曰衭。」〇原注：褾音表，本衣袂；又卷豢飾也。衭見《説文》：「棺中縑衣。」又《廣韻》：「死人衣也。」又《玉篇》：「蠻夷衣也。」

縫衣使表裏相連曰䌥。ㄧㄣ上。《濰言》：「線作行道，縫表連裏曰䌥。」〇原注：䌥音隱，見《廣韻》：「縫衣相著。」

去破縫新曰組，音如但。ㄉㄢ去。《濰言》。〇原注：組，直莧切，俗讀若但，見《説文》：「補縫也。从糸旦聲。」《後漢·崔實傳》：「期于補綻決壞[一]，枝柱邪傾。」又《古豔歌行》：「故衣當誰補，新衣當誰綻。」並當作組。綻乃从衣旦聲，訓衣縫解之别體。亦作綻。《廣韻》《集韻》與祖合爲一字，非矣。●縣人謂衣當肩處去破縫新曰袒肩。

[一] 決：原誤作「缺」，據《後漢書》改。

補鞻底曰鞝，音如掌。ㄓㄤ。《濰言》。○原注：鞝音掌，見《玉篇》：「扇安皮。」《字彙》：「縫也。」

線穿鍼曰紉。ㄖㄣ去。《濰言》。○原注：紉鍼，見《禮·内則》：「衣裳綻裂，紉鍼請補綴。」又紉見《說文》：「繟繩也。从糸刃聲。」

澣衣曰潎，音轉如拜上聲。ㄅㄞ上。《濰言》：「細搓曰湃，音捭。」●《說文》：「潎，於水中擊絮也。」匹蔽切。縣人謂澣衣音如拜上聲，即潎之聲轉。

又曰濯，音如籌。ㄔㄡ陽。●《新方言·釋言》：「《說文》：『濯，澣也。』直隸謂澣衣爲濯衣，音如抽。濯之爲抽，猶擢之爲抽矣。《說文》擢、抽皆訓引，此一聲之轉。」縣人謂衣服澣去汙垢後，再以清水澣之，音如籌，即濯字也。

摩展衣曰衦，音如敢。ㄍㄢ上。●《廣新方言》：「《說文》：『衦，摩展衣也。』〔一〕古案切。摩展者，摩其襵皺而展平之也。今俗謂作麪曰衦，此引申之義也。」縣人呼衦麪音如敢麪。

著衣音轉如穿。ㄔㄨㄢ。●《廣韻》十八藥：「著，服衣於身。張略切。」〔二〕《晉書·宣帝紀》：「關中多蒺藜，帝使軍士二千人著軟材平底木屐前行。」縣人呼著音轉如穿。

作結曰繫，音如計。ㄐㄧ去。披衣不帶曰裮，音如廠。ㄔㄤ。《濰言》：「衣襟上兩兩相對曰

〔一〕衣：原脱，據《說文解字》補。
〔二〕衣：原誤作「文」，據《廣韻》改。張：《廣韻》作「直」。

彄，又曰鼻。以一鼻彄鈕，以一鈕入彄曰䄏。不䄏曰裮，又曰開。」○原注：彄，虛侯切，俗讀若扣，見《說文》：「弓弩端弦所居也。」又彄環，見《西京雜記》。鈕，見《說文》：「印鼻也。」又紐見《說文》：「系也。一曰結而可解。」䄏與祺同，《集韻》：「繫也，巾也。」音忌。裮音昌，俗讀若廠，見《玉篇》：「披衣不帶也。」●《廣韻》十二霽：「繫，縛繫。古詣切。」音同計、繼。縣人謂作結音如計扣，計即繫字。謂結衣鈕音如計懷，計亦是繫字。䄏字不見《說文》，繫通讀胡計切，音如系，遂別製䄏、祺字。

以衣承物曰受，音轉如兜。ㄉㄡ。●《新方言·釋言》：「《方言》：『受，盛也。』齒音轉舌。《廣韻》受訓姓者，音都導切。今以手、以裳承接者通謂之兜。兜即受字。」縣人謂以衣承物音如豆之清平聲，又泥瓦工以方布宬泥謂之泥音如迷豆平聲子，皆受字之音轉。

布帛裁剪後其緯散失曰戌，音轉如碎上聲。ㄙㄨㄟ上。●《廣新方言》：「朱氏《說文》曰：『戌，恤也。人被殺傷可矜恤也。從戊，古文矛字；一，指事，識其殺傷處也，與刃同義。』泰州謂布帛裁剪後其緯散失曰戌，此引申義也。」縣人則呼如碎上聲，戌、碎雙聲相轉也。

卸衣曰褪，音轉如脱。ㄊㄨㄛ去。●《韻會》褪，吐困切，吞去聲，卸衣也。

行船曰彤，音轉如齒應切。ㄔㄥ。●《新方言·釋器》：「《說文》：『彤，船行也。』丑林切。今人謂行船爲彤船。或書作撑，非也。撑但可云以篙楮柱船耳，行船不得言撑也。且天津言彤船，音尺容切，此正侵冬之轉，非撑明矣。」

火初引曰煔，音如點。ㄉㄧㄢ上。《濰言》。○原注：煔，他念切，見《玉篇》：「火光也。」●《新方言・釋器》：「《説文》：『煔，火行也。』今謂引火然鐙爲點火，當爲煔字。《廣韻》煔有佗念一切，與點端、透二紐相轉。」

火得柴炭上行曰燊，音如莘。ㄕㄣ。《濰言》。○原注：燊音莘，見《廣韻》：「熾也。」●《廣韻》十九臻：「燊，熾也。所臻切。」音同莘。

煮菜帶湯熟曰鑣。ㄫㄠ。《濰言》。○原注：鑣音鏖，見《六書故》：「今人以慢火爛煮肉物爲鑣。」●《新方言・釋器》：「《説文》：『鑣，温器也。』於刀切。今直隸謂温肉爲鑣肉，淮南謂煮菜爲鑣菜，浙江謂温麫爲鑣麫。以鑣温之亦曰鑣，猶以甑烝之亦曰甑矣。」

煮肉魚帶湯熟曰燅，音如所萬切。ㄕㄨㄢ去。《濰言》。○原注：燅，音撏。俗讀若竄，見《説文》：「於湯中瀹肉。」●縣人謂以切薄羊肉入沸湯中瀹而食之曰燅羊肉。

菜納沸水中一過熟曰瀹，音轉如綽。ㄔㄛ。《濰言》。○原注：瀹音藥，俗讀若綽，見《廣韻》：「納肉及菜湯中薄熟出之。」●《廣韻》十八藥：「瀹，内肉及菜湯中薄出之。」又：「漬也。」

重器重水慢火沸熟曰𦎫，音如頓。ㄉㄨㄣ去。《濰言》。○原注：腞，他衮切，見《字彙》：「腞肉。」又肫，見《篇海類編》，音義並同。●《新方言・釋器》：「《説文》：『𦎫，孰也。讀若純。』孰亦從𦎫。凡孰曰𦎫，孰之亦曰𦎫。今人謂以烟火温肉使極孰爲𦎫，音如頓。𦎫聲之敦，《廣韻》亦有頓音。又《廣韻》云：『肫，肫肉，音佗衮切。』此亦𦎫之俗字。今人謂瀹卵不使甚凝爲肫卵。卵音變如蛋。」

煮肉汁出湯濃爛熟曰臛，音如扈。ㄏㄨ。《濰言》。○原注：臛，火酷切，見《楚詞・招魂》「露鷄臛蠵」注：「有菜曰羹，無菜曰臛。」

鈎肉火上燎熟曰燺，音如考。ㄎㄠ。《濰言》。○原注：燺音考，見《廣韻》：「火乾。」●《廣韻》三十二皓：「燺，火乾。苦浩切。」音同考。

沸油中熟曰煠，音如閘。ㄓㄚ。《濰言》。○原注：煠音牐，見《廣韻》：「湯煠。」

乾熟米麪曰煼。ㄔㄠ上。《濰言》。○原注：煼，初爪切，見《廣韻》：「熬也。」●《廣韻》三十一巧：「煼，熬也。初爪切。」

湯水沃鰕米甚熟曰熗，音如槍去聲。ㄘㄧㄤ去。《濰言》。○原注：熗見元李好古詞：「我則見水晶宮血氣從空撞[一]，聞不得鼻口內乾烟熗。」按，熗，妻相切，字書不收。

椒鹽曰焇，音如倍。ㄅㄟ。《濰言》。○原注：焇音佩，俗讀若倍，見《集韻》：「熇也。」●《新方言・釋器》：「《方言》：『熬、焣、即今炒字。煎、㷶、鞏，火乾也。』今熬焣煎爲通語，㷶或音如逼，或變作焙，皆一語也。鞏，《廣雅》作焪，本炕之轉，《說文》：『炕，乾也。』今多言炕。」然則焇爲㷶之俗字。

[一] 空：原誤作「天」，據《張生煮海》改。

脂爲油曰雈，音如歡。ㄏㄨㄢ。《濰言》：「火化脂爲油曰鍊，又曰雈。」○原注：雈音歡，見《方言》：「化也，始也。」●《新方言·釋言》：「《方言》：『雈，始也。雈，化也。』郭璞音歡。雈即《爾雅》所謂『權輿』。《大戴禮·誥志》篇：『百草權輿。』謂始化生也，與胎同意。淮西、蘄州謂婦人免乳爲雈，音如看。看與雈聲字通。若看亦作翰，《釋名》覲亦訓翰矣。」

沸溢曰湁，音轉如插。ㄔㄚ。●《廣新方言》：「《説文》：『湁，溢也。』今河朔方言謂鬵溢爲湁，徒合切。」縣人謂作饘粥曰湁，以菜屑與大豆汁合煮曰小豆腐，作之亦曰湁，皆以其必沸溢而始熟也。

重烝曰餾，音如溜。ㄌㄧㄡ去。《濰言》：「烝物重熱曰餾。」○原注：餾見《玉篇》：「飯氣烝也。」

乾餱重熱曰熁。ㄒㄧㄝ。《濰言》。○原注：熁見《集韻》：「火迫也。」●《廣韻》三十三業：「熁，火氣熁也。虚業切。」音同脅。

以器抒水曰舀，音如皦。ㄧㄠ上。●《新方言·釋言》：「《説文》：『舀，抒臼也。』以沼切。今謂以器抒水爲舀水。」

傾水爲戽，音轉如壑。ㄏㄛ。●《新方言·釋言》：「《廣雅》：『戽，抒也。』抒出亦曰抒。《詩》釋文引《倉頡篇》。今謂傾水爲戽水。曹兖沂之間謂投棄爲戽。」《廣韻》八語：「戽，戽斗，舟中渫水器也。侯古切。」音同户。縣人呼此雙聲轉如壑。

以水入器曰洲，音轉如莊。ㄓㄨㄤ。《濰言》。○原注：洲音壯，俗讀若裝，見《玉篇》：「米入甑也。」

出器曰壓，音如雅。ㄧㄚ去。《濰言》。○原注：壓音雅，吳人謂傾也，見李太白詩：「吳姬壓酒喚客嘗。」●《説文》：「斜，抒也。從斗余聲。讀如茶。」是斜本抒水之器。名字動用，引申爲抒水之稱。《廣韻》九麻：「斜，以遮切。」與耶鋣梛同音。縣人謂水出器音如雅，當即斜之音轉，耶、雅雙聲。

潑水曰棄，音轉如次平聲。ㄘ。《濰言》：「棄水于地曰潑，又曰棄。」

以水濕物曰湆，音如泣。ㄑㄧ。《濰言》。○原注：湆見《説文》：「幽濕也。」●《廣韻》二十六緝：「湆，去急切。」音同泣。縣人謂物在地暗受濕氣曰湆，以水濕物亦曰湆。

水淘曰漴，音如牀去聲。ㄔㄨㄤ去。《濰言》。○原注：漴，士降切，見《集韻》：「水所衝也。」

以水漬物曰泡，音如礮。ㄆㄠ去。《濰言》。○原注：泡音礮，見《集韻》：「漬也。」●《説文》：「瀵，水浸也。讀若粉。」《廣韻》二十三問：「瀵，水浸也。匹問切。」音如盆去聲。郭璞《江賦》：「翹莖瀵蘂。」縣人謂以水漬物音如礮，當是瀵之音轉。《集韻》有泡字，披教切，音泡，蓋後起之字也。

以沸水熱物曰湯。去聲。ㄊㄤ去。《濰言》。○原注：湯，他浪切，見《禮·月令》：「如以熱湯。」

以冷水冰物曰泼，音如拔。ㄅㄚ陽。《濰言》。○原注：泼音發，俗讀若拔，見《玉篇》：「寒也。」一曰渫也，通流也。●《廣韻》十月：「泼，寒冰。万伐切。」案古無輕脣，泼從犮得聲，故讀如拔。縣人呼犮如拔，猶是泼之古音。

以冷水止沸曰湛，音如斬。ㄓㄢ上。《濰言》。○原注：湛音偡，見《方言》：「安也。」

去汁曰潷，音如筆。ㄅㄧ陽。《濰言》：「以水浄物亦曰潷。」○原注：潷見《博雅》：「溋也。一曰去汁也。」●《新方言・釋言》：「《通俗文》：『去汁曰潷。《一切經音義》引。』《廣韻》音鄙密切。古字無潷，故醫經但作分泌。今人皆謂去汁曰泌。引伸之，謂甚清曰泌清，皆讀鄙密切。」

淅米曰洮，ㄊㄠ陽。又曰沙。去聲。ㄕㄚ去。《濰言》：「以水浄物曰淘，又曰沙。」○原注：淘見《齊民要術》：「冷水浄淘。」沙見《晉書・孫綽傳》：「沙之汰之，瓦礫在後。」●淘，本作洮。《新方言・釋言》：「《通俗文》：『淅米謂之洮汰。《一切經音義》引。』《淮南・要略訓》：『所以洮汰，滌蕩至意。』高誘曰：『洮汰，濇也。』凡淅米者所以簡擇之，故凡簡擇皆云洮汰。今人謂簡擇曰挑，本是洮字，惟洮米作本字耳。簡擇之挑，一云導字。《顏氏家訓》云：『導，擇也。』引光武詔『豫養導擇』爲説。《百官公卿表》有導官，師古曰：『主擇米。』導轉爲挑，幽、宵合音最近也。」

以器下水曰瀝，音轉如林去聲。ㄌㄧㄣ去。●《新方言・釋言》：「《説文》瀝、漉皆訓浚。今人漉則曰瀝，音如詈。」

清濁分曰澄，音如鄧。ㄉㄥ去。《濰言》：「以水浄物亦曰澄。」○原注：澄音鄧，見《集韻》：「清濁分也。」

穀作米漧舂去皮曰臿，音轉如恰。ㄑㄧㄚ。《濰言》。○原注：臿音插，見《説文》：「舂，去麥皮也。」

濕舂去皮曰昁，音如伐。ㄈㄚ陽。《濰言》。○原注：昁音伐，見《廣韻》：「舂米。」

碾去穀芒曰⿰⿱⺮具殳，音如篹。ㄔㄨㄢ去。《濰言》。○原注：⿰⿱⺮具殳，芳萬切，見《説文》：「小舂也。」

破米曰砑，音如訝。ㄧㄚ。《濰言》。○原注：砑音訝，見《韻會》：「碾訝也。」

破米麥豆用礲器推之，推粗曰⿱剌石，ㄌㄚ陽。推細曰⿱幵石。ㄧㄢ陽。《濰言》。○原注：⿱剌石音辣，見《廣雅》：「研也。」或作⿱剌米。⿱幵石見《集韻》：「⿱剌石破也。」又：「摩也。」

鹽漬蔬菜曰殺，音如沙上聲。ㄕㄚ上。●《新方言・釋言》：「《士冠禮》注：『殺猶衰也。』《地官・廩人》注：『殺猶減也。』舊皆言所界反。《廣雅》：『殺，減也。』曹憲不出音。今人謂水漿愈渴爲殺渴，薑蒜除腥爲殺腥气，義皆訓衰、訓減，仍讀所八反，依曹憲也。」縣人以鹽漬蔬菜亦曰殺，音轉上聲如洒掃之洒。

食曰啜，音轉如尺。ㄔ。《濰言》：「入口曰喫，滿口曰茹。」○原注：喫見杜少陵詩：「但使殘年飽喫飯。」●《新方言・釋言》：「《説文》：『啜，嘗也。』昌説切。今南方謂食之爲吃，北方謂食之謂尺。吃即既字，尺即啜字，然猶書作吃者，韻近相亂耳。」

食前小食曰鎌，音轉如店。ㄉㄧㄢ去。《濰言》：「食前小食曰鎌，又曰點心。」○原注：鎌，俗讀若店，見《説文》：「嘰也。」《長箋》：「正飯之後有小飯，如茶點之類，北方謂之小食，飯之餘也。」點心，見《唐書》：「鄭傪爲江淮留後，家人備夫人晨饌，顧其弟曰：治妝未畢，我未及飡爾，且可點心。」又游一瓢詩：「細嚼梅花當點心。」●《廣韻》五十琰：「鎌，廉也。又小食也。良冉切。」音同斂。縣人謂小食音如店，或重言如店店，即鎌之音轉，斂、店疊韻。

飲曰欱，音如哈。ㄏㄚ。《濰言》：「得飲曰欱。」●《新方言・釋言》：「《説文》：『欱，歠也。』呼合切。今人謂大歠曰欱。」《廣韻》二十七合：「欱，大歠也。呼合切。」

飲少曰酳，音如印。ㄧㄣ去。《濰言》。○原注：酳，羊進切。●《説文》：「酳，少少歓也。」余刃切。王氏《句讀》《玉篇》酳與䤈同。

齩物去皮曰嗑，音如課。ㄎㄛ去。《濰言》。○原注：嗑音溘，俗讀若課。●《集韻》嗑，音溘，齧也。

骨骾刺喉曰蔖，音轉如茶。ㄔㄚ陽。又曰齣，音如恰。ㄑㄧㄚ。《濰言》。○原注：蔖音鮓，俗讀若茶。蔖本藞蔖，音刺鮓，不中貌；又泥不熟貌。齣，邱加切，見《六書故》：「骨著齒間不去也。」

以箸取食曰攲，音如機。ㄐㄧ。《濰言》：「以箸夾食曰椅。」○原注：椅音機。●《説文》：「箸，飯攲也。」《廣韻》五支：「攲，箸取物也。居宜切。」《通俗文》：「以箸取物曰攲。」《集韻》

作椅。

以手進食曰唵。ㄢ上。《濰言》。●《廣韻》四十八感：「唵，手進食也。烏感切。」

以舌取食曰㐁，音如忝。ㄊㄧㄢ上。《濰言》。○原注：㐁音忝，舌出貌。●《廣韻》五十六桥：「䑙，舌出皃。他念切。」音同忝。韓愈詩：「雜作乘閒騁，交驚舌牙䑙。」字亦作䑥。《集韻》：「䑙、䑥，吐舌貌。」

設食曰𩚵，音如待上聲。ㄉㄞ上。●《新方言·釋言》：「《說文》：『𩚵，設食也。从宋本及《玉篇》。讀若載。』石鼓以𩚵爲載。今人留賓爲設酒食謂之待。雖相承作待，其字當作𩚵矣。載本音戴。《周頌》『載弁俅俅』，以載爲戴，可證也。𩚵爲設食，引伸亦爲食之；猶饌爲具食，引伸亦爲食之。《論語》『先生饌』，馬融曰：『先生，謂父兄也。饌，飲食也。』是先生饌者，謂父兄飲之、食之。今直隸、山東、淮南、湖北別語謂食曰𩚵飯，讀如戴。」

逆气而欬曰槍。ㄘㄧㄤ。《濰言》：「嚥急不下曰嗆。」○原注：嗆，鏘去聲。●按，《玉篇》嗆訓鳥食。《集韻》訓愚貌。《新方言·釋言》：「《說文》：『槍，歫也。』今通謂語言相歫爲槍。倉聲字皆有逆義，如鶬爲逆毛之鳥。今謂逆气而欬亦曰槍，讀去聲。」縣人謂逆气而欬讀平聲。又訓爲支持，則讀去聲；不能支持，恒言曰槍不了。王氏《句讀》：「歫，止也。一曰搶也。」注：「搶當作槍，如天壇中天燈杆其下用三木斜拄之，俗謂之槍木是也，槍，讀去聲。」

飽食陷气曰餩，音轉如蛤。ㄍㄚ陽。●《新方言·釋言》：「《說文》：『噫，飽食息也。』字亦作餩。《廣雅》：『餩，餉也。』餉即噎字。曹憲音烏克反。今人謂飽食陷气曰餩，如曹憲音。此與詯異，凡飽食後旋气爲詯，陷气爲餩。」《廣韻》二十五德：「餩，噎食。愛黑切。」

飽後氣滿作聲曰詯，音延如各得。ㄍㄜ ㄉㄜ。●《新方言·釋言》：「《説文》：『詯，膽气滿，聲在人上。』荒内切。今謂飽後气滿作聲曰杅詯，渠内切，猶自聲之洎、臮讀其冀切矣。若《説文》云心中滿該，該即餩，非詯也。」《廣韻》十八隊：「詯，休市。荒内切。」音同誨。縣人謂人飽後氣滿作聲音如打各得，各得即渠内之音轉。

門開曰闡，音轉如廠。ㄔㄤ。《濰言》：「門開曰閶，音昌，俗讀若廠。」●《説文》：「闡，開也。」昌善切。《廣韻》二十八獮：「闡，大也，明也，開也。昌善切。」縣人謂門開音如廠，即闡之音轉。閶字無開義。《説文》：「閶，天門也。楚人名門曰閶闔。」

又曰闋，音轉如歇。ㄒㄧㄝ。《濰言》。○原注：闋，呼決切，俗讀若歇。●《廣韻》十六屑：「闋，鬭闋，無門户也。呼決切。」音同血。

糊窗曰泥，音轉如迷。ㄇㄧ。●《郝氏遺書·證俗文》：「蜀人謂糊窗曰泥窗。花蘂夫人《宫詞》：『紅錦泥窗繞四廊。』」縣人謂糊窗亦曰泥窗，泥轉重脣，音如迷。

以草蓋屋曰覆，音轉如坏。ㄆㄟ。●《説文》：「覆，覂也。一曰蓋也。」敷救切。又：「茨，以茅葦蓋屋。」《廣韻》四十九宥：「覆，蓋也。敷救切。」按，覆，古讀重脣如普救切。縣人謂以麥楷等蓋屋音如坏，即覆之音轉。

以灰墁牆曰潢，音轉如光去聲。ㄍㄨㄤ去。《濰言》：「泥涂曰塓，灰墁曰潢。」○原注：塓音冥，潢音旺，俗讀若桄絲之桄。潢，本染紙也。《齊民要術》有裝潢紙法。

以灰實牆間磚石之隙曰㝠，音轉如抹。ㄇㄛ上。●《新方言・釋言》：「《説文》：『㝠，冥合也。讀若《周書》〔一〕：若藥不瞑眩。』凡物冥合，淮西言㝠，音如泯。浙江言㝠縫，音亦如泯。㝠聲在真部，以賓从㝠聲知之㝠本音泯也。」縣人謂以石灰合牆間磚石之縫，音如斗抹，當是鬭㝠之音轉。

容受曰宬，音如成。ㄔㄥ陽。●《説文》：「宬，屋所容受也。」氏征切。王氏《句讀》：「土部『城，以盛民也』，當作此宬。」《説文》又「容，盛也」，王氏《句讀》借盛爲宬。《廣韻》十四清：「宬，屋容受也。是征切。」音同成。

手動物曰摥，音如湯。ㄊㄤ。《濰言》。○原注：《字彙》：「摥，他郎切，以手推止也。」

置物曰廢，音轉如拜上聲。ㄅㄞ上。●《新方言・釋言》：「《廣雅》：『廢、措、寘、奠，置也。』凡置物曰廢，與措、寘、奠同意。《史記・仲尼弟子列傳》曰廢居，《貨殖列傳》曰廢箸，古無輕脣，廢讀如拜。今謂置物爲廢，其音由拜轉擺。俗隨用擺爲之。《廣韻》擺訓擺撥，未詳其義。《後漢書・馬融傳》云：『擺牲班禽。』案，《春官・大宗伯》：『疈辜。』故書疈爲罷。鄭司農云：『罷辜，披磔牲以祭。』則擺牲之擺即是罷字，本訓披磔，無置義也。」

〔一〕周：原脱，據《説文解字》補。

遷徙曰般，音如班。ㄅㄢ。又曰移，音如諾平聲。ㄋㄛ陽。《濰言》：「移物曰般，又曰儺。」

●《廣韻》二十六桓：「般，般運。北潘切。」俗字作搬。搬乃擎之重文。《説文》：「擎，擎擭，不正也。」又呼如諾之濁平，俗以挪或儺當之。按，《説文》無挪字，《廣韻》七歌挪訓挼挪、儺訓驅疫。《説文》：「儺，行有節也。从人難聲。《詩》曰：『佩玉之儺。』」諾何切。段氏注：「《衛風·竹竿》曰：『佩玉之儺。』毛傳：『儺，行有節度。』此字之本義也。其驅疫字本作難。自假儺爲驅疫字，而儺之本義廢矣。」是儺亦無遷徙之義。《説文》：「迻，遷徙也。从辵多聲。」亦借移爲迻。《楚辭·七諫》：「清泠泠而殲滅兮，溷湛湛以日多；梟鴞既以成羣兮，玄鶴弭翼而屏移。」移即是迻字。移、多爲韻，正讀多聲。縣人謂遷徙音如諾平聲，即是迻之古音而稍變，作儺、挪皆非。

并持曰抩，音轉如端。ㄉㄨㄢ。●《説文》：「抩，并持也。」他含切。《廣韻》二十二覃：「抩，併執也。那含切。又他含切。」音同南，又同探。縣人謂兩手持物音如端，當是抩之音轉，端、探爲疊韻。

提㩻音轉如隄流。ㄉㄧ ㄌㄧㄡ。●《新方言·釋言》：「《説文》：『㩻，引也。从又𢽳聲。』里之切。今呼提引爲㩻，俗作抴，或音轉如陵。」縣人以提㩻二字連言，音轉如隄流。

高執曰佻，音如條上聲。ㄊㄧㄠ上。《濰言》。●《方言》：「佻、抗，縣也。趙魏之閒曰佻。又縣物於臺之上曰佻。」高執曰佻，蓋引伸之義。

下觸曰擉，音如測角切。ㄔㄨㄛ陽。《濰言》：「下觸曰簎。」●《集韻》：「簎，朔降切。以竹木刺物也。」《廣韻》四覺：「擉，司馬彪注《莊子》云：擉鼈，刺鼈。測角切。」下觸之義，應以擉爲正字。

縣物曰佻，音如弔。ㄉㄧㄠ去。●《新方言·釋言》：「《方言》：『佻，縣也。』丁小切。王延壽《王孫賦》作乚。今通謂縣物曰佻，讀如弔。」

拭物曰瀎，音轉如莫八切。ㄇㄚ。《濰言》。○原注：瀎，《説文》：「拭滅皃。」又方言浄巾謂之瀎布。●《廣韻》十三末：「瀎，塗拭。莫撥切。」音同末。

去穢曰抖擻，音如斗叟。ㄉㄡ上 ㄙㄡ上。又曰打𢹍，音如打婆。ㄉㄚ上 ㄆㄛ上。《濰言》。○原注：抖擻，音如斗叟，見《方言》：「東齊曰鋪頒，猶秦晉言抖擻也。」郭注：「謂抖擻舉索物也。」𢹍見《集韻》：「斂聚也。」●按，打𢹍應作打搫。《廣韻》八戈：「搫，除也。薄波切。」

手拂物曰搫挲，音如婆梭。ㄆㄛ陽 ㄙㄨㄛ陽。●《廣韻》八戈：「搫，除也。薄波切。」又七歌：「抄，摩抄。素何切。」字亦作挲。縣人謂以手拂物曰搫挲。

以手稱物曰敁，音如顛。ㄉㄧㄢ。《濰言》：「輕重未定曰敁敠。」○原注：敁，丁兼切。敠，都活切。敁敠見《集韻》：「稱量也。」《韻會》：「知輕重也。」敁或作玷，俗作掂。敠一作敪，敪本訓稱量、忖度也。●《廣韻》二十五添：「敁，敁敠，稱量。丁兼切。」又十三末：「敠，敁敠，知輕重也。丁括切。」

以火合金器曰熯，音如漢。ㄏㄢ去。●《新方言·釋器》：「《説文》：『熯，乾貌。從火漢省聲。』今人謂以火合器爲熯，金器受火則鎔，已合而乾故謂之熯。一曰字當作釁，謂合其罅隙也。釁、漢音轉。」按，此義通用釬字。《廣韻》二十八翰：「釬，釬金銀令相著。」亦作銲。

以沙石磨器垢曰剌，音如拉。叶華霞。ㄌㄚ陽。●《説文》：「剌，刜也。」盧達切。王氏《句讀》：「《玉篇》曰拂也，《廣韻》曰拂箸，故桂氏、段氏皆云刜當作拂。然刜，擊也；拂，過擊也；其義不相遠。今語器垢之堅厚者以沙石磨之謂之剌，或古之遺語。許君以其用力多，故言刜也。」

瓦石利刀曰㓮，音轉如蕩。ㄉㄤ去。●《説文》：「㓮，劃傷也。一曰刀不利，於瓦石上㓮之。」《廣韻》十八隊：「㓮，㓮刀使利。古對切。」縣人呼如蕩，雙聲相轉也。

懸重曰縋，音如墜。ㄓㄨㄟ去。●《説文》：「縋，以繩有所縣鎮也。」持僞切。王氏《句讀》：「玄應引有鎮字，又申之曰謂縣重曰縋。《通俗文》『縣鎮曰縋』是也。按，簾押曰銀蒜，與此相似。此爲本義。」

振繩墨曰絣，音如崩。ㄅㄥ。●《廣韻》十三耕：「絣，振繩墨也。北萌切。」字又作𢆶。

前攤曰𢪛，音如鞏。ㄍㄨㄥ上。●《廣新方言》：「《説文》𠃨部：『巩，褱也。』巩或加手〔一〕。

〔一〕加手：原誤作「挐」，據《廣新方言》改。

手部挐下曰：『攤也。』居竦切。段氏謂後人妄增。今俗謂前攤曰挐。」

捎取曰揣，音轉如帶。ㄉㄞ。●《廣韻》十六屑：「揣，捎取。徒結切。」音同迭。縣人以捎揣連言，音轉如捎帶。

閼呼如武。ㄨ上。●《新方言·釋言》：「《説文》：『閼，遮攤也。從門於聲。』古音當讀如烏。於即烏字。故隖從烏聲，訓爲小障。《漢書·召信臣傳》：『起水門提閼。』閼即隖字，所謂小障矣。今人謂以手掩口曰閼，以被掩身亦曰閼，皆讀如隖。直隸亦謂掩口曰堵，堵即杜字，本𢾓字也。」

攩呼如當上聲。ㄉㄤ上。●《新方言·釋言》：「《方言》：『凡相推搏或曰攩。』今人猶謂支格曰攩。又《廣雅》：『當，直也。』今人謂以帷幕遮蔽曰攩，亦兼取當直義。《方言》攩字郭璞音晃，曹憲亦音《廣雅》攩字爲幌，《廣韻》訓幌爲帷幔，是知今所謂攩即彼時所名爲幌。然攩本音多朗切，今音無誤。」

𢾓呼如都上聲。ㄉㄨ上。《新方言·釋言》：「《説文》：『𢾓，閉也。讀若杜。』《書》言『杜乃擭』，《大雅》『度之薨薨』，《韓詩》説：『度，填也。』度即𢾓字。《晉語》：『狐突杜門不出。』賈侍中云：『杜，塞也。』《一切經音義引》。塞門者，若《吴志》云『孫權恨張昭，土塞其門，昭又於内以土封之者』是也。今浙江謂垛積木石以塞門曰𢾓門，音待陌切。釋文度本音待洛反，今爲待陌。陌、鐸本一部。凡防堵、堵塞諸語通字當作杜，本字當作𢾓。」

繑曰鞣，音如紐。ㄋㄧㄡ。●《新方言·釋言》：「《易·説卦》：『坎爲繑鞣。』釋文鞣，又女九反。今語謂矯之爲糅，自戾亦曰糅，音正作女九反。俗字作扭。」

拔物曰擢，音如笛。ㄉㄧ陽。《濰言》：「拔曰楘。」〇原注：楘音帝。●《廣新方言》：「《説文》：『跌，觸也。』徒結切。《廣韻》陟栗切，訓『手拔物也』。此以音近而釋之也，似未妥。手部：『擢，引也。從手翟聲。』直角切。然翟之本音爲徒歷切，音如狄。今翟姓音澤，乃相沿之譌。《説文》徐曰：『姓，本音狄，後人乃音澤也。』今江南猶作狄音。《周禮・内司服》：『揄狄闕狄。』鄭玄謂『狄當爲翟』。《漢書・匈奴傳》戎狄皆作翟。由此觀之，翟本音爲狄也。《周公世家》：『厲公擢。』《世本》作翟。擢本音亦狄也，蓋古者從某聲即讀某聲也。謂手拔物，當用擢字。」

手披曰撥攋，音轉如卜拉。ㄅㄨ ㄌㄚ。●《廣韻》十二曷：「攋，撥攋，手披也。盧達切。」

糅和曰羼。ㄔㄢ。●《新方言・釋言》：「羼，羊相厠也，初限切。今人謂糅雜調和爲羼，良家子入優人閒作戲爲羼戲。」

遺落曰失，音轉如釣。ㄉㄧㄠ。《濰言》：「失物曰丟，又曰凋。」●《説文》：「失，縱逸也。從王氏《句讀》。從手乙聲。」式質切。案，失之古音如迭，從失之字多讀迭聲。《廣韻》十六屑徒結切三十五字，眣、昳、胅、迭、跌、軼、⿰馬失、⿵門失、瓞、苵、镻、鴩、蛈、泆、硃、趃十六字均從失得聲，可以爲證。迭、釣雙聲，縣人謂遺落音如釣，可知是迭之音轉。又喪失顔面之事亦曰失，音轉如笛憂切，俗以丟爲之。迭、釣、丟皆舌頭音。

尋覓曰爪。ㄓㄠ上。●《新方言・釋言》：「《説文》指爪字本作叉，云『手足甲也』。今人謂尋覓爲爪，蓋取掐抉之意。」

分物曰脾，音如彼。ㄅㄟ上。《濰言》。●《廣韻》四紙：「脾，相分解也。甫委切。」音同彼。

又曰擘，音如柏。ㄅㄜ。●《廣韻》二十一麥：「擘，分擘。博厄切。」

又曰撦。ㄔㄝ上。又曰斯。ㄙ。《濰言》：「裂開曰攋、曰撦。」○原注：攋，洛駭切，見《集韻》：「把攋，棄去也。」撦，齒者切，見《廣雅》：「撦、坼、啓，開也。」●《新方言・釋言》：「《廣韻》：『撦，開也。』《廣韻》：『撦，裂開。昌者切。』今人通謂裂物曰撦。俗字作扯。」又《爾雅》：「斯，離也。」《方言》：「廝，散也。」《廣雅》：「斯，分也。」《陳風》曰：「斧以斯之。」此斫物使析也。今則引裂曰斯，與撦同義。

紡或讀如邦上聲。ㄆㄤ上。●《新方言・釋言》：「《説文》：『紡，網絲也。』妃兩切。紡、縛古雙聲，故或以紡爲縛。《晉語》：『獻子執董叔而紡於庭之槐。叔向曰：求繫既繫矣，求援既援矣。』韋解：紡，縣也。此即今人所謂恌者。亦或作方。《孫子・九戰篇》：『方馬貍輪。』曹公曰：『方，縛馬也。』今人謂縛爲紡，讀重脣，爲百兩切，亦古音也。」

放曰粲，音如薩。ㄙㄚ。●《廣韻》十二曷：「粲，放也。」若「粲蔡叔」是也。《説文》曰：「䊝粲，散之也。」桑割切。

落曰陊，音轉如弔。ㄉㄧㄠ去。●《新方言·釋言》：「《説文》：『陊，落也。』徒果切。相承以墮爲之。墮訓敗城阜，義亦相通。」

損壞曰蹧蹋，音轉如糟攤。ㄗㄠ ㄊㄢ。《濰言》：「好誣造人曰造彈。」●《新方言·釋言》：「《説文》：『蹴，躡也。』《廣韻》子六、七六二切。子六切者，今轉平聲如糟，俗字作蹧。凡事被蹴蹋則壞〔一〕，故今謂損壞爲蹧，重言爲蹧皋，或言蹧蹋。」

把物曰攥，音如鑽。ㄗㄨㄢ去。又曰抲，音如丘加切。ㄑㄚ。《濰言》。●《集韻》攥，宗括切，讀若鑽入聲，手把也。按，手把字當作捘，《廣韻》二十六慁：「捘，《左傳》曰：『涉佗捘衛侯之手。』子寸切。」音轉如鑽入聲。《六書故》：「抲，丘加切。搹之力也。或作挌。」

按摩曰挼，音轉如奴牙切。ㄋㄨㄚ陽。●《新方言·釋言》：「《説文》：『挼，兩手相切摩也。』奴禾切。歌、寒對轉。《廣雅》：『攤，按也。』曹憲音乃旦反。今謂按摩曰挼，音奴禾切，俗誤用挪，非也。」

搔癢曰契，音如快上聲。ㄎㄨㄞ上。又曰搲，音如瓦。ㄨㄚ。又曰撓，ㄋㄠ陽。《濰言》：「搔養曰擓，又曰搲，又曰撓。」〇原注：擓音膾，本訓收，又曰杷，見顔魯公《麻姑壇記》。又搔癢不用手而以竹木爲之者曰木童子，見蘇東坡集，或謂之麻姑爪，即俗名癢癢撓也。●《新方

〔一〕蹋：原脱，據《新方言》補。

言·釋言》：「《説文》：『契，齘契，刮也。從韧夬聲。』今天津、河間皆謂搔癢曰契癢癢，音如快。」《類篇》：「掝，烏瓦切。吴俗謂手爬物曰掝。」

以手擊面曰㓰，音轉如多。ㄉㄛ。又曰挻，音如羶。ㄕㄢ。《濰言》。〇原注：挻音羶，掌擊也。俗作搧。《篇海》：「㓰，丁可切，多上聲，㓰摑也。」《六書故》：「挻，掌擊也。挻重於批。俗作搧。」

捶掠曰嫯，音轉如奏。ㄗㄡ去。●《新方言·釋言》：「《説文》：『嫯，引擊也。』張流切。古音無舌上，嫯正作丁流切。故今語自遠引而擊之亦曰嫯。俗亦作丟。山東、遼東謂搒掠捶擊曰嫯，乃正作張流切，而稍變爲去聲。」縣人呼捶擊人音如奏，即嫯字也。又音轉如制，言不能警戒惡人音如制不的，制亦嫯字也。

私出頭視曰覘，音如琛。ㄔㄣ。●《説文》：「覘，私出頭視也。讀若郴。」丑林切。《廣韻》五十二沁：「覘，私出頭視。丑禁切。」

泅水者以頭擣水曰插窊，音轉如查猛。ㄓㄚ ㄇㄥ上。●《廣新方言》：「《説文》：『窊，北方謂地空，因以爲土穴爲窊户。從穴皿聲。讀若猛。』今俗謂泅水者自高下躍到頭入水中爲擣窊，字蓋以頭擣水，水成窊窟也。」縣人呼如查猛，當是插窊之音轉。《説文》：「插，刺内也。」楚洽切。王氏《句讀》：「内音納。入部内下云『入也』。刺内者，謂直刺而納於其中也。」正合倒頭入水之義。

梳髮曰髺，音轉如颳。ㄍㄨㄚ。《濰言》。○原注：髺，俗讀若颳。●《說文》：「髺，絜髮也。從髮昏聲。」古活切。隸作髺。王氏《句讀》：「絜者，約絜之也。《衆經音義》髺謂括，束髮也。」

屈髮曰䰎，音如愧。ㄎㄨㄟ去。●《說文》：「䰎，屈髮也。」丘魏切。王氏《句讀》：「《廣雅》：『䰎，髺也。』《急就篇》：『冠幘簪簧結髮紐。』顔注：『結髮謂作結，紐謂結之䰎也。』按，顔注得之。謂䰎其髮以爲髺也。安邱語屈之謂之䰎之，又一摺謂之一䰎，泛言之，不第謂髮也。」縣人亦謂一屈爲一䰎。

循髮拭之曰揗，音轉如敏。ㄇㄧㄣ上。●《新方言・釋言》：「《說文》：『揗，撫也。』『撫，一曰循也。』揗音武巾切。今人謂循髮拭之爲揗，聲如泯。」

持髮曰捽，音轉如采。ㄘㄞ上。●《說文》：「捽，持頭髮也。」昨沒切。王氏《句讀》：「玄應一引作『手持頭髮曰捽』。《楚策》：『吾將深入吳軍，若仆一人，若捽一人。』鮑注：『捽，持頭髮也。』《淮南・氾論訓》：『至其溺也，則捽其髮而拯。』」縣人謂持頭髮音如采，即捽字之音轉。

急束髮捽之曰轂，音轉如蒿。ㄏㄠ。●《新方言・釋言》：「《玉篇》：『轂，呼角切。急束也。』今山西謂急束髮捽之爲轂頭髮，轉去聲音如秏。」縣人亦謂急束髮捽之曰轂，轉平聲音如蒿。

髮落曰鬌，音轉如釣。ㄉㄧㄠ去。●《說文》：「鬌，髮墮也。」直追切。王氏《句讀》：「墮者，落也。《廣雅》：『鬌，墮也。』《方言》：『鬌，盡也。』注云：『鬌，毛物漸落之名。』」縣人謂髮漸落音如釣，即鬌之音轉。

鬀髮傷皮曰打壯，音轉如打掌。ㄉㄚ上 ㄓㄤ上。●《新方言·釋形體》：「《易·大壯》馬融曰：『壯，傷也。』《方言》：『草木刺人謂之壯。』郭璞曰：『壯，傷也。』壯、創聲近，壯借爲創。刀傷亦得名壯，非獨草木刺人矣。今人謂鬀髮傷皮爲打壯〔一〕，淮南音側亮切，江南、浙江音側兩切。《廣韻》三十六養初兩切下又有剏字，訓皮傷，與壯略同。」縣人謂鬀髮傷皮音如打掌子，掌即壯之音轉。

理鬢髮曰攏，音轉如吕。ㄌㄩ上。●《新方言·釋言》：「《說文》：『攏，理持也。』今謂理鬢髮爲攏。俗誤書掠，非也。」

以粉傅面曰塗，音如茶。ㄔㄚ。《濰言》。●《廣韻》九麻：「塗，塗飾。宅加切。」

婦人治去面毛曰耏，音轉如鉸。ㄐㄠ上。●《新方言·釋言》：「《說文》：『耏，罪不至髡也。』或作耐，奴代切。《漢·高帝紀》應劭注〔二〕：『完其耏鬢，故曰耐。』黄生說：『徽州婦人治去面毛曰耐面。』」〔三〕縣人謂婦人治去面毛音如鉸臉，當是耏之音轉。

視曰覷，音如趣。ㄘㄩ去。●《說文》：「覷，拘覷，未致密也。」七句切。縣人恒與看連言

〔一〕打：《新方言》作「朾」。
〔二〕高：原脱，據《新方言》補。
〔三〕毛：原誤作「皮」，據《新方言》改。

曰看覷。

又曰督，音轉如樵。叶姚聊。ㄘㄠ陽。又轉如秋。ㄘㄡ。●《新方言·釋言》：「《説文》：『督，察也。』《漢書·王褒傳》曰：『離婁督繩。在目爲督，在言爲譙。』《史記·萬石張叔傳》：『不譙訶。』索隱謂『即誰何』。此非字形之誤。誰字音轉爲𠷎，爲孰，皆與譙同在幽部，亦猶氏惆、祇裯，脂、幽二部相合爲言。譙亦爲望。《漢書·陳勝傳》：『戰譙門中。』《趙充國傳》：『爲壍壘木樵。』師古皆曰『樵謂爲高樓以望者』。督、譙聲轉義近。督從叔聲，在幽部；椒字亦從叔聲，音即與譙相近。又《漢書·高帝紀》：『聞將軍有意督過之。』督即譙讓之譙。順天謂視曰譙，不分近察遠望，俗字作瞧。又謂旁睞微察曰督，音如秋，俗字作瞅；若鳩亦作鶖，夫椒亦作夫湫矣。秋、譙聲亦近，若䜌亦作揫也。」

衺視曰衺覗，音轉如薩麻。ㄙㄚ陽 ㄇㄚ陽。●《廣韻》二十三錫：「覓，求也。」又：「覗，上同。」《説文》曰：「衺，視也。」莫狄切。縣人謂衺視音如薩麻，即衺覗之音轉。

目動曰眨，音如札。ㄓㄚ陽。●《廣韻》三十一洽：「眨，目動。側洽切。」縣人謂睡曰眨眼，音如札眼，又音轉如斬。

直視曰瞪。ㄉㄥ去。《濰言》：「眼開曰瞪。」○原注：瞪音振，又澄上聲，見《晉書·郭文傳》：「瞪目不轉，胯躡華堂，如行林野。」●《新方言·釋言》：「《説文》：『眙，直視也。』今轉作瞪。」

眼旻呼如眼色。ㄧㄢ上 ㄕㄜ。●《廣韻》二十四職：「旻，舉目使人。況逼切。」音同洫。縣人呼旻如色，謂人善伺人意，音如趧眼色。色即旻之音轉。

麠粃迷視曰眯。ㄇㄧ陽。《濰言》。○原注：眯音米。●《廣韻》十一薺：「眯，物入目中。莫禮切。」音同米。

捾目曰⿰目叉〔一〕，音轉如灣。ㄨㄢ。●《廣新方言》：「《説文》：『⿰目叉，捾目也。』烏括切。段注云：『捾，搯也。《吳語》《吳世家》皆云子胥以手抉目是也。』泰州謂抉亦曰⿰目叉。」《廣韻》十三末：「⿰目叉，《説文》：捾目也。烏括切。」音同斡。縣人呼如灣。灣、斡雙聲相轉。

震耳曰震，音轉如臻。ㄓㄣ。《濰言》：「震耳之聲曰鼔。」○原注：鼔見《玉篇》，本訓擣石。●按，縣人謂震耳音如臻，當即震之音轉。

聒耳曰毀，音轉如映。ㄧㄥ上。《濰言》：「不欲聞之聲曰⿸疒毀。」○原注：⿸疒毀音螢，俗讀若映，見《集韻》，本訓歐聲。又字或作噌，本犬聲也。●案，縣人謂聲音聒耳音如映的荒，或如映人。映即毀之音轉。《説文》：「毀，亂也。讀若穰。」《新方言·釋言》：「謂喧亂爲嚷者本是毀字。」縣人呼穰音如羊。羊、映雙聲，故呼毀如映。

鼻孔引氣曰聞，音轉如匀。ㄩㄣ陽。《濰言》。○原注：聞音匀。●《説文》：「馨，香之遠聞也。」徐灝箋：「《大雅·鳧鷖》傳：『馨，香之遠聞也。』」可知香之曰聞其來甚古。疊韻轉

〔一〕⿰目叉：原作「取」。「取」乃「⿰目叉」的訛字。據《説文解字》《廣新方言》改。本條同。

如匀。

又曰䶑，音轉如出。ㄔㄨ。《濰言》。○原注：䶑見《説文》，本音畜，俗讀若出。

嚏曰嚏噴，音轉如代僻。ㄉㄞ ㄆㄧ。《濰言》：「鼽嚏曰噏嚏。」○原注：嚏見《禮·月令》，蓋感寒鼻窒所以作也。然今女子作嚏，曰「是誰説我」；小兒作嚏，則祝曰「千歲百歲」。按，《詩·邶風》：「願言則嚏。」傳云：「嚏，跲也。」箋云：「我憂悼而不能寐，汝思我心如是，我則嚏也。」今俗人嚏云「人道我」，此古之遺語也。又《秋雨庵隨筆》云：「俗凡小兒噴嚏，呼千歲及大吉。考《燕北録》，戎主太后噴嚏，近侍臣僚齊聲呼『治夔離』，猶漢萬歲也。俗蓋本此。」●《説文》：「嚏，悟解气也。」都計切。王氏《句讀》：「悟當作啎。气爲寒啎，得嚏而解也。」《蒼頡篇》：『嚏，噴鼻也。』」又《説文》：「噴，吒也。一曰鼓鼻。」普魂切。《廣韻》十二霽：「嚏，鼻气也。都計切。」縣人謂嚏曰嚏噴，音轉如代僻。代嚏、噴僻皆雙聲。噏，收《廣韻》十五海，音同待，訓言不止。

去涕曰𪖙，音轉如星上聲。ㄙㄧㄥ上。《濰言》：「捻鼻出洟曰擤。」○原注：擤音省。●《廣韻》四紙：「𪖙，去涕也。興倚切。」又七尾：「𪖙，𪖙鼻。虛几切。」是𪖙音近喜，雙聲轉如興上聲，疊韻轉如省，本爲去涕正字。《篇海》有擤字，音亨上聲，訓「手捻鼻膿」，焦竑《俗用雜字》音省義同，蓋後起之俗字也。

感寒口噤曰瘆，音轉如枝詩。ㄓ ㄕ陽。《濰言》。○原注：瘆音森，又森上聲。噤瘆見韓偓詩：「噤瘁餘寒酒半醒。」●《廣韻》四十七寑：「噤，寒而口閉。渠飲切。」又：「瘁，寒病。疏錦切。」又十九臻：「瘁，寒病。所臻切。」縣人謂感寒口噤音如打枝詩，枝詩即噤瘁之音轉。

小兒吐乳曰哯，音轉如漾。一尢去。●《説文》：「哯，不歐而吐也。」胡典切。王氏《句讀》：「玄應曰：今謂小兒吐乳爲哯也。《關尹子・一字》篇：『而哯之，而噴之。』」《廣韻》二十七銑：「哯，小兒歐乳也。胡典切。」縣人謂小兒吐乳音如漾，即哯之音轉。

相語曰論話，音轉如刺叶麻牙寡。ㄌㄚ陽 ㄍㄨㄚ上。●話本作䛡，從言從𠯑，隸變作話。《説文》：「𠯑，塞口也。」古活切。又：「䛡，會合善言也〔一〕。從言𠯑聲。」籀文䛡從言會爲譮。是話之古音本如𠯑，爲古活切。《廣韻》十三末古活切下二十一字，從𠯑者十九字，可證從𠯑得聲者之字皆讀古活切。縣人呼話音或如寡，即是𠯑之雙聲。又今所用説話之説字，本以喜悦爲本義。《説文》：「説，説釋也。從言兑聲。一曰談説。」王氏《句讀》：「案，説釋即悦懌也。心部不收悦懌。《左》襄三十一年《傳》引《詩》『辭之繹矣』，知懌古作繹。」故次訢字之下。訢，訓喜也。古人於説話之説，嘗用論字。《管子・輕重戊第八十四》：「管子對曰：齊者，夷萊之國也。一樹而百乘息其下者，以其不捎也。衆鳥居其上，丁壯者胡丸操彈居其下，終日不歸；父老柎枝而論，終日不歸。」此所謂論，即今之隨便説話。縣人謂説音或如拉，即是論之音轉。

〔一〕「善」上原衍「爲」字，據《説文解字》删。

論、拉皆半舌音。

以隱語相射曰調撿，音轉如釣坎。ㄉㄧㄠ去 ㄎㄢ。●《新方言·釋言》：「《方言》：『撿，臧也。』引伸爲射覆。《賈子·匈奴》篇：『或薄或撿。』薄即博。孫詒讓説。《漢書·貨殖傳》：『掘冢搏掩。』師古曰：『掩，意錢之屬也。』掩即撿字。《纂文》：『撲掩，俗謂之射數，或云射意也。』濟南謂以隱語相射爲調撿子〔一〕。本衣檢切〔二〕，今苦敢切。」縣人謂以隱語相射音如調坎。坎即撿字之音轉。坎、撿疊韻。

自是曰賣弄。ㄇㄞ去 ㄌㄨㄥ上。《濰言》。○原注：賣弄見《後漢書》：「朱浮代竇融大司空，坐賣弄國恩免。」

自矜曰衒，音轉如偏上聲。ㄆㄧㄢ。●《説文》：「衙，行且賣也。從行言。」黄絢切。衒，衙或從玄。王氏《句讀》：「《越絶書》：衒女不貞，衒士不信。」《前漢書·東方朔傳》：「武帝初即位，四方士多上書言得失，自衒鬻者以千數。」《廣韻》三十二霰：「衒，自媒。」「衙，上同。」黄練切。音同縣。縣人謂人自矜音如偏上聲，即衒之疊韻。

大言震人曰誧，音轉如噴。ㄆㄣ。●《新方言·釋言》：「《説文》：『吴，大言也。』何承天音胡化反。蘄州謂大言曰吴，音變作具化反，亦謂以大言震人爲誧。《説文》：『誧，大言也。

〔一〕子：原誤作「字」，據《新方言》改。
〔二〕本：原脱，據《新方言》補。

讀若逋。』今讀若鋪。」縣人呼大言震人音如噴，即誧之音轉。

以大言虚赫人曰⿱𦥑丂，音轉如熏。ㄒㄩㄣ。●《新方言·釋言》：「《説文》：『⿱𦥑丂，驚詞也。』思允切。今人以大言虚赫人謂之⿱𦥑丂，歛入牙音讀如熏，即⿱𦥑丂之音轉。

妄語曰㑋，音轉如鄒。ㄓㄡ。《濰言》：「好作不實之言曰謅。」●《新方言·釋言》：「《説文》：『譸，詶也。《周書》曰：無或譸張爲幻。』㑋有廱蔽也。《陳風》：『誰㑋予美。』傳曰：『㑋，張誑也。』譸、㑋聲義同。今人謂妄語爲㑋誑，或曰胡㑋。俗作謅。」

妄語曰⿰言匋，音如濤。ㄊㄠ。●《新方言·釋言》：「《説文》：『⿰言匋，往來言也。一曰小兒未能正言也。』或作詾，大牢切。往來傳言多致謬誤，小兒語尤妄。蘄州謂妄語爲詾，讀如炮，從包聲也。」縣人謂妄語曰任嘴胡⿰言匋。

以言欺人曰⿰言樂，音轉如老平聲。ㄌㄠ。《濰言》：「好以事欺人曰⿰言勞。」〇原注：⿰言勞見《集韻》：「聲多也。」●《廣韻》十九鐸：「⿰言樂，⿰言樂謊，狂言。盧各切。」音同落。縣人謂以言欺人言如老平聲，即⿰言樂之音轉。

又曰撒謊。ㄙㄚ ㄏㄨㄤ上。曰查語。ㄓㄚ ㄩ上。《濰言》。〇原注：謊見《説文》：「夢言也。」查語，見《封氏聞見記》：「近代流俗，呼丈夫婦人縱放不拘禮度者爲查〔一〕。又有百數十

〔一〕「婦」上原衍「爲」字，據《封氏聞見記》删。爲查：原脱，據《封氏聞見記》補。

種語，自相通解，謂之查談。」按，查當作奓，一作懀，即《舊唐書·陸贄傳》所謂「奓言無信」是也。●《廣韻》九麻：「奓，張也。陟加切。」與查音相近。查，鉏加切。

人所不願而强請之曰訣。ㄧㄤ。●《新方言·釋言》：「《方言》：『鞅、倖，强也。』《廣雅》：『訣，告也。』今謂人所不願而强請之爲訣求。訣之言鞅也。」

禁止之詞曰弗，音轉如別。ㄅㄧㄝ。又轉如帛。ㄅㄞ。●《新方言·釋詞》：「《公羊》桓十年《傳》：『弗者，不之深也。』今順天遮禁人則言弗，如佛時仔肩之佛，《詩》音義：『鄭佛音弼。』通以別字爲之。」縣人禁止之詞音如別，或如帛，皆弗之音轉。弗字古讀重脣，別與帛皆重脣音也。

相與語唾而不受之詞曰音，音轉如丕。ㄆㄧㄞ。《濰言》。○原注：音音透，又音剖。俗字作呸，讀若丕。●《説文》：「杏，相與語唾而不受也。從否從丶，否亦聲。𣢾，音或從豆欠。」天口切。王氏《句讀》：「《廣韻》字作歆，云語而不受。」《廣韻》十五候：「音，《説文》作杏，相與語唾而不受也。隸變如上。他候切。」音同透。又匹候切下有歆字，訓「語而不受」，是《廣韻》分音與歆爲二字，分收他候、匹候二切，實則本爲一字。《新方言·釋詞》：「《説文》：『音，相與語唾而不受也。天口切。』今語如本音者俗作唗，音轉如剖者俗作呸。呸，通語也。」今劇場喝倒彩音如通，即天口切之音轉〔一〕。

〔一〕天口：原誤作「口天」。

過惡而驚其詞曰㗅，音轉如意。一去。●《新方言·釋詞》：「《說文》：『㗅，并惡驚詞也。讀若楚人名多夥。』《史記·陳涉世家》：『夥頤！涉之爲王沈沈者。』服虔曰：『驚而偉之，故稱夥頤。』其說是矣。又訓夥爲多，則不知夥爲㗅之假借也。今鄙人偉大其物，猶歎曰夥頤。夥者㗅字，頤者餘音。」縣人驚訝之詞音如意，即㗅之聲轉。

御者高嘑以戒逆來之車，其詞曰哦吅咦，音如哦烏夭切蒿夷。ㄨㄠ ㄏㄠ 一陽。●《廣新方言》：「蕪湖每於魑魅救火奔馳之際，高呼狂喊曰㕯哦讙，所以示驚駭而助勇往。哦讙，其呼喊之音也。按，讙當作吅。《說文》：『吅，驚嘑也。從二口。讀若讙。』哦字音須合口呼，吅字音爲開口呼，單呼此字不能延長其音，气不聚也，必先呼合口之哦音以舒展其音，故曰㕯哦。吅㕯者，謂呼哦吅之音必合口而㕯气也。斯語頗精當有趣。」按縣人御車過狹道，恐前有車來，特高呼以戒之，必先撮口呼烏夭切之音以聚气〔一〕，再開口呼吅讙音，轉如蒿以舒展其音，末齊齒呼咦以收音，頗與蕪湖救火者所呼之音相似。《說文》：「南陽謂大呼曰咦。」

呼痛曰燠休，音轉如愛亞。ㄞ 一ㄚ。●《新方言·釋詞》：「《春秋左氏傳》曰：『民人痛疾而或燠休之。』服虔曰：『燠休，痛其痛而念之。若今時小兒痛，父母以口就之曰燠休，代其痛也。』正義引。今人呼痛曰燠休。休或呼如由，或轉呼曰阿育，皆一語也。」縣人呼痛聲音如愛

〔一〕烏：原誤作「鳥」，據《廣新方言》改。

亞，即燠休之音轉。

呻吟曰訇，音如亨。ㄏㄥ。●《新方言·釋言》：「《説文》：『訇，騃言聲。』虎横切。案，騃即佁字，癡也。今人謂騃人獨語不休爲訇，凡呻吟亦曰訇。俗字作哼。」

叱呼如次平聲。ㄘ。●《新方言·釋詞》：「《説文》：『叱，訶也。』通作嗟。《廣雅》：『嗟，咄也。』今訶人者或言咄，或言叱。叱讀如次。」縣人呼叱人音如次拉。

罵曰傑，音轉如槩。ㄐㄩㄛ。《濰言》：「好罵人曰攫。」○原注：攫音矍，本扟也、撲取也、持也。●《方言》：「傑松，罵也。」《廣韻》三鍾：「傑，渠容切。」音同邛。縣人謂罵人音如槩人，當是傑之音轉。

不知如何之詞曰舍，音延如勝麽。ㄕㄥ去ㄇㄚ。又曰曾或，音轉如雜。ㄗㄚ。《濰言》：「不知如何之詞曰甚麽，又曰怎，曰怎麽。」○原注：怎，俗讀若楂；又讀争上聲及遵上聲，見《五音集韻》。甚麽，一作拾没。●《新方言·釋詞》：「《説文》：『曾，詞之舒也。』『余，語之舒也。從八，舍省聲。』曾、余同義，故余亦訓何，通借作舍。《孟子·滕文公》篇：『舍皆取諸其宫中而用之。』猶言何物皆取諸其宫中而用之也。《晉書·元帝紀》：『帝既至河陽，爲津吏所止。從者宋典後來，以策鞭帝馬而笑曰：舍？長官禁貴人，女亦被拘邪？』舍字斷句，猶言何事也。今通亦有直作余者。《春秋左氏傳》曰：『小白余敢貪天子之命，無下拜。』猶言小白何物也。今通言曰甚麽，舍之切音也。川、楚之間曰舍子，江南曰舍，俗作啥，本余字也。歌戈、魚模麻相轉，甚、舍齒音旁紐相通，故甚麼得爲舍之切音。」又：「《方言》：『曾、訾，何也。』今通語曰曾，俗作怎。或曰訾，音轉如債。四川成都以東謂何曰訾，揚、越亦如之。訾轉債者，脂、支相轉。」縣人謂何音或如雜，即怎麼之合音。

以肩任物曰抗。ㄎㄤ去。●《新方言·釋言》：「《説文》：『揭，高舉也。』江南謂以手抱物爲揭。《説文》：『亢，肩也。』江南、浙西謂以單肩任物爲亢。《小雅》『大侯既抗』傳：『抗，舉也。』戴物於上亦曰亢。字通作康，《明堂位》『崇坫康圭』是也。淮南謂以肩任物曰抗，淮西謂戴物頭上舉之曰亢。」

同力舉物曰臺。ㄊㄞ陽。●《新方言·釋言》：「《方言》云：『物力同者謂之臺。』又云：『臺，支也。』今通謂同力舉物曰臺。臺亦持也。同從之聲。《淮南·俶真訓》：『臺簡以游大清。』注：『臺，猶持也。』」《廣韻》十六咍徒哀切下雖有擡字，訓擡舉，實後起之字。俗或以抬爲臺，尤非。《集韻》抬，超之切，同笞，擊也。

刀傷手曰剺。ㄌㄧ陽。又曰⿰曾刂。ㄘㄥ去。《濰言》。●《廣韻》七之：「剺，剥也。里之切。」又四十八嶝：「⿰曾刂，刀割過也。千鄧切。」

以拳加物曰搋，音轉如釵。ㄔㄞ。●《廣韻》十四皆：「搋，以拳加物。丑皆切。」疊韻轉如楚佳切。

五指捋物曰寽，音如露。ㄌㄨ去。●《説文》：「寽，五指捋也。讀若律。」縣人呼五指捋物音稍變如露〔一〕。

以指量物曰𢼸，音如樝。ㄓㄚ。《濰言》：「布成以指量曰𢼸。」〇原注：𢼸見《集韻》：「以指按也。」●《説文》：「𢼸，叉取也。」〔二〕側加切。王氏《句讀》：「筠案，吾鄉叉大指中指以量物之長短謂之𢼸，似即此字。《方言注》音樝梨之樝，俗語正如此音。」

以肘量物曰揲，音轉如托。ㄊㄛ。《濰言》：「肘量曰庹。」〇原注：庹見《字彙補》：「兩腕引長謂之庹。」●《説文》：「揲，閱持也。從手枼聲。」食折切。王氏《句讀》：「《易》釋文曰：『揲猶數也。』程氏瑶田曰：『《説文》揲，閱持也。匹，四丈也；八揲一匹。不有《説文》，則《易·繫辭》揲之以四，以象四時，不知揲爲閱持，兩手閒容五尺矣。』」據此則揲即是用兩手量物之稱，音轉如托。庹，則後起俗字也。

遺矢曰剌㘨。ㄌㄚ ㄗ上。《濰言》。〇原注：剌㘨見釋惠洪《與蘇東坡書》。●《玉篇》：「屙，上廁也。烏何切。」音阿。剌當是屙之音轉。

足著地曰蹋，音轉如鉏加切。ㄔㄚ。又曰跐，音轉如初買切。ㄔㄞ。《濰言》：「足著地曰蹅，又曰蹀，曰跐。」〇原注：蹅，鉏加切。跐音此。●按，蹅，《集韻》訓行失序，《玉篇》訓蹋聲。縣人謂足著地音如鉏加切，是蹋之音轉。《廣韻》二十八盍：「蹋，踐也。徒盍切。」「蹹，上同，

〔一〕 稍：原誤作「捎」。
〔二〕 取：原誤作「助」，據《説文解字》改。

見《公羊傳》。」《新方言・釋言》：「《廣雅》：『跐，蹋也。』曹憲音昃買反。今人謂蹋爲跐，讀初買反，俗用踹字爲之。」

以足擿人曰踶，音如惕。ㄊㄧ。《濰言》：「足尖用力曰踶。」○原注：惕音弟，俗讀若剔。●《新方言・釋言》：「《説文》：『踶，躗也。』特計切。今人謂以足擿人爲踶，音如惕，俗作踢。」尥呼如料平聲。ㄌㄧㄠ。●《新方言・釋言》：「《説文》：『尥，行脛相交也。』力弔切。直隸謂角力者以脛互踶爲尥骹子。」縣人謂羸馬以足踢人曰尥腳，尥轉如平聲。

倒履之跟而曳之曰靸，音如薩。ㄙㄚ。●《廣新方言》：「《説文》：『靸，小兒履也。』從革及聲。』桂氏《説文》增『讀若沓』三字，注云：『小兒履也者，履之無跟者也。』《輟耕録》：『西浙之人草爲履而無跟，名曰靸鞵，婦女非纏足者通曳之。』泰州謂倒履之跟而曳之曰靸靸鞵，讀如答。」縣人呼此音如薩拉，或轉如搨拉。

蹲曰居，音轉如姑。ㄍㄨ。《濰言》：「立而屈膝，尻欲近地，曰跍蹾。」○原注：跍音枯，俗讀若孤。蹾，都罪切，堆上聲。●《新方言・釋言》：「《説文》：『居，蹲也。』此即今踞字。黄州謂踞地曰踞倒，讀若枯。惠、潮、嘉應之客籍曰踞下去，讀若古。」縣人謂蹲音如姑地，姑即居之音轉。

失足傾墮曰跌。ㄉㄧㄝ。又曰跲，音轉如磕。ㄎㄜ。又曰踒，音轉如竵上聲。ㄨㄞ上。《濰言》：「失足曰跌，又曰跲，曰踒。」○原注：跲，古洽切。踒，烏禾切。●《新方言・釋言》：

「《説文》:『跳,蹶也。』『蹶,僵也。』今謂失足傾墮爲跳,音如弔,俗誤書掉,非也。或謂之跌。《方言》:『跌,蹶也。』」《廣韻》三十一洽:「跲,躓跲。古洽切。」又《新方言・釋言》:「《説文》:『踒,足跌也。』烏過切。今爲烏拐切。」

身向前墮曰仆,音轉如普鴨切。ㄆㄚ。●《新方言・釋言》:「《説文》:『仆,頓也。』江南運河而東至於浙江,謂墮地俛者爲合仆,仆音如朴。兩物俛仰合爲合覆,覆亦作朴音。」《廣韻》十遇:「仆,僵仆。《説文》曰頓也。芳遇切。」古讀重脣,轉如普鴨切。

亦曰跲鎮頭,音如磕跟頭。ㄎㄜ ㄍㄣ ㄊㄡ陽。《濰言》:「小失足曰跟跺,又曰趔趄。」○原注:跺音透。趔趄音列且。●《新方言・釋言》:「《説文》:『県,到首也。到即今倒字。賈侍中説:此斷首到縣県字。』古堯切。県首字相承借梟爲之。県梟《廣韻》皆古堯切,今乃誤讀如囂矣。然縣首是引伸義,汎言倒首乃是本義。今人謂前仆曰跌一県。前仆者首必倒下,俗言倒栽,或言跌鎮頭俗作跟頭,誤是也。」《説文》:「鎮,低頭也。」鎮又通欽。《字彙補》:「趔趄,足不進也。」

身向後偃曰僵,音轉如張。ㄓㄤ。●《説文》:「僵,偃也。」《廣韻》十陽:「僵,仆也。居良切。」縣人呼後偃音如張倒,張即僵之音轉。又音如仰,即偃之音轉。《吴越春秋》:「要離曰:臣迎風則偃,背風則仆。」

又曰逿,音如儻。ㄊㄤ上。●《新方言・釋言》:「《漢書・儒林傳》:『陽醉逿地。』今謂失據後偃爲瘍倒，湯音如儻。」
體不伸曰傗佩，音轉如固畜。ㄍㄨ陽ㄔㄨ陽。《濰言》：「伏而就下曰竣，又曰站傗。」○原注：竣音詮。站傗音枯畜。●《廣韻》一屋：「傗，傗佩，不伸。丑六切。佩，息逐切。」
往曰適，音轉如上。ㄕㄤ去。●《方言》：「嫁、逝、徂、適，往也。」縣人謂往音如上，即適之音轉。
踐曰跦，音如昧。ㄇㄟ去。《濰言》：「左步先行曰跦，右步後行曰儺。」○原注：跦音昧，見《集韻》：「踐也。」儺見《詩·衛風》「佩玉之儺」，注：「行有度也。」
大步曰躁，音如巢去聲。ㄔㄠ去。《濰言》。●《集韻》躁，鋤交切，音巢，行捷也。
常行曰趲，音如贊。ㄗㄢ去。《濰言》。●《廣韻》二十八翰：「趲，散走。則旰切。」音同贊。縣人呼行或曰趲路。
閒行曰臦，音如光去聲。ㄍㄨㄤ去。《濰言》：「閒行曰迋。」○原注：迋音旺，俗讀若潢。●《新方言·釋言》：「《說文》：『臦，驚走也。』《廣韻》俱往、俱永二音。福州謂走曰臦。又《說文》：『臦，一曰往來也。』具往切。《廣韻》又音俱往切。今通謂往來山水間曰臦，讀居況切。字亦通俇。《說文》：『俇，遠行也。』居況切。《魯頌》傳：『憬，遠行貌。』釋文：『憬，九永反。』憬借爲俇。」《廣新方言》：「《說文》：『俇，遠行也。』居況切。《楚詞》：『魂俇俇而南征。』注：『俇俇，遑遽皃。』今俗謂無事閒遊曰俇，引伸義也。」
逸游曰趉趦，音轉如溜達。ㄌㄧㄡ ㄉㄚ。《濰言》：「慢行曰遛踏，又曰趉趦。」●《集韻》：

「趫趖，逸游。」音浪宕。縣人呼逸游音如溜達，即浪宕之音轉。浪溜、宕達皆雙聲。

疾行曰遄，音轉如粗彎切。ㄘㄨㄢ。又曰儦，音如普皺切。ㄆㄠ上。《濰言》：「疾行曰遄，又曰跑。」○原注：跑本音庖，又音雹，俗讀庖上聲。本訓足跑地。又泰人謂蹴爲跑，至訓疾行，見徐天池詩：「跑過鄉村第幾都。」又跑謂之波，見李翊《俗呼小録》。●《新方言・釋言》：「《説文》：『儦，行貌。《詩》曰：行人儦儦。』釋文表驕反。今通謂疾走曰儦，音如麃，蒲交切。俗書作跑。案，《廣雅》：『跑，趵也。』《玉篇》：『跑，蹴也。』非行義。所在有虎跑泉，則是掊字。」

奔走追及曰連，音轉如年上聲。ㄋㄧㄢ上。《濰言》：「追行曰趛。」●《集韻》：「趛，吉念切。」《玉篇》：「趛，疾行也。」《郝氏遺書・證俗文》：「奔走追及曰連。《莊子・讓王》篇：『民相連而從之，遂成國於岐山之下。』案，今讀如輦，韻書無此音。」

逃或謂之㔷〔一〕，音轉如溜。ㄌㄧㄡ。●《新方言・釋言》：「凡逃或謂之㔷。《説文》：『㔷，側逃也。』盧候切。今謂乘隙脱走爲㔷，微弇如溜。」

轉曰逭，音轉如滚。ㄍㄨㄣ上。●《新方言・釋言》：「《方言》：『逭，轉也。』郭璞音換，又管〔二〕。今謂物輪轉於地〔三〕、人在地轉皆曰逭。由管音轉如衮，俗作滚。滚本水沸之涫字。奔逃亦

〔一〕㔷：原作「㔸」，據《説文解字》改。下同。
〔二〕又管：原脱，據《新方言》補。
〔三〕輪：原脱，據《新方言》補。

曰滚，或曰滚蛋，借爲逭遯。《説文》：『逭，逃也。』『遯，逃也。』」

邪越曰趄，音轉如末。ㄇㄛ。《説文》：『距躍三百，曲踊三百。』釋文百音陌。今字作趄。《文選·江賦》：『趄漲截泂。』善曰：『趄，音陌，猶越也。截，直度也。』案，截趄對言，截爲直度，則趄爲邪越。今人行道方折者曰轉彎，邪越者曰趄角。」

行走所疐爲跋，音轉如半。ㄅㄢ去。●《新方言·釋言》：「《説文》：『址，足剌址也。讀若撥。』『跋，蹎跋也。』址、跋義同。今謂舉足獵跋欲蹎曰跋。轉入元、寒，音如絆，若跋扈作畔援矣。」縣人呼行有所疐而跌曰跋倒，音如半倒。

手行曰匍，音轉如僕牙切。ㄆㄚ陽。《濰言》：「跪行曰爬沙。」〇原注：爬沙音鈀叉。●《新方言·釋言》：「《説文》：『匍，手行也。』魚、模轉麻。今謂手行曰爬，本匍字也，若父爲爸、傅爲巴矣。」

立等曰徛，音如債。ㄓㄞ去。《濰言》：「待曰等。立等曰徛。」〇原注：等，俗謂待也。見花蘂夫人《宫詞》：「等候大家來院裏〔一〕，看教鸚鵡念新詩。」徛，音債。●《廣韻》十五卦：「徛，步立皃。出《聲譜》。竹賣切。」

車行所至小有宿留曰打殜，音如打尖。ㄉㄚ上ㄗㄧㄢ。《濰言》：「行爲飲食住曰煎站，爲

〔一〕來：原誤作「大」，據花蘂夫人《宫詞》改。

休歇宿曰住站。」●《新方言·釋言》：「《周易》：『朋盍簪。』京作撍，虞作戠，云：叢合也。《廣雅》：『蹭，止也。』今直隸、山東謂車行所至小有宿留曰打殑，俗作尖。即撍、蹭等字也。《爾雅》《方言》皆云：『詹，至也。』殑、詹聲相類，義亦相引伸矣。」

寢臥曰攲。ㄑㄝ。又曰傷，音如湯上聲。ㄊㄤ上。《濰言》：「寢臥曰跍，又曰傷。」○原注：跍，本字當作僛，見《詩·小雅》：「屢舞僛僛。」注：傾側狀，凡不能自正者，皆謂之僛。傷本長皃，《集韻》作踼，音儻，伸足伏臥也〔一〕。又字或作倘，本忽止皃也。●《說文》：「攲，攲嘔。」傾側不安，不能久立也。去其切。王氏《句讀》：「《魏都賦》：『蹀攲其中。』《廣韻》五支：『攲，不正也。去奇切。』」縣人謂寢臥音如奇耶切，當是攲之音轉。

伏音轉如普發切。ㄆㄚ。《濰言》：「伏臥曰趴。」●《禮·曲禮》：「寢毋伏。」按，伏，古讀重脣。縣人謂伏音如普發切，即古音之轉。

欠曰呵欠，音轉如哈脅。ㄏㄚ ㄒㄧㄝ。《濰言》：「欠曰呵脅。」○原注：噏音脅。●《說文》：「欠，張口气悟也。象气從人上出之形。」去劍切。段氏注：「《通俗文》：『張口運气謂之欠㰦。』欠㰦，古有此語。今俗曰呵欠。」〔二〕徐氏箋：「人倦欲寐則欠㰦，睡不足亦然。繫傳云『气擁滯，欠㰦而解』是也。今粵俗尚有欠㰦之語，音如欠露。」王氏《句讀》：「气悟，《御覽》引

〔一〕伏：原脱，據《集韻》補。
〔二〕欠：原脱，據《說文解字注》補。

作出气，皆似不知許意者改之。《六書正譌》作牾是也。《詩·終風》『願言則嚏』，釋文作疌，引崔靈恩曰：『毛訓疌爲㰦。今俗人云欠欠㰦㰦是也。人體倦則伸，志倦則㰦。㰦，音丘據反。《玉篇》云：欠㰦，張口也。』筠案，鄭注《士相見禮》曰：『志倦則欠。』夫志生于腎，腎倦則气鬱，故張口相引而出。欠與嘁、嚏三字，气皆不循其常，故皆曰牾。牾字少見，故或譌悟，或譌悟也。」

瞌睡曰盹，音轉如敦上聲。ㄉㄨㄣ上。《濰言》。〇原注：盹，朱倫切，又之閏切，見釋氏語：「也不難，也不易，飢來喫飯盹時睡。」●《新方言·釋言》：「《莊子·外物》篇：『躉𧉧不得成。』釋文：『郭音陳惇。司馬讀曰沖融，言怖畏之气，沖融兩溢，不安定也。』案，躉𧉧猶言伀伀。淮南謂假寐暫覺爲躉𧉧，上音如沖，下音如惇。吴越曰朾磕躉，音如沖。直隸曰朾𧉧兒，音如堆。猶敦北即堆北矣。」《廣韻》二十二稕：「㬿，鈍目。」「盹，上同。之閏切。」音同諄。蓋人思睡則目鈍，故呼思睡爲打盹。據《新方言》説，亦可作打𧉧。

寢曰困。ㄎㄨㄣ去。《濰言》。〇原注：困見《後漢書·耿純傳》：「世祖至營勞，純曰：『昨夜困乎？』」蓋謂倦極力乏也。●《新方言·釋言》：「《説文》：『困，故廬也。』《易》言『困于石』『困于葛藟』，傳曰：『非所困而困焉。』則困亦有居處之義。故古文困作朱，字從止也。《方言》：『困、胎，逃也。』蓋謂遁世隱居爾。今直隸、淮西、江南、浙江皆謂寢曰困，亦取從止之義。」

假寐曰瞴瞜，音轉如謀魯。ㄇㄨ ㄌㄨ。《濰言》。○原注：瞴瞜音謀瘻，本微視也。●《説文》：「瞴，瞴婁，微視也。」莫浮切。王氏《句讀》：「《廣韻》作瞴瞜，《玉篇》作瞜瞴，疊韻字，無倒正。而瞜在後收字中。《孟子》離婁，《集韻》作矖瞜。又字書：『牟婁，微視也。』」縣人謂假寢曰打個瞴瞜。

不脱衣冠而寐曰㝈，音延如胡倫。ㄏㄨ陽 ㄌㄨㄣ陽。●《廣韻》二十二覃：「㝈，不脱冠帶而寐也。火含切。」「㝈，上同。」縣人謂不脱衣而寐音如胡倫困，蓋㝈之延音如胡藍，稍變如胡倫。

寐起發狂忽倒而復寐曰瞀㥄，音轉如毛浪。ㄇㄠ陽 ㄌㄤ陽。《濰言》。○原注：瞀㥄音茂㥄，又曰瞀浪。瞀，亂也。㥄，驚也。瞀浪，浪取孟浪之義。

臥息曰齂，聲延如忽禄。ㄏㄨ去 ㄌㄨ去。《濰言》：「睡中鼻息聲曰𢠽雷。」○原注：𢠽音忽。●《説文》：「齂，臥息也。讀若虺。」許介切。王氏《句讀》：「齂，與眉同。《釋詁》：『齂，息也。』」又《説文》：「眉，臥息也。」許介切。王氏《句讀》：「與齂同字。」按，自爲古文鼻字，眉即從古文鼻，皆訓臥息，故王氏釋爲同字。縣人呼臥息音如打忽禄，即齂之音轉。《説文》言齂讀若虺，聲延爲忽累，小變如忽禄。《廣韻》十一没呼骨切下雖有𢠽字，訓寢熟，音同忽，然非本字。《説文》：「𢠽，精戇也。從心毳聲。」〔一〕千短切。則音義皆不合。

〔一〕毳：原誤作「𢠽」，據《説文解字》改。

瘖曰惺，音如星上聲。ㄙㄧㄥ上。《濰言》：「瘖曰惝。一惝曰一覺。居效切。屢惝不復寐曰惺惺。」○原注：惝，息井切。惺惺見俗語「惺惺惜惺惺」。●《廣韻》十五青：「惺惺，憽了慧皃。」又四十静：「惺惺，悟。息井切。」又：「惝惝，悟皃。俗。息井切。」是惺寐字當作惺。

删樹曰剶，音如川。ㄔㄨㄢ。《濰言》。○原注：《字彙補》：「剶，充眠切，音川，去木枝也。」〔一〕

折花曰抈，音如約。ㄩㄛ。又曰掐，音如恰。ㄑㄚ。《濰言》。●《新方言·釋言》：「《說文》：『抈，折也。』魚厥切。今人謂以手折物爲抈，開口呼之。」《說文》：「掐，爪刺也。」乞洽切。

拔去田草曰薅，音如蒿。ㄏㄠ。●《新方言·釋言》：「《說文》：『薅，拔去田草也。從蓐，好省聲。』茠，薅或從休。《詩》曰：『既茠荼蓼。』呼毛切。今山西、淮西、淮南皆謂刈草爲薅草，讀呼到切。」縣人呼爲平聲，音轉如蒿。

分枲莖皮曰朩，音轉如闢。ㄆㄧ上。●《說文》：「朩，分枲莖皮也。讀如髕。」匹刃切。王氏《句讀》：「謂分枲莖上之皮也。《廣韻》：『朩，麻片。』」吾鄉呼如匹，以雙聲譌也。

係獸曰繯，音轉如所灣切。ㄕㄨㄢ。●《說文》：「繯，網也。從網繯，繯亦聲也。」古眩切。「一曰綰也。」王氏《句讀》：「即《國策》所謂係蹄也。《聲類》：『繯，以繩係，取獸也。』」亦借繯爲

〔一〕木：原誤作「樹」，據《字彙補》改。

之。《呂覽》：『繯網罝罦。』字或作羂，省作罥。亦借絹。《上林賦》：『羂騕褭。』《三蒼》：『罥，古文作羂，謂取獸繩也。』《後漢書》馬融《廣成頌》：『絹猑蹏。』注：『絹，繫也。』謂羂一名綃也。糸部：『綃，絹也。』亦借絹爲羂。」音同泫。按，羂本係獸之繩，故字從网。引伸爲動字係，亦曰羂。《廣韻》一先古玄切下未收羂字，二十七銑胡畎切下收繯〔一〕，注曰：「韋昭云：繯，繫也。」疊韻轉如所灣切，俗以栓爲之。《廣韻》二仙：「拴，揀也。俗。此緣切。」是拴既爲俗字，音同痊，訓揀則音義皆非也。係獸之義，當依《廣韻》書作繯。

殺或曰刵刉，音轉如耳七。八上 ㄘ一。●《新方言・釋言》：「《說文》：『羊，撥也。』如審切。音變從韻作揕。《史記・荆軻傳》：『右手揕其匈。』又爲戡。《爾雅》：『戡，殺也。』今稱殺曰戡，俗作砍，無以下筆。音變從紐作刵。仍吏切，與羊雙聲。《廣雅》：『刵，斷也。』今亦作珥。《秋官・司約》：『則珥而辟藏。』注：『珥讀曰刵。謂殺鷄取血釁其户。』杭州謂殺曰刵。恒言曰殺，殊語曰刵。」又：「《說文》：『刉，劃傷也。一曰斷也。讀若殪。』殪音五來切。《中山經》：『刉一牝羊。』注：『刉，猶刲也。』《周禮》或言刉珥、幾珥、祈珥，皆一語也。廣州謂殺曰刉。恒言曰殺，殊語曰刉。」

鳥易毛曰毻，音如退。ㄊㄨㄟ去。●《廣韻》十四泰：「毻，鳥易毛。」又音唾，他外切。

〔一〕繯：原誤作「羂」，據《廣韻》改。

獸驚走曰狘，音如鞾。ㄒㄩㄛ。●《禮記・禮運》〔一〕：「麟以爲畜，故獸不狘。」注：「狘，走貌也。」疏：「狘，驚走也。」《廣韻》十月：「狘，獸名。又走皃。許月切。」

舉尾曰赶，音如掘。ㄐㄩㄛ。●《廣韻》十月：「赶，舉尾走也。其月切。」音同掘。

搖尾曰掉，音延如疊溜。ㄉㄧㄝ去ㄌㄧㄡ。●《左傳》昭十一：「尾大不掉。」《廣韻》三十四嘯：「掉，振也，搖也。徒弔切。」音同韻調之調。縣人呼搖尾音如疊溜，即掉之延聲。

犬食曰㹞，音如插。ㄔㄚ。《濰言》：「狗食曰㹞猹。」●《廣領》三十一洽：「㹞，狗食。楚洽切。」音同插。

犬吐曰吣，音如侵去聲。ㄘㄧㄣ去。《濰言》。●《廣韻》五十二沁：「吣，犬吐。七鴆切。」音如侵去聲。

猫犬生子曰産，音轉如潲。ㄕㄠ去。《濰言》：「犬生子曰肖。」●《説文》：「産，生也。」所簡切。王氏《句讀》：「《春官・大宗伯》注：『能生非類曰化，生其種曰産。』」按，産今多讀初限切，《説文》《廣韻》原所簡切，雙聲轉如所教切。縣人呼犬猫生子音如潲，即産之音轉。

伏鷄曰孚，音如抱。ㄅㄠ去。《濰言》：「孚卵曰菢卵，俗讀若但。」●《廣韻》三十七號：「菢，鳥伏卵也。薄報切。」《新方言・釋動物》：「《説文》：『孚，卵孚也。』」亦書作抱。《方言》：

〔一〕運：原誤作「連」。

『北燕朝鮮洌水之閒謂伏鷄曰抱。』今自江而北謂鷄伏卵曰抱，江南或轉如捕。」《説文》：「孚，卵孚也。從爪子。一曰信也。采，古文孚，從禾。禾〔一〕，古文保。保亦聲。」王氏《句讀》：「言禾爲保之古文也。繫傳曰：『鳥抱恒以爪反覆其卵。』」徐灝箋：「孚、伏、抱一聲之轉。今俗猶謂鷄伏卵爲步，即孚之重脣音稍轉耳。鳥之伏卵以氣相感而成形，所謂寂然不動，感而遂通。引申爲上下交孚之義。相孚必以誠信，因之孚謂之信也。」按，古無輕脣，孚之古音爲重脣。《説文》言保亦聲，則孚之古音必如保字。既從爪子，則當然爲伏卵之正字。抱爲借字，菢更爲後起之字矣。

〔民國〕昌樂縣續志

【解題】王金嶽修，趙文琴纂。昌樂縣，山東省濰坊市昌樂縣。「方言志」見卷十一。録文據民國二十三年（一九三四）鉛印本《昌樂縣續志》。

方言志

方言者，一方之俗語也。昔揚子雲撰《方言》十三卷，此爲方言著録之始。訓詁家多資以考證古義焉。昌樂方言與鄰邑多有異同，固水土使然，亦習慣之相沿，所由來久矣。茲類編

〔一〕　禾禾：二字原脱，據《説文解字》補。

之，以補前志之遺，俾覽者有所考辨云，作方言志。

晨曰清晨。午曰晌午。虹曰醬。電曰閃。大風曰颳。刮。回風曰趷。雪平聲。雨斜侵曰潲。哨。雷聲曰雱㖷魯。雲聲遠聞曰雲霣〔一〕。末。大霰曰飯把糊。臘。月暈曰風轕邋。彗星曰埽星。雨潤曰返潮。

水鹹曰懶。水流曰澺。水響曰湱。花。路遠曰窵弔遠。路險曰磽磝。堯窾。塵細曰垺步平聲土。土塊曰垎喀剌拉。地穢曰淒倭灢。地頭曰壩堨。

身長曰細躂䠷。了挑。身長無力曰躴躿。狼康。行不正曰歪孬。外邋。目深曰𥈍瞜。摳婁。斜視曰瞜睺。面中陷曰窪曉。額曰夜來蓋。頦曰下巴骨。目汁曰瞸。耳膿曰膣。底。手掩曰捂。舞。手擋曰趟。招。手撓癢曰搲。摦，音瓦。手搇鼻曰擤〔二〕。擰，本亨上聲，訛醒。鼻受涼曰啊嚏。口品味曰噿唼。目瞰曰眨。斬。偷視曰眺。雪平聲。身善走曰趣勢。身前曲曰鍋腰。指量物曰𢿫。楂。手量物曰庹。托。身短曰矬。跛行曰瘸。手動曰揹挱。手摇曰擺洒。膝骨曰髆胳蓋。膝後曰曲盤。身臥曰躺。身困曰乏。以足碎物曰跉。撚。徒步涉水曰蹚。湯。

無能曰膿包。軟弱曰鋪囊。迂拙曰蠢倴。粗魯曰莽撞。心狠曰歂。心謬曰懤。宙。説好曰講弄。自誇曰拉棖。不善良曰辣害。不順叙曰拙㪷。紂。不潔曰僒賴。不謹曰邋遢。不進

〔一〕雲聲：原作「雨聲」，據下釋義改。
〔二〕「曰擤」二字，原誤在「醒」字下。

曰拖攔。煩擾曰邏迯。重言曰絮聒。怒言曰吵叱。以言懼人曰嚇唬。暗地挑事曰挑唆。善於逢迎曰溜球。吝於財物曰疙固。使人作難曰勒措。以聲畏人曰喝咄。哈奪。面斥人非曰醋打。狡詐曰詭調頭。鬬狠曰倰掙鬼。好逞勇曰潑皮虎。裝財富曰大頭廓落。

祖父曰爺爺。祖母曰媽媽。外祖曰老爺。外祖母曰老娘。醫生曰大夫。巫婆曰神婆。嗣族人曰過房。復本姓歸宗。繼室曰填房。再醮曰改嫁。假母曰姑娘。義子曰乾兒。隨娘子曰跟腳。妾同妻曰平房。庶爲嫡曰復堂。僕稱主人曰主家。農家僱工曰覓漢。送妝奩曰下圓房。婚前送禮曰催妝。初冠笄曰上頭。親友助奩曰添箱。從嫁筵曰隨身飯。洞房筵曰合婚酒。合夥曰佮葛夥。事怪曰蹊蹺。算錯曰冒昧。總買曰全夃。孤。巧買曰磕打。因人得潤曰喝渾水。與人不合曰頂碴。以手稱物曰顛量。以目審物曰端相。許可曰中，亦曰行。才幹優長曰不善。好佔上風曰自强。訛去聲。

欺人曰訛人。多勞曰費事。低聲自言曰咕噥。背人私語曰譖謗。察七。閒談曰拉刮。閒行曰遊逛。拔毛曰樀。低。拔草曰薅。蒿。補鞋曰鞝。仉。縫帶曰𥿳。峭平聲。以火伸衣曰熅。以水浸物曰渧。炮。推車曰聳。挽車曰拉。棄水曰潑。挹水曰舀。窗曰窗户。門曰門口。遮窗曰弔打。門機曰哈馬。門背橫木曰光。光。豎木曰扶手。門下石曰門砧。門外石曰接腳。臺階曰姜礤。梁上斜木曰叉手。屋角伸處曰列角。屋兩頭曰山牆。照壁曰映壁。牝瓦曰瓪瓦。牡瓦曰甋甌同，音桶瓦。瓦當曰猫頭。瓴下曰滴水。屋按瓦曰瓮。瓦去聲。

多買曰蔓。欠值曰賒。二十斤曰槗。十卵曰一把。尖曰梨哨尖。齊曰觫齊。乾曰焦乾。白曰瞟白。細洗曰涮。粗洗曰磢。創。碾米曰碾。碾輪曰碢。駝。木塞曰楔。屑。履塞曰楥。絢。漉酒曰篘。壓油曰榨。扎。撈米曰笊籬。釜隔曰箅篦子。竹羅曰篩子。束物曰箍子。箱飾曰剸件。小瓶曰突魯。木腐曰糟爛。鐵銹曰鉎鏥。縮。衣縫開裂曰綻。物破未離曰璺。問。鞭尾曰鞘。稍。鎖内曰簧。鑿石具曰鏨。昝去聲。穿木錐曰鑽。刀刃缺處曰齾。木在中曰閘。聽。木在下曰桿。淬刀曰烱。刻木使圓曰鏇。絞繩曰擰。拈繩曰縒。矬平聲。二數曰酟。三數曰酟。

裁衣曰鐓。鉸。洗衣曰擺。洗衣加漿曰糨。降糨同。初縫曰絢。稀縫曰繶。細縫曰絎。杭。長衣曰袍。單裙曰裢。雪平聲。衣破裂曰緝纗。履襯曰鋪襯。稀粥曰湯。稠粥曰糏。儔訛音周。磨米作粥曰粖粥。米水不合曰澥漓。飯味變臭曰燍餡。發酵蒸麪曰發麪。滾水和麪曰燙麪。米糊攤成曰煎餅。糖麪烤成曰火燒。烹魚曰爊。煎肉曰炒。魚加醋曰殲。蘇。酒一巡曰一啉。林。咬物易斷曰脆。食物雜沙曰磣。斟酒曰酌。飲酒曰嗃。許。貪食曰饞。多食曰撐。手進食曰唵。口就食曰咶。肥肉曰膘。乾麪曰糪。蒸米作酒曰酶。媒。蒸米作醋曰粨。查。磨麥作麴曰轢。拉。下鹵作豆腐曰拃。斬。思飲曰渴。讓酒曰宣。捲麪蒸食曰饒。再蒸曰溜。穀早熟曰穛。糙。稼晚收曰萻。民。麥針曰芒。俗作芏。豆莢曰角。穀稭曰桿草。穀根曰秨子。田生蟲曰地蝗。禾穗變黑曰烏穤。

續木曰接。壓枝曰靠。樹無枝曰榾柮。分枝曰杈朳。枝折曰㱚。劈。除樹曰伐。松實曰松籠子。椿實曰姑固翅。槐實曰當榔。栗殼曰栗蓬。軟柿曰烘柿。大赤棗曰糖棗。田畝界桑曰桑榾墩。木本生芽曰歪芽。生芽曰茁。吐穗曰穇。參訛竄平聲。根間生芽曰奮。水中生草曰茭。扎。花未放曰古朵。古都。枝萎曰蔫菸。

伏卵曰㲉。抱。毛出曰毴。扎，髩同。毛根曰窋。竹。形小曰鴞子。初生曰雛子。禿鶖曰鸄鳶。鵂鶹曰夜猫子。竊脂曰偷胭脂。竊藍曰藍靛。科在草曰趲草鷄，在泥曰泥裹扎。黃鸝曰黃鸝棒。戴勝曰氀毿毛。宵扈曰唧唧梗。玩鳥曰鳩鳩兒。知陰晴曰早鵠、夜鵠。蛙。割麥插禾曰光棍奪鋤。恒養者金翅虎皮。南來者珍珠芙蓉。山鳥曰山和尚、山鈴鐺。野鳥曰麻姑油、大眼賊。戀偶曰相思鳥。戀羣曰早姊妹。鳥交曰伏羣。雛出曰鴿鶺。千節，俗曰攢節。鶺曰仙毫。雉曰野鷄。雀曰家鵪。鳦曰燕子。

驢馬蹄人曰踜。驢馬臥地作滾曰打輾。大牛曰牻，小曰犢牯，去勢曰犍子。牡猪曰豵猪。豕發地曰㕩。灰。馬逸曰趹。穴。牛相觸曰牴。狗食曰㖊。忝。猫吐曰吣。親去聲。猪嘴曰蒯鞏。犬吠曰呑。汪。羊鳴曰咩。咪咩同。

蝗曰螞蚱。蟬曰蠽流。捷流。蟯螂曰蛣欹蜋。螳螂曰刀螂。蛾未出曰蛹。蟬未蛻曰蜺圭。蟲食穀豆曰蚜蚄。蜥蜴曰馬蛇。水蛭曰馬蜞。奇訛皮。蝙蝠曰蟞蚨。又訛鱉虎。螽飛有聲曰蚯蛣板。蛾飛有聲曰鍋盧鍋。長螽曰梢母角。緑蝗曰青頭郎。蝗無翅曰肉墩子。蝗有力曰蹬倒山。蜂蝎之尾曰𧎽子。刺人曰蜇。蜂之幼蟲曰蛆。蝎生子曰蚃。蛤蟆子曰蛞蠹。括達。

蛇行草曰葦傘。出刺。

水母曰海蛇。鮀同，音柁，訛作蜇。鰞鰂曰烏魚。頭美曰鰤鯚。加級。子美曰鮍魚。以地美者淮河鯉。以時美者開凌鮻。蛤曰蛤蜊。訛辣。蚌小曰波螺。鰌曰泥勾。鰷曰浮梢。

我曰俺。爾曰您。如此曰張。若彼曰儴。張爲這樣二字合音，儴爲那樣二字合音。頗曰精。如精能、精巧之類。甚曰崗。如崗好、崗香之類。最曰頂。如頂高、頂好之類。好之反曰操。俗因曹操奸邪，故凡物之劣者，皆曰操。如太操、不操之類。無限制曰儘。如儘着玩、儘着吃之類。如何曰怎麽。何等曰多麽。嚴重曰利害。不可曰擺的。趕快曰爽的。不暇曰不籠箇、曰不迭的。不追問曰算了。不深究曰罷了。必然曰準。如準下雨、準不來之類。快曰馬力。不遲滯曰利事。鹵莽曰茅草。毀壞曰糟踐。亦曰糟坍。

〔民國〕臨朐續志

【解題】周鈞英修，劉仞千纂。臨朐，今山東省濰坊市臨朐縣。「方言略」見卷十八。録文據民國二十四年（一九三五）鉛印本《臨朐續志》。

方言略

方言略序

粤稽草昧初闢，文字未繁，一字僅標以一義，一物僅標以一名。迨後方言既雜，殊語日滋。

或義同而言異，或言一而音别。乃各本方言，增益新名，或擇佗字以爲代。由一字數義、一物數名，彼此互訓，是曰轉注。兩字轉注，匪惟義符，亦且音近，故有雙聲疊韻以通其閡焉。蓋古本一字，音既轉而形亦更，則一義不一字；有音雖轉而形不變，則一字不一音。一義數字，是爲字各異形；一字數音，是爲言各異聲，皆方言不同之所致也。

西漢楊子雲運深湛之思，欲比而通之，掇先代遺言，論殊方絶語，沈志殫精，著成《方言》。語一而字殊，物同而名别。然字形雖歧，字音匪遠。子雲以降，載逾千百，語言變遷，罔可窮詰。僻壤遐陬之人，囿於鄉音，往往語不失方，轉與雅記故書相合，或其音稍稍異古，亦與古音爲雙聲，雖韻部變遷而不逾其大劑，可以會通者，比比而是。餘杭章太炎氏有見及此，博諏代語，曲明聲類，而作《新方言》，今古文隱誼悉得符論，洵爲超超名箸也。

邑先儒張新修氏作《筒丸録》十四卷，末卷疏解方言。舊志稱足爲小學考究之資。今觀之采摭多不源古，且標舉未免罣漏。方今厲行國語統一，趨重言文一致，在昔村語俚言不用於詞章者，今則盡量鑄冶。倘出諸脣吻者，不能筆之紙；言行一方者，不能舉其字。口語不給，乃强摳艱澀之字入諸通俗之文，甚至求同音之字以代之，輾轉通借，譌溷日積，斯非欲期統一而更陷紛亂乎？故欲定國語標準，當以方言爲根據；欲通各方之殊語，當先以一方之言爲濫觴。今在朐言朐，略籀俚俗之朐言，徵以揚、許之古音，蓋有誦詩讀書既用《唐韻》，而俗語猶不背古音者；有通語既用今音，而一鄉一村猶遵循《唐韻》者；有數字原從一聲，《唐韻》以來一字轉變，餘字猶在本部而俗語或從之俱變者，迄陌紛錯，至爲轇奥。方舉其言不能徵其字，何足怪乎！兹按脣吻之所宣，通以音韻之流變，依《新方言》比類之例，求之朐音，不外以下數則。譬一字二音，莫知誰正。如攩，從黨聲，則訓朋羣；讀幌聲，則訓推搏。剴，從豈聲，則訓剴切；讀五哀反，則訓遲延是也。譬一語二字，音近相亂。如敆、合音近，則舍敆用合；戽、⿰舌斗音近，則舍⿰舌斗用戽是也。譬就聲爲訓，皮傅失根。如以斜爲竵衺之衺，頂爲侹代之侹是也。或總別不同，假借相貿。如訓釜之鬴代以盛膏之鍋，肥腯之⿰月成代以成功之成是也。譬習而不察，同音譌溷。如欺謾而用瞞，狡獪而用乖，略頭而用落是也。

惟考方言者，在求其難通之語、筆札常文所不能悉。一察其聲音條貫，上稽《爾雅》《方言》《説文》諸書，敫然如析符之復合，斯爲貴矣。至若典籍雅文、都市通語，其意義可直解者，安用博引。故屬於普通官話不録，一方之言古無考者不録，新造之俗字不録。雖爲通語，而其字罕見者録之；本爲古字古義，而言獨行於一方者録之；恒用之語，雖爲《爾雅》《説文》《方言》所無，而其字已載於各韻書者，擇要録之。至於數字綴成之短語，雖不見於典籍，而甚流行於一方，亦擇意味雋永者録之。於所不知，一從蓋闕。於是共得五百餘言，不精不詳，知所難免。惟芸芸啓口之鄉音，瑣瑣交談之常語，庶因是而得其大凡焉，斯亦方志所不可闕者乎。作方言略。

方言

僚　《説文》：「好貌。」今謂人美好曰僚，或以嫽爲之。《詩》：「佼人僚兮。」今以僚作官寮之寮。

奓　同奢，音詐。今謂小兒好挑剔曰奓。《西京賦》：「心奓體泰。」

獪　《説文》：「狡獪也。」今多以乖爲之，謂小兒多智曰獪。

姡　《説文》：「羞也。」俗謂笑姡，音話，又音活。

嬯　《説文》：「遲鈍也。」今謂癡曰嬯，以呆爲之。呆，俗無以下筆。

酸　俗謂人裝腔作勢也。

竘　《説文》：「匠也。」《方言》：「貌治也。」《廣雅》：「巧也。」俗謂人弄巧用智曰竘。恪后反。

婞　《廣雅》：「齊也。」魚淺反。俗謂齊閉門曰婞閉門，齊整曰婞實。今多以嚴字代之。《廣雅》即《博雅》。

毛　《廣雅》：「輕也。」俗謂人辦事輕率曰毛。

棱　《説文》：「柧，棱也。」俗謂人辦事强猛曰棱，亦引申義。

竵　《説文》：「不正也。」今以狀人辦事厲害曰竵，俗作歪。

鬼　《方言》：「慧也。」俗謂人多詐曰鬼，言不光明也。《方言》謂揚子之《方言》，下仿此。

傱　《方言》：「庸謂之傱。」又：「罵也。」今謂無用之人曰傱。恒以鬆爲之，音如雄。

犅　獸之愚者，古音如牛。今謂愚而剛者爲牛，以音近而誤。

婞　《廣雅》：「好也。」俗謂人作事好了曰婞了。引申布帛薄者曰婞。呼丁反。猶貓借作輕貓矣。

姅　《方言》：「好也。」俗謂人美曰姅儁。姅，讀如崩去聲。

殟　《説文》：「暴無知也。」今謂人無知曰殟，音如暈。

獿　《方言》：「妬，獪也。或謂之獿。」恪交反。俗謂人厲害曰獿。《廣韻》：「獿，事露也。」俗謂羞爲獿，則音如栲。

伆　《方言》：「輕也。」凡相輕薄謂之相伆。俗謂相戲曰伆。伆音如反。

疲　《方言》：「惡也。」俗謂厭惡曰疲惡，讀如犯。

劤　《廣雅》：「力也。」俗謂有力曰有劤，恒以勁字爲之，讀如近。

纕　《廣雅》：「不善也。」女交切。俗謂人不善曰纕，讀如惱平聲。

俏　本作釥。《方言》：「好也。」今謂人好曰釥。釥之言峭也。又謂峭皮，俗作俏。

殆　《廣雅》：「壞也。」俗謂好壞曰好殆，省作歹，讀上聲。

唐　《説文》：「大言也。」以空言欺人曰唐人，又曰搪塞。

獎　《説文》：「嗾犬也。」今謂嗾人爲惡曰獎。引申爲獎賞。

損　俗謂輕視人而侮之曰看著損，音如孫。

哨 《方言》：「使犬曰哨。」音如騷。俗謂嗾人行惡曰挑哨。哨蓋由嗾轉而來。

胡 北方之人也，無教化之國。今謂言行無倫曰胡。

儡 《説文》：「敗也。」洛罪切。今謂作事力不足曰儡，家業日衰曰儡。恒以累爲之。《寡婦賦》：「容貌儡以頓顇。」《廣雅》作儽，疲勞也。

倯 《廣雅》：「惡也。」俗謂拌命敵人曰倯，音如創。

俙 《説文》：「訟面相是也。」俗謂以言相弄曰俙話，韻轉如欣去聲。微韻轉文也。猶圻從斤聲讀爲畿矣。

謾 《説文》：「欺也。」俗以瞞爲之，義無取。

該 《説文》：「軍中約也。」俗謂當該。

哆 《説文》：「張口也。」敕加切。俗謂凡張口曰哆殺，音如渣。

訾 《説文》：「不思稱意也。」俗謂言不稱實曰訾話，又曰冒訾。

詾 《説文》：「往來言也。小兒未能正言也。」俗謂言無準則曰胡詾。

詾 詾，或作詾，音匏。猜謎曰詾謎是也。

嚷 本作譤。《説文》：「亂也。」俗謂喧亂曰譤，讀如囊去聲。

咢 《説文》：「驚詞。」思允切。俗以大言虛赫人曰咢，以熏爲之。

呰 《説文》：「訶也。」今謂面斥人非曰呰人，或以訾爲之。

䛩《説文》：「慰。」〔一〕於願切。以善言安其心，如申繒然。今謂向神許願曰䛩慰。

謜《廣雅》：「商度也。」俗謂爲人通説交易價值曰謜盤子。

誧《説文》：「人相助也。」《廣雅》《玉篇》：「謀也。」俗謂計謀曰打誧。蓋由引申鋪陳之義也。

謷《説文》：「哭不止也。」今謂哭聲曰謷。

諢《玉篇》：「弄言也。」俗謂傀言曰打諢。

訬《説文》：「擾也。」今謂高聲言曰訬。《吴都賦》：「輕訬之客。」

謊《説文》：「夢言也。」俗謂撒謊。

彠《説文》《廣雅》：「商度也。」俗謂擬計之數曰彠計，多以約爲之。約者，草繩束物也。又該約也，去度義遠。

唉《説文》：「應也。」烏開切。今應聲亦作是音。

評《説文》：「召也。」俗謂召評以呼爲之。

媥《廣雅》：「輕也。」俗謂以輕薄之言譽人之美曰媥，或以諞爲之。

怎 本作曾。《方言》：「何也。」《論語》：「曾謂泰山不如林放乎。」

〔一〕慰：原誤作「⿱尉毛」，據《説文解字》改。

啥　本甚麼之切音，應作余。《説文》：「余，語之舒也。從舍省聲。」亦訓何，通借作舍。《孟子》：「舍皆取諸其宫中而用之。」猶謂啥皆取諸宫中而用之也。

剛　俗謂剛纔，本羌字。《廣雅》：「羌，乃也。」俗音轉爲姜。

麽　本無之轉音，今借作無，以爲語詞。

呢　本尔字之轉音。《説文》：「尔，詞之必也。」《孟子》：「然而無有乎爾。」爾借作尔，今借用呢。

扨　《説文》：「從上挹取也。」尸恩切。俗謂扨摸著。

㧾　《説文》：「手推之也。」俗謂以手撫摩曰㧾，音忽。以大言欺人曰㧾人。

抈　《説文》：「折也。」俗語亦然。《晉語》：「其爲本也固矣，故不可抈也。」

挼　《説文》：「摧也。」即以手瓿物也。奴禾切。俗謂挼莎，挼恒以挪爲之。

捇　《説文》：「裂也。」釋文采昔反。俗語謂裂亦曰捇，讀如赤。

扔　《説文》：「捆也。」俗語謂棄之曰扔。《老子》曰：「爲之而莫之應，則攘臂而扔之。」

摎　《説文》：「縛殺也。」俗謂上佻曰摎殺。佻音掉，懸也，見《方言》。

擊　《説文》：「傷擊也。」俗謂撻人亦曰擊。

撅　《説文》：「以手有所杷也。」俗謂以指叉傷人曰撅人。

揞　《説文》：「撫也。」武巾切。俗謂循髮拭之曰揞。

投《說文》：「擿也。」度侯切。俗謂棄遠曰投，讀丁侯切，作丟。章炳麟說。

搚《廣雅》：「開也。裂也。」俗作拉。

摨《廣韻》：「倒損也。」仕懷切。俗謂將物棄地曰摨，與丟意同，讀如衰。又如搥，搥亦擿也。

㩉《廣雅》：「研也。」盧達切。俗謂用磨破秫麥曰㩉麱子。述舊聞曰㩉故事。麱，麥覈屑也。

簎《說文》：「刺也。」士革切。今謂以指觸物曰簎，俗作戳。

摳探也。《列子》：「以瓦摳者巧，以鉤摳者憚。」注：「以手藏物，探而取之。」口侯切。

挻《方言》：「取也。凡取物而逆，楚謂之挻。」音羶。俗謂竊截長物自肥曰挻，讀如善。又遁也。賈誼《治安策》：「主上有敗則因而挻之矣。」俗謂躲避曰挻，音讀如閃。

搐《說文》：「蹴引也。」佗厚切。以散繩亂絮縱而引之曰搐。俗謂搐撒開。

搪《方言》：「張也。」即陳列之意。又突也，即抵觸之意，俗語亦然。

挜《廣雅》：「緩也。」俗謂扁擔柔和曰挜。尺千反。

揩《廣韻》：「觸也。」古哀切。俗謂無意牴觸曰揩，音如乖。

搓《集韻》〔一〕：「搓挪也。」倉何切。陸游詩：「柳細搓難似，花新染未乾。」

揳擊也，讀如屑。《後漢·申屠剛傳》：「尚書近臣至，乃捶揳牽曳於前。」俗謂以物錘之

〔一〕集：原誤作「廣」。

使緊曰揳。

攥　《廣韻》：「手把也。」子括切。俗謂以手緊持物曰攥。又轉爲子貫切，如攥拳。

攩　《方言》：「凡相推搏曰攩。」音幌。俗謂搖之使動曰攩勬。又曰攩抌。抌讀如頓，推也。

扽　《廣韻》〔一〕：「撼，扽也。」俗謂强力引物向内曰扽，讀如頓。

撈　《説文》：「取也。」俗謂得着曰撈着。

略　《方言》：「强取也。」俗謂摭取者爲撈，乾没者爲略頭，以落字爲之。

賺　本爲篹。《爾雅》：「取也。」俗謂得利曰篹，音如饌。

饕　《説文》：「貪也。」俗謂貪人酒食曰饕，以叨爲之。

賴　《方言》：「取也。」《莊子・讓王》云：「其於富貴也，苟可得已，則必不賴。」今謂惡索曰賴人。

斯　《爾雅》：「離也。」《廣雅》：「分也。」今謂裂物曰斯。《詩》：「斧以斯之。」

擢　《廣雅》：「拔也。」俗謂拔曰擢，讀如笛。古音舌上歸舌頭，各韻書多音卓，乃今音也，猶沱之可作池。

衦　《説文》：「展衣也。」俗謂衦餅、衦氈，如此作。俗以扞爲之。

〔一〕韻：原誤作「雅」。

𢿢　《說文》：「引也。」俗謂提引使順序爲𢿢，音如縷。

𢃇　《說文》：「搹擊也。」〔一〕博下切。俗謂以手搹擊爲拍𢃇掌，讀如巴。

㱿　《說文》：「從上擊下也。」苦角切。俗謂振物擊人曰㱿。

𣪊　《說文》：「下擊上也。一曰深擊也。」俗謂以重物擊人曰𣪊。陟甚切。

舀　《說文》：「抒臼也。」以沼切。俗謂以器抒水曰舀，讀如鷕。《詩》作抭。

搯　《說文》：「搯，捾也。」俗謂探囊取物曰搯，讀如叨。

掐　《玉篇》：「爪按曰掐。」苦洽切。《晉書·郭舒傳》：「掐鼻灸眉頭。」讀如恰。

㧻　《廣雅》：「推也。」俗以擁爲之，擁義爲抱。

搶　《唐韻》：「七兩切，突也。又争取也。」《戰國策》：「布衣之怒，以頭搶地耳。」又逆風曰搶風。庾闡《揚都賦》：「艇子搶風，榜人逆浪。」

攎　《說文》：「挐持也。」《方言》：「斂也。」俗謂兩臂緊持曰攎。

摻　《方言》：「細也。斂物而細或曰摻。」思廉切。今謂以指捏散細物曰摻，音纖。

撚　《廣韻》：「以手撚物也。又從也。」《汲冢周書》：「後動撚之。」又蹂也。《淮南子·兵略訓》：「前後不相撚，左右不相干。」段氏以爲當是躡字。

〔一〕 搹：原誤作「𢃇」，據《說文解字》改。

掫《廣雅》：「持也。」俗謂捉住人曰掫住人，音鄒。

敆《爾雅》：「合也。」古沓切。俗謂共營謀曰敆伙計，讀如割。

敠《説文》：「擊也。」竹角切。俗謂以祀掌擊人曰敠，音如多。古音舌上歸舌頭。

敄《説文》：「閉也。」《廣雅》：「塞也。」今以杜字爲之。

斀《説文》：「朋侵也。」瞿云切。俗謂聚衆而圍擒之曰斀。小兒遊戲有老虎斀羊之劇。

故《説文》：「使爲之也。」今謂賃人曰故。漢軍法曰：「故行不行，奪勞二歲。」俗以僱、顧字爲之。

敇《説文》：「擊馬也。」測革切。通作策。俗音轉如出，與敇溷矣。

敇《説文》：「一曰臿地曰敇。」初吏切。俗音轉如出。

䃰《説文》：「舂已復擣之曰䃰。」俗語猶如是，讀如茶。

皵《説文》：「小舂也。」今謂輾穀稍去其粗皮曰皵。初雰切。

䑁《廣雅》：「舂也。」俗謂舂麥去其麩皮曰䑁，讀如伐。

皻《廣韻》：「以指按也。」側加切。《玉篇》：「取也。」莊加切。俗謂以拇指與中指量度物長曰皻，即以指按也。又滿把取物曰皻，即俗抓字。

钔《廣雅》：「剜也。」俗謂以梃穿過空隙中頂出物曰钔，讀如頭。

稖《廣雅》：「種也。」俗謂種瓜曰稖瓜，音讀如俺。

薅《説文》：「除田草也。」俗語亦如是，或作茠、作拺，讀如昊。

契《説文》：「刮也。」俗謂搔癢曰契癢，癢音如快。又曰撅，一音之轉也。

擖《廣雅》：「刮也，搔也。」俗謂搔癢曰擖癢，讀如掣，又讀如誇。

獿《廣雅》：「擾也。」奴牢反。俗謂擾亂曰獿獿，髮亂曰獿。

嫧《方言》：「好也。」《廣雅》：「齊也。」俗謂齊整曰齊嫧。楚革反。

斠《説文》：「平斗斛量也。」俗謂比校斗之大小曰斠，讀如教。

剸《説文》：「減也。」今謂長物截而短之曰剸。減省曰剸，以撙爲之。

刌《廣雅》：「斷也。」俗謂斷香曰刌香，讀如存。

勡《説文》：「劫也。」今謂架票。

劁《廣雅》：「斷也。」才彫反。俗謂斷畜類生殖器曰劁，讀如樵。

槍《説文》：「歫也。」俗謂人言不相合曰槍，多以搶字爲之。又引申爲兵器。

甹《説文》：「三輔謂輕財者爲甹。」普丁切。今謂棄身相争曰甹命。以拚爲義。

牚《説文》：「歫也。」俗謂以木支物曰牚。丑庚切。

迦《説文》：「迦互，令不得行也。」〔一〕古牙切。今謂强止人行曰迦住，音去駕切，俗作卡。

〔一〕令：原誤作「今」，據《説文解字》改。

無以下筆。又以兩手扼住曰迦住。或作挌。

閼　《説文》：「遮擁也。」烏割切。音轉如烏。今謂以手掩口、以被掩身皆曰閼。窩藏之窩亦當作閼。

彃　《説文》：「弓戾也。」俗謂物體失其正直曰彃棱。

斜　《説文》：「抒也。」《廣韻》音雅。俗謂抒水爲斜水。今斜字借作衺，非古。

㪷　《廣雅》：「抒也。」今謂抒水爲㪷水，音禾，或以戽爲之。

罍　《廣雅》：「溢也。」俗謂溢水曰罍水，讀如砌。

剴　《説文》：「摩也。」《廣雅》：「摩近也。」俗以捱爲之。引申遲延時日亦曰剴。五哀切。

咎　《説文》：「毁也。」其久切。俗謂壞其物曰咎了，讀如糗。

儹　《説文》：「聚也。」俗謂聚錢曰儹。楊雄賦：「會賢儹智。」讀如贊上聲。

侹　《方言》：「代也。」他鼎切。俗謂侹替，以頂爲之。

僇　《説文》：「癡行僇僇也。」力救切。俗謂慢行曰僇打。又僇牲口、僇禽子，讀如餾。

傞　《説文》：「不止也。」俗謂往來不休曰傞，音如梭。《詩》：「屢舞傞傞。」讀如梭。

趿　《説文》：「走也。」蘇合切。俗謂忽來忽去曰趿。《花間詞》：「荳蔻花間趿晚日。」讀如梭。

趾　《説文》：「淺渡也。」俗謂足尖著地曰趾，讀如此。

趠《説文》：「遠也。」俗謂大步走曰趠。《吴都賦》：「騰趠飛超。」讀如鈔去聲。

跐《廣雅》：「蹋也。」昃買反。今讀初買切，以踹字爲之。又轉爲跐蹬，讀跐如此。

跧《説文》：「蹴也。」俗謂罵人曰跧。以足踢人亦曰跧。又橥也。《魯靈光殿賦》：「狡兔跧伏於柎側。」

踦《説文》：「一足也。」去奇切。俗謂足行不平曰踦。古音去何切。

踏《廣雅》：「跳也。」俗謂跳踏，讀如答。

趷《廣雅》：「僵也。」户格反。俗謂跌倒曰趷倒，仆倒曰超仆，讀如合。

趮《説文》：「前頓也。」俗謂前頓曰前趮。古音如拾。

尥《説文》：「足相交也。」力弔切。俗謂趷倒曰尥倒，讀如料。

𡴁《説文》：「去也。」俗謂走了曰𡴁了，讀冷平聲。

𧾷《説文》：「行貌。」俗謂行動敏捷曰行𧾷，讀如性瑣。

逮《爾雅》：「及也。」俗謂追步弗及曰不迭。迭爲逮之轉音。

狘《説文》：「獸走貌。」許月切。《禮運》：「麟以爲畜，則獸不狘。」注：「驚走貌。」讀如穴。

趏 越也。《文選·江賦》：「趏漲截洞。」注：「趏，猶越也。」俗謂繞行街道曰轉彎趏角，讀如陌。

駁《説文》：「馬行相及也。」俗謂快跑曰駁步跑，音撒。

逭《方言》：「轉也，逃也。」俗謂牛馬逃曰駁逭，讀如歡。又轉音如滚。俗叱人快去曰逭。

竫《説文》：「亭安也。」俗謂事物緩作曰慢竫竫。

脤《方言》：「滤也。」俗謂作事遲鈍者曰脤量人，讀如岑。

驫《説文》：「馬腹下聲也。從馬，學省聲。」俗謂人奔後氣喘曰驫驫的。

歆《説文》：「歡也。」俗呼小兒吃飯曰歆。

齦《説文》：「齧也。」康很切。今謂食剛硬之物曰齦。

齾《説文》：「缺齒也。」引申凡缺刻曰齾，讀如鴉。

萎《説文》：「食牛也。」俗作喂。

齸《廣雅》：「齧也。」多來反。俗謂喫飯亦曰齸，讀如殆上聲。

攲《説文》：「持去也。」「箸，飯攲也。」今謂以箸持菜曰攲，居宜切。讀如鷄。

夬《説文》：「分決也。」俗稱箸曰夬，音快，俗作筷。古音舌前多歸舌後也。

筲《説文》：「飯筥也。」今謂水桶曰筲。

鬲《説文》：「釜也。」俗用鍋。《方言》：「盛膏者謂之鍋。」非一物也。經典用鑊爲之。

銚《説文》：「温器也。」大弔反。今謂温水壺曰銚子，讀如弔。

鏇 《說文》：「圜鑪也。」俗謂旋軸厝器使圓滑曰鏇。引申旋轉酒壺使温亦曰鏇。旋去聲。

篗 《方言》同籔，漉酒之器也，讀如抽。

筤 《說文》：「竹膚也。」俗謂席筤子。音民。又轉作篾。音迷。

箄 《方言》：「析也。」俗謂析竹曰竹箄子，讀如披。又謂蒸餾之器曰箅子，讀如避。

钁 《說文》：「大鉏也。」今謂掘地之鍤曰钁。

橿 《說文》：「鉏柄也。」今謂鉏橿，讀如岡。

帑 《說文》：「金幣所藏也。」音踢。今謂置錢之板曰錢帑子。又謂家財曰家帑。音蕩。

輾 俗作碾。《說文》：「轢也。」尼展切。

軠 《說文》：「紡車也。」今謂繅絲之架曰軠。

約 《說文》：「纏束也。」俗以草索束物曰約子。

鬢 《說文》：「屈髮也。」俗謂屈繩使短曰鬢，音饋。

甐 《說文》：「瓦石厝垢也。」《海賦》曰：「飛澇相礙。」礙即甐，初兩切。讀如創去聲。

弸 《說文》：「弓彊貌。」俗謂弸硬、弸臉。《法言》：「弸中彪外。」

紂 《說文》：「馬緧也。」謂人性執拗曰紂。

錮 《說文》：「鑄塞也。」俗謂紮裹甆器之匠人曰錮爐子。

綳　《説文》：「束也。」補盲切。今俗作綁。

縮　《廣雅》：「縮也。」俗謂捲袖曰縮袖，讀如挽。

綒　《廣雅》：「緣也。」《玉篇》：「縫也。」俗謂細縫曰綒。

靪　《説文》：「補履下也。」今俗謂補綴曰打補靪。

納　《廣雅》：「補也。」俗謂縫鞵曰納鞵。鞵，俗作鞋。

繪　《廣雅》：「縫合也。」俗謂縫口曰繪口，讀如鎖。開口音轉合口也。

篗　《説文》：「所以收絲者也。」玉縛切。俗謂收絲之櫎曰篗子。

槌　《説文》：「蠶槌。」即今擱蠶薄之架也，讀如墜。

檏　《方言》〔一〕：「東齊海岱之間，槌謂之檏。」本作檏，俗謂蠶薄之杆曰檏，讀如船。

桯　《説文》：「牀前几也。」俗謂桌面下之横木曰桯。

杓　《廣雅》：「經梳謂之杓。」子能反。即織布持經使不紛亂者也，讀如贈。

苿　《説文》：「兩刃臿也。」俗謂耩苿子，亦作鏵。

篼　《説文》：「食馬器也。」俗謂持衽承物曰篼。當侯切。

箈　《説文》：「漱絮簀也。」俗謂淺筐曰箈子，讀如淺。

〔一〕方言：原誤作「説文」。

鏨《説文》：「小鑿也。」藏濫切。俗語猶然，讀如贊。

㪷《説文》：「柯擊也。」俗謂杆端安以横木擊土塊者曰㪷頭，讀如郎。

坺《廣雅》：「塵也。」俗謂以散土築牆曰坺打牆，讀如博。

栫《説文》：「以柴木壅也。」

栅《説文》：「編豎木也。」徂悶切。俗謂編籬笆曰栅笆幛，栅讀如茶。

䐢《説文》：「羊凝血也。」苦紺切。俗謂作羹調以粘汁使濃曰打䐢。菜館中鷄子湯用粉團是也，讀如欠。

髹《説文》：「桼也。」俗謂繪畫先着輪廓曰打髹子，髹讀如臭。

㳻《廣雅》：「洗也。」俗謂震盪而洗之曰㳻，音讀如拴去聲。

泔《説文》：「淅米汁也。」俗謂淅米之水曰泔水。

䄎《説文》：「犬食也。」他合切。俗謂犬食曰䄎，轉音讀如插。

㹽《説文》：「犬齧也。」初版切。俗讀如産。

欱《説文》：「心有所惡，若吐也。」〔一〕俗謂惡心，欱讀如惡。

㱿《説文》：「歐皃。」讀如磕。俗語亦然。

〔一〕若：原誤作「如」，據《説文解字》改。

㫆　《毛詩》注："三十維㫆。"㫆，色也。俗謂不一色曰不一㫆，讀如户。然今㫆皆作物，未有知㫆、物爲二字者矣。

尉　《説文》："從上按下也。"轉音如緼。其器曰尉斗。尉，俗作熨。

熯　《説文》："乾貌。"今謂以火合金器曰熯。

煬　《方言》："暴也。又熾也。"今謂水熱曰煬，讀如湯去聲。

㸃　《説文》："火行也。"俗謂引火曰㸃火，以點字爲之。

蒸　《説文》："析麻中幹也。"今用秫楷點火者謂之火蒸子，音如梃，古音舌上歸舌頭。

維　《説文》："箸絲於筟車也。"俗謂紡紗成椎形曰維子，蘇對切。讀如穗。

襩　《篇韻》："衣失滓也。"今謂衣爛曰襩。引申凡物不好曰襩。

袠　《廣韻》："衣不展也。"俗謂摺衣之迹曰袠，讀如志。

硈　《爾雅》："鞏也。"古黠切。俗謂堅固曰硈實，讀如結。

錘　《方言》："重也。"俗謂重曰錘，直危反。讀如追上聲。又謂稱錘，讀如駝，支韻轉歌也。

鈂　《廣雅》："重也。"俗謂重曰沈鈂鈂，讀如顛。又讀如屯，蓋即訓重之本字也，俗作沈。

紿　《廣雅》："緩也。"俗謂物弱無力曰紿。

䵒　《廣雅》："黏也。"俗謂麵有黏性者曰有䵒，音如劤。

宣 《爾雅》：「緩也。」緩有懈弛之義，俗謂物鬆緩曰宣，鬆土曰宣土。然緩字實亦有宣音。

楥 《説文》：「履法也。」許願切。俗語亦然，或作楦。

熷 《説文》：「焦也。」俗引申爲物壞曰熷，多以糟爲之，意頗遠。

熩 《説文》：「灼也。」胡沃切。俗謂燒焦曰熩，讀如胡。

煦 《説文》：「蒸也。」俗謂以餅承火曰煦。

熷 《説文》：「置魚箅中炙也。」俗謂乾煎曰熷，音轉如滕。古音齒頭歸舌頭也。

𦎫 《説文》：「孰也。」今謂温肉使孰曰𦎫，讀如遁，俗作焞。

𤍽 《方言》：「火乾也。」《説文》作鬻，熬也。今作炒。

鞏 《方言》：「火乾也。」俗謂醋鞏魚。

黨 《説文》：「不鮮也。」俗謂物不鮮潔曰黨，以髒爲之。

菌 《説文》：「糞也。」俗以屎爲之。

黵 《説文》：「大汙也。」俗謂汙亦曰黵，讀如展。

蕡 《説文》：「雜香草也。」俗謂香盛曰蕡香，讀如噴。

泡 《廣雅》：「盛也。」俗謂極滿曰泡滿。

濂 《爾雅》：「虛也。」《方言》：「空也。」俗謂蘆菔内枯曰濂。蘆菔俗作蘿蔔。

𥿑 《廣雅》：「束也。」俗謂麻一束曰一𥿑，讀如檢，由束義引申。

稕　《廣韻》：「束稈也。」之閏切。俗謂束稈曰一稕子。

稨　《廣雅》：「穧也。」俗謂刈穫未束者曰稨，讀如鋪。由鋪義引申。

秷　《廣雅》：「積也。」俗謂堆稼曰秷，讀如剟。由堆義引申。

穮　《廣雅》：「束也。」俗謂以薄積穗曰穮子，讀如顫。

穲　《廣韻》：「積穀也。」俗謂積穀四稛曰穲，讀如羅，由絫義引申。

饒　《說文》：「益也。」俗謂求讓曰饒。

墊　借作填平之填。墊本義爲下，無填平義，音轉而誤用也。

壬　《說文》：「善也。」佗鼎切。俗謂壬好、壬厚，多以挺字爲之。

亢　《廣雅》：「强也。」俗謂極好、極大曰亢好、亢大。

喬　《毛詩》傳云：「竦也。」《爾雅》：「小枝上繚曰喬。」俗謂物偏頗暴起爲喬，音如竅，即中心著地兩端上起也。

筡　《方言》：「細也。」俗謂尖曰尖筡，嫩曰嫩筡，臉白曰白筡。

洋　《爾雅》：「多也。」俗謂方盛曰大洋，很多曰翔多。翔爲洋之轉音也。《廣韻》洋音祥。

懱　《廣雅》：「末也。」俗謂最後曰懱了，讀如滅。由末韻轉而來也。

海　俗謂很大、很長曰海大、海長，猶洋之爲多也。章炳麟謂當用隑，未必是。

㒳　《說文》：「平也。」俗謂錢之背面曰㒳平，窪曰㒳窪。又輸贏兩清曰㒳斢平。

斢《說文》：「相易物俱等也。」讀如箸。

釁《方言》：「器破而未裂曰釁。」本當作璺，音如問。

劃《廣雅》：「裂也。」俗謂器有裂口曰劃，又謂剖開曰劃，讀如禾。

丫《說文》：「羊角也。」工瓦切。俗謂牆角外轉處曰丫角，小兒頭上毛曰丫毛。

覓《說文》：「突前也。」莫狄切。今小兒捉迷藏出界曰覓，讀如冒平聲。

普《說文》：「日無色也。」俗謂不明曰普黑。顧亭林疑許書訓解非是，蓋未察也。

曶《說文》：「暗也。」俗謂黑曶，讀如忽。

彤《廣雅》：「赤也。」俗謂彤紅。

脩《說文》：「目不從正也。」〔一〕敕鳩切。俗音轉如秋，字作瞅。

胥《爾雅》：「相也。」《說文》：「相察視也。」今謂竊視曰胥。《詩》：「于胥斯原，聿來胥宇。」又轉音如梭，俗作睃。

酺《說文》：「頰也。」音轉如巴。俗謂柴巴、下巴，皆酺字也。是猶父轉音爲爸、弗轉音爲嫳是也。古無輕唇音，惟方音能保持古音，洵不誣也。

耿《說文》：「耳著頰也。」今謂耳根、耳光、耳卦，皆轉音也。

〔一〕《說文解字》：「脩，眣也。」又：「眣，目不从正也。」

髆　《説文》：「肩甲也。」補各切。今謂臂爲臂髆，或借膀爲之。

胳　《説文》：「亦下也。」古洛切。亦，俗作腋，今謂胳髆。

屍　《説文》：「髀也。」或作臀，今省作臀，讀如定，俗作腚。《釋名》：「臀，殿也。」

尻　《説文》：「屍也。」今音如溝，曰臀尻。

眉　《説文》：「尻也。」今移以言人陰器曰眉把，若云尾把矣。眉讀平聲如稽。

胎　借作散。《説文》：「散，雜肉也。」俗謂麵包内菜曰胎子，讀如陷。

脽　《説文》：「屍也。」俗謂臀兩旁曰脽子，仕隹切。讀如垂。

虹　《爾雅》：「潰也。」今謂創瘍潰敗曰潰濃，即虹之切音也。俗謂柹子久而變爲漿體曰虹柹是也。

澰　《廣雅》：「漚漬也。」落感反。俗謂柹漬於温水内去其澀汁曰澰柹，讀如懶。

鳥　俗謂眉把曰鳥，音如凋上聲。《廣韻》有此音。德了切。俗作屌。

尼　《説文》：「從後近之也。」即男就女相交媾也。音轉如日，古音日紐多歸尼紐也。

竨　《説文》：「短人立竨竨貌。」俗謂短粗之物在地曰竨竨着，讀如排上聲。

涿　《説文》：「水流下滴也。」今謂水一滴爲一涿，讀如朵。又作沰。

磊𥫗　《説文》：「磊𥫗，重聚也。」俗以累墜爲之。

樸蘢　樸，枹木也。蘢，覆蔽之貌。

瀧涷　水下滴貌，音轉爲浪當。俗謂人行不謹飭曰浪當，亦引申義也。

陊落　《説文》：「陊，落也。」俗謂手下垂曰陊落。又轉音如當郎或答拉。

蹊蹺　俗謂希奇之事曰蹊蹺。

敁敠　俗謂商度曰敁敠，音如顛對。見《廣韻》。敁，俗作掂。

搰搈　搰，發也。搈，動也。俗謂人微動曰搰搈。

譎詍　《説文》：「多言也。」俗以離戲爲之。《方言》作懰惰，欺謾也。

延延　遲緩不進也。延，丑連切。俗謂人行遲緩曰延延。

捈搈　《説文》：「捈，臥引也。」俗謂拕曳在地旋動不已曰捈搈。

觥觩　《集韻》：「不安也。」〔一〕音曜巧。

尳尶　《説文》：「膝病也。」俗謂人足立不穩而下屈曰尳尶，讀如羅古。

瞑略　《説文》：「竊視也。」俗謂從旁見之曰瞑略著，音馬路。

牢靠　作事著實曰牢靠，即不錯之意。

糊籠　作事不踢實曰糊籠，亦作扤弄。扤，動也。

掉搖　身體前後活動曰掉搖。

〔一〕「安」下原衍「妥」字，據《集韻》删。

沬落　辨事無準、語無倫次曰沬落。實爲孟浪之轉音。

搰道　搰，發也。道，治也。整治曰搰道。

錭鈍　俗謂挫抑人曰錭鈍，讀如陶登。

倀狂　今謂人好自夸大曰倀狂。

蒽儚　笨拙貌。

濕漲　無根力而虛張也。俗謂褊淺自矜曰濕漲。

被糤　糤，俗作撒。被糤，謂毛髮散亂之貌。《廣韻》作毰毸，恐俗。

抛糤　俗謂用物不惜，隨便拋棄之意。

苛擾　《說文》：「苛，小草也。」《廣雅》：「擾，苛也。」俗謂細雜不潔之物曰苛擾，音轉如割撓。

䙚䙜　《集韻》：「衣敝也。」俗謂碎布條曰䙚䙜，讀如妻立。恐係俗字。

攕揳　《廣雅》：「不方正也。」俗謂耳聽不清曰耳攕揳，讀如蔑邪。

㑳陋　《廣雅》：「㑳，陿也，陋也。」楊雄《反騷》：「何文肆而質㑳。」〔一〕音懈。今謂不緊稱曰㑳陋。

毷露　《廣雅》：「毷，解也。」纏束之物繩索鬆解曰毷露。毷，門悼反，讀如冒。

〔一〕㑳：《漢書・揚雄傳》作「𩯭」。

勱力　《説文》:「勱，勉力也。」俗謂人緊稱曰勱力。勱，莫話切。

滴瀍　《説文》:「瀍，雨霤下滴也。」俗謂無筋力之物斷而下墮曰滴瀍。

憝鼓　《方言》:「憝，惡也。」俗謂人氣憤蓄於内曰憝鼓。

撥揦　以手分物曰撥揦。

浡土　《廣雅》:「浡，蒲没反。塵起貌。」

袘襶　無用、不曉事也。魏程曉詩:「今世袘襶子，觸熱到人家。」原意謂當暑人樂袒裸，而固盛服請見也。

檮杌　《説文》:「斷木也。」《春秋傳》「檮杌」注:「凶頑無知貌。」俗謂老不曉事曰檮杌，讀如刀突。

淤柴　不成材也。當爲愚才之轉音。

掣曳　《爾雅》注:「牽拕入於惡也。」俗謂胡搊掣曳。

弸棱　强硬貌。音轉爲卜棱。

殜殗　《方言》:「病而不甚曰殜殗。」俗謂花草枯萎曰殜殗，讀如葉奄。

籢房〔一〕　《説文》:「籢，鏡籢也。」俗謂嫁裝曰籢房。

〔一〕 籢：原作「籨」，本條同，據《説文解字》改。

簮籮　《廣雅》：「大箕也。」俗讀勃羅。

譇詀　《説文》：「譇，大聲也。」「詀，召也。」俗謂大聲召詀曰譇詀。譇，莊革切，讀如渣。

蹦跋　兩足行不順利也，音如臘八。又離開原所在地也，音如列别。

離把　俗謂人言行不依法則也。《廣韻》作戾瘺，未必是。

昏蚤　混敦之轉音。

光矜　《方言》：「矜謂之杖。」古音矜如鰥，今杖爲棍，即矜字之俗也。又謂凶人爲光矜，無室家者曰光矜。今矜字誤爲矜，如「君子矜而不争」，古之矜也。廉矜皆矜字也。

槎剌　《説文》：「槎，衺斫也。」「剌，戾也。」俗謂人不和睦曰槎剌。

咠詧　《説文》：「咠，附耳語也。」「詧，言微親詧也。」俗謂耳語聲曰咠詧。

嬈歁　《説文》：「嬈，戲弄也。」「歁，戲笑也。」俗謂輕言蔑視曰嬈歁，讀如烏蚩。

倒量　俗謂人展轉尋思曰倒量。

覷覘〔一〕　《説文》：「闚覰也。」覰，七慮切。覘，此咨切。俗謂專取小便宜曰覰覘，音如趨雜。

撲攎　俗謂多方張羅曰撲攎。

〔一〕　覷覘：《説文解字》作「覘覰」。

巴結　巴本爲赴之轉音，巴結即趨赴結納也。
穀攀　猶巴結也。
毛失　不謹也。
揄露　即束縛解紐之義。俗讀如透露。
刺撓　猶芒刺在背也。
攞搕　積穢也。俗謂辦事不緊稱曰攞搕，俗作垃圾，讀如拉撒。
倰儯　《玉篇》：「長貌。」俗謂大而無用曰倰儯。
蹖蹱　行不穩貌。本龍鐘之轉。
掉蜑　本作陶誕。《荀子》：「陶誕比周。」轉音爲掉蜑。章炳麟説。
錮董　《方言》：「董，錮也。」《説文》：「錮，鑄塞也。」俗謂不解之事曰錮董。
紿紇　《説文》：「紿，絲勞也。」「紇，絲下也。」俗謂無力曰紿紇。紇轉音如駭。
居蹲　《説文》：「居，蹲也。」居，古音如古。蹲，古音如敦。今謂屈膝踞地曰居蹲。章炳麟説。
肥脁　《廣雅》：「肥，盛也。」俗謂小兒肥盛曰肥脁。
蕁實　《説文》：「蕁，叢草也。」俗謂小兒肥脁曰蕁實。章炳麟説。
茁壯　肥好貌。今謂人壯旺曰茁壯。茁轉音如軸。

址剌　剌，戾也。址，足剌址也。今謂人很戾曰址剌〔一〕。址，讀如潑。
扭彆　扭本作粈，粈，矯也。女九反。俗謂不順曰粈彆。
模量　約略也。本無慮之轉音。
角落　牆壁彎轉之内角曰角落。落亦當作略。俗作𠁞旮〔二〕，無以下筆。
介八　《説文》：「介，畫也。」「八，别也。」今謂兩物相連之間曰介八，介音如磕。
舒塞　《方言》：「塞，安也。」身體順適曰舒塞，塞音如梭。
舒倓　《説文》：「倓，安也。」與上同意。
冗過　俗謂得閒曰冗過。冗，讀如籠。
趄勢　《説文》：「趄，行貌。」俗謂人行之得勢曰趄勢。趄，讀如匠。
欂櫨　《説文》：「柱上枅也。」俗謂膝蓋曰欂櫨蓋，以其狀似也。
卯榫　《集韻》：「楯，剡木入竅也。」程顥《語録》云：「柄鑿者，榫卯也。榫卯員則圓，榫卯方則方。」
榾柮　木頭也。俗謂奇榾柮，讀如骨頭。
踩踈　《廣韻》：「行不進也。」踩，勒没切。踈，他骨切。俗謂在後竊遁曰踩踈。或作邋

〔一〕人：原誤作「今」。
〔二〕𠁞旮：原作「旮𠁞」。

遏，音轉意同。

輆軐 《廣雅》：「不平也。」音愷待。俗謂路不平曰輆軐，韻轉如刻答、割得。

瀎泧 《説文》：「拭滅也。」《方言》：「浄巾謂之瀎布。」今謂塗抹曰瀎泧，音如抹畫。

婟嫪 《説文注》：「婟嫪，戀惜也。」〔一〕俗謂女子情人曰婟嫪。

拾掇 俗謂整理曰拾掇。

糜糝 俗謂豆餅曰糜糝。

歺殜 俗謂腐殜曰歺殜。

妣臍 人腹之中心曰妣臍。

胳胑 《説文》：「胳，亦下也。」俗謂胳枝曰胳胑，音如葛持。《孟子》：「爲長者折枝。」折枝即胳胑也，亦即按摩也。

脩睃 《説文》：「脩，目不從正也。」〔二〕俗脩音如秋，謂四處窺視也。

天井 庭之切音。章炳麟説，是也。

者樣 俗語切音如張。《説文》：「者，别事詞也。」俗借用這。

那樣 俗語切音如囊陰平聲。

〔一〕 婟：原脱，據《説文解字注》補。

〔二〕 《説文解字》：「脩，眣也。」又：「眣，目不从正也。」

殹呼　《廣雅》：「殹，禁也。」俗謂以危言赫人使不敢行曰殹呼。

殸空　《玉篇》：「殸，物皮空也。」《集韻》空谷切。俗謂中空曰殸空，或曰殸充。

拉倒　俗謂事完結曰拉倒。

打理　俗謂不睬人曰不打理。

活物　俗謂做營生曰做活物。

蝍蠐　《説文》以蜣蜋爲蝍蠐，推糞蟲也。俗謂人醜惡曰蝍蜋。

亭當　《説文》：「亭，民所安定也。」今謂物事安定曰亭當。

傴僂　《廣韻》：「頭向前也。」今音轉如臨勤。如譏人肩垂曰傴僂肩。

保倯　《方言》：「一曰保倯。」今謂人倯懈曰保倯，保音如泡。

娝媰　《廣韻》：「女人肥貌。」又：「不才也。」俗謂人肥大無用曰娝媰，音剖耨，轉如鋪囊。

躿躿　《玉篇》：「身長貌。」俗謂人體不秀氣曰躿躿。

垎坴　《説文》：「垎，水乾也。」〔一〕胡各切。「坴，土塊坴坴也。」力竹切。俗謂乾塊曰垎坴，音如垎坴。

掔大膽　謂倀狂也。

〔一〕水：原誤作「土」，據《説文解字》改。

誣作妙　猶惡作劇也。
大海門　謂極大也。
灰毛草　謂紛亂也。
白打油　謂無出息也。
没皮丢　謂不要臉也。
鈎事鬼　謂挑撥也。
五郎神　謂無行也。
離把鼈　謂不懂法則也。
狗蹺腳　謂作怪也。
胡打慁　謂搗亂也。
鬼詐營　謂虛赫也。
滮子是　《方言》作滮如是，即或如是也。
狗奓筋　謂倀狂也。
紙糊壁　謂不堅也。
無賴游　即無賴游民也。
無帶鞋　謂巧作也。

奓粱飛　謂不謹也。
狐脂狗油　謂事無正經也。
猴頭猫腦　謂人無威儀也。
死猫殜狗　謂無好貨也。
汙濫雜碎　亦謂無好貨也。
敲山殺虎　謂赫呼人也。
執鼓掌板　謂導人動作也。語本梨園。
鼓板正傳　謂正事正辦也。
掫天撦地　謂言多詐也。
人仰馬翻　謂熱鬧也。
踢天弄井　謂不安靖也。
五馬六羊　謂心中多事也。
蹺天蹊地　謂行事不由恒徑也。
輪風掃地　謂人生氣也。
騎驢跨馬　謂行動費事也。
扭筋弩力　謂出力也。

撒謊調皮　謂欺詐也。
拔山竭力　謂行力不及也。
毛柴失火　謂忙亂也。
挺腰凹肚　誚人得意也。
捧心掉膽　謂恐懼也。
飛揚浮躁　謂人輕佻也。
穩風不動　謂安靖也。
擠眼弄鼻　謂做勢也。
滚鍋爛熟　謂熟練也。
攙糠使水　謂作假也。
砸鍋賣鐵　謂踢弄家業也。
分斤撥兩　謂人刻薄也。
高墊窪掘　謂人扶强抑弱也。
忘魂失肚　謂心思錯亂也。
冷打慢吹　謂不緊稱也。
撇腔撩調　謂故學外鄉語也。

拏文作酸　謂做勢也。
多棊撩舌　謂人多言也。
齩牙切齒　謂懷恨也。
胡搊野扯　謂言無正經也。
㱠棊癩腮　謂好駡人也。
貧棊寡舌　謂好多言也。
胡説把道　謂言無正經也。
零二八碎　謂無正經物品也。
七上八下　謂不整齊也。
東張西歪　謂陵亂也。
流二行三　謂言無正經也。
死心蹋地　謂希望斷絶也。
撇家捨業　謂流落在外也。
臨秋傍晚　謂時不早也。
添鹽加醋　謂譖人也。
説鹹道澹　謂妄加批評也。

五脊六獸　謂人好弄乖也。語本圬者。
傍牆搁壁　謂相去不遠也。
急手烈腳　謂做事忙碌也。
七老八嫩　謂不匀稱也。
稀熗爛碎　謂破之甚也。
戲流胡淌　謂事無正經也。
清鍋冷竈　謂寂寞也。
鋪頭蓋腚　謂物甚多也。
轉彎趄腳　謂曲折也。
三駐兩歇　謂作事無恒也。
零丁瓶户　謂糧銀零瓶也。
半離不落　謂事未了也。
看風使船　謂相機行事也。
五洋四海　謂亂放物件佔地太多也。
漱清賣獊　謂炫己長也。
隔牆聲冤　謂故使人聞知也。

前擁後呼　謂隨從之多也。
點燈把火　謂徒費燈油也。
驢嗥馬叫　謂聲音難聽也。
雲遮霧罩　謂不分明也。
滚鞍掉鞴　謂失措也。
鷄毛蒜皮　謂小事也。
黏牙絮胡　謂多言不休也。
急頭躁腦　謂不沈静也。
隨風倒垜　謂無定見也。
鄰家比舍　謂情誼素厚也。
出頭露面　謂有名望也。

〔民國〕青城縣志

【解題】楊啓東修，趙梓湘纂。青城縣，今山東省淄博市高青縣。「親戚」見卷二《户口志・禮俗》中。

録文據民國二十四年（一九三五）鉛印本《青城縣志》。

親戚

兩姓結婚，謂之親家。兩家父母稱親翁、親婆，其子稱女家爲岳家，或曰丈人家；俗稱丈人爲泰山，丈母爲泰水，蓋以泰山有丈人峯，又係五岳之一，故借用之。女稱男家爲婆家。婚後則女隨男稱。其男隨女稱者，除稱丈人、丈母同於父母外，妻之兄弟稱内兄弟，妻之姊妹稱内姊妹。娶妻之同胞姊妹者稱曰連衿，相見亦稱兄弟。子女稱母家爲外祖家。俗稱老娘家。稱母之父母曰外祖父母，稱母之兄弟曰舅，稱舅之妻曰衿，稱舅之子女曰表兄弟姊妹。稱母之姊妹曰姨，稱父之兄弟曰伯、曰叔。同母生者稱胞兄弟、胞姊妹。伯叔之子女稱堂兄弟、叔伯姊妹，再遠則稱堂兄弟姊妹，至五世親盡無服。又，認異姓爲父母者曰義父母，俗稱乾父、乾母，見面敬禮與家長同。又，同性不結婚，否則人非笑之，蓋本古「男女同姓，其生不繁」之遺訓也。

〔光緒〕東平州志

【解題】左宜似等修，盧崟等纂。東平州，轄境東阿、平陰、陽谷、壽張等縣，州治在今山東省泰安市東平縣。「方言」「方音」見卷二《方域考》中。録文據光緒七年（一八八一）刻本《東平州志》。

方言

録取畢拱辰先生《韻略》之字，擇其反切爲方言，以備採焉。

目深曰瞘睺。上音樞，下音侯。耳垂曰⿰巤皮⿰丁皮。上音臘，下音打。目⿰目戠曰眨。音斬。微視曰⿰目及。撒平聲。偷視曰眦。雪平聲。短視曰近覰。音趨。推人曰攤。音竦。覆物曰拚。音擣。藏物曰擏。音也。以拳加物曰扠。日皆切。以肩掀物曰揵。音見。足踢曰踡。音捲。足蹬曰蹽。旁上聲。不聰曰傻。沙上聲。不歛曰倀。除庚切。不潔曰踑賴。上音憊，下音癩。羞縮曰眠娗。上音免，下音殄。乖張曰臭。上音列，下音角。不正曰僟僁。上音蔑，下音屑。不峭利曰邋遢。上音臈，下音蹋。不爽快曰褦襶。上音賴，下音戴。誘人爲非曰攛掇。上音蠶，下音朵。依人度日曰傖傄。上音磕，下音蹋。背人私語曰譖諃。上音察，下音七。暗地害人曰啅噍。上音搏，下音樵。村遠曰夼。音壙。驛平曰疃。音毯。高阜曰埂。音梗。高崖曰暀。剛上聲。土乾曰垎剌。上音搭，下音拉。塵細曰垺土。垺同坳。水淡曰潎。音擎。路濘曰浞。鋤加切。碾轂曰皽。音篡。碾米曰市。音伐。屑粗曰粞。音喘。米粗曰糲。音産。連展曰鱗餕。上音廩，下音諄。飯焦曰鍋渣。鍋音戈。乾麵曰䴵。不平聲。肥肉曰臕。音標。手進食曰唵。音俺。口就食曰啗。音插。縫衣曰紟。峭平聲。補韈曰鞝。音仉。火伸帛曰熓。音慍。水浸物曰渹。音炮。碾輪曰碢。音駝。酒牀曰醡。音劕。水盆曰盎。音煿。酒壺曰榼。音海。擦卓曰帓。音罵。踹鼓曰鞔。音瞞。補壺曰穴。音滴。滅火曰沁。音親。磨刀曰鐋。音湯。磡磨曰鐫。音攢。指量物曰扠。音櫨。肘度物曰庹。音託。竹勒鷄毛曰扭。音旦。牆釘木橛曰杙。音債。種麥曰耩。音講。種穀曰耬。音樓。秫稍曰莛杆。莛音廷。穀根曰秨子。音渣。禾早熟曰穛。音造。稼晚收曰穞。音民。樹分枝曰椏杈。上音丫，下音巴。樹無枝曰榾柮。上音枯，下音堆。蝦蟆子曰蛞蟲。上音括，下音達。蛇行草曰葦窩。上音出，下音臈。拔草曰薅。音蒿。推車曰鞏。音拱。挹水曰舀。音擾。棄水曰㲉。音頃。物掩蓋曰閅。物著雨曰黴。音霉。蒸米作酒曰酶。音媒。蒸米培醋曰粨。音查。磨麥作麯曰櫟。音揀。下鹵作腐曰搾。音斬。竹篾曰箍。音沽。斲柄曰榫。音損。鐵錮曰鋦。音菊。古作鋦。銀鏢曰銲。音旱。風轉曰飈。旋去聲。雨侵曰稍。音哨。酒酸曰倒酓。音反。飯臭曰㵒餿。上音斯，下音惱。豆粉曰粉糰。音團。醬瓜曰瓜虀。音齋。餑一籠曰一羙。音□〔一〕。草一束曰一菓。音檢。碗一塊曰鞹。音肘。線一紮曰一綹。音柳。

方音

變音、訛音隨在皆有，不獨東原然也，而東原爲尤甚。農工商賈狃於習俗，無足論也。馴至士林，承訛襲謬，以致文失調，詩失粘，茫不知非，患滋大矣。略舉數則，尚冀反隅。

虹曰醬。雹曰拔。港曰蔣。日曰義。血曰歇。肉曰幼。渴曰磕。飲曰哈。額曰葉。尾曰乙。謝降曰謝醬。場園曰場完。嶽廟曰迓廟。以上變音，以下訛音。

俱訛具。祠訛祀。韋訛葦。憎訛贈。簞訛但。羹訛梗。咸訛顯。垠訛認。黎訛利。潛訛淺。卑訛比。樊訛范。陬訛湊。扃訛迥。躋訛濟。顔訛雁。珍訛枕。緘訛減。緅訛縐。絺訛恥。龔訛鞏。淄訛緇、訛止。雌訛次。虧、窺皆訛愧。謀、牟皆訛木。頹、魋皆訛腿。慙、餐皆訛粲。以上本皆平聲。

〔一〕 原文爲空。道光《膠州志》、民國《膠澳志》作「壯」。

靡訛迷。几訛幾。殍訛瓢。軌訛規。範訛繁。額訛桑。釁訛欣。懿訛夷。殉訛旬。茗訛名。頲訛廷。紹訛韶。鄙訛卑。菡萏訛函談。穎、郢皆訛盈。估、沽皆訛孤。赳、糾、咎皆訛鳩。菲、匪、篚、斐皆訛非。以上本皆上聲。

莉訛黎。謚訛尸。遂訛隨。暇訛霞。值訛姪。勘訛堪。屢訛吕。付訛夫。邵訛韶。堠訛侯。緯訛維。玩訛完。以上本皆去聲。

戚訛妻。揖訛衣。翕訛熙。匿訛泥。服訛符。俗訛徐。局訛拘。逸、佚皆訛夷。紒訛兮。以上本皆入聲。

〔民國〕東平縣志

【解題】張志熙等修，劉靖宇纂。東平縣，今山東省泰安市東平縣。「方言」見卷五《風土志》中。録文據民國二十五年（一九三六）鉛印本《東平縣志》。

方言

方言者，地方相習之俚言也。各地風俗不同，言語斯異，雖毗連之鄰邑，儘不免有特殊者，有大同小異者，由地勢、人情、習慣使然。舊志所載，多無意義，礙難照登。兹擇近所採訪者，分別述之，以備異日輶軒之採。

天文類

老天爺爺　俗稱天爲老天爺爺，言天爲萬物之祖，尊無二上之意也。

地母奶奶　俗稱地曰地母奶奶，言萬物土中生，猶母也，故稱之曰奶奶，尊之至也。

老爺地　稱日曰老爺爺，日所照之處曰老爺地，人非陰陽不生活，日，太陽也，有父象焉，尊之曰老爺，敬日也。

日頭　俗稱日爲日頭，言皎日當空，在人上頭也。

月老娘　稱月曰月老娘，月，太陰也，有母象焉，尊之曰老娘，敬月也。

月芽　俗稱每月初三四之月爲月芽，蓋謂月初萌芽也。

雲磨　夏秋之際，驟雨將來，風送雲飛空中有聲，俗曰雲磨，謂其聲如推磨也。

老雲頭　濃雲密佈，遠望如墨，俗謂之老雲頭。

乾打雷　雷聲隆隆，密雲不雨，俗謂之乾打雷。

剮風　俗謂風起曰剮風，蓋謂剮地之塵土也。

羅麵雨　俗謂細雨曰羅麵雨，蓋謂雨絲紛紛如羅麵然，象形也。

出絳　雨餘而虹見，俗謂之出絳，象其形色也。

小雪爽、棉花頭　俗對雪之大小有此二種名詞，蓋象其形狀之意。

參們　俗稱參星爲參們。

江猪子　俗稱片雲渡銀漢爲江猪子過河。

陰風啓奩　俗稱月暈有口曰風啓奩，無口曰陰啓奩。

人事類

股堆　俗謂蹲曰股堆，蓋謂股堆成一塊也。

掉蛋　俗謂騙人及巧於拋棄職務曰掉蛋，蓋謂如鷄不在窩中下蛋也。

大估堆　凡物統其多少而約計之，俗謂之大估堆。

吃飯啦　凡識面者相見必問此言，蓋吃飯爲最重要之事，以此作寒暄，猶西域相見必問「無恙乎」之義也。

逛逛玩玩　謂人閒游無事，隨處皆得大自在之意。

喫喫哈哈　戒人貪於飲食，不知節止之意。

麻麻糊糊　簡言之曰麻糊，謂遇事漫不經心，諸多疏忽也。

鬼鬼祟祟　謂人作事多暗昧，好用陰謀詭計，如鬼之祟人也。

攛搓　勸人作事或誘人爲非曰攛搓。

謶譖　二人謀事背人私語曰謶譖。

呫噥　個人自言自語，不敢高聲爲呫噥。

胡謅　言不由衷，信口而談爲胡謅。

胡鬼　青年羣子弟任意妄爲，聚而滋鬧，謂之胡鬼，言如鬼物之嬲人也。
胡擣　行不由道，遇人之事多方破壞，故意擣亂也。
拐骨　言人之性情偏僻，迥不猶人，舉止乖張，有矯情戾俗之意。
厲害　好以言語嚇人，或以威勢陵人者，謂之厲害。
毛病　凡人有偏僻不近情理者，謂之毛病。
慓愣　暴戾成性〔一〕，不順人情，謂之慓愣。
別愣　性不和順，遇事謬執己見，與人特別，謂之別愣。
掂掂　物有輕重，以手權之曰掂掂。
墊墊　器有不平，以物墊之曰墊墊。
儹　日積月累聚集財物曰儹。
搦　以指掌握物曰搦，又曰攮。
捧　拱兩手持物曰捧。

親屬類

爹娘　普通呼父爲爹，呼母爲娘，或呼父爲達達者亦所在多有，呼母爲媽者偶有之。

〔一〕成性：原作「性成」。

爺爺奶奶　呼祖父爲爺爺，祖母爲奶奶。按古有呼父爲爺者，《木蘭詞》：「軍書十二卷，卷卷有爺名。」爺爺，即爺之爺也。河北《井陘縣志》載邑人多有呼母爲奶者，奶奶，即奶之奶也。

哥哥兄弟　普通呼胞兄爲哥哥，胞弟爲兄弟。

姐姐妹妹　普通呼女兄爲姐姐，女弟曰妹妹。

丈人丈母　俗呼岳父爲丈人，岳母爲丈母。緣東岳有丈人峯，故對岳父有丈人之稱，而丈母則連類及之也。

老爺老娘　普通呼外祖父曰老爺，外祖母曰老娘。緣係母之爺娘，故以老字尊異之也。

器物類

東西　日常使用之物，每呼爲東西。蓋春自東來，主發生。秋自西來，主收斂。取東作西成之意。

傢伙　農工所用之器具，俗名爲傢伙。或稱人之粗暴者亦曰傢伙。

粗糙　精細之反面詞爲粗糙，故凡物之不精細者，概目爲粗糙。

側棱　即不平正之義，凡物置不平之處，或置之不正，謂之側棱。

結實　凡稱物之堅固曰結實。天之生物，春華秋實，華則易謝，實則耐久，故以喻物之堅固。

〔民國〕清平縣志

【解題】梁鍾亭等修，張樹梅等纂。清平縣，今併入山東省聊城市臨清市及高唐縣。「稱謂」「方言」見第四册《禮俗志》中。録文據民國二十五年（一九三六）鉛印本《清平縣志》。

稱謂

民國以來，稱謂變更。曩昔之大人、老爺，今皆改稱其職任，彼此相稱。對於人曰令、曰尊、曰貴，自稱曰敝、曰賤、曰鄙，此與各縣略同者也。其獨異者，如胡人呼父爲爸，而鄉間居民亦習用之，蓋金元之際，此地淪於胡羯者甚久，其染有胡俗在所難免。此原於歷史者也。

至士人呼其嫡母爲娘，呼其庶母爲媽，呼其母之姊妹曰姨，呼其父之妾亦曰姨。於其叔母稱嬸，而對於弟媳、子婦等亦稱嬸。蓋自移民以來，五方雜處，因方音不同而稱謂各殊。此本於習慣者也。

若尊長之於子侄，則僅呼其排行。如老三、老四等。主人之於僮僕，則直呼其姓名。如李某、張某等。而僕之於主，每尊稱之。此因長幼與階級之不同而稱謂互異者也。其尤異者，稱貴族之女爲小姐，而於小家碧玉則稱爲大姐。矛盾不經，殊屬堪嗤。凡此稱謂沿習成風，非旦夕所可盡革也。

方言

河山修阻，言詞異韻，流傳既久，遂成方言。此《説文》考老轉注之例所由起也。清平地處平原，而交通不利，風氣爲阻，土語相沿，多失真諦，於社會文化阻礙實多。兹舉種種方言而考証之。

土語習用之單字

嗎　土人讀爲嘛，語出《摭言》，傳疑之助詞。考嘛者，麽字之轉音，甚麽之省詞也。

欸　音襖，近人用爲應詞。柳宗元「欸乃一聲山水緑」，象其聲也。

别　制止之詞，含勿字意，即不要二字之合音也。

里　所在也，如這里、那里之類。《詩·大雅·雲漢》篇「云如何里」是也。

忒　已甚之詞，蓋即太字之轉語，見《元曲選》。

哼　低聲相應也。土人相語時時用之。若亢其音，則爲唾棄詞。

咳　驚歎詞。引長其音，則含痛惜意。

啦　《字典》訓爲訖，係了字之轉，傳信之助詞也。

唵　相應而含疑意，疑即何字，發音之始也。

呸　《説文》作否，相呵拒也。

兒　輕相呼唤多加此字，婦女尤習用之，如猫兒、狗兒等皆是。蓋嘉運詩「打起黄鶯兒」即風之先。若對於事物、時間，則含甚字意。

其一例。

老　人相稱謂多用老字，如老張、老李、老三、老四等。唐白居易稱元微之爲老元已開此

兩字連用之方言

郎當　土人稱浪漫不肖之子謂之郎當子。唐人《雨霖鈴》曲「三郎郎當」是其所本。

閣落　亦稱角落，暗陬也。《元曲選》所謂「黑閣落」，即土語所本。

不離　古語不即不離，言乎差離之無幾也。

填還　今人得子孫牛馬之報，皆曰填還。昔人詩云：「新祠人祭祀，舊債帝填還。」

囉唆　不勝煩索之意。《顔氏家訓》云：「絡索阿姑餐。」

擔閣　延悮也。林逋詩：「聊爲夫君一擔閣。」

數落　斥責之意。《左傳》：「范宣子親數諸朝。」歷數其罪而發落之也。

攧奪　即敁敪。《韻會》：「手知重輕也。」古字作玷掇。今人相商多用此語。

拓大　脱略而健忘俗謂之拓大。語出《元曲選》。

懣怨　亦曰暴怨，憤恨相慝之詞。語見焦竑《字學》。

盤澆　生活日用謂之盤澆，亦曰澆裹。

草鷄　牝鷄也。人之懦弱者，土人稱爲草鷄，言其人之甘於雌伏，無英雄氣概也。

三字連用之方言

門樓弔　門上所置之鐵環以便筦鎖者，謂之門樓弔。意即古時之門了鳥。

二急眼　俗稱人之莽撞者爲二急眼。考《漢書·汲黯傳》戇直不避權貴意者，急眼，即汲黯之訛，言其人之勇，敢爲第二汲黯也。

不中用　不適用也。漢武帝擇宫人之不中用者盡出之。

不待見　寒山《彌勒偈》云：「我卻不待見。」不及見也。近人所用則寓不願相見之意。

二其是　進一層説法之習用語，意即而其實三字之變音。

莊户孫　城市稱村農爲莊户孫，或稱土孫，或稱鄉棒，即北平所謂老桿，上海所謂曲辮子。

按孫者，卑幼之稱，寓鄙薄之意。昔日社會之奴視勞農，於此可見。

地方習用之成語

抄風撲影　風與影皆無形迹，極言人之虚詐無實也。

指山賣磨　借端招摇之謂。

得過且過　苟安目前之意。

人多不怯重　衆擎易舉，合作主義也。

屈死不告狀　見官府之黑暗，訟則終凶之遺訓也。

吃飯傷火頭　喻人之背本。

戴帽子喊鞋　言行顛倒。

念罷經打和尚　譏人之反面無情也。

這山望着那山高　譏人之見異思遷也。

得了皂户上坑頭　譏人之貪得無饜也。

隔着麥苗啃苜蓿　捨近求遠之意。

爲人不要臉，神仙也難管。　言無恥之人無所忌憚也。

打人莫打臉，罵人莫揭短。　責人而留餘地，孔子「不爲已甚」之意。

爲人不顧己，天理要良心。　顧己而問良心，楊子「爲我」之義。

只許州官放火，不準百姓點燈。　語含牢騷，官民之不平等於此概見。

右列種種，皆土人習用之語。因其沿襲日久，習焉不察，彼此傳訛，遂多誤會。至於習用成語，各有意義，於地方政俗關係尤切。謹就所聞，漫爲詮釋，拉雜成篇。都無體例，姑備一格，以待後人之參考云爾。

〔民國〕臨清縣志

【解題】張自清修，張樹梅等纂。臨清縣，今山東省聊城市臨清市。「謡諺」見十一《禮俗志》中。録文據民國二十三年（一九三四）鉛印本《臨清縣志》。

謡諺

諺，俗語也。雖係恒言，而皆有所本，惟因方音之異，習而不察，遂失真諦。甚至一物也而後先異名，一言也而彼此異韻。不特貽害社交，阻礙文化，而於統一言語之旨，尤多捍格。然究其傳訛之由來，則會心不在遠也。謹引種種方言而歷考之。

箇　語詞。如這箇、那箇、麽箇，則箇之類，唐時已習用之。

里　所在也。如這里、那里之類。《大雅·雲漢》「云如何里」是也。若云未動身里、正作事里，則含有時間性。《詩·正月》「悠悠我里」是也。

啦　傳信之助詞，係了字之轉。按，《字典》：「啦，訖也。」

兒　如猫兒、狗兒等，唐宋已多用之。蓋嘉運詩「打起黄鶯兒」，即其一例。蓋以舌尖而輕呼之也。

老　近人相稱多用老字，如稱人之行輩曰老三、老四，稱人之姓字爲老某或某老。唐白居易稱元微之爲老元，已開此風之先。若當面呼爲你老、他老，則是尊之之稱。對於時間，則稱爲老早、老晚、老久。對於事物，則爲老大、老長、老遠，是又寓甚字、太字之義也。

呀　讀如啞，乃耶字之轉，加以哎字則爲歎詞。

呸　音培上聲，相呵拒也。《説文》作音，相與語唾而不受也。

忒　已甚之詞，蓋即太字之轉。元人詞曲數見不鮮，今人沿用。如忒好、忒乖等，皆含過甚意。

些　《楚辭》所用，係助詞，平聲近於兮字。近間土語訓爲少，與屑通。如些微、些須、星些等皆是。若遠些、近些、長些、短些，則静詞而兼形容也。

麽　疑問之詞，語出《摭言》。元詞習用之。臨事相詰多用此字，惟城東鄉民則讀爲嘛，然嘛者麽之轉音。麽者，什麽之省詞也。

欸　音襖。柳詩「欸乃一聲山水緑」，象其聲也。今人用爲膺詞，若亢其音，則變爲驚訝語氣矣。

以上各字皆土語之最習用者。

容易　東方朔《客難》：「談何容易。」

幾乎　意謂所差無幾也。《西廂記》：「幾乎險被先生饌。」

囫圇　整箇之義，即古渾淪字。

邏逤　寓煩索意，亦作囉唣。《顔氏家訓》云：「絡索阿姑餐。」

含胡　不了解之意。《唐書》：「顔杲卿含胡而死。」

擔閣　延誤也。林和靖詩：「聊爲夫君一擔閣。」

打點　安排也，一作打揲。《聞見録》云「須當打揲，先往排辦」是也。

停當　停止於至當也。

敁敠　讀如顛奪。《韻會》：「手知重輕也。」古字作玷捶。

拗撇　悖謬而具别性，故亦曰别扭。語見《元曲選》。

澆裏　日費也，亦曰盤澆。

數落　訓斥之意。《左傳》：「范宣子親數諸朝。」蓋數説其罪而發落之也。

譽怨　怨憤之言也。焦竑《字學》：「俗以恨人陷害曰譽怨。」亦曰懣怨。

話靶　貽人以口實也。《鶴林玉露》：「安子交自贊曰：今日到湖南，又成閒話靶。」即話柄也。

砌末　或曰碓末，雜凑而零積也。劇場所用雜具亦謂之砌末。

可磣　嫌汙穢之詞。土人説可恥之事爲含塵，亦可磣二字之訛。《岳陽樓》曲云：「可磣殺我也。」

擔待　求人包容之詞。

動彈　起動也。語見《西廂曲》。

不離　《中庸》：「道者，不可須臾離也。」古語「不即不離」，言乎差離之無幾何也。

那能　斷言其不可能，反伸以見意也。

填還　得所酬報謂之填還。昔人詩云：「新祠人祭祀，舊債帝填還。」今人得子孫牛馬之力皆曰填還。

以上皆兩字連用之方言。

不中用　不適用也。漢武帝擇宫人之不中用者盡出之。

不含胡　表示其果決勇往，有丈夫氣也。

不待見　不歡喜也。寒山僧《彌勒偈》云：「我卻不待見。」

大黎膏　煎梨爲膏，味雖甜而難果腹，喻口惠而實不至也。

麻嗏眼　李涉詩：「趁愁得醉眼麻嗏。」〔一〕欲睡而目將合也。黄昏時間，土人謂之麻嗏眼。

抱粗腿　《元曲選·誶范叔》：「抱粗腿，向前跳。」喻世人之趨附權貴也。

門樓弔　門上所置之鐵鼻謂之門樓弔，即古時之門了鳥，音相近，故傳訛焉。

莊稼孫　孫者，卑幼之稱，寓俚俗之意。城市稱村農爲莊稼孫或鄉下孫，亦曰鄉棒，即北平所謂老桿。衆口鑠金，逐成名詞，然士商之奴視儕農，於此可見一斑焉〔二〕。

白瞪眼　狀人之側目而視，無可奈何也。

鷄毛坊　二閘口流民所居謂之鷄毛坊。今視察其地，並無以鷄毛爲業者，始知鷄與飢同音，毛與氓雙聲，蓋即飢氓坊之轉音也。

〔一〕醉眼：原誤作「罪眠」，據《全唐詩》改。
〔二〕斑：原作「般」。

二急眼　勇敢而莽撞者，人稱謂二急眼。考《漢書·汲黯傳》戇直不避權貴意者，急眼即汲黯之訛，許其人之果敢爲第二汲黯也。

郎當子　蕩子之稱。唐《雨霖鈴》曲：「三郎郎當。」言其浪漫也。

以上三字連用者。

得過且過　言其苟安目前，不求進取也。

趁水和泥　不費之惠。

抄風撲影　風影皆空，不可捉摸，極言人之好弄玄虚，而無實際也。

狗仗人勢　譏人之倚傍權門，仗勢要作福威也。

詭而滑稽　滑音骨，見《孟子》，又《漢書》「東方朔善滑稽」注：「諧辨也。」人之多詭謀而善詼諧者，多以此稱之。

指山賣磨　借事招摇之意。

極另閣落　别一處謂之另。閣落，屋角也，暗陬也。《元曲選》所謂黑閣落，即此意。言人之尋物無處不到也。

此皆四字相連者。

以上所列，自一字至四字，皆土人所常用者。因其沿襲既久，習焉不察，魚魯傳訛，遂成方音。故略爲詮釋，俾明原本，而免誤會。至於習用成語，地有異同，於政俗、歷史關係尤深，僅就所聞，連類及之，殊無倫次。拉雜之譏，所不辭也。語列下：

人多不怯重　合作主義。

車到無惡路　互助精神。

財不嗇不聚　見富室之多吝。

屈死不告狀　見法律之無靈。

官打民不羞　見官吏之威嚴。

打狗看主人　投鼠忌器之意。

當堂不讓父　臨死不撓之意。

鷄蛋碰碌碡　以卵擊石之意。

吃飯傷火頭　人之背本。

狗不嫌家貧　物之感恩。

以上五字諺語。

娶媳婦打靈幡　鋪張失當。

戴著帽子喊鞋　語無倫次。

六個指頭撓癢　多此一舉。

撇了馬捉螞蜡　見小失大。

念罷經打和尚　過事無情。
茉莉花子喂牛　得不償失。
以上六言。
光棍不吃眼前虧　見機也。
得了竈户上炕頭　得隴望蜀，貪而無厭。
這山望着那山高　人心無盡，見異思遷。
殺人空落兩手血　損人而不利己。
挑水的望河裡看　心貪而力不足。
賣瓜的不説瓜苦　喻護短。
光着眼子趕老虎　胆大妄爲，不知羞也。
隔着麥苗啃苜蓿　捨近求遠也。
不到黄河不脱鞋　臨事張皇也。
以上七言。
好借好還，再借不難　崇信。
殺人殺死，救人救活　澈底。
寧扶竹竿，不扶井繩　依人須慎。

爲人不顧己，天理要良心　顧己而能問心，楊子「爲我」之精義也。

打人莫抓臉，駡人莫揭短　恕道也。

兔子會駕轅，誰買騾子馬　言大任重責，非長材莫勝也。

只許州官放火，不準百姓點燈　言政法之不平等也。

按，《齊魯方言存古》一書，邑人吴桂華先生所作，於臨清謡諺記載頗多，其考覈詳明，訓釋精當，卓稱名著。惟先生流屬稷門，書多散佚，捐館之後，搜訂無從，時論惜之。梅不學無術，未能稽古證今，龐言雜綴，都無體例，聊備一格，以待後人之參考云爾。

〔民國〕東明縣新志

【解題】任傳藻修，穆祥仲等纂。東明縣，今山東省菏澤市東明縣。「方言」見卷十七《故實・風俗》中。録文據民國二十二年（一九三三）鉛印本《東明縣新志》。

方言

稱父曰爹，母曰娘，祖父曰爺，祖母曰奶奶，世父曰大爺，世母曰大娘，叔父曰叔，叔母曰嬸子，弟婦曰弟妹，外祖父曰老爺，外祖母曰老娘，舅父曰舅，舅母曰妗子，甥曰外甥，或曰某官，館甥曰女壻，或曰客，男兒曰小子，女兒曰閨女，現在曰眼望，岳父曰丈人，岳母曰丈母，連衿曰一根標，或曰一搭椽，主人曰掌櫃，雇工曰夥計，富人曰主户，或曰財主，貧民曰窮光蛋，太陽曰日頭地，太陰曰月明地。

舊志本無歌謡、方言，此次新修創，列之於風俗之後，蓋亦連類而及之義也。無關風化，或言之太不雅馴者，均不載云。

〔民國〕濟寧縣志

【解題】潘守廉修，袁紹昂纂。濟寧縣，今山東省濟寧市任城區。「方言篇」見卷四《故實略》中，爲孫嵐初所纂。録文據民國十六年（一九二七）鉛印本《濟寧縣志》。

方言篇

地志向載方言，蓋以當時之語，沿襲既久，音義各殊，以訛傳訛，而其中之深意即無可考據，著於紀載，可免訛誤。兹亦依例搜采，兼附詮釋，非僅通雅俗之郵已也，亦以存語言於著録耳。先民有言，詢於芻蕘，似不得以諺語而略之。

子，名物助詞也。　名物以子爲助詞，其來蓋久。《中華古今注》：「始皇元年詔：近侍皆服衫子，妃嬪當暑戴芙蓉冠子。」古樂府：「艇子打雨漿。」李白詩：「頭戴笠子日卓午。」杜甫詠棕拂子之類，不可枚舉。濟寧名物幾於無不助之以子字者，非名物亦多助以子字者，如性子、法子之類。

阿，應詞也。《老子》：「唯之與阿，相去幾何。」按，應之速曰唯，應之緩曰阿。

哏，極是詞也。哏，讀如很。翟灝《通俗編》曰：「哏字不見字書，而其詞則至今承之。蓋哏字出《元典章》，有『哏不便當』之語。」今多用很字，如很好、很是，猶云極好、極是也。

們，輩也。俗言你們、我們、他們、偺們，猶云你輩、我輩也。《愛日齋叢鈔》：「樓大防在敕局時，見元豐中原案不改俗語，有云：『我部領你懣。』又云：『我隨你懣去。』」蓋本無正字。北宋時先借懣字，南宋別借爲們，元時又借爲每。《元典章》詔令中用他每甚多〔一〕，又如軍人每、百姓每，凡每皆們字之轉音，元雜劇亦皆用每。

偺，我也。《廣韻》：「我也。」《詩》：「卬須我友。」偺當即卬之音轉音，與朕一音之轉。《説文》：「朕，我也。」惟朕則專稱我，偺則並近我者可並言之爲異。

會，能也。能者曰會，不能者曰不會。會本心會也，能知則能行，故曰會。

等，俟也。《傳燈録》：「或問和尚：『作甚麼？』曰：『等箇人。』」按，等字本無俟義，以等訓俟，蓋見于宋元以來俗語。等與待皆從寺，蓋待音之轉。

够，足也。《廣韻》：「多也。」音遘。升庵《外集》：「今人謂多曰够，少曰不够。」亦作彀。

光，盡也。罄盡爲光。

〔一〕每：原脱，據《通俗編》補。

絳，虹也。　冬韻轉入江韻也。

著，火起也。

著，是也。　人言與己意相合輒應之曰著。著，俗讀作如載。

蝦，追踪也。　俗以爲追人之踪。疑踐字轉音。

打閃，電也。

瓜拉，霹靂也。　俗言打瓜拉，以其聲名之，無正字。

邪滸，驚異詞也。　凡事之可驚而言過其實者，俗曰洩虎。凡雙聲皆無定字，《淮南》所云：「前者唱邪，後者許。」或即此二音。

毛病，有瑕疵也。　徐咸《相馬書》：「馬之善旋五，惡旋十四，所謂毛病，最爲害者也。」此毛病字之所出。然謂馬，非謂人。韓非《五蠹》篇云：「不才之子，父母怒之，鄉人譙之，師長教之，三美加焉，而其脛毛不改。」此於喻人之意方合。

蹧高，壞也。

鏖糟，心煩亂也。　《漢書・霍去病傳》注：「俗以盡死殺人爲鏖糟。」與今義異。

希罕，少也。　物少則珍，引申爲珍惜之詞。

青早，早晨也。

清起來，早起來也。

晌午，正午也。

晚晌，午後也。

今裏、明裏、後裏，猶言今天、明天、後天也。

厭每、欠每、大欠每，猶言昨天、前天、又前天也。　按，此衹諧聲，無字義之可考。

二胡，靠不住、不著實之詞也。

不得，有病也。　俗稱有小病曰不得羌。

拉話，談話也。　俗作拉寡，無正字。

紅磚，暴横者之容貌也。　俗亦作二紅磚臉。

打架，相鬥也。

不離，也罷了，差可也。

平白地，無故也。　太白《越女詞》：「相看月未墜，平白斷人腸。」言平白地爲伊腸斷也。今俗語亦云平白無故地或曰平空地。

不相干，無妨也。　見《淮南子·原道訓》《兵略訓》。　按，干，犯也。

可不是，是也。　以人言爲是則曰可不是，亦反言之詞。

口頭語。　濟寧下等社會之人，往往於將言之際，先有一句口頭語，大概駡人之詞。　他省他縣雖亦有口頭語，惟濟寧爲最著，一聞其口頭語，即知其爲濟寧人也。

老爺爺，太陽也。

月老娘，月也。

以上釋言詞。

捲，駡也。

疼，愛憐也。

奏，撻也。

歹，好之對也。凡不好者均爲歹。《元典章》有「或好或歹」之語，宋以後始有之。

哄，假慰也。引申爲欺哄、騙哄。又曰籠哄，亦欺哄之義。

癉，音葷，不曉事也。字見《札樸》〔一〕。

走作，失故處也。《傳燈録》：「若不遇師，幾成走作。」朱子《語録》亦常用之。

撈摸，捉摸也。朱子《文集》云：「如此空空蕩蕩，恐無撈摸也。」今俗語於失而欲復得者曰撈摸。

躲閉，離開也。《玉篇》躲訓無逃匿義，《元典章》有此二字。

𡚸姞，慕勢也。俗作巴結。《札樸》〔二〕：「努力曰𡚸姞。」慕勢蓋引申之義。

〔一〕〔二〕樸：原誤作「璞」。

人事，餽遺也。《晉書·武帝紀》頒五條詔書：「五曰去人事。」韓退之有《謝許受王用男人事物狀》，後撰《平淮西碑》，韓宏寄絹五百疋，充人事。蓋唐代已以餽遺爲人事。

人情，餽物也。杜詩有「作人情」字。《都城紀勝》云：「或講集人情分子。」俗以賀人者曰人情，數人公賀曰隨分子。

馬利，輕便也。

母量，估量、揣度也。

打盹，假寐也。

們渾，不明了也。《方言》郭注：「們渾，肥滿也。」引申爲不明了者之稱，亦或稱之曰老淵。

㨖搦，做作，虚憍也。《札樸》〔一〕：「拮据曰㨖搦。」

攮掇，讀若妥。慫恿也。《札樸》〔二〕：「誘人曰攮掇。」今爲人慫恿者曰受攮掇。

生氣，怒也。《晉語》：「子犯曰：我曲楚直，其衆莫不生氣。」

出氣，報怨也。《五代史·伶人傳》：「諸伶侮弄縉紳，羣臣莫敢出氣。」

賭氣，明知其不當爲而爲也。

〔一〕〔二〕樸：原誤作「璞」。

眠姬，不開展貌。　俗言舉止羞澀也，見《列子》。　明田汝成《委巷瑣談》：「藴不躁暴者曰眠姬。」

弔詭，黠也。

打扮，女飾也。　《中原雅音》：「俗以妝飾爲打扮，或曰妝扮。」

喫醋，婦人妒也。　《在閣知新録》：「世以妒婦比獅子。獅子日食醋酪各一瓶，喫醋説當本此。」

養漢，婦人私蓄男子也。　俗以男作賊、女養漢並稱。　漢爲男子之稱，婦人有外遇而私蓄之曰養。　元李文蔚曲有「養漢精」。

抬槓，兩人争執意見也。

鬧亹端，戲謔也。

和稀泥，敷衍了事之意也。

半弔子，知識不完全者之稱。

飛來福。　《易林》：「飛來之福，入我居室。」今俗語誤爲飛來風。

調三和四，挑撥是非之意也。

打順風旗，迎合意旨之意也。

以上釋人事。

大，父也。　濟寧稱父曰大，亦有稱達者，疑即爹字轉音。

孃，母也。《廣韻》曰：「孃，母稱。」「娘，少女之號。」分别最晰，自當嚴别之。

媽，庶子稱生母也。

兄弟，弟也。　濟人哥呼弟爲兄弟。

小，兒輩也。　鄉俗呼子孫姪輩爲小，大小、二小依次呼之。

妮，女也。　鄉俗呼女爲妮，大妮、二妮依次呼之。

舅子，内兄弟也。

兩喬，連襟也。　所謂喬者，本大小喬之義，喬誤作橋。　俗亦稱曰兩空，係橋空之義，穿鑿甚矣。

妻姪，内姪也。

小婆，妾也。

要羔子，養子也。

帶犢子，再嫁婦所攜子。

叫街，乞丐也。

土工，抬喪輿者也。

端工，巫覡之一，專司午節迎神者也。

香頭，巫覡也。俗亦呼曰下神的。

填房，再娶妻也。

後婚，再醮婦也。

大夫，醫也。

經紀，牙儈也。

婤嫪，《説文》：「婤嫪，戀惜也。」俗音讀爲骨老，以稱婦人所私者。

光棍，無妻者也。光棍合音爲鰥。又爲横霸之名。《大清律》有懲治光棍律。

賣婆，女販也。

做活的，男雇工也。

做飯的，女雇工也。

掌櫃，店鋪之經理也。

姑姑、姑子，尼僧也。

門子，窑子也，即妓院。

啃影壁牆，訟師之稱也。

以上釋色目。

生鏽，鐵生鏽也。

釉子，陶器上色也。

爆仗，爆竹也。　古以真竹著火爆之曰爆竹，後卷紙裹藥爲之曰爆仗，二字見《武林遺事》。

調羹，小勺也。

雨篛，蔽雨具也。　施於窗牖。李東陽有《雨篛》詩，讀如踏。今俗作雨打。

礓䃰，石階也。　俗引申爲凡階之稱。京都有礓䃰門。《武林舊事·諸小經紀》有賣礓䃰子。

羊溝，宅内水道也。　《太平御覽》引《莊子逸篇》：「羊溝之鷄。」《中華古今注》：「羊喜抵觸垣牆，爲溝以隔之，故曰羊溝。」《七修類稿》：「俗以暗者爲陰溝，明者爲陽溝。」《三輔黄圖》：「長安御溝謂之楊溝。」

墼，土磚也。　見《後漢書》，今之土磚也。《急就章》謂範土爲之。晉陶侃運甓。甓音同。從瓦則磚，從土則土磚。俗字作坯。

補帄，衣補也。　《説文》有靪字，訓「補履下也」，當即補帄名所由昉。帄，一作丁。

兜兜，襪肚者也。

蓋體，被也。

柯婁，女人束髮髻也。

以上釋器物。

寒毛，膚上毛也。《晉書・夏統傳》：「聞君之談，不覺寒毛盡戰。」寒，俗作汗。

嘴巴，頷也。

人中，脣上凹處也。

攎攉，腰曲也。字見《札樸》〔一〕。攉，讀若鍋。

以上釋形體。

頭口，生口，牲畜也。《元典章》刑例有偷頭口條：「凡達達漢兒人偷頭口，一箇陪九箇。」《魏志・永昶傳》注：「任嘏與人共買生口，各雇八匹。」漢以來史所言生口，多指俘虜而言，與《魏志注》異。

螞蚱，蝗也。

虼蚤，跳蝨也。見《元曲選》。

趨趨，促織也。趨本讀若促，今人每讀如字，誤。

蝍蟧，蟬也。

曲蟮，即蚓也。見《考工記・梓人》疏。

〔一〕樸：原誤作「璞」。

蝎虎，蜥蝎也。

小小蟲，麻雀之小者。

老趙子，麻雀之大者。

治魚，剖魚也。　治讀若池。

麻胡，俗云狼也。　俗兒啼則怖以麻胡即止。相傳皆謂麻胡即狼，其實非是。《隋遺録》云：煬帝將幸江都，命麻祜濬黄河入汴堤，麻以木鵝試工之淺深，鵝止輒謂夫役不忠，結隊死水下。至今兒啼聞言麻胡來即止，此名之所自起。

霧黴，高粱不秀者。　見《札樸》[一]。

以上釋動植。

右方言。

[一] 樸：原誤作「璞」。

河南省 凡三十二種

〔民國〕河南

【解題】吴世勳編。「語言」見第二章《人文》中。録文據民國十六年（一九二七）鉛印本《河南》。

語言

全省語言，大致相同，故本省人交際，無語言隔閡之感。兹舉其特點如下：

子 語音簡單

河南語言聲多平而少入，剛直而不委婉，如讀「北」爲ㄅㄟ，「墨」爲ㄇㄟ，「合」爲ㄏㄜ之類是也。凡入聲多與平聲相混淆，雖有時似入聲，亦延緩不能急口收藏。蓋人性弛緩，語言滯澀，故鮮短促之聲。汲、淇、陜、洛等縣，雖有入聲，地域不廣且語言簡絀，交際亦少，他省人所絮絮不休者，本省人每以片言了之。若與江、湖、京、津人雜坐，僅聞異方人嘈雜之聲，而本省人反噤若寒蟬，非常遊於外者不能長於辯論，非久處中州者，或至疑爲簡慢。惟南部潢川、光山、固始、息、商城五縣，因地近長江流域，較爲活潑，言語捷給，他處不能及也。

丑 名詞改進

我國語言文字，一音一義，音有限而義無窮，以有限之音達無窮之義，如無轉曲，必致混淆。如「政正」「皆街」，形雖有異，音則相同。是以普通語言，已漸改良，以濟其窮。動静諸字，所以述動作、德性等事，常與他種字連屬，意尚易辨，惟名詞多獨用，難分别，故單音物名多加尾音，如「桌子」「椅子」等，汲縣、内黄呼「豆得」「茄得」是也。亦有變易其音，或重複其音者，如安陽呼「孫」爲「孫兒」，「官」爲「官兒」，一字延緩爲二音；濬縣呼「燈」爲「得耳」，「明」爲「米耳」，南陽呼「女」爲「尼兒」，「娃」爲「屋兒」，皆合讀爲一音；又開封呼「茄」爲「茄熬」合音，淇縣呼「麥」爲「密歐」合音，則皆字之變音；「兄」曰「哥哥」，「姊」曰「姐姐」，則爲重音。又有連用同義之音爲一名詞者，如「道路」「房屋」等，或以其太繁瑣，謂今語之不若古，不知此正是語言之進步。

寅 派别

全省語言，與黄河流域各省及蘇皖北部大致相同，而尤近於直隸南部，就其小異之處，可分爲五派：（ㄅ）開封道全境；河北道内黄、湯陰以南，陽武、原武以東；河洛道澠池、嵩縣以東；汝陽道淮河以北，桐柏山以西，皆用河南普通語言。開封附近，北至濬縣，南至扶溝，多哆口重粗之音，如呼「茄」爲「卡熬」合音，「孩」爲「海熬」，「袍」爲「怕熬」等是。（ㄆ）武安南至輝縣北境，地接山西，音亦相近。其發音與物名多有異於普通語者。（ㄇ）沁陽附近諸縣，與開封土音相反；蓋一則撮合其口，較之正音頗覺細小；一則哆張其口，若惟恐其音之細者，如沁陽讀「縣」似ㄒㄝ，「三」似ㄙㄝ，皆不如汴音之粗重，與鎮平縣晁陂一帶頗相似。武陟、温、孟、濟源、沁陽爲其中樞，而新鄉、獲嘉、輝縣、洛陽亦多相似之音。（ㄈ）張茅、硤石、崤山以西，伏牛、熊耳以北，舊陜州屬各縣，地接秦晉，語音亦與之相近，多角徵清音，雖不如東方平原之宏大，而高强則過之。（ㄎ）羅山以東，淮河以南，地接江域，音與相近。信陽南北，西以桐柏山爲界，其音亦然。

〔民國〕續修范縣縣志

【解題】張振聲修，余文鳳纂。范縣，今河南省濮陽市范縣。「方言」見卷三《禮俗志》中。録文據民國二十四年（一九三五）鉛印本《續修范縣縣志》。

方言

那汪、這汪，指地點言。別加，即無須口吻。候勞，禁止口吻。做倍，作什麽口吻。不雜樣，不行口吻。

〔民國〕續安陽縣志

【解題】方策等修，裴希度等纂。安陽縣，今河南省安陽市安陽縣。「方言」見卷十《社會志》中。録文據民國二十二年(一九三三)鉛印本《續安陽縣志》。

方言

本邑言語大致相同,惟以東西延長,接壤鄰封,不無小異。水冶一帶,西界林縣,言語特殊,最顯著者根金君昆四聲與庚經工弓四聲常相混讀,而齒音獨真,如三山四是等字,分别甚晰,非中東二部所能及也。中部語音輕清,惟思尸東冬等音辨認不真。東部語音稍濁,偏北者略帶臨漳土音,偏南者略帶湯陰、内黄土音,蓋以互爲婚媾,習俗使然也。

聞之先達,人之語音由鈍而利,由遲而速,遲鈍則音分,利速則音合,且往往因喉音不同而方音各異。我縣城關喉音近兒字,即國音儿字,如呼青年乳名爲柱儿、成儿、秃儿等。城之東喉音近歐字,即國音ㄡ字,如呼女爲女歐,合音爲妞。城之西喉音近昂字,即國音ㄤ字,如呼娘爲娘ㄤ等。城之北喉音近啊字,即國音ㄚ字,如呼村名黄家莊爲滑抓,王家莊爲娃抓,蓋合黄家爲滑,王家爲娃,變莊爲抓也。城之南亦然,其呼楊家井爲牙井,梁家莊爲ㄌㄧㄚ抓,亦合楊家爲牙,梁家爲ㄌㄧㄚ焉。又普通呼一爲ㄩㄛ,兩爲ㄌㄧㄚ,三爲ㄙㄚ,此又分一字爲二合音。

總之全部發音遲緩,不甚急促,故單獨名詞均有助語口吻,以疏其氣,要以兒字爲最普通,而得的咧哩等音次之,且入聲甚少,如益逸逆憶讀爲義、屋讀爲無、席讀爲西、集讀爲几、物讀爲悮、欲玉讀爲遇之類。至於稱名辨物,另有一種土音,外人最難體認。

兹值國語統一之際,所有土音方言亟應採録,以爲逐漸改良步驟,謹列舉如左。

家屬類

高祖，老祖爺〔一〕。曾祖，老爺爺。祖父，爺。父親，爹。亦曰爸爸。伯父，大爺。叔父，叔叔。兄長，哥哥。弟，兄弟。子，孩兒。孫，孫兒。曾孫，重孫。玄孫，累孫。高祖母，祖奶奶。曾祖母，老奶奶。祖母，奶奶。母親，娘。嫡母，老娘。庶母，姨娘。伯母，大娘。叔母，嬸娘。妻，媳婦。俗曰老婆。妾，小婆。姑母，姑姑。姊，姐姐。妹，妹妹。兒妻，兒媳婦。孫妻，孫媳婦。曾孫妻，重孫媳婦。

戚屬類

外祖父，老爺。舅父，舅舅。表兄，表哥。姑丈，姑夫。姐丈，姐夫。妹丈，妹夫。岳父，丈人。内兄，大舅。内弟，小舅。内侄，妻侄。岳母，丈母娘。妻女兄，大姨。妻女弟，小姨。襟兄弟，一條船。

師友類

老師，長者。亦曰先生。窗友，同窗。亦曰硯兄弟。校友，同學。盟兄弟，朋友。亦曰把老。知交，處叨。匠師，師父。學徒，徒弟。

商賈類

經理，掌櫃。亦曰頭把椅子。副經理，副掌櫃。亦曰二把椅子。助理，夥計。學徒，相公。

〔一〕原爲列表形式。「，」上爲正音，下爲方音。本篇同。

數目類

一個，ㄩㄛ。二個，ㄌㄧㄚ。三個，〔一〕。七個，ㄑㄧㄝ。八個，ㄅㄚ。一千，一弔。一萬，拾弔。

風雨類

閃電，打忽閃。霰，下淋蛋。微雨，ㄎ星。即滴星之轉音。細雨，羅麪雨。雹，冷子。陰風，陰冷風。大北風，朔北風。羊角風，旋風。蝃蝀，虹。雲，雲彩。

天文類

太陽，老暍。月，月亮。星宿，星星。流星，賊星。牽牛星，牛郎。辰星，辰門樓。啓明星，慌忙星。彗星，掃帚星。參星，ㄙㄦ。北斗，杓頭星。

日時類

昨天，ㄝㄍ。前天，前ㄍ。大前天，大前ㄍ。明日，明ㄦ。過明日，過了明ㄦ。一稱後ㄦ。大過明日，大過了明。一稱大後ㄦ。去年，年ㄍ。明年，過年。先時，先ㄍ。昨日，業ㄍ。

雜語類

你做甚麼呢，你做嗄。是，可不是呢。孔，窟窿。你説甚麼，你説嗄。男，漢們。女，ㄏㄧㄢ娘之轉音們。父子，爺兒們。母子，娘兒們。雇工，覓漢。工頭，掌作。會計，掌賬。

〔一〕原文爲空。

以上謹舉目前稱呼之最普通者，其他不備載。

〔乾隆〕林縣志

【解題】楊潮觀纂修。林縣，今河南省安陽市林州市。「風土志」見卷五。録文據乾隆十七年（一七五二）刻本《林縣志》。

風土志

林邑土人呼父曰爹〔一〕。母曰娘。祖曰爺。祖母曰奶奶。兄曰哥。弟曰兄弟。伯曰大爺。伯母曰大娘。叔曰小叔。嬸曰嬸子。妻曰媳婦。子曰兒子。妻曰兒媳婦。孫曰孫子。孫妻曰孫媳婦。姪曰姪子。姪妻曰姪兒媳婦。

女曰閨女，其壻曰姐夫。父之姊妹曰姑，其壻曰姑夫。祖之姊妹曰姑奶奶，其壻曰姑爺。姊曰姐姐，其壻曰姐夫。妹曰妹子，其壻曰妹夫。

壻呼婦翁曰爹。亦曰外父。婦之母曰娘。亦曰外母。妻之兄曰哥。弟曰兄弟。亦稱舅子。餘隨妻稱。婦之姊妹曰姨，其壻曰姐夫，亦稱一條纏。母之父曰老爺。母之母曰老老。母之兄弟曰舅舅，妻曰妗子。母之姊妹曰姨，其壻曰姨夫。女之子女曰外甥。姊妹之子女亦曰外甥。夫

〔一〕「爹」下有雙行小字，約五字，漫漶不清。

之父曰爹，亦稱公公。夫之母曰娘，亦稱婆婆。餘隨夫稱。弟稱師曰師傅。師稱弟曰徒弟。奴僕呼老主曰爺，亦稱老當家，老主母曰奶奶。呼小主曰叔，亦稱小當家，小主母曰嬸子。

〔民國〕重修林縣志

【解題】張鳳臺修，李見荃等纂。林縣，今河南省安陽市林州市。「稱謂」見卷十《風土》中。録文據民國二十一年（一九三二）石印本《重修林縣志》。

稱謂

舊志有方言，記僅述親屬之稱謂，至今尚無大變，遷録之如左。

土人呼父曰爹，母曰娘。祖曰爺，祖母曰奶奶。兄曰哥，弟曰兄弟。伯曰大爺，伯母曰大娘。叔曰叔叔，嬸曰嬸子。夫曰漢子，妻曰媳婦。子曰兒子，妻曰兒媳婦。孫曰孫子，孫妻曰孫媳婦。姪曰姪兒，姪妻曰姪兒媳婦。

女曰閨女，其壻曰女壻。父之姊妹曰姑，其壻曰姑夫。祖之姊妹曰姑奶奶，其壻曰姑爺。姊曰姐姐，其壻曰姐夫。妹曰妹子，其壻曰妹夫。

壻呼婦翁曰爹，亦曰外父。婦之母曰娘，亦曰外母。今鮮呼爹娘者。妻之兄曰哥，弟曰兄弟，亦稱舅子，餘隨妻稱。婦之姊妹曰姨，其壻曰姨夫，亦稱一條纏。母之父曰老爺，母之母曰老老。母之兄弟曰舅舅，妻曰妗子。母之姊妹曰姨，其壻曰姨夫。女之子女曰外甥，姊妹之子亦曰外甥。夫之父曰爹，亦稱公公。夫之母曰娘，亦稱婆婆。餘隨夫稱。弟稱師曰師傅，師稱弟曰徒弟。奴僕呼老主曰爺，亦稱老當家，老主母曰奶奶。呼小主曰叔，亦稱小當家，小主母曰嬸子。

〔乾隆〕衛輝府志

【解題】德昌修，徐朗齋纂。衛輝府，轄境相當於今河南省新鄉和鶴壁地區，府治在今河南省新鄉市衛輝市。「方言」見卷十九《風俗》中。録文據乾隆五十三年（一七八八）刻本《衛輝府志》。

方言

堂屋　《説文》：「正寢曰堂。」今郡俗謂向陽之宇曰堂屋。

街門　《梁冀傳》：「冀大起第舍，妻壽亦對街爲宅。」今郡俗謂宅之門外曰街門。

斷間　《韋元成傳》：「間歲而祫。」注：「間歲，隔一歲也。」《釋名》：「斷，段，分爲異段也。」〔一〕今郡俗謂房屋斷隔一室曰斷間。

〔一〕段：原誤作「斷」，據《釋名》改。分：原脱，據《釋名》補。

剗瓦房《前漢·班固叙傳》：「革剗五等。」〔一〕《玉篇》：「剗，削也。」《集韻》：「平也。」今郡俗謂單瓦室曰剗瓦房，言削去多瓦，其勢甚平。

蓋的《考工記》：「輪人爲蓋。」蓋，覆也。今郡俗謂被曰蓋的，蓋取掩覆之意。

鋪的《小雅》：「乃安斯寢。」箋：「乃鋪席與羣臣安燕以樂之。」又《樂記》：「鋪筵席。」今郡俗謂裀曰鋪的。

布袋《玉篇》：「袋，囊屬。」《干禄字書》作帒。今郡俗謂囊曰布袋。

筲《類篇》：「宋魏謂筯筩爲筲。」今郡俗謂水筩曰筲。

伯《釋名》：「父之兄曰伯父。」又：「婦人目其夫曰伯。」《詩·衛風》：「伯也執殳。」今郡俗謂夫之兄曰大伯。

爹《南史·梁始興王憺傳》：「詔徵還朝，人歌曰：始興王，人之爹。」韓愈《祭女文》：「阿爹阿八。」今郡俗謂父曰爹。

爺《古木蘭詩》：「軍書三十卷，卷卷有爺名。」今郡俗謂祖曰爺。

哥《前漢·藝文志》：「哥永言。」《韻會》：「穎川語小曰哥。」今郡俗謂兄曰哥。

嫂《後漢·馬援傳》：「援敬事寡嫂。」今郡俗呼兄之妻曰嫂。

〔一〕「等」下原衍「制」字。

嬭　《廣韻》奴禮切，《博雅》：「楚人呼母曰嬭。」《集韻》：「忍氏切。姊謂之嬭。」今郡俗謂祖母曰嬭。奴蟹切。

姑　《新婦》詩：「未諳姑食性，先遣小姑嘗。」夫之女妹曰小姑。又《爾雅·釋親》：「父之姊妹亦曰姑。」《詩·邶風》：「問我諸姑。」今郡俗謂父之姊妹曰姑。

姐　《説文》：「蜀人呼母曰姐。」今郡俗弟呼女兄曰姐。

妞　《集韻》音紐，「姓也，高麗有之」〔一〕。今郡俗呼稚子曰妞，未知何説。

娘們　杜甫《兵車行》：「耶娘妻子走相送。」今郡俗謂母曰娘，又通謂婦人曰娘們。

孩們　《孟子》：「孩提之童。」今郡俗通謂稚子曰孩們。

没講　《禮運》：「講信修睦。」疏：「談説也。」今郡俗謂無可説曰没講。

扞得　《禮·學記》：「發然後禁，則扞格而不勝。」注：「扞，堅不可入之貌。」今郡俗謂稚子好弄不服教曰扞得，蓋扞格之轉音也。

不昭　《書·堯典》：「百姓昭明。」《博雅》：「昭，明也。」今郡俗謂不知曰不昭，即不明也。

各倒　《詩·齊風》：「顛之倒之。」今郡俗謂廝混曰各倒。

夾攪　《詩·小雅》：「祇攪我心。」今郡俗謂攪亂爲夾攪。

〔一〕「姓」上原衍「人」字，據《集韻》删。

刮刷《爾雅·釋詁》：「刷，清也。」注：「掃刷所以爲潔清。」《增韻》：「根刷，尋究也。」今郡俗謂搜尋爲刮刷。

割裂《釋詁》：「割，裂也。」疏：「謂以刀裂之也。」今郡俗謂失禮曰割裂。

愲憧《韻會》：「愲，心亂也。」《正韻》：「慒憧，亦心亂也。」《前漢·息夫躬傳》：「心結愲兮傷肝。」今郡俗謂糊塗爲愲憧。

絡索《西都賦》：「籠山絡野。」注：「絡，繞也。」《説文》：「索，草有莖葉可作繩索。」今郡俗謂纏繞爲絡索。

囃《玉篇》：「囃，助舞聲。」今郡俗相詰問曰囃。

啁咄《廣韻》：「飲聲。」今郡俗謂嚼物聲曰啁咄。

虓人虓喇　訛習諸字，虓與唬同，今虓唬誤虎音，郡俗竟謂驚訝曰虓人虎喇。

地頭腔《正字通》：「歌曲調曰腔。」今郡俗謂鄉談曰地頭腔。

左《前漢·諸侯王表》注：「降秩爲左遷。」又《韻會》：「策畫不適事宜曰左計。」今郡俗謂事不諧曰左。

瞧　嵇康《難自然好學論》：「覩文籍則目瞧。」瞧，偷視貌。今郡俗謂看爲瞧。

依模似樣《説文》：「模，法也。」《魏都賦》：「受全模於梓匠。」《長編》：「宋太祖曰：聞草制皆檢舊本，依樣畫葫蘆。」今郡俗謂相同曰依模似樣。

鬼　《詩・小雅》：「爲鬼爲蜮。」謂人被其傷而不見其形也。今郡俗謂詐曰鬼。

利　《鼂錯傳》：「兵不完利，與空手同。」利謂鋒利也。今郡俗謂事速成曰利。

要　《海篇》：「尖要俊利也；戲也。」今郡俗謂戲曰要。

布　《詩・衛風》：「抱布貿絲。」傳：「布，幣也。」今郡俗謂抱曰布，不知何説。

送好　《詩・衛風》：「永以爲好也。」今郡俗婚禮請期曰送好。

茨萘　《詩・衛風》：「牆有茨。」注：「蒺藜也。」《類篇》：「萘，吴中菜名，有刺。」今郡俗謂不潔曰茨萘，蓋比之如蒺藜有刺也。

落沓　《禮・王制》：「草木零落。」《説文》：「語多沓沓，若水之流。」今郡俗謂先富後貧曰落沓，言其家道零落，若沓沓之水，去而不留也。

跁　《集韻》音罷，行貌。李建勳詩：「跁踦爲詩跁踦書。」今郡俗謂膝行曰跁。《集韻》音杷。

俊　《北史・蘇綽傳》：「萬人之秀曰俊。」俗謂貌美曰俊。

〔民國〕汲縣今志

【解題】魏青�纂。汲縣，今河南省新鄉市衛輝市。「風俗」見第七章中。録文據民國二十四年（一九三五）鉛印本《汲縣今志》。

風俗

河南人性弛緩，語言滯澀，多平聲而少入聲，惟汲縣、淇縣、陜縣、洛陽等處，備具四聲。汲人談吐時，對於實物，多加尾音。如呼豆爲豆得，茄爲茄得，匏爲匏得，碗爲碗得，筷爲筷得，小女孩爲小妮得，鷄爲鷄得，椅爲椅得，欖子爲欖得是。

〔道光〕輝縣志

【解題】周際華修，戴銘纂。輝縣，今河南省新鄉市輝縣市。「方言」見卷四《地理志》中。録文據道光十五年（一八三五）刻本《輝縣志》。

方言

河，凡於水之長流者統謂之河。爹，呼父曰爹。娘，呼母曰娘，呼伯母曰大娘。爺，呼祖曰爺，呼曾祖曰老爺，呼伯父曰大爺。妞，呼稚子曰妞。的腦，頭也。膈膊，肱也。家什，謂物用曰家什，什音如四。晒寒地，一年一種者爲晒寒地，晒音如煞；一歲再種者曰畬地，畬音如茶。中宫，俗於天井築土爲臺以祀神，名曰中宫，所以報土神也；或於宅内東北隅爲之，亦取艮方屬土之意。今多兼祀天地，失之僭矣。上房，俗謂主房爲上房。剗瓦房，但用仰瓦不用合瓦名剗瓦房。蓋的，被也。鋪的，褥也。夾攪，胡纏厮混也。沕那兒，遥指彼處也。割裂，不循正理。顆粒，爽利也。潑剌，剌音辣，凡謂物之飛動者曰潑剌。覓頭，謂傭工曰覓頭，又曰把勢，又曰大挂。塡房，女子嫁於再婚之男爲塡房。依模似樣，謂兩物相同也。不出奇，言不佳也。妑角，女子髻名。不𡈼，贅疣之小者。囃，相詰問，又不平之意。撲漉，鳥飛聲。絡索，不爽快之意。懵懂，糊突也。刮刷，搜尋浄盡也。各倒，廝混也，又不爽快之意。嗄，甚麽也。各星，小雨也。嗗咄，嚼物有聲也，嗗音如谷，咄音如卓。麻纏，牽扯也。

〔民國〕長垣縣志

【解題】宋静溪纂修。長垣縣，今河南省新鄉市長垣縣。「土語」見卷八《風土志》中。録文據民國三十三年（一九四四）鉛印本《長垣縣志》。

土語

稱父爲爹。稱母爲娘。稱父之兄爲大爺或大伯。稱祖父爲爺爺，祖母爲奶奶。稱外祖爲老爺，外祖母爲老娘。姊曰姐姐。妹曰妹妹。舅曰公公。姑曰婆婆。夫弟曰小叔。夫兄曰大伯哥。妻父曰丈人，又曰岳父。妻母曰岳母，又曰丈母。妻兄曰大舅子，又曰内兄、大哥。妻弟曰小舅子，又曰内弟。兩婿相稱一條椽，亦曰連襟。母兄弟曰舅。母兄弟妻曰妗。雹曰冷子。黎明曰冷清明。暮曰黑拉。昨日曰夜隔。越一日曰前夜隔。越二日曰大前夜隔。突如其來曰猛不訪，亦曰不徐顧。兩不相涉曰犯不着，亦曰犯不上。是人言曰可不是，又曰該不是的。以手折物曰撕開。爽快曰鏰利，亦曰馬利。遲緩曰莫索，亦曰迷蹬。修理曰整治，亦曰收拾。人不潔曰邋遢，亦曰遲耐，曰骯髒。心疑曰隔影。口角曰吵鬧。弄富曰燒包。依勢欺人曰霸道。逃走曰跑，亦曰竄。不循規矩曰竄行。駡人曰啳，亦曰撅。富曰財主，亦曰便家，又曰主户。貧曰窮，亦曰没法。吝嗇曰夾榆頭，亦曰不開眼。不務正曰混鬼，亦曰片湯，又曰游神。醵錢飲酒曰打平火，又曰兑半牛兒。女繼室曰填房。再醮曰抬身，又曰改嫁。人言太繁謂之嘟嘟。肆無忌憚謂之没王蜂。僱人耕地曰伙紀，又曰覔汗，按日計算者謂之短工，通稱做活。

牡驢曰叫驢。牝驢曰草驢。母鷄曰草鷄。雄鷄曰公鷄。呼馬駒曰嘟嘟。呼牛犢曰默默。呼犬曰嗷嗷。呼豕曰老老。呼鷄曰穀穀。

幹甚麼曰嗄拉。彼處此處曰那裏這裏。甚好謂之奔奔叫，又曰一百成。甚壞謂之不鮮禿，或曰難心。不中謂之不行。事完就是拉倒。晚餐謂之喝湯。眼前謂之摇玩。事多糾紛帶有險性者曰麻纏，又稱人陰險難測者亦曰麻纏。兩人各執一是互相争論者曰抬槓。以魯爲魚、以亥爲豕，不知而誤認者謂之瞎虎。固執己見不以他人爲照者謂之打彆。求助于人永不償還者謂之打網。素無才德到處受人排斥者謂之吃不開。作事不合法度或失之大過或失之不及謂之不靐絃。作事了草完局謂之胡二馬月。不通事故曰白脖。

〔乾隆〕新鄉縣志

【解題】趙開元纂修，暢俊纂。新鄉縣，今河南省新鄉市。「方言」見卷十八《風俗志》中。録文據乾隆十二年（一七四七）刻本《新鄉縣志》。

方言

詞不詭僻，頗近官話，間有土音。其四封聯界獲嘉、陽武、原武、延津，凡所接壤係屬某邑，語音即類某邑。推而至於日用禮儀亦俱相倣，蓋漸染使然也。

〔民國〕封丘縣續志

【解題】姚家望修，黄陰柟纂。封丘縣，今河南省新鄉市封丘縣。「稱呼」「方言」見卷二《地理志·風俗》中。録文據民國二十六年（一九三七）鉛印本《封丘縣續志》。

稱呼

父曰爹，亦曰伯伯。母曰娘，亦曰大大。祖父曰爺爺，祖母曰奶奶。曾祖父母曰老爺、老奶。高祖父母曰老老爺、老老奶。伯父、伯母曰大伯、大娘。叔父、叔母曰叔叔、嬸嬸。父之姊妹曰姑姑，姑之婿曰姑夫。祖之姊妹曰姑奶，姑奶之婿曰姑爺。妻曰媳婦。子曰兒子。兒之妻曰兒媳婦。女曰閨女，亦曰妮。兄曰哥哥。弟曰兄弟。姊曰姐姐。妹曰妹妹。以上父黨。

母之父母曰老爺、老娘。母之祖父母曰老老爺、老老娘，祖母之父母亦然。母之姑曰姑老娘，其夫曰姑老爺。祖母之姊妹曰老娘，其婿曰姑老爺。母之兄弟曰舅，其妻曰妗。母之姊妹曰姨，其婿曰姨夫。以上母黨。

妻之父母曰岳父、岳母，亦曰丈人、丈母。妻之兄弟曰大舅、小舅。妻之姐妹曰大姨、小姨，其婿曰妗兄、妗弟，亦曰一條串。以上妻黨。

夫之父母曰公婆，亦曰爹娘。兄曰大伯哥，弟曰小叔，姐曰大姑姐，妹曰小姑。餘俱與夫同。以上夫黨。

弟子稱師曰老師，自稱曰徒弟。奴婢稱家主曰爺，亦曰老當家，主母曰奶奶，小主曰叔，亦曰小當家，小主母曰嬸。卑幼稱尊長曰你老，尊長呼卑幼曰孩們。稱人卑幼曰相公。男無妻曰光棍漢，女無夫曰半邊人。男子曰爺們，女子曰娘們，兄弟曰丁讀去聲們，其妻曰妯娌們。雇工曰覓漢，佃户曰夥計，其稱主人曰掌櫃俚。以上雜稱。

方言

一曰藥，即國音之ㄧㄨㄛ，下平。二曰兩，即國音ㄌㄧㄚ，上。三曰仨，即國音之ㄙㄚ，入。六曰流窩，即國音之ㄌㄧㄡ，去。八曰八個。即國音之ㄅㄚ，入。

被曰蓋的。褥曰鋪的。甚麽曰嗄。詰問曰嚾。胡纏曰胡鬧。多事曰絡索。如今曰穰晚。

昔年曰每遭。前日曰夜隔，前二日曰前夜隔，前三日曰大前夜隔。明日曰明隔，後二日曰後隔，後三日曰大後隔。午前曰上午，午後曰後晌。雙利曰顆利。謊言曰黠話。頭曰腦的。胸曰圪廊。肱曰胳膊。晝曰白俚，夜曰黑皆。貧曰急荒，富曰方便。好過曰處坦。無業曰光棍。與人交曰相交。不和睦曰反臉。糊塗曰迷瞪。暴厲曰紅磚。不諳事曰白脖。不佳曰不出奇。下賤曰没出息。兩物相同曰一模似様。不期而成曰看碰着。有疾曰害病。探親曰走親戚。牡猫曰兒猫，牝猫曰女猫。牡狗、牡猪曰牙狗、牙猪，牝狗、牝猪曰母狗、母猪。蟬曰麻集了。蝻蝗曰螞蚱。

〔民國〕陽武縣志

【解題】竇經魁等修，耿愔等纂。陽武縣，今河南省新鄉市原陽縣。「方言志」「方言源流考」見卷三。録文據民國二十五年（一九三六）鉛印本《陽武縣志》。

方言志

志記方言，不厭俚俗，然有囿於土音不能與四遠相通者，亦有上世留傳適與古音爲合者。陽武乃史皇造字之區，一二古音之遺，應未俱泯。兹特類分，以見其大凡，而復稽之典籍，擇其語之有本者，以見源流之所自，正不得概以鄙俚忽之也。志方言。

天文類〔一〕

日曰日頭〔二〕。月曰月亮,又名月明。北斗曰杓星。啓明曰慌忙星。織女曰織女娘。牽牛曰織女達。彗星曰埽星。流星曰賊星。電曰豁閃。雹曰冷〔三〕。虹曰醬。霰曰雪牀。星曰星星。雲曰雲彩。

親屬類

曾祖曰老爺。曾祖母曰老奶。祖曰爺。祖母曰奶奶。父曰爹。母曰娘。伯父曰大爺。伯母曰大娘。叔父曰叔叔,或幾叔。叔母曰嬸嬸,或幾嬸。兄曰哥。姊曰姐。外祖曰老爺。外祖母曰老娘。妻父曰岳父,或丈人。妻母曰岳母,或丈母娘。内兄曰大舅。内弟曰小舅。襟兄弟曰一根槓,或一條椽。朋友曰把兄弟。

形體類

髮曰頭髮。鬚曰鬍。首曰頭。頸曰脖子。臂曰肐膊。胸曰閞郎。腹曰肚。股曰腿。乳曰奶,又名媽。臀曰屁股。膝曰不牢蓋。足曰腳。

〔一〕以下原爲表格形式,爲方便排印,今改。

〔二〕「曰」字原無,改爲文字表述時加。本篇下同。

〔三〕冷:疑當作「冷子」。

數目類

一曰ㄐㄧㄛ。二曰ㄌㄧㄚ。三曰ㄙㄚ。四曰ㄙㄠ。五曰ㄨㄚ。六曰ㄌㄧㄡ、ㄨㄛ。七曰ㄨㄧㄠ。八曰ㄅㄚ。十曰ㄕㄠ。千曰一串，或一弔。

飲食類

饅頭曰蒸饝。餅曰烙饝。元宵曰湯圓。餃子曰扁食。猪肉柔去聲曰大肉。粥曰米飯。

衣服類

冠曰帽。笠曰草帽。包頭曰勒頭，又名勒首巾、頭布。袍曰襖。被曰蓋地。褥曰鋪地。

器用類

酒杯曰酒鍾。茶杯曰茶碗。棹曰ㄓㄨㄠ。匙曰調羹。箸曰筷。椅曰ㄧㄡ。杖曰拐棍。鑑曰鏡。箕曰簸、簸箕。帚曰掃除。

動物類

鷄曰ㄐㄧㄡ。鴿曰ㄍㄠ。牛曰ㄫㄡ。鴨曰扁嘴。鵲曰麻野俏。騾曰ㄌㄨㄠ。麻雀曰小蟲。烏鴉曰老刮。啄木曰樹梆梆。百舌曰百靈。蛇曰長蟲。螳螂曰砍刀蟲。蝗曰螞蚱。蟬曰麻唧了。蛙曰蝦蟆。蟋蟀曰促促。

植物類

麥曰ㄇㄝ。稻米曰大米。牽牛曰黑白丑，一曰江良子。穀米曰小米。稷曰ㄗㄧㄡ。菌曰毛菇。黍曰ㄕㄨㄡ。秫曰高粱。藋曰灰灰草。藜曰掃除苗。甘蔗曰甜蜜，一名甜桃稭。李曰ㄌㄧㄡ。栗曰毛ㄌㄧㄡ。柿曰ㄙㄡ。杏曰ㄏㄥ。鳳仙花曰小桃紅，一曰指甲草。

雜語類

晝曰白天。夜曰黑家。便捷曰傌俐。莽撞曰冒失。完全曰囫圇。空隙曰窟窿。規矩曰穩當。邪行曰不正經。有本領曰大本事。無才曰没材料。整頓曰收拾。慫恿曰攛掇。做甚麽曰弄嗄。説甚麽曰説嗄。康健曰札實。休息曰歇歇。

方言源流考

大，《集韻》徒蓋切，邑中村名如大柳、大賓，土音皆呼作代，與古合。

中，俗語以不可爲不中。按成二年《左傳》「無能爲役」，杜預注：「不中爲之役使。」

杏，恒上聲，士人讀作行去聲，土音則仍與恒上爲近。

負，俗謂以背載物曰負，音如背。按古無輕唇音，讀負正作背。

毛，邑東有言無有作毛有者，考《漢書·馮衍傳》「饑者毛食」，則毛古有無義。

别，邑人有作禁止之詞用者，如别去、别來等類。考《三國志·賈詡傳》謂叛氐曰「汝别埋我」。别正有禁止義。

作，俗言作工爲做工。按《漢書·廉范傳》民歌曰：「廉叔度，來何暮？不禁火，民安作？」則作正讀做。故凡俗言做活、做事皆作字也。

者，《説文》：「者，别事詞也。」《漢書・藝文志》儒家者流、道家者流，者訓爲此。俗語者個、者番、者事、者話即此字。禪書語録多作遮，俗又作這。

唯，音委，《説文》「諾也」。《論語》：「曾子曰：唯。」《記・曲禮》曰「唯而起」，注：「應之速。」今邑人應人呼其聲正爲唯。

擇，音宅，揀選也。《詩・周南》「左右芼之」，集傳曰：「芼，擇也。」《記・少儀》：「爲君子擇葱薤，則絶其本末。」今俗以去菜之敗壞而留其美者曰擇菜。

車，本徹音，漢避武帝諱讀爲居。今士人讀爲居，而土音則仍曰徹。

跐，音此，蹈也。《莊子・秋水》篇：「跐黄泉而登太皇。」今邑人謂足踐物爲跐。

己，《晉語》引《詩》：「彼己之子。」《春秋》文十四年《傳》「夫己氏」，杜注：「猶言某甲。」今邑人相輕「你是老己」，應即此己字。

薅，音蒿。《詩》曰「以薅荼蓼」，集傳：「薅，去也。」邑人謂手拔草曰薅草。

農，邑人言努力音如農。按襄十三年《左傳》：「君子尚能以讓其下，小人農力以事其上。」則農力正是努力，亦古音之殘留者。

緝，《正音》從七入切〔二〕，音葺。《説文》「績也」，釋文：「緝下横縫，緝其下也。」邑人緝衣

〔二〕正音：疑爲「正韻」之誤。從：疑爲衍文。

縫、緝□口〔一〕，音如七。

約，《正韻》乙卻切，音藥。《説文》「纏束也」，《詩》「約之閣閣」，《廣韻》於笑切，《韻會》幺笑切，音要。《前漢書·禮樂志》「明德鄉，治本約」〔二〕，師古曰：「約讀曰要。」今邑人以草繩束物謂之草約。

姬，周姓，又姬妾。《漢書·文帝紀》「母曰薄姬」，如淳曰：「姬音怡，衆妾之總稱。」今世人言妾曰姬太太，音正如怡，或誤作姨。姨乃妻姊妹之稱，非姬妾之名也。

燠休，《左傳》：「民人疾痛而或燠休之。」今人呼痛曰燠休，燠如挨，休如由。或轉呼阿育，皆一語之轉也。此一則係章太炎説。

不下臺，周赧王築臺以避債。今俗謂貧困不堪曰不下臺，蓋亦古語之留遺也。

〔民國〕孟縣志

【解題】阮藩儕修，宋立梧等纂。孟縣，今河南省焦作市孟州市。「方言」見卷八《社會》中。録文據民國二十一年（一九三二）刻本《孟縣志》。

〔一〕□：此字漫漶不清。

〔二〕鄉：原脱，據《漢書》補。

方言

孟地語音與直、魯、晉相類，而名詞則有不同。

其關於身體者，如呼頭曰頂腦，俗轉讀如笛鬧。肩曰肩抹頭，肩抹轉讀江莽。腋下曰肐落肢，落肢轉讀老知。乳曰媽媽，兩腕曰手顛，兩踝曰腳顛之類。

其關於衣服者，如棉袍曰大襖，夾袍曰夾襖，馬挂曰馬褂，半臂曰領褂，棉鞋曰老翁鞋之類。

其關於食物者，如糒飯曰櫟飯，稀粥曰米飯，湯餅曰麪條，撈麪條曰乾麪，炊餅曰蒸饃，鏊烙油餅曰油饃，油炸糖糕亦曰油饃，蒸油捲曰油糕，水餃曰扁食，滷煮肉曰蠟汁，晚飯曰飲湯，吃點心曰貼晌，有酒食曰有東道東轉讀登之類。

其關於建築者，如土坯曰胡墼，鏝牆曰攪泥，小屋曰閣廬，按，閣廬見《左傳》襄公十七年「吾儕小人，皆有闔廬以避燥濕、寒暑、風雨」，其字頗古。惟閣字讀古黑切、廬轉讀漏爲有異耳。寢室裏間曰屋裏部，轉讀百郎切。廚屋曰竈，火竈曰鍋頭、曰鍋底，呼如過地。煤鑪曰煤火之類。

其關於農作者，如耕田曰犂地，耘田曰耡地，灌田曰澆園，收麥粟曰割，收菜曰除，收果曰卸，收棉花曰摘，收蘆葦曰殺之類。

其關於植物者，如紅秫秫曰紅茭茭，玉蜀黍曰玉茭茭，秫稭曰稭檔稭轉讀古黑切草，棉梗曰花柴，車前草曰老婆紡花草，老鸛草曰嗛唎唎草，鳳仙花曰小桃花，賽芙蓉曰鐃鈸花，土黃蓍曰錫鑼錫，大薊曰刺薊轉讀角芽之類。

其關於動物者，如狗曰狗娃，猫曰猫娃，烏鴉曰老娃，雀曰胥胥，疑由雀轉音。黄鶯曰黄瓜鷺，布穀曰割麥種穀，啄木曰嗛唰唰之類。

其關於什物者，如拂塵曰雞毛撣，撣轉讀党。炊帚曰骨朵，煤爐通條曰火軸，箸曰筷，讀庫要切。翦刀曰翦，讀蔣。燈蓋曰氣死猫之類。

其關於時間者，如元旦曰年下，麥天曰麥口，夜曰黑來，黎明曰黑泠泠，薄暮曰偎黑、曰馬鼈翅，夜已深曰黑得大苦，昔曰曩時，時轉讀腮。按，有虞氏《南風歌》「南風之時兮」，叶下「可以阜吾民之財兮」，則古已讀腮。在昔者曰在曩時，在轉讀只。極短時曰一怎麼，怎能讀只〔一〕。此時曰者番，彼時曰念番，往時曰長番，午前曰飯時、曰大巳牌時、曰殆晌午，午後曰晌午迯、曰歇起晌、曰大半晃之類。

其關於稱謂者，如稱祖父曰爺，祖母曰奶奶，伯母曰大，外祖父曰外公，外祖母曰外婆，外皆讀位。亦簡呼曰婆，輕讀。舅母曰妗，重讀。妾稱嫡曰姐，連衿曰一根槓，稱塾師曰師傅，醫生曰大夫，媒婆曰神婆，穩婆曰抈孩老婆，妓女曰堂客、曰出門人，普通婦人曰齋供老嫗、曰老齋供，優人曰戲子，鼓樂曰吹手，紅白事侍候人者曰五頭棍，百工匠人皆曰老師，同名字曰對方之類。

其關於美刺者，美如稱最好曰拔尖、曰至，轉讀贊。有力曰滿勁，轉讀盡。爽直曰乾静。顆粒或簡言顆粒，或疊言顆顆粒粒，大方曰大樣，亦疊言大大樣樣，貌美曰光俊，有恒曰耐實，敏捷

〔一〕能：似爲「轉」字之誤。

曰竄逝，不平庸曰跳躍，優於作事曰能打能跳。剌如不如曰不强、曰不出奇，貌寢曰不卓樣，無才能曰没出息，惡人曰㦟種，鄙其人曰那黄，小兒初生曰黄。没精神曰衰頭敗腦，衰轉讀如淳切，敗轉讀八。慌張曰急頭忙臉，不勤勵曰謀緩，轉讀磨黄。小兒不誠實曰掉謀，轉讀磨〔一〕。費話者曰倒舌，轉讀石。婦女有淫行曰不正經，男女外遇曰廁跟人，無妻曰光棍，兒隨娘嫁曰帶肚，貌不整曰拖襟裊褲腿，住宅凋零曰片瓦根椽，産業罄淨曰掘地三尺，無地可耕曰隴田没有，毫無宗旨曰隨葫蘆打淌淌，事不順理曰下不去言，難證實曰雲没影。影轉讀眼，帶兒音。

〔民國〕河陰縣志

【解題】高廷璋修，蔣藩纂。河陰縣，今河南省鄭州市滎陽市。「言語」見卷八《風俗物産考》中。録文據民國七年（一九一八）刻本《河陰縣志》。

言語

聚居黄河流域，言語自當稍古，細察之實不然。漢魏以前，遠莫考矣。五胡擾北，地久淪没，果、假二攝及爹娘等稱，隨干戈輸入，而言語一變。有唐定鼎，書皆同文，王讀微昂，茹讀予，實屬南方官音一派。明定元亂，民族西來，晉音遂有喧賓奪主之勢。如讀大曰代、讀宗曰

〔一〕讀：原誤作「謀」。

尊是也。同時因建都燕京，屯田之兵與民雜處，北音又漸佔勢力，而晉音遂微。如今日普通之語，是清無變更，祇就原有者熟合而延縮之耳。統計言語變遷次第，本初言語，實被逼而東南西與北之混合語，逐漸而爲發表思想適用利器也。近今所進程度，不及京音之清，南方濁音，盡歸消滅，無入聲閩腔。所謂上入、中入、下入者，分配於平上去内，濁上同去，不知鼻音，用牙音代之。鄉里間有作鼻音，人皆笑之。輕唇止存微本音一紐，餘皆轉入喉影。發聲沈著欠圓，到此方居民能堅忍持久，少活潑進取之象，故流露於聲音者如此。音後多語尾，呼尊者帶喉音，各隨聲音之便，而延之卑者或物。則半齒半牙之兒，間有越此例者，不多見也。

歇尾詞以啦、嘞、吧、唄、麽、吻爲習用。歎詞有迦、庚、高、該四攝影母一等，結、高、械三攝影母二等，皆引長其聲，與讀音略別焉。鄉村俗語，驟聞似無倫次，周歷詳審其變也，皆循一定軌道，惟有迭變者，殊費討索也。

承塵謂之仰塵。《周禮注》：「帟謂承塵。」今易承爲仰。犢鼻謂之水裙。《前漢書》：「相如身著犢鼻。」《方言》：「無襉之袴謂之襣。」郭注：「襉同襱。」袴之兩股曰襱。無襉袴，無股袴也。今因著此以禦水油之汙，故曰水裙。以上皆言語變遷，今古異名也。

座謂之椅。案謂之棹。楊億《談苑》：「咸平景德中，主家造檀香倚卓。」今旁皆爲木，音尚同。几謂之櫈。《詩·大雅》：「或授之几。」《正韻》：「凳，几屬。」《晉書·王獻之傳》：「使韋中將懸櫈書之。」釜謂之鍋。朱子曰：「釜所以煮。」《正字通》：「俗謂釜爲鍋。」庶母曰姨。《南史·衡陽王傳》：「鈞年五歲，所生區貴人病。曰：『須待姨差。』」兄曰哥。《廣韻》：「古作歌字。今呼爲兄也。」《韻會》：「潁川語小曰哥。今以配姐字，爲兄弟之稱。」夫壻曰漢子。《輟耕録》：「今人呼賤丈夫曰漢子。」今以呼夫。妻曰家裏。沈約《山陰柳家女》詩：「還家問鄉里，詎堪持作夫。」鄉里，謂妻也。《南史》：「張彪曰：我不忍令鄉里落他處。」姚寬曰：「今人言家裏，其意同。」母之父曰老爺。《元史·董摶霄傳》：「我董老爺也。」此係自尊辭，今以呼外祖。夫之父曰公公。賈誼《治安策》：「與公併倨。」夫之母曰婆。《説文》：「俗稱舅姑曰公婆。」夫之弟曰小叔。《爾雅》：「謂夫之弟曰叔。」夫之妹曰小姑。王建詩：「先遣小姑嘗。」妻之父曰丈人。《易·師貞》：「丈人，吉。」今專以呼外父。兄弟之妻相呼曰妯娌。見《廣雅》。《方言》作築里。夜謂之黄昏。白居易詩：「獨坐黄昏誰是伴。」饅頭謂之蒸饃。有餡者謂之包子。《事物紀原》：「諸葛亮南征，將渡瀘水。土俗殺人首祭神。亮令以羊豕代。取麪畫人頭祭之。」饅頭名始此。《燕翼貽謀録》：「仁宗誕日，賜羣臣包子。」即饅頭别名。今俗屑麪發酵蒸食，有餡曰包子，無者謂之蒸饃。以手拔物曰薅。《詩》：「以薅荼蓼。」以上皆沿襲古語，承用不改也。

父之父曰爺。《木蘭詞》：「不聞耶娘唤女聲。」杜詩：「爺娘妻子走相送。」爺，本番人呼父也，今用以呼祖。父之母曰奶奶。《博雅》：「楚人呼母曰嬭。」今以呼祖母。奶，俗字也。父曰爹。《廣韻》：「爹，羌人呼父也。」《玉篇》：「俗謂父爺字。」母曰娘。見上。箸謂之筷。陸容

《菽園雜記》：「吴俗，舟行諱言住。箸、住同音，故以箸爲快兒。」以上皆交通大開，方言輪入也。

延爲二音也。

奥謂之疙嫪。精謂之即令。就謂之即溜。孔謂之窟籠。瘳謂之疙列。以上皆發聲遲緩，

叔母曰嬸，嬸，叔母之合音。舅母曰衿，亦二合。晝謂之白兒嘞，白兒，白日之合。古日、兒

同音。昨日謂之夜兒，即一日之合，蓋前一日也。前日謂之前兒，前日之合。明日謂之明兒，明

日之合。日昃謂之後阿，後午之合。甭甭謂之趴，二合。此無論怎麼曰存祖阿。存者，此無論

三合。祖阿，怎麼二合。人之無行曰賴。《説文》：「世罵淫曰嫪毐。」賴即其合。以上皆發聲

太急，二或三合爲一音也。

閣謂之櫃。《記》曰：「大夫七十而有閣。」閣者，版格，以庋膳羞。今轉櫃。母曰嬷嬷。吕

東萊《紫薇雜記》：「吕氏母母受嬸房婢拜，嬸見母母房婢拜，即答拜。」母、嬷雙聲。姊曰姐，亦

雙聲。男孩曰嘻敖，嘻、孩雙聲，敖，語尾也。女孩曰妮歐。韓愈《祭女挐女文》〔一〕：「第四小

娘子挐。」古婦人自稱曰小妮子。妮，娘之轉也。夫之兄曰大標，即大伯也。夫曰伯。《詩》：

「伯也執殳。」兄大於伯，故云。妻之姊妹曰大猶、小猶，即大姨、小姨。《詩》曰：「邢侯之姨。」

〔一〕「挐」下原脱「女」字。

日中曰晌午，即上午也。今年謂之几年。今、几雙聲。以手循取曰律，捋也。《詩》：「薄言捋之。」雨入地謂之商，濕也。而今謂之如今。而、如同母。人而無信曰玄虛也。存心不正曰宰賊也。呼鷄曰谷谷，谷，鷄剛音也。漢語剛柔，僅見溪、曉。呼猫曰密密，密、猫雙聲。呼犬曰咢咢，咢，獒之轉也。礫石曰裂礓，礫、裂同母。以上皆習性歧異，聲同韻轉也。清早謂之清到。休謂之齁。愛見謂之代見。愛聽謂之代聽。以上皆口腔失準，韻同聲轉也。

伯父曰伯。叔父曰叔。舅父曰舅。以上皆輕唇音微，時久略去也。父曰爺，母曰娘，故父之兄曰大爺，父之嫂曰大娘。母之父曰老爺，故母之母曰老娘。妻之父曰丈人，故妻之母曰丈母。以上皆依傍他稱，推演而出也。

合計全境言語，統歸上舉九例。其有迭變者，如閾謂之門蒨。《匡謬正俗》曰：「《爾雅》『柣謂之閾』郭注：『門限。』音切。」閾與門限古今異名，蒨之與限又雙聲之轉。父曰伯伯。《正字通》：「夷語稱老爲八八，或巴巴。」後人因加父作爸爸，爲方言輸入，伯其雙聲。夜曰黑地，即黑甜鄉，鄉略，地、甜古雙聲，雖有變，仍不離其宗也。

〔嘉慶〕密縣志

【解題】景綸修，謝增纂。密縣，今河南省鄭州市新密市。「方言」見卷十一《風土志》中。録文據嘉慶二十二年（一八一七）刻本《密縣志》。

方言

父曰爹，母曰娘。祖曰爺，祖母曰奶奶。曾祖、曾祖母加老字，高祖以上加老祖二字。伯父母曰大伯、大娘，叔父母曰叔、嬸子。父之姊妹曰姑，其壻曰姑夫。祖之姊妹曰姑奶奶，其壻曰姑爺。妻曰媳婦，亦曰袖子。子曰兒子，亦曰孩子，媳曰兒媳，養媳曰童養。女曰閨女，亦曰妮。兄曰哥，弟曰第幾的。姊曰姐姐，妹曰妹子。父黨。

母之父母曰老爺、老娘，母之祖父母曰老老爺〔一〕、老老娘。母之姑曰姑老孃，其壻曰姑老爺。母之兄弟曰舅，其妻曰衿子。母之姊妹曰姨，其壻曰姨夫。母黨。

妻之父母曰外父、外母，亦曰爹娘。妻之兄弟曰舅子，妻之姊妹曰姨，其壻曰姐夫，亦曰一條纏。妻黨。

夫之父母曰公婆，亦曰爹娘，其稱于母家夫兄曰幾伯子，弟曰幾叔，亦曰小叔，姊妹曰幾姑，幼者曰小姑。餘俱從夫稱，加一俺字。夫黨。

弟稱師曰師傅，師稱弟曰徒弟。奴僕稱家主曰爺，亦稱老當家，主母曰奶奶，呼小主曰叔，亦稱小當家，小主母曰嬸子，主之女曰姑、曰姐。卑幼稱尊長曰你老，尊長稱卑幼曰孩們。稱

〔一〕下「母」字據文義補。

人卑幼曰相公。女喪夫曰半臘人，男無妻曰光身漢。男人曰爺們，女人曰娘們。兄與弟曰丁們，其妻曰妯娌們。雇工曰年作，佃户曰牛把。雜稱。

一讀藥濁音。二讀良假切，蓋兩字之轉音也。三讀沙。四讀爲四箇合音。五讀臥上聲。六讀羅。七讀雀河合音。八讀拔平聲。九讀爲角左合音。十讀芍。如今曰穰窩兒，昔年曰每良。前日曰業，前二日曰前，前三日曰大前。明日曰明，後二日曰後，後三日曰大後。午時曰上午，午前曰前半晌，午後曰後半晌。問做甚麼曰吒，可惡曰𠀨。冦平聲。不拘怎樣曰憑嗄。虚言曰雲彩話，又曰雲我。頭曰堤腦，胸曰圪廊，脛曰核桃肐膌。晝曰白哩，夜曰黑地哩。貧窮曰老飢荒。可以支持曰撑。能幹曰老精。糊塗曰迷瞪。硬使性氣曰紅磚。不諳事情曰白脖。富曰好家，貧曰没嗄，大富曰財主，極貧曰浄窮。病曰害哩。死曰老了。早飯曰清早飯，午飯曰晌午飯，晚飯曰喝湯哩。探親曰串親戚，結友曰扒穀堆。賣飯曰踏煤渣。牛曰傴，虎曰老大，雌虎曰老八，牝猫曰女猫，鳥曰蟲蟻，蚓曰除串，促織曰數珠，蟬曰螞蟧，小者曰蛐蛐，蝗曰螞蚱。雜語。

五方言語，異於文者，如以乳爲穀、以鼠爲璞是也；異於音者，如以來爲離、以得爲登是也。異於文者少，異於音者多。故南之清平，北多讀作上聲；南之上聲，北反讀作清平。喉舌唇齒之間，輕清重濁不同，往往有音無字，而方言隨區以別矣。兹掇其異而可辨者著焉。

〔民國〕密縣志

【解題】汪忠修，吕林鐘等纂。密縣，今河南省鄭州市新密市。「方言」見卷六《風土志》中。録文據民國十三年（一九二四）鉛印本《密縣志》。

方言

父曰爹，母曰娘。祖曰爺，祖母曰奶奶。曾祖、曾祖母加老字，高祖以上加老祖二字。伯父母曰大爺、大娘，叔父母曰叔曰嬸。父之姊妹曰姑，其婿曰姑夫。祖之姊妹曰姑奶奶，其婿曰姑爺。妻曰媳婦，亦曰袖子。子曰兒子，亦曰孩，子之妻曰兒媳婦。女曰閨女，亦曰妮。兄曰哥，弟曰兄弟。姊曰姐，妹曰妹子。以上父黨。

母之父母曰老爺、老娘，母之祖父母曰老老爺、老老娘，祖母之父母亦然。母之姑曰姑老娘，其夫曰姑老爺。祖母之姊妹曰姨老娘，其夫曰姨老爺。母之兄弟曰舅，其妻曰衿。母之姊妹曰姨，其婿曰姨夫。以上母黨。

妻之父母曰外父母，亦曰岳父母，或曰丈人、丈母。妻之兄弟曰大小舅，妻之姊妹曰大小姨，其婿襟兄弟，亦曰條串。以上妻黨。

夫之父母曰公婆，亦曰爹娘。兄曰大伯子，弟曰小叔，妹曰小姑。餘俱與夫同。以上夫黨。

弟子稱師曰師傅，自稱曰徒弟。奴婢稱家主曰爺，亦曰老當家，主母曰奶奶，小主曰叔，亦曰小當家，小主母曰嬸。卑幼稱尊長曰你老，尊長呼卑幼曰孩們。稱人卑幼曰相公。男無妻曰光棍漢，女喪夫曰半臘猶云半個人。男人曰爺們，女子曰娘們。兄弟曰丁讀去聲們，其妻曰妯娌們。雇工曰夥計，亦曰長工，佃户曰牛把，其稱主人曰掌櫃俚。以上雜稱。

一呼藥濁音。二呼良假切，兩字轉音。三呼作沙。六呼流去聲，或呼作律。八呼平聲。如今曰穰晚，昔年曰每穰。前日曰業，呼去聲。前二日曰前，前三日曰大前。明日曰明，後二日曰後，後三日曰大後。午時曰上午，午前曰飯時，午後曰後晌。甚麽曰嗄。呼蛇去聲。謊言曰黠話。頭曰的腦，胸曰圪廊，脛曰麻核呼作攜桃。晝曰白俚，夜曰黑地。貧曰急荒，富曰處坦。無業曰光棍。與人交曰相與。糊塗曰迷瞪。暴戾曰紅磚。不諳事曰白脖。有疾曰害俚。探親曰串親戚，結友曰換帖。

牡猫曰郎猫，牝猫曰女猫。牡狗曰牙狗，牝狗曰母狗。蟬曰麻集了。蝗蝻曰螞蚱。以上雜語。

按五方言語，異於文者，如以乳爲穀、以鼠爲璞是也；異於音者，如以來爲離、以得爲登是也。異於文者少，異於音者多。喉舌唇齒之間，輕清重濁不同，往往有音無字，而方言遂區以別矣。密人生長中土，音韻多失重濁，而以訛傳訛仍復狃於習慣，爰志其梗概，以俟夫觀人風者得焉。

〔乾隆〕河南府志

【解題】施誠修，童鈺等纂。河南府，轄今河南省洛陽市、偃師市、宜陽縣、新安縣、鞏義市、孟津縣老城、登封市、洛寧縣、澠池縣和嵩縣十縣，府治在今洛陽市城區。「方言」見卷二六《禮俗志》中。有乾隆四十四年（一七七九）刻本。録文據同治六年（一八六七）補刻本《河南府志》。

方言

家謂之屋。屋蓋阿字。《韻會小補》阿音屋。古詩：「家中有阿誰。」《世説新語》：「一門則有阿大、中郎。」俗本謂阿家，省作阿。

廳事謂之過庭。過庭謂之家塾。《説文》云：「廷，朝中也。」「庭，宫中也。」古者廷不屋，後世屋之，加广焉，實無二。《記》曰：「家有塾。」夾門堂曰塾。今過庭中爲門，屏開閉，即古夾門。塾以坐客曰家塾客。

奥謂之疙嫪，蓋切音也。《唐韻》奥，烏到切。並同。

閾謂之門檣。《匡謬正俗》曰：「《爾雅》『柣謂之閾』，郭注：『門限。』音切。」今言門檣是柣聲之轉，字宜爲柣，而作切音。

承塵謂之仰塵。《周禮注》：「帟謂承塵。」《通雅》：「覆海，藻井也。一曰鬬八，蓋謂重出飛簷。升庵以爲天花版，亦曰承塵。」

⿱⺮⿱冖瓦謂之連簷。⿱⺮⿱冖瓦一作甂。《方言》：「甂謂之甗。」景純曰：「即屋檼。」〔一〕

倚木謂之木庵，結草謂之草庵。《論語》「諒闇」〔二〕，謂居倚廬。鄭玄讀如鵪鶉之鵪。後漢皇甫規身入庵廬巡視，三軍感悦。今亭館結庵，有四壁垂簷。民間乃專謂兩下若斧形者爲庵子，猶存古倚廬爲闇遺制。軍中用布爲庵廬，並同此制。以上宫室。

帽著首處謂之頍。《詩・小雅》「有頍者弁」，毛傳：「弁貌。」緣《詩》辭生解耳。鄭注：「禮，緇布冠缺項。」讀缺爲頍〔三〕，「冠無笄者用頍」。《通典》：「古者有冠無幘，其戴也，加首有頍，所以安物。」

衣長謂之⿰衤有裸。⿰衤有音朵。《通雅》：「漢以無袂衣曰⿰衤有，今以長者爲⿰衤有，正相反。」

短衫謂之褙答。《通雅》：「⿰衤有服半除〔四〕，唐減爲半臂，宋尚背子，元以來女服褙子，命婦服金答子。」

⿰衤交衬謂之套袴。《方言》：「大袴謂之倒頓，小袴謂之⿰衤交衬。」郭注：「倒頓，今雹袴。⿰衤交衬，今⿰衤尞袴。」

〔一〕檼：原誤作「穩」，據《方言注》改。

〔二〕闇：《論語》作「陰」。

〔三〕缺：原誤作「政」。

〔四〕⿰衤有：原作「隋」，據文義改。

犢鼻褌謂之圍腰。《前漢書》：「相如身自著犢鼻褌，與傭保雜作。」《方言》：「無裥之袴謂之襣。」郭注：「裥同襱。」袴之兩股曰襱。無裥袴，無股袴也。滌器恐汙衣，著之。

純謂之衮。《書・顧命》：「蔑席黼純。」《儀禮・士冠服》：「纁裳純衣。」《士喪》：「冬皮屨，夏葛屨。」皆有繶純。《曲禮》：「冠衣不純素。」純俱音準，謂緣邊也。今人謂緣邊爲衮邊。《通雅》：「純，一音衮。」

鉤邊謂之争縫。《禮・深衣》：「鉤邊。」謂既合縫摺而縫之。

偏諸謂之楣識。《賈誼傳》：「緁以偏諸緣。」謂織成錦以緣衣。今俗謂衣前對襟爲門，門轉楣，别以織綿緣邊爲識，音志。以上衣服。

酒不入水謂之乾酢。酢音詐。《酒譜》：「張藉詩云：『釀酒愛乾和。』」今人不入水酒名曰乾酢酒。

釀酒入酵謂之酘。《抱朴子》：「一酘之酒，不可以方九醖之醇。」《齊民要術》：「桑落酒有六七投。」《集韻》：「酒再釀爲酘。」今不必再釀，但入酵即曰酘，謂作酵時已經一釀。

燒酒謂之明流。《飲饍正要》：「燒酒之法自元始。」

不托謂之餅。薄夜謂之薄餅。小餅謂之飥子。《五代史・李茂真傳》：「一日食不托。」不托，當時語也，今謂之餅。荀氏《四時列饌傳》：「夏祀以薄夜代饅頭。」束晳言：「春饅頭，夏薄托。」則薄夜即薄托，薄托即薄餅也。《方言》：「餅謂之飥。」餅、飥本通稱，今則專以起麵入稀糖作餅爲飥子。

水引謂麪條。出湯謂之乾汁。

饅頭謂之蒸食。裹肉菜蒸之謂之包子。《燕翼貽謀録》：「仁宗誕日，賜包子。」即饅頭。

餛飩，有耳者謂之扁食。《通雅》：「餛飩，本渾沌之轉。」包裹渾圓不作耳。今或有耳似扁蝠，故曰扁食。扁食亦曰餃餌。

粔籹謂之油食。《楚辭》「粔籹」注：「吴謂之膏環，亦曰寒具。」《通俗文》曰：「寒具謂之餲。」一曰安乾。

糤子謂之饊子。《通雅》：「《南史》虞悰作扁米糤。即今饊子。」

起麪謂之發麪。《周禮》「酏食」，賈疏以爲起膠餅。《齊書》：「永明九年詔大廟薦起麪餅。」注：「今發酵也。」《通雅》：「按，韋巨源《食單》有婆羅門輕高麪，正籠蒸饅頭，發酵浮起。」今發麪，有蒸、有餅。蒸者，輕高也；餅者，起膠也。

涼飲謂之水飯。《周禮·漿人》：「掌共六飲。有涼。」鄭氏謂雜糗飯于水以爲飲。即今水飯湯。

殽謂之肘，胾謂之片，炙謂之燒。《曲禮》：「左殽右胾，膾炙處外。」鄭氏曰：「殽，骨體也。胾，切肉也。」今骨體貴前肘，故曰肘。切肉爲片，亦曰白片，炙肉在火上。今煎以膏曰燒，代炙也。

淳熬謂之炒飯。《内則》：「煎醢加于陸稻上，沃之以膏曰淳熬。煎醢加于黍食上，沃之以膏曰淳母。」今炒乾飯用油沃之。

擣珍謂之捶肉。《内則》：「擣珍，取牛羊麋鹿麕之肉，必脄，每物與牛若一，捶反側之，去其餌，熟出之，去其皽，柔其肉。」鄭氏曰：「脄，脊側肉。」今捶肉以鷄爲上品。

糝謂之鲊。《周禮》：「糝食」。《内則》曰：「糝，取牛羊豕肉三如一，小切之，稻米二肉一合以爲餌，煎之。」糝，鲊音轉耳。或爲丸，曰丸子。

肉謂之𩞄。讀柔去聲。

歠謂之哈。《淮南子·氾論訓》：「嘗一哈水而甘苦知矣。」哈，呼合切。大歠也。

齕謂之墾。《曲禮》：「削瓜，庶人齕之。」音紇，轉爲墾。

醵謂之平和。《禮器》：「曾子曰：《周禮》，其猶醵與？」注：「合錢飲酒爲醵。」今平和，和讀去聲，亦醵聲之轉。以上飲食。

車輪謂之孤輪。孤，轂之轉。《考工記》注：「轂，衆輻所湊。」

轅謂之顔條。轅、顔聲轉。

耜謂之茉。《通雅》：「《急就注》有『曲把茉鍬』。茉，下瓜切，前未見此字，亦顔氏耳熟鄉語。」

鍬謂之杴。虚嚴切。鍬從金，杴從木，自别。今俗鐵鍬、木杴皆曰杴。

銼鑹謂之𧆸。《通雅》:「鑹,釜也。𧆸,土鍪也。鑹,魯戈切。鍪,候抱切。顔師古曰:『鍪,小釜也。』今烙餅平鍋呼爲𧆸。」

甑蔽謂之箅。《説文》:「箅,蔽也。所以蔽甑底。」又《考工記注》:「輪箅則車行不掉。」疑漢人見箅形中卑邊高,遂狀輪如此,乃不掉耳。

閣謂之立櫃。《記》曰:「大夫七十而有閣。」閣者,版格,以庋膳羞。

案謂之棹。棹、櫂同,當作卓。《元史》:「大定七年肆赦,儀設鷄盤,置金鷄啣赦書于應天,門外設卓子。」

座謂之椅。椅本木名,當作倚。宋鹵簿有金倚。楊億《談苑》:「咸平景德中,主家造檀香倚。」以上器用。

祖謂之爺。《玉篇》:「俗呼父爲爺。」何得稱祖?蓋祖稱王父、大父,俗始呼祖爲大爺,後省大字,但呼爺爲祖專稱。

祖母謂之奶奶。《通雅》:「李賀稱母阿嬭,或呼爲嬭,因作奶。」既稱母爲奶,因疊稱祖母爲奶奶。

父謂之爹。《南史·梁始興王憺傳》:「詔徵還朝,人歌曰:『始興王,人之爹。』」《昌黎集》:「阿爹阿八。」

母謂之孃,小孃謂之媽。《木蘭詩》:「不聞耶孃喚女聲。」媽音姥,俗讀若媽平聲。又稱母爲妠。後漢順烈皇后名妠。

伯母謂之大孃，叔母謂之嬸母。《爾雅》：「父之兄妻爲世母，父之弟妻爲叔母。」嬸爲世母合音，亦叔母合音之轉。

伯母亦謂之嬷嬷。上聲。本爲母母。吕東萊《紫薇雜記》言：「吕氏母母受嬸房婢拜，嬸見母母房婢拜，即答。」

姑謂之古。《廣韻》姑，古胡切。今或連言古〇。郡母平聲，亦切音也。古〇，又省作古。

兄謂之哥，哥謂之哿翗，二字切哥。《廣韻》：「哥，古歌字。今人以呼兄。」

妻謂之家里。沈約《山陰柳家女》詩：「還家問鄉里，詎堪持作夫。」鄉里，謂妻也。《南史》：「張彪呼妻曰：我不忍令鄉里落他處。」姚寬曰：「今人言家里，其意同，或作家裏，亦稱屋裏。」

舅母謂之妗。《通雅》：「巨今切。亦作嬸。張耒《明道雜志》曰：『王聖美言經傳無嬸與妗字，考其説，嬸字乃世母二合，妗字乃舅母二合也。』」以上親屬。

雨謂之下。風謂之刮。

雨入地謂之商。蓋濕字平聲，河南無入聲，故讀濕爲商。

昨日謂之夜一。謂夜前一日也。又但曰夜，讀爲捱兒合音。

前日謂之前，讀爲前兒合音。

明日謂之明。王維詩：「明當渡京水，昨晚猶金谷。」唐人已省明日爲明。

午前謂之前半上，午後謂之後半上，讀上聲。蓋俗謂作功爲上功，故謂半日爲半上。

高岡謂之虧地，土高謂之圪墻，山腰平處謂之坪。

一謂之約，讀作平聲。二讀作良假切，蓋兩字之轉音。三讀作沙。四讀爲四個合音。五讀作臥上聲。六讀作羅。七讀爲雀河合音。八讀拔平聲。九讀爲角左合音。十讀作芍。

三里謂之散里。又君子之君多讀作去聲，蓋陽平聲清，配齒與半齒之清音，則剽而不留；讀作去聲，乃不嫌過清。

以手循取謂之捋，讀若律。《詩》「捋采其劉」，又「猗彼女桑」。《折中》曰：「循條彙取曰捋，取葉存條曰猗。」二字義同。捋音劣，猗音倚。俗讀捋若律，蓋劣倚合音耳。

以手拔取謂之薅。《詩》：「以薅荼蓼。」音近蒿。又薅作茠。《唐書》：「茠刺無休。」

如何謂之怎，讀作詐上聲。不如是謂之不，讀作飽平聲。又謂之休，讀作齁。

恁地謂之納。恁爲寧馨合音，納爲恁地合音。

此時謂之如今，如今謂之而今，而今謂之然晚。《春秋》「星隕如雨」作「星隕而雨」。如、而通。又如之爲言然也。以今爲晚者，對前生稱也。

大笑謂之欱欱。亨下反。《説文》：「欱欱，戲笑貌。」

驚訝謂之夥頤。讀若和牙。《史記·陳涉世家》：「夥頤！涉之爲王沈沈者。」涉，陽城人，其故人方言如此。今猶存其聲。

縫謂之敹。音聊。《書》：「善敹乃甲冑。」〔一〕

緝謂之緶。毗連切，俗作上聲。《賈誼傳》作緁。

食染醯醬謂之餍。音贊。《内則》注：「膏煎稻米，似今膏餍。」《通雅》以醬醯贊物，當是餍字。

以木撐屋謂之傘。音箭。以泥坐瓦謂之瓮。五化切。

精謂之鯽令，就謂之鯽溜，孔謂之窟籠。皆切音。

可惡謂之恂。讀扣平聲，亦合音。

愛見謂之代見。愛、代聲轉。

匍匐謂之跁。音杷。

靨謂之疙列。切音之轉。

呼鷄謂之朔朔，讀作顧顧。呼猪謂之嘮嘮，讀作橊橊。呼猫謂之密密，讀作平聲，猫轉音。呼狗謂之咢咢，獒入聲。

底謂之篤。郭璞《海外大壑讚》：「爰有大壑，號爲無底。」讀都木切。《韻會》屋韻有底。

〔一〕冑：原脱，據《尚書》補。

以上雜記。

〔乾隆〕新安縣志

【解題】邱峨修，吕宣曾纂。新安縣，今河南省洛陽市新安縣。「方言」見卷六《風土志》中。有乾隆三十一年(一七六六)刻本。録文據民國三年(一九一四)石印本乾隆《新安縣志》。

方言

言爲心聲，地不同，故語言亦異。如《檀弓》以但爲地、《公羊》以得爲登、楚人名虎爲於菟、粤人呼鼠爲家鹿。凡斯之類，不可殫述。新邑居天之中，氣禀中和，地近高燥，語音介宫商之間，佟、韓二志概爲缺略，今採而輯之。或字同而音異，或有音而無字，姑代以俗字，更定以反切，用明一邑之鄉談，竊比於楊子雲之義云爾。

天時

天初曉曰天亮、曰東方亮，又曰冷清明，少遲曰清早。早飯時曰飯時。午曰上午。日向未曰後半上。上聲。晚曰後上。上聲。夜曰黑地。半日之頃曰一晌。音賞。昨日曰夜。讀爲捱兒合音。前日曰前。讀爲前兒合音。虹霓曰將。音匠。

地理

山之高者曰嶺、曰崖。山腰之稍平者曰坪。山麓曰腳。兩山夾田曰平川。凡水皆曰河。河岸之地曰沙灘，讀爲胎兒合音。有土曰淤泥坪。水結成冰曰凍冰。滑足曰溜冰。簷溜成冰曰凌錐。

人事

那。讀若那兒合音。這。讀若這兒合音。不要做曰不。讀作飽陽平。休做曰休。讀作後陰平。如何曰怎。讀作詐上聲。問人作何事曰做嗄。對人言曰咱、曰俺、曰你。讀爲娘假合音。指別人曰他。得物曰拾。無物曰没有。習拳棒曰學把勢。延醫曰請大夫。衆人無事聚飲曰打平和。

物情

物之精者曰好東西。誇人之美者曰好齊整。鄙惡物曰不是嗄。物之不可用及人之劣者曰不中用，亦曰要不得。一。讀作樂平聲。二。讀作良假切。蓋兩字之轉音也。三。讀沙。四。讀爲四個合音。五。讀臥上聲。六。讀羅。七。讀爲雀河合音。八。讀拔平聲。九。讀爲角左合音。十。讀芍。

飲食

食曰喫。讀叱。飲曰呵。肉曰肉。柔去聲。鹽製菜曰鹹菜。醬製菜曰醬菜。稻米曰大米。糯曰糯米。粟曰小米。醋製蒜曰糖蒜。餚饌佳曰好中喫，不佳曰不中喫，又曰惡滋糲味。麵食曰麵條、麵葉、圪塔、薄餅。莜麵條曰河洛。米食曰稀粥、米粥、撈飯。大米曰乾飯。

農工

一步曰步。積二百四十步曰畝。百畝曰頃。好田曰好地。薄田曰癩地。以糞滋田曰上糞。打田頭堰曰疊堎磴。溝積土曰淤地。樹覆田禾曰歇扇。初鋤曰破苗，再鋤曰步苗，亦曰擁本。野草釀糞曰剷末子。以池收雨水曰波池。

交接

使人讓路曰起起。謝人餽物曰費心。謝飲食曰擾。讓人坐曰坐坐。相别曰失陪。約同往曰游游。讀幽。願同往曰攜帶。言無信曰丢謊，又曰説白話。厭人坐久曰坐折板橙。見人張皇曰貿失。稱老成人曰老幹，亦曰在行。音杭。刺人之佞口曰磨牙，亦曰費嘴。言人發怒曰惱的將快。斥人糊塗曰混賬。肥人曰奤子。跛足曰拐子。

宫室

正宅曰上房。中庭曰客庭。前房曰倒座。兩旁曰廈房。通路曰夾道，又曰衚衕。階級曰砨臺。牆基曰根腳。户曰門，亦曰門户。牖曰牕，亦曰牕户。接簷水注木曰呑呑去聲槽。門檻曰門限。讀欠。祖宗之舊居曰祖宅。祖廟曰祠堂。

稱謂

祖父曰爺。父曰爹、曰爺、曰達、曰達達。祖母曰奶奶。母曰孃、曰媽、曰納。伯父曰伯，亦曰大爺。伯母曰大孃，亦曰姆。叔父曰叔叔。叔母曰嬸。兄妻曰嫂。弟妻曰弟婦。兄弟之子曰姪，孫曰姪孫。母之兄弟曰舅，姊妹曰姨。姑舅之子曰骨表弟兄。姨之子曰兩姨兄弟。幼男曰小孩。幼女曰閨女，亦曰女娃。朋友曰社兄。自稱曰小弟。稱異鄉人曰在外客。藐寄居人曰寄莊户。

案牘

紳士曰呈。民曰稟。貢監生員皆自稱曰生。民曰身。訟牘中，斥言生監曰劣生惡監，鄉宦曰惡宦，於尊屬曰惡叔惡舅，卑幼曰惡姪劣甥，書役曰衙蠹，被論之富者曰富惡，貧者曰無賴，少年曰惡棍。然幸無訟師土霸，越訴之人絶少，清浄之日爲多。

〔民國〕新安縣志

【解題】李庚白修，李希白等纂。新安縣，今河南省洛陽市新安縣。「方言」見卷九《社會》中。録文據民國二十八年（一九三九）石印本《新安縣志》。

方言

凡語言與他方同者不載，惟探新俗所獨有者。不求意義，但據聲音。志如左。

關於天者。如日曰日頭，月曰月亮，又曰月奶奶，星曰星星，雲曰雲彩，虹曰將，虹本胡籠、既巷兩切。雹曰冷子，大雨曰猛雨，小雨曰濛星雨，霰曰寒條，問雨大小曰多大商度也，濕之轉音之類。

關於地者。沃田曰好地，瘠田曰賴地，麥後不種，秋數犂以待種麥者曰鎩暵地，此地所種之麥曰暵麥，種秋之地曰茬子〔一〕，此地所種之麥曰茬麥，春種之禾曰稙，秋麥後種者曰晚秋之類。

〔一〕種秋：疑爲「秋種」之誤。

關於人身者。如頭曰瓶腦，即頂腦轉音。髮曰頭髮，耳曰耳刀，朵之轉音。鼻曰鼻子，鼻涕亦曰鼻子，舌曰舌頭，脣曰嘴脣，接吻曰親嘴，頰曰臉都蛋，蛋，兒音。領曰頸子，肩曰肩膀頭，臂曰肐膊，兩腋曰肐牢隻，意爲胳臚肢之轉音。乳曰媽媽，曰奶頭，腕曰手頸，背曰脊梁，臀曰屁股，膝曰不落蓋，意爲膊露蓋之轉。脛曰腳頸，踝曰腳懷刺骨，踵曰腳後跟，足掌曰腳底板，初死曰殜氣之類。

關於稱呼者。如父曰爹，近城處謂母曰媽，呼之曰毛，媽之轉。北鄉謂母曰妠，呼之曰呶，乃娘之轉音。祖曰爺，祖母曰奶奶，曾祖曰老爺，曾祖母曰老奶奶，外祖曰外五會切，本音爺，外祖母曰外婆，父之兄曰伯，弟曰叔，又有呼達者，父之姊妹曰姑，伯母曰娘，叔母曰嬸，叔母之合音。母之兄弟曰舅，舅之妻曰妗，舅母之合音。母之姊妹曰姨，姑之夫曰姑父，姨之夫曰姨父，女兄曰姐，女弟曰妹，姊丈曰姊夫，妹丈曰妹夫，兩婭相謂曰條椽俗名一根檁之類。

關於衣服者。如馬褂曰馬都，音如都兒。應爲諸。諸，婦人大掖衣也。諸有都音。背心曰坎肩，曰褂褂之類。

關於飲食者。如飲曰喝，食曰喫，肉曰柔，去聲。饅頭曰蒸饃，薄餅曰烙饃，麵窄者曰麵條，寬者曰麵葉，曰麵片，又曰麵餜，業，兒音。小米或玉蜀黍糁造飯曰甜飯，加鹽菜曰菜粥，稀飯曰湯，麵湯曰圪塔湯，油條曰麻糖，晚飯曰喝湯，病時亦曰喝湯。點心曰貼餉之類。

關於房屋者。如上房曰覃堂之轉屋，東鄉謂過庭曰堂屋。過庭曰腰房，對廊曰廈子，最前與過庭相向者曰倒座，曰臨街，上房檐下小閣曰閣牢，廬之轉。曰夾道，曰屯槽之類。

關於時序者。如昨天曰夜夜，兒音裏，晨曰清早，午曰晌午，下半日曰後晌介，晚曰挨黑，黑，兒音。元旦曰年下，元宵曰十五，端陽曰單端之轉五，十二月夏曆初八曰臘八之類。

關於交接者。如初見客曰纔來啦，曰搭家來啦，問人好曰一向好吧，答曰彼此，或曰託福，問老人曰相適，言自在安適。問小兒曰潑適，言活潑安適也。請託人時曰侇，侇你或曰你費心，答曰不敢當，託人代管曰照平聲護些，些，兒音。二人相談曰拍拍，勸人停止曰快拔腿，表示不聽曰不中，或曰不行，勸人執拗曰不要那樣，表示不聽曰非這這，兒音不中，禁止曰你吼，休之轉。或曰你勿，音如寶平聲，即不要之合音。表示不願聽曰你管理，勸人加餐曰再喫點，答曰好啦，或曰足妥，有病曰不妥當，曰不美氣，問病曰你好些些，兒音吧，或曰没嗄意思吧，表示相好曰對脾氣，曰對勁勁，兒音之類。

關於形容者。如一，念如ㄩㄛ音。二，念如ㄌㄧㄚ音。三，念如ㄙㄚ音。四，念如ㄙㄨㄛ音。五，念如ㄨㄛ音。六，念如ㄌㄨㄛ音。七，念如ㄘㄩㄛ音。八，念如ㄅㄚ音。九，念如ㄓㄛ音。十。念如ㄕㄩㄛ音。最大曰頂大。最小曰一點點。點，兒音。物劣曰不好，曰癩。劣聲通。物美曰齊整，曰怪好，曰很好，曰很不錯，曰很囊。品端曰大方。美觀曰排場。不欺曰信實。敦樸曰老實。拙笨曰没邱。邱，兒音，爲没竅之轉。愚魯曰㖞通貇切，此當讀喜印切氣。靈巧曰俏皮。不潔曰喇嘛。不整齊曰摔拐。張皇曰冒失。品劣曰癩菜，曰壞蛋。性劣曰老倡，曰倡貨。滑稽曰打瓜皮。挑達曰賤皮，曰輕賤。不解事曰傻瓜，曰迷瞪蟲。吝嗇曰小氣，曰夾肛，曰夾擘，曰夾一頭。揮霍曰董家，家，兒音。曰浪蕩鬼，曰敗家子。子，兒音。不信曰說白別之轉話，曰說瞎話。暗中戲弄曰猫盜。品低曰低瓜皮。說大話曰噴壺。口辯曰磨牙，曰黏牙。妄施與曰郎神。誘惑女子曰臊皮，曰賤道皮。事不順曰圪囊。去聲。心不舒曰汪囊。糾葛曰麻纏。狡黠曰難纏。物窳敗曰不中用。人才劣曰不成器。不服教曰瘠疲。

又如紅曰紅丟丟，黑曰黑漆漆，白曰白生生，生，兒音。黃曰黃橙橙，青曰青絲絲，緑曰緑油油，紫曰紫股出，灰曰灰不登，動之不已曰迄動迄動，摇之不已曰迄摇迄摇、迄擺迄擺、迄晃迄晃，明晃晃，直縮縮，平展展，細柳柳，熱喇喇，冷哈哈之類，不勝枚舉。

〔光緒〕宜陽縣志

【解題】謝應起等修，劉占卿等纂。宜陽縣，今河南省洛陽市宜陽縣。「方言」見卷六《風俗》中。録文據光緒七年（一八八一）刻本《宜陽縣志》。

方言

天

天初曉曰天亮，曰黎明，曰東方亮，又曰冷清明。少遲曰清早。早飯曰飯時。午曰上午。未曰後半晌。音賞。申曰日晡，謂差黑些。夜曰黑地。半日之頃曰一晌。昨日曰挨裹。讀捱兒合音。太陽曰日頭。虹曰將。音匠。月蘭曰風曲斂。冰雹曰冷子。雲曰雲彩。羊角風曰旋風。

太陰曰月亮。雷曰呼雷。

地

兩山夾田曰平川。山之高者曰巒，尖起者曰峯。山如削者曰崖，平者謂嶺。山腰之平者曰坪。山麓曰山根。凡水皆曰河。田過水有沙石者曰沙灘，有土者曰淤泥。水之凍者曰冰淩。天雨凍而滑者曰溜冰。簷溜凍而成條者曰淩錐。河水凍而過人者曰淩橋。水凍有碎條者曰鷄翎。

人事

我曰俺。他曰你。此曰這。彼曰那。不願曰不，願曰可以。如何曰怎作。何事曰做嗄。對人言曰咱。至地取物曰拾撈。無曰没有。延醫曰請大夫。衆人聚飲食一人出錢謂侯衆人，對錢謂打平和。習易卜星象與拳棒皆曰學武藝。

物情

好曰齊整。美曰精緻。物之好者曰好東西，劣者曰不是嗄。人不能者謂不中用。不好之物曰要不得。

數目字

一曰欒，讀作平聲。二曰耏，良假切，「兩」字之轉音也。三曰沙，四曰梭，四個合音〔一〕。五曰臥，上聲。

〔一〕四：原脱，據嘉慶《澠池縣志》補。

六曰羅，七曰雀，雀河合音。八曰拔，平聲。九月角，角左合音。十曰芍。

飲食

食曰喫。飲曰喝。肉曰柔。去聲。食之佳者曰好喫，不佳者曰不中喫。醋製蒜曰糖蒜。鹽製菜曰鹹菜。醬製菜曰醬菜。米有大米、小米之别。爲飯有稀粥，有稠米飯，有撈飯，有大米乾飯。麵食者有麵條、麵葉、麵圪塔。薄餅謂烙饝。饅頭謂蒸饝。蕎麵條謂合羅。以麵抱菜肉煮食者謂扁食，蒸食者謂秒麥。扁食肚小葉大者謂餛飩。

農功

田曰地，有水地、旱地、坡地、平地、灘地之别。一换腳謂造，兩造謂步，二百四十步謂畝，百畝謂頃。以糞滋田曰上糞。地邊爲堰曰打圪堰。攔水曰堤。聚水曰淤地。樹下地謂有歇苦。鋤禾，頭遍謂破苗，二遍謂步苗。斬草釀糞謂剗末子。挖坑聚水實以末子謂漚糞。

交接

讓人坐曰歇歇。令人挆曰起起。同往曰游遊。讀幽。讓人歇曰坐坐。相别曰失陪。謝飲食曰道擾。謝餽物曰費心。願隨人同往曰攜帶攜帶。令人不耐者曰厭惡人。令人愛者曰耐煩人。丢謊曰説白話。張皇曰冒失。忠實曰老成，曰在行。佞口曰磨牙，曰費嘴。不論情理者曰絞耗。暴虐者謂紅磚。認真謂執固。子弟不規者謂浪蕩。發怒曰惱。人云亦云曰混帳，亦曰兩張皮。跛足曰拐子。失目曰瞎子。體肥曰胖子。口吃曰結呵。語不真者曰秃舌。語過快者曰滚唐。嘴無定見者曰糊塗。不修邊幅曰狼籍。

宫室

居處曰住宅。正室曰上房。中庭曰客庭，亦曰過庭。臨街曰街房，亦曰倒座。兩廈曰廂房。兩廈再接一間曰閣樓，不接房而空者謂夾道，亦曰衚衕。階曰砢臺。牆基曰根腳。門曰户。牖曰窗。接簷水者謂澄槽。門之上腦下限兩傍曰柱。舊居曰老宅。祖廟謂家廟，亦謂祠堂。佛曰寺。神曰廟。老母謂堂。老君謂觀。居尼者謂庵。

稱呼

祖曰爺。曾祖曰老爺。父曰爹，曰達。父兄曰伯。祖母曰奶奶。曾祖母曰老奶奶。母曰娘，曰媽，曰妠。伯母曰大娘。叔母曰嬸。兄妻曰嫂。弟妻曰弟婦。父之姊妹曰姑。母之兄弟曰舅。母之父曰外爺。舅姊妹曰姨姑。舅之子謂表兄弟。兩姨之子爲姨兄、姨弟。小兒曰娃子，曰孩子。幼女曰閨女。同社者曰换帖，謂拜兄拜弟。螟蛉謂義子。妻帶之子謂帶肚子。外縣人居本縣者謂寄莊户，亦曰流寓。

〔民國〕續修宜陽縣志

【解題】張浩源、林裕燾等纂修。宜陽縣，今河南省洛陽市宜陽縣。「方言」見卷三。録文據民國七年（一九一八）鉛印本《續修宜陽縣志》。

方言

天初曉曰東方亮，曰冷清明。晨時曰清早，曰飯時。午刻曰上午。午後曰後半晌。薄暮曰差黑些。夜曰黑地。半日之頃曰一晌。昨日曰挨裏。讀捱兒合音。太陽曰日頭。太陰曰月亮。雷曰呼雷。虹曰將。去聲。

兩山夾田曰平川。岡阜之高起如脊背者曰嶺，低伏有頂面者曰窪。谿澗之峭立如削者曰崖。山嶺之平坦如鋪者曰坪，曰原上。山麓曰山根。凡水皆曰河。田過水有沙石者曰沙河灘，有土者曰淤泥坪。

人之稱謂，我曰俺。他曰你。此曰這。彼曰那。對人言曰咱。事有不願者曰不中，願者曰可已。問如何曰怎著怎讀乍轉上聲謀。作事曰做嗄。

人之善者曰老實，曰在行，惡者曰可惡，曰混賬。不論情理者曰絞耗。不識事機者曰糊塗。

物情之美者曰整齊，曰精緻，否者曰⿰牜甬草，曰窪囊。人無能者曰不中用。物無用者曰要不得。

數目，謂一曰樂。讀作平聲。二曰⿰兩弍。良假切。三曰沙。四曰梭。梭個合音。五曰臥。讀作上聲。六曰羅。陸之轉音。七曰雀。雀河合音。八曰拔。讀平聲。九月角。角左合音。十曰芍。拾個合音。

家謂之屋。屋蓋阿字。《韻會小補》阿，音屋。古詩：「家中有阿誰。」《世説新語》：「一門則有阿大、中郎。」俗本謂阿家，省作阿。

廳事謂之過庭。過庭謂之家塾。《説文》云：「廷，朝中也。」「庭，宫中也。」古者廷不屋，後世屋之，加广焉，實無二。《記》曰：「家有塾。」夾門堂曰塾。今過庭中爲門，屏開閉〔一〕，即古夾門。塾以坐客曰家塾客。

奥謂之疙嫪，蓋切音也。《唐韻》奥，烏到切。並同。

閾謂之門蒨。《匡謬正俗》曰：「《爾雅》『柣謂之閾』，郭注：『門限。』音切。」今言門蒨是柣聲之轉，字宜爲柣，而作切音。

承塵謂之仰塵。《周禮注》：「帟謂承塵。」《通雅》：「覆海，藻井也。一曰鬬八，蓋謂重出飛簷。升庵以爲天花版，亦曰承塵。」

甍謂之連簷。甍一作甎。《方言》：「甎謂之甑。」景純曰：「即屋穩。」

倚木謂之木庵，結草謂之草庵。《論語》「諒闇」〔二〕，謂居倚廬。鄭玄讀如鵪鶉之鵪。後漢皇甫規身入庵廬巡視，三軍感悦。今亭館結庵，有四壁垂簷。民間乃專謂兩下若斧形者爲庵子，猶存古倚廬爲闇遺制。軍中用布爲庵蘆，並同此制。以上宫室。

帽著首處謂之頍。《詩·小雅》「有頍者弁」，毛傳：「弁貌。」緣《詩》辭生解耳。鄭注《禮》

〔一〕開：原誤作「門」，據乾隆《河南府志》改。
〔二〕闇：《論語》作「陰」。

「緇布冠缺項」，讀缺爲頍〔一〕，「冠無笄者用頍」。《通典》：「古者有冠無幘，其戴也，加首有頍，所以安物。」

衣長謂之褃褋。褃音朵。《通雅》：「漢以無袂衣曰褃，今以長者爲褃，正相反。」

短衫謂之背答。《通雅》：「褃服半除〔二〕，唐減爲半臂，宋尚背子，元以來女服褙子，命婦服金答子。」

袨衵謂之套袴。《方言》：「大袴謂之倒頓，小袴謂之袨衵。」郭注：「倒頓，今雹袴。袨衵，今襣袴。」

犢鼻褌謂之圍腰。《前漢書》：「相如身自著犢鼻褌，與傭保雜作。」《方言》：「無𧝓之袴謂之襣。」郭注：「𧝓同襱。」袴之兩股曰襱。無𧝓袴，無股袴也。滌器恐汙衣，著之。

純謂之衮。《書・顧命》：「蔑席黼純。」《儀禮・士冠服》：「纁裳純衣。」《士喪》：「冬皮屨，夏葛屨。」皆有繶純。《曲禮》：「冠衣不純素。」純俱音準，謂緣邊也。今人謂緣邊爲衮邊。《通雅》：「純，一音衮。」

鈎邊謂之浄縫。《禮・深衣》：「鈎邊。」謂既合縫摺而縫之。

〔一〕缺：原誤作「政」。

〔二〕褃：原誤作「隋」，據文義改。

偏諸謂之楣識。《賈誼傳》：「緁以編諸緣。」謂織成錦以緣衣。今俗謂衣前對襟爲門，門轉楣，別以織綿緣邊爲識。音志。以上衣服。

酒不入水謂之乾酢。酢音詐。《酒譜》：「張藉詩云：『釀酒愛乾和。』」今人不入水酒名曰乾酢酒。

釀酒入酵謂之酘。《抱朴子》：「一酘之酒，不可以方九醖之醇。」《齊民要術》：「桑落酒有六七投。」《集韻》：「酒再釀爲酘。」今不必再釀，但入酵即曰酘，謂作酵時已經一釀。

燒酒謂之明流。《飲饍正要》：「燒酒之法自元始。」

不托謂之餅，薄夜謂之薄餅。小餅謂之飥子。《五代史·李茂真傳》：「一日食不托。」不托，當時語也，今謂之餅。荀氏《四時列饌傳》：「夏祀以薄夜代饅頭。」束晳言：「春饅頭，夏薄托。」則薄夜即薄托，薄托即薄餅也。《方言》：「餅謂之飥。」餅、飥本通稱，今則專以起麵入稀糖作餅爲飥子。

水引謂之麵條。出湯謂之乾汁。

饅頭謂之蒸食。裹肉菜蒸之謂之包子。《燕翼貽謀録》：「仁宗誕日，賜包子。」即饅頭。

餛飩，有耳者謂之扁食。《通雅》：「餛飩，本渾沌之轉。」包裹渾圓不作耳。今或有耳似蝙蝠，故曰扁食。亦曰餃餌。

粔籹謂之油食。《楚辭》「粔籹」注：「吴謂之膏環，亦曰寒具。」《通俗文》曰：「寒具謂之餲。」一曰安乾。

糏子謂之饊子。《通雅》：「《南史》虞悰作扁米糏。即今饊子。」

起麵謂之發麵。《周禮》「酏食」，賈疏以爲起膠餅。《齊書》：「永明九年詔大廟薦起麵餅。」注：「今發酵也。」《通雅》：「按，韋巨源《食單》有婆羅門輕高麵，正籠蒸饅頭，發酵浮起。」今發麵有蒸、有餅。蒸者，輕高也；餅者，起膠也。

涼飲謂之水飯。《周禮・漿人》：「掌共六飲。有涼。」鄭氏謂雜糗飯于水以爲飲。即今水飯湯。

殽謂之肘，胾謂之片，炙謂之燒。《曲禮》：「左殽右胾，膾炙處外。」鄭氏曰：「殽，骨體也。胾，切肉也。」今骨體貴前肘，故曰肘。切肉爲片，亦曰白片。炙肉在火上。今煎以膏曰燒，代炙也。

淳熬謂之炒飯。《内則》：「煎醢加于陸稻上，沃之以膏曰淳熬。煎醢加于黍食上，沃之以膏曰淳毋。」今炒乾飯用油沃之。

擣珍謂之捶肉。《内則》：「擣珍，取牛羊麋鹿麕之肉，必脄，每物與牛若一，捶反側之，去其餌，熟出之，去其皽，柔其肉。」鄭氏曰：「脄，脊側肉。」今捶肉以鷄爲上品。

糝謂之鮓。《周禮》：「糝食。」《内則》曰：「糝，取牛羊豕肉三如一，小切之，稻米二肉一合以爲餌，煎之。」糝，鮓音轉耳。或爲丸，曰丸子。

肉謂之鞣。讀柔去聲。

歠謂之哈。《淮南子·氾論訓》：「嘗一哈水而甘苦知矣。」哈，呼合切。大歠也。

齕謂之墾。《曲禮》：「削瓜，庶人齕之。」音紇，轉爲墾。

醵謂之平和。《禮器》：「曾子曰：《周禮》，其猶醵與？」注：「合錢飲酒爲醵。」今平和，和讀去聲，亦醵聲之轉。以上飲食。

車輪謂之孤輪。孤，轂之轉。《考工記》注：「轂，衆輻所湊。」

轅謂之顏條。轅、顏聲轉。

耜謂之茉。《通雅》：「《急就》注有『曲把茉鍬』。茉，下瓜切，前未見此字，亦顏氏耳熟鄉語。」

鍬謂之杴。虚嚴切。鍬從金，杴從木，自別。今俗鐵鍬、木杴皆曰杴。

銼鑹謂之𧇊。《通雅》：「鑹，釜也。𧇊，土鍪也。鑹，魯戈切。鍪，候抱切。顏師古曰：『鍪，小釜也。』今烙餅平鍋呼爲𧇊。」

甑蔽謂之箅。《説文》：「箅，蔽也。所以蔽甑底。」又《考工記注》：「輪箅則車行不掉。」疑漢人見箅形中卑邊高，遂狀輪如此，乃不掉耳。

閣謂之立櫃。《記》曰：「大夫七十而有閣。」閣者，版格，以皮膳羞。

案謂之棹。棹、櫂同，當作卓。《元史》：「大定七年肆赦，儀設鷄盤，置金鷄啣赦書于應天，門外設卓子。」

座謂之椅。椅本木名，當作倚。宋鹵簿有金倚。楊億《談苑》：「咸平景德中，主家造檀香倚。」以上器用。

祖謂之爺。《玉篇》：「俗呼父爲爺。」何得稱祖？蓋祖稱王父、大父，俗始呼祖爲大爺，後省大字，但呼爺爲祖專稱。

祖母謂之奶奶。《通雅》：「李賀稱母阿嬭，或呼爲嬭，因作奶。」既稱母爲奶，因疊稱祖母爲奶奶。

父謂之爹。《南史·梁始興王憺傳》：「詔徵還朝，人歌曰：『始興王，人之爹。』」《昌黎集》：「阿爹阿八。」

母謂之孃，小孃謂之媽。《木蘭詩》：「不聞耶孃唤女聲。」媽音姥，俗讀若馬平聲。又稱母爲妠。後漢順烈皇后名妠。

伯母謂之大孃，叔母謂之嬸母。《爾雅》：「父之兄妻爲世母，父之弟妻爲叔母。」嬸爲世母合音暨叔母合音之轉。

伯母亦謂之嬷嬷。上聲。本爲母母。吕東萊《紫薇雜記》言：「吕氏母母受嬸房婢拜，嬸見母母房婢拜，即答。」

姑謂之古。《廣韻》姑，古胡切。今或連言古○。郡母平聲，亦切音也。古○[一]，又省作古。

兄謂之哥，哥謂之䚳𦐺，二字切哥。《廣韻》：「哥，古歌字。今人以呼兄。」

妻謂之家里。沈約《山陰柳家女》詩：「還家問鄉里，詎堪持作夫。」鄉里，謂妻也。《南史》：「張彪呼妻曰：我不忍令鄉里落他處。」姚寬曰：「今人言家里，其意同，或作家裏，亦稱屋裏。」

舅母謂之妗。《通雅》：「巨今切。亦作㚷。張耒《明道雜志》曰：『王聖美言經傳無嬸與妗字，考其説，嬸字乃世母二合，妗字乃舅母二合也。』」以上親屬。

雨謂之下。風謂之刮。

雨入地謂之商。蓋濕字平聲，河南無入聲，故讀濕爲商。

昨日謂之夜一。謂夜前一日也。又但曰夜，讀爲捱兒合音。

前日謂之前，讀爲前兒合音。

明日謂之明。王維詩：「明當渡京水，昨晚猶金谷。」唐人已省明日爲明。

午前謂之前半上，午後謂之後半上。讀上聲。蓋俗謂作功爲上功，故謂半日爲半上。

[一] 古：原脱，據乾隆《河南府志》補。

高岡謂之蓒地，土高謂之圪壋〔一〕，山腰平處謂之坪。

一謂之約，讀作平聲。二讀作良假切，蓋兩字之轉音。三讀作沙。四讀爲四個合音。五讀作臥上聲。六讀作羅。七讀爲雀河合音。八讀拔平聲。九讀爲角左合音。十讀作芍。

三里謂之散里。又君子之君多讀作去聲，蓋陽平聲清，配齒與半齒之清音，則剽而不留；讀作去聲，乃不嫌過清。

以手循取謂之捋。讀若律。《詩》「捋采其劉」，又「猗彼女桑」。《折中》曰：「循條彙取曰捋，取葉存條曰猗。」二字義同。捋音劣，猗音倚。俗讀捋若律，蓋劣倚合音耳。

以手拔取謂之薅。《詩》：「以薅荼蓼。」音近蒿。又薅作茠。《唐書》：「茠刺無休。」

如何謂之怎。讀作詐上聲。不如是謂之不，讀作飽平聲。又謂之休，讀作齁。

恁地謂之納。恁爲寧馨合音，納爲恁地合音。

此時謂之如今，如今謂之而今，而今謂之然晚。《春秋》「星隕如雨」作「星隕而雨」。如、而通。又如之爲言然也。以今爲晚者，對前生稱也。

大笑謂之欱欱。亨下反。《説文》：「欱欱，戲笑貌。」

驚訝謂之夥頤。讀若和牙。《史記·陳涉世家》：「夥頤！涉之爲王沈沈者。」涉，陽城人，

〔一〕之：原脱。

其故人方言如此。今猶存其聲。

縫謂之敹。音聊。《書》：「善敹乃甲胄。」

緝謂之緶。毗連切，俗作上聲。《賈誼傳》作緁。

食染醯醬謂之餍。音贊。《内則》注：「膏煎稻米，似今膏餍。」《通雅》以醬醯贊物，當是餍字。

以木撑屋謂之牮。音箭。以泥坐瓦謂之瓮。五化切。

精謂之鯽令，就謂之鯽溜，孔謂之窟籠。皆切音。

可惡謂之恂。讀扣平聲，亦合音。

愛見謂之代見。愛、代聲轉。

匍匐謂之跁。音杷。

靨謂之疙列。切音之轉。

呼鷄謂之朔朔，讀作顧顧。呼猪謂之嘑嘑，讀作槅槅。呼猫謂之密密，讀作平聲，猫轉音。

呼狗謂之咢咢，奰入聲。

底謂之篤。郭璞《海外大壑讚》：「爰有大壑，號爲無底。」讀都木切。《韻會》屋韻有底。

以上雜記。

〔民國〕洛寧縣志

【解題】賈毓鶚等修，王鳳翔等纂。洛寧縣，今河南省洛陽市洛寧縣。「方言」見卷二《風俗》中。録文據民國六年（一九一七）鉛印本《洛寧縣志》。

方言

日謂之日頭。月謂之月亮。電謂之霍閃。雹謂之冷子。雨澤謂之商。月暈謂之風曲連。高岡謂之骯。地高阜謂之圪塏。山腰平處謂之坪。

家謂之屋。聽事謂之過庭。正房謂之堂屋。廂房謂之廈子。閾謂之門限。奥謂之疙嫪。以木撐屋謂之笲。音箭。以泥坐瓦謂之窊。五化切。屋梠謂之連簷。

衣謂之襖。帕謂之包頭。半臂謂之坎肩。袨衵謂之套褲。犢鼻褌謂之圍腰。縫謂之敹。緝謂之緶。

不托謂之餅。粔籹謂之油食。水引謂之麪條，出湯謂之乾汁。饅頭謂之蒸饃，内裹肉菜謂之包子。餫飩有耳者謂之扁食。齕謂之塈。歠謂之哈。用飯謂之哈湯。

車輪謂之轂轤。轅謂之沿。靷謂之繮繩。銜謂之嚼子。帷車謂之轎車。

鍬謂之杴。甑蔽謂之萆。瓮有口者謂之瓴。案謂之桌。座謂之椅。

祖謂之爺。祖母謂之奶奶。父謂之爹。母謂之娘，亦謂之媽。伯母謂之大孃。叔母謂之嬸。舅母謂之妗。僚壻謂之條傳。異父兄弟謂之重山弟。城内呼父謂之伯，呼叔謂之爹。頭謂之隄腦。頦謂之下巴。背謂之脊梁。臂謂之肐膊。好謂之美。劣謂之賴。精謂之脊令。愛謂之耐煩。可惡謂之恂。讀扣平聲。休謂之齁。如今謂之然晚。此刻謂之陣者。看看謂之昭昭。體面謂之排場。性緩謂之大脾氣。無幾謂之若干。尚可謂之没意思。可謂之中，不可謂之不中。畜二牛謂之一具。叱牛左行謂之趔。叱牛右行謂之笞笞。呼鷄謂之朔朔。呼猪謂之嘯嘯。呼猫謂之密密。呼犬謂之嫯嫯。

〔嘉慶〕澠池縣志

【解題】甘揚聲修，劉文運等纂。澠池縣，今河南省三門峽市澠池縣。「方言」見卷七《禮俗》中。録文據嘉慶十五年（一八一〇）刻本《澠池縣志》。

方言

五方言語之異，異於詞者猶少，異於聲者較多。如楚以乳爲穀，周以鼠爲璞，此詞之異也。至若聲音之異，喉舌唇齒隨其類而無往不然。方音異於東西者，自澠東之義昌分，由此以西迄於關陝，其聲大率相類。東極宋梁齊魯，亦皆不相遠，而與西判然各别。蓋東之所謂清平，西皆以上聲讀之；東之所謂上聲，西皆清平讀之。如天與忝、山與散、川與舛之類，彼此互易，則方音之區於澠池者也。

一，讀藥濁音。二，讀良假切，蓋兩字之轉音也。三，讀沙。四，讀爲四箇合音。五，讀臥上聲。六，讀羅。七，讀爲雀河合音。八，讀拔平聲。九，讀爲角左合音。十，讀芍。

人多穴居，土穴曰土窰，石穴曰石窰。梁曰桴子。坯曰糊器。廚房曰竈火，亦曰鍋屋。炕突曰炕門，亦曰竈火。套房曰裏格漏。

鬥分子喫嘴曰打平和肉。肉，讀而救反。傻子曰半性，亦曰半瓜子。問在何處曰那，平聲。答在何處曰那，去聲。亦曰兀脱。團入聲。説話不了利曰嘟嚕。

天初明曰侵早。巳時曰飯時。午時曰上午。日將夕曰喂牛時。虹霓曰醬。簷溜成冰曰琉璃，亦曰喇叭條。大雨曰猛雨。半大雨曰稚子雨。細雨如絲曰濛生雨。雪成箇而堅實者曰朧躍子。躍，五教反。

祖父曰爺爺。祖母曰奶奶。父曰爹，亦曰達，亦曰達達。母曰娘，亦曰媽，亦曰媽媽。岳父曰丈人。岳母曰丈母。妻兄曰大舅。妻弟曰小舅。

羊曰麥麥。猪曰猪猪，亦曰哼哼。虎曰老大。都邁反。雌虎曰老八乾。鵲曰麻野鵲。雀曰小蟲，亦曰喜蟲。鸝曰黄瓜緑。信天翁曰老等。蝗屬統曰螞蚱。促織曰數珠，又曰黑狗。守瓜曰黄瑩。蚓曰屈卷。平聲。蛇曰長蟲。蜥蜴曰蛇出律。守宫曰蝎虎。鼈曰團魚，亦曰鱉魚。

〔民國〕太康縣志

【解題】杜鴻寶修，劉盼遂纂。太康縣，今河南省周口市太康縣。「方言」見卷二《輿地志》中。録文據民國二十二年（一九三三）鉛印本《太康縣志》。

方言

康邑鄉俗多説土話，關於名物稱謂，與豫省各縣語言不甚相遠，惟往往有音無字，使書者感覺困難，故遠方宦遊蒞兹土者，亦有不解土語之困。

〔民國〕西華縣續志

【解題】潘龍光等修，張嘉謀等纂。西華縣，今河南省周口市西華縣。「方言」見卷五《民政志》中。録文據民國二十七年（一九三八）鉛印本《西華縣續志》。

方言

昔《孟子》道齊語楚語，爲談方言者之祖。西華於戰國爲楚地，而當時楚語之實況，竟蔑得而聞焉。降至西漢季年，揚子雲有《方言》之作，其十三篇所記，頗不乏汝潁或陳楚間語。今試取而驗之。餘曰柍，養曰鞠，哀曰悼，長曰修，皆通於四方之文言，未見爲民俗所施用。至若濕而爲憂，戎而爲大，媿而爲耦，侹而爲代，敦而爲語過，雖學子儒士或難宿聆其義，而況工農婦孺，又何能耳聽而口道之旻〔一〕。雖名曰方言，蓋已隨時代之過去而早爲陳邁之骨董已。夫語

〔一〕旻：疑爲衍文。

言遷變，與世俱新，而我國學者恒重古昔而輕現實，尊雅言而鄙方俗之口，故二千年來，真樸而能脗合之方言記籍爲殊不多見也。海通以來，受影響於歐學，漸有以語爲文者，始知日用語言之足重而搜採之，而研究之。於是方志之書亦多有方言之編録矣。黄河流域爲通行官語之區，而我河南一省，自宛南東北盡迤於冀魯界上，皆屬於中原語系之開封系。西華處其中，又無大山嶺間隔。觀其語法之運用，語尾之配置，音讀之無入聲，以及謡諺歌曲種種，大抵與鄰境同，蓋純然中原語族也。然而風土所關大同者，究不能無小異，一縣之中，東西南北之區，因其所接近鄰境者，又各有小異焉。於其同也，固足以明系統；於其異也，亦可以證流別。同異之間，所去取蓋斤斤焉。兹編依方言廣義，析其内容爲語音、語詞、民諺、兒歌之四項〔一〕。同者約舉其例，異者審核其實，雖不能詳考博證，而一邑民風物情之概况，庶幾可推度想像以得之。抑百里而儉之地，介全省百一十一縣而爲言異外，而及其同，固亦無取乎詳博爾矣。

語音〔二〕

没　［變音］ㄇㄨ陽平。［實例］没有。［備考］間有作ㄇㄞ陽平者。

店　［變音］ㄉㄧㄝ去聲。［實例］王店。［備考］縣南各市村之稱店者多作此音。

底下　［變音］ㄉㄧㄚ上聲。去下之聲母而令兩音爲一。［實例］樹底下。讀爲ㄕㄨ去聲

〔一〕「民諺、兒歌」本編未録。

〔二〕原爲列表形式，分「變音」「實例」「備考」三列。

ㄉㄧㄚ上聲。［備考］地下亦同此者，作ㄉㄧㄚ去聲音。

的　［變音］ㄌㄧ。［實例］你的、我的、慢慢的。

底裏頭　［變音］ㄉㄧㄡ陽平。［實例］屋底裏頭。讀作ㄨㄉㄧㄡ陽平。［備考］凡容於某物體下面之内部者大概如是。

獨　［變音］ㄉㄡ去聲。［實例］獨你、獨是這個。［備考］當做連詞。

堂　［變音］ㄊㄚ陽平。［實例］柴堂。［備考］用法與王店同。

那兒　［變音］ㄋㄚ入聲ㄦ，合二音爲一。［實例］王那兒。讀作ㄨㄤ陽平ㄋㄚ去聲ㄦ。［備考］指某家説張曰張那兒、李曰李那兒，就某地言亦如是。

那們　［變音］ㄋ入聲ㄣ。去那之韻母、們之聲母而爲合音。［實例］那們好。讀作ㄋ陽平ㄣㄏㄠ。［備考］代表事物之情狀。

裏頭　［變音］ㄌㄧ陽平ㄡ。去頭之聲母而合爲一音。［實例］城裏頭。讀作ㄔㄥ陽平ㄌㄧ陽平ㄡ。［備考］凡一物容受他物者皆如是説。

緑　［變音］ㄌㄩ陽平。［實例］緑豆、緑樹。

六　［變音］ㄌㄧ入聲ㄡ。［實例］六個、六月。

列　［變音］ㄌㄞ。［實例］行列。［備考］獵躐同。

跐　［變音］ㄐㄧㄝ陽平。［實例］跐蹦跐蹦地、跐摬跐摬地。［備考］常用在單一動詞之上而共爲在副位之散動詞。

革　〔變音〕ㄐㄧㄝ。〔實例〕革命、革除。〔備考〕格字同此。

國　〔變音〕ㄍㄨㄞ。〔實例〕國家。

穀　〔變音〕ㄐㄡ去聲。〔實例〕穀樹。

客　〔變音〕ㄑㄧㄝ。〔實例〕客來。〔備考〕克同。

後兒　〔變音〕ㄏㄛ去聲ㄦ。兩音合一。〔實例〕半後兒。讀如ㄅㄢ去聲ㄏ去聲ㄛㄦ。〔備考〕後兒如此讀法，當係由ㄏㄡㄦ之音久而失去ㄡ母之後半者。

花　〔變音〕ㄏㄨㄛ。〔實例〕紅花集。〔備考〕但限於此集之名稱，他語不多見。

牛　〔變音〕ㄡ。〔實例〕牛家、牻牛。

孃　〔變音〕ㄬㄧㄤ。轉陽平爲陰平。〔實例〕爹孃、大孃。

昭　〔變音〕ㄗㄠ。〔實例〕昭穆。〔備考〕此與蜘蛛字音均爲縣境一部之音，非盡如此。

蜘蛛　〔變音〕ㄐㄧㄐㄩ。

莊　〔變音〕ㄓㄨㄚ。〔實例〕梁莊。〔備考〕城西有此音，亦限於村名爲然。

朱　〔變音〕ㄓㄨㄝ。〔實例〕朱莊。〔備考〕城西有此音，亦限於村名爲然。

少　〔變音〕ㄙㄠ上聲。〔實例〕多少。

日　〔變音〕ㄦ。〔實例〕日頭。〔備考〕此音專用於日頭一詞。

日頭　［變音］ㄖㄡ。去頭之聲母而合爲一音。［實例］日頭西。讀爲ㄖㄡㄙㄧ。［備考］縣西人半後之稱。此一語之日音與普通稱日頭者異。

精　［變音］ㄐㄧㄥ。［實例］精神。

切　［變音］ㄑㄧㄝ。［實例］切斷。

謝　［變音］ㄒㄧㄝ去聲。［實例］謝謝。［備考］縣之大部讀ㄗㄘ私三聲母之齊齒音，均轉入ㄐㄑㄒ三母之下。

尹　［變音］ㄧㄢ上聲。［實例］尹坡。［備考］亦僅用於村名。

有　［變音］ㄏㄧㄡ上聲。［實例］没有。［備考］常於緊接没字下見之。

灣　［變音］ㄨㄞ。［實例］朱灣。［備考］用與尹同。

俺　［變音］ㄞ上聲。［實例］俺們。［備考］亦爲縣境一部之音。

語詞

高祖父、高祖母　［俗語］老老太爺、老老太。［備考］亦有稱老太爺與老太太者。

曾祖父、曾祖母　［俗語］老太爺、老太。

祖父、祖母　［俗語］爺、奶奶。［備考］字本作嬭。

父、母　［俗語］爹、孃（通作娘）。［備考］間有隨叔伯兄弟行呼父爲大爺或叔、母爲大孃或嬸者。

父子合稱　〔俗語〕爺兒們。爺兒兩音合一（ㄧㄝ陽平ㄦㄇㄣ陽平）。〔備考〕可通用於祖孫或尊卑間，故同族之泛稱亦用之。

母子、母女合稱　〔俗語〕孃兒們。孃兒兩音合一（ㄏㄧㄤ陽平ㄦㄇㄣ）。〔備考〕通用之範圍同上。

繼父、繼母　〔俗語〕後老、後孃。〔備考〕面稱其親，子女同。

夫之父、夫之母　〔俗語〕公公、婆子。〔備考〕面稱隨夫。

伯父、伯母　〔俗語〕大爺、大孃。〔備考〕稱呼之上可加行次之數字。

叔父、叔母　〔俗語〕叔、嬸母或嬸兒（ㄕㄣ陽平ㄦ）。〔備考〕稱呼之上可加行次之數字。

姑母　〔俗語〕姑（讀若古）。〔備考〕稱呼之上可加行次之數字。

妻　〔俗語〕媳婦或老婆，老婆下或加子。〔備考〕夫妻相互間無適當稱呼，上述皆爲旁稱。

繼室　〔俗語〕填房。

妾　〔俗語〕小婆。婆兼兒音。

兄、嫂　〔俗語〕哥哥、嫂子。〔備考〕可加數目字。

弟、弟婦　〔俗語〕兄弟、娣（ㄉㄧ去聲）妹或兄弟媳婦。

兄弟合稱　〔俗語〕弟兒們。〔備考〕弟兒兩音合一，又參入ㄥ母之音作ㄉㄧㄥㄦ，蓋由弟兄兒們四字之音減併而成者。

夫之兄、夫之弟　［俗語］大伯子、小叔子。［備考］此爲旁稱，面稱時仍隨夫之稱呼。

夫之姊、夫之妹　［俗語］大姑子、小姑子。［備考］此爲旁稱，面稱時仍隨夫之稱呼。

子、子婦　［俗語］孩子或兒子、媳婦或兒媳婦。［備考］亦稱娃子。娃子又爲卑幼之通稱。

妻前夫子　［俗語］帶犢子。［備考］娶妻經若干時而其子始來者謂之躂犢（ㄉㄨㄦ），以胎來者謂之帶簍或帶肚。

孫、孫婦　［俗語］孫兒（ㄙㄨㄣㄦ）或孫娃子、媳婦或孫娃媳婦。

曾孫、曾孫婦　［俗語］重孫兒、重孫媳婦。

玄孫　［俗語］滴溜孫。

□〔一〕　［俗語］一家子。［備考］凡同姓者皆可用。

右族屬。

外祖父、外祖母　［俗語］老爺、老孃或姥姥（ㄌㄠ上聲）。

母舅、舅母　［俗語］舅、妗子。

妻父、妻母　［俗語］岳父或丈人、岳母或丈母孃。［備考］壻於妻父母多循妻之稱呼，上列皆旁稱也。妻兄弟姊妹同。

〔一〕□：原爲空格，表示有音無字。

妻兄弟、妻兄弟妻　〔俗語〕内兄、内弟或大舅、小舅，丈嫂、小妗子。〔備考〕内兄弟爲較文雅之稱，行於中等以上社會。

妻姊妹、妻姊妹夫　〔俗語〕大姨子、小姨子，連襟或一條槓。

壻　〔俗語〕女壻。〔備考〕面稱則某姓爲某相公。　相公又爲對於卑幼之普通敬稱。

右戚屬。

師　〔俗語〕先生或老師。〔備考〕工匠之師稱曰師傅，師之妻曰師孃。

同學　〔俗語〕同窗或師兄弟。

朋友　〔俗語〕相好的或一把子。〔備考〕一把子就志趨相同言。

學徒　〔俗語〕徒弟。〔備考〕商店之學徒曰相公。

主人（地主、僱主、店主）　〔俗語〕掌櫃。〔備考〕店主亦稱老板。

僱工　〔俗語〕把師。師讀司。〔備考〕亦稱夥計。

右社交。

農作物　〔俗語〕莊稼。〔備考〕農人曰莊稼人。　營農業曰做莊稼。

工業　〔俗語〕匠作行。

商業　〔俗語〕生意。〔備考〕營商曰做生意。

醫師　〔俗語〕伕夫。伕，ㄉㄞ去聲。〔備考〕面稱則爲先生。

同業　［俗語］同行或一行夥。
工頭　［俗語］掌作或掌作的。
牙儈　［俗語］行（ㄏㄤ）户或經紀。
右職業。
日　［俗語］日頭。
月　［俗語］月亮。［備考］小兒語稱爲月奶奶。
月暈　［俗語］風圈或雨圈。［備考］意謂見此圈後當有風或雨也。
星　［俗語］星星。［備考］北斗曰杓斗星。牽牛曰牛郎。啓明曰慧星。流星曰賊星。彗星曰掃星。
雲　［俗語］雲彩。
微雨　［俗語］滴星或滴點。［備考］極微之雨曰籮麵雨。急雨曰陡雨。急雨挾雷曰雷暴雨。
霰　［俗語］雪牀子。
雹　［俗語］冷子。
虹霓　［俗語］虹（ㄐㄧㄤ去聲）。
右天象。

昨日　［俗語］夜兒個。夜兒兩音合一（ㄧㄝ去聲ㄦ）。［備考］亦簡稱夜兒（ㄧㄝ去聲ㄦ）。

前日　［俗語］前兒個。前兒例同上。［備考］亦簡稱前兒（ㄘㄧㄢ入聲ㄦ）。

今日　［俗語］今兒。合爲上一音（ㄐㄧㄣ入聲ㄦ）。

明　［俗語］明兒。合爲一音（ㄇㄧㄥ入聲ㄦ）。

後日　［俗語］過了明兒。明兒同上。

去年　［俗語］年時個。

明年　［俗語］過年。

過去時　［俗語］往常或每日。日讀ㄧㄦ。

未來時　［俗語］趕明兒（ㄍㄢ去聲ㄇㄧㄥ入聲ㄦ）。

清晨　［俗語］冷生明。

巳初　［俗語］半晌兒。晌兒合讀（ㄕㄤㄦ）。［備考］亦曰前半晌。

午刻　［俗語］晌午。［備考］午時少過曰晌午錯（ㄘㄨㄛ去聲）。

申初　［俗語］半後兒。後兒合讀（ㄏㄠ入聲ㄦ）。［備考］亦曰日頭西，讀作ㄖㄡ ㄒㄧ。

古代　［俗語］老輩子。

右時間。

一個　［俗語］伭（ㄧㄛ陽平）。［備考］以下數字皆爲去「個」字之聲母而與上一字拼成一音者。凡兩音之急讀，往往捨去其聲母或韻母之一部，而合爲另一音。仾、仾、仨等字之需用最繁而普，故各有新字之創立焉。

兩個　〔俗語〕仾（ㄌㄧㄚ上聲）。〔備考〕同上。

三個　〔俗語〕仨（ㄙㄚ）。〔備考〕同上。

十個　〔俗語〕什（ㄕㄨㄛ）。〔備考〕錢數至二十以上之整數，簡音作ㄕㄨㄛ。如二十謂之二什（ㄕㄨㄛ）、三十謂之三什（ㄕㄨㄛ）。

一千文　〔俗語〕一弔。

甚麽　〔俗語〕啥（ㄕㄚ去聲），亦作嗄。〔備考〕按麽或亦讀麻，故啥亦爲甚麽之合音。

怎麽　〔俗語〕咋（ㄗㄚ去聲）。〔備考〕義同上。

做甚麽　〔俗語〕嗞（ㄓㄨㄚ陽平）。〔備考〕嗞，實爲三字之合音。開封之讀爲ㄗㄨㄚ入聲。本境又轉聲母之ㄗ爲ㄓ耳。

我　〔俗語〕俺（ㄢ上聲）。〔備考〕含有我家之意。複數用俺們。

你　〔俗語〕您（ㄋㄣ上聲）。〔備考〕含有你家之意。複數用您們。

吾等　〔俗語〕喒或喒們。喒（ㄗㄢ）。〔備考〕單用喒已包有爾、我在内，加們則意義更爲確定或範圍更大。喒們與我們有别，我們或兼指爾、我，亦可與你們對待。若用喒們則必含對方在内，而必非對待矣。

孔　［俗語］窟窿。分孔之一音爲二。

敏捷［俗語］麻利。［備考］形容詞，亦作副詞用。

孟浪［俗語］冒失。冒讀陰平聲。

叫譟［俗語］噜嚄（ㄒㄧㄝ陽平ㄏㄨㄛ陽平）。

右雜言。

〔同治〕鄢陵文獻志

【解題】蘇源生撰。鄢陵，今河南省許昌市鄢陵縣。「稱謂」見卷九《土地志六·風俗》中。録文據同治二年（一八六三）刻本《鄢陵文獻志》。

稱謂

蒙按，邑人稱父曰爹。母曰孃。父妾曰嫣。音媽，讀若馬平聲。祖曰爺。祖母曰奶奶。兄曰哥。弟曰兄弟。伯曰大爺。伯母曰大孃。叔曰叔。叔母曰嬸子。妻曰媳婦，又曰家裏。子曰兒。子妻曰兒媳婦。孫曰孫子。孫妻曰孫子媳婦。姪曰姪子。姪妻曰姪兒媳婦。女曰閨女，其婿曰姐夫。父之姊妹曰姑，其婿曰姑夫。祖之姊妹曰姑奶奶，其婿曰姑爺。姊曰姐姐，其婿曰姐夫。妹曰妹子，其婿曰妹夫。婿呼妻父曰爹，亦曰外父。妻之母曰孃，亦曰外母。妻之兄曰哥，亦曰大舅。妻之弟曰兄弟，亦曰小舅。餘隨妻稱。妻之姊妹曰姨，其婿曰姐夫，亦曰連襟。母之父曰老爺。母之母曰老孃。母之兄弟曰舅，妻曰衿子。母之姊妹曰姨，其婿曰姨夫。女之子曰外甥。女之女曰外甥女。姊妹之子亦如之。夫之父曰爹，亦曰公公。夫之母曰孃，亦曰婆子。夫之兄曰大伯，弟曰小叔。弟子稱師曰老師，亦曰先生。

〔民國〕鄢陵縣志

【解題】靳蓉鏡等修，蘇寶謙纂。鄢陵，今河南省許昌市鄢陵縣。「方言」見卷五《地理志·風俗》中。録文據民國二十五年（一九三六）鉛印本《鄢陵縣志》。

方言

稱謂

《文獻志》：邑人稱父曰爹。母曰孃。父妾曰媽。音姥，讀若馬平聲。祖曰爺。祖母曰奶奶。兄曰哥。弟曰兄弟。伯曰大爺。伯母曰大孃。叔曰叔。叔母曰嬸子。妻曰媳婦，又曰家裏。子曰兒。子妻曰兒媳婦。孫曰孫子。孫妻曰孫子媳婦。姪曰姪子。姪妻曰姪兒媳婦。女曰閨女，其婿曰姐夫。父之姊妹曰姑，其婿曰姑夫。祖之姊妹曰姑奶奶，其婿曰姑爺。姊曰姐，其婿曰姐夫。妹曰妹子，其婿曰妹夫。婿呼妻父曰爹，亦曰外父。妻之母曰孃，亦曰外母。妻之兄曰哥，亦曰大舅。妻之弟曰兄弟，亦曰小舅。餘隨妻稱。妻之姊妹曰姨，其壻曰姐夫，亦曰連襟。母之父曰老爺。母之母曰老孃。母之兄弟曰舅，妻曰衿子。母之姊妹曰姨，其壻曰姨夫。女之子曰外孫，女之女曰外孫女。姊妹之子曰外甥。夫之父曰爹，亦曰公公。夫之母曰孃，亦曰婆子。夫之兄曰大伯，弟曰小叔。弟子稱師曰老師，亦曰先生。

方言

羅麵雨，猶言細雨也。滴星，猶言微雨也。冷子，猶言雹也。旋風，猶言羊角風也。日頭，猶言日也。月明，猶言月也。星星，猶言星宿也。賊星，猶言流星也。掃帚星，猶言慧星也。杓頭星，猶言北斗星也。晏個是言前日。明個是言明日。後個是言後日。踏實，是問老者康健。乖潑，是問小兒强壯，即活潑之義。喫獨饃，猶言從中漁利，不與人同夥分肥也。不害醜、不要臉，皆是駡人不知恥也。霸道，猶言蠻横不講理也。架橋，言其不實也。好排場，猶言人遇事慷慨，或晏客豐盛也。牢靠、穩當，皆言人辦事可靠也。没籠頭馬，是譏人子弟放蕩也。隨葫蘆倒東瓜，是言胸無主宰，受人播弄也。没眼色，猶言人不識時務，出語輒招輕侮也。二旦、二瓜，皆言人愚而妄作也。看財奴，猶言有錢人儉約也。財主，是言富户。出坦户，是言小康之家。不結局，猶言人家貧，無以爲生也。假斯文，是言人不通文理，而又故作矜持態度也。光棍，猶言武斷鄉曲，不務正業也。大把、夥計，均是男僕之稱。師傅，是呼一切薄有技術之工匠也。光漢，是言鰥夫。辦人，是言納妾也。姚婆，是再醮婦，言繼母不善待其前室子女也。按姚爲舜姓，姚婆者，蓋謂舜之繼母，而瞽瞍之後妻也。乖好罷，是問人平安。弄嗄啦，是問作何事。趕集，是入市買物。趕會，是赴鄉觀劇。上那去，是問人何往。喫飯，是言早餐、午餐。

喝湯，猶言晚餐。趙將，猶言土匪。架杆，是言匪首。打架，是言與人以手相搏擊也。抬槓，猶言人以口舌争辨也。打渣滓、罵玩，均言以滑稽口吻譏刺人也。噴空，猶言人好爲大言而無實際也。龐的跟老笱一樣，是罵人自大也。搬親，猶言男子娶妻。打發，是言女子出嫁。顧不著，猶言自己事忙而拒人邀約也。打瓦打鍋，猶言落魄也。怯敗者曰湯漿。持家儉約曰滋本。愚弄其人又從而榨取其財物曰拿老冤。囊空曰腰裏没勁。呼祖父曰爺。呼祖母曰奶奶。呼伯父曰大爺。呼父曰爹、曰大爺、曰叔。呼外祖父曰老爺。呼外祖母曰老孃、曰姥。私稱妻父曰丈人。私稱妻母曰丈母孃。問人幹甚麼曰抓拉。問甚麼時候曰多早晚。勸人休息曰歇歇罷。大便曰惡屎。小便曰尿泡。男女行結婚禮曰拜天地。婦人流産曰小月子。貪多無饜曰攬把。無本領曰菜包。

〔民國〕西平縣志

【解題】李毓藻修，陳銘鑑纂。西平縣，今河南省駐馬店市西平縣。「方言」見卷三七《故實志》中。録文據民國二十三年（一九三四）刻本《西平縣志》。

方言

南北人音韻讀法多不同，故其言語亦因之而異，非徧歷各地，廣事交游，則一出里門，言語之扞格，勢所難免。兹編純采本縣通俗用語，加以詮釋，俾遠方覽者可以識其端倪焉。

落魄謂之打瓦，亦曰混失腳，又曰骨堆那拉。骨堆那拉者，猶言站立不起也。
無意識之舉動謂之兜蕩，讀如湯。猶言作事無規律也。
怯敗者謂之湯漿，亦曰拉稀，猶言無勁氣也。
狡猾者謂之佻皮，亦曰難纏，猶言不易就範也。
欺壓人者曰尋飭人，亦曰吝人，猶言故意挑釁也。
侮辱人者曰抹讀如麻下來，猶言不予稍留體面也。
不自知恥而又故作怪狀以示人者曰癡疠人。元時方言有痴紿，言欺言詐見也。
稱老者康强曰踏實。
問小兒輩强壯曰潑，讀如波。即活潑之義。
愚弄其人又從而搾取其財曰攫碓窠，又曰拿老兔。
破敗家産而又囚首垢面者曰混讀如紅鬼，言其人不自整潔，形容如鬼也。
與人以手相搏擊者曰打架，亦曰打盤。
與人以口舌争辨者曰抬腔。一作抬槓。
以滑稽口吻譏刺人者曰斫木刀，言雖斫而無傷也，亦曰打渣滓，又曰駡玩。
譏人妄自尊大或驕傲之氣不可嚮邇者曰膖、曰奘、曰炯，即俗語曰膖裹巴、奘裹巴、炯裹巴是也。按，膖，《廣韻》匹江切，膖脹，猶大也。炯亦訓自大義。

好爲大言而無實際者曰噴空。
高聲喊叫者曰喊讀如協呼讀如火，猶言家中失火，喊人救護也。
賣空買空者曰架橋，言其不實也。
聞人以言詞恫愒而厲聲報之，其通常用語有三：曰取便，曰不介意，曰讓你法施，猶言任憑爾如何厲害，我自不憂不懼也。
蠻横不講理曰霸道。
不堪造就曰没出息，又曰没説。没説者，猶言不足挂齒也。
遇事慷慨解囊或宴客豐腆曰好排場，猶言好講面子也。
胸無主宰，受人播弄者曰隨風倒，猶言無腦筋、無主意也〔一〕。
不識時務，出語輒招輕侮者曰没眼色，即《論語》「未見顔色而言謂之瞽」義。
持家儉約曰滋本。
囊空曰腰裏没勁。
辱駡人不留餘地曰烏禿大賴，亦曰拭讀如禍箇烏禿。
與人攀談曰拍拍話，拍即稗官之稗。
暴富户曰好過來。
富户曰財主。

〔一〕意：原誤作「義」。

小康之家曰舒坦户，又曰小脂麻油户。
家貧無以爲生曰不結局。
引用謎語曰玩侃子，侃即調侃之義。
襲用不求甚解之古書語曰掇文。
對不通文理而又故作矜持態度之人曰捏先，又曰假斯文。捏先者，猶言僞作先生模樣也。假斯文者，猶言假充文人也。
愚而妄作者曰二鏝，又曰二旦，亦曰二瓜。
遇事因循不決者曰撕不爛套子，又曰牛肉，猶言遲鈍不爽利也。
好治田産者曰喝地龍。
從中漁利不與同伙分肥者曰喫大鐪。
無意中被人辱駡曰拾碰頭。
譏人子弟放蕩曰没籠頭的野馬，又曰一窩蜂，言其不受約束也。
其人辦事可靠曰牢靠，亦曰穩當。
駡人不知耻曰不害賴，又曰不要鼻子、不要臉。
呼祖父曰爺。呼祖母曰奶奶。呼父曰大爺、曰伯、曰爹、讀如跌。曰𤕭、讀如達。曰叔叔。呼母曰大大、曰娘、曰媽、曰㜷。呼曾祖父曰老太。呼曾祖母曰老太奶奶。呼外祖父曰老爺。呼外祖母曰姥姥。呼姊夫曰某大哥。呼妹夫曰賢弟。私稱妻父曰老丈人。私稱妻母曰老丈母娘。
呼男僕曰大把、曰二把，因其手把犂鋤，或有所操持，而遂以名之也。
呼女僕曰某嫂。
呼木匠、石匠、泥瓦匠及一切薄有技術之工匠，均曰師傅。
鰥夫曰光身漢。
納妾或買妾均曰辦人。
再醮婦曰後婚婆子。
繼母不善撫其前室子女曰姚婆。按，姚爲舜姓，姚婆者，蓋謂舜之繼母而瞽瞍之後妻也。
駡人自大曰膟裏跟老筍一樣。
問人好曰乖好罷。
譏人倒霉曰該烹，此背人私語也，有幸災樂禍意。
遇險而幸免曰幾乎兒。
譏人無丈夫氣曰不如那頂手巾片哩，以婦人皆頭戴手帕，所謂頂手巾片者即婦人也。
問人作何事曰弄甚拉，猶言幹什麽。
行路失足，無意中跌倒曰拌讀如板一骨轆子，言跌倒在地如骨轆之一轉也。

兩人將鬥争而以怒聲相向曰咤，亦曰嚐。

入市買菜曰趕集。

觀劇曰趕會。

鄉社賽會場中忽有人鼓噪擾亂秩序曰炸會。

男子淫人婦女曰鑽薄檽子，即古語帷薄不修之義。

捉姦曰扒狼子，例如男女通姦正在幽會時，猝乘不備，搶其衣袴而去是也。

小兒以錢賭輸贏，其通常用語有三：曰撞甎、曰料字幕、曰鼓輪坳。

幼女博戲曰抓子。

兒童結隊玩耍，雙方對壘，指名挑戰曰挑軍拿營。

答人問事而已不知曰誰知。知讀如著。

應人之呼而回答之曰著落。讀如抓拉。著落者，猶言幹甚麽，訛爲抓拉。

問人何往曰上那去。

答人問所往曰到那邊。

大門外遇熟人經過勸其到家小憩曰歇歇罷。

途中遇熟人勸其乘車曰歇歇腿罷。

應人之求而慷慨負責曰一乾二凈，猶言準可辦到也。

前日曰前個。昨日曰昨讀如晏個。明日曰明個。後日曰後個。昨讀如晏者，乃夜之轉音。《韓非子》《國策》皆以前一日爲夕日，即此義。《孟子》昔者，昔即夕也。明日，古人謂之旦日，旦夕相對爲義。

早餐曰喫飯。晚餐曰喝湯。

大便曰惡矢。小便曰尿泡。《前漢·昌邑王傳》：「如是青蠅惡矣。」師古曰：「惡即矢也。」

父駡子語曰王八兒。尊長駡卑幼語曰雜種。

土匪曰踢將。匪首曰架杆的。

武斷鄉曲，不務正業者曰光棍。

設若不然曰不那等。發語辭。

對人稱己父母曰俺爹、俺娘。

對同胞兄弟姊妹稱己父母曰喒爹、喒娘。

不經之談曰老婆傳。

不悦其人，而報以含有怒意之語曰給送。給送者，猶言不假以辭色也。

心有所不悦，而以怒容臨人者曰出相。出相者，言不以通常容態待人也。

惡人貪多飲食而呰詈之曰你搗囊多少。囊者，皮囊也，指腹言。

村婦嫌其卑幼擇食而怒詈之曰你願飣讀如聽去聲就飣不願飣不飣，亦曰你願搗就搗不願搗不搗。飣搗二字皆作喫食解，但用此字時俱含有怒駡之意在内。

男子娶妻曰搬親。

女子嫁夫曰出門子。初次歸寧曰回門。

男女行結婚禮曰拜天地。

男女行合巹禮曰喝交杯酒。

婦人産子曰坐月子。流産曰小月子。

女子出嫁後生子，母家須饋送衣物食品，曰送粥米。

女子出嫁後受夫家虐待，而母家率衆報復之曰出氣。

自己事忙而拒人邀約曰顧不著。

遇事不圖解決曰清熬，猶言無米而炊，終不成飯也。

家有財産而子弟任意揮霍，以致傾家蕩産者，曰董乾。

子弟不務正業曰盆礅。

貪多無饜曰攬把。

不能辦事曰亞包。《説文》：「亞，醜也。」猶言廢材不堪使用也。

心底糊塗曰麻糊，猶模糊之義。

〔民國〕汝南縣志

【解題】陳伯嘉修，李成均等纂。汝南縣，今河南省駐馬店市汝南縣。「方言」見卷十一《社會考》中。録文據民國二十七年（一九三八）石印本《汝南縣志》。

方言

汝境話言，大致略同，偏南偏北，不無少異。偏北與上蔡、商水、西平、遂平等縣接壤，言發於深喉，音出於重脣。惟重深，故每多澀滯。偏南與正陽、信羅等縣接壤，言發於淺喉，音出於輕脣。惟輕淺，故宜涉滑浮。此由水土之使然。有心者，當潛思而預防之。淺深輕重，各適其宜，則補偏救弊，又何患口耳之囿於庸俗乎？謹列表於左，以待明達者就正焉。

家屬類

高祖，太老祖〔一〕。曾祖，老太。祖父，爺爺。父親，爹爹，亦曰爸爸。伯父，大爺。叔父，叔叔。子，兒子。孫，孫孫。曾孫，重孫。玄孫，重重孫。高祖母，祖奶奶。曾祖母，老奶奶。祖母，奶奶。母親，娘，亦有呼媽者。嫡母，大大娘。庶母，姨娘。伯母，大娘。叔母，嬸娘。妻，媳婦。妾，小婆子。姑母，姑娘。兄，哥哥，亦曰老把。姊，姐姐。弟，小弟弟。妹，小妹妹。

〔一〕原爲列表格式，上爲「正音」，下爲「方言」，下同。

兒妻，兒媳婦。孫妻，孫媳婦。曾孫妻，重孫媳婦。

親屬類

外祖父，老爺。外祖母，老娘。舅父，舅舅。表兄，表哥。姑丈，姑夫。姊丈，姐夫。妹丈，妹夫。岳父，丈人。岳母，老丈母娘。内兄，大舅子。内弟，小舅子。内姪，妻姪。妻女兄，大姨子。妻女弟，小姨子。襟兄弟，一條槓。

師友類

老師，先生。窗友，同窗，亦曰硯兄弟。校友，同學。盟兄弟，朋友，亦曰老把。知交，莫逆，亦曰相好。匠師，師父。學徒，徒弟。

商賈類

經理，掌櫃。副經理，副掌櫃。助理，夥計。學徒，相公。

數目類

二個，ㄌㄧㄚ個〔一〕。六個，ㄌㄧㄡ個。一千，一串，亦曰一弔。一萬，拾串，亦曰拾弔。

風雨類

閃電，打閃。霰，小雪子。微雨，小霧雨。細雨，羅麪雨。雹，冷子。陰風，冷風。朔風，東

〔一〕 個：原脱，據體例補。

北風。羊角風，旋風。蝃蝀，虹，亦曰蜺。雲，雲彩。

天文類

太陽，日頭。月，月亮。星宿，星星。流星，賊星。牽牛星，牛郎星。辰星，明星，亦曰早明星。啓明星，急慌三星。彗星[一]，掃帚星。參星，ㄙㄣ星。北斗星，杓頭星。

日時類

昨天，ㄧㄛ ㄍㄛ。前天，前ㄍㄛ。大前日，大前ㄍㄛ。明日，明ㄧ。過明日，後ㄧ。大過明日，大後。去年，年是ㄍㄛ。明年，過年。先時，先前。

雜語類

你做甚麼呢，你弄嗄。是理，可不是呢。孔，窟窿。你説甚麼話，你説嗄。男子，漢子，亦曰潑小子。女，妮。父子，爺ㄌㄧㄚ。母子，娘ㄌㄧㄚ。傭工，夥計，農人亦曰掌鞭哩。工頭，掌線哩。會計，帳先。

以上稱呼均係汝境最普通、最明顯者，其他不及備載。

〔乾隆〕光山縣志

【解題】楊殿梓修，錢時雍纂。光山縣，今河南省信陽市光山縣。「風俗」見卷十三。録文據乾隆五十

[一] 彗：原誤作「慧」。

一年(一七八六)刻本《光山縣志》。

風俗

豫居五土之中,得中原正音,聲氣厚重。而光山接壤楚黄,東近廬霍,頗雜吴楚之音。語言聲韻視江浙爲直以栗,較之汴河以北,則清而嘽然。土音間有與他方殊者,約舉其概。如飛,本甫微切,而讀如輝。晏,於諫切,而讀如案。胡,洪姑切,而讀如扶。饒,如昭切,而讀如姚。馮字入一東韻音逢而讀如洪。雷之音在灰咍韻而讀如離,則訛同支脂韻矣。

方俗稱謂,如天曉,他處曰天明,或曰天亮,而此謂天光。天降雨雪,他處曰下雨、下雪,而此謂落雨、落雪。入市,江以南曰趕墟,黔滇曰趕場,而淮河以北謂市曰集,故呼趕集。互相口角,他處曰鬬口,而此謂講嘴。相與閒談謂之白白,又曰答答。閒看爲瞧瞧。閒遊爲曠曠。至計田以頃畝爲數,納糧以石斗爲數,天下類然,而此地論糧之則額曰幾畝幾分,問田地之廣狹多寡則曰若干石斗。豈所云互用其義者耶?以後新增。

唐人詩中多用「底事」字,謂何事也,此地謂「何如」爲「麽事」,亦唐人「底事」之義。又謂無有曰毛,江西亦同此音。昔東坡以白飯、白蘆菔、白酒爲皛飯招劉貢父食,貢父曰:明當酬公以吾鄉毳飯已。東坡過貢父,談久之,問毳飯。貢父笑曰:三者都毛,此之謂毳。然此音自古有之。《後漢書》馮衍説鮑永曰:「飢者毛食。」毛讀本音,言無也。郭氏《佩觿集》謂當讀如模,似不必。

文字筆畫之間，流俗相沿，亦間有異。讓省作諒，《集韻》諒，音朗，言之明也。作去聲，則與譃浪之浪音義並同，與讓絶不相蒙。姪書作侄，《集韻》侄，音質，堅也，又癡也。侄詎可以爲姪？然他處亦多沿此誤，不特此地然也。楊慎《丹鉛録》：「土窪曰凹，土高曰凸，古象形字。」亦作坳。而此間書坳作嶅。《集韻》坳，於交切。嶅，牛刀切。《説文》：「嶅，山多小石也。」嶅未可以爲坳也。田在山者曰阪[一]，田在平壤曰疇。而此謂山田曰沖，平田曰畈。因以爲邨保地名，若所謂金井沖、龍錫沖、青皮畈、郎家畈是也。蓋俗以沖義同於衝，其實沖無衝解也。然此地士夫留心《蒼》《雅》者，類能言之矣。

〔民國〕光山縣志約稿

【解題】晏兆平編輯。光山縣，今河南省信陽市光山縣。「風俗」見卷一《地理志》中。録文據民國二十五年（一九三六）鉛印本《光山縣志約稿》。

風俗

豫居五土之中，得中原正音，聲氣厚重，而光山接壤楚黄，東近廬霍，頗雜吴楚之音。語言聲韻視江浙爲直以栗，較之汴河以北，則清而嘽然。土音間有與他方殊者，約舉其概。如飛，

[一] 阪：《光山縣志約稿》作「坂」。

本甫微切，而讀如輝。晏，於諫切，而讀如案。胡，洪姑切，而讀如扶。饒，如昭切，而讀如姚。馮字入一東韻音逢而讀如洪。雷之音在灰咍韻而讀如離〔一〕，則訛同支脂韻矣。

方俗稱謂，如天曉，他處曰天明，或曰天亮，而此謂天光。天降雨雪，他處曰下雨、下雪，而此謂落雨、落雪。入市，江以南曰趕墟，黔滇曰趕場，而淮河以北謂市曰集，故呼趕集。互相口角，他處曰鬥口，而此謂講嘴。相與閒談謂之白白，又曰答答。閒看爲瞧瞧。閒遊爲曠曠。至計田以頃畝爲數，納糧以石斗爲數，天下類然，而此地論糧之則額曰幾畝幾分，問田地之廣狹多寡則曰若干石斗。豈所云互用其義者耶？以後新增。

唐人詩中多用「底事」字，謂何事也，此地謂「何如」爲「麽事」，亦唐人「底事」之義。又謂無有曰毛，江西亦同此音。昔東坡以白飯、白蘆菔、白酒爲皛飯招劉貢父食，貢父曰：明當酬公以吾鄉毳飯已。東坡過貢父，談久之，問毳飯。貢父笑曰：三者都毛，此之謂毳。然此音自古有之。《後漢書》馮衍説鮑永曰：「飢者毛食。」毛讀本音，言無也。郭氏《佩觽集》謂當讀如模，似不必。

文字筆畫之間，流俗相沿，亦間有異。讓省作誏，《集韻》誏，音朗，言之明也。作去聲，則與譃浪之浪音義並同，與讓絶不相蒙。姪書作侄，《集韻》侄，音質，堅也，又癡也。侄詎可以爲

〔一〕「離」上原衍「雷」字，據乾隆《光山縣志》删。

娙？然他處亦多沿此誤，不特此地然也。楊慎《丹鉛録》：「土窪曰凹，土高曰凸，古象形字。」亦作坳。而此間書坳作嶅。《集韻》坳，於交切。《説文》：「嶅，山多小石也。」嶅未可以爲坳也。田在山者曰坂，田在平壤曰疇。而此謂山田曰沖，平田曰畈。因以爲邨保地名，若所謂金井沖、龍錫沖、青皮畈、郎家畈是也。蓋俗以沖義同於衝〔一〕，其實沖無衝解也。然此地士夫留心《蒼》《雅》者，類能言之矣。

〔民國〕重修信陽縣志

【解題】方廷漢等修，陳善同等纂。信陽縣，今河南省信陽市平橋區。「方言」見卷十七《禮俗志》中。録文據民國二十五年（一九三六）鉛印本《重修信陽縣志》。

方言

内外稱謂

謂父曰爹、曰父。母曰娘、曰母，一曰媽。亦有以伯叔之稱稱其父母者。祖父曰爺爺。祖母曰奶奶。曾祖父曰老太、曰太爺、曰太爸。曾祖母曰老太、曰女老太。曾祖父以上曰祖太爸、曰老祖宗。父之兄曰伯父、曰大爺、曰老爹。父之弟曰叔父、曰小老。父之兄妻曰伯母、曰大娘。

〔一〕沖：原脱，據乾隆《光山縣志》補。

父之弟婦曰嬸母、曰嬸娘，又或以父母之稱稱之。父之妾曰姨母、曰姨媽。兄曰哥哥、曰老大。吐臥切。徐邈二音唾。弟曰弟弟、曰兄，讀如削音。或直呼其名，或以行第稱之曰老幾。姊曰姐。妹曰妹。凡稱伯叔兄弟姊妹俱各冠以行第。子曰崽的、崽聲如宰。曰小娃、曰小子、曰官官、讀如乖。曰孩子。女曰毛、曰小妮、曰妞子。又或冀其易養，命以狗、猪、牛、馬、虎、豹、獅、象等稱暨和尚、道人、傻子、長毛、蠻子、侉子聲如胯種種諢名。孫輩以下則依其輩分稱之，或直稱名。兄弟之子女曰姪兒姪女。姪孫輩以下依其輩分稱之，或稱名。

謂祖父之姊妹曰祖姑母、曰姑奶奶，其夫曰姑爺。祖母之姊妹曰姨老娘，其夫曰姨老爺。父之姊妹曰姑母、曰姑娘，其夫曰姑夫、曰姑丈己。姊妹之夫曰姐丈妹丈。女之夫曰女婿。祖姑母之子曰表伯、曰表叔，女曰表姑。姑母之子曰表兄或表弟，女曰表姊妹。姊妹之子女曰甥男、曰甥女。女之子女曰外孫。俗於姻屬不論遠近，凡同輩者通以老表呼之，尊卑異輩者通以表叔姪或表爺表姪孫呼之。文人則稱姻丈或姻兄，自稱姻姪或姻侍生。

謂母之父曰外祖父、曰老爺。母之母曰外祖母、曰老娘。母之姊妹曰姨母、曰姨娘，其夫曰姨夫。母之兄弟曰舅父，其妻曰舅母。舅與姨之所出爲兄弟輩及母族姪輩以下皆表之。

男女兩家父母相謂爲親家。謂妻之父母曰丈人丈母或岳父岳母。俗多依妻之所稱而稱之。妻之姊妹曰姨，其夫彼此相謂曰襟兄弟，此之謂婭親。於其所生亦曰甥。妻之兄弟以下皆從妻之所稱而內之。

婦於舅姑，謂舅曰公公，姑曰婆婆、曰婆母，或從其丈夫所稱而稱之。舅姑於兒婦連其母家稱之曰某毛、某大姐。

兄弟之妻相謂長曰姒、曰嫂，幼曰娣，或比兒女稱之曰嬸，或連其母家姓稱之曰某妹。其他親屬則皆妻從丈夫之所稱而稱之。

謂他人父曰乾爹，母曰乾娘，其子曰乾兄弟。

謂乳母曰妕娘、曰奶娘。傭婦連姓稱曰某媽，年老曰某大娘。

鄰里相謂，於年長且尊者曰某老先生、老太太，同等者曰某先生、某太太，齒稚曰某相公、某姑娘，有姻世誼者則各從其所稱。

謂教讀师曰先生、曰老夫子。農人曰老莊頭。商人曰老板、曰掌櫃。工人曰司務。木泥工曰掌綫。庖人曰典作。車夫曰掌杷。傭工曰掌鞭。屠户曰掌刀。斗行曰掌斗。驢販曰掌包。地保曰老官。科房曰掌科。差役曰老班。長兵隊曰老總、曰老鄉。僧人曰和尚、曰方丈。道士曰老先生、曰掌壇。巫曰端公。

名物稱謂

謂虎曰老虎。畏之之詞。鼠曰老鼠。鴉曰老鴰。鷹曰老鷹。皆惡之之詞。於鷄鴨狗猫騾驢燕蜂蝦蚊虱等名，以及稻麥豆稷桃李杏梅棗栗之屬，皆綴以子字。帽衫褂褲裙帶簪鐲之類亦然。

謂蟋蟀曰蛐蛐。生於竈上者曰竈馬。蚑蠖曰曲蟮。蟾蜍曰癩頭蝦蟆。蠹魚曰書魚。蛙曰田鷄。蛇曰長蟲。蝮曰土狗。赤煉蛇曰桑根。水蛭曰馬鱉。蟅蟲曰土鱉。蜣螂曰屎殼螂。螢曰亮蜢蟲。蟬曰蛴音技蜋，鳴於秋者曰秋螂，其小者曰麥蛰，有文者曰蜻蛰。絡緯曰紡綫婆。鼫鼠曰土狗。雉曰野鷄。蝙蝠曰鹽老鼠。鴷曰啄木官。鸜鵒曰八哥。梟曰猫兒頭、曰恨虎。即訓狐、幸胡之音轉。鵋曰夜食鷹子。饅頭曰磨磨。粥曰稀飯。麪湯曰糊塗、曰麪疙瘩。水角曰匾食。湯圓曰元宵。流匙曰麪條。勺曰調羹。箸曰筷子。甏曰檔子。小雨曰麻噴。霧曰拄帳子。電曰扯閃。雷曰打闔。似此之類，不可殫述。

習用語

當面稱人之質詞曰爾，於多人則曰爾們。自稱曰我，對人稱第三者曰他，對人自稱而有自負之意曰咱，對同志而別於第三者曰我們，或曰咱們，對人而稱第三者之一方曰他們。

馬上，謂飛快也。如云馬上就到之類。亂七八糟，謂糾紛無頭緒也。糊裏糊塗，謂其人無是非皂白也。糊打粑，謂膠結迷糊不可解也。喻以麪糊入餈粑打之。嗖啫，嗖音鐸。《集韻》：「言無度。」《廣韻》：「口嗖嗖無度。」啫，步臥切，婆去聲，燕代謂喜言人惡爲啫，均多言之意。謂累贅也，有厭煩之意。俗語音如妥薄，並無其字，查韻書惟此二字義音均相近。又梵書吒婆言障礙也，吒，闥各切，昔託，並存以備考。豈有此理，謂無其理也。顛三倒四，謂顛倒失序也。是人言而以反語證之曰可不是。謂人不可與共事曰難纏、曰纏不清。謂事辦理不善曰糟糕。謂人意別有所屬而不注重於此曰滿不在乎。是歇後語，未含有此字意。心所欲而巧得之曰妙不可言。謝人爲之幫助曰難爲爾。受人愚弄曰落圈套。牽合而與之接近曰拉攏。爲人撮合好事曰拉皮條。斷人生計曰打破飯碗。以言挑引取人之財曰敲竹槓。大言而不能副其實曰吹牛皮。諂媚求容曰拍馬屁。謂人之不顧羞恥曰不要面皮。罵人無恥曰忘八。言忘孝弟忠信禮義廉恥之第八字也。謂食於人而不事事曰吃二飯。謂熟於其事曰老在行。音杭。嚇小兒之語曰麻胡子。古麻胡嗜食小兒，故云然。

皮打混五六、皮二道溜，皆言地痞。半弔子、半圈子，皆言痴子也。三隻手，言小偷也。街襯子，言游手之市人也。落寞了、秋水了、打了瓦，皆言窮也。順手牽羊，言見財起意也。混水摸魚，言乘機牟利也。閉眼抓，言攫取財物不顧一切也。不開眼，言不顧外局也。夜不收，言冶游無度也。毛頭、浄火燎毛、三撮毛，皆言燥急也。假斯文，言學问不實在也。攢擠，言急進也。大勢樣，言大致不差也。耳邊風，言過而不留也。呱呱叫，言有聲名也。古板、老刻板，皆言固執不化也。冷不防，言乘人於不覺也。戳起放倒，言能成敗人事。打了和尚滿寺熱，言人各護其類也。兩岔氣，言相左也。愎橛子，愎，蒲逼切。言性情刚愎也。不伸長，謂當言不言也。打頂板、抬槓，皆言口頭争執也。莽撞佉，言鹵莽不知檢束也。捏撇，言假做作也。扒扒扠扠，言奔波也。檢穀擇米，言好挑剔也。看花容易繡花難，言知易而行難也。看人下菜碟，言待人有厚薄不一律也。飛抓，言貪婪無範圍也。稀罕爾，猶云不稀罕也，反辭。

花腳猫、遊腳僧，皆喻好遊蕩也。鑽湮囱，喻自尋霉氣也。撞木鐘，喻設詞以誑人因而得財也。蕎八角，喻人多圭稜不平正也。推活輪船，喻圓活無一定方針也。牛血，牛皮厚而血出難。

喻吝嗇也。牛筋，牛筋粗笨連動不靈。喻愎甥也。如絲過筬，織帛以絲貫筬中，一絲不漏。喻過刻也。琉璃蛋，喻圓滑瀏亮也。馬猁猴，喻頑皮也。箍桶篾，喻一部分之主管者。緊箍呪，喻法制也。糊塗茄，毒草，食之亂性迷人。喻昏迷也。不黏絃，詩詞之工者可以叶絲絃，謂之黏絲；不工者，不黏絃。喻不佳也。盤活蛇，喻玩弄人。五郎神，喻無行之人。拋皮，喻人不貼實也。熱黏皮，皮以熱而易黏。喻工於諂媚也。拖泥帶水，喻不爽利也。

謂同人曰夥計。揮棄物曰拚，亦曰扔。失物曰丢。丁羞切。一去不還也。失意事謂之丢人。謂食物曰東西。罵人曰不是東西，言其不成器也。事不分明曰籠統，亦曰籠東。謂人多事曰囒哰。楊子《方言》：「東齊周晉之鄙曰囒哰。」〔一〕俗作亂鬧，誤。謂人浮躁多言曰囉唣。謂人無用曰廢物。謂人寒酸曰貧相，曰寒饞。謂人綽有餘裕曰闊。謂人作事荒唐曰伭。謂人欺詐曰扯謊。謂人梗戾而違衆曰倔强。倔音崛，强去聲。謂人愚蠢曰笨蟲、曰笨貨、曰笨伯、曰冤大頭。謂人無行曰老傖。謂人不慧曰傻。沙瓦切，音灑，俗作傻。謂人便捷曰俏。謂不潔曰骯髒。謂人渾沌度日曰鬼混。謂人有奇僻之思想曰機心。謂人心思尖利曰榷駁。言如征榷算駁之不留餘地。言詞鋒利而儇佻曰榷駁嘴。謂人多言曰嘮叨。細語囑咐曰丁寧。小語謗人曰咕嘰、曰咕噥。兩人相絮語曰嘓嘓噠噠。小兒啼曰呱[口窊]。音姑窪，[口窊]，烏化切。罵人謂之絕。音橛，出惡聲而絕人過甚，故謂之絕。《左傳》：「晉侯使呂相絕秦。」

〔一〕齊：原誤作「南」，據《方言》改。

湖北省 凡十六種

〔道光〕黄安縣志

【解題】林縉光等纂修。黄安縣，今湖北省黄岡市紅安縣。「風俗」見卷一《地理志》中。録文據道光二年（一八二二）刻本《黄安縣志》。

風俗

聲音

中和類黄岡，泰仙類麻城，灄源類黄陂。

土語

呼父曰爺，亦曰爹。呼母曰大，亦曰二。呼祖曰爹爹，祖母曰奶奶作平聲。呼外祖曰家公，外祖母曰家婆。呼小兒曰伢，亦曰乜。謂如何曰如的。謂無曰毛得。其有音無字者難悉數也。

〔同治〕黄安縣志

【解題】朱錫授修，張家俊纂。黄安縣，今湖北省黄岡市紅安縣。「風俗」見卷一《地理志》中。録文據同治八年（一八六九）刻本《黄安縣志》。

風俗

聲音

中和類黄岡，泰仙類麻城，灄源類黄陂。

土語

呼父曰爺，亦曰爹。呼母曰大，亦曰二。呼祖曰爹爹，祖母曰奶奶作平聲。呼外祖曰家公，外祖母曰家婆。呼小兒曰伢，亦曰乜。謂如何曰如的。謂無曰毛得。其有音無字者難悉數也。

〔民國〕麻城縣志續編

【解題】鄭重修，余晉芳纂。麻城縣，今湖北省黄岡市麻城市。「方言」見卷一《疆域志》中。録文據民國二十四年（一九三五）鉛印本《麻城縣志續編》。

方言

胎衣曰脬。音胞。手指紋曰腡。音羅。小兒女曰幺。自謂曰我。謂人曰你。開口曰傛。音查。闊口曰奓〔一〕。音車。指事物曰者。俗作這。音吃曰謇。性傲曰戇。剛去聲。癡愚曰夢憃。音銃。眼皮動曰眨〔二〕。音劄。子細曰把穩。聲不輕圓曰嗄。俗作沙上聲。謂看曰瞙〔三〕。音苗。皮裂曰皴。音村。鼻塞曰⿱祝土。音祝。露牙曰齙。音報。人快敏曰伶利。不精彩曰䮰騔。音臘塔。不與人分辨曰不理。言語忤人曰觸人。足踏曰躧。叙上聲。心動曰⿱制心。音徹。耳中作聲曰聬。音翁。謂人形短曰矮矬矬。音搓。驚畏曰嚇。女工曰針黹。飾邊曰緣。音願。盛茶器曰茶落。履中模範曰楦。音絢。藏酒器曰窨。音印。漉器曰筲箕。窰器有光曰釉。音又。酒器曰罎。箸曰筷。音快。水槽曰筧。音簡。抽箱曰屜。鞋襯曰幫。大甕謂之缸。貫縷提之以織曰綜，橫縷曰緯。音位。直縷曰經。音徑。刮鍋器曰剷。削平曰剷。碾物使光曰砑。音迓。柄曰杷。音欛。拾物曰搴。音簡。熬曰煎。曲木可挂物曰搭鈎。切草刀曰剘音扎刀。平木器曰鉋子。音報。犂上鐵板曰鐴耳。穿牛鼻繩曰桊。音捲。割牛馬勢曰騸。音扇。牛羊食已復吐而嚼之曰回嚼。音醮。酒醋中小蟲曰蠓。音猛。不去滓酒曰醪音勞糟。猪脂中堅者曰⿰月匜。音移。肥脂曰臕。音標。牡牛曰

〔一〕闊：原誤作「濶」。

〔二〕眨：原誤作「貶」。

〔三〕瞙：原誤作「瞨」。

牯。牛羊馬豕欄曰圈。便旋曰出恭。凡戲玩曰耍。澆花木菜蔬曰飲去聲水。凡初贈工匠曰利市。物件曰家火。氣欝不伸曰漚。去聲。凡顏色鮮明曰翠。語不合謂之不對。漩水曰漩渦。漉去水曰瀝。兩手相摩切曰挼。音磋。與小兒戲促其鼻曰牽牛。推之曰搓。音聳。小曰丁丁，又曰點點，又曰些些。應聲曰欸。音靄。以物沾水曰蘸。音站。沈水曰没，曰淹。詞不屈曰强。音絳。言面瘡曰皰。音砲。熱而皮生疹曰痱子。松枝岐曰椏。音鴉。撻穀器曰連枷。音加。線條曰綹。縫皮曰鞝。音掌。快走曰猋。音標。不速曰遲去聲遲音治。唾人曰啡。杯、配二音。負物曰馱。伸麵曰擀。音敢。門底腳曰限。音坎。雌狗曰草狗，思雄曰起草。火炙曰熇。音考。物濕而黑腐曰黴。乍晴乍雨曰浲淞。音弄送。沃土曰魚米之地。劈破曰斯。飲食變味曰餿。音搜。物臭曰膖音滂醜抽去聲。鷄伏卵曰抱。汙穢曰涴。音餓。鹽鹵水曰膽水。以篾束物曰箍。音孤。閉門機曰櫳。音拴。屋上承椽樑曰檁。音領。手探曰捋。手捉曰搭〔一〕。音客。物墮水曰灌，石墮聲曰硿。俱音董。賀人曰恭喜。手挽曰撦。俗作扯。粗俗曰体〔二〕。奔去聲。爪刺曰掐。謂多曰够。音搆。俗呼叔母曰嬸。姒婦曰大姆。少婦之尊稱曰嬭嬭。音奶。稱店主曰老闆。闆亦作板。頻相交易曰主故。故亦作顧。客之初見者曰生客。呼富室曰大老。同執一業以謀生者曰同行。老於其事者曰老手。店肆之傭曰夥計。呼屋之兩頭曰山頭。室外部落曰天井。屋中横木曰桁

〔一〕捉：原誤作「促」。

〔二〕体：原誤作「體」。

條。謂肉食曰葷腥。跨於兩紙之中曰騎縫。圖記曰戳子。抵押品曰押頭。午飯曰中飯。午後曰下晝。喜慶喪葬所送之禮曰人情。稱物曰東西。膚上細毛曰寒毛。財産曰家私。舉動曰腳手。舉手示意曰做手勢。有光榮曰面子。詆懦弱者曰孱頭孱讀若粲。朋友饋贈以錢犒其僕役曰腳錢。行貲曰盤纏。俗呼小兒曰把戲。呼乞丐曰叫化子。言商賈有利曰賺。商家獎勵金曰花紅。兩指相搓曰捻[一]。音聶，亦讀碾。交換曰掉。兩人共舉一物曰扛。以物之當與而不盡與者曰扣。遷物曰搬。去牲畜之毛曰撏音蠶毛。以物之捎起曰撬。調和液體曰攪。火乾物曰熯。水順下曰淌。湯上聲。以器抒水曰舀。遥上聲。五指取物曰摣。讀渣。舉足曰蹺。匿情相欺曰瞞。以火乾物曰烘。以假亂真曰充乾。没曰落。以爪摘取植物曰掐。音洽。故意播弄曰做弄。脩飾曰打扮。尊崇其人曰擡舉。以言行紿人曰王六。微動其首曰點頭。被欺曰上當。偵察曰打聽。知悉曰曉得。争論曰計較。婦人懷孕曰有喜。妄言曰亂道。訓斥曰埋怨。犯上曰衝撞。泄憤曰出氣。興訟曰打官司。私己自便曰討便宜。情性乖張曰發皮氣。言過甚曰說大話。人於勞倦時張口呼吸曰打呵欠。婦容美好曰俏。興盛曰旺。肥碩曰奘。煮水至沸曰滾。美好曰標致。輕脱曰滑溜。繁盛曰熱鬧。裸上體曰赤髆。不經意曰大意。言語不明曰含糊。共同曰大家。事不滿意曰將就。遲延曰擔閣。矜莊曰正經。事已妥善不必更

[一] 搓：原誤作「槎」。

注意曰放心。事已安定曰停當。言語繁絮不分明者曰咕嚕。不禮人曰不睬。多言曰嘮叨。能辦事曰能幹。俗於難決時逕行決之曰索性。謂頑劣曰頑皮。呼巧舌多言曰尖嘴。不須曰不消。中節曰得法。有興趣曰高興。自謙無暇曰窮忙。容易曰便當。不期而恰合曰湊巧。不善其事曰外行。酷似曰活像。疾愈曰平復。不忍棄曰舍不得。期望曰眼巴巴。馮藉顯貴之勢以占優勝者曰大帽子。裝門面曰擺架子。秘密之事忽無意暴露曰露馬腳。集衆作蜂起狀者曰一窩蜂。不知羞愧曰臉皮厚。遇事兩難或心志不定曰不上不下。謂不知事理者曰一竅不通。謂事多變化者曰十八變。有才思曰才情。

按地方常言，有其聲而不得其文者多矣。明李實留意方言，撰有《蜀語》，又江浙各志亦間載方言，今合上下江言語，擇其與麻城相同者録之。

〔乾隆〕黄岡縣志

【解題】王鳳儀修，胡紹鼎等纂，王正常續修。黄岡縣，今湖北省黄岡市黄州區。「方言」見卷一《風俗》中。録文據乾隆五十四年（一七八九）刻本《黄岡縣志》。

方言

土氣厚重，其聲少清。其土音如呼須近西、去近棄、水近暑、眼近闇之類。

〔光緒〕黄岡縣志

【解題】戴昌言修，劉恭冕等纂。黄岡縣，今湖北省黄岡市黄州區。「方言」見卷二《地理志·風俗》中。録文據光緒八年（一八八二）刻本《黄岡縣志》。

方言

土氣厚重，其聲少清。其土音如呼須近西、去近棄、水近暑、眼近闇之類。

〔同治〕黄陂縣志

【解題】劉昌緒修，徐瀛纂。黄陂縣，今湖北省武漢市黄陂區。「方言」見卷一《天文志·風俗》中。録文據同治十年（一八七一）刻本《黄陂縣志》。

方言

呼父爲爺，或呼爲爹，亦有呼父者。呼母爲二，亦有呼媽者。呼姐爲大，亦有呼姐者。呼祖爲爹爹。呼祖母爲婆婆。呼木匠爲博士。呼去爲棄。呼無爲毛。餘俱無異。

〔民國〕漢口小志

【解題】徐焕斗等編纂。漢口，今湖北省武漢市江岸區、江漢區、礄口區等地。「風俗」見《風俗志》中。

録文據民國四年(一九一五)鉛印本《漢口小志》。

風俗

家庭稱謂,各有不同。大半呼祖父爲爹爹,祖母爲婆婆,又有呼之爲太者。呼母爲媽,呼父爲爹,又呼爲爺爺,亦呼女叔爲爺爺。呼伯父爲伯伯,叔父爲叔叔。呼伯母爲伯娘,叔母爲嬸娘。呼小孩爲毛頭。又小孩多名搭毛轉運者。小孩不清吉者,多投寺記名,以和尚、道人呼之。

婦女均呼奶奶,年尊者即呼太婆。現在無論何人均呼太太、老太太矣。

俗呼陶情爲頑,高興爲熱,體面爲刮器,飲食爲開餂,避人爲裝箱。漢口竹枝詞注。

〔同治〕宜昌府志

【解題】聶光鑾修,王柏心纂。宜昌府,轄境包括東湖、興山、巴東、長陽、長樂五縣及歸州、鶴峯二州地,府治今湖北省宜昌市夷陵區。「方言」見卷十一《風土志·風俗》中。録文據同治五年(一八六六)刻本《宜昌府志》。

方言

郡雖處楚之西偏,而語言朗徹,頗似中原雅音,四聲中惟入聲多有讀作平聲者。城内外口音與荊郡相似,東湖鄉村音稍濁,而語言無異。興山則與鄖陽口音相近,歸巴則與川音相近,長陽聲音言語與郡城不大異，鶴峯、長樂則大概似郡城，而尾音兼湖南。郡屬雖間有異同，要皆非鴃舌侏儷可比。其父母、伯叔及親眷稱謂，亦均與江漢同。雖巴東之後里初有謂父爲阿包、母爲阿呀、伯父爲阿徘、叔父爲阿必幺者，考之近今蠻音，亦早變矣。

〔同治〕興山縣志

【解題】伍繼勳修，范昌棣纂。興山縣，今湖北省宜昌市興山縣。「方言」見卷一《地理志·風俗》中。録文據同治四年（一八六五）刻本《興山縣志》。

方言

邑治東南語言明徹，頗與郡城相似。東北音稍濁，而韻語亦復相同。惟西北毗連房保，音與鄖陽相近，極西與巴東僻壤爲鄰，間有府訛爲虎、風訛爲哄，音韻不無稍别云。

〔乾隆〕歸州志

【解題】曹熙衡原本，曾維道增修。歸州，今湖北省宜昌市秭歸縣。「聲音」見《人物志》中。録文據乾隆五十五年（一七九〇）鈔本《歸州志》。

聲音

地雖彈丸，鄉音多雜，惟茅坝與蔴衣荒相近。人多强項，有山陝語，餘俱稱平。

〔同治〕長陽縣志

【解題】陳惟模修，譚大勳纂。長陽縣，今湖北省宜昌市長陽土家族自治縣。「方言」見卷一《地理志·風俗》中。録文據同治五年（一八六六）刻本《長陽縣志》。

方言

荆湖地中天下，五方雜處，音語不一，長陽尤甚。南鄉局若吉、須若兮，西鄉二若日、上若常，北鄉夫若乎、肥若回，東鄉玉若裕、畜若酬，此類皆俗語遞傳，古音通轉，一成之見，十里不同也。

曾祖曰太公。見《史記》。外祖曰家公。見《列子》。父曰爹。見《南史》。母曰媽。俗字，本一音而異文，與姆、姥同。兄曰哥。見《韻會》。姊曰姐。見《説文》。痛兒曰硜。見楊子。駡兒曰崽。見《水經注》。愛兒晚生必名曰幺。豕名。使兒易育多名曰狗。犬名。凡慧潔者曰寧馨。見《晉書》，不必膠訓。凡粗横者曰鹵莽。見《莊子》。指物曰東西。宜從吴瑭説。作事曰生活。見《孟子》。驚羨聲曰夥頤。《史記》，原解似泥。反詰聲曰怎樣。見《集韻》，本雙聲。吝財曰守錢。見《晉書》。求食曰打瓦。即《孟子》毁瓦意。迷惑曰見猫鬼。見《隋書》。顛狂曰發馬風。見醫書。出噓曰人道我。出鄭箋。詐詞曰予紿若。見《列子》。此類音豈無偏，語皆有本。又所謂風不忘舊，傳則衆咻也。

〔光緒〕長樂縣志

【解題】李焕春原本，龍兆霖增補，郭敦祐再續。長樂縣，今湖北省宜昌市五峯土家族自治縣。「雜記」見卷十六。録文據光緒元年（一八七五）刻本《長樂縣志》。

雜記

土民稱峒即洞字長曰都爺，其妻曰夫人，妾曰某姑娘，幼子曰舍人，女曰官姐，子弟之任事者曰總爺。而五峯、水濜、石梁等司民，至今則尚稱容美土司爲土王。

〔康熙〕巴東縣志

【解題】齊祖望等纂修。巴東縣，今湖北省恩施土家族苗族自治州巴東縣。「方言」見卷二《風土志》中。録文據康熙二十二年（一六八三）刻本《巴東縣志》。

方言

巴東雖僻處深山，而語言朗徹，頗似中原雅音。四聲中獨無入聲，其呼入聲者皆平聲也。如呼屋爲吴、呼沃爲訛之類。平上去三聲，惟庚青蒸梗迥敬徑等七韻呼爲根親珍頣庫覲，餘八十二韻悉如本音。後四里去縣較遠，間有吐音重拙轉入別韻，如呼黄爲環、呼譚爲唐、呼放爲范者。又有兩字互易，如呼府爲虎、呼虎爲府、呼富爲互、呼互爲富者。又有齒舌之間出字不真，如呼提爲奇、呼帝爲計者。故後里媳婧謂之奇互，蓋媳讀如乞，乞轉爲奇，而婧讀如互。諸如此類，乃前里所無也。

其他稱謂，若祖父母、父母、伯叔父母、姑姊、兄嫂及外親之舅、舅母、姨姊妹夫、妻舅等，大約與燕趙、中州人不甚相遠。惟祖謂之老爹，母謂之媽，平聲。姑夫、姨夫謂之姑爹、姨爹，及外祖、外祖母謂之家公、家母，或謂之家家，以上家讀如噶平聲。似江漢間語。而前里又稱父謂之阿包，母謂之阿姐，後里又稱祖謂之阿他，祖母謂之阿木鳥，父謂之阿巴，母謂之阿呀，伯父謂之阿徘，叔父謂之阿必幺，蓋田野中俗稱如此，而士夫家罕言之。

又後里在前代多爲蠻音，清江南北各爲一種，桃符口人又一種，總謂之草語。雖本縣世籍，遭其覿面相詬，若無聞焉。自西山諸寇之亂，縣民盡赴枝、宜寄住，十餘年始歸，蠻音遂變。今惟頒白者間於家室中作草語，而後生小子絶口不復道，與前里無大差别矣。

〔同治〕巴東縣志

【解題】廖恩樹修，蕭佩聲纂。巴東縣，今湖北省恩施土家族苗族自治州巴東縣。「方言」見卷十《風土志》中。有同治五年（一八六六）刻本。録文據光緒六年（一八八〇）重刻本《巴東縣志》。

方言

巴東雖僻處深山，而語言朗徹，頗似中原雅音。四聲中獨無入聲，其呼入聲者皆平聲也。

如呼屋爲吴、呼沃爲訛之類。平上去三聲，惟庚青蒸梗迥敬徑等七韻呼爲根親珍頣厙覩，餘八十二韻悉如本音。後四里去縣較遠，間有吐音重拙轉入别韻，如呼黄爲環、呼譚爲唐、呼放爲范者。又有兩字互易，如呼府爲虎、呼虎爲府、呼富爲互、呼互爲富者。又有齒舌之間出字不真，如呼提爲奇、呼帝爲計者。故後里媳婦謂之奇互，蓋媳讀如乞，乞轉爲奇，而婦讀如互。諸如此類，乃前里所無也。

其他稱謂，若祖父母、父母、伯叔父母、姑姊、兄嫂及外親之舅、舅母、姨姊妹夫、妻舅等，大約與燕趙中州人不甚相遠。惟祖謂之老爹，母謂之媽，平聲。姑夫、姨夫謂之姑爹、姨爹，及外祖、外祖母謂之家公、家母，或謂之家家，以上家讀如噶平聲。似江漢間語。而前里又稱父謂之阿包，母謂之阿姐，後里又稱祖謂之阿他，祖母謂之阿木鳥，父謂之阿巴，母謂之阿呀，伯父謂之阿徘，叔父謂之阿必幺，蓋田野中俗稱如此，而士夫家罕言之。

又後里在前代多爲蠻音，清江南北各爲一種，桃符口人又一種，總謂之草語。雖本縣世籍，遭其覿面相詬，若無聞焉。自西山諸寇之亂，縣民盡赴枝、宜寄住，十餘年始歸，蠻音遂變，與前里無大差别矣。

〔同治〕崇陽縣志

【解題】高佐廷修，傅燮鼎纂。崇陽縣，今湖北省咸寧市崇陽縣。「方言」見卷一《疆域志·風土》中。

録文據同治五年（一八六六）刻本《崇陽縣志》。

方言

呼祖曰爹，父曰爺，母曰娘，亦曰媽。兄曰哥，女兄曰姐，未嫁曰姐哥。男曰崽，罵人亦曰崽。名女曰秀。男女行小者曰滿、曰幺、曰晚。幼未名者曰毛、曰牙。無曰貌。食曰喫。如何曰那樣。忽然曰斗然。敏快曰鯽溜。放潑曰尤賴。能任事曰倜儻。善幹事曰僂儸。兩物相比，高曰石，低曰潮。前三日曰先前日，後三日曰外後日。諸如此類，與湖湘大同小異，且音與巴陵、臨湘、蒲圻相近，通城但微不同。諸縣皆漢下雋，即此可證也。

〔同治〕通城縣志

【解題】鄭葵修，胡洪鼎纂。通城縣，今湖北省咸寧市通城縣。「方音」見卷六《風俗》中。録文據同治六年（一八六七）活字本《通城縣志》。

方音

聲音五方各異，聲異以平上去入之失諧，音異以宫商角徵羽之失調，是皆不離乎長短、高下、輕重、清濁之間，少戾其本元也。如四聲之平去、五音之宫商高長而濁，四聲之上入、五音之角下短而清，徵羽清以長輕。北音宫商多重，南音徵羽多輕；番語多角，舌轉而函。北方上聲呼平，京師上聲叫去，吴越平聲呼去，楚入聲呼平。蓋楚川雲粤西主齒，火也；閩浙粤東脣兼舌音帶徵而清火，近水也。各省山川之氣致然也。通邑聲高而長，不但無土聲，音皆北音，兼商正聲，兼吴，無土音也。初官斯土者倘未辨，四聲何諧？五音何調？一遇村民禀白，公堂對簿，悉令胥役傳語，鮮不改易供詞、顛錯字句者，一易一顛，重輕失倫，將詞聽氣聽之法相逕庭矣。爰增志方音，爲長民初涖者識梗概焉。

車扯些寫瀉借爺野夜易奢賒畬捨舍赦射石遮者蔗鷓炙隻俱呼章去聲　斜邪嗟姐借迹以上音俱呼沈韻　星呼箱　醒呼想　鯹性呼相　錫呼箱入聲　城成箴呼常　嬴營盈俱呼揚　易揚入聲　熒螢俱呼瓤　影呼攘　暈呼讓　歗讓入聲　生呼桑　省呼爽　聲呼商　程呼長　赤尺俱呼長入聲　驚呼姜　頸憬呼講　經鏡呼降　輕呼羌　磬呼羌去聲　喫吃呼伽入聲　晴呼祥　請呼搶　青呼鏘　羹耕庚俱呼岡　梗哽呼岡上聲　蓆呼祥入聲　隔岡入聲　稜呼郎　冷呼朗　拏郎入聲　錚增争呼臧　掙呼壯　摘呼臧入聲　撐瞪俱呼蒼　閂呼蒼去聲　擇拆俱蒼入聲　精晴俱呼將　井呼槳　正呼章　整呼掌　擎檠俱呼强〔一〕　迎呼娘　仰娘上聲　坑呼康　欵呼慷　犺呼抗　客呼康去聲　桁呼杭　彭棚俱呼龐　白拍俱龐入聲　桄呼光　莖脛俱呼廣　晃呼光去聲　横呼王　畫呼王入聲　零筵俱呼良　領嶺俱呼兩　定呼諒　踢慄笛俱呼良入聲　兄呼閃平聲　榮呼庸　丁頂釘訂餅壁平病名明上十字俱北音轉商　家嘉加枷俱呼噶　假呼噶上聲　價嫁駕俱呼噶去聲　伯柏俱巴入聲　牙芽衙俱呼滿音阿　瓦痖俱呼滿音阿上聲　交茭膠俱呼高　絞呼槁　教呼告　覺角俱呼閣　頭呼條　豆呼掉

〔一〕俱呼：原誤作「呼俱」。

額呼鼇入聲　勾鈎溝俱呼驕　狗苟俱呼皦　够呼叫　鄒呼焦　走呼剿　皺奏俱呼醮　湊呼俏　搜呼消　藪叟俱呼小　愁呼樵　瘦呼笑　謀侔眸牟俱呼苗　江呼扛　港講俱呼扛上聲　降呼扛去聲　惡呼敖入聲　鍥呼騷入聲　人銀俱呼凝　做呼恣　年呼嚴平聲　染呼儼　客呼哈入聲　子呼宰　紅呼逢　朋呼蓬　麥呼麻入聲　掏枵俱呼老平聲　崩呼邊　學呼鶴　水呼許　松呼崇　完呼丸　日呼仁入聲　吴呼孔平聲　黄呼王　鄧呼奠　段呼奪去聲　姦奸俱呼干　減簡俱呼敢　間澗監鑑俱呼幹　甲夾俱呼干入聲　能綸稜俱呼年　山呼三　五呼孔　六呼留入聲　八呼班入聲　插呼殘入聲　樓呼聊　摟呼了　漏呼廖　顔頑俱呼諳　眼呼諳入聲　鴈呼岸　晏呼案　畝押鴨壓俱呼諳入聲　孟呼面　察呼殘入聲　這呼箇上聲　那呼開上聲　醉呼祭　魏僞俱呼遇　堯饒姚俱呼梟平聲　閒呼坎平聲　揩狹瞎轄俱呼坎入聲

湖南省　凡六十種

〔光緒〕湖南通志

【解題】李瀚章修，曾國荃、郭嵩燾等纂。「方言」見卷四十《地理志·風俗》中。録文據光緒十一年（一八八五）刻本《湖南通志》。

方言

楚人謂瀆爲漚。《周官》注。荆以濯爲淏。《儀禮注》。楚人謂乳，穀；謂虎，於菟。《左傳》。楚謂火滅爲熸。承音懲，蓋楚音。《左傳注》。兩足不能相過，楚謂之踂。《穀梁傳注》。楚人名火曰燥。《詩》釋文。蟋蟀，楚人謂之王孫。蠨蛸，荆州人謂之喜母。《詩疏》。逮，荆楚人皆云遝。楚人謂累曰譃。南方人叫翦刀爲剃刀。瓴甋，長沙謂之瓴。荆楚人呼牽牛星爲擔鼓。山形陿長者，荆州謂之巒。《爾雅》郭注。荆楚之閒謂蒿曰䖸。荆州謂枏曰梅。《爾雅》孫炎注。楚名麥門冬曰馬韭。《爾雅疏》。楚人名鴞曰服。《史記·賈生傳》。楚人謂多爲夥。《史記·陳勝世家》。黶子，楚謂之志。《史記正義》。楚人謂麇爲麃。《史記》韋昭注。楚呼娣姒爲妯娌。南方人謂整船向岸曰檥。楚俗謂牽引前卻爲根格。《漢書注》。長沙武陵蠻名渠帥曰精夫，相呼爲姎徒。《後漢書・南蠻傳》。荆土方言謂父爲爹。《南史・始興王憺傳》。楚人謂啼極無聲曰嗄。《莊子注》。楚人謂扇爲箑，謂牢爲霤，謂豬爲豨，謂士爲武，謂刀頓爲銖，謂袍爲裋。俔，候風也，謂之五兩，謂不得爲杯治，謂倨爲倦，謂蹞爲迹，燒熏自香謂之熏燧，名命爲曹，翣扇謂之翣，謂中庭爲壇，謂户限爲轔，謂塵爲埰，謂荻曰蒚，以精進爲精摇，澤濁爲眕挈。《淮南子注》。知，楚謂之黨。慧，楚謂之倢，或謂之諳。養，楚曰鞠。哀，楚曰悼。楚言哀曰唏。啼極無聲，楚謂之噭咷。傷，楚謂之愁。憂，楚或曰濕，或曰濟。大，楚或曰京，或曰將。至，楚或曰懷摧。詹戾，楚語也。懼，楚曰脅閱。凡怒而噎噫，南楚江湘之閒謂之嘽咺。惏，楚謂之貪，南楚江湘之閒謂之欺。愛，楚曰憐。長，楚曰脩。信，荆曰展。凡物盛多，楚曰夥。大，荆曰濯。晠，楚謂之華，或謂之荂。張大使小，楚謂之摸。嬛、蟬、繝、撚、末，續也。楚曰嬛。蟬，出也。楚曰蟬，或曰未，及也。跳，楚曰𨂝〔一〕，曰蹠。取，南楚曰攓，荆衡之郊曰撏，凡取物而逆，楚部或謂之挻。南楚之外相謁而餐或曰飵，或曰餂。勉，南楚之外曰薄努。杼首，長首也，楚謂之仔。美，楚曰娃，南楚之外曰嫷，凡美容，楚謂之奕。雙，南楚曰顆。稺，年小也，楚謂之篾。抱嬔，荆曰抱嬔。凡全物而體不具，楚謂之踦。南楚凡相驚曰獡，或曰透。寄，荆曰庇。快，楚曰苦。殘，楚曰惏。怒，楚曰馮。眄，南楚曰睇。毳，荆

〔一〕𨂝：原作「蹶」，據《方言》改。

曰揄鋪，南楚曰艦極。餘，楚曰孑。翳，楚曰翿。速，楚曰逞。餓，南楚曰賴。荆言廣大謂之恒慨。獪，楚謂之剿，或曰蹶。凡人獸乳而産，楚謂之釐孳。亭父，楚謂之亭公。卒，謂之弩父，或謂之褚。荆駡奴曰臧，駡婢曰獲。保庸，楚謂之甬。蘇，芥草也，楚曰蘇，南楚江湘之閒謂之莽蘇，亦荏也，沅湘之南或謂之薔，其小者謂之蘘葇〔一〕。蕪菁，楚謂之蘴。茦，南楚江湘之間謂之鷄頭，或謂之雁頭，或謂之烏頭。凡草木刺人，江湘之間謂之棘。凡飲藥、傅藥而毒，南楚謂之瘌。快，楚曰逞。拔，南楚或曰戎。同，南楚曰掩。殺，楚曰虔。代，楚曰侹。南楚凡駡庸賤謂之田儓，或謂之䍐，或謂之辟。南楚凡人貧衣被醜弊謂之須捷，或謂之褸裂，或謂之襤褸，故《左傳》曰「篳路襤褸，以啓山林」，殆謂此也。或謂之挾斯，器物弊亦謂之挾斯。南楚凡物盡生者曰撲生，物空盡者曰鋌。聚，楚謂之撲，或謂之翕葉，楚通語也。南楚凡相益而又少，謂之不斟。凡病少愈而加劇亦謂之斟，或謂之何斟。病愈者，楚謂之差，或謂之閒，或謂之知，或謂之慧，或謂之憭，或謂之瘳，或謂之蠲，或謂之除。禪衣〔二〕，楚謂之褋。襜褕，楚謂之襜褣。汗襦，南楚謂之褿，楚謂之襜襦，或謂之禪襦。蔽膝，楚謂之大巾。褌，楚謂之䘎。楚謂無緣之衣曰襤。複襦，江湘之閒謂之䘿，或謂之筩褹。大袴謂之倒頓，小袴謂之校衫，楚通語也。絡頭，南楚江湘之閒曰帞頭。屝屨，南楚謂之麤。鍑，楚謂之錡，或謂之鏤。盂，楚或謂盌。蠡，

〔一〕 蘘：《方言》作「蘸」。
〔二〕 禪：原誤作「禪」，據《方言》改。下同。

楚謂之箄，或謂之䉶，或謂之瓢。案，楚謂之槁。桮落，楚謂之豆筥。箸筩，楚謂之筲，或謂之籯。甖，江湘之閒謂之甇。罃，楚曰瓿，或曰瓶。甌甂，楚謂之甈。所以注斛，楚謂之篙。箕，楚謂之籮。篝，楚謂之牆居。碓機，楚謂之梃磑，或謂之䃎。櫪，楚謂之樎，或謂之皂。鉤，楚謂之鹿觡，或謂之鉤格。鍬，南楚謂之臿，沅湘之閒謂之畚。僉，楚謂之柍，或謂之桲。刈鉤，楚謂之鉊，或謂之鐹。薄，楚謂之苗，或謂之麴，南楚謂之蓬薄。槌，楚謂之植，其横謂之㭼，所以縣㭼之繯，或謂之環。筕篖，楚謂之倚佯。牀，楚謂之笫，其杠南楚之閒謂之趙。户鑰，楚謂之鍵。簙，楚謂之蔽，或謂之箭裹，或謂之簙。欲，荆曰聳。聾，楚謂之聳，荆雙聾者謂之聳。楚之外郊凡無有耳者謂之䏲。衺，楚荆曰陂。慙，荆曰㥏。荆人相難謂之展。受，楚曰鋡。蹇，楚曰逴。噎，楚曰㾀。離，楚謂之越，或謂之遠。与，荆曰讁与。特，楚曰僆。楚自敬曰稟。分，楚曰蠡。器破而未離，南楚之閒謂之㽁。審，楚曰瘱。藏，荆楚曰揞。竟，楚曰筵。擘，楚謂之紉。開，楚謂之闓。怒，楚曰憚。恚，楚曰爰。凡尊老，南楚謂之父，或謂之父老。南楚瀑洭之閒，洭水在桂陽。母謂之媓，謂婦妣曰母姼，稱婦考曰父姼。讓，楚曰譙。儋，楚曰攍，南楚或謂之攍。凡以火乾五穀，楚謂之㷅。逗，南楚謂之傺。虎，南楚謂之李耳，或謂之於䖘。貔，楚謂之貅。鷄，楚謂之鸊䳃。猪，南楚謂之豨，其子或謂之豚，或謂之豯。布穀，楚謂之結誥。鶡鴠，楚謂之定甲，或謂之獨舂。雁，南楚之外謂之鵝，或謂之鶬鴚。野鳧其小而好没水中者，南楚謂之鸊鷉，大者謂之鶻蹏。守宫，南楚謂之蛇醫，或謂之蠑螈。戟，楚謂之釨。三刃枝，南楚謂之匽戟。矛，南楚謂之鍦，或謂之鋋，或謂之鏦，其柄謂之矜。車下鉄，楚謂之畢，大者謂之綦。車枸簍，楚謂之筱，或謂之簽籠，其上謂之笱，或謂之箕，南楚謂之蓬，或謂之隆屈。輪，楚謂之軑，或謂之軝。鍊鐫，南楚曰軑。南楚江湘凡船大者謂之舸，小舸謂之艖，艖謂之艒艍，小艒艍謂之艇，艇長而薄者謂之艜，短而深者謂之𦪇，小而深者謂之𣚁。江沅之閒謂戲爲媱，或謂之惕，或謂之嬉。湘潭之原，潭水在武陵。荆之南鄙謂何爲曾，或謂之訾。媱，江湘之閒謂之無賴，或謂之𤟓。湘沅之會凡言是子者謂之崽。沅澧之閒凡相問而不知答曰誺，使之而不肯答曰吂。煤，火也，楚之轉語也。沅澧之閒凡相哀憐謂之噴，或謂之無。寫，江濱謂之思，九嶷湘潭之閒謂之人兮。娗嫧，鮮好也，南楚之外通語也。拏，南楚曰謰謱，或謂之支注，或謂之詀謕，轉語也。江湘之郊凡貪而不施謂之亄，或謂之嗇，或謂之䛏。九嶷荆郊之鄙謂淫曰遥，沅湘之閒謂之窕。沈，楚郢以南曰涵，或曰潛。安静，江湘九嶷之閒謂之家。愬，楚以南謂之豚。歇，楚謂之戲泄。息，楚謂之泄。取，楚謂之㩌。睎，曬乾物也，楚通語也。江湘之閒凡卒相見謂之棐相見，或曰突。不安，江沅之閒謂之迹迹。江湘之閒凡窘猝怖遽謂之潤沭。舉，楚謂之翿。慚㥏，楚郢江湘之閒謂之忸怩，或謂之𧾷咨。楚郢以南蟻土謂之封。南楚以南凡相非議人謂之讁，或謂之𧮂。謰極〔一〕，吃也，楚語也，或謂之軋，或謂之㥏。短，江湘之會謂之

〔一〕 極：《方言》《列子》作「㤂」。

呰，凡物生而不長大亦謂之鮆，又曰癠〔一〕。南楚凡人殘罵謂之鉗。惛，楚謂之惃，或亦謂之愁。江湘之間謂之頓愍，或謂之氐惆。南楚飲毒藥懣謂之氐惆，亦謂之頓愍。眠娗、脈蜴、賜施、茭媞、譠謾、㦟忚皆欺謾之語，楚郢以南通語也。顙，江湘之間謂之㯻。領，南楚謂之頷。喜，湘潭之間曰紛怡，或曰巸巳。沅澧之間凡言或如此者曰濔如是。江湘之會謂醫治之曰愮。芔，南楚曰莽。憱㥿、乾都、耇、革，老也，皆南楚之間代語也。南楚凡相推搏曰拯，或曰揔〔二〕，沅涌澆幽之語，澆水在桂陽，涌水在華容縣。或曰攩。南楚已不欲喜而旁人說之，不欲怒而旁人怒之謂之食閻，或謂之慫慂。南楚凡言然者曰欸，或曰䜭。緒，南楚曰繰，或曰端，或曰紀，或曰末，皆楚轉語也。凡相竊視，楚謂之闚，或謂之睃，或謂之貼，或謂之占，或謂之㸒。南楚凡大而多謂之䵂，或謂之䵝，凡人語言過度及妄施行亦謂之䵝。南楚之間凡取物溝泥中謂之扭，或謂之擄。楚凡相輕薄謂之相仍，或謂之僄。蛥蚗，楚謂之蟪蛄，或謂之蛉蛄。蟬，楚謂之蜩。蛄，楚謂之杜狗，或謂之蛞螻。蜻蛚，楚謂之蟋蟀，或謂之蛬，南楚之間謂之虷孫。蟒，南楚之外謂之蟅蟒，或謂之蟒，或謂之螣。蠅，楚謂之蠅。一，蜀也，南楚謂之獨。篆小者南楚謂之篗。籠，南楚謂之篣，或謂之筊。簇，楚謂之筲。凡飴謂之餳，楚之通語也。《方言》。長沙人呼野蘇爲

〔一〕癠：原作「瘠」，據《廣韻》引《方言》改。
〔二〕揔：原作「摠」，據《方言》改。

菩。渡津舫，荆州人呼𣿖。零陵人呼籠爲篣。《方言》。楚人謂蔆曰芰，謂蘠爲蘺，謂蕾爲蓄，謂兒泣不止曰噭咷，謂跳躍曰蹠，謂信曰訏，謂疾行曰逞，謂卜問吉凶曰𣪠，謂筆爲聿，謂瞋目顧視曰眮，南楚謂眄曰睇。楚俗以二月祭飲食曰膢。魝，楚人謂治魚也。謂竹皮曰箬，謂竹篝曰牆居，相謁食麥飯曰餥，相謁食麥曰飵，言恚人曰餛，謂㽙爲蓄，謂楣曰梠，謂櫝曰柹，謂寐曰寣，謂藥毒曰痛瘌，謂小兒曰孏㜷，謂大巾曰帉，謂無緣衣曰襤。南楚謂單衣曰褋，謂相謷曰猲。楚人謂慙曰忸，謂憂曰慦，謂懼曰悼。凡無耳者謂之䏟。摬，拔也，南楚語。楚人謂姊爲嬃，謂妹爲媦。南楚之外謂好曰媠，楚謂好曰娃。謂寡婦爲霜。謂蚋爲蚊。《說文》。麻枲雜履，南楚人謂之麤。《急就章注》。荆州人名搏腊爲麤，謂長婦曰熟，謂襌衣曰布襹。舟中牀以薦物，南方人謂之笭突。《釋名》。羌，楚人語辭也。楚人名被爲𢉐，名𢖻爲憑，名住爲傺，名轉爲邅，名淵曰潭，名圓曰摶，名里曰閈，名巫曰靈子，名羮敗曰爽，名冬生草曰宿莽，名結草折竹以卜曰篿，名池澤中曰瀛，名澤中曰夢中，名長劍曰長鋏，謂相啁笑曰咍，編竹木曰泭，楚人曰柎。《楚辭章句》。楚人謂冢爲琴。《水經注》。湘中有靈妃步，吴楚間謂浦爲步，語之譌耳。《述異記》。江之滸，凡舟可縻而上下者曰步。柳宗元《鐵爐步記》。楚越之間謂水之反流者爲渴，音若衣褐之褐。柳宗元《袁家渴記》。《楚辭·招魂》句尾皆曰些，今湖湘南北江獠人凡禁咒句尾皆稱些。此楚人舊俗，即梵語薩嚩訶也，三字合言之即些字。《夢溪筆談》。湘人謂吴船爲艑。《岳陽風土記》。

〔乾隆〕岳州府志

【解題】黄凝道修，謝仲坃纂。岳州府，轄境包括巴陵、平江、臨湘、華容四縣，府治巴陵，即今湖南省岳陽市岳陽樓區。「方言」見卷十六《風俗》中。録文據乾隆十一年（一七四六）刻本《岳州府志》。

方言

岳俗稱男曰崽，名女必曰秀，已嫁曰貞。男女行之最少者曰晚、曰幺。幼而未名者，男曰毛保、毛俫子，女曰毛妹。果物之小者亦曰毛。圓物曰圝，扁物曰別。酒之美者曰堆花。米之麤者曰懶熟。謂人放潑曰尤賴。謂日將午曰茶時。

音則無曰冒。代曰大。水曰許。食曰叉。如何曰麽子。某處曰邊裏。

俗字，隱入爲�，讀鑽音。越占爲奓，讀卡音。肥面爲奤，讀旁去聲。跛足爲𨁎，讀拜平聲。

字同而音解異者，鋸截之木爲不，讀墩上聲，往往見之公牘。

〔乾隆〕平江縣志

【解題】謝仲坃纂修，石文成增修。乾隆八年（一七四三）修，乾隆二十年（一七五五）增修。平江縣，今湖南省岳陽市平江縣。「方言」見卷十三《風俗》中。録文據乾隆二十年增修刻本《平江縣志》。

方言

平俗稱男曰崽，名女必曰秀，已嫁曰貞。幼而未名者，男曰毛保、毛俫子，女曰毛妹。果物之小者亦曰毛。酒之美者曰堆花。米之麤者曰懶熟。謂人放潑曰尤賴。謂日將午曰茶時。音則無曰冒。代曰大。水曰許。如何曰麽子。某處曰邊裏。俗字，隱入爲閗，讀鑽音。越占爲奓，讀卡音。譖言爲訔，讀僭音。肥面爲奤，讀旁去聲。跛足爲跰，讀拜平聲。

字同而音解異者，鋸截之木爲不，讀墩上聲。往往見之公牘。

〔同治〕平江縣志

【解題】張培仁等修，李元度等纂。平江縣，今湖南省岳陽市平江縣。「方言」見卷九《地理志・風俗》中。録文據同治十三年（一八七四）刻本《平江縣志》。

方言

舊志，平俗稱男曰崽，名女曰秀，已嫁曰貞。婦女曰堂客。店主曰老板。店傭曰店官。同事曰夥計。佃稱田主曰東君。傭曰長工。醫曰囊中。同年生曰老庚。謂人放潑曰尤賴。物不潔曰邋遢。愛好曰體面、曰客氣，又曰講款。快曰麻利。不打緊曰褦襶。大曰躿軆。驚訝其多曰夥頤。勉從曰將就。謝人曰難爲。日將午曰茶時節。音則。無曰毛。作上聲呼。如何曰麼子。某處曰邊裏。俗字，隱入爲�W，讀如鑽。越占爲奓，讀如卡。譖言爲㑳，讀如僭。肥面爲畚，讀旁去聲。跛足爲跰，讀拜平聲。字同而音解異者，鋸截之木爲不，讀墩上聲，往往見諸公牘。

〔光緒〕華容縣志

【解題】孫炳煜修，熊紹庚纂。華容縣，今湖南省岳陽市華容縣。「方言」見卷一《地理·風土》中。録文據光緒八年（一八八二）刻本《華容縣志》。

方言

無曰冒。如何曰麼子。某處曰那裏。事畢曰做熨貼。撒潑曰放騙。

俗字，隱入爲閞，讀鑽音。越占爲奓，讀卡音。肥面爲畚，讀旁去聲。跛足爲跰，讀拜平聲。

〔嘉慶〕沅江縣志

【解題】唐古特修，駱孔僎等纂。沅江縣，今湖南省益陽市沅江縣。「方言」見卷十八《風俗志》中。録文據嘉慶十五年（一八一〇）刻本《沅江縣志》。

呼曰如魚列切。雷鳴曰打雷。電曰扯閃。天明曰天光。黄昏曰斷黑。暑熱之熱，呼如魚列切。寒冷之冷，呼如落旱切。呼祖曰爹爹。呼祖母曰挨毑。音姐。呼父曰爺。呼母曰毑毑。《説文》：「蜀人呼母曰毑。」〔一〕沅俗亦然。伯父之伯，呼如布拔切。叔不曰叔，呼如兹消切。呼父姊曰奻。音大。呼父妹曰姑。弟妻謂夫之嫂曰奺娘，稱夫兄曰奺爺。呼兄弟之子爲姪，又曰孫子。呼子爲崽。稱師曰先生，巫道卜算堪輿皆稱先生，稱衙門書吏亦曰先生。種田、種土曰作田、作土。娶妻曰討親。入贅曰上舍。買貨曰打貨。呼狗如居考切。母狗、母猪曰草狗、草猪。姓鍾之鍾，呼如居吟切。姓甘之甘，呼如沽歡切。石呼如山戛切。姓徐之徐，呼如徂兮切。白呼如蒲八切。青呼如妻將切。釘呼如低姜切。明朝之明，呼如平南切。請客，上字呼如宜簡切，下字呼如夷甲切。牆壁之壁，呼如七甲切。銅錫之錫，呼如吉狎切。

〔同治〕益陽縣志

【解題】姚念楊等修，趙裴哲纂。益陽縣，今湖南省益陽市赫山區。「方言」見卷二《風俗志》中。録文據同治十三年（一八七四）刻本《益陽縣志》。

〔一〕毑：《説文解字》作「姐」。

方言

呼祖曰爹。祖母曰翁媽。父曰爺。母曰娘，亦曰媽媽。伯父母曰伯爺、伯娘。叔母曰嬸娘。兄曰哥。弟婦曰嬸。子曰崽，亦曰邪子。童子曰娃子。外祖父母曰外公、外婁。壻曰郎。石曰巖頭。松曰樅。杉曰杪。一園、一屋、一畜皆曰一隻。衣一領、物一片皆曰一塊。山曰三。水曰許。回、肥皆曰爲。陳、成皆曰仁。横、焚皆曰文。崔、趨皆曰妻。黄、房皆曰王。胡、符、吴皆曰無。譚曰淡。徐曰齊。鄧曰段。任曰仞。雷曰棃。吕曰李。誰曰垂。榮曰雲。方曰荒。投曰桃。斗曰倒。美曰米。賢曰乾。分曰昏。浮曰匏。走曰早。狗曰槁。樹曰柱。吃曰恰。

〔同治〕安化縣志

【解題】邱育泉主修，何才焕纂。安化縣，今湖南省益陽市安化縣。「方言」見卷十《輿地志》中。録文據同治十年（一八七一）刻本《安化縣志》。

方言

古語「十里换聲音」，即《風俗通》所謂「言語謳歌異聲」也。安化詞不詭僻，有音無字者亦鮮。特界連九屬，近寧鄉、益陽者語似寧鄉、益陽，近桃源、武陵者語似桃源、武陵，近沅陵、溆浦者語似沅陵、溆浦，近邵陽、新化、湘鄉者語似邵陽、新化、湘鄉。

一邑中不能無殊耳。如在天，日將午曰茶時；節中時，節前三日曰向前日，後三日曰外後日；在地，則謂石曰巖頭，水曰許，松曰叢，杉曰沙；在人，呼祖曰公公，祖母曰翁媽，父曰爺、曰爹爹，母曰娘、曰媽媽，兄曰哥哥，子曰𤙖，女曰秀，壻曰郎，肥面曰奤，旁去聲。足跛爲𨂿，拜平聲。放潑曰尤賴，敏快曰鯽溜，去曰𢱧，音桀。無曰冒，代曰大，食曰喫之類。

〔同治〕安福縣志

【解題】姜大定修，尹襲澍纂修。安福縣，今湖南省常德市臨澧縣。「言語」見卷二四《風俗》中。録文據同治八年（一八六九）刻本《安福縣志》。

言語

舊志：五方之言語不同，一物也而稱謂各別，一字也而音響迴殊，成於習者然也。南楚多士談，惟澧屬不然，一切語言皆明白易曉。間有不同者，如稱我爲頑、音近晚，疑謙詞也。謂石爲巖音近捱之類，亦殊不多。至前志所載方言，沅澧之間凡相問而不知答曰誺，使之而不肯答曰吂，凡相哀憐謂之嘳，或謂之無寫，凡言或如此者曰㳷如是，其類甚多，不能悉紀。

〔同治〕武陵縣志

【解題】汪學瀚修，陳啓邁纂。武陵縣，今湖南省常德市武陵區。「方音」見卷七《地理・風俗》中。録文據同治二年（一八六三）刻本《武陵縣志》。

方音

你稱作靈。我稱作頑。告讀作高，又讀近豪。去讀近刻。曲讀作去。活讀作何。玉讀作御。賊讀作平聲。石十讀作時。没讀作美平聲。毒讀讀作平聲。監讀作簡去聲。凸讀作包。凹讀作簣。學讀作平聲。稍讀作平聲。白讀作平聲。匡讀作鏘。巷讀作浪。雜讀作平聲。指讀作字。盒讀作和。匣讀作斜。席讀作平聲。胯讀作掐。捉讀作掐平聲〔一〕。拈讀作列平聲。尋讀作情。大讀作荅。猫讀作貌平聲。咸讀作寒。常讀作長。壓鴨讀作啞去聲。鼻讀作平聲。軸讀作束。稊讀作去聲。還讀作孩。廈讀作紗上聲。日讀作平聲。仍讀作去聲。薄讀近和。杜讀作渡。視是似市耜士俟讀作去聲。後讀作去聲。咎讀作去聲。項讀作巷。婢讀作去聲。孕讀作運。儉讀作建。抱讀作報。簟讀作殿。怙讀作護。駭讀作黑。沓讀作去聲。杏荇讀作性。閧讀作烘。燥讀作糙。肇趙兆讀作照。範范讀作汎。

〔光緒〕龍陽縣志

【解題】瑞琛總修，陳保真纂。龍陽縣，今湖南省常德市漢壽縣。「方言」見卷四《輿地・風俗》中。録文據光緒元年（一八七五）刻本《龍陽縣志》。

〔一〕掐：疑爲「招」之誤。

方言

你謂之憐。自稱謂之頑。走謂之崽。呼父曰爹。呼母謂媽，或謂恩娘。呼祖父爲爺爺，祖母爲奶奶，或曰漊漊。兄謂之哥哥。弟謂之老弟。姊謂之姐姐。姑母爲婛姐。姨母爲柁娘。妻父曰丈人，妻母曰丈母。叔母曰嬸娘。弟婦曰嬸子。連襟之襟曰竟。游戲曰耍，或曰頑。小兒曰⿰石亞囝。口謂之凱。短謂之矮。糙謂之曹。狗謂之改。去謂之客。拏謂之拉。帶呼爲下平。帽呼爲下平。没謂之冒。謂不托爲粑粑。謂子爲得。謂菜爲才。牙呼爲牙。昂呼爲上平。賣呼爲買。四呼爲時。十呼爲時。要呼爲摇。這呼近蚍。扯音近奓。塞謂之篩。戰呼平聲。伎呼爲稽。娣姒爲妯娌。篋呼爲斜。盒呼爲何。鼻呼爲皮。指呼爲寺。何呼爲紅。尋呼爲琴。磬呼爲情。學讀下平。疼呼爲同。惲謂爲閏。玉讀爲御。局讀爲句。糾讀爲鳩。輩行讀杭。吕讀爲李。稍讀爲梢。懿讀爲彝。逾踰愉爲遇。刺讀爲次。範犯讀爲汎。抱讀爲報。旱讀爲漢。桰户讀爲忽。斫讀爲坎。雎讀爲鷄。需胥讀爲西。謬讀爲妙。邈讀爲藐。杏荇讀爲信。彪讀爲標。柱讀爲注。歛讀爲念。駭讀爲赫。盡讀爲竟。翥讀爲許。趙兆讀爲照。嗣讀爲祠。掞讀爲談。丕讀爲庀。苑讀爲願。日讀爲二。撞讀窗上聲。紺讀爲酣。禦讀爲御。斡讀爲幹。纖讀爲綫。綌讀爲希。肚杜讀爲度。袒讀爲啚。耴讀爲取。閧讀爲烘。紹讀爲邵。噫讀爲壹。恫讀爲痛。廑讀爲禁。攄讀爲抒。俟士仕似恃是氏讀爲侍。駢讀爲卞。殫癉讀爲誕。

〔道光〕桃源縣志

【解題】譚震修，方堃、文運陞纂。桃源縣，今湖南省常德市桃源縣。「方言」見卷三《疆域考》中。録文據道光三年（一八二三）刻本《桃源縣志》。

方言

桃邑音近正而拖聲微長。其土音之别者，謂我曰頑，謂你曰靈，謂父曰爹，謂母曰恩娘，謂叔曰椒椒，謂弟曰老老。圓物謂之圞，扁物謂之别。肥面曰奤。旁去聲。跛足曰跰。拜平聲。取物曰拈。擲物曰丢。呼猪曰羅羅，唤鴨曰哩哩。謂如何曰而何。謂繁瑣曰累贅。又轉作累追。謂重複曰蘿莎。又謂繁苛曰羅竦。謂快便曰麻利。謂間或曰三八時。謂無曰冒。按此乃毛字之轉音也。《漢書》「毛有孑遺」，是古人呼無曰毛之證也。謂去曰竭。謂强健曰勁幫。謂越占曰夯。音卡。謂鋸截之木爲不。墩上聲。謂圈套曰囮。呼石曰巖。呼平地曰鬧廠。呼高山曰坡。呼山低處曰埡。兩山夾田，田多者謂之㟏，田少者謂之峪，武陵界通謂之沖。高田謂之埠。音步。東近武陵處音類武陵，北近慈利處音類慈利，僻姓有庹剪獨粟。

〔同治〕桃源縣志

【解題】羅行楷修，沙明焯等纂。桃源縣，今湖南省常德市桃源縣。「方言」見卷三《疆域考》中。録文據同治八年（一八六九）刻本《桃源縣志》。

方言

桃邑音近正而拖聲微長。其土音之别者，謂我曰頑，謂你曰靈，謂父曰爹，謂母曰恩娘，謂叔曰椒椒，謂弟曰老老。圓物謂之圞，扁物謂之别。肥面曰畚。旁去聲。跛足曰蹁。拜平聲。取物曰拈。擲物曰丢。呼猪曰羅羅，唤鴨曰哩哩。謂如何曰而何。謂繁瑣曰累贅。又轉作累追。謂重複曰蘿莎。又謂繁苛曰羅竦。謂快便曰麻利。謂間或曰三八時。謂無曰冒。按此乃毛字之轉音也。《漢書》「毛有子遺」，是古人呼無曰毛之證也。謂去曰揭。謂强健曰勁幫。謂越占曰夯。音卡。謂鋸截之木爲不。墩上聲。謂圈套曰囮。呼石曰巖。呼平地曰鬧廠。呼高山曰坡。呼山低處曰埡。兩山夾田，田多者謂之塎，田少者謂之峪，武陵界通謂之沖。高田謂之埠。音步。東近武陵處音類武陵，北近慈利處音類慈利，僻姓有庹剪獨粟。

〔光緒〕桃源縣志

【解題】 余良棟修，余鳳苞纂。桃源縣，今湖南省常德市桃源縣。「方言」見卷一《風俗》中。録文據光緒十八年（一八九二）刻本《桃源縣志》。

方言

邑音東近武陵處類武陵，北近慈利處類慈利，但音近正而拖聲微長。其土音之别者，謂我曰頑，謂你曰靈，謂父曰爹，謂母曰恩娘，謂叔曰椒椒，謂弟曰老老。圓物謂之團，扁物謂之別。肥面曰奤。旁去聲。跛足曰踋。拜平聲。取物曰拈。擲物曰丢。呼猪曰羅羅，唤鴨曰哩哩。謂如何曰而何。謂那個曰浯箇。謂重複曰蘿莎。謂繁苛曰羅竦。謂快便曰麻利。謂間或曰三八時。謂無曰冒。謂强健曰硬幫。謂侵占曰卡。諸如此類者頗多。舊志。

〔乾隆〕永順府志

【解題】張天如等纂修。永順府，雍正七年設，轄永順、龍山、保靖、桑植四縣。府治在今湖南省湘西土家族苗族自治州永順縣。「雜記」見卷十二。録文據乾隆二十八年（一七六三）刻本《永順府志》。

雜記

土人言語與苗語不同，而實相類。如保靖司彭顯宗妻蓬氏莫那俾封淑人，永順司彭元錦妻田氏惹乳封夫人之類。又名官長曰沖，又曰送，又曰踵，又曰從。若吴着沖、惹巴沖、藥師沖，即吴着送、吴着從云云也。又呼山曰吾，又曰茄。如荅送茄、崖送茄、卸捏吾、巖納吾、洛塔吾，皆山名之類。又永順縣境有體亞洒山、拿切牙山，詢之土人，云衣服爲體亞，曬衣服爲體亞洒。扇子爲拿切，搧扇子爲拿切牙。苗語土語各志皆有載者，然挂一漏萬，且多互異，其談吐聲音疾徐輕重，豈可依口學舌耶？聊載數則於此。

〔嘉慶〕龍山縣志

【解題】繳繼祖修，洪際清纂。龍山縣，今湖南省湘西土家族苗族自治州龍山縣。「土語」「苗語」見卷七《風俗》中。録文據嘉慶二十三年（一八一八）刻本《龍山縣志》。

土語

稱官長曰客墨，稱先生曰破解。呼山曰扒、曰茄，稱天曰默，地曰理，人曰贏，日曰僥，月曰舒，雲曰墨浪紋，霧曰炊忽，風曰熱暑，雨曰墨遮。吃酒曰熱腹，箸曰補指，吃茶曰辣茶，呼吃飯曰齒頰。父曰阿巴，母曰阿娘，子曰必，女曰婢，媳曰僕，妻曰樂家宜，兄曰阿哥，弟曰阿挨，姊曰阿達，妹曰阿雍，孫曰惹。行曰喇苦，坐曰猛比，去曰逝，有曰謝，無曰太，睡曰列，起曰住。六畜，鷄曰雜，鴨曰撒，牛曰拗，馬即曰馬，犬曰哈利，豬曰止，羊曰若。數目，一曰拏步，二曰拈步，三曰梭步，四曰惹步，五曰翁步，六曰禾步，七曰業步，八曰熱步，九曰革步，十曰那兮。錢曰庫喏喏。外又有體亞洒山、拿切牙山之語，詢之土人，云衣服爲體亞，曬衣服爲體亞洒，呼扇子爲拿切，搧扇子爲拿切牙。四縣志中多載，亦多互異，略備數則。近皆通漢語，附郭土人，問之竟忘之矣。

苗語

稱天曰各達，稱地曰羅，稱日曰奈，稱月曰喇，稱雲曰覩，呼天晴曰魯内，呼天陰曰乍内，天晚曰茫内，呼媳曰能，呼孫曰茁，呼夫曰幫，呼妻曰歐，喫飯曰攏利，呼喫酒曰欲酒，吃茶曰欲忌。不能勝譯，聊舉一二，以覘梗概。

〔乾隆〕永順縣志

【解題】李瑾纂修，王伯麟增修。永順縣，今湖南省湘西土家族苗族自治州永順縣。「語言」見卷四《風土志》中。録文據乾隆十年（一七四五）刻本《永順縣志》。

語言

土人稱天曰墨，地曰理，土亦曰理，人曰那，上聲。日曰磽，月曰舒舒，雲曰麥浪翁，霧曰所帕，風曰熱署，大雨曰墨者，細雨曰墨者喧，下雪曰舒舒者。大山曰卡科，小山曰卡科鼻，水曰轍〔一〕，河曰愛，路曰喇，池曰熊節，田曰夕列格。火曰米，燒水曰米那，上聲。炭曰什體各落，烘火曰土烏，熱曰古，冷曰撒。樹曰卡木，柴曰卡物，竹曰猛，花曰卡帕。吃酒曰熱胡，吃茶曰朧轍胡，吃飯曰只架，行曰喇兒，坐曰猛背。

官曰夸，民曰馬那。祖曰帕布，祖母曰帕八，父曰阿把，母曰阿揑，伯曰阿取，伯娘曰揑取，叔曰阿卑，嬸娘曰阿蟻，兄曰阿科，弟曰阿米，姊曰阿大，妹亦曰阿米，子曰必，媳曰帕，女曰必

〔一〕水曰：原誤作「曰水」。

物，外祖曰卡公，外祖母曰卡布，夫曰那上聲把，妻曰那上聲假力，閨女曰補逐。

作揖曰戳咱，音咂。叩頭曰卡打背。頭曰卡打，眼曰落布，眉曰落布須加，鼻曰甕起，面曰骨，口曰哲，齒曰是是，舌曰亦臘，鬚曰喇帕，耳曰甕切，手曰潔，掌曰潔裡皮，胸曰歷科沖，肚曰阿拱，足曰騎。

好看曰察裏察家，醜曰奚臘。笑曰捏，哭曰齊。

水牛曰苑，黄牛曰坳坳，馬仍曰馬，羊曰弱，猪曰止，狗曰哈裏，虎曰力，猴曰額，上聲。鷄曰匝，魚曰送，鴨曰撒，鵝曰壓。

碗曰切背，杯曰切背背，箸曰補止，鍋曰踏枯，桌曰席弩，椅曰科椅，櫈曰尖及。

一曰腦聾，二曰捏聾，三曰梭聾，四曰惹聾，五曰五聾，六曰鵝聾，七曰泥聾，八曰節聾，九曰格聾，十曰黑聾，一百曰那日屋戳。

金曰翁可，銀曰我，銅仍曰銅，鐵曰寫，錫曰言。

鹽曰臘布，油曰設是，醋曰奚扯，穀曰力布，米曰哲，肉曰實。帽曰毛，衣曰西八，袴曰枯，被曰夕納，鞋曰戳歇，襪仍曰襪，扣子曰西八布擂，帶子曰麥肉臘。

欠債曰拖。書曰赤，讀書曰赤禿，寫字曰赤赤鴨。活曰赧跛大，死曰赦胡。説話曰煞力，相打曰打偕。

青曰浪夾，藍曰信夾，紅曰米納節，黄仍曰黄，白曰阿使，緑仍曰緑。不知曰哈大。睡曰列，起曰住。

〔同治〕永順縣志

【解題】魏式曾等修，李龍章纂。永順縣，今湖南省湘西土家族苗族自治州永順縣。「土語」見卷六《風土志・風俗》中。録文據同治十三年（一八七四）刻本《永順縣志》。

土語

土人稱天曰墨，地曰理，土亦曰理，人曰那，上聲。日曰磽，月曰舒舒，雲曰麥浪翁，霧曰所帕，風曰熱署，大雨曰墨者，細雨曰墨者喧，下雪曰舒舒者。大山曰卡科，小山曰卡科鼻，水曰轍〔一〕，河曰愛，路曰喇，池曰熊節，田曰夕列格。火曰米，燒水曰米那，上聲。炭曰什體各落，烘火曰土鳥，熱曰古，冷曰撒。樹曰卡木，柴曰卡物，竹曰猛，花曰卡帕。喫酒曰熱胡，喫茶曰臘轍胡，喫飯曰只架，行曰喇兒，坐曰猛背。

官曰夸，民曰馬那。祖曰帕布，祖母曰帕八，父曰阿把，母曰阿捏，伯曰阿取，伯娘曰捏取，叔曰阿卑，嬸娘曰阿蟻，兄曰阿科，弟曰阿米，姊曰阿大，妹亦曰阿米，子曰必，媳曰帕，女曰必物，外祖曰卡公，外祖母曰卡布，夫曰那上聲把，妻曰那上聲假力，閨女曰補逐。

〔一〕水曰：原誤作「曰水」。

作揖曰戳咱，音哑。叩頭曰卡打背。頭曰卡打，眼曰落布，眉曰落布須加，鼻曰甕起，面曰骨，口曰哲，齒曰是是，舌曰亦臘，鬚曰喇帕，耳曰甕切，手曰潔，掌曰潔裡皮，胸曰歷科沖，肚曰阿拱，足曰騎。

好看曰察裹察家，醜曰奚臘。笑曰捏，哭曰齊。

水牛曰苑，黄牛曰坳坳，馬仍曰馬，羊曰弱，猪曰止，狗曰哈裹，虎曰力，猴曰額，上聲。鷄曰匝，魚曰送，鴨曰撒，鵝曰壓。

盌曰切背，杯曰切背背，箸曰補指，鍋曰踏枯，桌曰席彎，几曰科几，凳曰尖及。

一曰腦聾，二曰捏聾，三曰梭聾，四曰惹聾，五曰五聾，六曰鵝聾，七曰泥聾，八曰節聾，九曰格聾，十曰黑聾，一百曰那日屋戳。

金曰翁可，銀曰我，銅仍曰銅，鐵曰寫，錫曰言。

鹽曰臘布，油曰設是，醋曰奚扯，穀曰力布，米曰哲，肉曰實。帽曰毛，衣曰西八，袴曰枯，被曰夕納，鞋曰戳歇，襪仍曰襪，扣子曰西八布擂，帶子曰麥肉臘。

欠債曰拖。書曰赤，讀書曰赤禿，寫字曰赤赤鴨。活曰赧跛大，死曰赦胡。説話曰煞力，相打曰打偕。

青曰浪夾，藍曰信夾，紅曰米納節，黄仍曰黄，白曰阿使，緑仍曰緑。不知曰哈大。睡曰列，起曰住。

〔民國〕永順縣志

【解題】胡履新等修，張孔修等纂。永順縣，今湖南省湘西土家族苗族自治州永順縣。「語言」見卷六《地理，風俗》中。録文據民國十九年（一九三〇）鉛印本《永順縣志》。

語言

土人稱天曰墨，地曰理，土亦曰理，人曰那，日曰磽，月曰舒舒，雲曰麥浪翁，霧曰所帕，風曰熱暑，大雨曰墨者，細雨曰墨者喧，下雪曰舒舒者。大山曰卡科，小山曰卡科鼻，水曰轍，河曰愛，路曰喇，池曰熊節，田曰夕烈格。火曰米，燒水曰米那，炭曰什體各落，烘火曰土烏，熱曰古，冷曰撒。樹曰卡木，柴曰卡物，竹曰猛，花曰卡帕。喫酒曰熱胡，喫茶曰蠟轍胡，喫飯曰只架，行曰喇兒，坐曰猛背。

官曰夸，民曰馬那。祖曰帕布，祖母曰帕八，父曰阿把，母曰阿揑，伯曰阿取，伯娘曰揑取，叔曰阿卑，嬸娘曰阿蟻，兄曰阿科，弟曰阿米，姊曰阿大，妹亦曰阿米，子曰必，媳曰帕，女曰必物，外祖曰卡公，外祖母曰卡布，夫曰那把，妻曰那假力，閨女曰補逐。

作揖曰戳咱，叩頭曰卡打背。眼曰落布，眉曰落步須加〔一〕，鼻曰甕起，面曰骨，口曰哲，齒

〔一〕眉曰落步：原脱，據乾隆、同治《永順縣志》補。

曰是是，舌曰亦臘，鬚曰喇帕，耳曰毷切，手曰潔，掌曰潔裏皮，胸曰歷科沖，肚曰阿拱，足曰騎。好看曰察裏察家，醜曰奚臘。笑曰捏，哭曰齊。

水牛曰苑，黄牛曰㘬㘬，馬仍曰馬，羊曰弱，猪曰止，狗曰哈裏，虎曰力，猴曰額，鷄曰匝，魚曰送，鴨曰撒，鵝曰壓。

盌曰切背，杯曰切背背，箸曰補指，鍋曰踏枯，棹曰席弩，几曰科几，凳曰尖及。

一曰腦聾，二曰捏聾，三曰梭聾，四曰惹聾，五曰五聾，六曰鵝聾，七曰泥聾，八曰節聾，九曰格聾，十曰黑聾，一百曰那日屋戳。

金曰翁可，銀曰我，銅仍曰銅，鐵曰寫，錫曰言。

鹽曰臘布，油曰設是，醋曰奚扯，穀曰力布，米曰哲，肉曰實。帽曰毛，衣曰西八，袴曰枯，被曰夕納，鞋曰戳歇，襪仍曰襪，扣子曰西八布擂，帶子曰麥肉臘。

欠債曰拖。書曰赤，讀書曰赤禿，寫字曰赤赤鴨。活曰赧跛大，死曰赦胡。説話曰煞力，相打曰打偕。

青曰浪夾，藍曰信夾，紅曰米納節，黄仍曰黄，白曰阿使，緑仍曰緑。不知曰哈太。睡曰列，起曰住。李氏《縣志》。

案，我縣昔時語言最爲庬雜，蓋其地土民居多。從前古丈一帶間有苗民，古丈不僅苗語，更有土章客民四種。今已析置爲縣，故縣屬無苗。白砂、守車、田家、王家等保尚有苗籍，然混合已久，至今均不能作苗語。改土後，客民四至，在他省，則江西爲多，而湖北次之，福建、浙江又次之。在本省，則沅陵爲多，而芷江次之，常德、寶慶又次之。是以立談之頃，竟有瞠目莫辨者。李志所載特土語一種耳，始言三才，次天文，次地理，次人事，次稱呼，次身體，次六畜，次什物，次數目，次五金，次服飾，次顏色，亦覺井井有條，故不獨諸縣志因之，即《苗防備覽》亦因之，豈非以其信而有徵與？不知渠爲流官，惡知土語。近世土人能操鍾音者十無二三，而間有存者，試細質之，始知是篇之多謬。夫土語鉤輈格磔，卒難入耳，而諦審端倪，亦可分爲數種。一字同而音異，一理一而言殊，一倒裝以成文。曷言之？如土ㄊㄨ讀若抖ㄉㄡ，月ㄩㄝ讀若葉ㄧㄝ，山ㄕㄢ讀若傷ㄕㄤ，喫ㄑㄧ讀若汔ㄑㄧ，飯ㄈㄢ讀若放ㄈㄤ，官ㄍㄨㄢ讀若光ㄍㄧㄡ，娘ㄏㄧㄤ讀若年□ㄧㄢ〔一〕，胸ㄒㄩㄥ讀若心ㄑㄧㄣ，羊ㄧㄤ讀若鹽ㄧㄢ，百與白皆讀去聲ㄉㄟ，此所謂字同音異也。曷謂理一而言殊？如縣志所載皆是，特五音未正耳。如天曰墨之墨，雲曰麥浪翁之麥，小山曰卡科鼻之鼻，子曰必、女曰必物之必，均讀去聲ㄅㄛ，面曰骨ㄍㄨ讀爲顧ㄍㄨ，衣曰西八讀爲斯巴ㄙㄅㄚ。其他有音無字之類，能以國音拼之，均易詮釋。若夫喫酒曰熱胡，喫茶曰臘轍胡，兩胡字均作喫字解，熱作酒字解，臘轍作茶字解。書曰赤，讀書曰赤禿，赤，書也，禿，讀也。皆倒裝以成文，與今之東語將毋同。此外，若發語辭曰叨ㄉㄞ，亦爲呼唤辭。今電話發語必用ㄉㄞ音起。應諾辭曰哈，亦爲疑問辭。皆易審定也。

土人語言與苗語不同，而實相類。如保靖司彭顯宗妻蓬氏莫那俾封淑人，永順司彭元錦妻田氏惹汝封夫人之類。又名官長曰沖，又曰送，又曰踵，又曰從。若吴着沖、惹把沖、藥師

〔一〕□：此注音字母漫漶不清。

沖，即吴着送、吴着從也。又呼山曰吾，又曰茄。如送苔茄〔一〕、崖送茄、鉀捏吾、巖納吾，皆山名之類。又永順縣境有體亞洗山、拿切牙山，詢之土人，云衣服爲體亞，曬衣服爲體亞洗。扇子爲拿切，搧扇子爲拿切牙。苗語土語各志皆有載者，然挂一漏萬，且多互異，其談吐聲音疾徐輕重，豈可依口學舌耶？《府志·雜記》。

案，會稽張氏此語深爲得體。蓋以方言一種，微論遠近攸殊，即古今亦異。試以今土語證之。

如天讀每平聲，日讀叔去聲，羊讀惹去聲，鷄曰丫，猪曰慈，穀曰𡛾，葡上聲。小穀曰歐，讀入聲。喫飯曰只架。其類甚緐，即證之苗語，亦莫不然。古言天爲各達，今曰吧咧。古言日爲奈，今曰天咧。古言月爲喇，今曰朧。古言雲爲靚，今曰雩霸。古言地爲羅〔二〕，今曰塔抖。古言山爲補，今曰岜岢。古言耳爲果謀，今曰腊繆。古言眉曰合眼，今曰毞矋。古言肚爲果體，今曰腊膒。古言祖爲阿譜，今曰公祖。古言祖母爲阿娘，今曰叮呀。至若兄曰阿那，弟曰得狗，姊曰阿亞，妹曰阿狗，古今皆同。若斯之類，未易殫言，以上皆爲清人董鴻勳所纂《古丈坪廳志》。豈有真贋是非之判乎！

〔一〕送苔：乾隆《永順府志》作「苔送」。

〔二〕言：原作「爲」。

夫永順自改土來，闔縣人民均肄官話，原無土苗客之分，涵濡既久，鴃音悉化，迄今正以國音，更形明暸，惟鄉曲庸俗間有蠻聲，如幹、作事類。嗽、飲食類。搞、同上兩事。打、尾音。廊場、地方之稱。菩薩、繪畫人物之類。三不知、間或之稱。長言短言等，如顔色大小長短之類，短言之似能各肖其物，長言之則較過倍蓰。當應酬時苟能謹慎出之，則不致貽笑方家矣。

他如語雖鄙里，而能與古暗合者，如言煩惱曰不耐煩，唐李延壽《南史》：「庾炳之爲人强急而不耐煩。」小食曰點心，《唐書》：「我未及餐，爾且可點心。」説人見理不明曰怳忽，周老聃《道德經》：「道之爲物，惟怳惟忽。」言後三日曰外後，《唐書・裴老傳》中有此語。呼女之賤者曰鴉頭，唐劉賓客詩：「花面鴉頭十二三。」呼子曰崽，《水經注》：「孌童丱女，弱年崽子。」又曰囝，唐顧況《哀囝》詩有「囝别郎罷」語。此又俗不傷雅者也。

〔同治〕保靖縣志

【解題】林繼欽等修，袁祖綬纂。保靖縣，今湖南省土家族苗族自治州保靖縣。「方言」「苗語」見卷二《風俗志》中。録文據同治十年（一八七一）刻本《保靖縣志》。

方言

呼父曰阿巴，母曰阿娘，兄曰阿哥，弟曰阿挨，姊曰阿達，妹曰阿雍，子曰必，女曰婢，媳曰僕，妻曰樂家宜，孫曰惹，人曰羸。

喫飯曰齒煩，喫茶曰辣茶，喫酒曰熱腹，箸曰補指。

坐曰猛比，行曰喇苦，去曰逝，睡曰列，起曰住，有曰謝，無曰太。

先生曰破解，官長曰客墨。

天曰默，地曰理，日曰僥，月曰舒，雲曰墨浪紋，雨曰墨遮，風曰熱暑，霧曰倏忽。山曰扒，曰茄。

馬曰馬，牛曰拗，羊曰若，犬曰哈利，猪曰止，鷄曰雜，鴨曰撒。

數目，一曰拏步，二曰拈步，三曰梭步，四曰惹步，五曰翁步，六曰禾步，七曰業步，八曰熱步，九曰革步，十曰那兮。

錢曰庫諾諾，衣服曰體亞，曬衣服曰體亞洒，扇子曰拿切，搧扇子曰拿切牙。

苗語

呼夫曰幫，妻曰歐，媳曰能，孫曰茁。喫飯曰攏利，喫酒曰欲酒，喫茶曰欲忌。天曰各達，地曰羅，日曰奈，月曰喇，雲曰覩。呼天晴曰魯内，天陰曰乍内，天晚曰茫内。不能勝載，聊舉以見梗概。

〔光緒〕古丈坪廳志

【解題】董鴻勳纂修。古丈坪廳，即今湖南省湘西土家族苗族自治州古丈縣。「方言相異編」見卷九《民俗彙編》中。録文據光緒三十二年（一九〇六）刻本《古丈坪廳志》。

方言相異編

序編

《書》曰：「聲教訖於四海。」《易》曰：「同聲相應。」《詩》曰：「求其友聲。」《禮》曰：「書同文。」《春秋傳》曰：「於文止戈爲武，反正爲乏。」近世論政者驗語言文字所行之遠近，蓋古今之大勢、立國之規模不相遠也。今古丈坪方袤五百里之内，言侏㒧而衣異製，繁然有岐，乃習官音、客話者居其十之七八。客、章籍之民有竟不能言其鄉語、章語者，則朝廷聲教之訖之驗也。聲音之道與政通，樂操土風，不忘本也，是亦不可泯也。爲編其相異者如下。

民籍方言謂之客，即通行官音也，故不特編，以省文字。言語既異，則文字隨之，故不别編，以是諸族并無别有文字與官音之文字異。但其讀法有不同，其意義亦有不同，則文字隨語而異，不相異而相異矣。凡各族方言相異，皆同此例。

土籍方言

以官音列上，以土音注旁〔一〕，以示正俗。又以類列，以便觀覽〔二〕。

〔一〕旁：原作「滂」。

〔二〕觀覽：原作「覽觀」，據下文例改。

天地山川水火類 類一，凡二十四音

天，墨[一]。地，理。土，亦曰理。日，磽。月，舒舒。雲，麥浪翁。霧，所帕。風，熱暑。大雨，墨者。細雨，墨者喧。下雪，舒舒者。大山，卡斜。小山，卡斜鼻。水，轍。河，受。路，喇。池，熊節。田，細列格。火，米。燒水，米那。上聲。巖，什體格那。哄火，土烏。熱，古。冷，撤。

倫族類 類二[二]，凡二十三音

人，那。上聲。官，夸。民，馬那。祖，布帕。祖母，帕八。父，阿把。母，阿捏。伯，阿取。伯母，捏取。叔，阿卑。叔母，阿蟻。兄，阿科。弟，阿米。姊，阿大。妹，亦曰阿米。子，必。子婦，帕。女，必物。夫，那上聲把。妻。那上聲假力。外祖，卡公。外祖母，卡布。閨女，補遂[三]。

身體類 類三，凡一十五音

頭，卡打。眼，落布。眉，落布須加。鼻，饔起。面，骨。口，哲。齒，是是。舌，亦臘。鬚，喇帕。耳，甕切。手，潔。掌，絜裡皮。胸，歷科沖。肚，阿拱。足，騎。

[一] 原書「墨」字加括號以示爲土音。下同。

[二] 二：據體例補。

[三] 遂：乾隆、同治、民國《永順府志》作「逐」。

人事類 類四，凡十四音

作揖，戳咱。音咂。叩頭，卡把背。好看，察裏家。醜，奚臘。笑，揑。哭，齊。欠債，拖。讀書，赤兔。寫字，赤赤鴨。活，赧跛大。死，赦故。説話，煞力。相打，打偕。不知，哈大。睡，列。起，住。吃酒，喇兒。坐，猛背。

植物類 類五，凡四音

樹，卡木。柴，卡物。竹，猛。木，卡帕。

動物類 類六，凡一十二音

水牛，苑。黄牛，坳坳。馬，仍曰馬。羊，弱。猪，止。狗，哈裹。虎，力。猴，額。上聲。鷄，匝。魚，送。鴨，撒。鵝，壓。

器用類 類七，凡七音

碗，切背。杯，切背背。箸，補止。鍋，踏枯。桌，席彆。椅，科椅。凳，尖及。

寶貨類 類八，凡一十有一

金，翁可。銀，我。銅，仍曰銅。鐵，寫。錫，言。鹽，臘布。油，設是。醋，奚扯。穀，力布。米，哲。肉，實。

服用類 類九，凡八音

帽，毛。衣，西八。袴，枯。被，夕納。鞋，戳歇。襪，仍曰襪。扣子，西八布擂。帶，麥肉臘。

顔色類 類十，凡六音

青，浪夾。藍，信來。紅米，納節。黄，仍曰黄。白，阿使。緑，仍曰緑。

數目類 類十一〔一〕，凡一十有一音

一，腦聾。二，揑聾。三，梭聾。四，惹聾。五，五聾。六，鵝聾。七，泥聾。八，節聾。九，格聾。十，墨聾。一百，那日屋戳。

以上土籍方言相異，爲類十有一，爲音一百三十五，此爲古丈坪之本音。

客籍方言

謂之小客鄉語，亦謂之土客話，以其别於官音而爲土，又以其異於土籍、章籍、苗籍而爲客也，又自謂鄉音以勿忘其爲客中之土也。以官音列於上，以鄉音旁注，以示正俗。又以類别，以便觀覽。

天文地理類 類一，凡八音

天，胎。地，透。日，甕打。月，曰林。風，灰。雲，怨。雷，堆。雨，窪。

倫族類 類二，凡九音

父，阿捕。母，阿良。叔，臥。伯，播。兄，孤。弟，哈。嫂，造。祖父，阿培。祖母，阿忙。

〔一〕 一：據體例補。

外親類 類三，凡八音〔一〕

外祖父，哥培。外祖母，哥忙。母舅，葛勾。舅母，葛嫣。姑父，姑廳。姑母，仍曰姑母。姐夫，祭廳。姐，仍曰姐。

動物類 類四〔二〕，凡六音

馬，暮。牛，歐。羊，惹。鷄，枷。犬，快。豕，丢。

食物類 類五，凡六音

穀，古。膏粱，絶。豆，達。麥，摸。小米，憂。蕎，轎。

器用類 類六，凡六音

椓子，大箎。凳，重箎。鍋，沖。頂鑽，沓洞。碗，甕。筷，丢。入聲。

衣服類 類七，凡四音

帽，毛。衣，矣。褲，乖。鞋，利。

以上客籍方言相異，爲類七，爲音四十有七，其可翻譯而得者止此。其以鄉音問答而不可不辨不及焉。

〔一〕音：據體例補。

〔二〕四：據體例補。

章籍方言

謂之犵狫語，亦謂之熟苗語，亦謂之犵狫土語。以習苗故，人稱之熟苗。又以對土客語官音客話，而亦謂之犵狫土語也。今既易以章籍，亦即可名章音。以官音正列，以章音旁注，以示正俗。以類相從，以便觀覽。

天文類 類一，凡五

天，板圍。天晴，凱。風，急。雨，浪。上聲。雲，皮亮。

地理類 類二，凡十有一

地，府都。山，補。上山，留補。溪，夯屋。路，回勾。田，籽菜。旱田，納。茅屋，背楚。瓦屋，補瓦。木，蓋頭。竹，蓋腦。

倫族類 類三，凡二十三

祖父，阿怕。祖母，阿屋。父，阿麻。母，阿奶。伯，阿波去聲麻。叔，阿幼。兄，阿古。弟，阿已。姐〔一〕，亞。夫，保。妻，屋。子，得。女，得帕。姐，阿亞。朋友，把那。自呼，唯。小官，射貴。大官，聊貴。民，曹。客民，凱。去聲。外祖，家公。外祖母，家婁。呼人，穆。

人事類 類四，凡八

説話，烏要。寫字，隨紙。討親，覔處。嫁女，張得帕。有喪，擡來。葬，惱來。祭神，扯

〔一〕「姐」出現兩次，原文如此。

鬼。請客，請納凱。

身體類 類五，凡十有八

頭，扯北。耳，蓋謀。眼，蓋眉。口，蓋撈。手，蓋葡。腳，蓋達。肚，蓋體。看見，泡載。不看見，史迷載。好，內樣。醜，窄樣。肥，服。瘦，柴。走快，撇得尚。走慢〔一〕，撇得票。跰，拜。過水，投屋。過船，投隘。

畜產類 類六，凡八

黄牛，泥抬。水牛，泥屋。老虎，沿。馬，美。騎馬，藏美。猪，陪。鷄，艮。狗，果卉。

貨貝類 類七，凡七〔二〕

錢，成。銀，昂。銅，塘。鐵，羅。布，臺。鹽，納。油，阿撤。

器用類 類八，凡七

背籠，果索。鳥鎗，銃。刀，解毛。去聲。戥，替昂。稱，替。升，賞。斗，戴。

服飾類 類九，凡五

帽，蓋幕。戴帽，頭蓋幕。衣，亞。靴，窠。褲，正卡。

〔一〕慢：原作「漫」。
〔二〕七：原誤作「五」。

食物類 類十，凡七

小米，搓糧。大米，搓謀。糯米，搓茂。吃飯，囊裡。吃酒，叶。吃茶，旗。上聲。吃肉，囊芽。

通常類〔一〕類十一，凡十四

天冷，寸。去聲。天熱，回。火，婆臺。燒，抵臺。過年，貫者。上，留莽。下，留落。高，率。低，矮。殺人，打來。搶物，皮賴。相鬬，廝排。打鼓，扒渺。打鑼，扒老。

以上章籍方言之相異，爲類十一，爲音一百一十一，用其語自問答，鈎輈格桀，非其人莫解。故以苗目之，指爲熟，其實非苗也，固漢也。

苗籍方言

本廳之苗，非各處黑苗種落可比，以其較馴近且沾化日久，多能客語應世務，非復前日之生苗矣。然其自爲方言，宜編次以資考〔二〕。列正音於上，苗音於下，以分正俗。仍從類分〔三〕，以便觀覽〔四〕，如上各籍。

〔一〕常：原誤作「堂」。
〔二〕編：原誤作「騙」。
〔三〕分：原誤作「份」。
〔四〕觀：原脱。

天文類 類一，凡一十一

天，各達。日，奈。月，喇。雲，覩。風，箕。雨，儂。雪，拍。天晴，魯内。天陰，乍内。天晚，茫内。夜行，晦際。

地理類 類二，凡十

地，羅。山，補。上山，留補。路，能勾。塘，各印。田，蠟屋補。耕田，鑠喇。踩田，鑠落。瓦屋，背瓦。茅屋，補楚。

植物類 類三，凡三

木，果柱。竹，木龍。花，盆。

倫紀類 類四，凡五

大官，猛貴。小官，得貴。兵，乍金。民，果乍。苗，果雄。

崇族類 類五，凡十六

祖父，阿譜。祖母，阿娘。父，阿巴。母，阿米。伯父，馬龍。叔父，馬腰。兄，阿那。弟，得狗。姊，阿亞。妹，亞苟。子，得帶。女，得怕。姑，阿孟。婦，能。孫，茁。夫，幫。妻，毆。

外親類 類六，凡六

外祖，阿達。舅，阿内。姨，能龍。妻舅，啋補。親家，把截。朋友，同年。

常語類 類七，凡二十有七

自呼，委。呼人，蒙。説話，破多。寫字，身讀。聚親，内戳。嫁女，張得怕。有喪，達内。葬，兩内。祭，綽滚。請客，請内哈。叩頭，不備。看見，乍蒙。大，隆。小，得。肥，脹。好，若内。醜，乍内。哭，業。笑，咒。立，鑠。坐，重。臥，夢。快走，獸。慢走〔一〕，達。會水，阿來，擺。去，散。

畜産類 類八，凡十有一

黄牛，大躍。水牛，大業。虎，木瓜。馬，大美。騎馬，藏美。羊，大客。猪，大把。鷄，大哈。狗，大狗。魚，大某。鵝，大奴。

器具財貨類 類九，凡二十四

鍋，果碗。鑵，果着。碗，果折。凳，果灰。桌，記擺。錢，錢當。銀，硬。銅，果。錫，蘼。布，扐。籠，果達。背籠，果的。鐵，果撈。箱，果補。鼓，播儂。鑼，果鉦。銃，砲。鎗，寫。刀，果勝。鎖，果索。戥，聽硬。稱，聽度。鹽，仇。油，删。

身體類 類十，凡八

頭，多北。耳，果謀。眼，合眉。口，哈攏。手，阿斗。脚，果落。肚，果體。髪，果北。

〔一〕 慢：原作「漫」。

欲烟。

日用類　類十一，凡十六

火，斗。燒火，北斗。向火，奴斗。冷，嫩。熱，格内。大米，糟奴。小米，糟儂。糯米，糟糯。柴，果斗。吃飯，攏利。吃酒，欲酒。茶，忌。吃茶，飲忌。肉，牙。吃肉，能牙。吃烟，欲烟。

服飭類　類十二，凡五

帽，果帽。衣，阿。鞋，磽。袴，鎮可。被褥，時潑。

數目類　類十三，凡十有三

一，哈。二，偶。三，補。四，彼。五，罷。六，着。七，中。八，億。九，仇。十，個。百，阿。千，阿。米，萬〔一〕。阿，萬。

時序類　類十四，凡二十有三

正月，喇哈。二月，喇偶。三曰，喇補。四月，喇彼。五月，喇農。六月，喇着。七月，喇中。八月，喇億。九月，喇仇。十月，喇個。十一月，喇冬。十二月，喇柔。初一，哈昧喇。初二，偶昧喇。初三，補昧喇。初四，彼昧喇。初五，羅昧喇。初六，着昧喇。初七，中昧喇。初八，億昧喇。初九，仇昧喇。初十，個昧喇。過年，桂前。

〔一〕米萬：似當作「萬米」。

方域類 類十五〔一〕，凡九〔二〕

東，勾韥代。西，勾韥莽。南，紀中。北，紀達。上，溜。下，落。高，率。低，亞。平，排。

常事類 類十六〔三〕，凡一十九

欠債，斗折。還債，必折。公道，理。不公，乍腮。是，業。不是，肘業。殺人，打內。搶，這忒內幫。鬬，戳緊。偷竊，業內。兇，阿內內窩。解忿，講。和不成，肘跌掌。和事人，牙郎，又曰行人。主盟人，背箭。防事，木掌。不管事，張掌。名男多曰老。名女多曰阿。

以上凡苗籍方言，爲類十有六〔四〕，凡二百零四音。自嘉慶以來設義學與考試，漸有同文之觀。然廳籍五十八寨，絶無得與科舉庠序之榮。近以學堂章程推廣教育，冀數年之後，人才漸出與於進身矣。

民俗彙編之一爲民籍、土籍、客籍、章籍、苗籍方言相異編，除民籍方言，即官音、客話不特編以省文字外，惟客籍言全今所實聞而定者，其土、章、苗三籍方言，皆依《苗防備覽》所考，分類編定，著書至今，又百餘年矣。今以實徵，其間亦多迥異或小異，或爲前音所未及者。未敢

〔一〕 五：原誤作「四」。
〔二〕 九：原誤作「八」。
〔三〕 六：原誤作「五」。
〔四〕 六：原誤作「五」。

遽改前人，因以類列編於後。鴻勳又識。

今定土籍方言

天文類 類一，凡七音

天，每。平聲。日，牢去聲叔。月，叔叔。風，惹去聲尺。雲，本音。雷，墨去聲蓊。雨，墨才。去聲。

以上如「地曰理」，如舊音之類，概不重登，以省繁複。凡類此者不徧記出。

畜産類 類二，凡五音

牛，務。羊，惹。去聲。鷄，丫。狗，哈臘。去聲。猪，慈。平聲。

以上如「馬，仍曰馬」，如舊音者，概不重登，以省繁複。凡此類者不徧記。

五穀類 類三，凡七音

穀，娬葡。上聲。膏糧，翁扒。豆，朵葡。上聲。麥，聾。蕎，萋墨。小穀，歐。入聲。包穀，本音。

按五穀類舊音甚少，今比前多六音，而穀音亦較前爲異。即土籍所書零音，亦同民籍作算術中零號，音同。

器具類 類四，凡三音

鍋鑽，奢捧。平聲。碗，擇祓。筷子，補池。

按器具類碗舊音切背，箸舊音補止，皆聲轉小異者。凡各音類此者不徧記出。

日用飲食類 類五，凡三音

水，側。吃飯，池㮇。去聲。吃酒，惹乎。惹去聲。

今定土籍方言凡五類二十五音，其未改舊音者如前編所列，不重出。

今定章籍方言

天文類 類一，凡四音

天，捕挪歐。入聲。日，喀冷。雲，本音。雷，鎖。

按比前多日、雷兩音，而天音尤爲迥異。凡各音類此者不徧記出。

地理類 類二，凡一音

地，姑肚。

倫族類 類三，凡十四音

祖父，阿圃。外祖父，阿打。外祖母，阿德。去聲。父，阿秷。母，阿奈。兄，阿果。大嫂，阿割上聲了。小嫂，阿割鎖。母舅，阿婁。舅母，阿慢。姑父，阿稄。姑母，阿慢。去聲。表親，巴蚪。姐夫，巴蚪。同表兄弟。

五穀類 類四，凡六

穀，冷扒。高粱，亞。小穀，朗。麥，磨。豆，糯。蕎，鋸買。

六畜類　類五，凡五音

牛，泥。羊，油。鷄，楔。上聲。狗，古。猪，扒。

按舊音「黄牛，泥招」「水牛，泥屋」，比今定尤詳矣。餘偶有類此者不徧記出。

器用類　類六，凡六音

棹子，本音。板凳，巴棋。鍋子，姑歪。鍋鑽，姑兆。碗，姑敵。筷子，阿提。

按此皆舊音所無而全補出者。今定章六類凡三十六音。

今定苗籍方言

苗民涵濡盛化二百餘年，讀書識字，漸改從前結繩刻契之爲。然其所寫，多有别字，其音太半從某得聲。今凡舊音所無及雖有而書寫岐異，並録出，不徧注，以省繁文，讀者會意焉可也。古丈坪廳之苗民方言盡此矣，他處例所不及。官音列下，以民會意〔一〕。

天文類　類一，凡九音

吧唎，去聲。天〔二〕。天唎，去聲。日。臘，月亮。得略，均平聲。星斗。討霳，響雷。十霳，落雨。雰雳，雲。雰雳䨷□〔三〕，雲霧。大霙檻霳，是蝃蝀檻雨。

〔一〕民：似爲「明」字之誤。
〔二〕天：原脱，據民國《永順縣志》補。
〔三〕□：此字漫漶不清。

地理類 類二，凡十五音

塔抖，地。硞硫，巖。硞砲，巖山。岜岢，山。硞尉吧，是山限。岵窟汻，是巖硐水也。岵礲砲，巖硐。得滂，是溪沖水。得得汻，是小河。洣洌汻，大河。灘，仍曰灘。潭，仍曰潭。沘滈汻，是水泡。滔汻，水井。濄汻，是臨河也。

人身類 類三，凡四十一音

毰毴，腦殼。䥈毴，後腦。朓臉，額骨。毴矐，眉。聕繆，耳。晍略，目。巴圖氣繆，鼻。酕醞，面。醂醞，面骨。朓嚨，口皮。嗪吼，笑得好。巴頰，頰。啊吗，是項。朓血脛，肩。腤膪，手干。擺𣂕，手版。撻抖，指。骲髀，指殼。尉胂，脅腴。胞髀助，背。髂鬆骶，是背脊節骨。胞脙，是當面排髀骨也。鬆脸腠，腦口前也。腠，肝。繆，肺。腤朦，是毒腥。朓脈，軟腰。脥水，腸。腤膒肮，肚。腤朓膒，肚皮。膕膕膒，肚臍。腤膢朐，氣肥。脟尉，腎。胐肺，股。腤，腿。骴朓，膝。膕跷，足脛。腤膒胣，足肚。跐跔踋，足後脛。躧跷，足版。躂跷，趾。

地理、人身二類，補前人所未及甚多，著書至此，甚覺可樂。下多類此。不重贅。

倫族類 類四，凡一十五音

祖，太祖父。公，祖父。叮呀，祖母。叮娳，母。得哥，是大兒。得狗，弟。得濃，男。得媛，女。得濃探犼，是娶了也。得媛嬒伤，是女嫁出門也。吼例得儂，是二個兒子。吼例得媛，是二姊妹也。叮伯，伯父。叮便，叔。嫂娳，叔母。

外姻類　類五，凡六音

吖佾，外祖父。吖大，外祖母。吖伢，外舅。吖猛，姑娘。妅初，表姐。他初，表兄。

朋友類　類六，凡四音

叽呐儛，年伯。叽呐娳，同年娘。叽呐得，同年兒也。

問訊類　類七，凡六音〔一〕

儚趟趴，是你走那裏去。儚跦，是你轉來。儚逋閦，是你出門去。逋，卜音。臥褔，是臥。廣察，是寤。

牀褥類　類八，凡四音

涼牀曰牀。蹋板曰板。吖緆帓，是一牀帳子也。吖綜絠，棉絮。

居屋類　類九，凡六音

就玭，是樹屋宇。就玭菣，是樹茅屋。閫閦，大門。闟閦，小窻門。閦閹，槽門。梏檲，木料。

禽類　類十，凡七音

大猢，鷄。大鵮，雀。鵮鷗，瓦雀。鵮鶇，鴉。鴽匕，喜鵲。大鴓，鷹。鵮鷂，鵝鴨。

〔一〕六：原誤作「五」。

獸類　類十一，凡六音

大狗曰狗。財狗曰狗。大夘，猫。大獵，鼠。大狗，兔。大犿，虢。

畜産類　類十二，凡六音

大犱，牛。大犯，水牛。大犯，猪。大驛，馬。大駱，駱子。大騍，即騍子。

器皿類　類十三，凡十六音

鋯到，斧。鋯錳，柴刀。鋯剛，菜刀。鋯鋑，碗。鋯鑑，大碗。鋑鋯，茶碗。鋯盃，酒杯。鐍鈎，銅鐍鈎。水鑑曰鑑。機櫭，樽板。剫斮，是割肉。鋯銚，鑽。鋯銍，鍋。鉀派，鍋鏟。筶篝，筷子。筶篗，簞。

飲食類　類十四，凡十音

嚨飹朓，早飯。嚨飯㬿，夜飯。嚨飹晅，午飯。嚨萛，吃菜。嚨䏧，吃肉。嚨飵，吃粑。焨萛，炒肉。焨萛，炒菜。嚨鑄，鹽；鑄，仇音。洒洒，油。

五穀類　類十五，凡七音

秎秠，穀。秠稨，包穀。稷糯，糯穀。稨，稿糧。穮，小米。麩，麥。蕔，荳。

耕稼類　類十六，凡五音

處沽叮，是你做工去了。儚拋抐，是你挖地也。儚摰汭洒，是你矖田也。撍糯，夏種也。儚㮷秧，是栽秧也。

歲時類 類十七，凡十一音

趉貼，過年。吖唎呐，初一日。吖唎呐，初二日。補、比、叭、兆、從、云、求、過八字，各加呐、唎，即初一、二、三、四、五、六、七、八、九、十日也。

節候類 類十八，凡四音

清明曰明。端午曰午。中秋曰秋。重陽曰陽。

數目類 類十九，凡二十音

吖，一。吼，二。補，三。比，四。叭，五。兆，六。從，七。云，八。求，九。過，十。吖過吖，一十一。吖過吼，一十二。吖過補，一十三。吖過比，一十四。吖過叭，一十五。吖過兆，一十六。吖過從，一十七。吖過云，一十八。吼過，二十。

月數類 類二十，凡六音

過唎，十天。吖過吖唎、吖過吼唎、吖過補唎、比過唎、補過唎、吖臘，即一十二天、一十三天、四十天、三十天、一月也。

今定苗籍方言凡二十類，二百一十三音。

今定方言相異爲土籍、苗籍、章籍方言爲編三。又客籍方言，本今所定，前無書可據。共今定者，實在四編。

又補音

衣服類 類二十一，凡一十一音

套子曰套。衫子曰衫。叮袺䙊，是一件衣。䙊袺襦，綿小襖。袺衶，褲子。套褲曰褲。襪子，仍曰襪。袍卻布，布袍。袚仙福，背褡子。䙊泧，汗衣。袺袺衶，裏衣頭也。

冠履類 類二十二，凡九音

帞幍，帕。幗幅，是戴帽。悖㦡，帕首。幗悖，是戴帕首。怲懺，腰帶。幟帎呴，繫腰帶也。鞘鞩，草鞋。叮幟鞘，是一雙鞋子。皮鞋曰鞋。

今定苗籍方言補音二。

〔宣統〕永綏廳志

【解題】王起衡修，董鴻勳纂。永綏廳，今湖南省湘西土家族苗族自治州花垣縣。「苗峒」見卷六《地理門》，「六里語言」「下九里語言」「下十里言語」見卷七《地理門》中。録文據宣統元年（一九〇九）鉛印本《永綏廳志》。

苗峒

苗音鴂舌，非翻譯不解。其稱天曰各達。稱地曰羅。稱日曰奈。稱月曰喇。稱雲曰靚。呼天晴曰魯內。呼天陰曰乍內。呼天晚曰茫內。呼夜行曰晦際。呼風曰箕。呼雨曰儂。呼雪曰拍。

呼山曰則補。呼上山曰溜補。呼路曰能勾。呼塘曰各印。呼田曰蠟屋，亦曰補。呼耕田曰鑠喇。呼耕地曰鑠落。呼瓦屋曰背瓦。呼茅屋曰補楚。呼木曰果柱。呼竹曰木籠。呼花曰盆。

呼大官曰猛貴〔一〕。呼小官曰得官。呼兵曰乍金。呼民曰果乍。呼苗曰果雄。

呼祖曰阿譜。呼祖母曰阿娘。呼父曰阿巴。呼母曰阿米。呼伯曰馬龍。呼叔曰馬腰。呼兄曰阿那。呼弟曰得苟。呼姊曰阿亞。呼妹曰亞苟。呼子曰得帶。呼女曰得帕。呼姑曰阿孟。呼姨曰能龍。呼外祖曰阿達〔二〕。呼舅曰阿内。呼媳曰能。呼孫曰茁。呼夫曰幫。呼妻曰毆。呼妻舅曰嗦補。呼親家曰把截。呼朋友曰同年。自呼曰委。呼人曰蒙。

呼説話曰破多。呼寫字曰身讀。呼娶親曰内戳。呼嫁女曰張得怕。呼有喪曰達内。呼葬曰兩内。呼祭曰綽滚。呼請客曰請内哈。呼叩頭曰不備。

呼頭曰多北。呼耳曰果謀。呼眼曰合眉。呼口曰哈攏。呼手曰阿斗。呼腳曰果落。呼肚曰果體。呼髮曰果白。呼看見曰乍蒙。

呼大曰隆。呼小曰得。呼肥曰脹。呼瘦曰瘠。呼好曰若内。呼醜曰乍内。呼哭曰業。呼笑曰咒。呼立曰鑠。呼坐曰重。呼臥曰卜夢。呼快走曰獸。呼慢走曰達。呼會水曰阿。呼來曰擺。呼去曰散。

〔一〕曰：原脱。
〔二〕呼：原作「曰」。

呼黄牛曰大躍。呼水牛曰大業。呼虎曰木瓜。呼馬曰大美。呼騎馬曰藏美。呼羊曰大客。呼猪曰大把。呼鷄曰大哈。呼狗曰大狗。呼魚曰大某。呼鵝曰奴。

呼鍋曰果碗。呼罐曰果着。呼碗曰果折。呼凳曰果灰。呼桌曰記擺。呼錢曰錢當。呼銀曰硬。呼銅曰果。呼錫曰蔫。呼布曰扐。呼籠曰果搭。呼背籠曰果的。呼鐵曰果撈。呼箱曰果補。呼鼓曰播儂。呼鑼曰果鉦。呼銃曰砲。呼鎗曰寫。呼刀曰果縢。呼鎖曰果索。呼戥曰聽硬。呼稱曰聽度。

呼鹽曰仇。呼油曰刪。呼火曰斗。呼燒火曰北斗，向火曰奴斗。呼冷曰嫩。呼熱曰格內。呼小米曰糟儂。呼大米曰糟奴。呼糯米曰糟糯。呼柴曰果斗。呼吃飯曰攏利。呼吃酒曰飲酒。呼茶曰忌。呼吃茶曰飲忌。呼肉曰牙。呼吃肉曰能牙。呼吃烟曰飲烟。呼被曰特潑。呼帽曰果帽。呼衣曰阿。呼鞋曰磽。呼跨曰鎮可。

呼一曰哈。呼二曰偶。呼三曰補。呼四曰被。呼五曰罷。呼六曰着。呼七曰中。呼八曰億。呼九曰仇。呼十曰個。呼百曰阿。呼千曰阿采。呼萬曰阿萬。

呼升曰果賞。呼斗曰果斗。呼石曰果石。

呼正月曰喇哈。呼二月曰喇偶〔一〕。呼三月曰喇補。呼四月曰喇彼。呼五月曰喇罷。呼

〔一〕曰：原脱。

六月曰喇着。呼七月曰喇中。呼八月曰喇億〔一〕。呼九月曰喇仇。呼十月曰喇個。呼十一月曰喇冬。呼十二月曰喇柔。

呼初一曰哈昧喇。呼初二曰偶昧喇。呼初三曰初昧喇。呼初四曰彼昧喇。呼初五曰罷昧喇。呼初六曰着昧喇。呼初七曰中昧喇。呼初八曰億昧喇。呼初九曰仇昧喇。呼初十曰個昧喇。呼過年曰桂前。

呼東曰勾驩。呼西曰勾驩莽。呼南曰紀中。呼北曰紀達。呼上曰溜。呼下曰落。呼高曰率。呼低曰亞。呼平曰排。

呼欠債曰斗拆。呼還債曰必拆。呼公道曰苦理。呼不公道曰乍腮。呼是曰業。呼不是曰走業。呼殺人曰打内。呼搶奪曰這忒内。呼帮鬧曰截緊。呼偷竊曰業内。呼人兇曰阿内竊。呼浼人解忿曰講歹〔二〕。呼和事不成曰肘跌掌。呼和事之人曰牙郎，又曰行人。呼主盟之人曰背箭。呼防事曰木掌。呼不管事曰張掌。

其命名，男子多以老，如老偶、老補、老彼、老罷、老鐵、老喬、老傘、老叟、老宰之類；女子多以阿，如阿叟、阿中、阿怕、阿妹、阿吉、阿金、阿息、阿布之類爲名。三廳中相距稍遠者，其言

〔一〕曰：原脱。
〔二〕浼：原作「挽」，據文義改。

語亦多不同，不能盡譯也。

六里語言

天類

稱天曰大霸。稱日曰奈。稱月曰喇。稱星曰界那。稱雲曰覩。稱霞曰加覩幾。稱雪曰拍。稱雹曰大沙。稱風曰箕。稱雨曰儂。稱雷曰㪷。稱電曰用。

呼正月曰喇哈。呼二月曰喇偶。呼三月曰喇步。呼四月曰喇備。呼五月曰喇罷。呼六月曰喇着。呼七月曰喇中。呼八月曰喇夷。呼九月曰喇爵。呼十月曰喇谷。呼十一月曰喇凍。呼十二月曰喇若。

呼初一曰哈眛奈。呼初二曰偶眛奈。呼初三曰步眛奈。呼初四曰備眛奈。呼初五曰罷眛奈。呼初六曰着眛奈。呼初七曰中眛奈。呼初八曰夷眛奈。呼初九曰爵眛奈。呼初十曰谷眛奈。

呼寅時曰息息交。呼卯時曰息息挪。呼辰時曰息息戎。呼巳時曰息息嫩。呼午時曰息息墨。呼未時曰息息用。呼申時曰息息奈。呼酉時曰息息介。呼戌時曰息息勾。呼亥時曰息息攞。呼子時曰息息能。呼丑時曰息息羅。

呼天陰曰乍來。呼天晴曰乳來。呼天晚曰碼皦。呼熱曰銷。呼冷曰攏。呼過年曰寡見。

地類

稱地曰大鬬。呼山曰鋭。呼上山曰蒙鋭。呼路曰能勾。呼田曰喇。呼耕田曰舒喇。呼水曰霧。呼井曰聊霧。呼塘曰備當。呼溝曰告用霧。呼大河曰迷霧。

呼瓦屋曰背瓦。呼茅屋曰捕捜。呼鎮市曰大弄界。呼場期曰趕場目。呼東曰來丹。呼西曰來碼。呼南曰紀通。呼北曰紀達。呼上曰久蒙。呼下曰老蒙。呼高曰善。呼低曰亞。呼平曰則。

人類

稱人曰蒙。呼高曰高賓。呼髮曰果被。呼眼曰眑介。呼耳曰果謀。呼口曰哈嚨。呼鼻曰鼻。呼肚曰果體。呼手曰過頭。呼足曰果落。呼大曰略。呼小曰秀。呼人肥曰脹。呼瘦曰饉。呼笑曰綽。呼哭曰姘。呼立曰消。呼坐曰腫。呼來曰落。呼去曰濛。呼急走曰金賞。呼慢走曰金納。呼説話曰鋪肚。呼寫字曰水多。呼泅水曰挪霧。呼夜行曰碼噉坐勾。呼夜睡曰保夢。呼娶妻曰乃帕。呼嫁女曰張得帕。呼有喪曰達來。呼出喪曰良來。呼請客曰來剴。呼下跪曰蹉比踝。呼欠債曰投帳。呼還債曰畢帳。呼公道曰緖理。呼不公道曰不緖理。呼是曰業。呼不是曰幾業。呼防盜曰格隋。呼人兇曰个來跳。呼殺人曰打來來。呼搶人曰這忒來。呼人解忿曰請歹。呼和事曰不成、曰緖幾朵。呼和事之人曰牙郎。呼主盟之人曰揹箭。

呼祖父曰阿譜。呼祖母曰阿娘。呼父曰阿巴。呼母曰阿米。呼伯曰八果。呼叔曰馬腰。呼兄曰阿那。呼弟曰得勾。呼姊曰阿亞。呼妹曰亞勾。呼子曰得代。呼女曰得帕。呼姑曰阿孟。呼姨曰阿宜。呼外祖曰阿達。呼舅曰阿舅。呼媳曰能。呼孫曰代階。呼夫曰波。呼妻曰帕。呼妻兄妻弟曰舅子。呼親家曰堵處。呼朋友曰金浪。呼民曰果詐。呼苗曰果雄。呼兵曰乍驚。呼大官曰朋怪。呼小官曰待怪。

物類

稱物曰各動。呼大米曰早婁。呼小米曰早農。呼糯米曰早婁奴。呼薑曰三。呼葱曰光。呼蒜曰水光。呼蘿蔔曰覽保。呼白菜曰暴芮。呼青菜曰慕芮。呼黃豆曰㖤登。呼墨豆曰麻怪。呼白豆曰暴登。呼赤豆曰揆起。呼緑豆曰略登。呼青豆曰慕登。

呼火曰必奪。呼鹽曰丟。呼油曰羡。呼肉曰念。呼酒曰糾。呼飯曰乃。呼吃曰攏。呼布曰對。呼帽曰尖帽。呼衣曰阿。呼鞋曰小配。呼袴曰鎮可。呼被曰暴和。呼斗曰個斗。呼戥曰且蒙。呼稱曰個且。呼鍋曰個完。呼罐曰個罐。呼碗曰个者。呼箸曰个走。呼錢曰錢當。呼升曰個鄉。呼銀曰硬。呼鐵曰果撈。呼銅曰銅。呼錫曰驀。呼凳曰果構。呼棹曰已白。呼籠曰個讓。呼背籠曰個低。呼箱曰果補。呼鎖曰果索。呼刀曰個登。呼銃曰砲。呼鼓曰播儂。呼鑼曰鉦。

呼樹曰扛覰。呼木曰个覰。呼竹曰个攉。呼花曰盆。呼蟲曰大記。呼蟻曰大拐。呼蛟曰大麻。呼虱曰大代勾。呼蜘蛛曰包勾改。呼蜈蚣曰大書。呼蚯蚓曰巴重地。呼蠱曰帕欺。呼螺曰大告。呼蛤曰告邊。呼蠆曰大地。呼蝦曰大送。呼魚曰大某。呼蛙曰大姑。呼蠶曰帶記。呼蛺蝶曰保保。呼雀曰魯醉。呼鷄曰大臥。呼鵲曰駕卡。呼鷹曰大昆。呼鷂曰大練。呼杜鵑曰扺貴牙。呼燕曰比果奈。呼鸜鵒曰八哥兒。呼鵝曰大魯目。呼鷄曰大介。呼猫曰大駡。呼鼠曰大能。呼豺曰大腳。呼黄牛曰大躍。呼水牛曰大菜。呼馬曰大墨。呼騎馬曰掌墨。呼羊曰大用。呼猪曰大擺。呼蛇曰大嫩。呼猴曰大奈〔一〕。呼狗曰大勾。呼龍曰大戎。呼虎曰大交。

原文載一曰哈〔二〕，二曰偶，三曰補，四曰彼，五曰罷，六曰着，七曰中，八曰億，九曰仇，十曰個。呼百曰擺。呼千曰串。呼萬曰阿萬。與此稍異。

各里言語，彼此不通，言人人殊，有難以合者，以土備所呈爲較確，今記下九里、下十里二則於下。

下九里語言

天叶作千。地作記。長作祥。短作膽。魚作揖。走作酒。得作抬。去作扣。轉轉作斬。

〔一〕猴：原作「猴」。

〔二〕載一曰哈：原作「戴曰一哈」。

天晴作千吉。地濕作記昔。身身長作心祥〔一〕。樹短作壽胆。轉去作此，不過客語中音吐不清者也。至□音呼天曰各打〔二〕，又曰大壩。斬扣，轉來作斬訥。

呼地曰大豆。呼日曰賴。呼月曰那。呼日出曰丹賴。呼月出曰丹那。呼星曰界那。呼雲曰架睹。呼風曰己。呼雷曰梭。呼吹風曰判己。呼響雷曰搗梭。呼雨曰隴。呼霧曰朽。呼霜曰斗。呼雪曰擺。呼下雨曰打隴。呼下雪曰打擺。呼下露曰着朽。呼下霜曰着斗。

呼山曰捕。呼上山曰丢捕。呼大山曰秘捕，又曰秘皋。呼小山曰代捕，又曰代皋。呼田曰那。呼犂田曰疏那。呼土田曰魯。呼犂土曰疏魯。

呼穀曰婁，又曰耐包。呼豆曰登。呼秧曰樣。呼插秧曰講樣。呼茄曰廣。呼瓜曰卦。呼辣曰西查。呼椒曰雖。呼飯曰乃。呼吃飯曰龍乃。呼菜曰芮。呼挾菜曰達芮。呼酒曰糾。呼飲酒曰呼糾。呼肉曰貼。呼鹽曰求。

呼父曰八。呼母曰秘。呼兄曰浪。呼弟曰代鈎。呼姊曰鴉。呼妹曰代鈎没。呼舅曰奶。呼姑曰姆。呼女曰代帕。呼男曰代爾。呼媳曰代立。呼壻曰代謝。呼公曰鋪。呼婆曰娘。呼外公曰啞丈。呼外婆曰啞達。呼主曰都杯。呼客曰來卡。

〔一〕「身身」，疑衍一「身」字。

〔二〕□：此字漫漶不清。

呼路曰奶鈎。呼行路曰或奶鈎。

呼牛曰大猶。呼水牛曰大業。呼馬曰大没。呼羊曰大用。呼猪曰大擺，又曰大把。呼犬曰大孤。呼鷄曰大戒。呼鴨曰大魯索。呼鷹曰大歸〔一〕。呼鷄曰大練總。呼鳥曰大魯總。呼魚曰大繆。呼蜂曰大代。呼蜜蜂曰務代。呼蠶曰代帕。呼喂蠶曰搜代帕。

呼頭曰果杯。呼髮曰果被。呼眼曰老蓋。呼耳曰東謬。呼眉曰貴買。呼鼻曰巴眇。呼口曰伽羅。呼手曰過頭。呼足曰過鬧。呼肚曰過替。呼肺曰過善。呼腸曰過協。呼肝曰過渺。呼心曰過目。

呼鬼曰貴。呼祀鬼曰初貴。呼病曰木。

呼官長曰怪。呼大官曰秘怪。呼小官曰代怪。呼兵曰查記。呼差曰查差。呼客人曰過查。呼苗人曰過雄。呼人曰來。自呼曰完，又曰杯。

呼升曰各香。呼斗曰各斗。呼戥曰鐵硬。呼秤曰各鐵。呼刀曰各登。呼鎗曰各頗。呼鼓曰羅。呼鑼曰鷄。呼鐵曰老。呼鋼曰受。呼金曰借。呼銀曰硬。呼銅曰洞。呼錫曰助。

呼一二三四五六七八九十曰哈偶布倍罷左窮億腳骨。呼百曰阿把。呼千曰哈欠。

呼正月曰那哈。呼二月曰那偶。呼三月曰那布。呼四月曰那倍。呼五月曰那罷。呼六

〔一〕鷹：原誤作「膺」。

月曰那左。呼七月曰那窮。呼八月曰那億。呼九月曰那腳。呼十月曰那骨。呼十一月曰那凍。呼十二月曰那弱。

呼初一曰哈耐那。呼初二曰偶耐那。呼初三曰布耐那。呼初四曰倍耐那。呼初五曰罷耐那。呼初六曰左耐那。呼初七曰窮耐那。呼初八曰億耐那。呼初九曰腳耐那。呼初十曰骨耐那。呼三十了日曰苟那。呼過年曰寡見。呼過端午曰寡罷。

呼東曰勾耐丹。呼西曰勾耐莽。呼南曰勾紀左。呼北曰勾紀磴。呼上曰溜。呼下曰落。呼高曰善。呼底曰昂。

下十里言語

呼天曰巴乃。呼地曰打斗。呼日曰乃。呼月曰格臘。呼星曰小格臘。呼風曰記。呼雲曰加度。呼雷曰打鬆。呼雨曰苔弄。呼雪曰大白。呼霜曰大豆。呼露曰阿秀。呼霧曰布風。呼霞曰慶巴乃。呼虹曰大戎胡烏。呼雹曰大撒。呼冰曰大解。呼煙曰果充斗。呼電曰躬松。

呼正月曰納鴉。呼二月曰納嘔。呼三月曰納補[一]。呼四月曰納比。呼五月曰納加。呼六月曰納招。呼七月曰納宗。呼八月曰納一。呼九月曰納鳩。呼十月曰納穀。呼十一月曰穀冬。呼十二月曰納柔。

[一] 三月：原脱。

呼初一曰啞立那。呼初二曰嘔偶乃那。呼初三曰布乃那。呼初四曰被乃那。呼初五曰巴乃那。呼初六曰左乃那。呼初七曰總乃那。呼初八曰一乃那。呼初九曰舊乃那。呼初十曰谷乃那。呼十一曰啞谷啞。呼十二曰啞谷右。呼十三曰啞谷布。呼十四曰啞谷比。呼十五曰啞谷巴。呼十六曰啞谷左。呼十七曰啞谷總。呼十八曰啞谷一。呼十九曰啞谷鳩。呼二十曰又谷。呼二十一曰右谷啞。呼二十二曰又谷又。呼二十三曰又谷布。呼二十四曰又谷被。呼二十五曰又谷巴。呼二十六曰又谷左。呼二十七曰又谷總。呼二十八曰又谷一。呼二十九曰又谷鳩。呼三十了月曰溝那。

呼公曰啞鋪。呼婆曰啞躬。呼父曰罵。呼母曰奶。呼叔曰啞要。呼伯曰馬弄。呼娘曰乃要。呼伯娘曰乃弄。呼妹曰代勾。呼姐曰啞呀。呼兄曰啞那。呼弟曰代勾。呼孫曰得假。呼外甥曰各麻。呼女壻曰乃謝。呼妻曰偶共。呼妾曰偶據。呼岳父曰啞來。呼岳母曰啞蒙。呼老俵曰巴初。

呼頭曰到比。呼耳曰種謀。呼髮曰各比。呼口曰加弄。呼唇曰高教弄。呼牙齒曰高顯。呼喉嚨曰比拱。呼頸曰松拱。呼眉曰比墨。呼目曰乃改。呼鼻曰巴謀。呼嘴曰將八。呼肩曰跛計。呼背曰這注。呼腰曰竦瓜。呼腹曰告棄。呼肝曰散。呼肺曰茂。呼心曰稿朦。呼膽曰稿鷄。呼腸曰寫。呼脅曰苟溝仲。呼骨曰稿竦。呼髓曰漏。呼手曰過斗。呼足曰搞撈。呼拳曰補捶。呼掌曰板斗。呼膝曰比交。呼指曰比大斗。呼乳曰罵。呼肉曰啞。呼皮曰各斗。呼身曰搞久總。

呼鳥曰大棍總。呼魚曰大某。呼龍曰大戎。呼鳳曰大臭。呼虎豹犀象豺狼共曰大總。呼狐曰鈎棍。呼猴曰大乃。呼兔曰大那。呼鷹曰大棍。呼鴉曰報哦。呼鵲曰嫁嫁。呼雀曰路拼。呼燕曰吉果連。呼杜鵑曰己桂吼。呼野鷄曰路奄。呼家鷄曰大枷。呼鴈曰做紂。呼家鴨曰樓受。呼鳧曰樓受巫。呼鵝曰路鵝。呼犬曰大勾。呼羊曰大用。呼馬曰大梅。呼黄牛曰大尤。呼水牛曰大業。呼猪曰大帕。呼鼈曰鷄。呼蛇曰大論。呼蛙曰大固。呼李曰徒里。呼柑曰徒留。呼鰕曰大送。呼螃蟹曰大墜。呼螺螄曰大稿。呼蚌哈曰勾扁。

呼桃曰徒挂。呼桑曰徒乃更。呼椿樹曰徒葉。呼杉樹曰徒蓋。呼櫼樹曰徒秀。呼檀木曰徒水。呼樟樹曰徒凸貴。呼桐樹曰徒桐油。呼茶樹曰徒茶油。呼椶樹曰徒掃。呼楓樹曰徒明。呼桃花曰本卦。呼李花曰本李。呼桃子曰比卦。呼李子曰比里。呼柑子曰比留。

呼青菜、蒜曰光棍。呼莧菜曰這改。呼蘿蔔曰比臘不。呼南瓜曰躲。呼黄瓜曰瓜。呼豇豆曰路拐。呼黄豆曰路底。呼青豆曰路疷蒙。呼蕀子曰水雜。呼茄子曰廣。呼茶油曰顯茶油。呼桐油曰顯桐油。呼鹽曰求。呼柴曰果斗。呼水曰烏。呼米曰酌。

呼鍋曰果碗。呼碗曰果債。呼筷子曰果竹。呼吃飯曰嚨萊。呼吃猪肉曰嚨呀罷。呼吃牛肉曰嚨呀尤。呼吃羊肉曰嚨呀客。呼吃酸菜曰惹肖。呼酸湯曰烏罷肖。呼吃水曰烏盞。

呼桌曰己白。呼凳曰果勾。呼升曰果香。呼斗曰壓豆。呼秤曰借。呼尺曰果喫。呼斛曰更後桶。呼桶曰果土。呼水桶曰果高。呼盤子曰果排。呼蘿筐曰果眼。呼火爐曰苦基斗。呼錫壺曰後躬。呼銅壺曰佐巴凍。呼鉢曰卜肖。呼傘曰捨。呼笠曰古。呼簑衣曰掃。呼帽曰妙高。呼衣曰乃高。呼鞋曰肖、曰靴、曰雪子。呼褲曰己高。呼褂曰聊褂。呼衫子曰搞斗。

呼請客曰奈立加。呼送客曰送立加長謀。呼多謝曰嚨奈幾口。呼來客曰難未大是弄。呼官曰國。呼差曰查差。呼客人曰果查。呼苗人曰果雄。呼罵客人曰打阿雜。呼罵苗人曰打阿雄。

呼生子曰加。呼接親曰當初。呼死人曰大來。呼陞官曰出國。呼讀書曰偶斗。呼犂田曰數納。呼犂土曰數路。呼栽秧曰降揚。呼打穀曰撥乃保。呼打包穀曰巴波弱。

〔乾隆〕乾州志

【解題】王瑋纂修。乾州，轄境包括今湖南省湘西土家族苗族自治州吉首市、鳳凰縣等地，州治在今吉首市。「言語」見卷四《紅苗風土志》中。録文據乾隆四年（一七三九）刻本《乾州志》。

言語

苗人言語，啁哳侏㒧，非翻譯不能解。

其稱天曰各達。地曰羅。日曰奈。月曰喇。雲曰覩。天陰曰乍内。天晴曰魯内。天晚曰茫内。夜行曰晦際茫。風曰箕。雨曰儂。雪曰拍。山曰補。上山曰溜補。快走曰獃。慢走曰達。

又會水曰阿。路曰能勾。塘曰各印。田曰蠟。屋亦曰補。瓦屋曰背瓦。茅屋曰補楚。火曰斗。燒火曰比斗。向火曰奴斗。冷曰嫩。熱曰格内。木曰果杜。竹曰果籠。花曰岔。茶曰忌。吃茶曰欲忌。吃酒曰欲酒。吃飯曰攏利。大官曰猛貴。小官曰得貴。兵曰乍金。民曰果乍。苗曰果雄。

祖曰阿譜。祖母曰阿娘。父曰阿巴。母曰阿米。伯曰馬龍。叔曰馬腰。兄曰阿那。弟曰得苟。姊曰阿亞。妹曰亞苟。子曰得。女曰得帕。姑曰阿孟。姨曰能龍。外公曰阿達。舅曰阿内。媳曰能。孫曰茁。夫曰幫。妻曰毆。妻舅曰啋補。親家曰把戳。

頭曰多北。耳曰果謀。眼曰合眉。口曰哈攏。手曰阿斗。腳曰果落。肚曰果體。髮曰果比。看見曰乍蒙。

大曰隆。小曰得。肥曰脹。瘦曰瘠。好曰若内。醜曰詐内。哭曰業。笑曰咒。

黄牛曰大躍。水牛曰大業。虎曰大爪〔一〕。馬曰大美。騎馬曰藏美。羊曰大容。猪曰大把。鷄曰大哈。狗曰大狗。魚曰大某。鵝曰大奴。

〔一〕 大爪：乾隆《辰州府志》、道光《鳳凰廳志》同，光緒《古丈坪廳志》、宣統《永綏廳志》作「木瓜」。

鍋曰果碗。鑵曰果着。碗曰果折。欖曰果灰。桌曰記北。錢曰錢當。銀曰硬。鐵曰果勞。銅曰果銅。布曰扐。錫曰驀。籠曰果搭。背籠曰果的。箱曰果補。鼓曰播儂。鑼曰果鉦。鳥銃曰炮。刀曰果滕。槍曰寫。鎖曰果索。戥曰聽硬。秤曰聽度。

鹽曰仇。油曰删。小米曰槽儂。大米曰槽奴。糯米曰槽糯。柴曰果斗。肉曰牙。吃肉曰能牙。被曰特撥。帽曰果帽。衣曰阿。鞋曰磽。褲曰鎮可。

欠債曰斗折。還債曰必折。公道曰若理。不公道曰乍腮。是曰業。不是曰肘業。

一曰哈。二曰偶。三曰補。四曰彼。五曰罷。六曰着。七曰中。八曰億。九曰仇。十曰個。百曰阿八。千曰阿采。萬曰阿萬。

升曰果賞。斗曰果斗。石曰果各。

正月曰喇哈。二月曰喇偶。三月曰喇補。四月曰喇彼。五月曰喇罷。六月曰喇着。七月曰喇中。八月曰喇億。九月曰喇仇。十月曰喇個。十一月曰喇冬。十二月曰喇柔。初一曰哈昧喇。初二曰偶昧喇。初三曰補昧喇。初四曰彼昧喇。初五曰罷昧喇。初六曰着昧喇。初七曰中昧喇。初八曰億昧喇。初九曰仇昧喇。初十曰個昧喇。過年曰桂前。

東曰勾髏代。西曰勾髏莽。南曰紀中。北曰紀達。上曰溜。下曰落。高曰率。低曰亞。平曰排。

其命名，男子多以老，如老二、老三、老四、老五、老鐵、老喬、老傘、老叟、老晚、老宰之類。

婦女多以阿，如阿叟、阿七、阿帕、阿妹、阿吉、阿金、阿息、阿布之類。

呼朋友曰同年。自呼曰委。呼人曰蒙。説話曰破多。寫字曰身讀。吃烟曰貨烟。來曰攏。去曰撒猛。立曰鑠。坐曰重。臥曰卜夢。叩頭曰不備。娶親曰内戳。嫁女曰張得帕。有喪曰達内。葬曰兩内。祭神曰綽滚。殺人曰打内。耕田曰鑠喇。耕地曰鑠落。偷竊曰業内。搶奪曰這忒内。幫鬭曰戳緊。和事曰跌掌。和事不成曰肘跌掌。防事曰木掌。不管曰張掌。請客曰請内哈。説人凶曰阿内内窩。餘不能悉載，故必通苗語者，乃可以辨苗事也。

〔乾隆〕瀘溪縣志

【解題】顧奎光修，李涌等纂。瀘溪縣，今湖南省湘西土家族苗族自治州瀘溪縣。「方言」見卷八《風俗》中。録文據乾隆二十年(一七五五)刻本《瀘溪縣志》。

方言

五方之風土不齊，言語亦異。同一楚語，而郡之音異於邑，邑之音異於鄉。沅瀘相隔不遠，其鄉談謎語詰屈聱牙，令人不可曉，瀘人亦有能言之者，兹不贅載。

瀘音濁而促，不審字義，不辨平仄，或因古語，或本土音，轉而譌謬，失其本意，其所從來久矣。

瀘溪方言如：呼父曰爹，呼母曰娘，呼姊曰姐。謂日曰日頭，月曰月亮，星宿曰參秀，雪曰徐，晴曰根，電曰火閃，虹曰馬影。呼豆曰玳，呼粟曰滲，呼麥曰霾。謂刈禾曰打田，呼蕎曰柘子，呼衾曰被，謂造房舍曰起屋，謂樓曰來，炊爨所曰火爐牀，採薪曰砍柴。呼口曰愷，呼頭曰臺。呼鹽曰葉，呼藥曰瑶，呼肉曰柔，呼筯曰快子，謂鹽漬物曰醃。呼山曰沙，呼水曰鼠。呼黄曰王，呼白曰派，呼青曰撑，呼藍曰辣，呼緑曰流，呼黑曰孩。呼三曰紗，呼六曰留。呼行曰衡，呼走曰宰，呼斗曰袋。呼狗曰介，呼螢曰夜明蟲，呼蝴蝶曰蝔子，呼馬蚻曰步蟲，呼芋曰乳頭。謂指鐶曰戒指，謂手釧曰手鐲。婦女不施粉黛曰本色。謂機巧曰尖薄，謂不聰敏曰笨，謂不曉事曰糊塗，謂嬉戲曰耍子，謂刁悍曰可惡，謂衣垢敝曰落魄，謂好看曰精緻。謂睡曰困，謂睡聲曰打哼鼾。娶婦曰取親，贅壻曰招郎。病家婚娶曰沖喜。親友醵錢祈禳曰衆保福，又曰做鬼。出柩曰出喪，弔唁曰燒香，拜掃曰上墳。蚊荒蚕熟，言蚊多則歲荒，蚕多則歲熟。

〔道光〕鳳凰廳志

【解題】黄應培等修，孫鈞銓等纂輯。鳳凰廳，今湖南省湘西土家族苗族自治州鳳凰縣。「言語」見卷十一《苗防志》中。録文據道光四年（一八二四）刻本《鳳凰廳志》。

言語

天曰各達。地曰羅。日曰奈。月曰喇。雲曰覩。天陰曰乍内。天晴曰魯内。天晚曰茫內。夜行曰晦際茫。風曰箕。雨曰儂。雪曰拍。山曰補。上山曰溜補。快足曰獸[一]。慢走曰達。

又會水曰阿。路曰能勾。塘曰各印。田曰蠟。屋亦曰補。瓦屋曰背瓦。茅屋曰補楚。火曰斗。燒火曰比斗。向火曰奴斗。冷曰嫩。熱曰格內。木曰果杜。竹曰果籠。花曰盆。茶曰忌。喫茶曰欲忌。喫酒曰欲酒。喫飯曰攏利。大官曰猛貴。小官曰得貴。兵曰乍金。民曰果乍。苗曰果雄。

祖曰阿譜。祖母曰阿娘。父曰阿巴。母曰阿米。伯曰馬龍。叔曰馬腰。兄曰阿那。弟曰得苟。姊曰阿亞。妹曰亞苟。又子曰得。女曰得帕。姑曰阿猛。姨曰能龍。外公曰阿達。舅曰阿內。媳曰能。孫曰茁。夫曰幫。妻曰毆。妻舅曰奈補。親家曰把戳。

頭曰多比[二]。耳曰果謀。眼曰合看[三]。口曰哈攏。手曰阿斗。腳曰果落。肚曰果體。髮曰果比。

看見曰乍蒙。大曰隆。小曰得。肥曰脹。瘦曰瘠。好曰若內。醜曰詐內。哭曰業。笑曰咒。

[一] 足：似爲「走」之誤。乾隆《乾州志》作「走」。
[二] 比：乾隆《乾州志》作「北」。
[三] 看：乾隆《乾州志》作「眉」。

黄牛曰大躍。水牛曰大業。虎曰大爪。馬曰大美。騎馬曰藏美。羊曰大容。猪曰大把。鷄曰大哈。狗曰大狗。魚曰大某。鵝曰大奴。

鍋曰果盌。罐曰果着。盌曰果折。欖曰果灰。桌曰記北。錢曰錢當。銀曰硬。鐵曰果勞。銅曰果銅。布曰扐。錫曰驀。籠曰果搭。背籠曰果的。箱曰果補。鼓曰播儂。鑼曰果鉦。鳥銃曰礮。刀曰果滕。槍曰寫。鎖曰果索。戥曰聽硬。秤曰聽度。

鹽曰仇。油曰删。小米曰槽儂。大米曰槽奴。糯米曰槽糯。柴曰果斗。肉曰牙。喫肉曰能牙。被曰特撥。帽曰果帽。衣曰阿。鞋曰磽。袴曰鎮可。

欠債曰斗折。還債曰必折。公道曰若理。不公道曰乍腮。是曰業。不是曰肘業。

一曰哈。二曰偶。三曰補。四曰彼。五曰罷。六曰着。七曰中。八曰億。九曰仇。十曰個。百曰阿八。千曰阿采。萬曰阿萬。

升曰果賞。斗曰果斗。石曰果各。

正月曰喇哈。二月曰喇偶。三月曰喇補。四月曰喇彼。五月曰喇罷。六月曰喇着。七月曰喇中。八月曰喇億。九月曰喇仇。十月曰喇個。十一月曰喇冬。十二月曰喇柔。初一曰哈昧喇。初二曰偶昧喇。初三曰補昧喇。初四曰彼昧喇。初五曰罷昧喇。初六曰着昧喇。初七曰中昧喇。初八曰億昧喇。初九曰仇昧喇。初十曰個昧喇。過年曰桂前。

東曰勾儂代。西曰勾儂莽。南曰紀中。北曰紀達。上曰溜。下曰落。高曰率。低曰亞。

平曰排。

其命名，男子多以老，如老偶、老補、老彼、老罷、老鐵、老喬、老傘、老叟、老晚、老宰之類。婦女多以阿，如阿叟、阿七、阿帕、阿妹、阿吉、阿金、阿息、阿布之類。

朋友曰同年。自呼曰委。呼人曰蒙[一]。説話曰破多。寫字曰身讀。喫菸曰貨菸。來曰攏。去曰撒猛。立曰鑠。坐曰重。臥曰卜夢。叩頭曰不備。娶親曰内戳。嫁女曰張得帕。有喪曰達内。葬曰兩内。祭神曰綽滚。殺人曰打内。耕田曰鑠喇。耕地曰鑠落。偷竊曰業内。搶奪曰這忒内。幫鬭曰戳緊。和事曰趺掌。和事不成曰肘趺掌。防事曰木掌。不管曰張掌。請客曰請内哈。説人兇曰阿内内窩類。非翻譯不能解，故必通苗語，乃可以辨苗事也。

〔康熙〕長沙府志

【解題】蘇佳嗣修，譚紹琬纂。長沙府，轄境包括長沙縣、善化縣、湘潭縣、湘陰縣、寧鄉縣、瀏陽縣、醴陵縣、益陽縣、湘鄉縣、攸縣、安化縣、茶陵州十二州縣，府治在今長沙市區。「風俗」見卷八。録文據康熙二十四年（一六八五）刻本《長沙府志》。

風俗

呼叔姪爲祖孫。呼兒爲仔，亦曰娃仔。夫婦相呼爲兩公婆。呼兄爲哥兄。婦之後夫呼前

[一] 呼：據乾隆《乾州志》補。

夫爲繼兄。呼壻爲郎。石曰巖頭。杉曰杪。松曰叢。竹曰楠竹。一山一屋，一園一莊，一牛馬皆曰一隻。橋一洞曰一吉。衣一領曰一塊。

胡、符、吴皆曰胡，莊、章、臧皆曰臧，黄、王皆曰王，譚曰淡，徐曰齊，崔曰趨，任曰仞，段曰鄧，雷曰梨，吕曰李，容、榮曰雲，成、臣曰仁，荒曰方，回曰惟，美曰米，賢曰延，誨曰斐，吉曰季，郁曰又，佐曰作，横曰文，分曰昏，浮曰匏，一曰裔，岡曰光。

方言略如此。

〔乾隆〕長沙府志

【解題】吕肅高修，張雄圖纂。長沙府，轄境包括長沙縣、善化縣、湘潭縣、湘陰縣、寧鄉縣、瀏陽縣、醴陵縣、益陽縣、湘鄉縣、攸縣、安化縣、茶陵州十二州縣，府治在今長沙市區。「風俗」見卷十四。録文據乾隆十二年（一七四七）刻本《長沙府志》。

風俗

呼父爲爺。呼祖爲爹。呼母爲娘。呼兒爲仔，又曰崽，曰娃子。呼叔母爲嬸。夫婦相稱爲兩公漊。呼兄爲哥兄。婦之後夫呼前夫爲繼兄。呼壻爲郎。石曰巖頭。杉曰杪。松曰叢。竹曰楠竹。一山一屋一園一莊一牛馬，皆曰一隻。橋一座曰一渡。衣一領曰一塊。

王、黄曰王。譚曰淡。徐曰齊。崔曰趨。任曰仞。段曰鄧。雷曰梨。吕曰李。容、榮曰雲。成、臣曰仁。荒曰方。回曰惟。美曰米。賢曰延。誨曰斐。吉曰季。郁曰又。佐曰作。橫曰文。分曰昏。浮曰匏。一曰裔。罔曰光。

方言略如此。

〔同治〕續修寧鄉縣志

【解題】郭慶颺修，童秀春纂。寧鄉縣，今湖南省長沙市寧鄉市。「方言類」「物名」「土音」見卷二四《習尚》中。録文據同治六年（一八六七）刻本《續修寧鄉縣志》。

方言類

曾祖曰太爹。曾祖母曰太姐。祖曰阿平聲公。祖母曰娭姐。遇老年男女亦以此稱之示敬。父曰爺，亦曰爹爹。母曰毑毑，亦曰媽媽。繼母曰帶帶。言賴其提攜褓抱，婦稱翁姑同。子曰崽。女曰孍土音近邁姐。稱人幼女曰某大姐。小兒曰䂪犽。幼兒曰㕧吐。㕧，音茫。吐，莽去聲。按楊子《方言》：「使之而不肯，荅曰㕧。」〔一〕《篇海》：「問之而不肯，答曰吐。」字湊而義實確。稱母之父曰外公，母之母曰外婆，母之兄弟曰舅舅，亦曰母舅。稱舅之妻曰舅娘，母之姊妹曰姨娘，母之姊夫妹夫曰姨爺，又曰姨爹。又稱母之姊夫曰婧爺，母之姊曰婧娘。中表曰老表。妻家曰岳家。妻父母曰丈人丈母。

〔一〕荅：原誤作「行」，據《方言》改。

妻之父亦曰外舅。妻之兄弟曰舅子。壻曰郎。義父母曰干爹干娘。義子女曰干崽干女。友同年生曰老庚。婦女曰堂客。店主曰老板。店傭曰店官。佃稱田主曰東君。同事曰夥計。醫曰囊中。巫曰師公。傭曰長工，又曰長年。痞曰棍、曰油炒飯，亦曰短辮子。衙蠹曰紅頭髮。賭儈曰象夫，又曰長鼻子。拙賭曰闇子。奴曰靴腦殼。竊賊曰賊骷子。

頭曰腦殼。顖曰氣門。腦曰後頸窩。臉曰臉塊子。腮曰顋包子。頤頰曰下包。肩曰肩膊，曰飯匙骨。取形如飯匙也。腋曰脅肋窩。臂曰手把子。腿曰腿把子。脛曰腕臀骨。按《集韻》腕，又音胡官切。骨脂也。髓聚於脛，故紂常斮朝涉之脛。《易》：「臀困于株木。」注：「最處底下。」似腕臀，二字於義甚合。踝曰贏拐。

食曰喫飯，亦曰喫。音恰。小餐曰點心。炒米曰換茶。牢丸曰羹音剛團、曰湯圓。米粉摶圓曰䬕䬕。

夏布曰生布。小襖曰滚身，亦曰緊身。馬褂曰褡子。裏衣曰汗衫。領衣曰蔽心，亦曰臂褡。領衣有囊曰銀衣，又曰錢衣。袴曰小衣。腿袴曰套袴。行縢曰裹腳。腰縢曰纏腰。錢囊曰鈔袋，又曰瓶口。小囊曰荷包。香囊曰香荷包。

桌曰臺。櫃曰貯。轉作去聲。舀水竹器曰篙子，又曰杓。篘曰酒插。漉米物曰漉箕。筯曰筷子。匙曰調羹。酒盃曰酒令，又曰酒斟。茶盃亦曰茶斟。蒲扇曰芭葉。

甜曰清甜。甜甚曰精甜。酸曰津酸。酸甚曰焦酸。淡曰雪淡。鹹曰肥鹹，肥作飛音。又曰苦鹹、曰鮮鹹。苦曰烈苦。

紅曰緋紅，又曰鮮紅。青曰蕉青。緑曰靛緑。黄曰金黄，又曰鮮黄。白曰淞白，又曰巽白、曰雪白。黑曰烏黑，又曰墨黑、漆黑。黑甚曰烏漆墨黑。

等又作戥十兩曰梔。秤十斤亦曰梔。穀十斗曰石。田十畝亦曰石。平原曰段裏。物不潔曰惡濁，又曰披離僾賴，按《餘冬叙録》載《雲間志》：「方言謂醜惡曰潑賴，潑讀如派。」與此同音義。又曰邋遢。物好曰娃，土音近乖。曰體面，曰客氣，又曰講款。驚訝其多曰夥頤。音若尾雅。突然歎息曰嗰禍。事未甚壞曰得。太過曰忒。此處曰箇裏。箇讀如格，《雲間志》同。彼處曰那去聲裏。好看曰俏扮。快曰哨瓣，又曰麻利。一作溜。大曰鄉嫌。小曰一點。去聲。多曰够。無曰殗。音冒。如何曰奚解，讀若夷假。又曰怎麽。善做事曰在行。幫助不索值曰打傫工。勉强曰將就。謝人曰難爲。俄頃曰剛讀若姜纔、曰纔正，又曰正正。讀帳音。少頃曰匝刻。疲緩曰不上緊。容易曰不打緊。不緊要曰不要緊。游戲曰頑耍。被人撑斥曰背鍋、曰吃栗殼。有心遮飾曰做佯意子。作狀稿曰畫老虎。作賤媒曰吹叫鷄。慣哄騙曰騎流黄馬。謊揑曰架雲。偏私許財曰偏手。

物名

鸜鵒曰八哥。鶬曰青鴨。子規曰陽雀。布穀曰撥功。田鳩曰落沙鷄。鵲曰椏鵲。鴉曰老鴉。音哇。鵬曰毛鵬鵰，又曰春歌子。鸝曰黄老鴉。鸂鶒曰謎鷄。啄木曰鴷木哥。百舌曰烏春子。

虎曰老蟲，一曰老虎。豺曰啞獐子。犬曰地羊。鼠曰高客，一曰老鼠。山鼠曰黄竹筒。田豖曰田毛猪。牡牛曰牯。牝牛曰牸。牡羊曰羯羖。牡猪曰腳猪。乳羊曰羔。剦割牛馬曰劁。

七星魚曰火把魚。穿山甲曰山鯉魚，又曰土鱗甲。鼈曰腳魚，又曰團魚。山龜曰殼蛇猪。蚌曰河匙子。蜃曰鹽挑子。蚌、蜃以適用得名。負盤曰臭蟲。蚤曰狗虱。蟣曰雞蝨。蒼蠅曰飯蝨。青蠅曰青頭蝨。蟻曰馬蟻。蚓曰曲鱔。蛙曰麻鼓。黽曰麻鼓袋。螢曰揚火蟲。蟬曰蟬涼子。蝗曰蚱蜢。青蜓曰羊乜乜。蟋蟀曰蝍蝍。螳螂曰禾老蟲。蜣螂曰糞屎甲。蝙蝠曰檐老鼠。

金櫻子曰唐巾椏。紫薇花曰飽飯花。大青曰淡親家母。南星曰蛇芋頭。芡實曰雞頭。蓮薺曰地菜子。杜鵑花曰映山紅。紫背草曰千年老鼠屎。合歡花曰夜關門。芸薹曰油菜。菠薐曰扯根菜。稀簽草曰猪肝蔴油。

土音

東韻東呼敦，紅呼恒。支韻悲呼杯。灰韻灰呼飛，回呼肥，梅呼眉，杯呼卑，魁呼虧。真韻人呼寧。庚韻生呼先，争筝呼煎，輕呼羌，哼呼軒，贏呼羊，晴呼祥，成呼常，庚耕羹更呼音俱近根，名明呼近陽。青韻青呼鎗，零呼涼，經呼姜。蒸韻曾罾增呼尖，燈登呼巔，層呼全，能呼連，滕藤騰俱呼田，僧呼仙。尤韻樓呼遼，愁呼樵，鈎溝呼交，謀呼苗，彪呼標，偷呼挑，喉侯猴呼爻，浮呼庖，頭呼條，鄒呼焦。紙韻水呼許。梗韻影呼養，請呼搶，餘俱近講。迥韻等呼點。有韻口呼巧，狗苟呼皎，走呼剿，斗呼簝，藕呼鳥。琰韻染呼碾。宥韻鬬呼弔，謬貿茂呼妙，戊呼務，皺呼醮，瘦呼肖，漏呼廖，透呼跳，扣呼竅，湊呼峭，奏呼醮，候呼效。

以上土音訛傳，不可枚舉。如支虞元寒等韻之字，土音多不相叶，如寒與韓、甘與艱，寒甘字土音俱無可寫，遂至不叶。梳疏等字土音俱近尤韻，至仄韻愈多齟齬，入聲全無合韻者，皆土音之轉誤之也。若中之與真、黄之與王，韻不相叶，而同一音。近潭邑則石多呼射，近益邑則白多呼怕，終不可解。惟梅雷杯及歲碎遂等字，則寧邑土音似合正韻。士夫音轉難合，誌此以便初來仕商，閱證其平仄之訛。如支韻之噫訛呼意，微韻之韋訛呼偉等類，尚未及詳也。

〔乾隆〕辰州府志

【解題】席紹葆等修，謝鳴謙等纂。辰州府，轄境包括沅陵、瀘溪、辰溪、溆浦四縣，府治今湖南省懷化市沅陵縣。「風俗考」見卷十四。録文據乾隆三十年（一七六五）刻本《辰州府志》。

風俗考

苗音鴂舌，非翻譯不解。其稱天曰各達。稱地曰羅。稱日曰奈。稱月曰喇。稱雲曰靚。呼天晴曰魯内。呼天陰曰乍内。呼天晚曰茫内。呼夜行曰晦際茫。呼風曰箕。呼雨曰儂。呼雪曰拍。呼山曰補。呼上山曰溜補。呼路曰能勾。呼塘曰各印。呼田曰蠟屋，亦曰補。呼耕田曰鑠喇。呼耕地曰鑠落。呼瓦屋曰背瓦。呼茅屋曰補楚。呼木曰果柱。呼竹曰果籠。呼花曰盆。

呼大官曰猛貴。呼小官曰得貴。呼兵曰乍金。呼民曰果乍。呼苗曰果雄。呼祖曰阿譜。呼祖母曰阿娘。呼父曰阿巴。呼母曰阿米。呼伯曰馬龍。呼叔曰馬腰。呼兄曰阿那。呼弟曰得苟。呼姊曰阿亞。呼妹曰亞苟。呼子曰得。呼女曰得帕。呼姑曰阿孟。呼姨曰能龍。呼外祖曰阿達。呼舅曰阿内。呼媳曰能。呼孫曰茁。呼夫曰幫。呼妻曰毆。呼妻舅曰啋補。呼親家曰把戳。呼朋友曰同年。自呼曰委。呼人曰蒙。

呼説話曰破多。呼寫字曰身讀。呼娶親曰内戳。呼嫁女曰張得帕。呼有喪曰達内。呼葬曰兩内。呼祭神曰綽滚。呼請客曰請内哈。呼叩頭曰不備。呼頭曰多北。呼耳曰果謀。呼眼曰合眉。呼口曰哈攏。呼手曰阿斗。呼腳曰果落。呼肚曰果體。呼髮曰果比〔一〕。呼看見曰乍蒙。呼大曰隆。呼小曰得。呼肥曰脹。呼瘦曰瘠。呼好曰若内。呼醜曰乍内。呼哭曰業。呼笑曰咒。呼立曰鑠。呼坐曰重。呼臥曰卜夢。呼快走曰獸。呼慢走曰達。呼會水曰阿。呼來曰攏。呼去曰撒。

呼黄牛曰大躍。呼水牛曰大業。呼虎曰大爪。呼馬曰大美。呼騎馬曰藏美。呼羊曰大

〔一〕比：原誤作「北」。

容。呼猪曰大把。呼鷄曰大哈。呼狗曰大狗。呼魚曰大某。呼鵝曰大奴。呼鍋曰果碗。呼罐曰果着。呼碗曰果折。呼欖曰果灰。呼桌曰記北。呼錢曰錢當。呼銀曰硬。呼鐵曰果勞。呼銅曰果銅。呼錫曰驀。呼布曰扐。呼籠曰果搭。呼背籠曰果的。呼箱曰果補。呼鼓曰播儂。呼鑼曰果鉦。呼鳥銃曰炮。呼刀曰果膝。呼槍曰寫。呼鎖曰果索。呼戥曰聽硬。呼秤曰聽度。呼鹽曰仇。呼油曰删。呼火曰斗。呼燒火曰比斗。呼向火曰奴斗。呼冷曰嫩。呼熱曰格内。呼小米曰糟儂。呼大米曰糟奴。呼糯米曰糟糯。呼柴曰果斗。呼喫飯曰攏利。呼喫酒曰欲酒。呼茶曰忌。呼喫茶曰欲忌。呼肉曰牙。呼喫肉曰能牙。呼喫烟曰貨烟。呼被曰特撥。呼帽曰果帽。呼衣曰阿。呼鞋曰磽。呼袴曰鎮可。

呼一曰哈。呼二曰偶。呼三曰補。呼四曰彼。呼五曰罷。呼六曰着。呼七曰中。呼八曰噫。呼九曰仇。呼十曰個。呼百曰阿八。呼千曰阿采。呼萬曰阿萬。呼升曰果賞。呼斗曰果斗。呼石曰果各。呼正月曰喇哈。呼二月曰喇偶。呼三月曰喇補。呼四月曰喇彼。呼五月曰喇罷。呼六月曰喇着。呼七月曰喇中。呼八月曰喇億。呼九月曰喇仇。呼十月曰喇個。呼十一月曰喇冬。呼十二月曰喇柔。呼初一曰哈昧喇。呼初二曰偶昧喇。呼初三曰補昧喇。呼初四曰彼昧喇。呼初五曰罷昧喇。呼初六曰着昧喇。呼初七曰中昧喇。呼初八曰億昧喇。呼初九曰仇昧喇。呼初十曰個昧喇。呼過年曰桂前。

呼東曰勾朧代。呼西曰勾朧莽。呼南曰紀中。呼北曰紀達。呼上曰溜。呼下曰落。呼高曰率。呼低曰亞。呼平曰排。

呼欠債曰斗折。呼還債曰必折。呼公道曰苦理。呼不公道曰乍腮。呼是曰業。呼不是曰肘業。呼殺人曰打内。呼搶奪曰這忒内。呼幫鬬曰戳緊。呼偷竊曰業内。呼人兇曰阿内窩。呼浼人解忿曰講歹。呼和事曰跌。呼和事不成曰肘跌掌。呼和事之人曰牙郎，又曰行人。呼主盟之人曰背箭。呼防事曰木掌。呼不管曰張掌。其命名，男子多以老，如老偶、老補、老彼、老罷、老鐵、老喬、老傘、老叟、老晚、老宰之類；女子多以阿，如阿叟、阿中、阿帕、阿妹、阿吉、阿金、阿息、阿布之類爲名。三廳中相距稍遠者，其言語亦多不同，不能盡載。且近來民苗交市，亦漸能通説漢語，久將渾而一之，則區别皆可不必矣。

猺言與苗稱謂絶異。其稱天曰昂。稱地曰列。稱日曰聽。稱月曰他。稱星曰扛。稱風曰糠忌。稱雲曰假合。稱雷曰抹。稱電曰燹白。稱雨曰䰨。稱露曰當鹵。稱霧曰烏合。稱霜曰滓檬。稱雪曰兵滂。呼春夏曰動盪。呼秋冬曰動聳。呼山曰補野。呼土曰假功。呼水曰槺。

呼父曰罷。呼母曰嫚。呼祖父曰抱。呼祖母曰抱嫚。呼伯曰庇。呼兄曰老奆。呼弟曰老弟。呼姐曰哥。呼妹曰丫鬼。呼夫曰紀男。呼妻曰嬰。呼兒曰當。呼女曰嫛。呼孫曰當省。呼妻父曰搭。呼妻母曰度。呼妻兄曰丫恕。呼妻弟曰當恕。呼人曰男。呼老人曰果男。

呼生子曰董當。呼死曰噻。呼葬曰乃。呼開路曰送亡。呼娶妻曰少領。呼嫁女曰丫嫛。

呼髮曰給緶庇。呼眉曰給庇美。呼鬚曰庇㒜。呼眼曰郎扛眄。呼鼻曰勆孔摽。呼口曰勆假。呼耳曰勆假爸。呼指曰後當剾。呼指甲曰後骩。呼掌曰勆把逋。呼臂曰給賽。呼腳膝曰勆抗几。呼腳肚曰勆撇骯。呼腳背曰鼓録。呼腳版曰勆把録。

呼相打曰冒。呼相駡曰打免。呼相殺曰打噠。呼屋曰别窩。呼燒屋曰打跛。呼打劫曰冒客。呼銃曰炮。呼帽曰卯。呼衣曰拗。呼袴曰考。呼裙曰橙。呼裹腳曰介筒。

呼穀曰哢。呼米曰助。呼飯曰餃。呼菜曰味。呼酒曰沼。呼茶曰已。呼肉曰巖。呼烟草曰霧。呼盌曰襪。呼盃曰餞。呼鍋曰勆穩。呼鼎鍋曰降。呼箸曰擣。

呼馬曰咩。呼牛曰峣。呼鷄曰介。呼犬曰亮。呼猪曰面。呼猫曰當虓。

呼吃曰囊。呼飲曰號。呼火曰倒。呼向火曰裸倒。呼櫈曰給檞。呼桌曰給套。呼牀曰給總。呼被曰菴。呼睡曰背。呼行曰詣。呼路曰果。餘亦有與漢音同者。

〔乾隆〕溆浦縣志

【解題】 陶金諧修，楊鴻觀纂。溆浦縣，今湖南省懷化市溆浦縣。「猺言」見卷九《土猺》中。録文據乾隆二十七年（一七六二）刻本《溆浦縣志》。

猺言

天曰昂。地曰列。日曰聽。月曰他。星曰扛。風曰棣忌。雲曰假合。雷曰抹。電曰爕白。雨曰䨴。露曰當鹵。霧曰烏合。霜曰滓㰌。雪曰兵滂。春夏曰動盪。秋冬曰動聳。水曰樄。土曰假功。山曰補野。

父曰罷。母曰嫚。祖父曰抱。祖母曰抱嫚。伯曰庇。兄曰老奄。弟曰老弟。姐曰哥。妹曰丫鬼。夫曰紀男。妻曰嬰。兒曰當。女曰嫛。孫曰當省。岳父曰塔。岳母曰度。妻兄曰丫忞。妻弟曰當忞。人曰男。老人曰果男。

生子曰董當。死曰嚎。葬曰乃。開路曰送亡。娶妻曰少領。嫁女曰丫嫛。

髮曰紿綆庇。眉曰紿庇美。鬚曰庇㒲。眼曰叻扛呞。鼻曰叻孔叐。口曰叻假。耳曰叻假爸。指曰後當剮。指甲曰後骯。掌曰叻把浦。臂曰紿賽。腳膝曰叻抗几。腳肚曰叻撇骫。腳背曰鼓踙。腳版曰叻把踙。

相打曰冒。相罵曰打免。相殺曰打噠。屋曰別窩。燒屋曰扛跛。打劫曰冒客。銃曰炮。

帽曰卯。衣曰拗。褲曰考。裙曰橙。鞋、韈同漢音。裹腳曰介筒。

穀曰哂。米曰助。飯曰餘。菜曰味。酒曰沼。茶曰巳。肉曰巖。煙曰霧。盌曰襪。盃曰餞。鍋曰叻穩。鼎鑽曰降。箸子曰擣。

馬曰咩。牛曰嵲。鷄曰介。犬曰亮。猪曰面。猫曰貓虩。鵝、鴨俱同漢音。

喫曰囊。飲曰號。火曰倒。向火曰裸倒。欖曰紿檞。桌曰紿套。牀曰紿總。被曰菴。睡曰背。行曰詣。路曰果。

〔民國〕溆浦縣志

【解題】吴劍佩等修，舒立淇纂。溆浦縣，今湖南省懷化市溆浦縣。「猺語」見卷十一《禮俗志·猺俗》中；「雜識」見卷二八《雜類志》中。録文據民國十年（一九二一）活字本《溆浦縣志》。

猺語

語言之通，可以洞達情隱。猺俗言語不同，易生隔閡。陶志載有猺言，蓋爲利於綏撫。兹仍具録如左。

天曰昂。地曰列。日曰聽。月曰他。星曰扛。風曰槺忌。雲曰假合。雷曰抹。電曰⿱夾火白。雨曰⿰豸農。露曰當鹵。霧曰烏合。霜曰滓⿰木哀。雪曰兵滂。春夏曰動盪。秋冬曰動聳。水曰槺。土曰假功。山曰補野。

父曰罷。母曰嫚。祖父曰抱。祖母曰抱嫚。伯曰庇。兄曰老奄。弟曰老弟。姐曰哥。妹曰丫鬼。夫曰紀男。妻曰嫛。兒曰當。女曰婺。孫曰當省。岳父曰塔。岳母曰度。妻兄曰丫忞。妻弟曰當忞。人曰男。老人曰果男。

生子曰董當。死曰⿰口臺。葬曰乃。開路曰送亡。娶妻曰少領。嫁女曰丫婺。

髮曰給綆庇。眉曰給庇美。鬚曰庇儞。眼曰叻扛眄。鼻曰叻孔⿱爫又。口曰叻假。耳曰叻假爸。指曰後當剮。指甲曰後骩。掌曰叻把俌。臂曰給賽。腳膝曰叻抗几。腳肚曰叻撇骯。

腳背曰鼓趾。腳版曰勏把趾。相打曰冒。相罵曰打免。相殺曰打嗟。屋曰别窩。燒屋曰扛跛。打劫曰冒客。銃曰炮。帽曰卯。衣曰拗。褲曰考。裙曰橙。鞋、韈同漢音。裹腳曰介筒。穀曰呫。米曰助。飯曰餕。菜曰味。酒曰沼。茶曰已。肉曰巖。煙曰霧。盌曰襪。盃曰餞。鍋曰勏穩。鼎鑤曰降。箸子曰擣。馬曰咩。牛曰峗。鷄曰介。犬曰亮。猪曰面。猫曰猫虠。鵝、鴨俱同漢音。喫曰囊。飲曰號。火曰倒。向火曰裸倒。櫈曰紿𣚬。桌曰紿套。牀曰紿總。被曰菴。睡曰背。行曰詣。路曰果。

雜識

溆俗言亦有所本。如鵝曰子鵝，見《南史·庾悦傳》：「劉毅言：『身今年未得子鵝。』」梨曰鵝梨，見《五代史·周太祖紀》停州府舊貢食物鄭州之新笱、鵝梨。李時珍《本草》亦稱鵝梨。至火爐頭，則蘇東坡《與兄子安書》云：「此書到時，將次歲猪鳴矣。老兄嫂坐火爐頭，環列兒女，是第一好事。」非溆人火爐頭之典乎？又范石湖詩：「何如田舍火爐頭。」又給胥役錢謂之草鞋錢，亦見石湖詩。至謂菌芝有蟲者爲無毒，果實被啄者爲可口，則元稹《送崔侍御之嶺南》詩：「菌須蟲已蠹，果重鳥先鵮。」即其説也。前志《補遺》。

又溆人語言，呼雪爲綏，則《釋名》云「雪，綏也」，《雪賦》之「綏綏」，然古人固以綏訓雪，綏、雪一音之轉也。呼母爲阿姐，則《説文》云「蜀人呼母爲姐」，至稱阿，則晉初已有「負阿母」語。他若服美曰齊整，則《爾雅》郭注云「服之齊整」。牛蝨曰毛蜫，則《説文》「蜫，齧牛蟲也」。築土牆曰板，則毛公《詩傳》云「一丈爲一板，五板爲一堵」。不可勝數曰無萬數，則《漢書・成帝紀》「建始元年六月，蒼蠅無萬數，集未央宮」。駡人廢業曰流落，則《霍去病傳》「留落不偶」，而晉唐來引此語者留皆作流。引窠蛋，則見賈勰《齊民要術》。塘垻長收水利穀，見《金史・食貨志》「有水利錢」。一時稱謂，似若土俗肊造，乍聞之，或以爲怪笑，而不知典籍中先有如此。前志《補遺》。

〔光緒〕靖州鄉土志

【解題】金蓉鏡纂輯。靖州，今湖南省懷化市靖州苗族侗族自治縣。「語言」見卷二《人類・説苗》中。録文據光緒三十四年（一九〇八）刻本《靖州鄉土志》。

語言

苗謂父曰巴、曰罷、曰拔、曰補、曰霸、曰阿巴、曰索。母曰蔑、曰蒙、曰明、曰客、曰你、曰墨、曰阿米、曰咪。

謂天曰悶、曰門、曰遴、曰各達。地曰堆、曰第、曰底、曰羅。日曰奈。月曰喇。雨曰儂。雪曰拍。風曰坑老、曰能勞、曰箕。

魚曰乃、曰岜、曰霸。肉曰覽、曰夷。猪曰庫、曰別、曰暮。鷄曰介、曰歸、曰格。平聲。

猺謂父曰罷。母曰嫚。牛曰㟋。鷄曰介。犬曰亮。猪曰面。天曰昂。地曰列。日曰聽。月曰他。星曰扛。風曰康。雲曰假合。霜曰抹〔一〕。雹曰斂。雨曰𩄽。露曰當鹵。霧曰烏合。霜曰滓㯤。雪曰兵滂。其語言略同。

〔道光〕辰谿縣志

【解題】徐會雲修，劉家傳纂。辰谿縣，今湖南省懷化市辰谿縣。「方言」見卷十六《風俗志》中。録文據道光元年（一八二一）刻本《辰谿縣志》。

方言

呼父爲爹，亦曰爺，或曰阿爺。母曰娘，亦曰媽，或曰阿娘。泛稱兄長曰向四。俗傳手巨指向四小指，故名。呼小叔曰滿。物之圓者曰圞。米之粗者曰糙。人之肥者曰奤。足之跛者曰跰。拜平聲。鋸截之木曰不。敦上聲。無曰冒。食曰吃。隱身曰閧。音鑽。謂人放潑曰放賴。前三日曰向前日。後三日曰外後日。

其它俗語之有所本者如：工作初起贈以錢曰利市。出《易·説卦》。謝人代勞曰難爲。出《表記》。供役曰服事。出《周禮·大司徒》。指示曰分付。出《漢·原涉傳》。道謝曰多謝。出《趙廣漢傳》。行李曰行頭。出《吴語》。工作曰功夫。出《王肅傳》。無能曰不中用。出《史記·外戚世家·王尊傳》。物之

〔一〕霜：似爲「雷」之誤。

初出曰新鮮。出《太玄》。不賒曰現錢。出《漢書・王嘉傳》。

〔同治〕醴陵縣志

【解題】徐淦修，江普光纂。醴陵縣，今湖南省株洲市醴陵市。「方言」見卷一《輿地》中。録文據同治九年(一八七〇)刻本《醴陵縣志》。

方言

城鄉亦無大異，大約近萍者類萍，近瀏、攸、湘、衡者類瀏、攸、湘、衡。所謂路通八省，音混五方是也。族戚鄰友，各以齒序相稱。若子稱父母、孫稱祖父母、姪稱伯叔父母及岳壻相稱之類，頗多雜出，殆亦隨方從俗云爾。

〔民國〕醴陵縣志

【解題】陳鯤等修，劉謙纂。醴陵縣，今湖南省株洲市醴陵市。全志設七十目，「方言志」爲其中一目。録文據民國三十七年(一九四八)鉛印本《醴陵縣志》。

方言志

醴陵僻處湘東，毗連江右，居民祖籍半屬豫章，故其語言習慣與贛西各縣大相類似。安福語末用即，呼你的、我的爲你個、我個，這裏爲個裏，醴陵亦然。下北鄉地鄰長沙，略帶中原之音。其他若東鄉音雜萍、瀏，上南鄉則語混攸、贛，下西鄉言近潭、衡，各以邊壤相接，遂致混淆。今明月鄉讀號爲道，讀房爲堂，讀豆爲後，讀桃爲肴、讀肴爲桃，謂這裏爲幹即、那裏爲裏個，則全與縣語異矣。要以邑之中部，乃純爲土語。凡由閩、粤遷來之人，經一兩代後，其語言即完全同化。雖間有客姓聚處，無改鄉音，而其出接社會，必循縣語。西鄉則不然，良以語根大致相若，不虞隔閡也。

醴陵語言屬下江官話區，因山川阻塞，自成系統。稽之古語，皆有脈絡可尋。鄙夫不察，每遇音聲小變，即昧所從來，輒謂有音無字，馴至嚮壁詭造，俗體增多，此不明聲韻學之過也。爰以邑治爲標準，爲聲表六、韻表十二。音符用趙元任增減之國際音標，韻表分平、入二類，上、去與平僅聲調之異，音值完全相同，故併爲一類。更就方隅口語，加以考證，以明演變之迹，得二百八十九則。其所不知，姑闕焉以俟來哲。

聲表一

古紐	等呼	例字	古音	國音	方音
見	開	該	k	k	k
	齊	見		tɕ	tɕ
	合	怪		k	(u)
	撮	捐		tɕ	c
溪	開	堪	k‘	k‘	k‘
	齊	欺		tɕ‘	tɕ‘
	合	空		k‘	(u)
	撮	圈		tɕ‘	c‘
群	開	狂	g‘	k‘	g‘
	齊	求		tɕ‘	dʑ‘
	合	共		k	(u)
	撮	件		tɕ〔一〕	tɕ‘
疑	開	岸	ŋ	(ɤ)	ŋ　例外：危外(u)
	齊	牛		ȵ	
	合	吾		(u)	
	撮	遇		(y)	

〔一〕tɕ：原誤作「tɕ‘」。

聲表二

古紐	曉				匣				影				喻		
等呼	開	齊	合	撮	開	齊	合	撮	開	齊	合	撮	齊	合	撮
例字	好	希	虎	虛	孩	嫌	胡	穴	愛	烟	温	怨	羊	王	雲
古音	x				h				ʔ				(元音)		
國音	x	ɕ	x	ɕ	x	ɕ	x	ɕ	(ɤ)	(i)	(u)	(y)	(i)	(u)	(y)
方音	x	ɕ	(u)		h	ɕ	(u)		ŋ	(i)	(u)	(y)	(i)	(u)	(y)

聲表三

古紐	端	透	定	泥		來	
等呼							
例字	東	通	同	南	泥	蘭	離
古音	t	tʻ	dʻ	n		l	
國音	t	tʻ	tʻ	n		l	
方音	t	tʻ	dʻ	n	ŋ	n	l

古紐	等呼	例字	古音	國音	方音
知		張	ȶ	ts	ȶ
徹		超	ȶ'	ts'	ȶ'
澄		陳	ȡ	ts'	ȡ
娘		尼	ȵ	n	ȵ

聲表四

古紐	等呼	例字	古音	國音	方音
精	開	災	ts	ts	ts
	合	宗			
	齊	酒		tɕ	tɕ
	撮	箭			
清	開	餐	ts'	ts'	ts'
	合	村			
	齊	千		tɕ'	tɕ
	撮	取			
從	開	殘	dz'	ts'	dz'
	合	字			
	齊	牆		tɕ'	dz'
	撮	匠			
心	開	三	s	s	s
	合	酸			
	齊	相		ɕ	ɕ
	撮	宣			
邪	開	遂	z	s(ts')	z
	合	似			
	齊	詳		ɕ	ʑ
	撮	徐			

聲表五

古紐	等呼	例字	古音	國音	方音
照		争	tʂ	tʂ (ts)	ts
		支	tɕ	tʂ	tɕ
		周			ȶ
穿		初	tʂ'	tʂ' (ts')	ts'
		吹	tɕ'	tʂ'	c'
		昌			ȶ'
牀		查	dʐ'	tʂ'	tz'
		事		ʂ'	ʂ
		食	dʑ'		
審		山	ʂ	ʂ (s)	s
		少	ɕ	ʂ	ʂ
		書			(u)
禪		成	ʑ	tʂ'	d'
		時		ʂ	ʑ
		樹			(u)
日		兒	nʑ	(ər)	(æ)
		辱		ʒ	j
		惹			ŋ
		如			(u)

聲表六

古紐	等呼	例字	古音	國音	方音
幫		包	p	p	p
滂		怕	p'	p'	p'
並		庖	b'	p'	b'
明		茅	m	m	m

古紐	等呼	例字	古音	國音	方音
非		夫	f	f	f
敷		副	f'	f	f'
奉		伏	v	f	v
微		文	ɱ	(u)	(u)例外：方x

韻表一

古韻	條件分合
模（一合）	ŋ母
脂（三開）支（三四開）之（三開）祭（三四開）	ɕ系
	dz'系
戈（三合）	h系
脂（三開）支（三開）之（三開）	ȵʑ母
麻（四三開）	ɕ系
	h系
麻（二開）	b'系
	dz'系
	g'系
	h系
麻（二合）佳（二合）夬（二合）	g'系
	ŋ母
	h系
脂（三合）微（三合）齊（四開）支（三合）祭（四開）廢（三合）	b'系
脂（四開）祭（三開）齊（四開）	d'系
	l母

續表

例字	古音	國音	方音
五	uo	u	ŋ u
試	i ē	ʅ	ʅ
茲	ie̯ iæ̯i	ɿ	ɿ
靴	iuo	yɛ	Φæ
耳	i ie̯ ē	平 er 仄 ɐr	æ
二			
捨	ia̯	ɤʌ	iɛ
也		iɛ	
巴	a	A	ɒ
沙			
家		iA	ɒ 文言：iɑ
啞			
瓜	ʷa ʷai ʷai？	uA	uɒ
掛			
瓦			
花			(f)ᵘɒ
畫			
話			
鄙	ʷi ʷe̯i iei ʷie̯ iæ̯i i̯ʷei	i 但輕唇音：u. ɪ. ɛɪ.	i 但輕唇音：uai
未			
低	i iæ̯i iei		
例			

韻表二

古韻	條件分合	例字
脂（三四開）之（三開）齊（四開）魚（三四合）支（四開）微（三開）祭（四開）虞（四合）	gʻ系	記
	h系	希
	dzʻ系	西
		徐
魚（三合）虞（四合）	l母	濾
		慭
脂（三合）支（四合）灰（一合）泰（一合）祭（三四合）	h系	悲
		梅
	ʟ母	類
	dʻ系	推
	dzʻ系	歲
		最
肴（二開）蕭（四開）宵（三四開）	gʻ系	交
	h系	孝
	bʻ系	表
	gʻ系	橋
	dʻ系	佻
	dzʻ系	焦
	ȵʑ母	繞
幽（四開）	m母	謬
先（四開）添（四開）元（三開）	bʻ系	變
	dʻ系	點
	dzʻ系	千
	gʻ系	兼

續表

古音	i ē iei i̯ʷo ie̯ e̯i i̯æi i̯u	i̯ʷo iu	ʷi ʷie̯ uai u˞ai ʷæi	iau ieu æu		iau	ien iem i̯ɐn
國音	i	y	ᴇɪ uᴱɪ	iɑu	ɑu	iu平 iuo仄	iᴇn
方音	i 白話：易 iɒ	əi		iᴵu			iᴵn

韻表三

古韻	仙（三四開）鹽（三四開）嚴（三開）				庚（三合）真（三開）侵（三開）蒸（三開）青（四開）清（四開）欣（三開）庚（三開）										東（三合）			尤（三四開）幽（四開）				
條件分合	h系	ŋ母		ȵʑ母	bʻ系		dʻ系	dzʻ系	gʻ系	h系		ȵʑ母			gʻ系	h系	ȵʑ母	gʻ系	h系	dzʻ系	l母	ȵʑ母
例字	現	驗	念	染	命	品	丁	尋	金	興	杏	認	忍	仍	窮	熊	戎	九	有	就	劉	柔
古音	iæn i̯æm iɐm				iʷɐn i̯en i̯əm i̯əŋ i̯eŋ iæŋ i̯əŋ ieŋ										i̯uŋ			i̯a̯u ia̯u				
國音	iᴇn			an	ɐŋ										iuŋ		uŋ	iu平 iuo仄				
方音	iᴵn 白話：染 uen				iŋ 白話：讀星整病丁 iæŋ													iou				

韻表四

古韻	桓（一合）					寒（一開）覃（一開）談（一開）唐（一開）陽（三合二三開）江（二開）													江（二開）陽（三合）				
條件分合	bʻ系	dʻ系	dzʻ系	gʻ系	h系	gʻ系	h系	gʻ系	h系	全	dzʻ系	ʥʻ系	ȡʻ系	gʻ系	h系	bʻ系	bʻ系	dzʻ系	gʻ系	l母	h系	dzʻ系	ȵʑ母
例字	半	暖	酸	官	歡	看	安	敢	庵	剛	爽	嘗	長	狂	王	方	邦	雙	講	兩	香	相	讓
古音	uɑn					ɑn		ɑm	ɑ̄m	ɑŋ	i̯aŋ			i̯ʷaŋ			ɔŋ		ɔŋ i̯ʷaŋ				
國音	uan					an					ɑŋ			uɑŋ		ɑŋ			iʌŋ				ɑŋ
方音	en 影喻：uen																		ien				

韻表五

古韻	凡（三合）刪（二合）山（二合）元（三合）		談（一開）覃（一開）寒（一開）山（二開）咸（二開）銜（二開）刪（二開）							庚（二開）耕（二開）刪（二合）山（二合）			模（一合）戈（一合）歌（一開）									尤（四開）虞（三合）	
條件分合	h系	bʻ系	dʻ系		dzʻ系		dzʻ系	h系	gʻ系	gʻ系	dzʻ系	gʻ系	bʻ系	m母	h系	h系	gʻ系	dʻ系	dzʻ系	h系	gʻ系	f系	
例字	還	反	難	南	三	蠶	斬	晏	間	硬	争	慣	婆	摩	禍	呵	個	多	左	火	過	夫	無

續表

古音	i̯ʷɐm ʷān ʷan i̯ʷɐn	ām ɑm ɑn an am ām ān		ɐn ɛŋ ʷān ʷan		uo uɑ ɑ				i̯ɑu iu
國音	uan	an	iɛn	əŋ	uan	ou	ɤu	uo	ɤʌ	u
方音	ᵘan	an 文言：争 en			uan	o				u

韻表六

古韻	模（一合）虞（一合）			模（一合）魚（二合）虞（二合）尤（三開）					耕（二開）登（一開）冬（一合）魂（一合）東（一三合）鍾（三合）諄（三合）					魂（一合）鍾（三四合）諄（三四合）蒸（三開）侵（三四開）青（四開）清（四開）東（三合）庚（三合）							
條件分合	bʻ系	h系	gʻ系	dʻ系	dzʻ系			ȡʻ系	bʻ系		全	dʻ系	l母	dzʻ系			ȡʻ系			gʻ系	h系
例字	布	烏虎	姑	都	蘇	初	數	周	孟	明	宋	嫩	倫龍隆	寸	從	巡	陳	中	重	迥	兄
古音	uo i̯u			uo i̯ʷo i̯u i̯əu					ɛŋ əŋ uoŋ uən uŋ i̯uŋ i̯ʷoŋ i̯uěn					uən i̯ʷoŋ i̯ŭen i̯əŋ i̯əm ieŋ i̯æŋ i̯uŋ i̯ʷeŋ							
國音	u							$o^{ɪ}u$	əŋ		uŋ	uᵊŋ	uŋ uᵊn	uᵊn	uŋ	uᵊn	uŋ			iuŋ	
方音	u			ou					əŋ					ən							

韻表七

古韻	東（三合）冬（一合）鍾（三合）魂（一合）				東（三合）鍾（三合）耕（二合）魂（一合）庚（二合）				登（一開）侵（三開）痕（一開）庚（二開）				豪（一開）肴（二開）			侯（一開）尤（二三開）					皆（二合）夬（二合）灰（一合）泰（一合）			
條件分合	gʻ系				bʻ系		h系		dʻ系	gʻ系	h系		全	bʻ系	dzʻ系	bʻ系	dʻ系	gʻ系	dzʻ系	h系	gʻ系		h系	
例字	公	弓	共[一]	困	馮	轟	昏	橫	能	根	根	恒	操	包	抄	否	頭	口	走	歐	怪	塊	懷	會
古音	uŋ uoŋ iʷoŋ uən ĭuŋ				ĭuŋ iʷoŋ ʷɛŋ uən ʷeŋ				əŋ ĭən[二] ən ɐŋ				au iau			ə̯u ĭə̯u					ʷai ʷāi uɑi uɑ̄i			
國音	uŋ			uən	əŋ	uŋ	uən	əŋ	əŋ	ən			ɑu	iɑu		ou					uæe			uᴱɪ
方音	ŭən				ᵘən 白話：橫 uɑn				en				ɑu			eu					uɑi			ᵘei

〔一〕原文「困」與「共」兩字互訛，今正。

〔二〕ĭən：原作「ĭəm」。

韻表八

古韻	條件分合	例字	古音	同音	方音
清(四合)	gʻ系	傾	i̯ʷæŋ	iᵉŋ	ɥən
	ɦ系	營			
魚(三合)虞(三四合)脂(三合)支(三合)	gʻ系	居	i̯ʷo i̯uʷi ʷi̯e	y	yɥ
	ɦ系	雨			
	ȡʻ系	朱		u	
	ȵʑʻ母	如			
		蕊			
脂(三合)支(三合)祭(三合)	ȡʻ系	吹	ʷiʷi̯e i̯ʷæi	uᴱɪ	yɥəi 白話：ɸɥ
		水			
元(三合)先(四合)仙(三合)	gʻ系	捐	iʷen iʷen i̯ʷæn	yan	yɥen
	ɦ系	玄			
	ȡʻ系	川		uan	
	ȵʑ母	軟			
諄(三四合)文(三合)真(三四合)	gʻ系	君	i̯uĕn i̯uən iʷĕn	yn	yɥən
	ɦ系	允			
	ȡʻ系	春		uᵊn	
	ȵʑ母	閏			

韻表九

古韻		
古韻	質(三四開)職(三四開)錫(四開)緝(三四開)昔(合三開四)陌(三開)迄(二三開)	屑(合四開四)薛(合三四開三四)帖(四開)月(三開)葉(三四開)

續表

條件分合		b'系		d'系	l母		g'系		dz'系		h系	ȵʑ母[一]	b'系		d'系		g'系			dz'系		h系		l母	ȵʑ母[二]
例字		必	逼	笛	立	力	極	喫	七	習	吸	日	撇	別	跌	貼	結	訐	業	絕	接	協	葉	劣	熱
古音		i̯ĕt i̯ək iek i̯əp i̯æk i̯ʷæk i̯ɐk i̯ək i̯ət											iet i̯æt iʷet iʷæt iep iɐt iɐp												
國音		i 但喫：ʅ											iɛ												ɤʌ
方音		i 白話：錫 iɒ											ie												

韻表十

古韻	覺（二開）藥（三四開）					麥（二合）德（一開）陌（二開）薛（三開）葉（三開）質（三開）職（三開）緝（二開）櫛（二開）												沃（一合）沍[四]（一合）物（三合）屋（一二合）					
條件分合	g'系	h系	dz'系	l母	ȵʑ系[三]	b'系		d'系	g'系		dʑ'系		dz'系			h系		b'系		v系	g'系		h系
例字	覺	學	削	略	若	麥	白	得	格	刻	舌	失	策	色	瑟	黑	厄	僕	佛	伏	谷	骨	忽

〔一〕〔二〕〔三〕 ȵʑ：原誤作「nz」。

續表

古音	國音	方音
ɔk i̯ak	yɛ	io
	iɑu	
	ʌɤ uo	
ʷɛk ək ɐk i̯æt i̯æp i̯ĕt i̯ək i̯əp i̯ɛt	oᵘ	æ
	ʌɤ ei	
	ʌɤ	
	ʌɤ ei	
	ʌɤ	
	ʌɤ ei	
	ʌɤ	
uok uət i̯uət iuk	u	Φu 白話：骨 uei

韻表十一

古韻	條件分合	例字	古音
屋（三合）燭（三合）	h系	蓄	i̯uk iʷok
	ȵʑ母〔一〕	肉	
沃（一合）	h系	沃	uok
乏(三合)黠(二開)曷(一開)合(一開)月(三合)盍(一開)洽(二開)狎(二開)鎋(合二開二)	bʻ系	法	iʷek āt at ap iʷet ɑ̄p āp ap at ʷat
		八	
	dʻ系	達	
		答	
	dzʻ系	札	
		雜	
	gʻ系	掐	
		甲	
	h系	瞎	
		壓	
月(三合)黠（三合）麥（二合）末（一合）鎋(二合)	bʻ系	襪	iʷɐt ʷāt ʷɛk uɑt ʷat
	gʻ系	刮	
	hʻ系	滑	
昔（三開）	dʑʻ系	尺	i̯æk
		石	
屋(三合)覺(三開)末(合一)曷(一開)合(一開)盍(一開)藥(三開)德(一合)鐸(一合一開)	bʻ系	目	i̯uk ɔk uɑt ɑt ɑp ɑ̄p i̯ak uak ɑk ʷɑk
		剥	
	dʻ系	脱	
	gʻ系	各	
		蛤	
		國	

〔一〕ȵʑ：原誤作「nz」。

續表

國音	方音
y	iou
ou	
uo	uo
A	ɒ 但甲匣：iɒ
iA	
uA	uɒ
ʅ	ɒ 文言：ʅ
u	o
uo	
ɤʌ	
uo	

韻表十二

古韻	條件分合	例字	古音	國音	方言
屋(三合)覺(二開)末(一合)曷(一開)合(一開)盍(一開)藥(三開)德(一合)鐸(合一開一)	dz' 系	朔	ḭuk ɔk uɑt ɑt ɑ̄p ɑ̄p ḭak ɑk	uo	o
	dʑ' 系	着			
	h 系	或			
		合		ɤʌ	
	l 母	落		ɑu	
屋(二四合一)沃(一合)沑(一合)燭(三四合)覺(二開)術(四合)	d' 系	獨	uk uok uət iʷok ɔk ḭuĕt ḭuk	u 但白話：綠續 y 六 iou	əu 白話：玉 Φɥ
		突			
	dʑ' 系	屬			
	dz' 系	俗			
		卒			
	l 母	陸			
	ȡ' 系	軸			
		鐲		uo	
緝(三開)職(三開)	dʑ' 系	十	iəp ḭək	ʅ	ʅ
		直			
屑(四合)月(三合)薛(三四合)術(四合)物(三合)	g' 系	屈	iʷet iʷat iʷæt ḭuĕt ḭuĕt	y	yɥæ
		缺		yɛ	
	h 系	穴			
		越			
	dʑ' 系	說		uo	
屋(三合)術(三合)物(三合)燭(三合)緝(三開)	g' 系	局	ḭuk ḭuĕt ḭuət iʷok ḭəp	y	Bɥ
	h 系	鬱			
	dʑ' 系	出		u	Φɥ
	ȵʑ 母	入			

醴陵方言考

《廣雅・釋親》：「爹，父也。」《廣韻》九麻：「爹，吳人呼父。」今呼 ȶie ȶie，或呼爺。

《說文》：「姐，蜀人謂母曰姐，淮南謂之社。從女，且聲。讀若左。」今西北兩鄉呼母爲 tɕi，讀上聲，即姐之轉音。

《方言》六：「傁、艾、長，老也……周晉秦隴謂之公，或謂之翁。」今呼祖父爲公公。

《說文》：「媪，母老稱也。從女，昷聲，讀若奧。」今西北兩鄉呼祖母爲 ŋae 姐。ŋae 讀陰平，即媪之轉音。

《廣韻》八戈：「婆，老母稱也。薄波切。」今東南兩鄉呼祖母爲婆婆，或呼 po po〔一〕，讀上聲。

《方言》十：「崽者，子也。江湘之會，凡言是子者謂之崽。」今仍呼子爲崽。

《儀禮・士昏禮》：「媵衽良席在東。」〔二〕鄭注：「婦人稱夫曰良。」今呼女壻爲郎，即良之轉音。

《說文》：「魚，水蟲也。象形。魚尾與燕尾相似。」今南鄉呼魚爲 ŋæ，猶存先秦古音。

〔一〕po po：原作「Po Po」，原文中多處出現首字字母大寫的現象，下徑改。

〔二〕衽：原誤作「御」，據《儀禮》改。

《説文》：「鮎，鰋也。從魚，占聲。」今呼 ŋin 拐，音年。

《説文》：「鱅，魚名。從魚，庸聲。」今呼 ʐ̩in 魚，音熊。

《説文》：「鱖，鱖魚也。從魚，厥聲。」今呼 kuai 魚，音貴。

《説文》：「鰿，鰿魚也。從魚，脊聲。」今呼 tɕi 魚，俗作鯽。

《説文》：「鮺，臧魚也。南方謂之魿，北方謂之鮺。從魚，差省聲。」今呼 tzʻɒ[一]，音札上聲。

《説文》：「豭，牡豕也。從豕，叚聲。」今呼 tɕio 猪，音脚。

《説文》：「羖，夏羊，牡曰羖。從羊，殳聲。」今呼父牛爲雄羖，父羊爲羊羖。

《廣韻》十一没：「餑，麵餑。」按北方謂餌之圓者爲餑餑。今呼蛋爲 po po，音撥。當爲餑之轉音。胡俠亭説。

《説文》：「毈，卵不孚也。從卵，段聲。」按楊雄《法言·先知》篇：「雌之不才，其卵毈矣。君之不才，其民野矣。」毈、野協韻。則毈當從卵叚聲，音古瓦切。不孚之卵，今呼 kuɒ 蛋，即毈之轉音。

《方言》八：「蝙蝠，自關而東……或謂之老鼠。」今呼簷老鼠，以其常在屋簷間飛翔往來也。

[一] tzʻ：疑爲「ts」之誤，本篇同。

《方言》十一：「螳螂謂之髦。」今呼禾猴，以形似得名。

《説文》：「䙑，衣至地也。從衣，斲聲。」今呼長衣爲長 ȶö，音近綽。

《説文》：「⿰衤鳥，短衣也。從衣，鳥聲。」今呼衣短爲 ȶiu，音弔。

《説文》：「⿰衤有，無袂衣謂之⿰衤有。從衣，惰省聲。」今呼無袂衣爲背 ta，音答。

《説文》：「鞵，生革鞮也。從革，奚聲。」今呼履爲 xae，音孩，俗作鞋。

《説文》：「靪，補履下也。從革，丁聲。」今呼 ȶən，音掌。

《説文》：「囟，頭會匘蓋也。象形。」按即囟門。今呼氣 man。

《説文》：「亢，人頸也。從大省。象頸脈形。」今呼喉亢，音轉爲管。

《説文》：「胻，脛耑也。從肉，行聲。」今呼 xən 筒骨，音桓。

《説文》：「虹，螮蝀也。狀似蟲。從虫，工聲。」今呼 kən，音幹。

《説文》：「瀑，疾雨也。從水，暴聲。《詩》曰：『終風且瀑。』一曰沫也。」今呼大風雨爲風瀑。又呼水沫爲 bʻau，俗作泡。

《説文》：「椽，榱也。從木，彖聲。」今呼 ɕen 皮，音懸。

《説文》：「牢，閑也〔一〕。養牛馬圈也。從牛，冬省。取其四周帀也。」今作欄。

〔一〕也：原脱，據《説文解字》補。

《説文》：「堵，垣也。五版爲一堵。從土，者聲。」今呼 to，音垛。

《説文》：「塒，鷄棲垣爲塒。從土，時聲。」今呼鷄 tsi，音資去聲。

《説文》：「簏，竹高篋也。從竹，鹿聲。簏或從录。」今呼籠上聲。一作簀。

《説文》：「簍，竹籠也。從竹，婁聲。」今呼簍，或呼 lei，音吕。

《説文》：「䰛，秦名土釜曰䰛〔一〕。從鬲，干聲。讀若過。」今呼 uo，俗作鍋。

《説文》：「𦈢，下平缶也。從缶，乏聲，讀若曷。」今仍呼𦈢。

《説文》：「柲，欑也。從木，必聲。」今呼 pa，音霸。

《説文》：「鏝〔二〕，鐵杇也。從金，曼聲。」今呼 min，音敏。

《説文》：「鏨，小鑿也。從金從斬，斬亦聲。」今呼 tsan，音暫。

《説文》：「籆〔三〕，收絲者也。从竹，蒦聲。」今呼 io 子，音約。

《説文》：「楙，冬桃。從木，敄聲，讀若髦。」今呼毛桃。

《説文》：「蛕，腹中長蟲也。從虫，有聲。」今呼回蟲。

《説文》：「窯，燒瓦竈也。從穴，從羔。」今呼 iu，音摇。

〔一〕釜：《説文解字》作「鬴」。

〔二〕鏝：原誤作「槾」，據《説文解字》改。

〔三〕籆：《説文解字》作「篗」。

《説文》：「榺，機持經者。從木，朕聲。」今呼 ʐɛn，讀陽平。

《説文》：「繀，箸絲於筟車也。從糸，崔聲。」今呼 zai 子，音歲。

《説文》：「經，織從絲也。从糸，巠聲。」今呼 tɕian。

《説文》：「緯，織横絲也。从糸，韋聲。」今呼 yiu。

《説文》：「縜，持綱紐也。从糸，員聲。」今呼 xən 筒，音桓。

《説文》：「楥，履法也。從木，爰聲。讀若指撝。」今呼 fuen 頭，俗作楦。

《方言》四：「襎裷謂之幭。」郭注：「即帊幞也。」今呼 pau ɕu，俗作包袱。

《説文》：「塍，稻田中畦埒也。从土，朕聲。」今呼田 ʐən，音近繩。

《説文》：「稬，沛國謂稻曰稬。从禾，耎聲。」今呼 luo 米，俗作糯。

《説文》：「莢，艸實也。從艸，夾聲。」今呼 k'o，音殼，如云皂 k'o、豆 k'o。

《方言》五：「臿……趙魏之間謂之喿。」郭注：「字亦作鍬也。」今呼 tɕ'iu 子。

《説文》：「吃，言蹇難也。從口，气聲。」今呼 tɕie，音結。

《説文》：「䀹，目旁毛也。從目，夾聲。」今呼眼 tzɒ 毛，音札。

《説文》：「脟，脅肉也。從肉，寽聲。」今呼脅 na，音拿入聲。

《説文》：「汓，浮行水上也。從水，從子。古文或以汓爲没字。」今呼 b'au tɕ'iou。b'au 即浮之轉音，tɕ'iou 即汓之轉音。

《説文》：「炱，灰炱煤也。從火，台聲。」今呼火 ʂɿ，音十。

《説文》：「樞，户樞也。從木，區聲。」今呼門 teu，音斗。

《説文》：「篳，藩落也。從竹，畢聲。」今呼籬巴。巴即篳之轉音。

《説文》：「樀，户樀也。從木〔一〕，啻聲。」〔二〕《爾雅》曰：「檐謂之樀。」今呼滴水。

《説文》：「筳，維絲筦也。從竹，廷聲。」今呼紡紗車上之鐵筦爲 ȡiɛn 子，讀陽平。

《説文》：「襦，短衣也。從衣，需聲。」今呼短衣爲短襖，即襦。

《説文》：「奎，兩髀之間。從大，圭聲。」今呼 k'ɒ，讀去聲。

《説文》：「躄，人不能行也。從止，辟聲。」今呼 pai，讀拜平聲。

《方言》九：「泭謂之簰〔三〕，簰謂之筏。筏，秦晉之通語也。」今呼簰爲 b'ɑe，音排。筏爲 uɒ，音華。

《説文》：「捉，搤也。從手，足聲。一曰握也。」今呼 tso，音作。

《説文》：「鬻，炊釜鬻溢也。從鬲，孛聲。」今呼 p'u，音步。

《方言》七：「斯、掬，離也。齊陳曰斯。」今呼裂物爲斯。

〔一〕木：原誤作「户」，據《説文解字》改。

〔二〕啻：原作「商」，據《説文解字》改。

〔三〕簰：原作「箄」，據《方言》改。本條下同。

《説文》：「蠻，南蠻，它種。從虫，䜌聲。」今呼無理逞凶爲蠻。

《説文》：「𣪠，縣物𣪠擊也。從殳，𢀳聲。」今呼 ȶiou，音抽。

《説文》：「渜，湯也。從水，耎聲。」今呼 lae，音乃去聲。蓋形容水熱之詞。

《説文》：「涫，鬻也。從水，官聲。」今呼 kuaŋ，音滾。

《説文》：「鬻，涫也。从鬲〔一〕，沸聲。」今呼 fuaŋ，音翻。

《説文》：「㨨，引也。從手，留聲。㨨或从由。」〔二〕今用或體抽。

《説文》：「𢿁，棄也。從攴，𠷎聲。」今呼 ȶiou，俗作丢。

《方言》六：「聳、獎，欲也。荆吴之間曰聳……自關而西，秦晉之間相勸曰聳〔三〕，或曰獎。中心不欲，而由旁人之勸語，亦曰聳。」

《説文》：「竢，待也。從立，矣聲。」今呼 ŋae。

《集韻》二十八銜：「湴，行淖中也。」今謂泥漿深厚之田爲 b'aŋ 田，即湴之轉音。字一作埿。

〔一〕鬲：原誤作「水」，據《説文解字》改。

〔二〕下「㨨」字原作「抽」。

〔三〕相勸：原脱，據《方言》補。

《説文》：「岎，艸初生，其香分布也。從中，分聲。芬，岎或从艸。」今呼 p'an，音朋陰平。

《説文》：「⿰亻蚤，⿰亻蚤驕也。從人，蚤聲。」今謂婦女之輕佻爲⿰亻蚤。

《説文》：「柔，木曲直也。從木，矛聲。」今呼 no，音儺。

《説文》：「瀝，漉也。從水，歷聲。」今呼瀝去聲。

《説文》：「俙，訟面相是也。從人，希聲。」今謂外順其意，陰有所謀，及小兒相争而以言順解之，皆曰 xo，即俙之轉音。

《説文》：「嗾，使犬聲。從口，族聲。」今呼 ʂo，音灼上聲。

《説文》：「騬，犗馬也。從馬，乘聲。」今呼 ʑien，讀陽平。

《説文》：「喌，呼鷄重言之。從吅，州聲。讀若祝。」今呼 tɕio tɕio。

《説文》：「炦，火氣也。從火，犮聲。」今呼火氣上聲爲 p'aŋ。

《説文》：「炶，火行也。從炎，占聲。」今謂傳火爲點火，點即炶之轉音。

《説文》：「焠，堅刀刃也。從火，卒聲。」今謂火而納之水中爲 tɕ'i，音妻。

《説文》：「炙，炮肉也。從肉在火上。」今謂烤肉及乾物爲 ȶɒ，音遮入聲。

《説文》：「潒，水潒瀁也。從水，象聲。讀若蕩。」今呼 t'en。

《説文》：「濽，汙灑也。一曰水中人。從水，贊聲。」按水中人謂水灑及人，今仍呼濽。

《說文》：「㲻，入水有所取也。从又在回下。回，古文回。回，淵水也。讀若沫。」〔一〕今呼 mi，音謎。

《說文》：「⿰㲻頁，内頭水中也。从頁㲻，㲻亦聲。」今呼 uɐn，音温去聲。

《說文》：「潎，於水中擊絮也。從水，敝聲。」今呼 pʻin，音漂上聲或去聲。

《說文》：「涑，澣也。從水，束聲。」今呼 san，音散。

《說文》：「滌，洒也。從水〔二〕，條聲。」今呼 tʻəu，音偷上聲。

《說文》：「汏，淅㵎也。從水，太聲。」〔三〕今呼 dʻɑu，音淘。

《說文》：「摡，滌也。從手，既聲。」今呼 kʻɑe，音開。

《說文》：「䀣，拭器也。從皿，必聲。」今呼 mɒ，俗作抹。

《說文》：「匍，手行也。從勹，甫聲。」今呼 bʻɑ，音扒。

《說文》：「匐，伏地也。從勹，畐聲。」今呼 pʻu，音僕。

《說文》：「𠣾，曲脊也。從勹，䈞省聲。」今呼 kuɐŋ，狀詞音拱，動詞音貢。

《說文》：「眉，臥息也。從尸自。」今呼 xɐn，音歡。

〔一〕沫：原誤作「沬」，據《說文解字》改。
〔二〕水：原誤作「火」，據《說文解字》改。
〔三〕汏、太：《說文解字》作「汏、大」。

《説文》：「欶，吮也。從欠，束聲。」今呼 səu，音速。

《説文》：「霅，霅霅，震電皃。一曰衆言也。從雨，譶省聲。」按震電之義今呼 t'ɛ。又信口亂道亦謂之 t'ɛ，音撤。

《説文》：「灺，燭𤇾也。從火，也聲。」今謂火熄爲 ɕiɒ，音謝。

《説文》：「𡰪，從上按下也。從𡰥，又持火。所以申繒也。」今呼 yuən，音閏去聲。

《説文》：「曩，安曩，温也。從日，難聲。」今謂傷熱爲 lae，音乃去聲。

《説文》：「杏，相與語唾而不受也。從丶，從否，否亦聲。」今呼 p'əi，音丕上聲。

《説文》：「褚，卒也。從衣，者聲。一曰裝也。」今謂以棉裝衣曰築，即褚之轉音。

《説文》：「縈，收䊄也。從糸，熒省聲。」今呼 iɑŋ，音近央。

《説文》：「總，聚束也。從糸，悤聲。」今呼 tz'ɒ，音札上聲。

《説文》：「緁，緶衣也。從糸，疌聲。緍，緁或从習。」今呼 tz'ɒ，音札。

《説文》：「齌，緶也。從衣，齊聲。」今呼 tɕ'iu，音峭平聲。

《説文》：「𢿱，刺也。從攴，蚩聲。」今呼 yu，音處。

《説文》：「婪，貪也。從女，林聲。杜林説：卜者黨相詐驗爲婪。讀若潭。」今謂安言爲扯 d'ɑn，正作潭音。

《説文》：「蕝，朝會束茅表位曰蕝。從艸，絶聲。」今呼 tz'ɒ，音札。

《說文》：「黏，相箸也。從黍，占聲。」今呼 tiæn。

《說文》：「暍，傷暑也。從日，曷聲。」今謂傷熱爲 uo，音握去聲。

《說文》：「䨣，雨濡革也。從雨，從革。讀若膊。」按革濡則虛起，今呼 p'au，音抛。

《說文》：「霢，霢霂。小雨也。從雨，脈聲。」今呼毛雨。

《說文》：「燠，熱在中也。從火，奧聲。」今呼 ŋɐu，音歐去聲。

《說文》：「吮，欶也。從口，允聲。」今呼 tsin，音津。

《說文》：「啐，小歙也。從口，卒聲。讀若𠪚。」今呼 so，音梭。

《說文》：「歍，心有所惡若吐也。從欠，烏聲。」今呼 uɒ，音哇。

《說文》：「旡，歙食气屰不得息曰旡。從反欠。」今呼 kɛ。

《說文》：「哯，不歐而吐也。從口，見聲。」今呼 fuai，音毀。又今謂小兒吐乳爲哯。

《說文》：「欱，歠也。從欠，合聲。」今呼 xo，音合。

《說文》：「渳，飲歃也。從水，弭聲。」今呼 min，音敏。

《說文》：「嗛，口有所銜也。從口，兼聲。」今呼 xan，音銜。

《說文》：「唉，膺也。從口，矣聲。讀若埃。」今呼 ɑe。

《說文》：「咠，耳語也。從口，從耳。」今呼 tɕ'i，音妻。

《說文》：「齅，以鼻就臭也。從鼻，從臭，臭亦聲。讀若畜生之畜。」今呼 ɕiən 去聲。

《説文》：「唾，口液也。從口，垂聲。」今呼 d'an，俗作痰。

《説文》：「噆，嗛也。從口，朁聲。」今呼鳥銜物曰 tz'ɒ，音札。

《説文》：「䁺，察也。從目，祭聲。」今謂察視物曰 tɕ'i，音妻去聲。

《説文》：「瞑，翕目也。從目冥，冥亦聲。」今呼合目爲 mi'，平聲或去聲。

《説文》：「⿱般目，轉目視也。從目，般聲。」今呼 p'u，音步。

《説文》：「投，擿也。從手，從殳。」今呼 tiou，俗作丢。

《説文》：「擿，搔也。從手，適聲。一曰投也。」按搔今呼 tsiɛ，投義今呼 tz'ɒ，音札。

《説文》：「撚，執也。從手，然聲。」今呼 ŋin，音年上聲。

《説文》：「拂，過擊也。從手，弗聲。」今呼 βu，音富。

《説文》：「撲，挨也。從手，菐聲。」今呼 p'u，音鋪。

《説文》：「掉，摇也。從手，卓聲。」今呼 t'iu。

《説文》：「拈，㧌也。從手，占聲。」今呼 ŋin，音年陰平。

《説文》：「搉，敲擊也。從手，隺聲。」今呼 k'o，音可。

《説文》：「捶，以杖擊也。從手，垂聲。」今呼 dʑ'y，音除。

《説文》：「搰，掘也。從手，骨聲。」今謂以鋤掘土爲 uɒ，音襪。

《説文》：「㱿，從上擊下也。從殳，𡉉聲。」今呼 kʻo，音可入聲。

《説文》：「舀，抒臼也。從爪臼。」今呼舀水爲 iu，音擾。

《説文》：「執，捕辠人也。從丮，從幸，幸亦聲。」今呼 ȶiɒ 入聲。

《説文》：「墋，穜也。一曰内其中也。從土，㚇聲。」按内其中今呼 tsən，或 ȶən。

《説文》：「捘，推也。從手，夋聲。」今呼 tsʻən，音村上聲。

《説文》：「抈，折也。從手，月聲。」今呼 yɛ，音月上聲。

《説文》：「段，椎物也。從殳，耑省聲。」今呼 tuəŋ，音頓。

《説文》：「趖，走意。從走，坐聲。」今呼 so，音梭。

《説文》：「赶，舉尾走也〔一〕。從走，干聲。」又：「迀，進也。從辵，干聲。讀若干。」今呼 kən，音干上聲。俗作趕。

《説文》：「蹁，足不正也。從足，扁聲。」今呼 pʻie，音别上聲。

《説文》：「達，行不相遇也。從辵，羍聲。」今呼 tʻɒ，音塔。

《説文》：「隊，從高隊也。從𨸏，㒸聲。」今呼 tʻen 上聲。

《説文》：「依，倚也。從人，衣聲。」今呼 ŋɑe。

〔一〕 尾：原誤作「足」，據《説文解字》改。

《説文》：「獘，頓仆也。從犬，敝聲。《春秋傳》曰：『與犬犬獘。』斃，獘或從死。」今呼 pan 去聲。

《説文》：「逢，遇也。從辵，夆省聲。」今呼 b'an 去聲。

《説文》：「居，蹲也。從尸，古聲。」今呼 gu，音近枯陽平。

《説文》：「趬，行輕皃。從走，堯聲。一曰趬，舉足也。」按，舉足之義今呼 ŋiu。

《説文》：「跛，行不正也。從足，皮聲。」今呼 po，讀上聲。

《説文》：「尢，尳也。曲脛人也〔一〕。從大，象偏曲之形。」今呼 uan，音彎。

《説文》：「迊，行皃。從辵，𣎳聲。」今呼 b'an，音蓬。

《説文》：「𧾲，走頓也。從走，真聲。讀若顛。」又：「蹎，跋也。從足，真聲。」今呼 tie，丁乙切。

《説文》：「述，前頓也。從辵，𣎳聲。」又：「跋，蹎跋也。從足，犮聲。」今呼 pan，音班去聲。

《説文》：「𨅖，𨅖足也。從足，執聲。」今呼 t'iɒ 入聲。

《説文》：「遁，遷也。一曰逃也。從走，盾聲。」今呼 to，音躲。

〔一〕人：原脱，據《説文解字》補。

《説文》：「詑，沇州謂欺曰詑。從言，它聲。」今呼 ʂo，音灼去聲。

《説文》：「詒，相欺詒也。一曰遺也。從言，台聲。」相欺之義，今呼 tɑe 上聲。

《説文》：「殙，瞀也。從歺，昏聲。」今呼 fuən，音昏。

《説文》：「殟，暴無知也。從歺，昷聲。」今呼 yuən。

《説文》：「嫸，好枝格人語也。一曰靳也。從女，善聲。」段注：「謂不欲人語而言他以枝格之也。」今呼 ȶɒ，音者平聲。

《説文》：「婳，疾言失次也。從女，臿聲，讀若懾。」按疾言失次，所謂儳言。今呼 ts'iɒ〔一〕，音插。

《説文》：「勢，健也。從力，敖聲。讀若豪。」今呼 ŋɑu，讀陽平。

《説文》：「謾，欺也。從言，曼聲。」今呼 mɵn，音芒。

《説文》：「謊，夢言也。從言，巟聲。」今呼 xɵn，音訪。

《説文》：「賒〔二〕，貰買也。從貝，余聲。」今呼 ɕɒ，音奢。

《説文》：「貣，從人求物也。從貝，弋聲。」今呼 ȶɑu，俗作討。

〔一〕 ts'iɒ：原誤作「t'siɒ」。

〔二〕 賒：《説文解字》作「賖」。

《説文》：「貸，施也。從貝，代聲。」今呼 tɒ，音打。

《説文》：「斢，相易物，俱等爲斢。」今呼 tiu，音窕。

《説文》：「㢈，屋從上傾下也。從广，隹聲。」今呼 tɑu，俗作倒。

《説文》：「𡪢，屋傾下也。從宀，執聲。」今呼 t'ɒ，音塌。

《説文》：「𦨶，船行不安也。從舟，刖省。讀若兀。」今呼 uɑe，音歪上聲。

《説文》：「艘，船著不行也。從舟，㚇聲。讀若莘。」今呼 ts'in[一]，音淺。

《説文》：「穵，空大也。從穴，乙聲。」段注：「今呼盜賊穴牆曰穵。」今呼 uɑ。

《説文》：「㡪，以囊盛穀，大滿而裂也。從巾，奮聲。」今呼 mən，音悶去聲。

《説文》：「訬，訬擾也。一曰訬獪[二]。從言，少聲。」今呼 ts'ɑu[三]，音草。

《説文》：「寽，五指寽也。從𠬪，一聲。讀若律。」今呼 lo，音羅去聲。

《説文》：「熅，鬱煙也。從火，𥁕聲。」今呼 uən，音温去聲。

《説文》：「搵，没也。從手，𥁕聲。」今呼 uən，音温去聲。

《方言》八：「北燕朝鮮洌水之間謂伏鷄曰抱。」今仍呼抱。

〔一〕ts'in：原誤作「t'siɒ」。

〔二〕獪：原誤作「儈」，據《説文解字》改。

〔三〕ts'ɑu：原誤作「tsɑu」。

《説文》：「狧，犬食也。從犬，從舌。讀若比目魚鰈之鰈。」今呼 tie，音鐵上聲。

《説文》：「撞，丮擣也。從手，童聲。」今呼 tsʻɵn，音倉。

《説文》：「㶣，炮炙也。以微火温肉。從火，衣聲。」今呼 xeŋ，音恨。

《説文》：「勳，推也。從力，畾聲。」今呼 lei，音雷陽平。

《説文》：「縼，以長繩繫系牛也。從糸，旋聲。」今呼 sɵn，音雙。

《説文》：「煨，盆中火。從火，畏聲。」今呼爩火熟物爲 uei，音威。

《説文》：「拔，擢也。從手，犮聲。」今呼 pʻɒ，讀去聲。

《説文》：「䚀，私出頭視也。從見，彤聲。讀若郴。」今呼 ȶʻən，音稱。

《説文》：「擪，一指按也。從手，厭聲。」又：「按，下也。從手，安聲。」段注：「以手抑之使下也。」按擪、按雙聲。今呼 ŋaŋ，讀去聲。

《方言》一：「咺、唏、㣿、怛，痛也……燕之外鄙，朝鮮洌水之間，少兒泣而不止曰咺。」今呼 xɔn〔一〕。

《方言》一：「虔、劉、慘、惏，殺也……南楚江湘之間謂之歁。」今仍呼歁。

《方言》一：「張小使大謂之廓。陳楚之間謂之摸。」今呼 mən，即幪之轉音。

〔一〕ɔ：原誤作「c」。

《方言》二：「嫢、笙、揫、摻，細也。自關而西秦晉之間……斂物而細謂之揫。」今呼 tɕiou，音糾上聲。

《方言》二：「䀎、睇、睎、路，眄也……吳揚江淮之間或曰䀎，或曰路。」今呼 liou，音六。

《方言》三：「凡飲藥傅藥而毒，南楚之外謂之瘌，北燕朝鮮之間謂之癆。」〔一〕郭注：「癆瘌，皆辛螫也。」音聊。今呼 lo，音糯。

《説文》：「䑙，以舌取食也。從舌，易聲。」今呼 tʻiɑ，俗作舐。

《説文》：「薅，披田艸也。從蓐，好省聲。蔙，籀文薅省。茠，薅或从休。」今呼 xɑu，音好平聲。

《方言》一：「虔、儇，慧也……自關而東，趙魏之間謂之黠，或謂之鬼。」今呼人之慧黠者爲鬼。

《方言》一：「娥、㜲，好也……自關而東，河濟之間謂之媌。」郭注：「今關西人呼好爲媌，莫交反。」今呼婦女之姣美者爲 mae，音墨。

《方言》二：「釥、嫽，好也。青徐海岱之間曰釥。」今呼俏，即釥之轉音。

〔一〕北燕：原脱，據《方言》補。

《方言》二：「朦、厖，豐也。自關而西，秦晉之間凡大貌謂之朦〔一〕，或謂之厖。豐，其通語也。」今形容物之大呼 man〔二〕，音蠻平聲。

《說文》：「歁，食不滿也。從欠，甚聲。讀若坎。」今呼不滿曰 k'an，音堪。

《說文》：「罄，器中盡也。從缶，殸聲。」今呼 tɕ'i，音起。

《說文》：「尼，從後近之。從尸，匕聲。」今呼 ŋiɒ 近。又謂男女交媾爲 ŋiɒ，讀去聲。

《說文》：「䵒，黏也。從黍，日聲。」今呼 ŋiɒ。

《說文》：「摟，曳聚也。從手，婁聲。」今仍呼摟，讀平聲。

《說文》：「漉，浚也。從水，鹿聲。」今呼 li，音粒。

《說文》：「摳，繑也。一曰摳衣。從手，區聲。」今呼 k'eu。

《說文》：「嚛，食辛嚛也。從口，樂聲。」今人食辣，輒作嚛聲。

《說文》：「暴，晞也。從日出収米。」今呼 pau，音報。

《說文》：「爆，灼也。從火，暴聲。」今呼 pau，音報。

《說文》：「熬，乾煎也。從火，敖聲。」今仍呼熬。又忍苦亦謂之熬。

〔一〕謂：原誤作「諸」，據《方言》改。

〔二〕容：原誤作「客」。

《説文》：「歔，温吹也。從欠，虗聲。」今呼 xa。
《説文》：「潐，盡也。從水，焦聲。」今呼 tɕiu。
《説文》：「搔，刮也。從手，蚤聲。」今呼 tsiɛ。
《説文》：「滜，新也。從水，臯聲。」今呼 tsan，音斬。
《説文》：「刏，劃傷也。從刀，气聲。一曰斷也。又讀若殪。一曰刀不利，於瓦石上刏之。」按劃傷之義，今呼 kɛ，讀去聲。刏之本義，今呼 k'ɛ。
《説文》：「朅，去也。從去，曷聲。」今呼 tɕie，讀去聲。
《方言》十三：「撈，取也。」今仍呼撈。
《方言》十三：「空，待也。」今呼空去聲。
《説文》：「熷，焦也。從火，曹聲。」今謂烤乾爲熷。凡事壞亦謂之熷。
《説文》：「莫，火不明也。從苜，从火，苜亦聲。讀與蔑同。」〔一〕今呼極黑爲 mie 黑，音墨平聲或去聲。
《説文》：「爢，爛也。從火，靡聲。」今呼 mæ 爛，音蔑平聲。
《説文》：「淰，濁也。從水，念聲。」今呼念。

〔一〕與：原脱，據《説文解字》補。

《説文》：「瀙，冷寒也。從水，靚聲。」今呼清平聲或去聲。

《説文》：「尐，少也。從小，乀聲。讀若輟。」今呼 tɕi，音即，如言崽 tɕi。

《説文》：「㥶，精戇也。從心，毳聲。」今呼 ts'en 去聲，如云尖㥶，音竄。

《説文》：「𨶹，智少力劣也。從鬥，爾聲。」今呼 lai，云放𨶹、發𨶹，音賴。

《説文》：「𩰠，鬭也。從鬥，賓省聲。讀若賓。」今呼 p'in，音貧陰平。

《説文》：「佮，合也。從人，合聲。」今相呼交處曰相佮，音各。

《説文》：「戾，曲也。從犬出户下。」「戾者，身曲戾也。」今呼 lie，音列去聲。

《説文》：「殬，敗也。從歺，睪聲。」今呼 tai 上聲。

《説文》：「婁，空也。從母中女，空之意也。」今呼 lau 空，音勞陰平。

《説文》：「勨，繇緩也。從力，象聲。」今呼緩而縱之爲 ien，音養。

《説文》：「謰，謰謱也。從言，連聲。」「謱，謰謱也。從言，婁聲。」《廣韻》一先：「嗹，嗹嘍，言語繁拏皃。」今呼 lo lin，音卯練。

《説文》：「㫙，量溢也。從斗，旁聲。」今呼 b'ɐŋ，音朋。

《説文》：「姛，直項皃。從女，同聲。」今呼怒容爲 t'uŋ 臉，音桶。

《説文》：「顀，出頷也。從頁，隹聲。」今呼 tz'iɒ，音札。

《説文》：「嬯，遲鈍也。從女，臺聲。」今呼 tɑe。

《説文》：「羴，羊臭也。從三羊。羶，或从亶。」今呼 ŋau，音老平聲。

《説文》：「臊，豕膏臭也。從肉，喿聲。」今音與羴同。

《説文》：「胜，犬膏臭也。從肉，生聲。一曰不孰也。」膏臭之義今呼 ɕiau，不孰之義今呼生。

《説文》：「殖，脂膏久殖也。從歺，直聲。」今呼 ʅn 油，音執。

《説文》：「腌，漬肉也。從肉，奄聲。」《廣韻》：「腌，鹽漬魚也。」今呼腌魚，音乙。

《説文》：「脆，小耎易斷也。從肉，從絶省。」今呼 tsʻəi，音崔去聲。

《説文》：「滫，久泔也。從水，脩聲。」今呼 sɑu 水，讀去聲。

《説文》：「滓，澱也。從水，宰聲。」今呼 tsɑ，俗作渣。

《説文》：「䵋，青黃色也。從黃，有聲。」今呼灰色。

《説文》：「黇，白黃色也。從黃，占聲。」今呼天青。

《説文》：「䵎，黃黑色也。從黃，耑聲。」今呼專青。

《説文》：「痕，胝瘢也。從疒，艮聲。」今呼 in，音印〔一〕。

《方言》十：「啙、矲，短也……凡物生而不長大，亦謂之鮆，又曰瘠。」郭注：「今俗呼小爲

〔一〕音：原誤作「從」。

癠，音薺菜。」今仍呼小爲癠。

《玉篇》：「嫣，莫補切。母也。」今城内及東鄉呼 m mɒ，m 讀閉口音。

《管子·海王》：「終月，大男食鹽五升少半，大女食鹽三升少半，吾子食鹽二升少半，此其大曆也。」房注：「吾子，謂小男小女也。」今呼小兒爲 ŋɒ tɕi，ŋɒ 即吾之轉音。tɕi 爲語尾詞。俗作牙尐。

《説文》：「孺，乳子也。一曰輸孺也，輸孺，尚小也。從子，需聲。」俗謂乳爲奶，因呼小兒爲奶尐或奶拈。

《爾雅·釋親》：「妻之父爲外舅，妻之母爲外姑。」今呼岳父、岳母。岳者，高峻之名。又呼丈人公、丈人婆，以泰山丈人峯得名。

《説文》：「媒，謀也。謀合二姓爲婚媾者也。從女，某聲。」今呼媒人公或千丈公。公者，尊之之辭。

《禮記·喪服》：「爲外祖父母。」傳曰：「何以小功也？以尊加之也。」又《檀弓》：「或曰：外祖母也，故爲之服。」今呼外祖父母爲外公、外婆。

《説文》：「鼈，甲蟲也。從黽，敝聲。」今呼甲魚，以外殼得名。又呼團魚，以形圓得名。

《説文》：「蠓，蔑蠓也。從虫，蒙聲。」今呼飛蟲之小者爲蠓子，讀陰平。

《説文》：「蚤，齧人跳蟲也。從蚰，叉聲。叉，古爪字。」今呼狗 tsɒ 子，即蚤之轉音。

《説文》：「蟁，齧人飛蟲。從蚰，民聲。蚊，俗蟁，從虫，從文。」今呼蠓子，讀陰平，即蟁之轉音。

《説文》：「蠅，營營青蠅。蟲之大腹者。從黽虫。」今呼飛集於廚房中爲飯蠓子，飛集於腐臭物上者爲青頭蠓。讀陰平。

《説文》：「撩，理之也。從手，尞聲。」江沅曰：「古以爲料理，今以爲撩亂。」俗謂挑撥爲撩是非。

《説文》：「懜，不明也。從心，夢聲。」今呼不曉事爲懜，音猛。

《説文》：「脯，乾肉也。從肉，甫聲。」今呼肉曰肉 pɒ，重言之曰 pɒ pɒ，讀去聲，即脯之轉音。

《説文》：「攪，亂也。從手，覺聲。《詩》曰：『祇攪我心。』」今謂作事曰 kau，讀上聲，即攪之轉音。

《説文》：「烏，孝烏也。象形。孔子曰：『烏，于呼也。』取其助氣，故以爲烏呼。」今謂亂嚷爲打 o xo，失望亦曰 o xo。

《國語·鄭語》：「鄭未失周典而王蔑之，是不明賢也。」韋注：「蔑，小也。」今呼小爲蔑，讀陰平。

附 音符

甲 輔音

雙脣	p	p‘	b‘	m	Φ	
脣齒	f	f‘	v	ɱ		
舌尖前	ts	ts‘	dz‘	s	z	
舌尖中	t	t‘	d‘	n	l	
舌尖後	tʂ	tʂ‘	dʐ‘	ʂ	ʐ	
舌面前	ȶ	ȶ‘	ȡ‘〔一〕	ȵ	ȵʑ	
	tɕ	tɕ‘	dʑ‘〔二〕	ɕ	ʑ	
舌根	k	k‘	g‘	ŋ	x	h

乙 元音

舌尖元音 前元音	ɿ	ʮ		
混或後	ʅ	ʅ	ʯ	

〔一〕 ȡ‘：原作「ȡ」。

〔二〕 dʑ‘：原作「dʑ」。

舌面元音{前元音 y i e ɛ æ a
混元音 ɐ ə
後元音 u o ɔ ɒ ɑ}

〔民國〕醴陵鄉土志

【解題】傅熊湘輯。醴陵縣，今湖南省株洲市醴陵市。「方言」見第四章《風俗》中。録文據民國十五年（一九二六）鉛印本《醴陵鄉土志》。

方言

縣境方言，多混合各處之音而成。大抵東南鄉近萍、攸，故類萍、攸。西北鄉近潭、瀏，故類潭、瀏。東南鄉及縣城之音，凡遇去聲字，多讀在去上之間，重音輕讀，深音淺讀。如究竟、看見、叫笑、讚歎等字，其讀音皆與江西之音大同，而與長沙迥異。西北鄉則否。又去入易混，如術讀樹、憶讀意之類。其特異而宜改正者，如上南鄉之讀堂爲房、讀房爲堂，讀豆爲後、讀後爲豆，讀桃爲肴、讀肴爲桃，謂這個爲幹即，謂那個爲裏個；上東鄉之謂做爲務；務讀若武。西北鄉之謂那個爲人個，人讀如銀今切。謂這裏爲個裏；個讀爲角。皆土語也。

又距今數十年前來自閩、粵之居民，在家尚有操閩、粵語者，出與社會交涉則循縣音。西幫則概循其土音。至於旅外之縣人，多能操普通國音，交通發達，語言自易統一也。

〔同治〕酃縣志

【解題】唐榮邦修，楊岳方等纂。酃縣，今湖南省株洲市炎陵縣。「方言」見卷七《户口》中。録文據同治十二年（一八七三）刻本《酃縣志》。

方言

酒巵曰杯。酒尊曰瓮。百沸湯曰穿心滚。不舒展曰齷齪。上上好者，慶幸也。黄眼者，憎惡也。懞懞懂懂者，不悟也。那裏，問在何處也。谷裏，應在此地也。有微恙曰不新鮮。飾體面曰大排場。少停曰息憩。大甚曰何苦。謂人放潑曰尤賴。日將午曰茶時。稱女之小者曰妹子。稱男之小者曰來上聲子。畫得樣，可以起勢也。難出水，不能落成也。倚倒，假意也。頂真，的確也。倔强，人不順理也。混賬，事欠分明也。稱惡少曰濫子，又曰婪子。言濫惡而貪婪也。叔曰椒老。兄曰况老。皆增其字旁而稱之。對人稱妻曰賤内，又曰屋裡個。呼母曰媪孆。媪音襖，今呼哀上聲。媪、委聲相近。孆，音迷，今呼濟，亦音轉之訛。言人聽話不省曰耳邊風。

至語近古而有據者，如言人疏漏曰不耐煩。《庾炳之傳》：「爲人强急而不耐煩。」冬乾之脯曰臘肉。《易》：「噬嗑，噬乾肉。」又《周禮》：「臘人掌乾肉。」日間小食曰點心。《唐史》鄭傪夫人云：「我未及餐，爾且可點心。」説人見理不明曰恍忽。《老子》：「道之爲物，惟恍惟忽。」説人不會語言曰鉗口結舌。顔真卿《疏》：「天下之士方鉗口而結舌。」説後三日爲外後日。《唐逸史》大歷中《裴老傳》乃有此語。呼祖母曰嬭嬭。嬭音乃，乳也。亦老成通稱，尊之如乳養之母也。呼父曰八八。音訛霸。《通雅》云：「外國語稱巴巴。《仙傳》：『唐肅宗時道士陶八八，以丹授顔真卿，蓋老成之稱。』」呼父之兄曰伯、霸。《釋名》伯與霸同。伯，把也，把持家政也。霸，亦把也。《國語》注：「把持諸侯之權。」呼女子之賤者曰丫頭。劉賓客詩：「花面丫頭十三四。」呼子曰崽崽。音宰。《水經注》：「孌童丱女，弱年崽子。」凡此皆方言之有意義可稽者也。

〔乾隆〕湘潭縣志

【解題】吕正音修，歐陽正焕纂。湘潭縣，今湖南湘潭市區及湘潭縣。「方言」見卷十三《風俗志》中。録文據乾隆二十一年（一七五六）刻本《湘潭縣志》。

方言

呼父曰爺。祖曰爹爹。母曰母媽，又曰毑毑。兹野切，母也。猶父、耶之謂爺。祖母曰挨毑。俗婛字誤。兒曰崽，又曰孲子。女曰娟子。姪曰生。等所生也。俗稱甥誤。壻曰郎。

如何曰甚麽，又曰咦的。何處曰何至。粗米曰嬾熟。放潑曰尤賴。日將午曰茶時。牛馬皆曰一隻。音則。買賣皆曰買。糴糶皆曰糶。水曰許。大曰代。俗字隱入爲⿵門身。讀鑽音。越占爲夵。讀卡音。譖言曰㑋。讀僭音。鋸斷木爲不。讀墩上聲。

〔乾隆〕衡陽縣志

【解題】陶易等修，李德等纂。衡陽縣，今湖南省衡陽市衡陽縣。「方言」見卷五《風俗》中。録文據乾隆二十六年（一七六一）刻本《衡陽縣志》。

方言

稱祖曰爹爹，祖母曰奶奶。曾祖父母以上曰太公、太婁〔一〕，曰老太公、老太婁。父曰爺，母曰挨馳。茲野切，母也。俗㜑字誤。婦稱翁亦曰爹爹，稱姑亦曰挨馳、曰奶奶。城市小兒稱父或曰爹，稱母或曰媽媽。兒曰崽，又曰𡥉仔。壻曰郎。婦與夫對面相呼曰特，對旁人曰當家。如何曰碼子。概言服物曰東西。粗米曰嬾熟，精鑿曰捧頭。尤賴曰放潑。就近曰挨邊，鄉村或曰衡頭。日將午曰茶時。牛馬猪羊之屬皆曰几隻。水曰許。暑天或曰水天。俗字，隱入爲閩，越占爲奓，斷木爲不。讀墩上聲。以上寧鳴球《續編》。

〔同治〕衡陽縣志

【解題】羅慶薌等修，彭玉麟等纂。衡陽縣，今湖南省衡陽市衡陽縣。「典禮」見卷六。録文據同治十

〔一〕太：原作「大」，據上「太公」改，下「老太公」「老太婁」同。

三年（一八七四）刻本《衡陽縣志》。

典禮

其土字，以長頭爲磔，字作乇，云半截也。以𣝗爲墩〔一〕。字作不，即𣝗字古文，而讀爲敦上聲，物未盡出之名。

其方言，以大父爲爹，音如低。以童子爲乃，今人通讀乳爲乃。乃子，乳子也。若何爲麽，麻去聲，歌麻同韻。平地爲町，出門謂之出町，丁亮反。任意謂之隨町。

其餘方言土俗，率同列縣，故記其獨殊者，以待懷鉛提槧之士云。

〔光緒〕耒陽縣志

【解題】於學琴等修，宋世煦纂修。耒陽縣，今湖南省衡陽市耒陽市。「方言」見卷七《風俗》中。録文據光緒十一年（一八八五）刻本《耒陽縣志》。

方言

曾祖曰老爹爹，曾祖母曰老奶奶。祖曰爹爹，祖母曰奶奶。父曰爺，母曰娘，又曰姐。伯父曰伯伯。音近八。叔父曰椒椒。子曰崽。音近怎。童子曰俫。女曰孅土音近邁姐。乳曰乃兒。

〔一〕以：原作「由」。

初生曰吂吐。上音吂，下莽去聲。揚子《方言》：「使之而不肯，答曰吂。」〔一〕《海篇》：「問之而不答曰吐。」夫曰老公，妻曰夫娘。僕曰家人，婢曰掃崽。稱母之父曰外公，母之母曰外婆。母之兄弟曰舅舅，亦曰母舅，舅之妻曰舅母。母之姊妹曰姨娘，母之姊夫、妹夫曰姨爺。中表曰老表。妻之父母曰丈人、丈母，又曰岳父、岳母。妻之兄弟曰舅。壻曰郎。友同年生曰老庚。

店主曰老闆。同事曰夥計。醫曰囊中。傭曰長工。痞棍曰油炒飯。賭儈曰長鼻子。拙賭曰闇子。頭曰腦殼。喫飯曰哈。音恰。小餐曰點心。糖食諸品曰換茶。米粉團曰湯圓，扁而大者曰粑。天熱喫酒曰荅口乾。夏布曰生布。小襖曰滚身。馬褂曰頓子。裏衣曰汗衫。領曰臂褡〔二〕。腿袴曰套袴。行縢曰裹腳〔三〕。小囊曰荷包。筯曰筷子。匙曰調羹。

甜曰清甜。酸曰津酸。淡曰白淡。鹹曰飛鹹，又曰苦鹹。苦曰賒苦。紅曰緋紅，又曰鮮紅。青曰蕉青。緑曰生緑。黃曰金黃。白曰巽白，又曰雲白。黑曰烏黑。

不潔曰惡卻，又曰披離懛賴，又曰邋遢。物好曰體面，又曰講款。驚訝其多曰夥頤。壞人事曰闖禍。未甚壞曰得大。過曰忒。此處曰果裏，彼處曰那裏。小曰一點。無曰冒。善做事曰在行。勉强曰將就。疲緩曰不上緊。容易曰不打緊。游戲曰頑耍。兩人相鬥曰打架。慣

〔一〕答：原誤作「行」，據《方言》改。
〔二〕「領」上似脱「無」字。
〔三〕裹：原誤作「裏」。

烘騙曰騎流黄馬。私許財曰偏手。

土音晴呼祥，成呼常，輕呼羌，明日呼芒，零呼良，争呼鎗，浮呼庖，水呼許，影呼養，請呼搶，他如白呼拍，讀平聲。昨日呼槎，石呼賒，轉音之訛，又難悉數也。

〔嘉慶〕武岡州志

【解題】許紹宗修，鄧顯鶴纂。武岡州，轄境包括武岡、新寧兩縣，州治在今湖南省邵陽市武岡市城區。「方言俗字」見卷十二《風俗》中。録文據嘉慶二十二年（一八一七）刻本《武岡州志》。

方言俗字

父曰爹。母曰姐。叔曰椒椒，其季曰滿滿。父之女兄弟曰娘娘。母之父曰客公。母之母曰客婆。女之夫曰郎。姐，䶊也。䶊，母也。崽，子也。幼子謂之𡯁。幼弟謂之滿。溝謂之圳。堰謂之塡。嶺謂之岊。坡謂之垇。庭内謂之坪，毗連謂之壋。廣而長謂之隴，狹而長謂之坑。今俱作沖。洿下有水謂之氹，無水謂之凼。

按古人方志多載方言俗字，所以存其地之習俗，俾有所考也。武岡所用氹凼等字，屢見民間質賃文契、詞訟呈狀，聊舉一二，附風俗之末，使觀風者藉質考鏡，亦平質劑之一端也。

〔同治〕武岡州志

【解題】黄維瓚等修，鄧繹纂。武岡州，轄境包括武岡、新寧兩縣，州治在今湖南省邵陽市武岡市城區。

「方言俗字」見卷二八《風俗志》中。録文據同治十二年（一八七三）刻本《武岡州志》。

方言俗字

父曰爹。母曰姐。叔曰椒椒，其季曰滿滿。父之女兄弟曰娘娘。母之父曰客公。母之母曰客婆。女之夫曰郎。姐，毑也。毑，母也。崽，子也。幼子謂之崽。幼弟謂之滿。溝謂之圳。堰謂之塓。嶺謂之岊。坡謂之坰。庭内謂之坪，毗連謂之堹。廣而長謂之隴，狹而長謂之坑。今俱作沖。洿下有水謂之氹，無水謂之氹。

按古人方志多載方言俗字，所以存其地之習俗，俾有所考也。武岡所用氹氹等字，屢見民間質賃文契、詞訟呈狀，聊舉一二，附風俗之末，使觀風者藉質考鏡，亦平質劑之一端也。

〔乾隆〕郴州總志

【解題】謝仲坃修，楊桑阿續修，何全吉纂。郴州，今湖南省郴州市。「方言」見卷十五《風俗》中。録文據乾隆三十五年（一七七〇）刻本《郴州總志》。

方言

父曰爺爺。母曰毑毑。兒曰崽。女曰妹。行最少者曰晚嬰。多曰毛。酒厚曰醲。米粗曰糙。人放潑曰尤賴。日將午曰茶時。失曰跌。棄曰丢。此處曰箇裏。箇讀上聲。無曰冒。如何云怎麽。某處曰那裏。同伴曰打夾。買米曰打米。肥面曰奤。讀旁去聲。跛足爲蹁。讀拜平聲。尤不察者，事重應云非輕，乃云不非輕。極大曰䜌大。宜邑句尾曰天、曰嗟，餘縣界某邑者近某，則錯雜互異，難以義解，難以殫述。

〔嘉慶〕直隸郴州總志

【解題】朱偓修，陳昭謀纂。郴州，今湖南省郴州市。「方言」見卷二一《風俗》中。録文據嘉慶二十五年（一八二〇）刻本《直隸郴州總志》。

方言

祖父曰公。祖母曰𡟖。父曰爺爺。母曰䭾䭾。兒曰崽。夫曰老公。妻曰𡟖娘。酒厚曰醲。米粗曰糙。人放潑曰尤賴。日將午曰茶時。失曰跌。棄曰丢。此處曰箇裏。箇讀上聲。無曰冒。如何云怎麽。某處曰那裏。同伴曰打夾。買米曰打米。肥面曰奤。讀旁去聲。跛足爲𨈖。讀拜平聲。尤不察者，事重應云非輕，乃云不非輕。極大曰䜌大。

補：謂人蠢曰弄。上聲。説話曰練。睡曰困。物軟弱曰揚。田塍曰芸頭〔一〕。忿戾曰降。惡少曰烏驢子。謂熱曰滚。欺紿曰宰。以言嚽人曰㲃。音窩上聲。飼豕之食曰少。醵錢羣飲曰鬬午。讀胡如吴音。讀黄如王音。《明史》：王陽明追宸濠於黄石磯，問舟人此地何名，舟人曰「黄石磯也」。

〔一〕塍：原誤作「繩」，據光緒《興寧縣志》改。

江西人讀黄如王音，陽明喜曰：「王失機，如此必成擒矣。」按，此則與江西同。謂兒子曰囝。唐時宦官多閩人，閩人謂父曰郎罷，謂兒曰囝。顧況有「囝别郎罷」「郎罷别囝」詩。按，此則與閩人同。謂候曰等。《天録識餘》〔一〕：「北人土話以候爲等。」詩云：「州橋南北是天街〔二〕，父老年年等駕迴。」按此則與北方同。婦謂翁曰家公，姑曰家漊。《莊子》：「陽子之往也，舍者迎將，其家公執席，妻執巾櫛。」按，此與北人亦同。謂父曰老子。《老學庵筆記》：「西俗謂父曰老子，雖年十七八，有子亦稱老子〔三〕。所謂大范老子、小范老子，蓋尊之以爲父也。」道士曰師公。《蜀志》：「後主命師漊於宫中降神。」按，女巫曰師漊，則男巫亦可云師公也。稱醫生曰郎中。此與北方人稱醫生曰大夫均未解何義。謂作事孟浪曰冒失鬼。《新齊諧》謂鬼神不擇强弱而作祟，其世之所謂冒失鬼乎？宜邑句尾曰天、曰嗟，餘縣界某邑者近某，則錯雜互異，難以義解，難以殫述。

〔嘉慶〕安仁縣志

【解題】侯鈐修，歐陽厚均纂。安仁縣，今湖南省郴州市安仁縣。「方言」見卷四《風土志》中。録文據嘉慶二十四年（一八一九）刻本《安仁縣志》。

〔一〕天録識餘：原誤作「天餘識録」。

〔二〕州橋：原誤作「橋成」，據《石湖居士詩集》改。

〔三〕有子：原脱，據《老學庵筆記》補。

方言

天時

天初明曰東邊開亮、土音浪。曰天光正明、曰早晨、曰清早。近午曰茶時、曰上半日。正午曰日中、曰晌午。午後曰下半日、曰半晡時。晚曰夜晡。昴宿曰七姊妹。虹霓曰杠。水凍成冰曰冰搆。霰曰米崽雪。雪花曰柔雪、曰鋪雪。雹曰雷火。夜雹曰龍屌水。霆曰乍雷。雨曰落土音諸平聲雨。

地理

山夾田曰沖，本作衝。又曰壠。山遠田多曰洞。山上曰頂。山峽曰坳頸。土音掌。山頭有廟曰仙巖。可居人曰厂、曰洞、曰巖裏。坪不下種曰荒坪。土音蒲茫切。

宫室

寢曰祖先堂。堂曰大廳。土音丹邦切。廚曰竈門。椽桷曰椽皮。

衣服

瓜皮曰抓子。靮曰辮子。手釧曰手箍。套曰外套。馬挂曰頓子。裏衣曰汗衫。單襪曰暑襪。

器皿

食盒曰食土音射平聲花。食櫃曰食土音同上具。胡牀曰胡椅。薦曰藉。土音秋靴切。草薦曰藁薦。五斗官斗曰一鷄。兩籮曰一石。受官斗十斗。○石字無担音，今天下不言石而言担者十居八九。一石六甬。每甬受官斗一斗六升六合六龠，一甬十升，每升官升一升六合六龠。半升曰一碶。八合三龠。半碶曰一眼。

四合一龠五抄。火盆曰團爐，可提者方曰火斗，圓曰火桶，竹曰火籠、曰烘籠。笠曰斗蓬、曰笠頭。鋤曰钁頭。平曰等子。多用戥字，無考。

飲食

米之粗者曰糙米，精者曰熟米。蔬曰小菜。飲與食皆曰喫。

人事

喜慶曰做酒。送禮曰做情。弔喪曰看死、曰燒倒頭紙。安葬曰出門。祈禳曰做福事、曰助十福。延巫驅鬼曰遣大神、曰擡菩薩。每月初二、十六亞祭曰打牙祭。借物件曰借東西。不踐前言曰冒信實。藏匿曰躲倒。留餐曰喫飯。止宿曰歇。拾遺曰檢得。無曰冒得。物不堪用曰要不得。賊挖孔曰打眼。祖初居此曰下誕。杜晏切。分物曰俵開、曰分破散。

交接

立曰站。呼讓路曰躲開。停曰等。止曰停腳。揖曰唱喏。罵曰討相罵。打曰打架、曰相打。改易曰換過、曰挑過。挑上聲。不食者曰賤性。

稱謂

祖曰公公。曾祖以上通曰老土音澇公公。祖母曰婆婆。曾祖母以上曰老土音同上婆婆。父曰爹爹、音低。曰爹哉。土音際。母曰娭她。父之兄曰伯伯。土音八。父之嫂曰婆娘伯伯。同上。父之弟曰叔叔、曰滿滿。土音平聲。父之弟婦曰嬸嬸。兄曰哥哥。弟曰老同上弟。兄妻曰大嫂。

弟妻曰老同上弟嫂。妯娌曰叔伯同上姆土音莫。子婦曰新婦。姪婦曰姪土音欺新婦。子曰崽。幼子曰㪯土音乃哉切崽。姑之夫曰姑爺。姊妹之夫曰姐夫。母之兄弟曰舅舅、曰舅公。母兄弟妻曰舅母。舅之子曰表眷。女之夫曰郎。姪女之夫曰姪郎。同庚友曰同年。同名同字者曰華宗。肥人曰奤子。跛曰躃子。躃字無考，今人讀擺平聲。身矮小曰老土音澇冷古。瞎曰眼子。斥人糊塗曰溷帳。斥人拙曰不在行。音杭。

農工

糞田曰挑淤。薙茅曰刨草皮。插秧曰蒔田。耘田曰薅土音奴駕切田。割茅曰殺柴。殺青曰打木枝。音知。注水曰抖水。凡禾一本曰兜，五兜曰秄、曰手，十手曰把、曰項，十八項曰架。

五穀

粱曰矮粟本音涑，須玉切粟、曰狗尾土音命粟。稷曰高粱。稻曰禾。禾槁再生曰二禾。二，本而系切。菽曰豆。穀不實曰穮。本音厭入聲。

草木

白茅曰絲茅。蘆曰冬茅。旱蓮草曰墨莧菜。蒼耳子曰匿毛草子。燈籠草曰響爆子。樗曰臭本抽去聲椿。棘狗子曰羊古棘。

花果

李曰梨。梨曰水爵梨。小柑曰塌橘。白果曰杏子。棗曰伯棗。棘曰長棗。

禽獸

鸜鵒曰牛鴉伯。土音八。烏鴉曰老鴉。梟曰哭鳥。布穀曰割麥插秧。虎曰大蟲、曰老虎。豺狼曰豺狗。狐曰黄狗狸。貉曰布狗狸。

鱗介魚蟲

鯆曰大腦古、曰雄古腦。鯖魚曰烏絲草魚。鼉曰團魚、曰腳魚。蜻蜓曰羊耳、曰塘蚱蜢。青蠅曰青丹蠅。土音余尊切。蒼蠅曰飯蠅。同上。蛸曰牛屎蠅。同上。蛟曰長腳蝨。土音同蠅。蜥蜴曰狗婆蛇。青蛇曰倒挂金鉤。蚯蚓曰螾公。螾，土音顯。有殼蜒蝣曰天田螺。鼠婦曰地蝨婆。

水火木金土

水土音許熱水曰滚〔一〕。水濁曰渾平聲水。藏火曰種火。取火曰點火。熇火曰炙火。炊火曰燒火。木朽曰脆，堅曰硬，細曰幼嫩。鐵生繡曰碌。音鹿平聲。錫灰曰錫屎。黄土曰黄土音王泥土音來。淡青色土曰石音奢夾泥同上。

土音通轉

驚，音張，心驚、收驚。正，音征，土音張，正月。輕，音昌，輕重。贏，音揚，輸贏。釘，音獨

〔一〕水熱水曰滚：疑當作「水熱曰滚水」。

將切,鐵釘。鈴,音良,鐵鈴。靈,音良,菩薩靈。零,音良,零碎。腈,音將,腈肉。清,音鎗,清水。青,音鎗,青色。晴,音祥,天晴。腥,音箱,魚腥。生,音雙,生疎。星,音箱,滿天星。横,音王,横田。名,音彌詳切,名字。成,音常,物活曰成。争,音莊,争多少。聲,音商,聲音。整,音掌,整好。影,音罔。鼎,音都養切,鼎鍋。餅,音布掌切。井,音獎,井水。省,音爽。醒,音想,酒醒。

扯,本作撦,音昌𢀜切。舍,音暇,施舍。舔,音拖雅切,舔浄。李,音利,李家。戲,音氣,唱戲。裏,音帝,到屋裏。鏡,音障。磬,音唱,打磬。釘,音訂,土音丁量切。聽,音敦帳切,聽見。病,音皮相切。命,音迷宕切。

借,子訝切。瀉,思乍切。謝,音詞亞切,花謝。射,神乍切,射箭。赦,始霸切,恩赦。社,常罷切,社壇。夜,音頤詐切。

葛,音古獺切,葛布。脱,音他括切。撥,音八,撥米。鉢,音八,鉢斗。末,音莫八切,末子。抹,音同上,抹棹布。啄,音竹獺切。

尺,音恰。滴,音都乹切。踢,音突插切,踢一脚。壁,音卜劄切。劈,音朴拔切。績,音足甲切,績麻。錫,音束札切。

隔,音夾,隔幾層。客,音苦札切。伯,音八,阿伯。摘,音札。越,音近挖,聿殺切。

墨，音迷倫切。賊，妻彄切。月，音近謳，移鄒切，月光。缺，音移鄒切，缺子。篾，音近謀，莫鈎切，篾匠。

落，音懦平聲，落雨，落雪。薄，音坡。昨，音脞平聲，昨日。柞，音剉平聲，柞樹。鑿，音剉平聲，斧鑿。藥，音如坡切。

笠，音里低切。直，音欺。實，音希，百實。拾，音石基切。十，音甚知切。

蠟，音辣，蠟樹。鈸，音普加切。白，音近葩，白色。

石，音奢。蓆，音見上，蓆子。

腐，音夫，豆腐。泥，音來，黄泥。魚，音近峴。

〔同治〕安仁縣志

【解題】張景垣修，張鵬等纂。安仁縣，今湖南省郴州市安仁縣。「方言」見卷四《風土志》中。録文據同治八年（一八六九）刻本《安仁縣志》。

方言

天時

天初明曰東邊開亮、土音浪。曰天光正明、曰早晨、曰清早。近午曰茶時、曰上半日。正午曰日中、曰晌午。午後曰下半日、曰半晡時。晚曰夜晡。昴宿曰七姊妹。虹霓曰杠。水凍成冰曰冰搆。霰曰米崽雪。雪花曰柔雪、曰鋪雪。電曰雷火。夜電曰龍戽水。霆曰乍雷。雨曰落土音諸平聲雨〔一〕。

地理

山夾田曰沖，本作衝。又曰壠。山遠田多曰洞。山上曰頂。山峽曰坰頸。土音掌。山頭有廟曰仙巖。可居人曰厂、曰洞、曰巖裏。坪不下種曰荒坪。土音蒲茫切。

宮室

寢曰祖先堂。堂曰大廳。土音丹邦切。廚曰竈門。椽桷曰椽皮。

衣服

瓜皮曰抓子。勒曰辮子。手釧曰手箍。套曰外套。馬挂曰頓子。裹衣曰汗衫。單襪曰暑襪。

器皿

食盒曰食土音射平聲花。食櫃曰食土音同上具。胡牀曰胡椅。蓆曰藉。土音秋靴切。草薦曰藁薦。五斗官斗曰一籮。兩籮曰一石。受官斗十斗。〇石字無担音，今天下不言石而言担者十居八九。一石六甬。每甬受官斗一斗六升六合六龠，一甬十升，每升官升一升六合六龠。半升曰一碗。八合三龠。半碗曰一眼。

〔一〕下「雨」字據嘉慶《安仁縣志》補。

四合一龠五抄。火盆曰團爐，可提者方曰火斗，圓曰火桶，竹曰火籠、曰烘籠。笠曰斗蓬、曰笠頭。鋤曰钁頭。平曰等子。多用戥字，無考。

飲食

米之粗者曰糙米，精者曰熟米。蔬曰小菜。飲與食皆曰喫。

人事

喜慶曰做酒。送禮曰做情。弔喪曰看死、曰燒倒頭紙。安葬曰出門。祈禳曰做福事、曰助十福。延巫驅鬼曰遣大神、曰擡菩薩。每月初二、十六亞祭曰打牙祭。借物件曰借東西。不踐前言曰冒信實。藏匿曰躲倒。留餐曰喫飯。止宿曰歇。拾遺曰檢得。無曰冒得。物不堪用曰要不得。賊挖孔曰打眼。祖初居此曰下誕。杜晏切。分物曰俵開、曰分破散。

交接

立曰站。呼讓路曰躲開。停曰等。止曰停腳。揖曰唱喏。罵曰討相罵。打曰打架、曰相打。改易曰換過、曰挑過。挑上聲。不食者曰賤性。

稱謂

祖曰公公。曾祖以上通曰老土音滂公公。祖母曰婆婆。曾祖母以上曰老土音同上婆婆。父曰爹爹、音低。曰爹哉。土音際。母曰媄她。父之兄曰伯伯。土音八。父之嫂曰婆娘伯伯。同上。父之弟曰叔叔、曰滿滿。土音平聲。父之弟婦曰嬸嬸。兄曰哥哥。弟曰老同上弟。兄妻曰大嫂。

弟妻曰老同上弟嫂。妯娌曰叔伯同上姆土音莫。子婦曰新婦。姪婦曰姪土音欺新婦。子曰崽。幼子曰𡥆土音乃哉切崽。姑之夫曰姑爺。姊妹之夫曰姐夫。母之兄弟曰舅舅、曰舅公。母兄弟妻曰舅母。舅之子曰表眷。女之夫曰郎。姪女之夫曰姪郎。同庚友曰同年。同名同字者曰華宗。肥人曰奤子。跛曰蹁子。蹁字無考，今人讀擺平聲。身矮小曰老土音澇冷古。瞎曰眼子。斥人糊塗曰溷帳。斥人拙曰不在行。音杭。

農工

糞田曰挑淤。薙茅曰刨草皮。插秧曰蒔田。耘田曰薅土音奴駕切田。割茅曰殺柴。殺青曰打木枝。音知。注水曰抖水。凡禾一本曰兜，五兜曰籽、曰手，十手曰把、曰項，十八項曰架。

五穀

粱曰矮粟本音涑，須玉切粟、曰狗尾土音命粟。稷曰高粱。稻曰禾。禾稿再生曰二禾〔一〕。二，本而系切。菽曰豆。穀不實曰䅽。本音厭入聲。

草木

白茅曰絲茅。蘆曰冬茅。旱蓮草曰墨莧菜。蒼耳子曰匿毛草子。燈籠草曰響爆子。樗曰臭本抽去聲椿。棘狗子曰羊古棘。

〔一〕 稿：嘉慶《安仁縣志》作「槁」。

花果

李曰梨。梨曰水爵梨。小柑曰塌橘。白果曰杏子。棗曰伯棗。棘曰長棗。

禽獸

鸜鵒曰牛鴉伯。土音八。烏鴉曰老鴉。梟曰哭鳥。布穀曰割麥插秧。虎曰大蟲、曰老虎。豺狼曰豺狗。狐曰黄狗狸。貉曰布狗狸。

鱗介魚蟲

鱅曰大腦古、曰雄古腦。鯖魚曰烏絲草魚。鼈曰團魚、曰腳魚。蜻蜓曰羊耳、曰塘蚱蜢。青蠅曰青丹蠅。土音余尊切。蒼蠅曰飯蠅。同上。蛸曰牛屎蠅。同上。蛟曰長腳蟲。土音同蠅。蜥蜴曰狗婆蛇。青蛇曰倒挂金鈎。蚯蚓曰螾公。螾，土音顯。有殼蜒蝣曰天田螺。鼠婦曰地蝨婆。

水火木金土

水土音許熱水曰滚〔一〕。水濁曰渾平聲水。藏火曰種火。取火曰點火。熇火曰炙火。炊火曰燒火。木朽曰脆，堅曰硬，細曰幼嫩。鐵生繡曰碌。音鹿平聲。錫灰曰錫屎。黄土曰黄土音王泥土音來。淡青色土曰石音奢夾泥同上。

〔一〕水熱水曰滚：疑當作「水熱曰滚水」。

土音通轉

驚，音張，心驚、收驚。正，音征，土音張，正月。輕，音昌，輕重。贏，音揚，輸贏。釘，音獨將切，鐵釘。鈴，音良，鐵鈴。靈，音良，菩薩靈。零，音良，零碎。睛，音將，睛肉。清，音鎗，清水。青，音鎗，青色。晴，音祥，天晴。腥，音箱，魚腥。生，音雙，生疎。星，音箱，滿天星。横，音王，横田。名，音彌詳切，名字。成，音常，物活曰成。争，音莊，争多少。聲，音商，聲音。整，音掌，整好。影，音罔。鼎，音都養切，鼎鍋。餅，音布掌切。井，音獎，井水。省，音爽。醒，音想，酒醒。

扯，本作撦，音昌㔶切。舍，音暇，施舍。舔，音拖雅切，舔淨。李，音利，李家。戲，音氣，唱戲。裏，音帝，到屋裏。鏡，音障。罄，音唱，打罄。釘，音訂，土音丁量切。聽，音敦帳切，聽見。病，音皮相切。命，音迷宕切。

借，子訝切。瀉，思乍切。謝，音詞亞切，花謝。射，神乍切，射箭。赦，始霸切，恩赦。社，常罷切，社壇。夜，音頤詐切。

葛，音古獺切，葛布。脱，音他括切。撥，音八，撥米。鉢，音八，鉢斗。末，音莫八切，末子。抹，音同上，抹棹布。啄，音竹獺切。

尺，音恰。滴，音都軋切。踢，音突插切，踢一腳。壁，音卜劄切。劈，音朴拔切。績，音足甲切，績麻。錫，音束札切。

隔，音夾，隔幾層。客，音苦札切。伯，音八，阿伯。摘，音札。越，音近挖，聿殺切。

墨，音迷倫切。賊，妻彄切。月，音近謳，移鄒切，月光。缺，音移鄒切，缺子。篾，音近謀，莫鈎切，篾匠。

落，音懦平聲，落雨，落雪。薄，音坡。昨，音脞平聲，昨日。柞，音剉平聲，柞樹。鑿，音剉平聲，斧鑿。藥，音如坡切。

笠，音里低切。直，音欺。實，音希，百實。拾，音石基切。十，音甚知切。

蠟，音辣，蠟樹。鈸，音普加切。白，音近葩，白色。

石，音奢。蓆，音見上，蓆子。

腐，音夫，豆腐。泥，音來，黄泥。魚，音近峴。

〔嘉慶〕桂東縣志

【解題】林鳳儀修，曾鈺等纂。桂東縣，今湖南省郴州市桂東縣。「方言」見卷九《風俗》中。録文據嘉慶二十二年（一八一七）刻本《桂東縣志》。

方言

父曰爹。母曰奶，曰母。讀美。兒曰崽。女曰妹仔。酒薄曰水。米粗曰糙。人撒潑曰放濫。日將午曰茶時。失曰跌。棄曰丢。無曰冒。此處曰箇裡。如何曰甚麽。某處曰那仔。散步曰打蕩。閒話曰談天。話持兩端曰鴛鴦話。争論曰扯皮。肥面曰奤。讀旁去聲。跛足爲蹸。讀拜平聲。長大曰蠻大。難以義解，難以殫述。

〔同治〕桂東縣志

【解題】劉華邦修，郭岐勳等纂。桂東縣，今湖南省郴州市桂東縣。「方言」見卷九《風俗》中。有同治五年(一八六六)刻本。録文據民國十四年(一九二五)重印本《桂東縣志》。

方言

父曰爹。母曰奶，曰母。讀美。兒曰崽。女曰妹仔。酒薄曰水。米粗曰糙。人撒撥曰放濫。日將午曰茶時。失曰跌。棄曰丢。無曰冒。此處曰箇裡。如何曰甚麽。某處曰那仔。散步曰打蕩。閒話曰談天。話持兩端曰鴛鴦話。争論曰扯皮。肥面曰奤。讀旁去聲。跛足爲蹸。讀拜平聲。長大曰蠻大。難以義解，難以殫述。

〔光緒〕興寧縣志

【解題】郭樹馨等修，黄榜元等纂。興寧縣，今湖南省郴州市資興市。「方言」見卷五《風土志·風俗》中。録文據光緒元年(一八七五)刻本《興寧縣志》。

方言

民多漢語，亦有鄉談。如曾祖曰堂公。曾祖母曰堂婁。讀不字平聲。祖曰公公。祖母曰阿婁。父曰大人，亦曰爹爹。母曰娭她，讀平聲。亦曰媽媽。謂人父曰老子，母曰老娘。兄曰把把，亦曰哥哥。謂人兄曰老把，讀波上聲。弟曰老台。伯曰伯伯。讀拜平聲。伯母曰姆姆。讀平聲。叔曰滿滿。叔母曰嬸嬸。夫曰老公。妻曰夫仰。子曰囝。讀若宰。謂男曰哇讀拉平聲崽，女曰娭讀去聲崽。岳父曰奢讀妻多切公。岳母曰奢母。讀平聲。舅曰期期。先生曰西山。醫生曰郎中。道士曰師公。面肥曰奤讀胖去聲仔。足跛曰跰讀拜平聲仔。眼瞎曰闇仔。惡少曰亂讀囉去聲宰。人蠢曰木舵。孟浪曰冒失鬼。人詐曰狡猾。極大曰蠻大。以言應人曰鬃。謂寫上聲。謂是曰斯。謂去曰〔一〕。後退切。謂回曰到居。謂候曰等。謂怎麼曰麼讀如媽樣讀宜將切。謂吃曰噱。謂飯曰〔二〕。讀如非餓切。謂酒曰沸。謂粥曰飦。謂菜〔三〕。讀查去聲。酒厚曰醲。米粗曰糙。熱曰滚。冷曰〔四〕。讀蘭千切。同伴曰打夾。讀如角。醵錢羣飲曰待你。閒談曰打白讀平聲唎。多言曰愛唎。戲要曰攬。高上聲。失腳曰跌高。尤賴曰打油火。買米曰打米。睡曰歇覺。高去聲。物軟弱曰揚。田塍曰畇臺。忿戾曰挾打把事。飼豕曰喂餚。

讀胡如吳音，讀黃如王音。《明史》：王陽明追宸濠於黃石磯，問舟人此地何名，舟人曰：「黃石磯也。」江西人

〔一〕〔二〕〔三〕〔四〕原文如此，蓋被切字有音無字。

讀黄如王音。陽明喜曰：「王失機，如此必成擒矣。」按此則與江西同。其餘界某省州縣者，則錯雜互異，難以義解，難以殫述。

〔乾隆〕永興縣志

【解題】沈維基修，楚大德纂。永興縣，今湖南省郴州市永興縣。「方言」見卷五《風土志》中。録文據乾隆二十七年（一七六二）刻本《永興縣志》。

方言

邢昺《叙爾雅》云：「一物多名，繫方俗之語；片言殊訓，滯古今之情。」蓋以五方風氣不同，故語言文字亦各異。如楚騷之些、齊陳之斯、秦晉之㚔、江東之䶨䶨，其類不可殫述。永地居嶺半，視長沙之卑濕，頗近高燥，語音介角徵之間，凡清濁易爲轉移。舊志缺此一則，今採而紀之，其有音無字者，或用俗字，或就四聲及翻切法定之。戔戔小言，豈遂足以通重譯、裨政教，姑以比揚子雲之《方言》云。

天時

天初明曰天光。在夜曰闇。早飯之時曰辰時，亦曰辰飯。日將午曰茶時。日將夜曰短黑。虹霓曰扛。因虹字近扛而誤訛也。簷溜成冰曰淋。去聲。按，西北人以冰爲凌，納于凌陰。凌粥、凌糕之類是也。凌字原有去音，南□讀凌爲淋〔一〕，故有此名。水凍成冰曰搆。

地理

兩山夾田曰沖。廣平曰洞。地之不可種稻者曰土荒原、曰毛坪。以牛踏塘之泥曰練塘。

人事

晨起曰起頭，又曰起身。跪曰竚，亦曰竚倒。初二、十六飲酒食肉曰打牙祭。疾病延巫祈禳驅鬼曰打和禳，又曰做事，曰調鬼。以水和泥曰撒賴。即蠢蠱之轉音。習學拳棒曰學打。熟習拳棒兼學符水曰法打周全。官話曰漢音。拾曰撿。無曰卯，又曰毛。昔人毳飯亦取三毛。如何曰麽平聲個高上聲。

物情

鹿曰○〔二〕。陋平聲。馬曰摹。讀上聲。狗曰改。鱉曰團魚。螳蜋曰族古。蜻蜓曰蛘兒。讀上聲。粉蝶曰飛娘。小蠅曰飯□〔三〕。青蠅曰青頭螟。黑花蝴蝶曰○。偏鴉切。蝦蟆曰蟆蟈。吹海螺曰吹海角。螺本非角，以所吹之音相似，故呼爲角。今京師以海螺爲觱篥。按，軍中所吹之角，古人以牛角爲之。觱篥，古人以竹爲之。皆非海螺也。圓物曰圞。竹箱曰簣。樹根曰兜。火旺曰嚴。焰字、燃字之訛。襪曰

〔一〕□：此字漫漶不清。
〔二〕○：原文如此，表示有音無字。下同。
〔三〕□：原爲空格。

水襪，亦曰暑襪。水曰暑。飲牛於池曰問水。物之不可用、人之劣者皆曰要不得。

飲食

喫曰卻。喫本音乞，北人皆讀爲叱，此地因乞字之音與隙相近，隙、卻古人有通用之處，故呼喫爲卻。肉曰〇。於勾切。豆腐曰代付。豆腐乾曰黄代付。蔬菜曰小菜。讀槎去聲。秔稻曰粘。五穀之硬者曰秈，軟者曰秥，曰糯，此正名也。今通省皆以硬者爲粘，自明至今不可改矣。酒醉曰酒厚。鹹菜糖菓曰换茶。自謙無肉曰没殺賣，有肉不宰鷄鴨曰没養牲。

農功

田積十步曰把，五步曰手，或三十步、四十步、六十步、八十步、百二十步，均曰石。俗讀擔。石字本無擔音，今讀石爲擔者，天下居十之九。其擔數多寡，各鄉相沿不同也。糞曰淤。種雜糧、棉苧曰生芽。砍細木曰砍不。本音岸入聲，木既伐而旁生也。從木字不出頭，今讀爲墩。

交接

使人讓路曰起開。贈以酒食、貨財而遣之曰起發。彼此相喚曰交。讀告。相毆打曰鬧。高揖曰唱喏。

宫室

山巔立廟曰仙。椽角曰椽皮。歸家曰到居。盜挖孔曰打地孔。始祖初定居之地曰下旦，亦曰祖旦，曰旦地。旦字疑担訛寫，担本俗字，古用儋。今擔言始遷者負擔遠來下於此地，以定居也。

稱謂

稱祖父曰爺爺，又曰公公。祖母曰娘娘，又曰奶奶。父曰爺，又曰𤕼𤕼，音爹。又曰血父。母曰媽媽，又曰阿姐，又曰血母。父之兄弟曰脉伯、脉叔。男曰崽。音宰，今訛寫爲仔。幼而未名者，男曰毛倈子，元人以優伶之裝小兒者爲倈兒，即此意也。今訛寫爲覓。女曰毛女。少子曰滿，並有滿弟、滿叔之稱，亦名曰晚。姪曰脉姪。姑舅之子曰骨表。疑即姑表之譌。稱兄妻曰兄嫂，弟妻曰弟婦嫂，己之妻曰婦娘。兄弟之子曰孫崽。女之壻曰郎。同年友曰庚兄。自稱曰庚弟。《離騷》曰：「攝提貞於孟陬兮，維庚寅吾以降。」言正月庚寅日生也。今人以八字爲年庚，以同歲爲同庚，以妻家所開之生年月日爲庚帖，且見於官文書矣。藐異鄉平民曰蟲，如稱耒陽人曰耒陽蟲，稱興寧人曰興寧蟲。斥人糊塗曰溷帳。肥人曰奋子。奋讀旁去聲。按，俗稱肥人曰胖子，不知胖從半肉，並無肥意。奋字見《篇海》，音潑，大面也。用代俗胖字，於義較合。跛足曰跰子。跰，讀罷平聲。我曰鏖，又曰翁。自謙不喫之類曰賤性。

案牘

訟牘中斥言生員曰喇，監生曰僡，或均曰劣。於尊屬曰狼，如狼叔、狼兄、狼舅之類。於翁壻曰獸。於卑幼曰孽。於書役曰蠹。保正曰歪。於被論之富者曰豪，貧者曰棍。

〔光緒〕永興縣志

【解題】吕鳳藻修，李獻君纂。永興縣，今湖南省郴州市永興縣。「方言」見卷十八《風俗志》中。録文據光緒九年（一八八三）刻本《永興縣志》。

方言

天初明曰天光。夜曰闇。將夜曰短黑。虹霓曰扛。簷溜成冰曰淋。水凍成冰曰構。兩山夾田曰沖。廣平曰洞。地不可種稻者曰土荒原、曰毛坪。田積十步曰把，五步曰手，或三十步、四十步、六十步、八十步、百二十步，均曰石。糞曰淤。種雜糧、棉苧曰生芽。砍細木曰砍不。使人讓路曰起開。贈以酒食、貨財而遺之曰起發。彼此相換曰交。去聲。相毆打曰鬧。高揖曰唱喏。

山巔立廟曰仙。椽角曰椽皮。歸家曰到居。盜挖孔曰打地孔。始祖初定居之地曰下旦。祖父曰爺爺，又曰公公。祖母曰娘娘，又曰奶奶。父曰爺，又曰爹爹。音爹。母曰媽媽，又曰阿姐。父之兄弟曰脈伯、脈叔。男曰崽。音宰。幼而未名者，男曰毛俫子，女曰毛女。少子曰滿。姪曰脈姪。姑舅之子曰骨表。兄妻曰兄嫂，弟妻曰弟婦嫂。己之妻曰婦娘。兄弟之子曰孫崽。女之壻曰郎。同年友曰庚兄。自稱曰庚弟。藐異鄉人曰蟲，如稱耒陽蟲之類。斥人糊塗曰溷帳。肥人曰奤子。跛足曰跰子。我曰蠒，又曰翁。自謙不喫之類曰賤性。

訟牘中斥言生員曰喇，監生曰儢，或均曰劣。於尊屬曰狼。於翁壻曰獸。於卑幼曰孽。於書役曰蠹。保正曰歪。於被論之富者曰豪，貧者曰棍。

〔民國〕汝城縣志

【解題】陳必聞修，盧純道等纂。汝城縣，今湖南省郴州市汝城縣。「方言」見卷二一《禮俗下》中。録文據民國二十一年（一九三二）鉛印本《汝城縣志》。

方言

父稱偞。讀若蝶，耶音之轉。母稱媽。但音轉如賣。祖父稱公公。祖母稱婆婆。曾祖父母稱白公白婆。父之兄稱伯伯。讀若霸。父之弟稱叔老。伯母稱孃孃。叔母稱嬸嬸。讀美平聲。兄呼爸爸。讀班去聲。姊呼大大。呼兄妻爲新嫂。呼弟妻爲老弟嫂。母之父母曰外公外婆。但外讀帶平聲。夫謂妻曰扶娘。妻謂夫曰老公。翁姑謂子媳爲新婦。婦稱翁曰太公〔一〕。音轉爲昆。稱姑曰家孃。夫之兄爲大郎。夫之弟爲小叔。妻之父母稱添人公添人婆。謂女壻爲郎。稱人姑媳爲兩尊音轉爲恭卑。稱人妯娌曰兩長幼。親家相謂曰阿公。阿讀曰韓。呼尋常人通曰老表。呼人乳名必助以古字，如某古。對卑賤者或呼某奴某婢。謂我爲艾。誤肺切平聲，或讀如哀。謂你爲□〔二〕。有音無字，但呻氣從鼻呼出。謂他爲之。們謂之支，亦謂之儂。如云我們稱艾支、艾儂，他們稱之支、之儂是也。

〔一〕稱翁：原誤作「翁稱」。
〔二〕你爲：原誤作「爲你」。

女子許字曰對人。男子娶婦曰討親。女子嫁失妻之男子曰填房。男子娶再醮之婦曰鬼妻。亦曰半路親。告人不實曰紿。帶上聲。責人不是曰選。讀若遷。欺陵人曰糟蹋。批評曰編排。讀如邊擺。美好謂之俏。醜劣謂之傻。音如沙去聲，亦讀若祟。不潔謂之腌臢。讀腌占。不整謂之邋遢。謂迂爲獃。讀帶平聲。謂黠爲刁。謂豪奢爲闊。謂刻薄爲尖。謂怠緩不振爲褦襶。讀癩帶平聲。以作揖爲唱喏。以交罵爲扯皮。以出口衝人爲夯。讀如拋去聲。以故意撩人爲歪。烏乖切。挑撥衆怒曰掉火。制止紛嚷曰殺風。跑謂之打輻腳。泥濘難行謂之蹩。音如辨。吴呼吴讀曰禾逐物聲。嗚唯呼風聲。來様，如何也。何様，何故也。來個，誰也。來許，讀音近基。何處也。毛言無也。䠓音近丟去聲言是也。起語冠嘖字猶如此也。如云如此多曰嘖多，如此久曰嘖久，如此勤曰嘖勤，如此爲難曰嘖爲難，如此大年紀曰嘖大年紀之類。語尾帶嘍字猶了也。如云來了曰來嘍，好了曰好嘍，可惜了曰可惜嘍，亦有介於句中者，如食了飯曰食嘍飯，悔了過就算了曰悔嘍過就算嘍之類。

凡飯粥果餌通曰食。酒漿茶湯通曰飲。肉食曰葷。蔬食曰齋。飯傷暑曰餿，傷濕曰糷。炙曰臘讀平聲肉。蛋曰卵子。蛋實以肉粉曰饇。讀如庶。醃菜曰菜鮓。讀平聲。曬笋曰笋乾。撳音近稱米粉爲團曰餈。俗作糍。搏糯飯爲餅曰糤。音如衫。宴客曰作酒。小餐曰飲茶。歲時饋遺曰陪。分物與人曰俵。標去聲。衣無裏爲單，有裏爲夾，着緜爲襖。馬褂爲頓子。裏衣爲汗衫。袴謂之底衣。襪謂之套子。抹額謂之帕。抹腹謂之兜肚。麻織品謂之績。布絲織品謂之軟擺。房稱屋。村場稱屋場。臥室稱屋間。廚稱竈下。堂稱廳下。堂後隔槅稱接堂背。邊屋稱迴欄。家祠稱大廳。廣庭稱坪。階級稱浪。廚具統稱鐺讀當去聲屬。謂傘曰遮子。謂屐曰板鞋。謂鞭爆曰銃子。謂墟市曰鬧子。銀圓謂之花錢。銅元謂之礌古。豆不實曰儱。讀若聾。穀不實曰癟。音如迫上聲。田瘦曰漂。泥深曰湴。音近辦。人肥曰胖。音若胖。牲肥曰膘。讀若標。餵牲畜之熟食曰粆。讀如少去聲。牲畜去勢，鷄謂之鐓，音線。猪謂之鍬，讀巧平聲。羊謂之閹，音如煙。牛馬謂之騸，音近善。以上語言稱謂。新輯。

〔同治〕嘉禾縣志

【解題】高大成修，李光甲纂，陳國仲增修，吴紱棠增纂。嘉禾縣，今湖南省郴州市嘉禾縣。「方言」見卷十三《風俗》中。録文據同治二年（一八六三）刻本《嘉禾縣志》。

方言

呼父曰爺，又曰霸。母曰姐姐。祖父曰爺爺，又曰公公。祖母曰淒匕，又曰鬻匕。年題切，音尼。兒曰囉喇，又曰[illegible]來上聲，俗字崽音宰。我曰薩，又曰咱。他曰遭，又曰寄。如何曰囉得，又曰羌的。吃飯曰嗻弗。有平、上、去三聲。飲酒曰嗻就。有平、上、去三聲。田一分曰一担。一厘曰一纂。俗字，麥地曰墦，音奢。征册每户曰一不。音墩。巋曰凸。坳曰凹。咼曰歪。

〔民國〕嘉禾縣圖志

【解題】王彬修，雷飛鵬等纂。嘉禾縣，今湖南省郴州市嘉禾縣。「禮俗」見卷十。録文據民國二十年（一九三一）刻本《嘉禾縣圖志》。

禮俗

縣處複嶺疊川，方言淩雜，其不同之大界限，可以鍾水流域兩岸别之。自鍾岸東南起道人嶺訖黄牛嶺，諸嶺以南上鄉南區、東區，貴賢鄉定、振二區，大概可同；嶺之西北上鄉平田區，沿城體而富樂鄉坦、廣二區訖於鑾三鄉石橋區，亦大概可同。易地而聽，雖日相習，有不能曉者矣。而上鄉大畬灣、黄李合村、鰕塘、王家皆語音尤異。舉例言之，如大畬灣人指稱恰在一處觀山曰「知知入聲恰恰上入下去闊三去聲」。鰕塘人作客答主人禮，對以「來便是」，乃曰「來赫去聲斯赫」。諸此之類，殆甚於聞外國語言。

凡親屬相謂，子呼父或曰爹爹，或曰爸爸，或曰阿爸，此其大同者。而同村異稱如仙人橋羅村，長房稱父曰利利，爹之去音。次房曰低低。爹之平轉。貴賢鄉定里通謂阿爸，有一房曰爸爸。上平下去。然此猶小異者。富樂鄉託山謂父曰大大，石門、瑶沖、山垛諸村謂父曰哥哥，異之異者矣。子呼母或曰姊姊，平音。或曰姆，讀如美之平音。或曰娭姊，皆平音。或曰嬷，或曰嬷姐。其稱祖通曰耶耶，讀如牙，蓋耶之耶也。稱祖母曰孃孃，蓋孃之孃也。或曰漊漊，或曰奶奶。其稱祖以上，考曰霸霸，有入、上二聲。妣曰霸霸孃孃。壻稱妻之父母通曰岳父、岳母，或如其村俗稱，如曰爸爸、姐姐，以親之。稱伯父曰爸爺，伯母曰爸孃，叔父曰馬馬，叔母曰大嬷，或曰麽嬷。其常相稱，我曰沙、曰阿，你曰老、曰希，他曰罩、曰逸。吃飯曰噎弗，上平二音。或曰招飯。吃酒曰噎就，或曰遮就。平聲。如何曰覔格，或曰迷赫格，或曰美赫格，或曰敞格。殊音方語，如禽百轉。今欲分詮名義，解人不易索也。

〔道光〕永州府志

【解題】吕恩湛修，宗績辰纂。永州府，轄境包括零陵、祁陽、東安、寧遠、永明、江華、新田、道州七縣一州，府治在今湖南省永州市零陵區。「方言」見卷五下《風俗志》中。録文據道光八年（一八二八）刻本《永州府志》。

方言

目録〔一〕

零鄉土音分釋　零陵土字　祁陽方言　祁陽土音分釋　東安土語分釋　道州方言　道州物名　道州土音分類釋詁　道州俗字　寧遠平話分釋　寧遠土字　永明直語　永明

〔一〕目録爲編者所加。

土音證古　永明土字　江華方言摭略　新田土語異聞　新田物名　新田方音類釋

州縣各有鄉談，聽之綿蠻，儕偶相謂如流水。男婦老幼習用之，反以官話爲佶屈。惟世家子弟與衛所屯丁，則語言清楚，不類鴃舌。至猺蠻之語，又別爲一音，聽之如蚓笛，如蟬琴，聲至高者，亦伯勞而止，皆風氣使然也。舊志。

荆楚方言謂父爲爹。《南史·始興王憺傳》。衺，楚荆曰陂。案今東安有斜陂，其義與古語合。湘沅之會，凡言是子者謂之崽。凡相哀憐，九嶷湘潭之閒謂之人兮。江湘之郊，凡貪而不施謂之亄，或謂之嗇。今永俗謂吝曰濇本此。安靜，江湘九嶷之閒謂之家。南楚凡人語言過度及妄施行亦謂之䛫。簾小者，南楚人謂之篗訪。零陵人呼籠爲篣。《方言注》。江之滸，凡舟可縻而上下者曰步。柳宗元《鐵爐步記》。楚粤之閒謂水之反流者爲澋，音若衣褐之褐。《袁家澋記》。《楚辭·招魂》句尾皆曰些，今湖湘江獠人凡禁咒句尾皆稱些。此楚人舊俗，即梵語「薩嚩訶」也，三字合言之即些字。《夢溪筆談》。

以上徵古。

零陵人稱父曰爺爺，祖曰爹爹，祖母曰奶奶。亦或稱父曰爹爹，祖曰爺爺。其稱母多曰阿姐，或曰姐姐，又或稱吾音恩兒切媽，或稱阿媽，或稱媽媽。其稱女兄多曰姐姐，鄉中或稱嫁嫁，又或稱兄妻曰嫁嫁。孩時抱娶幼女稱翁曰爺爺，稱夫母曰阿姐。夫稱婦妹妹，婦稱夫哥哥。

姑稱幼婦則從其女稱幾姑，稱長婦則從其少子稱幾嫂。凡弟皆稱兄曰哥哥，或以排行稱幾哥。兄稱弟曰兄弟，或稱幾弟。其稱祖曰公，或稱公公。稱曾祖曰太公，或稱爸爸。音罷平聲。稱伯父曰伯爺，曰伯伯，伯母曰伯娘，亦有呼伯伯者。稱叔曰幾叔爺，叔母曰嬸娘，季叔父曰滿滿，季叔母曰滿嬸娘。稱父之姊妹曰姑姑。父母呼子曰崽，祖呼孫曰孫崽，曾祖呼曾孫曰重孫。或加崽。凡呼年幼曰牙兒，又曰賴上聲崽。呼女曰女崽。壻妻父曰爹爹〔一〕，妻母曰奶奶。去聲。我或稱們。上聲，鄉中有之。

凡物之小者皆曰崽崽。小雨曰雨崽崽，碎瓦曰瓦崽崽，禽畜亦然。人始相見，必曰賀喜你，出門必曰多謝。問何物曰甚音審東西。酒飲乾曰泯。飲酒有節，即席而議曰酒話。不願食曰肯喫肉，音如族。筆曰寫字。箄，樓鄉或稱掌子棹，或稱臺。不識曰不審。謂人吝曰嗇不得嗇。謂人巧曰刁不得刁。裹汗衣曰小衣。袴曰衩兒。叉去聲。手巾曰帕子。小兒稱個，或曰貫小兒。相詰曰哪物。過熱曰爁。無味曰鼈淡。鷄曰頭生。猪肉曰菜。事畢謂之括。餽遺謂之打發。儀物謂之理性。倖獲謂之闖到。正經之經，音如畺。理境之境，音如畺上聲。梧、吾、吴，音皆如模。衣以塊計。錢以挂計。八百曰挂。壺音如符。菩音如芙。伐、韈音如爬。蔣音如張。江亦如張。以上並《聞見偶記》。

〔一〕「壻」下疑脱「呼」字。

零鄉土音分釋

天，呼近梯。日，呼近乃。月，呼近雨。星，呼近奢。雲，呼近容。雨，呼近玉。風，呼近方。露，呼近漏。霜，呼近朔。雪，呼近籽。釋天。

山，呼近沙。泥，呼近乃。路，呼近雷。塘，近奪平聲。溝，呼近隔。海，呼近亥。水，近庶上聲。渡，近特去聲。田，近特平聲。湖，呼近培。石，近愁上聲。橋，喬蛇切。釋地。

母，呼同姥。姊，呼近嫁。妹，呼近美。老，勞去聲。客，呼同可。奴，呼近雷。姑，呼近格。釋人。

門，呼近茫。樓，呼同勒。園，呼近庾，音稍放。殿，特奠切。牆，呼同羊。梁，呼近略。窗，呼近穿。釋居。

碗，惡去聲。鍋，呼同孤。盆，呼同房。甑，呼近暫。劍，呼同蹠。壺，呼近培。硯，呼近尼。墨，呼近美。紙，呼同志。牀，呼同昨。棹，呼近祖。橙，呼同旦。箸，呼快。盤，呼同白。枕，呼同正。簟，特奠切。扇，呼近瀉。帳，呼同覺。帽，髦同。繖，呼同舍去聲。簾，呼近劣。靴，呼近收。鞋，呼近狎。釋器服。

面，呼近密。頭，呼同特。口，客去聲。手，呼近秀。足，呼同肘。牙，呼近鵝。頸，呼同稼。釋身體。

酒，呼近九。鹽，呼同葉。茶，呼同濁。醋，呼近拆。湯，呼近托。糖，呼近同。釋食物。

鼓，格去聲。鑼，去聲。釋樂。

禾，呼同乎。黍，呼同首。麥，呼同畝。豆，呼近特。穀，格上聲。釋穀。

李，呼同利。棗，呼同燥。草，呼近造。木，呼同每。竹，丢上聲。葉，呼近米。釋植物。

燕，呼近夜。烏，弔上聲。釋禽。

虎，音布。猫，呼同莫。牛，呼近兀，又近敖。馬，呼近木。狗，呼同格。猪，呼近丢。羊，呼同藥。象，去聲。鹿，呼同勒。釋獸。

魚，呼同核。鱉，呼近擺。釋介。

以上北鄉蔡家步、祖江圩一帶土音，與近城迥異。邑士蔣芝田僅以餘音轉音之近似者，比似而譯之，未及證以韻書經典也。

零陵土字

氹，石閒聚水也，音蕩。㤉，我孁切，惡也，狠也。尣，俗幾字。卩，音呢。丩，音呀。言，音阿。言，音夥。樽，贊字，即母鷄未孕子者。毢，音抱，伏卵也。不，音等，木等子；不，等子，言級也。杔，音炮，十斤也。氽，音匏，人戲浮水上曰氽。氼，音沈，人墜水下曰氼。𢪃，音扒。

祁陽方言

祁陽人稱祖父曰爹爹，爹呼作低。亦曰公公。祖母曰阿毑。毑音姐。父曰爺。呼同涯。母曰奶。呼奶字入聲，音在得怛特〇下。叔曰滿滿。女兄曰阿假。兄曰老香。呼他人曰己，自稱亦曰己。

人曰凝。大人曰代凝。客曰喀。請客曰褪喀。人家曰凝街。

拏到曰礦到。早晨曰早凝。没有曰毛有。門根謂之地方。這樣曰果種。這個曰果甲。此處曰果裡。

甚麽曰恩個。恁地曰渾擬起。怎麽説曰渾擬講。講呼本字作港。怎麽做曰渾擬興。這般做曰果樣做。不吃曰肯吃。不要曰肯要。愛甚曰愛得狠。惡甚曰惱得狠。事頗好曰可得。事極好曰要得。不知道曰曉不得。事如願曰巴不得。長曰漫天八長。短曰點點長。大曰漫天八大。小曰點點大。

凡疑而未定之詞，語尾皆曰八煞。如云喫飯八煞、做某事八煞。色紅曰飛豔之紅。白曰雪花芒白。白呼扒入聲。黄曰金箍之黄。黑曰墨區之黑。緑曰飛天之緑。緑呼作留入聲。青曰碧豔膠青。青呼作鏘。

祁陽土音分釋

日，呼作暱。星，呼作箱。釋天。

夜，呼作亞。午，呼翁上聲，恩爾切。釋時。

嶺，呼作兩。石，呼作匣。井，呼作獎。洞，呼作同。釋地。

脛，呼同將。頸，呼同漲。釋身體。

竹，呼作丟入聲。粟，呼作秀入聲。釋植物。

五，恩爾切。六，呼作溜。釋數。

粥，呼作州入聲。肉，呼作紐入聲。喫，呼作掇，開口聲。生，呼作桑。熟，呼作柔入聲。熱，呼作聶。冷，呼作朗。釋食物。

尺，呼同卻。釘，呼作當。釋器。

睡，呼作樹。醒，呼作享。影，呼作養。隻，呼作□〔一〕。去，呼作黑去聲，又吼去聲。行，呼作杭。寫，奢去聲。聽，呼作汀鏘切。聲，呼商羊切。釋事。

東安土語分釋

天，呼近特。雲，呼同雍。星，呼近削。虹，呼同扛。露，呼近樓渚。漢，呼同架。釋天。

地，呼近遲劫。土，呼近偷上聲。水，呼同渚。石，呼近厥骨。溝，呼同衆。路，呼同樓。橋，呼近傑。渡，呼近投。湖，呼近無。山，呼近沙。釋地。

父，呼同阿爸。母，呼同阿馳。姊，呼同姐姐。妹，呼同婀妹。客，呼同確。兄，呼同果。釋人。

門，呼近芒。牆，呼近嚼上聲。梁，呼近略。樓，呼近撈。園，呼近曰去聲。殿，呼近忒。釋居。

碗，呼近活上聲。壺，呼近父。箸，呼同籌。鍋，呼同姑。牀，呼近蓐去聲。硯，呼近蔑若。

〔一〕□：此字殘缺。

盆，呼近旁。甑，呼近葬。墨，呼近茅。釋器。

帳，呼近詐子。帽，呼同梅子。簟，呼同蔑特。扇，呼近舍。繖，呼近沙上聲。席，呼同嚼。釋服飾。

面，呼近蔑。口，呼同味。鬚，呼同翦子。眼，呼同啞嚼。膽，呼同朵。足，呼同潔。腹，呼近斗子。耳，呼近你兜。釋身體。

肉，呼同牛。油，呼近優。鹽，呼近夜入聲。茶，呼近濁去聲。醋，呼近湊。釋食物。

琴，呼近臣入聲。笛，呼近嚼。鑼，呼近祿入聲。釋樂。

禾，呼近乎。麥，呼近莫。豆，呼近陶。菽，呼近修入聲。穀，呼近苟。釋穀。

桃，呼近頹。梨，呼近利。棗，呼近嘴。榴，呼近若離。枇杷，呼同未八。釋果。

芙蓉，呼近父雍。梅，呼近妹。花，呼近窠。蘭，呼同浪。樹，呼近揉。茅，呼近媽。杉，呼近鎖。松，呼近仲。楓，呼近傲。釋花木。

燕，呼近夜。鷄，呼近劫入聲。鴨，呼近惡。鵝，呼近木。竹鷄，呼近丢劫。鴿，呼近鵲。釋禽。

虎，呼近達成。麒麟，呼近地靈。羊，呼近約入聲。牛，呼近鰲。犬，呼近暠。馬，呼近磨去聲。鹿，呼近樓。猪，呼同丢。象，呼近嚼上聲。釋獸。

龍，呼近雄。魚，呼近歸。鰕，呼近火工。釋介。

道州方言

州人稱祖曰公公。祖母曰媽媽。父曰爹爹，亦曰⿱父者。母曰安媽，方音則曰母老。叔曰叔爺。伯曰伯爺。叔母曰嬸娘。伯母曰伯娘。兄曰哥哥。兄呼弟曰⿰禾盡。音歹。凡數兄弟曰幾⿰禾盡。姊曰姐姐。父之姊妹曰姑娘。祖之姊妹曰姑婆。子曰崽，乳名多曰某崽，或曰某狗。季子曰晚，謔曰滿兒，多曰毛。妻父曰岳丈。妻母曰岳母。妻兄曰親兄子。謂母之父曰外公。母之母曰外婆。母兄弟曰舅爺。母姊妹曰姨娘。女之子曰外甥。呼曾孫曰息。小兒拜緇流爲假父曰寄子，拜平人爲假父曰乾兒。游手者曰溜打鬼。謂外境人曰拐子。鄉人曰古老。撒潑曰放賴。將午曰茶時。午後小餐曰壓申物。醜曰跛。失曰跌。棄曰丢。謂極曰蠻。如蠻大、蠻長之類。事畢曰過了。人肥曰奋。讀旁去聲。跛足爲跰。戲曰弄。病曰不耐煩。不潔曰邋遢。

道州物名

守宮曰壁蛇。蜘蛛曰婆絲。蟬曰車牛。蚱蜢曰爪馬。蝸牛曰天螺。雉曰野鷄。竈馬曰竈鷄。黄蜂曰蜜蜂。蠅虎曰豹虎。蛙曰田鷄。豺曰野狗。螢曰夜火。蜻蜓曰陽鶴。蠅曰飯蚊。蚓曰蠕蟲。鴈曰天鵝。鵲曰喜鵲。雀曰麻雀。鸜鵒曰八哥。鷓鴣曰去也哥哥。子規曰陽鳥。布穀曰阿公阿婆。蝙蝠曰簷鼠。鳳仙花曰指甲花。一丈紅曰龍船花。蔗曰甘蔗。橙曰香圓。荻曰芒筒。杏子曰杏枚。

道州土音分類釋詁

天類　凡類中與官音同者不贅，其方音與古音叶者條列于左

月曰崛。魚橘切。屬喉音，係疑母下。今語轉脣齒合音，係非母下。有音無字矣。○《黄庭經》：「洞房靈象斗日月，父曰泥丸母雌一，三光焕發入子室。」月叶魚橘切。**雲曰于。**今轉去聲。○雲字，《韻會》《正韻》于分切，雲、于並喉微兼牙音也，係雙聲。**雪曰綏。**綏字今轉爲絮，取飛絮之義。○《釋名》：「雪，綏也，水下遇寒氣而凝，綏綏然下也。」〔一〕**露曰洛。**露字，《唐韻》洛故切。洛、露並舌兼喉音也。**虹曰貢。**貢字今語低轉平聲。○按虹字本音洪，《廣韻》音絳，《集韻》則音貢。**雨曰汙。**《釋文》雨，于付反，音汙。按汙字，虞、遇二韻兼收，于付反，屬去聲，今語轉平聲。**歲曰須。**歲字，《集韻》須鋭切。按須字今轉爲戍。《説文》：「歲，从步戌聲。」戌與歲亦諧聲。須係歲平聲，戌係歲入聲。**時曰市。**時字，《唐韻》《集韻》《韻會》並市之切。時、市皆齒音也，係雙聲。**節曰濟。**曹植《王伯贊》：「壯氣淩雲，挺身奪節，所征必拔，謀顯垂惠。」節叶音濟。又《易・家人卦》：「失家節也。」叶下位韻。**春曰樞。**春字，《集韻》《韻會》樞倫切。春、樞並齒音，雙聲也。**夏曰胡。**夏字，《唐韻》《正韻》胡駕切。夏、胡皆脣齒合音，雙聲也。**早曰朝。**按早字平聲音遭，今語轉朝，則取朝夕之義。**夜曰裕。**今語低轉爲玉。○《詩・召南》「豈不夙夜」、《唐風》「冬之夜」，皆叶音裕。又《離騷》「吾令鳳鳥飛騰兮〔二〕，繼之以日夜。」叶下御字。**閏曰如。**閏字，《廣韻》如順切，《集韻》《韻會》《正韻》儒順切。閏、如皆齒兼牙音，雙聲也。

〔一〕然：原誤作「愁」，據《釋名》改。

〔二〕鳥：原作「凰」，據《離騷》改。

地類

地曰大。今音低轉爲達。○地字，《集韻》大計切。地、大並舌音，雙聲也。**土曰妥。**按妥字叶音土，故土字轉語爲妥也。土、妥即古音雙聲也。**金曰居。**按居喉音，今轉齏，屬牙音矣。○金字，《唐韻》居音切，《集韻》《韻會》《正韻》居吟切。金、居並喉音，雙聲也。**火曰虎。**韓愈《元和聖德詩》：「施令酬功，急疾如火。」叶後五切。**沙曰蘇。**沙字，《唐韻》所加切，故所音轉爲蘇。又按《集韻》沙字作蘇和切。**邦曰崩。**崩，卜工切，讀若琫平聲。○按《詩》《易》邦字俱叶卜工切。《易·師卦》「必亂邦也」，叶上功。《離卦》「以正邦也」，叶上容、公。《書·堯典》「協和萬邦」，叶下雍。《詩·小雅》「以畜萬邦」，叶上訩，「保其家邦」，叶上同。《大雅》「御於家邦」，叶上恫，皆是。**家曰姑。**《詩·豳風》「予未有室家」，叶上据、荼。《小雅》「復我邦家」，叶上居、樗，「宜爾室家」，叶下孥、圖、乎。《書·益稷》「朋淫于家」，叶上舟，舟字音朱。《洪範》「汝弗能使有好于而家」，叶下辜。又按漢班超妹曹世叔妻號曹大家，即大姑，女之尊稱也。**衙曰五。**衙字，《唐韻》五加切。**堂曰同。**屈原《九歌》「魚鱗屋兮龍堂，紫貝闕兮珠宮」，堂叶音同。**房曰馮。**今轉爲鳳。○《道藏·中嶽仙人歌》：「徘徊元嶽巔，翻焉御飛龍。齊騰八紘外，翺翔閶闔房。」叶音馮。**窗曰充。**鮑照《玩月》詩「玉鉤隔鎖窗」，音充，叶上櫳，下同韻。又陶潛詩「閒飲東窗」，叶下「舟車靡從」。按窗字，《集韻》初叢切，《類篇》《韻補》俱同，古音也。**臺曰題。**今轉去聲。按題字亦入去聲霽韻。○詩《韻補》臺字叶音題。《參同契》：「皓若褰帷帳，瞑目登高臺。火記六百篇，所趣等不迷。」又《詩·南山有臺》，叶下基、斯。**塘曰同。**今轉去聲。○按《說文》無塘字，古與唐通。《周語》「陂唐汙庫，以鍾其美」注：「俗本作塘。」考唐字叶音同，歐陽修《諫議銘》「僕射於唐」，叶上「四世以公」。故今塘、唐皆作同音。**提曰底。**今轉去聲。○堤字，《唐韻》又作都禮切，《集韻》《韻會》《正韻》典禮切，音底。堤原有底音也。**街曰基。**按《集韻》《韻會》街字，居膎切，本音基。今官語從《廣韻》讀作皆，古諧切。方言反不失本音。今京師內城有此音。**階曰稽。**班固《西都賦》「猶愕眙而不能階」，音稽，叶下「目眴轉而意迷」。又按《詩・小雅》「職爲亂階」，叶上斯、麋。《大雅》「維厲之階」，叶上鴟。路曰落。《前漢・楊雄傳》：「爾廼虎路三嵕以爲司馬。」注：晉灼曰：「路，音落。」服虔曰：「以竹虎落此山也。」師古曰：「落，纍也。以繩周遶之也。」方曰風。《道藏・左夫人歌》「紫蓋記靈方」，音風，叶上空。界曰記。今語低轉平聲。○陶潛《感士不遇賦》「紆遠轡於促界」，音記，叶下濟。

人類

祖曰左。按王逸《九思》左字叶音祖，故祖字轉爲左也。宗曰臧。《書・伊訓》「罔大，墜厥宗」叶上洋、彰、常、祥、殃、慶。又《史記・司馬遷自叙》「厥稱太宗」，叶上「開通關梁」，並讀臧。子曰則。今語轉去聲。○《詩・豳風》「既取我子」，朱傳叶音則。按楊慎《古音叢目》與朱傳同。孫曰宣。今轉宣入聲，作雪音。○趙壹《窮鳥賦》「天乎祚賢，歸賢永年，且公且侯，子子孫孫」，叶音宣。哥曰古。哥字，《唐韻》古俄切。哥、古皆喉音，雙聲也。姐曰鮓。鮓係借音。○按姐字，《集韻》《韻會》《正韻》子野切，本音近鮓，故今《佩文官韻》收入馬韻，乃俗多誤作接之轉音，方言反與古合。伯曰布。楊雄《解嘲》用以叶懼字，係博故切。姑曰歌。按歌字叶音姑，故姑字轉爲歌也。姑、歌並喉音。徒曰駝。今轉爲舵。○《道藏歌》「於是息三徒」，叶下「慶賀西王那」。準曰拙。音近絶，今語轉上聲。○準字，《唐韻》《集韻》《韻會》《正韻》又音拙，入屑韻。《史記・高祖本紀》「隆準而龍顔」注：應劭曰〔一〕：「準，頰權也。」李斐曰〔二〕：「準，鼻也。」此準字讀如字，非，當讀拙。牙曰吾。今轉去聲。○《詩・小雅・祈父》「予王之爪牙」，牙讀吾，叶下居。按《唐韻》《正韻》牙古音吾，又與虞、吾

〔一〕應劭：原誤作「服虔」。
〔二〕李斐：原誤作「文穎」。

並通。《詩・召南》「吁嗟乎騶虞」,《山海》《墨子》並作騶吾,《前漢・東方傳》作騶牙。股曰果。股字,《韻會》果五切。果、股並喉音,雙聲也。背曰北。《説文》背字,从肉北聲。又北字音背。《書・舜典》「分北三苗」注:「分其頑梗,使背離也。」肺曰霏。按霏即肺字平聲。膽曰覩。膽字,《韻會》《正韻》覩敢切。膽、覩並舌音,雙聲也。血曰惠。入霽韻。○劉向《九歎》「荆和氏之泣血」,叶下「王子比干之横廢」。髮曰廢。潘岳《藉田賦》「垂髫總髮」,音廢,叶下「掎裳連襼」。胎曰梯。漢樂章「衆庶熙熙,施及夭胎」,又徐幹《七喻》「大宛之犧,三江之鮭,雲鶬水鵠〔一〕,熊蹯豹胎」,並叶音梯。嬭曰你。嬭音乃你,字今轉平聲。○嬭字,《廣韻》又音你,楚人呼母爲嬭。蹄曰弟。蹄字,《集韻》又音弟,大計切。步曰蒲。步字,《集韻》《韻會》蒲故切。蓋蒲即步字平聲也。度曰鐸。音奪,俗讀托,非。○度字,《廣韻》又音鐸,如權度、商度之類。量曰良。按量字古文亮、良二音通。器量、度量今官語作去聲,丈量、商量作平聲,二音逐分。方言則器量、度量反作平聲曰良,丈量、商量反作去聲曰亮,係轉韻也。力曰勒。蘇軾《香積寺》詩「感荷佛祖力」,音勒,叶下「見者惟木客」。意曰益。秦《之罘刻石》文:「大矣哉,宇縣之中,承順聖意,羣臣頌功,請刻於石,表垂乎常式。」入聲意叶音益。又賈誼《鵩賦》「請對以意」,師古曰:意,叶韻,音益〔二〕。志曰支。《楚辭・九章》「羌中道而回畔兮,反既有此他」,志音支,叶上期。樂曰勞。樂字,《唐韻》又音勞,《廣韻》伯樂相馬,一作博勞。快曰愧。愧字入寘韻,今語低轉平聲。○《易・旅卦》「心未快也」,叶上位,又揚子《太玄經》「心誠快也」,叶上廢,皆音愧。聲曰書。聲字,《唐韻》書盈切,《正韻》書征切。聲、書並齒音,雙聲也。話曰胡。話字,《玉篇》胡卦切,《正韻》胡挂切,《集韻》胡化切。話、胡並喉微兼牙音,雙聲也。答曰篤。今轉

〔一〕鶬:原誤作「鳥」,據《七喻》改。
〔二〕《漢書》顏師古注作:「意字合韻,宜音億。」

去聲。○《易林》「黃鳥采蓄，既嫁不答。念我父兄，思復舊谷」，答叶音篤。告曰角。王逸《九思》「思怫鬱兮肝切剥，忿悁悒兮誰訴告」，叶音角。歌曰姑。柳宗元《饒娥碑辭》「或以頌歌」，音姑，叶下「傷懷罹誅」。唱曰昌。唱字，《集韻》亦作昌。拜曰畀。今語低轉平聲。○《詩·召南》「蔽芾甘棠，勿翦勿拜，召伯所税」，拜叶音畀。擔曰都。擔字，《唐韻》《集韻》《韻會》《正韻》並都濫切。擔、都俱舌音，雙聲也。提曰第。按提字，《集韻》《韻會》《正韻》又作大計切，音第。見《史記》《戰國策》注，又《漢書音義》同。牽曰輕。《易·姤卦》「柔道牽也」，讀若輕，叶下賓、民。又《急就章》「盜賊繫囚榜笞臀，朋黨謀敗相引牽，欺誣詰狀還反真」〔一〕，牽，叶詳均反。我曰語。張衡《鮑德誄》「業業學徒，童蒙求我。濟濟京師，實爲西魯」，我叶音語。

物類

龍曰良。《易·坤卦》「故稱龍焉」，讀良，叶上「嫌於無陽」。又揚雄《解嘲》「以鴟梟而笑鳳凰〔二〕，執蝘蜓而嘲龜龍」。虎曰火。虎字，《唐韻》火古切，《集韻》《韻會》火五切〔三〕。火、虎並喉微兼牙音，雙聲也。馬曰姥。莫補切，同姆。○《詩·周南》「言秣其馬」，朱傳叶滿補切，音姥。又《左傳》昭二十五年童謡：「往饋之馬。」亦音姥。鳳曰馮。鳳字，《唐韻》《韻會》《正韻》並馮貢切。馮即鳳平聲。鶴曰斛。嵇康《琴賦》「下逮謡俗，蔡氏五曲。王昭楚妃，千里別鶴」，叶音斛。鷺曰洛。鷺字，《唐韻》洛故切。鷺、洛並舌兼喉音，雙聲也。鴨曰烏。今轉去聲。○鴨字，《唐韻》烏甲切。鴨、烏皆喉兼牙

〔一〕欺：原誤作「敗」，據《急就章》改。
〔二〕鴟梟：原誤作「梟鴟」，據《解嘲》改。
〔三〕集：原誤作「美」。

音，雙聲也。蝦曰胡。蝦字，《唐韻》胡加切。蝦、胡皆喉兼牙音，雙聲也。瓜曰姑。《詩·衛風》「投我以木瓜」，讀若姑，叶下琚。又《左傳》昭十七年「登此昆吾之墟，緜緜生之瓜。余爲渾良夫，叫天無辜」，亦叶音姑。果曰古。果字，《唐韻》《集韻》《韻會》《正韻》並古火切，俱喉音，雙聲。花曰敷。花即華字，古以華爲花。○按《詩》華字凡七見，皆讀敷。又《唐韻》古音亦音敷。郭璞曰：「江東謂華爲敷。」陸德明曰：「古讀花爲敷，不獨江東也。」漢光武曰「仕宦當作執金吾，娶妻必得陰麗華」是也。葉曰弋。《易林》「同本異葉，樂人上德。東隣慕義，來興吾國」，葉叶音弋。蔗曰諸。《唐韻》古音蔗讀諸。甘蔗一名甘諸，南北異音也。麻曰摩。今訛爲磋。○《詩·齊風》「可以漚麻」，叶音摩。又潘岳《河陽》詩「托身依叢麻」，叶下「政成在民和」句，亦入歌韻也。禾曰胡。禾字，《集韻》《韻會》胡戈切。按胡字今語轉户。考《唐韻》禾字，户戈切。皆喉微兼牙音，雙聲也。穀曰各。今轉通作去聲。○《詩·小雅》「播厥百穀」，音各，叶下碩、若。米曰彌。米字，《廣韻》《正韻》《集韻》《韻會》並彌上聲，蓋彌即米字平聲。秧曰鞅。即秧字上聲。○秧字本音央，《集韻》《廣韻》又音鞅。秧穰，禾密貌。麥曰暮。晉太和末童謡「白門種小麥」，音暮，叶上路。茶曰鋤。今轉去聲。○茶字，《正韻》鋤加切。茶、鋤並齒音，雙聲。醋曰酢。音昨，今語低爲磋。○按醋字，《説文》本音酢，「客酌主人也」。徐曰：「今俗作倉故切。」溷酢，非是。考醬醋之醋，古人作酢，酢音醋，又音昨。菜曰砌。七去聲，今語低轉平聲爲妻。○東方朔《七諫》：「西施媞媞而不得見兮，嫫母勃屑而日侍。桂蠹不知所淹留兮，蓼蟲不知徙乎葵菜。」〔一〕湯曰通。東方朔《七諫》「何青雲之流瀾兮，微霜降之蒙蒙。徐風至而徘徊兮，疾風過之湯湯」，叶音通。梳曰所。所俗讀瑣。○梳字，《唐韻》所葅切，蓋所即梳上聲也。鞋曰

〔一〕葵：原誤作「蔡」，據《七諫》改。

攜。鞋字，《集韻》又音攜，系也。帶曰蒂。今轉平聲。○《詩·衛風》「之子無帶」，叶上厲韻。又《楚辭·九歌》「荷衣兮蕙帶」，亦叶音蒂。帳曰張。《釋名》：「帳，張也。張施於牀上也。」按帳字又與張通。《史記·高帝紀》「復留止，張飲三日」注：「張，幃帳也。」箸曰著。持略反。○箸字，《集韻》《正韻》又音著。又《史記·宋世家》：「紂始爲象箸。」索隱曰：「箸音持略反。」瓨曰宫。瓨與缸同。○瓨字，《集韻》又音宫。印曰衣。印字，《正韻》衣刃切，《集韻》《韻會》伊刃切。並喉兼牙音。錢曰盞。今略低轉去聲。○按《字彙補》云：「錢字古與盞通。」《續鍾鼎銘》有雀錢，錢即盞字。財曰齊。舜《南風歌》「可以阜吾民之財兮」，叶音齊。按《唐韻》正支切，兩韻本通。材曰齊。劉向《列女傳》「陳其幹材」，叶下「公遂釋之」。瓦曰五。今轉爲烏。○韓愈《元和聖德詩》「皇帝儉勤，盥濯陶瓦。斥遣浮華，好此綈紵」，叶音五。烟曰因。今轉侒平聲，下同。○班固《典引》「烟烟煴煴」，又劉楨《魯都賦》「蔚若霧烟」，俱讀因，蓋古音也。煙曰因。柳宗元《祭從兄文》「晝凌風煙」，叶上句字。按《周禮·春官·大宗伯》「禋之言煙也」注：「煙音因。」

雜言類

數曰朔。數去聲，朔字今音低轉平。○數字，《廣韻》《集韻》《韻會》《正韻》又色角切，音朔。一曰意。左思《吴都賦》「藿蒳豆蔻，薑彙非一，江蘺之屬，海苔之類」，一叶音意。意即一字去聲。兩曰良。兩字，《廣韻》《正韻》良獎切。良即兩字平聲。雙曰鬆。《詩》「冠緌雙止」，音鬆，叶下庸、從。又謝惠連《七夕》詩「今聚夕無雙」，亦讀鬆，叶上蹤。三曰蘇。三字，《唐韻》《集韻》《韻會》並蘇甘切，《正韻》蘇監切。三、蘇俱齒音，雙聲也。四曰他。塔平聲，今訛爲沙。○四字，《正字通》與肆同。考肆字《集韻》又作他歷切，《釋文》並同。按他字本音拖，《正字通》云：「方言呼人曰他。讀若塔平聲。」六曰溜。力救切，今轉平聲。○考六字本力竹切，《九宫譜·調聲》作力救切，南北梨園皆宗之，蓋六、溜皆舌兼喉音，並屬宫之半徵也。八曰背。八字，《集韻》又音背。趙古則《六書本義》云：「八音背，分異也，象分開相八形。」《説文》：「别也，象分别相背之形。」徐曰：「數之八，兩兩相背，是别也。」十曰涉。十字，《韻會》《正字通》並借作拾。考《曲禮》「拾級聚足」注，拾當爲涉聲之誤也。又按十、拾並入緝韻，涉字入葉韻，邵長衡《韻略》緝通葉，蓋古音也。再曰祭。《楚辭·九歌》「恐禍殃之有再」，叶音祭。上曰常。《易·頤卦》「順以從上也」，讀常，叶上光、下慶（音疆）。又《楚辭·九歌》「騎雷兮忽上」，叶音常。中曰章。漢胡綜《黄龍大牙賦》：「四靈既布，黄龍處中。周制日月，是曰大常。」《韻會》叶音常。師古曰：「古讀中爲章。」按《詩·鄘風》「期我乎桑中」，叶上唐鄉姜、下宫（音光）上（音常），蓋古東韻與陽韻通也。下曰户。候古切。○《書·堯典》「格于上下」，音户，叶上表（音補）。吴棫曰：「《毛詩》下字一十有七，陸德明皆作户音讀。」始曰詩。始字，《廣韻》《正韻》並詩止切。始即詩上聲也。終曰章。陳琳《迷迭香賦》「亦無始而不終」，叶上「雖幽翳而彌彰」。多曰刀。蘇轍《巫山廟》詩「再拜長跪神所多」，音刀，叶上「山下麥熟可作醪」。衆曰章。《道藏歌》「攜袂明真館，仰期無上皇。北鈎唱羽人，玉女粲賢衆」，叶音章。寡曰古。《詩·小雅》「哀此鰥寡」，音古，叶上野（音暑）、羽。《大雅》「不侮鰥寡」，叶上吐（上聲）、下禦（上聲）。長曰仲。長字，《正韻》仲良切。矮曰倚。矮字，《集韻》《韻會》倚蟹切。矮、倚並喉微兼牙音，雙聲也。大曰徒。度平聲。○大字，《唐韻》《集韻》《韻會》徒蓋切。徒、大並舌音。太曰遞。今語低轉爲梯。○歐陽修《祭龍文》「宜安爾居，静以養智。冬雪春雨，其多已太」，叶音遞。小曰細。今轉平聲。○白居易《懺悔偈》「無始劫來，所造諸罪。若輕若重，無大無小。了不可得，是名懺悔」，小叶音細。按罪、悔二字，此並讀去聲。《書·仲虺之誥》「自用則小」，讀作細，叶上裕。真曰之。音近臍。○真字，《集韻》《韻會》《正韻》之人切。真、之並齒音，雙聲也。假曰古。假字，《廣韻》古雅切。假、古並喉音，雙聲。按《禮運》「是謂大假」，《纂言》假與嘏通。大假者，大其嘏詞也。嘏、古同音。禍曰户。今轉平聲爲胡。

按禍字，《唐韻》《正韻》並胡果切。○馮衍《顯志賦》「每季世而窮禍」〔一〕，音户，叶下野（音暑）。今方音野字亦作暑，但微低轉平聲耳。福曰赴。按赴字即福去聲。分曰別。《説文》：「分，別也。从八刀，刀以分別物也。」〔二〕別曰必。別字，《正韻》必列切，別、必並脣音，雙聲也。合曰胡。合字，《集韻》胡閤切。解曰紀。《古詩》「著以長相思，緣以結不解。以膠投漆中，誰能別離此」，解字，叶音紀。采曰泚。妻上聲。○《詩·周南》：「參差荇菜，左右采之。」朱傳叶此禮反，下友字，叶羽已反。綵曰泚。陳琳《瑪瑙勒賦》：「督以鈎繩，規模度擬。雕琢其章，爰發絢綵。」《韻補》叶音此禮切。素曰索。朱子《中庸章句》：「素，按《漢書》當作索，蓋字之誤也。」事曰時。蔡邕詞「命公三事」，音時，叶下「是式百司」。法曰廢。入霽韻。○歐陽修《銘》「爲予執法」〔三〕，叶上「萬邦從祀」，音廢。可曰苦。韓愈《元和聖德詩》「縱則不可」，音苦，叶下「其衆十旅」〔四〕。是曰詩。蔡邕《釋誨》「害其若是」，《韻補》叶市之切。舍曰暑。《易·井卦》「舊井無禽，時舍也」，讀若暑，叶上下（音户）、下與。頀曰霍。庚闡《弔賈誼》文「雖有惠音，莫過韶頀。雖有騰蛇，終仆一壑」，叶黄郭切。待曰啼。地平聲。○屈原《離騷》：「路修遠以多艱兮，騰衆車使徑待。路不周以左轉兮，指西海以爲期。」朱注：「叶徒奇反。」亮曰梁。《書·説命》亮陰，《大傳》作梁闇，《禮記》作諒闇，注讀爲梁鶕，《漢·五行志》作涼陰，蓋梁即亮字平聲。伐曰吠。入霽韻，下同。按吠、廢本收隊韻，但隊韻古通寘，寘韻古又通霽也。○徐幹《西征賦》「奉明辟之渥德，與游軫而西伐。過京

〔一〕衍顯：原誤作「顯衍」。世：原誤作「氏」。
〔二〕下「刀」字原脱，據《説文解字》補。
〔三〕予：原誤作「子」，據《杜祁公墓志銘》改。
〔四〕下：原誤作「上」。

邑以釋駕，觀帝居之舊制」，叶音吠。發曰廢。《詩·豳風》「一之日觱發」，傳音廢，叶下烈（音例）。切曰砌。七去聲。○切字，《唐韻》《集韻》《韻會》《正韻》又七計切，音砌。《韻補》砌或作切。張衡《西京賦》：「設切厓隒。」李善注：「古字通。」結曰計。《前漢·陸賈傳》：「尉佗魋結箕踞。」師古曰：「結讀曰計。」〔一〕

方言甚繁，難以盡述，字字有所依據，細按之，則與古韻通轉及邵長衡《韻略》往往相合。如東韻古通冬轉江。邵長衡《韻略》通冬江，古江韻又與陽通，故凡屬東冬二韻音者，皆作陽韻音，屬陽韻者亦多作東韻音。如忠曰張，《漢溧陽長潘乾碑》「流惡顯忠」，叶上「扶弱抑强」。充曰昌，《道藏歌》「幽逸芝英充」，叶上「七門扇羽章」。鍾曰章，《蜀昭烈贊》「靈精是鍾」，叶音章。隆曰良，《道藏歌》「不聞鬼道隆」，叶下「賈生元正章」。當曰東，《易》「既濟，利貞，剛柔正而位當也」，讀若東，叶下中、窮。又丁東，玉佩聲，亦作丁當，二音古通。章曰山，《書》「五服五章哉」，叶上庸、衷韻。彰曰終薛綜《騶虞頌》「騶虞乃彰」，叶上「豈弟之風」之類是也，餘不悉載。

魚虞二韻通歌。如枯曰科，《黃庭經》「調血理命身不枯」，叶上「金鈴朱帶坐婆娑」。蘇曰娑，《黃庭經》「臨絶呼之亦復蘇」，叶音娑。痾曰烏《廣韻》痾字烏何切。烏、痾並喉微兼牙音，雙聲也之類是也，餘不悉載。

佳韻古轉支，屬佳韻者多作支韻音。灰韻古通支，齊韻亦與支通，故凡灰韻皆作支、齊二韻音。如皆曰箕，《前漢·孟喜傳》：「箕子者，萬物方荄兹也。」師古曰：「荄音皆。」古皆、荄與箕音同。喈曰基，《詩》

〔一〕計：顏師古注作「髻」。

「北風其喈」，叶韻基。按朱子《詩傳》，凡喈字俱音基。佳曰稽，楊雄《反騷》「閨中容競綽約兮，相態以麗佳」，叶音稽。排曰皮，謝靈運《登石門最高頂》詩「處順故安排」，叶音皮。按皮字今轉去聲。乖曰規，《前漢·叙傳》「官失學微，六家分乖，壹彼壹此，庶研其幾」〔一〕，叶音規。裁曰齊，《楚辭》「爲螻蟻之所裁」，叶音齊，叶上「鴟梟羣而制之」。哉曰齎《詩·邶風》「已焉哉，天實爲之，謂之何哉」，並音齎。又《王風》「曷至哉」，叶上期字之類是也，餘不悉載。

養韻古通講，講韻古轉董，故養、講二韻多作董韻音。如往曰蓊，本東方朔《七諫》「龍至而錦雲往」，叶音蓊。蚌曰琫，本郭璞《山海經》「體近鼉蚌」，叶音琫。項曰嗊本張衡《西京賦》「修額短項」，《廣韻》叶胡孔切之類是也，餘不悉載。

泰、卦、隊三韻古轉寘。邵長衡《韻略》寘韻通泰、卦、隊，故今語於三韻多作寘韻音。如代曰地，《楚辭·九章》「讒妬人以自代」，叶音地。按地字，今音低轉平聲。賴曰例，班固《答賓戲》「況吉士而是賴」〔二〕，叶音例。按例字，今收霽韻，古通寘。戒曰記《六韜》「將不常戒，則三軍失其備」，《韻補》叶音記。按記字，今語轉平聲之類是也，餘不悉載。

外此有有音無字者，如先韻古通鹽，轉寒删，今天、千、顛、偏、穿、潺等字俱轉删韻，此類甚多，依今《佩文官韻》，參以宋吴棫《韻補》及宋鄭庠《古韻本》所載通轉，若合符節，百不差一，奈多有音無字難於類舉，當以意會之，不及詳注也。以上俱州人周迪哲《道國緒聞》，不忍割愛，故全録之。

〔一〕 庶研：原作「不知」，據《漢書》改。

〔二〕 戲：原作「賦」。

道州俗字

涵，音但，泥窪也。漯，音累，水漕。冇，音没，無也。奀，音近彌，小也。骳，音枯，讀若多，人瘦也。嶂，山脊也。擳，音歹，幼孩也。兄謂弟亦曰擳，《菽園雜記》云〔一〕：「廣東謂幼子曰擳。」汌，音浚，田間水道。𣸣，音等，立閘以分水。

寧遠平話分釋

寧遠以土話爲平話，其語有平話所無者則仍用官音，是由於國語繙譯閒有仍用漢話者也。

天，呼近坦。雲，呼近遠去聲。雨，呼同五。日，呼近宜〇，土字平聲。虹，呼同亘。露，呼近落。釋天。

地，呼同特。土，呼同拖。水，呼近帥平聲。泥，呼近本字去聲。石，呼近率高。岨砠，俱音籌，凡山多以此名。溝，呼近垢。路，呼近勞。田，呼近嘆。洞，呼近貼，蓋町也。橋，呼近俟。渡，呼近脱。池，呼近賜。湖，呼近號。海，呼近黑。釋地。

父，呼同爹爹。母，呼近依依。姊，呼近渣渣。妹，呼近覓覓。嫂，呼同西西。女，呼近擬。老，呼同禮。少，呼近使。客，呼近確。奴，呼近懦。姑，呼近果。釋人。

門，呼近面。屋，呼近握。牆，呼近寢。梁，呼近令。寺，呼近慈。樓，呼近漏。園，呼近玩。殿，呼近堂。竈，呼近已。釋居。

〔一〕菽：原誤作「寂」。

碗，呼近月。壺，呼近賀。刀，呼近低。箸，呼近撮。鍋，呼近砌。劍，呼近謹。牀，呼近寸。硯，呼近希宜。盆，呼近泮。盤，呼近片。甌，呼近務。甑，呼近者。釋器。

枕，呼近狂。帳，呼近怎。帽，呼近覓勒。簾，呼近浪。簞，呼近祖。扇，呼近散。繖，呼近攜。釋服飾。

面，呼近茫。口，呼近呼。鼻，呼近迫。鬚，呼近務捋。膽，呼近登。手，呼近蘇。足，呼近及。釋身體。

肉，呼近烏。酒，呼近鳩。油，呼近又。鹽，呼近吝。茶，呼近錯。醋，呼近草。釋食物。

琴，呼近唁。鐘，呼近見。鼓，呼近膏。釋樂。

禾，呼近惡去聲。黎，呼近石。麥，呼近模。豆，呼近塗。穀，呼近閣。釋穀。

李，呼近俫。桃，呼近棣。梨，呼近賴。柑，呼近更。棗，呼近知。釋果。

芙蓉，呼近富影。茉莉，呼近墨勒。草，呼近棲。木，呼近莫。釋花草。

鳳，呼近烋。鶴，呼近湖。燕，呼近影。鷄，呼近呂。釋禽。

虎，呼近呵。麒麟，呼近俟嶺。羊，呼近應。牛，呼近悟，與南牛爲牾合。犬，呼近孤。馬，呼近畝。象，呼近請。鹿，呼近羅。釋獸。

龍，呼近另。魚，呼近臥。蛟，呼近救。鼈，呼近必。釋介。

案《瀟泠閒語》：每多斂聲，如麒之讀如時，上之讀如象，投之讀如秀，香之讀如軒，涼之讀如廉，以此顯推，可以得其脣口吻矣。

寧遠土字

不，讀如等，截木令平也，或曰椿屬。○《字典》五葛切，音岸入聲。⿱亼几，讀如掌，以物補鞋也。⿱尸月，讀如伊啞，門開合聲也。⿰才卜，讀如品棒，物落水聲也。

永明直語

謂父曰爹，即爹之轉也。謂母曰孃，又曰穀。音耨。楚人謂乳曰穀。謂祖父曰公，祖母曰媽。謂子曰崽。《水經注》「弱年崽子」是也。婦謂舅曰郎公，謂姑曰娘母。郎者，男子美稱。尊長稱少年曰郎，僕稱主亦曰郎。兄謂弟曰⿰犭盡〔一〕。音歹。此與道州同。小兒拜緇流爲假父而服其衣冠曰寄子。《燕翼貽謀録》云：「不奉教，不誦經，惟假其冠服，名曰寄褐。」寄子之稱，蓋本于此。

游手者曰油打鬼。謂外竟人曰拐子。以鄉音爲直話，官語爲曲話。物之美者曰嫽。音料。楊子《方言》「青徐之閒謂好曰嫽」是也。物之醜者曰跛。人循良者曰善熟，蹊蹺者曰惡賴，壯健者曰蠻俗讀改股，瘦者曰枯俗謂多根。游戲曰弄。角鬭曰生怒。罵曰咀。畊田曰做音走田。芟草曰薅草。茶桐棉花之屬收獲不盡者聽人拾取曰摭。謂不潔曰邋遢。不分晰曰媾嬈。謂立曰企。謂世家曰古骨。以鹽漬魚肉而藏之，謂之抑酢。楊淵《五湖賦》：「連航抑酢。」宋景文詩：「蟹美持螯日，魚香

〔一〕⿰犭盡：原誤作「⿰歹盡」。

抑酢天。」抑酢之稱本此。邑人謂虹爲龍，晚虹謂之旱龍。朝虹在西，晚虹在東。諺云：「東看日頭西看雨。」《丹鉛録》云：「虹字从虫，俗謂之鱟，又謂之旱龍。依其形質而名之也。」

永明土音證古

蔣雲寬曰：邑人讀書，習於鄉音，沿舛襲謬。予友何静齋文學字安究心四聲之學，審同别異，是正訛誤，學者翕然從之，俗音爲之一變。邑令張荷塘五典有《隣墅》詩云：「楚徵語侏離，讀書亦鄉音。荒墅石牆外，松篁望蕭森。鷄聲寒日曉，燈影閒夜深。隣兒勤吟誦，聽之清我心。疾徐及抑揚，似解事參斟。字句迄難辨，亥豕徑可任。欲譬巖漏閒，古調彈幽琴。又喻春卉叢，爰止鳴琢禽。窗前引稚子，披卷坐正衿。琅琅作互答，同惜分寸陰。頗意閩中賢，一編垂藝林。□浦蔡氏有《正音》一卷〔一〕。所以變鴃舌，猶如置南針。伊誰爲人師，此意好追尋。」是詩作於乾隆丁酉歲，其時俗音未變，若今日不當有此作矣。然静齋專解今音，未究古韻，永音正多與古韻合者。今備列於篇，或足資小學家之考據也。

風，讀方凡反，與《説文》「風，從虫凡聲」及「颿，從馬風聲」合，楓同。

宗，讀如臧，與《史記》馬遷《自叙》梁、宗爲韻合。

鍾，音章，與《蜀昭烈帝贊》方、鍾爲韻合。

〔一〕□：此字漫漶不清。

龍，讀蒲光反，與《坤·文言》「故稱龍焉」叶上「嫌於無陽」合。

容，讀若陽，與《參同契》「太元無形容」叶下「忘」字合。

封，讀若方，與韓昌黎《李道古銘》封、亡爲韻合。

重音長，峯音方，墉音羊，與《道藏歌》合。

江，桃川人讀工，與《楚辭》《哀郢》《悲回風》合。《説文》：「江，從水工聲。」

邪，讀餘，與《上林賦》櫧、櫨、邪、閭爲韻合。《史記·歷書》「歸邪於終」，亦以邪爲餘。

花，讀近敷，與《易·大過》九二爻詞合。

瓜，讀近孤，與《詩·木瓜》合。

姱，讀近枯，與《楚辭·九歌》合。

家，讀若姑，與《洪範》家、辜爲韻及漢曹大家讀作姑合。

瑕，讀近胡，與《詩·狼跋》三章及《左傳》「心苟無瑕，何恤乎無家」合。

牙，音俄，與晉京洛童謠「遥望晉國何嵯峨，千歲髑髏生齒牙」合。

衙，音俄，與韓詩「頷頭可其奏，送以紫玉珂。詆欺劉天子，正晝溺殿衙」合。

荼，讀近塗，與《説文》「荼，從艸余聲」〔一〕、鉉等曰「即荼字」合。

〔一〕荼：原誤作「茶」。

搽，讀塗，與《漢書·東方朔傳》「令壺齟，老柏塗」合。

查，讀租，與《三國志·朱然傳》「征柤即查中」音租合。

盲、蝱、茵，讀五郎反，蝗、瑝、鍠、喤，音黄，俱與古合。

祊，讀甫郎反，與《詩·楚茨》二章合。

觥，音光，與《卷耳》合。

萌，讀芒，與《韓非子·八奸》篇牀、旁、殃、萌爲韻合。

甿，音芒，與《説文》「甿，從田亡聲」合。

憂、優、麀、耰、留、流、憀、秋、湫、猶、攸、悠、由、油、游、繇、揄、酋、修、抽、瘳、周、州、舟、仇、疇、覨、柔、收、鳩、愁、休、髤、囚、儔、幬、綢、裯、求、疇、絿、浮、眸、矛、鍪、裒、幽、烋等字俱通入蕭、宵、肴、豪部韻，與《詩》《楚辭》及漢魏有韻之文合。

牝，讀蒲履反，與《説文》「牝，從牛匕聲」合。

鳳，讀凡去聲，與《唐韻》「鳳，從鳥凡聲」合。

巷，讀胡貢反，與《詩·丰》首章巷、送爲韻合。《説文》以爲邑中所共，共亦聲。

詐，音莊助反，與《晉語》輿人誦惠公「詐之見詐，果喪其賂」及《吕覽·情慾》篇固、詐爲韻合。

乍音助，與《釋名》「助，乍也」合。

茂、戊、楙、幼、售、壽、褎、糅、就、繡、秀、窌、霤、廖、簉、縐、袖、臭、獸、狩、宙、究、救等字通入嘯、笑、效、號等部韻，俱與古合。

逐，音冑，與《易·大畜》陸德明音義合。

戮，音溜，與《説文》「戮，從戈翏」合。

鞠音九，育音柚，與《詩·邶·谷風》五章鞠、育與讎、售爲韻合。但鞠當音鳩，育當音油。九，柚音之轉。

叔，音少，與《釋名》「叔父，叔少也」「幼者稱」合。

菽，音式沼反，與《詩·七月》薁、菽、棗、稻爲韻合。

太，音闥，與《漢書·地理志》「太末」〔一〕，孟康曰「太音如闥」合。

結，音計，滅，音亡例反，與《詩·正月》八章結、厲、滅爲韻合。

節，音子髻反，與《淮南子·天文訓》禮、節、制爲韻合。

缺，桃川人讀頍，與《士冠禮》「緇布冠缺項」注「讀若有頍者弁之頍」合。

篾，音昧，與《春秋》盟于篾，《公羊》作眛合。

茢，音例，與《周禮》槁人「贊牛耳，桃茢」，沈音例；《左傳》「巫以桃茢」，徐音例，皆合。

〔一〕太：《漢書》作「大」，下例同。

列，音例，與《説文》「例，從人列聲」合。
烈，音厲，與《詩·七月》首章烈、歲爲韻，《祭法》「厲山氏」《水經注》作「烈山氏」皆合。
哲，音制，與陳思王《黄帝贊》哲、滅、制、列爲韻合。
桀，音其例反，與《詩·長發》桀、旆爲韻合。
熱，音如例反，與《説文》「熱，從火執聲」合。
折，音制，與《左傳》「置折俎」，徐音制合。
浙，音制，與《莊子》「自制河以東」即浙河合。
鼈，音蔽，與《説文》「鼈，從黽敝聲」合。
弱，音如詔反，與《説文》「嫋，從女弱聲」合。
爵，音焦上聲，與《左傳》隱元年正義「服虔云『爵者，醮也』」合。
火，音後五反，與韓昌黎《元和聖德詩》火、序爲韻合。
箸，音持略反，與《史記·宋世家》「紂始爲象箸」索隱音合。
博，音補，髆、鎛同，與《説文》從尃得聲合。
薄，音捕，《書序》「成王踐奄，將遷其君蒲姑」，《史記》作薄姑。是薄、蒲音同。捕者，音之轉。
酢，俗作醋。音在各反。《説文》：「酢，醶也。從酉乍聲。倉故切。」臣鉉曰：「俗作在各切。」五代時已有此誤。

郭，讀鼓，與《風俗通》「鼓者，郭也」合。

槨，亦讀鼓，與《易·繫辭》「易之以棺槨」通上野、樹、數爲韻合。

客，讀空五反，與《漢書·楊王孫傳》「焉用久客」通上腐、土爲韻合。

宅，音徒故反，與《書·顧命》「祭、嚌、宅」徐音合。

格，音古，與《士冠禮》「孝友時格」注「今文格爲嘏」合。

澤，讀若足，與《穆天子傳·黄澤謡》澤、玉、穀爲韻合。

織，音止，與《易林·頤之·夬》喜、織爲韻合。

默，音昧，與《莊子·則陽》篇載、默、極渠記反爲韻合。

墟，桃川人讀爲嚻。楊升庵《丹鉛録》：「山凹之地堪爲墟市者曰嚻，言有人則嚻，無人則虚也。」此嚻音之本。

解，桃川人讀爲價。按僧皎然《題周昉畫毗沙大王歌》：「憶昔胡兵圍未解，感得此神天上下。」解，與下叶，當音賈，讀價者音之轉。然下古音後五反，皎然蓋用今音。以上《近游雜綴》。

永明土字 略，同道州

江華方言摭略

一曰咩將，二曰擔將，三曰川將，四曰蘇將，五曰媽將，六曰亂將，七曰燥將，八曰敲將，九曰工將，十日求將。賀生日曰大日頭。午後曰下把日。盛饌曰莽水。酒醉曰盆梗。稱物好曰頂工調。人乞物不與曰咸港。事難濟曰開不得排。不知曰曉不得。以上歌父徵。

邑人何景槐曰：江邑所説皆官話，明白易曉，其閒不同者，則四方雜迹，語言各則，聲音亦異，其類甚多，不能悉紀。

新田土語異聞

不在家曰包得五恩爾切奥金。在家曰五恩爾切奥金。煙桿曰暗等。鼻頭曰白兔。馬褂子曰巴撅子。燈籠曰炪⿰豸農。喫小菜曰噎粲瑳。酒飲乾曰噎貢得。喫飯曰噎䬠非耶切得。喫早飯曰噎晝食。喫餉午永明謂晡食曰餉午曰噎斗飯。喫夜飯曰喲波。帽曰袞子。眼前曰五恩爾切鑾刺。喫魚曰噎骨。春陵童子述。

新田物名

蜘蛛曰婆絲窠。蟬曰絲歌樂。蚓曰泥鱔。蠅曰蚊蟲。螢曰陽火蟲。蟋蟀曰竈鷄。壁魚曰蠹魚。鵲曰乾鵲。布穀曰催春鳥。金銀花曰鷺鷥藤。山豆根曰金鎖匙。莃薟曰野蕎麥。車前草曰螺殼草。蔗曰甜蔗根。《新田采風録》。

新田方音類釋

天類

天曰蕩。取蕩蕩之義，言廣遠也。日曰力。日字，《集韻》而力切。月曰缺。《釋名》：「月，缺也。滿則缺也。」

風曰分。古韻文轉真，侵通真，故風叶孚金切，音分。《詩·邶風》：「絺兮綌兮，淒其以風。我思古人，實獲我心。」又《大雅》：「吉甫作誦，穆如清風。仲山甫永懷，以慰其心。」《楚辭·九章》：「乘鄂渚而反顧兮，欸秋冬之緒風。步余馬兮山皋，邸余車兮方林。」陳第《毛詩古音考》：風古與心、林、音、淫爲韻，孚金切。或曰今太行之西汾晉之閒讀風如分，猶存古音。《正韻》一東收風，十二侵闕，蓋未詳風古有分音也。雨曰輔。《釋名》：「雨，輔也。言順時生養也。」露曰魯。露字，《集韻》《韻會》《正韻》並魯故切。魯、露並舌兼喉音也。雪曰綏。《釋名》：「雪，綏也。水下遇寒氣而凝，綏綏然下也。」虹曰孔。虹字，《廣韻》户孔切，音汞。郭璞《鯨魚贊》：「壯士挺劍，氣激白虹。鯨魚潛淵，出而色悚。」時曰伺。《博雅》：「時，伺也。」《論語》「孔子時其亡也而往拜之」疏：「謂伺虎不在家而往謝之。」春曰蠢。春字，《集韻》尺尹切，音蠢。《周禮·考工記》「張皮侯而棲鵠，則春以爲功」注：「春讀爲蠢。」

地類

山曰牲。班固《東都賦》「吐焰生風，欱野歕山」，山叶下振，音牲。古韻真亦通庚。谷曰聿。《易林》「鹿畏人匿，俱入深谷。命短不長，爲虎所得」，谷，叶魚律切，音聿。土音徒。《字彙補》土，同都切，音徒。火曰何。《莊子·外物》篇「利害相摩〔一〕，生火實多。衆人焚和，月固不勝火」，火，叶虎何切。堂曰同。屈原《九歌》「魚鱗屋兮龍堂，紫貝闕兮珠宮」，堂，叶徒紅切，音同。房曰馮。房字，《韻補》叶符風切，音馮。《道藏·中嶽仙人歌》：「徘徊元嶽巔，翻焉御飛龍。齊騰八紘外，翺翔閶闔房。」邦曰崩。邦字，叶卜工切，音崩。《詩·小雅》「以畜萬邦」叶上訩，「保其家邦」叶上同，《大雅》「御于家邦」叶上恫。凡《詩》《易》邦字，並同此音。

〔一〕害：原誤作「言」，據《莊子》改。

人類

父曰甫。按《正韻》，父母之父，防父切，音附。《廣韻》男子之美稱之父，方矩切，音甫。方音則於父母之父，亦讀上聲。母曰敉。《詩·鄭風》「豈敢愛之，畏我父母」，叶上杞、里，《魯頌》「魯侯燕喜，令妻壽母」，蔡邕《崔夫人誄》「昔在共姜，陪臣之母。勞謙紡績，仲尼是紀」，母字並叶母婢切，音敉。子曰志。按《中庸》「子庶民也」，徐邈讀去聲，才四切。孫曰巽。孫字，《集韻》蘇困切，音巽，與遜同。《論語》「孫以出之」，《禮·學記》「入學鼓篋，孫其業也」，俱讀去聲。兄曰哥。《廣韻》呼兄爲哥。弟曰第。弟字，《廣韻》特計切，《集韻》《正韻》《韻會》大計切，並音第。按《集韻》以兄弟、豈弟之弟爲上聲，孝弟之弟爲去聲。據《廣韻》薺、霽二韻弟俱訓兄弟，霽韻悌訓孝悌。又上聲，宋《禮部韻》悌訓愷悌，上去二聲通押，則兄弟、豈弟、孝弟俱可通用上去二聲也。伯曰霸。伯字，《正韻》必駕切，同霸。他曰佐。凡牛馬載物曰負他，音馱。又《集韻》唐佐切，同馱，亦畜負物也。衆曰蒸。揚子《太玄經》「減於艾無以涖衆也，減黄貞臣道丁也」，叶諸仍切，音蒸。憂曰黝。《晉語》「商之衰也，其銘有之曰：嗛嗛之德，不足就也，不可以矜，而祇取憂也」，憂叶於糾切，音黝。居曰基。居字，《廣韻》《集韻》《韻會》並居之切，音基，語助辭。《禮·檀弓》：「何居？我未之前聞也。」歌曰過。《左貴嬪晉太后誄》「內敷陰教，外毗陽化。綢繆庶政，密勿夙夜。恩從風翔，澤隨雨播。中外禔福，遐邇詠歌」，叶古賀切，音過。

物類

牛曰尤。牛字，《集韻》魚尤切，《韻會》疑尤切。狗曰詬。狗字，《集韻》許候切，音詬。衣曰易。去聲。○衣字，《唐韻》於既切，讀去聲，服之也。《玉篇》：「以衣被人也。」《增韻》：「著衣也。」盤曰平。《韻補》庚通真。《崔瑗竇大將軍鼎銘》「禹鏤其鼎，湯刻其盤，紀功申戒，貽則後人」，盤，叶符平切。柴曰恣。柴字，《集韻》子智切，《正韻》資四功，音恣。

《詩·小雅》「助我舉柴」，叶上佽。

雜言類

高曰誥。高字，《集韻》《韻會》並居號切，音誥。度高曰高。《左傳》隱元年「都城過百雉」注：「一雉之牆，長三丈，高一丈。」釋文高，古報切。小曰蘇。小字本蕭上聲，又叶蘇計切，蓋蘇、小並舌兼齒音也。上曰審。郭璞《遊仙詩》「翹首望太清，朝雲無增景。雖欲思陵化，龍津未易上」，叶矢忍切，音審。中曰艸。中字，《廣韻》《韻會》《集韻》並陟仲切，音艸。按矢至的曰中。可曰何。《石鼓文》「其魚隹可」，《風雅廣逸》注：隹可讀惟何。非曰沸。非字，《韻會》方未切，音沸。本作誹，義同。遲曰尼。遲字，《唐韻》直尼切，《集韻》《韻會》陳尼切。外曰制。外字，叶征例切，音制。《詩·魏風》「十畝之外兮」，叶下泄、逝字。生曰甡。生字，《廣韻》《正韻》所敬切，《集韻》《韻會》所慶切，並音甡。少曰守。歐陽修《杜祁公墓志銘》「君子豈弟，民之父母。公雖百齡，人以爲少」，母音畝，少叶書久切，音守。鬼曰歸。《爾雅·釋訓》：「鬼之爲言歸也。」《列子·天瑞篇》：「精神離形，各歸其真，故謂之鬼。鬼，歸也。歸其真宅也。」假曰加。假字，《集韻》《韻會》《正韻》並何加切，與遐通。施曰易。《集韻》《韻會》並以豉切，音易。《詩·周南》「葛之覃兮，施於中谷」，施音易。素曰疏。素字，《補韻》叶孫租切，讀平聲。《古詩》：「新人工織縑，故人工織素。織縑日一疋，織素五丈餘。」三曰森。三字，《韻補》叶疏簪切，音森。《詩·召南》「其實三兮」，叶下今。

〔民國〕藍山縣圖志

【解題】雷飛鵬等纂修。藍山縣，今湖南省永州市藍山縣。「方言」見卷十三《禮俗篇》中。録文據民國二十二年(一九三三)鉛印本《藍山縣圖志》。

方言

中國有國文,無國語,凡以官話爲國語者,亦僅指舊北京語爲官話,猶是專制官話也。即以南北語言爲大界限者,義亦未括也。譬如齊魯燕趙同屬北部,而齊音與魯不同,燕語與趙不同,此北音不同北音之例也。江淮楚粤同屬南部,而江與淮不同,楚與粤不同,此南音不同南音之例也。況其他之同一省、同一郡、同一縣、同一鄉,甚至同姓同村語音之不同,有不可以疇人算、舌人通者乎?《孟子》所指爲南蠻鴂舌者,一若北音大同,遠過於南。其實中國文化自北而南,北音視南音,因之較爲普通,不似南方之參差焉耳。書同文,車同軌,行同倫,而語言乃必不同調,所謂各操土音也。故曰中國有國文,無國語。國語則可謂之方言而已。凡方言之不同,其總因由於國文音讀之向不統一;其分因則由於山川、土地之各有感應,與口吻咻傅之轉相習慣。故欲求中國人之文言一致,必在先正國文音讀始。然後廣徵南北東西之方言,以與國文比合,製爲一種全國普通之國語會話,則庶乎有文言一致之希冀焉。

藍山川谷殊閡,語言亦雜。而舜鄉一鄉,乃獨無方言之異,相見輒以類似黔桂人官話相謂,無不通者。此亦欲求文言一致之可引爲證驗者也。《禮》曰:「入國問俗,入境問禁,入門問諱。」是皆方言之所系。今著其尤異者云。

祖,近城曰衮德,平音。三義團曰爺啞,太平墟唐姓曰棍滚。祖母,近城及三義團曰漊樸,太平墟唐姓曰卜波。上聲。父，近城曰鴉鴉，三義團曰把、曰把把，洪觀墟曰踏上聲打。母，近城曰媽，三義團曰嗟、曰嗟嗟、上聲。曰美、上聲。曰他，唐姓曰摩摩，洪觀墟曰芽。伯父，洪觀墟上曰波波，墟下曰打把。叔父，洪觀墟上曰收收，墟下曰密密。兄，近城曰鵠鵠，三義團曰个果，洪觀墟曰巴巴，楠木橋曰把把，土橋墟曰各果。弟，近城曰堆堆。姑，近城曰稿高。女，三義團曰愚，太平墟唐姓曰優。子，近城曰再。和尚，近城曰惡蘇。巫曰舍公。

以上親屬及人類相謂。

牛，近城曰儀。犬，近城曰告。猪，近城曰主。鷄，近城曰几。鵝，近城曰吾。鴨，三義團曰爾，太平墟曰丫。羊，近城曰欲，三義團曰約，太平墟曰容。魚，太平墟曰吴宰。蛇，近城曰勺。蟋蟀，在城曰淒淒崽。螃蟹，近城曰毋瓦、曰毋娃，三義團曰毋物，上聲。楠木橋曰惡歪，土橋墟曰朋呵。

以上名物。

傘，近城曰素，三義團曰色，太平墟唐姓曰聳，楠木橋曰斜，土橋墟曰松。籃，在城曰鎬，三義團曰行籮。籮，近城曰綠。衣，近城曰綺。履，近城曰黑，楠木橋曰亥，土橋墟曰竭。點鐙，近城曰弟黨，三義團曰滴登。燒火，近城曰手禍，三義團曰休合，太平墟曰臭火。

以上器用。

天，近城曰體。雨，近城曰汙。風，近城曰粉。虹，近城曰辜。山，近城曰舍，三義團曰奢，太平墟唐姓曰謝。水，近城曰稅，三義團曰薯，太平墟唐姓曰許。巖，三義團曰額，太平墟曰逆。開土，近城曰火所。庵，近城曰五獨，三義團曰窩，太平墟曰滃。赴市，近城曰顧喜，三義團曰角墟，太平墟曰拱素，楠木橋曰過許。做買賣，近城曰遭舍衣。

以上指一地一事。

歸，近城曰鬼，三義團曰到、曰居，太平墟曰叫。歸家，洪觀墟曰居烏，楠木橋曰矩惡。讀書，楠木橋曰兜史，土橋墟曰得熟。立，近城曰箕。笑，近城曰羞，三義團曰秀。喜，近城曰戲火。眠，近城曰冥。

以上尋常瑣言。

一，洪觀墟曰也，平聲。楠木橋曰以，近城曰以。兩，洪觀墟曰略，上聲。楠木橋曰略。二曰呢。三，楠木橋曰斜，上聲。土橋墟曰素，近城曰瑣。四，楠木橋曰思，近城曰斯。五，土橋墟曰烏。六，洪觀墟曰溜，楠木橋曰聊，土橋墟曰立。平聲。七，洪觀墟曰且，平聲。楠木橋曰且，近城曰推。上聲。八，洪觀墟曰巴，土橋墟曰百，平聲。近城曰百。上聲。九，楠木橋曰曲，土橋墟曰糾，近城曰計。

以上數目。

〔光緒〕道州志

【解題】李鏡蓉修，許清源纂。道州，今湖南省永州市道縣。「方言」見卷十《風土志·風俗》中。録文據光緒三年（一八七七）刻本《道州志》。

方言

稱祖曰公公。祖母曰媽媽。父曰爹爹。母曰孃，方音則曰母老。叔曰叔爺。伯曰伯爺。叔母曰嬸娘。伯母曰伯娘。兄曰哥哥。兄呼弟曰䆷，音歹。凡數兄弟曰幾䆷。姊曰姐姐。父之姊妹曰姑娘。祖之姊妹曰姑婁。子曰崽。乳名多曰某崽或某狗。季子曰晚，訛曰滿兒，多曰毛。妻父曰岳丈。妻母曰岳母。妻兄曰親兄子。謂母之父曰外公。母之母曰外婁。母兄弟曰舅爺。母姊妹曰姨娘。女之子曰外甥。呼曾孫曰息。小兒拜緇流爲假父曰寄子。拜平人爲假父曰乾兒。游手者曰溜打鬼。謂外境人曰拐子。鄉人曰古老。

撒潑曰放賴。將午曰茶時。午後小餐曰壓申物。醜曰跛。失曰跌。棄曰丟。謂極曰蠻。如蠻大、蠻長之類。事畢曰過了。人肥曰奋。讀旁去聲。跛足爲蹁。戲曰弄。病曰不耐煩。不潔曰邋遢。

守宫曰壁蛇。蜘蛛曰婆絲。蟬曰車牛。蚱蜢曰爪馬。蝸牛曰天螺。雉曰野鷄。竈馬曰竈鷄。黄蜂曰蜜蜂。蠅虎曰豹虎。蛙曰田鷄。豺曰野狗。螢曰夜火。蜻蜓曰陽和。蠅曰飯蚊。蚓曰蠕蟲。雁曰天鵝。鵲曰喜鵲。雀曰麻雀。鸜鵒曰八哥。鷓鴣曰去也哥哥。子規曰陽鳥。布穀曰阿公阿婆。蝙蝠曰簷鼠。

鳳仙花曰指甲花。一丈紅曰龍船花。蔗曰甘蔗。橙曰香圓。荻曰芒筒。杏子曰杏枚。

土音分類釋詁

天類 凡類中與官音同者不贅，其方音與古音叶者條列於左

月曰崛。魚橘切，屬喉音，係疑母下。今語轉脣齒合音，係非母下，有音無字矣。《黄庭經》：「洞房靈象斗日月，父曰泥丸母雌一，二光焕發入子室。」月叶魚橘切〔一〕。

雲曰于。今轉去聲。雲字，《韻會》《正韻》于分切。雲、于並喉微兼牙音也，係雙聲。

雪曰綏。綏字今轉爲絮，取飛絮之義。《釋名》：「雪，綏也。水下遇寒氣而凝，綏綏然下也。」〔二〕

露曰洛。露字，《唐韻》洛故切。洛、露並舌兼喉音也。

虹曰貢。貢字今語低轉平聲。按虹字本音洪，《廣韻》音絳，《集韻》則音貢。

雨曰汙。《釋文》雨，于付反，音汙。按，汙字虞、遇二韻兼收，于付反，屬去聲。今語轉平聲。

歲曰須。歲字，《集韻》須鋭切。按，須字今轉爲戌。《説文》歲，从步，戌聲。戌與歲亦諧

〔一〕月：原作「曰」。

〔二〕水：原誤作「雨」。然：原誤作「愁」。據《釋名》改。

聲，須係歲平聲，戌係歲入聲。

時曰市。時字，《唐韻》《集韻》《韻會》並市之切。時、市皆齒音也，係雙聲。

節曰濟。曹植《王伯贊》：「壯氣凌雲，挺身奮節。所征必拔，謀顯垂惠。」節叶音濟。又《易家人卦》：「失家節也。」叶下位韻。

春曰樞。春字，《集韻》《韻會》樞倫切。春、樞並齒音，雙聲也。

夏曰胡。夏字，《唐韻》《正韻》胡駕切。夏、胡皆唇齒合音，雙聲也。

早曰朝。按早字平聲音遭，今語轉朝，則取朝夕之義。

夜曰裕。今語低轉爲玉。《詩·召南》「豈不夙夜」，《唐風》「冬之夜」，皆叶音裕。又《離騷》「吾令鳳凰飛騰兮，繼之日夜」，叶下御字。

閏曰如。閏字，《廣韻》如順切，《集韻》《韻會》《正韻》儒順切。閏、如皆齒兼牙音，雙聲也。

地類

地曰大。今音地轉爲達。地字，《集韻》大計切。地、大並舌音，雙聲也。

土曰妥。按，妥字叶音土，故土字轉語爲妥也。土、妥即舌音，雙聲也。

金曰居。按，居喉音，今轉齎，屬牙音矣。金字，《唐韻》居音切，《集韻》《韻會》《正韻》居吟切。金、居並喉音，雙聲也。

火曰虎。韓愈《元和聖德詩》「施令酬功急疾如火」，叶後五切。

沙曰蘇。沙字，《唐韻》所加切，故所音轉爲蘇。又按《集韻》沙字作蘇和切。
邦曰崩。崩，卜工切，讀若琫平聲。按，《詩》《易》邦字俱叶卜工切。《易·師卦》「必亂邦也」，叶上功。《離卦》「以正邦也」，叶上容公。《書·堯典》「協和萬邦」，叶下雍。《詩·小雅》「以畜萬邦」，叶上訩；「保其家邦」，叶上同。《大雅》「御於家邦」，叶上恫，皆是。
家曰姑。《詩·豳風》「予未有室家」，叶上据、荼。《小雅》「復我邦家」，叶上居、樗；「宜爾室家」，叶下帑、圖、乎。《書·益稷》「朋淫于家」，叶上舟，舟字音朱。《洪範》「汝弗能使有好于而家」，叶下辜。又按班超妹曹世叔妻號曹大家，即大姑，女之尊稱也。
衙曰五。衙字，《唐韻》五加切。
堂曰同。屈原《九歌》「魚鱗屋兮龍堂〔一〕，紫貝闕兮珠宫」，堂叶音同。
房曰馮。今轉爲鳳。《道藏·中嶽仙人歌》「徘徊元嶽巔，翻焉御飛龍。齊騰八紘外，翱翔閶闔房」，叶音馮。
窗曰充。鮑昭《玩月》詩「玉鈎隔鎖窗」，音充，叶上櫳、下同韻。又陶潛詩「間飲東窗」，叶下「舟車靡從」。按，窗字，《集韻》初江切〔二〕，《類篇》《韻補》併同〔三〕，古音也。

〔一〕屋：原誤作「尾」，據《楚辭》改。
〔二〕江：原脱，據《集韻》補。
〔三〕併：原誤作「供」。

臺曰題。今轉去聲。按，題字亦入去聲霽韻。《韻補》臺字叶音題。《參同契》「皓若搴帷帳，瞑目登高臺。火記六百篇，所趣等不迷」，又《詩》「南山有臺」，叶下基、期。

塘曰同。今轉去聲。按，《説文》無塘字，古與唐通。《周語》「陂唐汙庳〔一〕，以鍾其美」注：「俗本作塘。」考唐字叶音同。歐陽修《諫議銘》「僕射於唐」，叶上「四世以公」。故今塘、唐皆作同音。

提曰底。今轉去聲。提字，《廣韻》又作都禮切，《集韻》《韻會》《正韻》典禮切，音底。堤原有底音也。

街曰基。按，《集韻》《韻會》街字居膎切，本音基，今官語從《廣韻》讀作皆，古諧切，方言反不失本音。今京師内城有此音。

階曰稽。班固《西都賦》「猶愕眙而不能階」，音稽，叶下「目眴轉而意迷」。又按《詩・小雅》「職爲亂階」，叶上斯、麋。《大雅》「維厲之階」，叶上鴟。

路曰落。《前漢・楊雄傳》「爾迺虎路三嵏以爲司馬」注〔二〕：「晉灼曰：『路，音落。』服虔曰：『以竹虎落此山也。』師古曰：『落，纍也。以繩周遶之也。』」

方曰風。《道藏・左夫人歌》「紫蓋記靈方」，音風，叶上空。

〔一〕庳：原作「痺」，據《周語》改。
〔二〕嵏：原作「㚇」，據《漢書》改。

界曰記。今語低轉平聲。陶潛《感士不遇賦》「紆遠轡於促界」，音記，叶下濟。

人類

祖曰左。按，王逸《九思》左字叶音祖，故祖字轉爲左也。

宗曰臧。《書·伊訓》「罔大，墜厥宗」，叶上洋、彰、常、祥、殃、慶。又《史記·司馬遷自叙》「厥稱太宗」，叶上「開通關梁」，並讀臧。

子曰則。今語轉去聲。《詩·豳風》「既取我子」，朱傳叶音則。按楊慎《古音叢目》與朱傳同。

孫曰宣。今轉宣入聲，作雪音。趙壹《窮鳥賦》「天乎祚賢，歸賢永年。且公且侯，子子孫孫」，叶音宣。

哥曰古。哥字，《唐韻》古俄切。哥、古皆喉音，雙聲也。

姐曰鮓。鮓係借音。按，姐字，《集韻》《韻會》《正韻》子野切，本音近鮓〔一〕，故今《佩文官韻》收入馬韻，乃俗多誤作接之轉音，方言反與古合。

伯曰布。楊雄《解嘲》用以叶懼字，係博故切。

姑曰歌。按，歌字叶音姑，故姑字轉爲歌也。姑、歌並喉音。

〔一〕鮓：原誤在下「故」字下。

徒曰駝。今轉爲舵。《道藏歌》「於是息三徒」，叶下「慶賀西王那」。

準曰拙。音近絶，今語轉上聲。準字，《唐韻》《集韻》《韻會》《正韻》又音拙，入屑韻。《史記・高祖本紀》「隆準而龍顔」注：「應劭曰：『準，頰權也。』李斐曰：『準，鼻也。』」〔一〕又準字讀如字，非，當讀拙。

牙曰吾。今轉去聲。《詩・小雅・祈父》「予王之爪牙」，牙讀吾，叶下居。按，《唐韻》《正韻》牙古音吾。又與虞、吾並通。《詩・召南》「吁嗟乎騶虞」，《山海》《墨子》並作騶吾，《前漢・東方傳》作騶牙。

股曰果。股字，《韻會》果五切。果、股並喉音，雙聲也。

背曰北。《説文》背字從肉北聲。又北字音背。《書・舜典》「分北三苗」注：「分其頑梗，使背離也。」

肺曰霏。按，霏即肺字平聲。

膽曰覘。膽字，《韻會》《正韻》覘敢切。膽、覘並舌音，雙聲也。

血曰惠。入霽韻。劉向《九歎》「荆和氏之泣血」，叶下「王子比干之横廢」。

髮曰廢。潘岳《藉田賦》「垂髫總髮」，音廢，叶下「掎裳連襼」。

〔一〕應劭：原誤作「服虔」；李斐：原誤作「文穎」。

嬭曰你。嬭音乃，你字今轉平聲。嬭字，《廣韻》又音你，楚人呼母爲嬭。

胎曰梯。漢樂章「衆庶熙熙，施及夭胎」〔一〕，又徐幹《七喻》「大宛之犧，三江之鮭。雲鶬水鵠〔一〕，熊蹯豹胎」，並叶音梯。

蹄曰弟。蹄字，《集韻》又音弟，大計切。

步曰蒲。步字，《集韻》《韻會》蒲故切。蓋蒲即步字平聲也。

度曰鐸。音奪，俗讀托，非。度字，《廣韻》又音鐸，如權度、商度之類。

量曰良。按，良字，古文亮、良二音通。器量、度量今官語作去聲，丈量、商量作平聲，二音遂分。方言則器量、度量反作平聲曰良，丈量、商量反作去聲曰亮，係轉韻也。

力曰勒。蘇軾《香積寺》詩「感荷佛祖力」，音勒，叶下「見者惟木客」。

意曰益。秦《之罘刻石》文「大矣哉！宇縣之中，承順聖意。羣臣頌功〔三〕，請刻於石，表垂乎常式」，入聲意叶音益。又賈誼《鵩賦》「請對以意」，師古曰：意叶韻，音益〔四〕。

志曰支。《楚辭·九章》「羌中道而回畔兮，反既有此他志」，音支，叶上期。

〔一〕夭：原誤作「天」，據《樂府詩集》《古詩源》改。
〔二〕鶬：原誤作「鳥」，據《七喻》改。
〔三〕頌：原誤作「頌」。《史記》作「誦」。
〔四〕所引與《漢書》顏師古注不同，《漢書》顏注作「意字合韻，宜音億」。

樂曰勞。樂字，《唐韻》又音勞。《廣韻》：伯樂相馬，一作博勞。

快曰愧。愧字入寘韻，今語低轉平聲。《易·旅卦》「心未快也」，叶上位。又楊子《太玄經》「心誠快也」〔一〕，叶上廢，皆音愧。

聲曰書。聲字，《唐韻》書盈切，《正韻》書征切。聲、書並齒音，雙聲也。

話曰胡。話字，《玉篇》胡卦切，《正韻》胡挂切，《集韻》胡化切。話、胡並喉微兼牙音，雙聲也。

答曰篤。今轉去聲。《易林》「黄鳥采蓄，既嫁不答。念我父兄，思復舊谷」，答叶音篤。

告曰角。王逸《九思》「思怫鬱兮肝切剥，忿悁悒兮誰訢告」〔二〕，叶音角。

歌曰姑。柳宗元《饒娥碑辭》「或以頌歌」，音姑，叶下「傷懷罷誅」。

唱曰昌。唱字，《集韻》亦作昌。

拜曰畀。今語低轉平聲。《詩·召南》「蔽芾甘棠，勿剪勿拜，召伯所税」，拜叶音畀。

擔曰都。擔字，《唐韻》《集韻》《韻會》《正韻》並都擔切。擔、都俱舌音，雙聲也。

提曰第。按，提字，《集韻》《韻會》《正韻》又作大計切，音第，見《史記》《戰國策》注，又《漢書音義》同。

〔一〕太玄：原作「玄太」。
〔二〕「忿」下原衍「相」字，據《九思》删。

牽曰輕。《易·姤卦》「柔道牽也」，讀若輕，叶下賓、民。又《急就章》「盜賊繫囚榜笞臀，朋黨謀敗相引牽，欺誣詰狀還反真」〔一〕，牽，叶詳均反。

我曰語。張衡《鮑德誄》「業業學徒，童蒙求我。濟濟京師，實爲西魯」，我叶音語。

物類

龍曰良。《易·坤卦》「故稱龍焉」，讀良，叶上「嫌於無陽」。又揚雄《解嘲》〔二〕：「以鴟梟而笑鳳凰，執蝘蜓而朝龜龍。」〔三〕

虎曰火。虎字，《唐韻》火古切，《集韻》《韻會》火五切〔四〕。火、虎並喉徵兼牙音，雙聲也。

馬曰姥。莫補切，同姥。《詩·周南》「言秣其馬」，朱傳叶蒲補切，音姥。又《左傳》昭二十五年童謡「往饋之馬」〔五〕，亦音姥。

鳳曰馮。鳳字，《唐韻》《韻會》《正韻》並馮工切，馮即鳳平聲。

鶴曰斛。稽康《琴賦》「下逮謡俗，蔡氏五曲。王昭楚妃，千里别鶴」，叶音斛。

〔一〕榜：原誤作「傍」。欺：原誤作「敗」。據《急就章》改。
〔二〕揚：原誤作「陽」。
〔三〕鴟梟：原誤作「梟鴟」，據《解嘲》改。
〔四〕集：原誤作「美」。
〔五〕謡：原作「傜」。

鷺曰洛。鷺字，《唐韻》洛故切。鷺、洛並舌喉音，雙聲也。

鴨曰烏。今轉平聲。鴨字，《唐韻》烏甲切，皆喉兼牙音，雙聲也。

蝦曰胡。蝦字，《唐韻》胡加切。蝦、胡皆喉兼牙音，雙聲也。

瓜曰姑。《詩·衛風》「投我以木瓜」，讀若姑，叶下琚。又《左傳》昭十七年「登此昆吾之墟，緜緜生之瓜。余爲渾良夫，叫天無辜」，亦音姑。

果曰古。果字，《唐韻》《集韻》《韻會》《正韻》並古火切，俱喉音，雙聲。

花曰敷。花即華字，古以華爲花。按，《詩》華字凡七見，皆讀敷。又《唐韻》古音亦音敷。郭璞曰：「江東讀華爲敷。」陸德明曰：「古讀花爲敷，不獨江東也。」漢光武曰「仕宦當作執金吾，娶妻必得陰麗華」是也。

葉曰弋。《易林》「同本異葉，樂人上德。東隣慕義，來興吾國」〔一〕，葉叶音弋。

蔗曰諸。《唐韻》古音蔗讀諸〔二〕，甘蔗一名甘諸，南省異音也。

禾曰胡。禾字，《集韻》《韻會》胡弋切。按，胡字今語轉户，考《唐韻》禾字户弋切，皆喉微兼牙音，雙聲也。

麻曰摩。今訛爲磋。《詩·齊風》「可以漚麻」，叶音摩。又潘岳《河陽》詩「托身依叢麻」，

〔一〕吾：原脱，據《易林》改。
〔二〕音：原作「韻」。

叶下「政成在民和」句，亦入歌韻也。

穀曰各。今轉通作去聲。《詩·小雅》「播厥百穀」，音各，叶下碩、若。

米曰彌。米字，《廣韻》《正韻》《集韻》《韻會》並彌上聲，蓋彌即米字平聲。

秧曰鞅。即秧字上聲。秧字本音央，《集韻》《廣韻》又音鞅。秧穰，禾密貌。

麥曰暮。晉太初末童謡「白門種小麥」，音暮，叶上路。

茶曰鋤。今轉去聲。茶字，《正韻》鋤加切。茶、鋤並齒音，雙聲。

醋曰酢。音昨，今語低爲磋。按，醋字，《説文》本音酢〔一〕，「客酌主人也」。徐曰：「今俗作倉故切。」溷酢，非是。考醬醋之醋，古人作酢。酢音醋，又音昨。

菜曰砌。七去聲，今語低轉平聲爲妻。東方朔《七諫》：「西施媞媞而不得見兮，嫫母勃屑而日侍。桂蠹不知所淹留兮，蓼蟲不知徙乎葵菜。」〔二〕

湯曰通。東方朔《七諫》「何青雲之流瀾兮，微霜降之蒙蒙。徐風至而徘徊兮，疾風過之湯湯」，叶音通。

梳曰所。所，俗讀瑣。梳字，《唐韻》所葅切，蓋所即梳上聲也。

鞋曰攜。鞋字，《集韻》又音攜，系也。

〔一〕 酢：原作「醋」。

〔二〕 葵：原誤作「蔡」，據《七諫》改。

帶曰蒂。今轉平聲。《詩·衛風》「之子無帶」，叶上厲韻。又《楚辭·九歌》「荷衣兮蕙帶」，亦叶音蒂。

帳曰張。《釋名》：「帳，張也。張施於牀上也。」按，帳字又與張通。《史記·高帝紀》「復留止張飲三日」注：「張，幃帳也。」

箸曰著。持略反。箸字，《集韻》《正韻》又音著。又《史記·宋世家》「紂始爲象箸」，索隱曰：「箸音持略反。」

瓨曰宫。瓨與缸同。瓨字，《集韻》又音宫。

印曰衣。印字，《正韻》衣刃切，《集韻》《韻會》伊刃切，並喉兼牙音。

錢曰盞。今略低轉去聲。按，《字彙補》云：「錢字古與盞通。」《續鍾鼎銘》有雀錢，錢即盞字。

財曰齊。舜《南風歌》「可以阜吾民之財兮」，叶音齊。按，《唐韻》正支切，兩韻本通。

材曰齊。劉向《列女傳》「陳其幹材」，叶下「公遂釋之」。

瓦曰五。今轉爲烏。韓愈《元和聖德詩》「皇帝勤儉，盥濯陶瓦。斥遣浮華，好此絺紵」，叶音五。

烟曰因。今轉侫平聲，下同。班固《典引》「烟烟煴煴」，又劉植《魯都賦》「蔚若霧烟」，俱讀因，蓋古音也。

煙曰因。柳宗元《祭從兄文》「晝淩風煙」，叶上句字。按，《周禮·春官·大宗伯》「禋之言煙也」注：「煙音因。」

雜言類

數曰朔。數去聲，朔字今音低轉平聲。數字，《廣讀》《集韻》《韻會》《正韻》又色角切，音朔。

一曰意。左思《吴都賦》「藿蒳豆蔻，薑彙非一。江蘺之屬，海苔之類」，一叶音意。意即一字去聲。

兩曰良。兩字，《廣韻》《正韻》良獎切。良即兩字平聲。

雙曰鬆。《詩》「冠緌雙止」，音鬆，叶下庸、從。又謝惠連《七夕》詩「今聚夕無雙」，亦讀鬆，叶上蹤。

三曰蘇。三字，《唐韻》《集韻》《韻會》並蘇甘切，《正韻》蘇藍切。三、蘇俱齒音，雙聲也。

四曰他。塔平聲，今訛爲沙。四字，《正字通》與肆同。考肆字，《集韻》又作他歷切，《釋文》並同。按，他字本音拖。《正字通》云：「方言呼人曰他，讀若塔平聲。」

六曰溜。力救切，今轉平聲。考六字本力竹切，《九宫譜·調聲》作力救切〔一〕，南北梨園

〔一〕宫：原誤作「官」。

皆宗之，蓋六、溜皆舌兼喉音，並屬宫之半徵也〔一〕。

八曰背。八字，《集韻》又音背。趙古則《六書本義》云：「八音背，分異也，象分開相八形。」《説文》：「别也。象分别相背之形。」徐曰：「數之八，兩兩相背，是别也。」

十曰涉。十字，《韻會》《正字通》並借作拾。考《曲禮》「拾級聚足」注，拾當爲涉聲之誤也。又按，十、拾並入緝韻，涉字入葉韻，邵長衡《韻略》緝通葉韻，蓋古音也。

再曰祭。《楚辭・九歌》「恐禍殃之有再」，叶音祭。

上曰常。《易・頤卦》「順以從上也」，讀常，叶上光、下慶（音彊）。又《楚辭・九歌》「騎電兮忽上」，叶音常。

中曰章。漢胡綜《黄龍大牙賦》：「四靈既布，黄龍處中。周制日月，是日大常。」《韻會》叶音常。師古曰：「古讀中爲章。」按《詩・鄘風》「期我乎桑中」，叶上唐鄉姜、下宫（音光）上（音常），蓋古東韻與陽韻通也。

下曰户。候古切。《書・堯典》「格于上下」，音户，叶上表（音補）。吴棫曰：「《毛詩》下字一十有七，陸德明皆作户音讀。」

始曰詩。始字，《廣韻》《正韻》並詩止切。始即詩上聲也。

〔一〕宫：原誤作「官」。

終曰章。陳琳《迷迭香賦》「亦無始而不終」〔一〕，叶上「雖幽翳而彌彰」。
多曰刀。蘇轍《巫山廟》詩「再拜長跪神所多」，音刀，叶上「山下麥熟可作醪」。
衆曰章。《道藏歌》「攜袂明真館，仰期無上皇。北鈞唱羽人〔二〕，玉女粲賢衆」，叶音章。
寡曰古。《詩·小雅》「哀此鰥寡」，音古，叶上野（音暑），與《大雅》「不侮鰥寡」，叶上吐（上聲）〔三〕、下禦（上聲）。
長曰仲。長字，《正韻》仲良切。
矮曰倚。矮字，《集韻》《韻會》倚蟹切。矮、倚並喉微兼牙音，雙聲也。
大曰徒。度平聲。大字，《唐韻》《集韻》《韻會》徒蓋切。徒、大並舌音。
太曰遞。今語低轉爲梯。歐陽修《祭龍文》「宜安爾居，靜以養智。冬雪春雨，其多已太」，叶音遞。
小曰細。今轉平聲。白居易《懺悔偈》「無始劫來，所造諸罪。若輕若重，無大無小。了不可得，是名懺悔」，小叶音細。按罪、悔二字，此並讀去聲。《書·仲虺之誥》「自用則小」，讀作細，叶上裕。

〔一〕不終：原誤作「終不」，據陳琳《迷迭香賦》改。
〔二〕鈞：原誤作「鈞」，據《道藏歌》改。
〔三〕吐：原誤作「叶」。

真曰之。音近臍。真字，《集韻》《韻會》《正韻》之人切。真、之並齒音，雙聲也。

假曰古。假字，《廣韻》古雅切。假、古並喉音，雙聲。按，《禮運》「是謂大假」，《纂言》假與嘏通。大假者，大其嘏詞也。嘏、古同音。

禍曰户。今轉平聲爲胡。按，禍字，《唐韻》《正韻》並胡果切。馮衍《顯志賦》「每季世而窮禍」〔一〕，音户，叶下野（音暑）。今方音野字亦作暑，但微低轉平聲耳。

福曰赴。按，赴字即福去聲。

分曰别。《説文》：「分，别也。从八刀。刀以分别物也。」〔二〕

别曰必。别字，《正韻》必列切。别、必並唇音，雙聲也。

合曰胡。合字，《集韻》胡閤切。

解曰紀。古詩「著以長相思，緣以結不解。以膠投漆中〔三〕，誰能别離此」，解字叶音紀。

采曰泚。妻上聲。《詩·周南》「參差荇菜，左右采之」，朱傳叶此禮反，下友字叶羽已反。

綵曰泚。陳琳《瑪瑙勒賦》「督以鈎繩，規模度擬。雕琢其章，爰發絢綵」，《韻補》叶音泚禮切。

〔一〕衍顯：原誤作「顯衍」。世：原誤作「氏」。

〔二〕下「刀」字原脱，據《説文解字》補。

〔三〕漆：原誤作「膝」，據《古詩十九首》改。

素曰索。朱子《中庸章句》：「素，按《漢書》當作索，蓋字之誤也。」

事曰時。蔡邕詞「命公三事」〔一〕，音時，叶下「是式百司」。

法曰廢。入霽韻。歐陽修《銘》「爲予執法」〔二〕，叶上「萬邦從祀」，音廢。

可曰苦。韓愈《元和聖德詩》「縱則不可」，音苦，叶下「其衆十旅」〔三〕。

是曰詩。蔡邕《釋誨》「害其若是」，《韻補》叶市之切。

舍曰暑。《易·井卦》「舊井無禽，時舍也」，讀若暑，叶上下（音户）、下與。

護曰霍。庾闡《弔賈誼》文「雖有惠音，莫過《韶護》。雖有騰蛇，終仆一壑」〔四〕，叶黄郭切。

待曰啼。地平聲。屈原《離騷》「路修遠以多艱兮，騰衆軍使徑待。路不周以左轉兮，指西海以爲期」，朱注：「叶徒奇反。」

亮曰梁。《書·説命》「亮陰」，《大傳》作「梁闇」，《禮記》作「諒闇」，《注》讀爲「梁鶕」，《漢·五行志》作「涼陰」。蓋梁即亮字平聲。

伐曰吠。入霽韻，下同。按，吠、廢本收隊韻，但隊韻古通寘，寘韻古又通霽也。徐幹《西

〔一〕詞：原誤作「祠」。

〔二〕予：原誤作「子」，據《杜祁公墓志銘》改。

〔三〕下：原誤作「上」。

〔四〕仆：原誤作「什」，據《弔賈誼》改。

征賦》「奉明辟之渥德，與游軫而西伐。過京邑以釋駕，觀帝居之舊制」，叶音吠。

發音廢。《詩・豳風》「一之日觱發」，傳音廢，叶下烈（音例）。

切曰砌。七，去聲。切字，《唐韻》《集韻》《韻會》《正韻》又七計切，音砌。《韻補》砌或作切。張衡《西京賦》「設切厓隒」，李善注：「古字通。」

結曰計。《前漢・陸賈傳》：「尉佗魋結箕踞。」〔一〕師古曰：「結讀曰計。」〔二〕

方言甚繁，難以盡述，字字有所依據，細按之，則與古韻通轉及邵長衡《韻略》往往相合。如東韻古通冬轉江。邵長衡《韻略》通冬、江，古江韻又與陽通，故凡屬東、冬二韻音者，皆作陽韻音；屬陽韻者，亦多作東韻音。如忠作張、《漢溧陽長潘乾碑》「流惡顯忠」，叶上「扶弱抑强」。充曰昌、《道藏歌》「幽逸芝英充」，叶上「七門扇羽章」。鍾曰章、《蜀昭烈贊》「靈精是鍾」，叶音章。隆曰良、《道藏歌》「不聞鬼道隆」，叶下「賈生元正章」。當曰東、《易》「濟既，利貞，剛柔正而位當也」，讀若東，叶下中、窮。又丁東，玉佩聲，亦作丁當，二音古通。章曰中、《書》「五服五章哉」，叶上庸、中韻。彰曰終薛綜《騶虞頌》「騶虞乃彰」，叶上「豈弟之風」之類是也，餘不悉載。

魚、虞二韻通歌。如枯曰科、《黃庭經》「調血理命身不枯」，叶上「金鈴朱帶坐婆娑」。蘇曰娑、《黃庭經》「臨絶呼之亦復蘇」，叶音娑。痾曰烏《廣韻》痾字烏何切。烏、痾並喉微兼牙音，雙聲也之類是也，餘不悉載。

〔一〕魋：原誤作「魁」，據《漢書》改。

〔二〕計：《漢書》顏注作「髻」。

佳韻古轉支，屬佳韻者多作支韻音。灰韻古通支，齊韻亦與支通。故凡灰韻皆作支、齊二韻音。如皆曰箕、《前漢・孟喜傳》：「箕子者，萬物方荄茲也。」師古曰：「荄音皆。」古皆、荄與箕同音。喈曰基、《詩》「北風其喈」，叶音基。按，朱子《詩傳》凡喈字俱音基。佳曰稽、楊雄《反騷》「閨中容競綽約兮，相態以麗佳」，叶音稽。排曰皮、謝靈應《登石門最高頂》詩「處順故安排」，叶音皮。按，皮字今轉去聲。乖曰規、《前漢・敘傳》「官失學微，六家分乖。壹彼壹此，庶研其幾」〔一〕，叶音規。裁曰齊、《楚辭》「爲螻蟻之所裁」，叶音齊，叶上「鴟梟羣而制之」。哉曰齎《詩・邶風》「已焉哉，天實爲之。謂之何哉」，並音齎。又《王風》「曷至哉」，叶上期字之類是也，餘不悉載。

養韻古通講，講韻古轉董，故養、講二韻多作董韻音。如往曰蓊、本東方朔《七諫》「龍至而錦雲往」，叶音蓊。蚌曰琫、本郭璞《山海經》「體近蠶蚌」，叶音琫。項曰嗊本張衡《西京賦》「修額短項」，《廣韻》叶孔胡切之類是也，餘不悉載。

泰、卦、隊三韻古轉寘。邵長衡《韻略》寘韻通泰、卦、隊，故今語於三韻多作寘韻音。如代曰地、《楚辭・九章》「讒妬人以自代」〔二〕，叶音地。按，地字今音低轉平聲。賴曰例、班固《答賓戲》「况吉士而是賴」〔三〕，叶音例。按，例字今收霽韻，古通寘。戒曰記《六韜》「將不常戒，則三軍失其備」，《韻補》叶音記。按，記字今語轉平聲之類是也。

〔一〕庶研：原作「不知」，據《漢書》改。

〔二〕讒：原誤作「纔」，據《楚辭》改。

〔三〕戲：原作「賦」。

外此有音無字者，如先韻古通鹽轉寒、删，今天、千、顛、偏、穿、潺等字俱轉删韻，此類甚多。依今《佩文官韻》，參以宋吳棫《韻補》及宋鄭庠《古韻本》所載通轉，若合符節，百不差一。奈多有音無字，難以類舉，當意會之，不及詳注也。

凡訴牒、券約有常用之字不見經傳者，字雖俗鄙，而偏旁亦有依附。今記數字於此，以備考證。涵，音但，泥窪也。漯，音累，水漕。冇，音没，無也。奀，音近彌，小也。骳，音枯，讀若多，人瘦也。障，山脊也。孻，音歹，幼孩也。兄謂弟亦曰孻。《菽園雜記》云〔一〕：「廣東謂幼子曰孻。」汌，音浚，田間水道。⿰氵等，音等，立閘以分水。冚，把上聲。歪，乖上聲。

〔同治〕江華縣志

【解題】劉華邦等修，唐爲煌等纂。江華縣，今湖南省永州市江華瑶族自治縣。「方言」見卷十《風土・風俗》中。録文據同治九年（一八七〇）刻本《江華縣志》。

方言

邑人何景槐曰：江邑所説皆官話，明白易曉。其間不同者，則四方雜迹，言語各别，聲音亦異。其類甚多，不能悉紀。

〔一〕菽：原誤作「寂」。

〔光緒〕永明縣志

【解題】萬發元修，周銑詒纂。永明縣，今湖南省永州市江永縣。「方言」見卷十一《風俗志》中。録文據光緒三十三年（一九〇七）刻本《永明縣志》。

方言

邑人謂父曰爹，謂母曰孃，謂庶母曰㜷。謂祖父曰公，祖母曰媽。謂子曰崽。初生命名多日某崽，又曰某狗，賤之所以貴之也。婦謂舅曰郎公，邑人以郎爲男子美稱，故公上加郎，示尊重也；謂姑曰娘姆。尊長稱少年曰郎，僕婢稱主亦曰郎。謂曾孫曰息。音色。兄謂弟曰㠭。音歹。數昆季曰幾㠭。子末生者曰滿。小兒挂名緇流而服其衣冠曰寄子。游手者曰溜打鬼。謂外境人曰拐子。以土語爲直話，官話爲曲話。物之美者曰嫽。音料。楊子《方言》：「青徐謂好曰嫽。」物之醜者曰骹。音跛。舊志作跛，誤。人之不良者亦曰骹。循謹者曰善熟。狡猾者曰惡賴。壯健者曰蠻股。瘦弱者曰枯根。相狎擾曰弄。口角、力角皆曰生怒。駡曰吵。舊志作嘜，誤。耕田曰做。即作之去聲。芟田草曰薅草。樹藝之屬，拾人所遺而不禁者曰摭。不潔曰邋遢。不分晰曰絞繞。舊志作媾嬈，誤。謂立曰企。謂世家曰古骨。

《近游雜綴》有方音，考其言曰：邑人讀書，習於鄉音，今考之亦有與古韻合者。風讀方凡反，與《説文》「風，從虫凡聲」及「飄，從馬風聲」合，楓同。宗讀如臧，與《史記》馬遷《自叙》梁、宗爲韻合。鍾音章，與《蜀昭烈帝贊》方、鍾爲韻合。龍讀薄光反，與《易・坤・文言》「故稱龍焉」叶上「嫌於無陽」合。容讀若陽，與《參同契》「太元無形容」叶下忘字合。封讀若方，與韓昌黎《李道古銘》封、亡爲韻合。重音長、峯音方、墉音羊，與《道藏歌》合。江，桃川人讀工，與《楚辭》《哀郢》《悲回風》合，《説文》「江，從水工聲」。邪讀餘，與《上林賦》櫧、櫨、邪、閭爲韻合，《史記・歷書》「歸邪於終」亦以邪爲餘。花讀近敷，與《易・大過》九二爻詞合。瓜讀近孤，與《詩・木瓜》合。姱讀近枯，與《楚辭・九歌》合。家讀若姑，與《洪範》家、辜爲韻及漢曹大家讀作姑合。瑕讀近胡，與《詩・狼跋》三章及《左傳》「心苟無瑕，何恤乎無家」合。牙音俄，與晉京洛童謡「遥望晉國何嵯峨，千歲髑髏生齒牙」合。衙音俄，與韓詩「頷頭可其奏，送以紫玉珂。詆欺劉天子，正晝溺殿衙」合。茶讀近塗，與《説文》「荼，從艸余聲」〔一〕，鉉等曰「即茶字」合。搽讀塗，與《漢書・東方朔傳》「令壺齟老柏塗」合〔二〕。查讀租，與《三國志・朱然傳》「征柤即查中」音租合。盲、蝱、莔讀五郎反，蝗、瑝、鍠、喤音黄，俱與古合。祊讀甫郎反，與《詩・楚茨》二章合。觥音光，與《卷耳》合。萌讀芒，與《韓非子・八奸》篇牀、旁、殃、萌爲韻合。甿音芒，與《説文》「甿，從田亡聲」合。憂、優、麀、櫌、留、流、僇、秋、湫、猶、攸、悠、由、油、游、繇、揄、酋、修、抽、瘳、周、州、舟、仇、醻、魗、柔、收、鳩、愁、休、髹、囚、儔、幬、綢、稠、求、疇、紑、浮、眸、矛、

〔一〕荼：原誤作「茶」，據《説文解字》改。
〔二〕齟：原誤作「齦」，據《漢書》改。

鍪、裒、幽、烋等字，俱通入蕭、宵、肴、豪部韻，與《詩》《楚詞》及漢魏有韻之文合。牝讀蒲履反，與《説文》「牝，從牛匕聲」合。鳳讀凡去聲，與《唐韻》鳳從鳥凡聲合。巷讀胡貢反，與《詩・丰》首章巷、送爲韻合。《説文》以爲「邑中所共」，共亦聲。詐音莊助反，與《晉語》輿人誦惠公「詐之見詐，果喪其賂」及《呂覽・情欲》篇「固詐」爲韻合。乍音助，與《釋名》「助，乍也」合。茂、戊、楙、幼、售、壽、褎、糅、就、繡、秀、窌、霤、廖、簉、縐、袖、臭、獸、狩、宙、究、救等字，通入嘯、笑、效、號等部韻，俱與古合。逐音胄，與《易・大畜》陸德明音義合。戮音溜，與《説文》「戮，從戈翏聲」合。鞠音九，育音柚，與《詩・邶・谷風》五章鞠、育與讎、售爲韻合，但鞠當音鳩，育當音油，九，柚音之轉。叔音少，與《釋名》「叔，少也。幼者稱」合。菽音式沼反，與《詩・七月》薁、菽、棗、稻爲韻合。太音闥，與《漢書・地理志》「太末」孟康曰「太，音如闥」合。結音計，滅音已例反，與《詩・正月》八章結、厲、滅爲韻合。節音子髻反，與《淮南子・天文訓》禮、節、制爲韻合。缺，桃川人讀頍，與《士冠禮》「緇布冠缺項」注「讀若有頍者弁之頍」合。篾音昧，與《春秋》「盟於篾」，《公羊》作昧合。茢音例，與《周禮・膏人》「贊牛耳，桃茢」沈音例，《左傳》「巫以桃茢」徐音例皆合。列音例，與《説文》「例，從人列聲」合。烈音厲，與《詩・七月》首章烈、歲爲韻，《祭法》「厲山氏」，《水經注》作「烈山氏」皆合。晢音制，與陳思王《黄帝贊》晢、滅、制、列爲韻合。桀音其例反，與《詩・長發》桀、旆爲韻合。熱音如例反，與《説文》「熱，從火執聲」合。折音制，與《左傳》「置折俎」徐音制合。浙音制，與《莊子》「自制河以東」即「浙河」合。鼈音蔽，與《説文》「鼈，從黽敝聲」合。弱音如詔反，與《説文》「嫋，從女弱聲」合。爵音焦上聲，與《左傳》隱元年正義服虔云「爵者，醮也」合。火音後五反，與韓昌黎《元和聖德詩》火、序爲韻合。箸音持略反，與《史記・宋世家》「紂始爲象箸」索隱音合。博音補，髆、鎛同，與《説文》從尃得聲合。薄音捕，《書・序》「成王踐奄，將遷其君蒲姑」，《史記》作「薄姑」，是薄、蒲音捕者音之轉。酢俗作醋音在各反，《説文》：「酢，醶也，從酉乍聲，倉故切。」「臣鉉曰：俗作在各切。」五代時已有此誤。郭讀鼓，與《風俗通》「鼓者，郭也」合。槨亦讀鼓，與《易・繫辭》「易之以棺槨」，通上野、樹、數爲韻合。客讀空五反，與《漢書・楊王孫傳》「焉用久客」，通上腐、土爲韻合。宅音徒故反，與《書・顧命》「祭嚌宅」徐音合。格音古，與《士冠禮》「孝友時格」注「今文格爲嘏」合。澤讀若足，與《穆天子傳》黄澤、玉穀爲韻合。織音止，與《易林》頤之、夬善織爲韻合。默音昧，與《莊子・則陽》篇載默、極渠記反爲韻合。墟，桃川人讀爲囂，楊升庵《丹鉛録》：「山凹之地，堪爲墟市者曰囂，無人則虚也。」此囂音之本。解，桃川人讀爲價，按僧皎然《題周昉畫毗沙大王歌》「憶昔胡兵圍未解，感得此神天上下」，解與下叶，當音賈。讀價者音之轉。然下，古音後五反，皎然蓋用今音。